刀锋下的中国历史

（上）

许家强 著

当代世界出版社

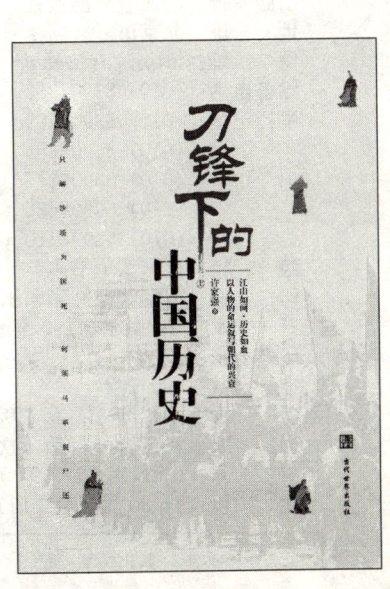

图书在版编目（CIP）数据

刀锋下的中国历史：全2册/许家强著．—北京：
当代世界出版社，2015.1

ISBN 978-7-5090-0939-0

Ⅰ.①刀… Ⅱ.①许… Ⅲ.①军事人物－历史人物－
生平事迹－中国 Ⅳ.①K825.2

中国版本图书馆CIP数据核字（2013）第216822号

出版发行：	当代世界出版社
地　　址：	北京市复兴路4号（100860）
网　　址：	http://www.worldpress.org.cn
编务电话：	（010）83907332
发行电话：	（010）83908409
	（010）83908455
	（010）83908377
	（010）83908423（邮购）
	（010）83908410（传真）
经　　销：	全国新华书店
印　　刷：	北京欣睿虹彩印刷有限公司
开　　本：	700毫米×960毫米　1/16
印　　张：	37
字　　数：	550千字
版　　次：	2015年1月第1版
印　　次：	2015年1月第1次
书　　号：	ISBN 978-7-5090-0939-0
定　　价：	44.80元（全二册）

如发现印装质量问题，请与承印厂联系调换。
版权所有，翻印必究，未经许可，不得转载！

目　　录

姜　尚 …………………………………………… (1)

孙　武 …………………………………………… (6)

伍子胥 …………………………………………… (10)

吴　起 …………………………………………… (13)

田穰苴 …………………………………………… (17)

孙　膑 …………………………………………… (21)

乐　毅 …………………………………………… (25)

田　单 …………………………………………… (30)

廉　颇 …………………………………………… (35)

李　牧 …………………………………………… (39)

白　起 …………………………………………… (41)

宋襄公 …………………………………………… (45)

项　羽 …………………………………………… (49)

韩　信 …………………………………………… (53)

张　良 …………………………………………… (57)

樊　哙 …………………………………………… (62)

周亚夫 …………………………………………… (67)

李　广 …………………………………………… (72)

卫　青 …………………………………………… (78)

霍去病 …………………………………………… (83)

陈　汤 …………………………………………… (88)

寇　恂 …………………………………………… (93)

冯　异 …………………………………………… (98)

贾　复 …………………………………………… (104)

吴　汉 …………………………………………… (108)

耿 弇	(114)
祭 彤	(120)
王 霸	(125)
臧 宫	(129)
祭 遵	(134)
马 援	(139)
耿 恭	(144)
班 超	(150)
虞 诩	(156)
张 奂	(161)
诸葛亮	(166)
关 羽	(170)
张 飞	(176)
赵 云	(181)
姜 维	(186)
张 辽	(193)
典 韦	(201)
张 邰	(209)
邓 艾	(217)
周 瑜	(223)
太史慈	(229)
甘 宁	(235)
陆 逊	(241)
羊 祜	(248)
王 濬	(254)
周 处	(260)
周 访	(266)
陶 侃	(269)
王镇恶	(275)
檀道济	(281)
周山图	

姜　尚

姜尚是个非常传奇的人物，他暮年得志，可以成为那些怀才不遇郁闷者的励志对象，他建功立业，裂土分封，更可以成为野心勃勃、胸怀大志者的励志对象。

在民间，姜尚则以姜子牙的形象出现，这是个能画符、会捉鬼，腾云上九宵、入地见阎王的人物，这要感谢《封神演义》小说在民间的流行。但据考证学家们研究，《封神演义》也不完全是那个许仲琳的创作，而是历朝历代民间传说故事的积累，许仲琳不过是巧用手指，点化成书。这说明姜尚在中国历史上，一直是一个半史实、半传说的人物。这样的人物因为其不确定性，为后世留下了许多发挥空间，也带来许多争议，比如对他出生地的争议，对他前半生事迹的争议。

在司马迁笔下，姜尚的祖籍地是很明确的，不明确的只是姜尚的前半生事迹，司马迁用了个"或曰"，那就是口头传说，而不是真实史料了。

姜尚的祖上姓姜，是所谓的"炎帝之裔，伯夷之后"，因为掌管四岳有功，被封在吕这个地方，所以又以封地为姓，姓起了吕。如此，姜尚又姓吕，名牙，唐代的司马贞写《史记索隐》，又认为姜尚名尚，牙是字。后世一般也就这么叫了。

这个名字叫做吕的封地，地域很明确，是"在（河南）南阳苑县西"。但《史记》中称姜尚为东海上人，于是姜尚的出生地一下子又东移了一千里。其出生与祖籍产生了很大的距离，为后人的补白留下了很大的空间。

据说，姜尚自幼好学，博学强记，才高八斗。学会文武艺，货卖帝王家，姜尚积极投身到商政府的建设事业中去，却不怎么被商纣王喜欢。只好拍拍屁股，挂冠而去。又不甘心把自己的才华埋没蒿莱，就去游说各部落首领（说的好听点，叫诸侯），这些半原始的部落首领并不比商纣王高明，姜尚横跨大半个中国（那个时代就是整个中国了），从东海走到西岐，终于遇到了他的真命天子周西伯姬昌，开始了自己轰轰烈烈的老年生涯。

还有一个传说，姜尚并不是那么热心于功名事业，他只是一肚子才华而已，生活中甘于清贫，不抛头，不露面，很符合后代想象的高人形象，在东海这个地方隐居着。但天将降大任于姜尚，先将周西伯姬昌送进了商纣王的监狱，周西伯的部下散宜生等人久仰姜尚大名，知道没这个人救不了主子，就去吸收姜尚进入他们这个阴谋造反的阵营。姜尚说了句有趣的话："吾闻西伯贤，又善养老，盍往焉。"就这样义无反顾地投身到周部落的反商洪流中去。

诸葛亮出山第一功，《三国演义》说是"火烧博望坡"，是为"火攻计"。姜尚的出山第一功，《史记》中则说是向商纣王行贿，贿品是美女，是为"美人计"。这一计横行中国几千年，没有几个帝王将相大小官僚不被打的落花流水。大智大慧的姜尚使将出来，更是举重若轻，商纣王在美女怀抱里举手投降，周西伯姬昌大摇大摆地从监狱里出来，与姜尚等人回到他自己的部落，秘密打造反商基地。从此后，周西伯也就不叫周西伯，而成为周文王了，姜尚也不再是姜尚，而成为姜太公。后来更升格为周武王的"师尚父"（意思是"师之，尚之，父之"）。

姜尚的第一种出山方式，与后世的热衷名利没多大区别，只是他肚子里学问大些而已，虽然可能最接近真实历史，却不符合一般人对历史大人物的崇拜式想象；姜尚的第二种出山方式，已经有传奇色彩了，但在女人身上下功夫，总觉得有点不够"正面引导"。于是，可能最不靠谱、却最被人们所接受的姜尚第三种出山方式，就粉墨登场了：

说的是，姜尚先在朝歌（现在的河南淇县）当杀牛的屠夫，再去孟津（古黄河渡口名。在今河南省孟津县东北）卖大碗茶，这两种生意把他的头发胡子熬白了，也没有哪个部落首领找他礼贤下士。越来越老的姜尚没力气杀牛，也没心情熬大碗茶了，就到渭水上游一个叫磻磎（其地在现在的陕西省宝鸡市东南）的地方，钓鱼为生，过上了艰苦却无公害的田园生活。史书上对磻磎有段描写，非常让人神往："磻磎中有泉，谓之兹泉。泉水潭积，自成渊渚，即太公钓处，今人谓之凡谷。石壁深高，幽篁邃密，林泽秀阻，人迹罕至。东西隅有石室，盖太公所居也。

水次有磻石可钓处，即太公垂钓之所。其投竿跪饵，两膝遗迹犹存，是有磻磎之称也。其水清泠神异，北流十二里注于渭。"

中国的歇后语中，有这么一句："姜太公钓鱼，愿者上钩。"说是的姜尚钓鱼用的鱼钩，是直的，鱼儿争先恐后吞直钩，是因为崇拜姜尚，情愿为这个偶像献身。史书上的记载，与这个歇后语却有些差异，姜尚在那个环境优美的地方连钓了"三日三夜"鱼，一条也没钓上来，姜尚气极了，七十多岁的老头子，居然气得把衣服脱光了。

但磻磎的鱼儿不吃这一套，使美人计得心应手的姜尚，使用美男计效果不佳。还是一个务农的邻居告诉他：你再次垂钓时，把钓线搞得细一点，诱饵搞得香一点，静悄悄放线，别吓着鱼儿。姜尚依此而行，果然连续钓出鱼来，并且他在刮鱼肚子时，居然从鱼肚子里找到一封信，信上写："吕望封于齐"。

要知道，那个时候的姜尚还不能叫吕望（可以叫吕尚）。因为天天巴"望"他的贵人还没出现。

这个贵人是周文王的儿子周武王，周武王要出去打猎，打猎前先卜一卦，卦象说他此行猎不着象样的野兽，倒是能获得自己事业上的好战友。于是周武王出行，在渭水边遇到姜尚。

也有个说法，是周武王晚上做梦，梦见插翅的大熊扑到他怀里，于是出猎，于是遇到姜尚。

不管怎么说，两个伟人终于在渭水边胜利会师了。周武王紧握姜尚的手，热泪盈眶地说：我们家的太公（老爹）一直叨咕，说有圣人来帮助我们，您今天终于来了，我们家的太公盼望您太久了。

从这一句话开始，"太公望"成为姜尚的另一个名字，吕望、姜望之类的别名才开始出现。

两位伟人深入交换了对时局的看法，取得一致意见，胜利完成了这次历史性的会见。然后一同乘车去周部落首都，继续深入探讨行动的纲领及步骤去了。

经过长时间酝酿准备，周武王终于举起大旗，西风烈烈，旌旗漫卷，直下孟津，共有八百个部落参与了这次行动。此时周的威望与实力已达于极盛，来参与军事会盟的八百家部落首领（诸侯）一致表衷心："纣可伐矣"。但姜子牙审时度势，认为彻底推翻以商纣王为代表的腐朽没落阶级，时机还不成熟，他说："天道无殃，不可先倡；人道无灾，不可先谋。必见天殃，又见人灾，乃可以谋。"这句话的意思是一定要等商朝腐而近朽、垂而近死，失去最后的抵抗力量时，再动手将它掐死，这样干净利落不费事。各位部落首领听了，也挺好，这样既能捞好处，又不用付出多少。于是大家大吃大喝赌咒发誓一通后，各自回家了。

此后不久，东海那个地方的东夷部族叛乱，给了商朝很大的困扰。据说姜尚少年时曾经在那个地方生活过，应该有些老关系，所以有人认为这个东夷叛乱本就出自姜子牙的挑拨，也不无道理。

如此兵连祸结两年多，看不明白形势的商纣王又把他最大的忠臣、国家栋梁比干给杀掉了。周武王认为时机到了，出兵伐纣。出发前占了一卦，卦象非常不吉利。老天爷也在此时开了一个玩笑："风雨暴至。"所有大臣都害怕。这个时候，姜尚显示出政治家、军事家的冷血、铁血精神，把用来占卜的龟甲扔到地上，踩上一只脚，说：死鳖盖子，怎能阻止我们的行动。下令出发，果然于牧野之战中，一战成功。商朝灭亡，周朝建立。

姜尚成功了，所以他不畏天变、不惧凶卦成为诠释"坚持"的不朽佳话。

这个让姜尚一战功成的牧野之战，在中国战争史上，相当有名，是继黄帝与蚩尤的涿鹿之战、商汤与夏桀的鸣条之战后，按时间顺序，排在第三位的中国历史上灭国改朝的大战争；如果以真实性而论，前两战半神话半传说，无法以信史对待，而牧野之战，却一直被广泛认可。

牧野之战的真实性固然已不必质疑，但牧野之战的规模，却一直是笔糊涂账。最早记载牧野之战的历史文献《尚书》中，说牧野之战中，周武王只带了三百辆战车，三百个战士，这个数字不仅仅是人数太少了，并且小气到一辆车只分配给一个战士，让这个战士边驾车边作战，未免太不近人情了，也与此文献中的记载人死得"血流飘杵"对不起来。所以后来就有人出来做解释，说这是抄写失误，应该是三百辆车三千个战士，一车十人，比较靠谱。

后来周武王的部队人数被司马迁记录为四万八千人，商纣王的部队人数则是七十万。在那个土地荒芜、人烟稀少的远古时代，这样的战争规模，实在是难以想象的。

牧野之战的规模如何，并不影响其真实性，也不影响其重要性。就凭这一战，周王朝开国，姜尚也确立了自己兵家之祖的地位。

姜尚被封到临淄，建国为齐，他也有了一个新名字：齐太公。

不过那个时候的革命成功，与我们现在习惯了的革命成功，不太一样。周武王所推翻的那个商，说撑了也就是个大部落联盟而已，各部落自己管自己的事，商王更像是名义上的联盟盟主，因为他世袭，并且对下属各部落多少有些领导权、约束力，较起真来，杀个把下属部落首领也是正常，比如那个周文王就差点被商纣王杀了，靠送礼才改判有期徒刑，给了姜子牙搭救他、显示自己智谋的机会。周武王推翻了这个部落联盟头子，他自己当上的也是部落联盟头子，而不是后世专制体制下的皇帝。部落联盟头子与皇帝之间最大的不同在于：皇帝一旦换了，整个国家机器跟着转向，他立即获得了掌控天下的权力，有敢不听话的，他可以随时集中全国的军事力量进行镇压。部落联盟则有点类似于城邦制，各部落尊奉你号令程度是很松散的，他就是不听你的话，你也很难集中全国的军事力量去镇压。

从这样的部落政府中得到的任命，公信力很有限。周武王拿着地图（那时候可能没有地图，但应该有类似的区域标识）画大饼，把齐这个地方封给姜尚，姜尚就以齐国的国君自居，也许在他心目中，这一封就等于把那块土地用铁圈给他圈起来了，上任途中，游山玩水，潇潇洒洒，也许他认为齐那个地方的老百姓要扎灯结彩欢迎他呢。

临近齐地，姜尚还是游哉悠哉。晚上住宿，很突然地听到有旅客对他这样上任表示奇怪，并认为他这个速度会让他的封地得而复失。姜尚终究是个有智慧的人，他立即醒悟到，周武王的封赏并没有多么高的法律效力和强制力。他立即穿衣戴帽，连夜赶往封地。天亮时赶到，正好遇上附近的蛮夷部落莱国国君带人来争他这块地盘。及时赶到的姜尚多么大的仗都打过，当然不会让那些根本不知兵法为何物的野蛮人把自己的肥肉抢走，他赶走莱人，在营丘建立了齐国首都。

到这个时候，姜尚算是修成了正果。在他的余生里，他又东征西战，把营丘（临淄）周边那些不大服从的小部落一一纳入自己的国土，齐国渐成大国。齐鲁文化也由此萌芽，千年不绝，成为中国最重要的传统文化体系之一。

姜尚活了一百多岁。

孙　武

姜尚在历史上，有一个被后人追加的尊称：兵祖。兵家之祖。也就是后世军事家的老祖宗的意思。

在姜尚之前，历史也记载下了各式各样的战争，那些战争中也有妙计奇谋，但那些战争，掺入的传说、神话太多，如黄帝蚩尤的涿鹿之战，雨师风伯之类的神仙助战，导致其战争过程、谋略过程的真实性大大降低。周是《史记》中开始准确记年的第一个朝代，周的史官以及齐的史官所记，距司马迁时代不远，就算秦始皇焚掉了那些竹简，传说的掺水率也不会高。所以，姜尚为周武王伐商所出的计谋，牧野之战的过程，都称得上真实可信。从这个角度来看，姜尚是中国历史上第一位真实可信的大军事家，是历朝历代军事家之"祖"。

有一部叫做《六韬》的兵书，作者名字署为："姜尚"。但在中国军事著作史上，一直不被认可，向来被说成是后人伪托之作，但这个"后人"是谁，争议颇多。公元二十世纪，山东临沂银雀山汉墓、河北定县八角廊汉墓中，均出土了《六韬》残本，据此推断，这本兵书大致写成于战国时代。

《六韬》共六卷，分别是：文韬、武韬、龙韬、虎韬、豹韬、犬韬。书中的文韬讲的是治国用人的策略，武韬讲用兵，龙韬讲军事组织，虎韬讲战争环境及武器、布阵，豹韬讲战术，犬韬讲部队训练指挥。这是先秦兵书中字数最长的一部，可以说是那个时代集大成的军事著作，对后世军事学说影响巨大，姜尚的兵家之祖的地位，主要由这部大约不是他写的兵书奠定。

相比起《六韬》，《孙子兵法》的篇幅要少一半还多，其中心内容，也主要集中在战略战术上。但要论及影响，不只《六韬》不及，中国所有军事著作中，没有一部及得上《孙子兵法》的影响，并且这部书漂洋过海，出现在世界军事著作之林中，基本被看成中国军事艺术的巅峰。

大部分人并未读过《孙子兵法》原文，下面抄录几段：

"多算胜，少算不胜，而况于无算乎！"（始计第一）

"是故百战百胜，非善之善者也；不战而屈人之兵，善之善者也。"（谋攻第三）

"用兵之法，十则围之，五则攻之，倍则分之。敌则能战之，少则能逃之，不若则能避之。"（谋攻第三）

"知己知彼，百战不殆；不知彼而知己，一胜一负；不知彼，不知己，每战必败。"（谋攻第三）

"夫兵形象水，水之形避高而趋下，兵之形避实而击虚；水因地而制流，兵因敌而制胜。故兵无常势，水无常形。能因敌变化而取胜者，谓之神。"（虚实第六）

"故用兵之法，高陵勿向，背丘勿逆，佯北勿从，锐卒勿攻，饵兵勿食，归师勿遏，围师遗阙，穷寇勿迫。"（军争第七）

"凡用兵之法……君命有所不受。"（九变第八）

"视卒如婴儿，故可与之赴深溪；视卒如爱子，故可与之俱死。爱而不能令，厚而不能使，乱而不能治，譬如骄子，不可用也。"（地形第十）

"始如处女，敌人开户；后如脱兔，敌不及拒。"（九地第十一）

两千五百年前孙武的智慧，是用兵之道，是伟大的军事思想。同样，这也是做人之道、工作之道，同样是伟大的职场宝典。人生常理，人生至理，是一脉相通的。

《孙子兵法》十三篇，在后世研究者笔下，系"由孙武草创，后经其门弟子整理而成，大约成书于春秋战国之交"。但《史记》孙子列传中，明确记载，吴王阖闾见到孙武后的第一句话就是：你写的十三篇兵法，我都已经拜读了。这说明《孙子兵法》即使有孙武弟子的参与，最多只是润色罢了，《孙子兵法》在孙武手里，已经完成了（也有另一种说法：《孙子兵法》共三卷，十三篇为上卷，另有中、下两卷）。

孙武是齐国人，他是受伍子胥的引荐到吴国去的。

春秋战国，那是一个人才鼎盛的时代，中国历史上最伟大的思想家（孔子）、最伟大的军事家（孙子）等等，都出现在那个时代。

何代没有人才，为什么独独春秋战国才有诸子百家、争奇斗艳的场景？很简单，那是一个自由的时代。

生在那个时代的孙武无疑是幸福的，齐国看不到他的才华，他可以自由地来到吴国，可以自由地与吴国国君对话。吴国国王阖庐居然可以把自己后宫的美人儿统统招集起来，供孙武演练军队使用。

阖庐宫中的美女，一共一百八十人，孙武将她们分为两队，阖庐最宠爱的两个美女，分别担任队长。

孙武先告诉那些美女，队伍要怎样进退操练。孙武的要求很通俗，他问：你们知道你们的胸口、左右手，以及背心的位置在哪儿吗？美女们可能没想到部队操练是这么简单，回答的也简单：知道。孙武于是下令：我说向前的时候，你们就向胸前方向走，我说向左，你们就向左手的方向走，我说向右，你们就向右手的方向走，我说向后转，你们就转到背对的方向，明白吗？美女的回答很一致：好的。

规定宣布之后，孙武派出专人，手持利斧，担任督察。孙武的这一举动，可以视为游戏，也可以视为他要动真格的了。这种情况下，如果把孙武与美女视为对手，则孙武处于情况不明的状态，对当时的美女来说，最好的选择，是先听令，看孙武此后的行动，再下判断，再做出是认真落实还是敷衍了事即可的决断。

吴王阖庐的美女显然认为她们是大王的人，只要大王满意，没有人能拿走她们的所得。这个从来没听说过的孙武，谅来也只是与她们游戏一场，博大王一笑罢了。

孙武的军令，并非只说一遍，《史记》在这里创造了一个成语：三令五申。这个成语的意思，就是反复强调。

我们可以想象孙武在反复强调时的态度，那一定是面相严肃，丝毫不假辞色。

等美女们回答都记熟了，这才开始正式操练。没想到军令一下，美女们不但没按孙武的教导演练，反而"大笑"。孙武自我责备："约束不明，申令不熟，将之罪也。"

孙武的自我责备，事实上是给了这些美女们改正错误认识的机会。因为这样的自我责备，只可能发生在要"玩真的"的前提下。如果仅仅是游戏，其实那些美女的大笑，已经给了吴王阖庐很大的快乐了。

很可惜，美女们因为自己是吴王身边人而带来的优越感，让她们最后一次失去了正确判断形势的能力。她们很好玩地看面前这个表情沉重的孙武将军，重复告知那些已说过多遍的操练步骤，然后她们再次表示记熟了。

三令五申之后，再次正式操练开始。这次还与上次一样，美人们听着孙武的军令，没有反应，只是"复大笑"。这次孙武不再责备自己了，他认为自己的领导职责已尽到，队伍仍然不能听从指挥，责任就在战士以及他们的带队人身上。他毫不迟疑地下令斩杀两位带队的美女。

在台上以看戏的心态看操演的阖庐，看到孙武居然玩起了真的，马上派人去向孙武求情：没有这两个美人，我觉睡不好，饭都吃不下。孙武回答：睡觉吃饭是你自己的事，"臣既已受命为将，将在军，君命有所不受"。终于把两个美人的头砍下来。

随后的演练很容易了，军容严肃，战斗力陡然提高。孙武请阖庐下台观看。阖庐正为两个美人伤心，不去看。孙武说了这么一句话："王徒好其言，不能用其实。"

孙武的这句抨击，有点冤枉阖庐，阖庐是春秋末期最优秀的国王之一。他很快从痛失美人的伤心中振作起来，理智告诉他：孙武是卓越将才。阖庐没有被感情淹没理智，他拜这位斩杀了自己最宠爱的美人的家伙为大将，率军出击。

孙武在后世，被称为兵家之圣。他没辜负信任他的阖庐，率三万吴军西破强楚，击败二十万楚军，五战克郢（楚国首都）。把楚国打服之后，兵锋北向，指向当时最强大的国家晋和齐，这两个都曾是春秋霸主的国家，在孙武卓越的军事才华面前，俯首帖耳，尊崇此前在他们心目中是个化外蛮国的吴国为霸主。

孙武一生，战绩赫赫。但他起步，并最为后世所熟知的，就是他斩杀阖庐两爱姬。——我们可以说，孙武的成功，是从"君命有所不受"开始的。

伍子胥

伍子胥名员，字子胥。古人一般是姓名连称，但伍子胥则以字行于后世。《史记》中也将其列为《伍子胥列传》。

伍子胥的一生，都是在不屈中奋斗挣扎前行，这是一位包含了几乎全部悲剧要素的英雄。

伍子胥的悲剧，开始的莫名其妙，说是闭门家中坐，祸从天上来，毫不为过。他本来出身于楚国显赫的官僚世家，前途一片光明。就因为楚平王给儿子娶媳妇，娶出了后来的一系列传奇故事。

楚平王的太子名建，楚平王为他娶的媳妇是秦国公主，时任秦国国君秦哀公的妹妹孟嬴。这个孟嬴长得太漂亮，去迎亲的楚国大臣费无极（《左传》为费无极，《史记》为费无忌）巴结在任的一把手楚平王，告诉楚平王：这个女子是天仙下凡。把个楚平王说得心痒不已，直接把儿媳妇占为己有，为太子建另外换了个媳妇。费无极大受赏赐。

但太子建毕竟是法定的候补一把手。楚平王不可能万寿无疆，一旦驾鹤西去，费无极今天的风光，就可能成为明日的丧钟。于是费无极就天天到楚平王耳边说太子建坏话。

在楚平王心目中，为自己贡献了漂亮女人的人，比儿子要亲近得多。费无极的坏话说多了，楚平王真的相信了——也不一定是费无极的坏话起作用，也可能是楚平王做贼心虚，只有看不到太子建的影子，他才可以放松地享用原该属于太子建的女人。

楚平王先是把太子建打发到外地，又试图罗织罪名干掉他。于是召见太子建的老师伍奢，让伍奢大义灭亲，勇于揭发自己的学生。伍奢却没有划清立场站对队的觉悟，引得楚平王发怒，抓起伍奢，派人去杀太子建，并将伍奢的两个儿子召回京城。

太子建提前得到通报，跑到宋国去了。伍奢的大儿子伍尚回到京城，被连同父亲伍奢一起砍了，伍奢的二儿子伍员，就是伍子胥，打听着太子建的出逃路线，也跑到宋国去了。

伍子胥出逃之时，楚国的抓捕部队已经追上他了，但伍子胥只是执弓面对，抓捕部队居然没人敢逼近一步，使伍子胥从容逃去。可见伍子胥的威名，此前已经在楚国部队中广有流传。伍奢临死之前，听到伍子胥成功逃脱，叹息一声：楚国君臣以后会有苦头吃了。也体现出他对儿子的绝大信心。

伍子胥和太子建在宋国会合了。宋国发生了内乱，他们一起跑到郑国。

伍子胥父子的苦难，是从维护太子建开始的。但显然，他们看错了人。太子建和伍子胥在郑国受到空前礼遇，接受高规格接待。不过郑国的军事力量比楚国差得太远，靠郑国复仇不大靠谱。太子建就到当时中原第一军事强国晋，试图寻求支持，没想到晋顷公给了他这样一个选择：既然郑国这样毫不见外地信任你，你就回去做我的内应吧，帮我们把郑国拿下来，我就将那里封给你。

受到郑国高度礼遇、高度信任的太子建答应下来。

在听到太子建回来复述这个计划时，伍子胥的内心是悲痛的。伍家父子，为了他们心中的天理和正义，破家杀身，流亡千里，没想到，他们所维护的这个人，居然是这样一个背信弃义的白眼狼。

这是个根本不可能成功的计划，不听伍子胥劝阻、一意孤行的太子建，在计划泄露后，遭到郑定公悲愤的质问，随即人头落地。冯梦龙在记述这段故事之后，有这样两句感叹："人情难料皆如此，冷尽英雄好义心。"

从历史记载来看，郑定公是一个极其大度的"英雄好义"之人。他把忘恩负义的太子建杀了，却没有布下网罗，缉拿伍子胥，所以伍子胥得以从容逃脱。

离开郑国容易，逃离一心一意诛杀他的楚国网罗有点难。伍子胥要往吴国去，有一处必经之地，叫昭关，这个昭关在现在的安徽省含山县西北处。在两千年前的那个交通高度不发达时代，昭关，是伍子胥的唯一活命之路。

"伍子胥过昭关，一夜头白。"

白头发掩护了伍子胥，让他顺利通过昭关，却没能摆脱楚军的衔尾追捕。在他东逃至长江之畔时，追兵掩至。江上恰好有渔舟，舟中的渔人又恰好知道伍子胥父子，更幸运的是这位关心国家政治的渔人非常有正义感，同情被冤枉的伍氏父子，他冒险将伍子胥渡过江去。伍子胥感激不尽，解下身上的佩剑送给渔夫，说：这把剑能值百金，就送给您吧！渔夫拒绝了，渔夫的回答让人感动：按楚国的法律，能抓住您的人，可以得到五万石粮食和很崇高的爵位，我渡您过江，难道只是贪图您这把百金之剑吗?!

伍子胥之所以解剑相赠，实在是因为他身上没钱了。他随后上路，路上没钱吃饭，他没舍得卖剑，而是靠乞讨活命，顽强地进入吴国，见到有志夺取王位的吴公子姬光。

后世演义出一种更传奇的说法：伍子胥到吴国后才开始乞讨，吹着箫，唱着曲乞讨，目的只是引起吴王的注意，结果第一个注意他的是吴公子姬光。

后一种说法比较传奇，也被一般读者所接受。总之，伍子胥见到了吴王僚和公子光，并且在吴王僚和公子光之间作出了选择：扶持公子光，夺取吴王位。

于是在伍子胥的引荐下，专诸登场亮相。于是，中国春秋史上很传奇的一幕上演：专诸刺王僚。刺王僚所用的鱼肠剑，当时其实真的只是指这把剑正是放在鱼腹中，后世渐渐衍化成一种短剑的通用名称。

公子光登位接班，成为吴王阖庐。伍子胥成为他的第一功臣。伍子胥的精准选人也得到丰厚回报，阖庐给了伍子胥充分的权力，让伍子胥去实施他的复仇战略。要知道，当时吴国的国力，远逊于楚国。复仇之战要是搞砸了，吴国有可能面临覆亡的危险。

伍子胥没有辜负阖庐的信任。伍子胥更没辜负自己这经过九死一生才争取来的机会。此前的伍子胥，展现的只是他个人英雄主义的魅力，此后的伍子胥，展现的是一位军事家的卓越才华。

伍子胥首先向阖庐推荐了《孙子兵法》的作者、大军事家孙武，励精图治，短短数年内，将不起眼的吴国军队，打造成春秋末期天下第一精兵。然后，伍子胥为统帅，孙武为副手，伐楚。

数年之内，吴军三次伐楚，战无不胜。公元前506年，第三次伐楚，五战而取楚国首都郢。当时在任的楚国国王楚昭王逃亡。

冤杀了伍子胥父兄的楚平王，已经死去多年了。时代最靠前的史书记载，伍子胥鞭打了楚平王的坟。时代靠后的史书则记载着：伍子胥把楚平王的尸骨从地底下挖出来，一鞭鞭抽打，边抽边哭。他是报了仇，但他也失去了父亲与哥哥，失去了自己的故乡，一生中最美好的十多年时光，也始终生活在颠沛流离、生死边缘，就算后期在吴国执掌大权，复仇的念头也让他片刻不得安宁。

伍子胥一代人杰，他后来成为吴国的耿耿忠臣，为了吴国的安全，他不惜得罪后来的吴王夫差，并且在明知道自己的忠诚为自己带来杀身之祸的情况下，仍然忠心不改，挺身赴难。这说明在伍子胥心中，曾经给予他最大信任并为他解决了复仇大事的吴国，就是爱他也被他深爱的祖国，为这样的国家而死——哪怕是冤枉地死，也是他所认可接受的。

吴 起

一部《二十五史》，万千人才中，也许找不到比吴起更有能力的军事家、政治家。

做将军，吴起百战百胜，有关他的记录中，没有一次败绩。并且他是在多个国家、多种阶层的将领职位上，率领不同的部队作战，这比后世将全部精力锻造一支军队，如岳飞岳家军、曾国藩湘勇等大大不同，其难易程度根本没有可比性。像吴起这样，手中有任何部队，都可以成为战无不胜的将军，除了他之外，历史上没有过。

做宰相（就相当于现在的总理了），吴起能够在极短时间内，让他所辅佐的国家迅速富裕强大，其他所有国家都畏惧服从，这又是多么优秀出色的治国能力。

比较起个人功业，在后世历史上，既是治国的丞相，又是带兵打仗的统帅人选中，最出色最出名的是诸葛亮，但诸葛亮终生，鞠躬尽瘁，都终于没能让蜀国成为三国第一军事、经济强国。就个人能力而言，走到哪国让哪国迅速富强的吴起显然要强多了。

但在后人眼中，吴起显然远远比不上诸葛亮。

最重要的原因，就是诸葛亮的忠诚。

为了三顾茅庐的知遇之恩，诸葛亮付出的是生命。

茅庐三顾，白帝城托孤，鞠躬尽瘁，死而后已，这让诸葛亮成为中华民族历史上的道德完人，为后世景仰。

春秋战国，这个空前自由的大舞台，给了吴起施展才华的机会，却还没有形成后世所特别讲究的尽忠报国的舆论环境。所以吴起可以凭个人能力在列国中自由来去，却难以赢得后人的认可。

吴起的人生起点不低，他既是富家出身，又是名门弟子。但所有的天纵奇才，都不屑于靠这点东西打天下。吴起也一样。他年轻时自负天才，奔走四方，到处投简历进面试，以他的才华，不是普通考官就有资格识别的，于是他处处碰壁。他富有的家产也在一次次交报名费住宿出行费的过程中败落下来。他的家乡人笑话他，吴起听不得讽刺话，居然一口气杀了三十多个看不起他的人。

仅就这一点而言，吴起在身负绝世才华的同时，也存在严重的性格缺陷。这让他从此远离了"完人"境界。但他能一口气杀掉三十多人，又说明他的军事家身份不仅仅是读书思考中来的，他的身手，应该够得上武术家段位。

杀人之后的吴起，并没有立即潜逃，而是从容回家，在他的祖国卫国的国门前，与母亲诀别，他咬着手臂上的肉，发出这样的誓言：如果您的儿子不能光宗耀祖，决不再回家乡。

清代诗人黄仲则，写过这样一首诗，真实摹写了儿子为求取功名，远离母亲，母亲那凄苦的心境："搴帏拜母河梁去，白发愁看泪眼枯。惨惨柴门风雪夜，此时有子不如无。"

离开母亲后，吴起投到当时名声显赫的大学问家曾参门下。曾参是孔子有名的高徒，大学问家，这样货真价实的大知识分子，理该有识别人才的慧眼。曾参收下了吴起。

一段时间后，家乡传来消息，吴起的母亲去世了。

吴起没有回家奔丧。

曾参因此看不起吴起，鄙薄吴起。吴起的学历教育，到此结束了。

吴起随后又到鲁国。曾参既然瞧不起他，开除了他，胸怀天下的吴起也不稀罕这个老师。他收起老师的学问,以自己的军事韬略到政府应聘。

当时齐国军队正骚扰鲁国,鲁国国君比较欣赏吴起的军事能力,却又因为吴起娶的是齐国老婆,怕吴起暗中偏向丈人之国,犹豫着不肯任命。

这个时候,出现了令吴起在人品上永远无法翻身的事件:吴起老婆死了。

司马迁在《史记》中自相矛盾,先说吴起为了当鲁国将军,杀了齐国妻子。随后又说这是嫉妒他的人恶语中伤他的话。

死了妻子的吴起,终于平生第一次挂帅出征。他没辜负这千辛万苦得来的机会,率军大破齐兵,战绩辉煌。

很遗憾,吴起遇到的鲁国国君,不具备成为伯乐的能力。他很快解聘了吴起。

吴起很快在当时最优秀的国家领导人魏文侯那里找到位置。他被魏文侯任命为将军。

魏文侯在使用吴起之前,曾问过一位亲信李克:吴起是个怎样的人?李克很客观地在道德层面上批评了吴起一下:这个人太贪名,还好色。又很客观地在工作能力上肯定了吴起:然而吴起却是位可以与前代大军事家相比而不逊色的优秀将领。

魏文侯果断启用了吴起。

吴起不负所望,带兵西攻强秦,占领了秦国的不少地盘。随后被魏文侯任命为西河太守,秦军从此不敢正眼看魏国。

英明的领导并不万寿无疆,这让人无奈叹息。魏文侯死了,儿子魏武侯继任。魏武侯到西河视察,与吴起坐同一条船,河中泛舟,他指着两岸险峻的地势说:"这样坚固的地势,可称为魏国的宝贝了。"吴起回答:"对一个国家来说,最宝贵的是政治清明,百姓乐业,而不在于是不是地大物博,山河壮丽,如果国家领导人拿着老百姓不当人,那么同一条船中的人,也可能成为敌人。"

一个人的忠心,只适合奉献给对自己充分信任的人,所以千古第一国士豫让才有这样的话:"待我以国士,我以国士报之;待我以路人,我以路人报之。"吴起上面这番话，是人间的实话，但实话未必让人听起来愉快。吴起敢于跟领导说这样不大好听的实话，是出自他的诚恳与忠心。吴起的实话，只适合说给魏文侯这样的领导听。魏武侯在主观上肯定也希望能成为父亲那样的英明领导，但人的能力、胸襟，不是主观愿望所能改变的。他虽然当时对吴起的话表示了赞同，但他显然也并没有给予吴起足够的信任。后来魏国死了宰相，新上任的宰相公叔是魏国的驸马，自知能力不及吴起，很害怕吴起抢了他的位子，就设了个套，先去跟魏武侯推荐，说吴起是个大大的人才啊，但他不是魏国人，就怕不跟魏国人一心。魏武侯问：那可怎么办？公叔马上献计：您把公主嫁给他，如果他接受，说明他就是一心一意要做魏国人，为魏国效力；如果他拒绝，就说明他心怀二意。献完这一计后，公叔抢在魏武侯找吴起做媒之前，请吴起到家，故意当面惹恼公主，引导毫不知情的公主当着吴起的面发作，让吴起对娶公主为妻心怀畏惧。然后魏武侯作媒，要配个公主给吴起。吴起亲眼见过公叔宰相受公主欺负，对当驸马很不感冒。魏武侯果然对吴起起了疑心，明显表示不再信任吴起。吴起后来到楚国去了。

公叔这么做，保住了自己的宰相位子，但却深深伤害了魏国，因为在当时，魏国的军事力量在吴起的调教下，天下第一，如果吴起再升任宰相，把他在楚国进行的、实践证明行之有效的政治改革在魏国提前推行，魏国将是一统天下的第一候选国。

吴起到楚国，在当时是非常正确的选择。楚国当时的国王是楚悼王，这是位真正求贤若渴的卓越领导人，他用来接待吴起的，是国家二把手——宰相的位子。吴起则呕心沥血，报答知遇之恩，仅仅两年时间，楚国迅速富强起来，军队更是在吴起带领下，战无不胜，威震天下。

在楚国，吴起在表现出他军事家的卓越的同时，也表现出了他政治家同样的卓越。他严明法令，精兵简政，撤除冗官，褫夺了许多国君宗族的爵禄，降其为平民，再让他们去立功，将进步的机会大量给予平民子弟。

吴起的这些改革，非常类似于后来商鞅在秦国的改革，在改革的前期，他们也都取得了同样的成果。

很可惜，楚悼王的寿命也太短，两年多后就死了。这次吴起没有一走了之，他与给予他最无私信任的领导楚悼王一起，被因为吴起改革而利益受损的楚国贵族们，射成了刺猬。吴起的改革，在他死后，也被楚国的继任者废弃。这是楚国的遗憾，因为如果吴起的改革能够坚持下去，楚国极有可能走在秦国之前，靠改革富国强兵，统一天下。这更是吴起的遗憾，改革的被废弃，让他大政治家的一面，永远沉埋在了史书的角落。

吴起做将军，没有将军服，也没有小灶，他的衣着食物，与最低级的战士一样；驻扎之时，战士们是席地而卧，吴起的身子下面照样是泥土，而不为自己垫一块哪怕是最单薄的布毡；行军之时，吴起也是有马不骑，有车不乘，与战士们一起徒步行军，两脚血泡；他自己带的行军干粮，他自己亲自包裹了背在身上，如果看到战士身上有过多的负担，他甚至要分过来帮忙背着。史书记载，战士中有生疮的，吴起亲自为之吸脓，这位战士的母亲知道此事后，为之痛哭。别人很奇怪，问她：你儿子只是一位普通战士，吴起将军居然亲自为他吮吸脓疮，这是你儿子的骄傲呀，你哭什么？这位母亲回答：你不明白，当年吴起将军为我儿子的父亲亲自吮吸过脓疮，孩子他爸到战场上后，勇往直前，面对敌人，宁死也不退半步，最后死在战场上；现在吴将军又为我的儿子亲吸脓疮，我真不知道我儿子会在哪里战死，所以我才痛哭。

一部在中国兵法史上赫赫有名的兵书《尉缭子》，这样评价吴起：给他七万战士，他将天下无敌。

田穰苴

魏文侯任用吴起之前，问亲信李克，吴起是个什么人时，李克评价吴起的军事能力，原话是这样说的："用兵司马穰苴不能过也。"这个司马穰苴，就是田穰苴。姓田，名穰苴。之所以叫司马穰苴，是因为他担任过大司马职务。田穰苴是把姓改了，杜甫则是因为在工部当了个芝麻绿豆官，名就改了，叫杜工部。

李克拿着田穰苴打比方，来解释吴起的军事才干。说明田穰苴在当时人们的心目中,是杰出军事家的代名词。

田穰苴虽然军事才干出色,他却不像吴起那样,到处跑官要官。所以他在被任用之前,并不怎么出名。

中国历史上,大多数杰出人才的出现,总要经由另一些已出头的杰出人才来推荐或提拔。如果没有这些赏识的人,所谓杰出人才,往往也就烂到泥里去了。而历史上有资格赏识使用人才的上位人物中,够得上出色的实在并不多,所以历史上烂到泥里去的人才,要千万倍于挣出头来的人才,所以韩愈那句"千里马常有,而伯乐不常有",才那么振聋发聩,成为千古名言。

田穰苴很幸运,他成长起来的时候,齐国的传奇人物晏婴还在位。晏婴称得上中国历代宰相中出类拔萃的一位,作为一国政府首脑,他对自己管辖下的人才情况了如指掌。

当时齐景公在位,西面强大的晋国入侵,与齐军战于东阿、甄城一带,北面的燕军南侵,在黄河(古黄河)南岸的沧州德州一带与齐军作战。两线作战的齐国军队节节败退,军事前景一片黯淡。

就是在这样的背景下,晏婴向齐景公推荐了田穰苴。晏婴言简意赅,用八个字概括了他对田穰苴的评价:"文能附众,武能威敌。"

齐景公是齐国历史上一位名声不大好的国君,但他与晏婴的君臣搭配,则算是中国历史上比较成功的黄金配对。他对晏婴推荐的人才非常重视,马上召见田穰苴,一番长谈,"大说(悦)之",马上任命田穰苴统帅三军,出兵抵抗晋、燕侵略军。

田穰苴提出了这么一个请求:我就是个平头百姓,您一下子把我提拔起来,越过那么多大小官员,大家心中肯定有看法,无论是号令士兵,还是取信百姓,都不够分量,希望您能安排一个您一向信任的政府高级官员,来担任监军职务,这样事情就好办了。

这个请求很古怪,非常不合情理。战争不是儿戏,那是生死屠场,战场形势,瞬息千变,它要求主帅根据形势,随时做出最准确的判断,发布最正确的命令。这个时候,最怕的,就是来自不懂军事却又权力大过主帅的人的掣肘。中国历史上,将明兵勇,却因为监军的愚蠢功亏一篑的例子,比比皆是。监军发挥作用而使战争取胜的例子,罕之又罕。

田穰苴是大军事家，这样简单的问题，他不会想不到。想到了居然还主动要人来掣肘自己，他的目的，一定不会是字面上这样冠冕堂皇。

在当时，齐景公没有多想，田穰苴的话说得正正当当，齐景公一口应承下来，安排他宠信的大臣庄贾去当监军。田穰苴当即与庄贾约定：明天中午日正中时，在部队大门口相会。

当监军是件很荣耀的事，战争打胜了，立大功，受大赏，光宗耀祖；战争打败了，责任也是将军的，与监军无关。所以庄贾很高兴地答应下来。不只他很高兴，他的亲戚朋友也为他凭空拾得这个大金元宝高兴，第二天上午都去给他送行，跟他一杯杯碰酒，祝贺词儿一堆堆送上。庄贾则来者不拒。他可能没有忘记田穰苴和他的约定：日中会面。但他绝对没拿这个约定当成大事。

军营之中，此时一片整肃，田穰苴早早赶到，赶到后只做了一件事，立起木杆为表，看太阳的移动，放好水漏为计，计算中午时分的到来。

三军整肃，将士们持戈列队，惊奇地看着这位他们从来没见过也没听说过的主帅。主帅军纪严整，面无表情。将士们心存疑惑，队列沉默。

太阳就这么一点点升上中天，立下的木杆从长影缩至最短，又一点点开始拉长，水漏滴水，也表示正午已过。

沉默的主帅发话了，他的第二个军令很奇怪，让人把木杆推倒，水漏倒掉，然后，登上点将台，一条条发布军令，申明约束。

一身酒气的庄贾赶来时，田穰苴的讲话已经结束了。就在大军注视下，田穰苴问庄贾：为什么迟到？庄贾的酒估计此时醒了些，他向田穰苴承认了错误，解释说：没想到同事和亲戚们都来送行，所以多留了一会儿。田穰苴说了下面一段话："将受命之日则忘其家，临阵约束则忘其亲，援枹鼓之急则忘其身。今敌国深侵，邦内骚动，士卒暴露于境，君寝不安席，食不甘味，百姓之命皆悬于君，何谓相送乎。"转头问部队执法官："不按规定时刻到位，军法如何论处？"执法官回答："当斩。"

田穰苴要杀庄贾的这番大道理，与田穰苴要求庄贾来监军时的大道理一样，都冠冕堂皇，无懈可击。

问题只在于，如果他不说这两番大道理，庄贾不来监军，或者他就不理会庄贾，按说对三军出征都不会产生影响。

如果田穰苴是齐国领兵已久的名将，上述道理绝对成立。

只是，田穰苴从未领过兵，他是从无名的军事理论家一跃而成为三军统帅的，他吃几碗干饭，是个干嘛的，战士们、副将们谁也不知道，大家如何服从他？他的每一条军令，如何才能得到完整执行？

大家不知道他是干嘛的，总该知道君王是干嘛的吧，总该知道久在君王身边，最受宠信的人是个什么身份吧。如果他的第一刀下去砍的是这么个最受君王宠信的人的脑袋，那么，他的刀，就有资格砍下君王之外任何一个人的脑袋。

你可以不知道这位大将军吃几碗干饭，但你一定要知道他有资格要你的脑袋。那么，你唯一的选择，就是听话。

这其实就是古往今来，对部队的第一要求：服从命令听从指挥。

这一要求还有一种表达方式：军人以服从为天职。

庄贾的命运，其实从田穰苴答应为将出征时，就注定了。当然可以不是庄贾这个具体人，可以是国王高度信任或喜欢的任何一个人，要点只在于，这个被杀的人，他被国王高度信任或喜欢，一定是被一般人所熟知的，杀这样的人，才具备立威的条件。譬如兵圣孙武首先杀的，就是吴王的两个宠姬。庄贾和宠姬很不幸，成为这两位军事家起步的垫脚石。他们又很幸运，跟着两位军事家名传千古，虽然他们自己可能并不喜欢这样的名传千古。

当齐景公派出求饶赦免的使者快马加鞭，气喘吁吁赶到军营的时候，庄贾的脑袋早已与脖子分离，成为一件最直观的纪律条文，让"三军之士皆振栗"。

派人向齐景公求救，是庄贾临死前做的最后一件事。其实田穰苴可以阻拦，他没阻拦，等着的就是这个君王使者。田穰苴首先让部队听到自己的声音："将在军，君令有所不受。"又问部队执法官："在军营中飙车该怎么处理？"得到的答复仍然是："当斩。"

在此时，已经不会有任何人怀疑田穰苴有砍君王使者的胆量。那个使者面对庄贾的脑袋，更没有任何怀疑，求饶，成为他唯一的，也是明智的选择。

这次田穰苴倒没砍使者的脑袋，只砍了驾驶员的脑袋及马车上的立杆。这显示出田穰苴不只是位出色的军事家，更是一位手腕老到的政治家。正如后世整理他的兵法《司马穰苴兵法》，展现的不仅仅是战略战术，还包括治国治军方略。

田穰苴用过庄贾的脑袋后，没再提派监军的事，随即出兵。此时已完全确立了主帅权威的田穰苴，对待士兵是完全不同的另一风格，举凡士兵们住宿吃饭饮水病痛用药，他都亲自过问关心，亲自安排，他将自己的所有工资津贴补助全部拿出来分给士兵，他自己则与士兵们平等分配，对病弱的士兵特别照顾。如此三天以后，整编部队，"病者皆求行，争奋出为之赴战"。

面对这样的强人，晋军、燕军还有什么脾气？齐军还没到达战场，晋、燕两国部队，就逃命般地撤走了。

孙　膑

孙膑是孙武的后世子孙，距离孙武的时代大约有一百多年（从孙武与伍子胥率吴军攻破楚国首都郢，至孙膑率齐军在马陵道上射杀庞涓，其间共一百六十六年），按二十五年一代人计算，孙武大约是孙膑的太太爷爷。据《越绝书》记载，孙武墓在江苏的吴县，说明孙武虽然是主要地盘在山东的齐国人，但他后来还是定居在了江苏。《史记》中说孙膑出生在山东东阿鄄城一带，那么孙武的后人又迁回了山东。不知是什么原因让他们在江苏待不下去。

孙武的兵法在他尚未被伍子胥推荐、吴王重用之前，就大致写出来了，后来随着他的赫赫战绩，名重一时，流传天下。孙膑作为孙武的直系后人，家中没理由没有太太爷爷的遗留。但孙膑却要出门求学，跟着别人学兵法。据此，可以推测，在孙武至孙膑这百多年间，孙家似乎发生过一些不太平常的变故。

出门求学的一大好处，是结交同学。

照顾他的这个同学叫庞涓，他是孙膑的高年级校友，毕业比孙膑早，两人在学校里的时候，关系应该相当铁，所以庞涓来到社会上就业后，能够有福同享，立即召约小师弟孙膑也来就业，孙膑也高高兴兴地立即前往。

那个据说叫鬼谷子、也据说叫王栩（号鬼谷子）的师父，应该很有资格骄傲，这不单是他教出了两个名传千古的军事家学生，还在于他教出的学生，就业看来一点都不困难，庞涓的就业岗位，直接做到了当时天下第一军事强国魏国的三军统帅位置上，我相信在学生时代，庞涓不可能有机会在战场上展现他的军事能力，他直接登上高位，即缘于他的才华打动了魏国领导人，也要归功于他老师的教育影响力。

庞涓约孙膑一起到魏国就业，出于什么心理，后世有很多种说法，但若说庞涓最初的目的就是嫉妒孙膑之才，召约他是为了干掉他，似乎有点说不大通。因为庞涓如果不约孙膑，孙膑未必就一定能在其他国家受到重用，就算在其他国家受到重用，也未必就与魏国是敌对国。

但若说庞涓召约孙膑时，居心多么善良光明，更说不通。因为孙膑赶到魏国后，庞涓根本就没有向魏王推荐。庞涓与孙膑同学多年，不用等到魏国重见才知道孙膑的才能在己之上，才突发恶念。

总之，庞涓召约孙膑，却不将其推荐给魏王，而将其砍去双脚，脸上刺了字，却又不杀。这是个很奇特的行为。后世万千文章，对此做过种种解释，大都显得民间故事化。

庞涓将孙膑搞残废后，好像没怎么再限制孙膑的自由，所以孙膑才有机会在听说祖国齐国的外交大臣到魏国后，可以悄悄去见这个外交大臣，并有充足的时间，说服这个外交大臣对自己刮目相看。要知道，要一个高官相信一个素昧平生的残疾人，并且冒着个人和国家的双重危险，把残疾人带走，不是轻而易举的事。这说明孙膑既有真才实学，又有口头表达能力。那个使者也有了不起的识人慧眼，这是一位不可多得的伯乐，可惜历史上没有留下他的名字。

魏国的国都，距魏齐边境最少也有几百公里距离。以那个时候的交通条件，走个十多天很正常。齐国使者把孙膑偷偷拉走，起码在十多天内，庞涓没有发现。说明庞涓虽然认可并嫉妒孙膑之才在自己之上，却终究也没太把孙膑放在眼里，没有严格地关照他，控制他。

到齐国后，孙膑并没有能直接见到齐王，而是由齐国部队领导人田忌接待了他。这个田忌就是田穰苴家族的后世子孙，祖上同为著名军事家，很容易就一见如故，惺惺相惜。

第一次展现孙膑卓越的军事指挥艺术的机会，很快到来。田忌与齐王玩赛马赌钱，老是输。孙膑跟过去看了看，发现田忌的马与齐王的马差距不大，上等马、中等马、下等马，都很接近，但就是这毫厘之差，让田忌在三局两胜的游戏中，胜少败多。孙膑向田忌建议：用你的下等马去赛齐王的上等马，用你的上等马去赛齐王的中等马，用你的中等马去赛齐王的下等马。

如此一来，胜负毫无悬念。此前屡战屡胜的齐王现在屡战屡败，很不理解，问田忌用了什么办法，田忌趁机推荐了孙膑。

这个齐王是齐威王，是齐国历史上一位传奇国王，他即位之初，长达九年的时间，沉溺酒色，不理朝政。一位叫驺忌的琴师，自称可以为齐威王弹琴，齐威王召见后，却只谈乐理而不抚琴，齐威王追问他，驺忌回答：我只是一会儿不弹琴您就不高兴，可您手拿着齐国这把大琴，长达九年不弹，您问过百姓高兴不高兴吗？齐威王由此痛改前非，一举成为齐国历史上最优秀的领导人之一。

这样一位优秀的国家领导人，当然不会放弃孙膑这样优秀的国家栋梁之才，一番长谈后，孙膑成为齐国军队的军师。

时间如流水。孙膑的机会随流水的时间悄悄到来。魏国入侵赵国，当时商鞅在秦国的改革开始不久，军事上的威力还没有显现出来，魏国的军队尚继承了吴起时代的精神，战斗力仍然是天下第一，赵国很快抵挡不住，向齐国求援。齐威王任命孙膑为部队统帅，带兵救援。孙膑推辞，只愿做个军师。于是孙膑的伯乐田忌担任元帅，孙膑作为军师，坐在敞篷车里，随军出发。

中国军事史上一个非常著名的经典战例，由此产生：围魏救赵。

孙膑认为：不能攥着拳头去解除纷缠凌乱的线头，也不能直接以助拳参与战斗的方式去拉架，那样只会越搞越乱。只有避实就虚，让形势发展受到阻滞，事情自然就缓和松散了。魏国入侵赵国，最精锐的部队必然在前线，齐军只需去佯攻魏国首都，魏国必然回救。届时以逸待劳，魏军必败，赵围必解。

事情的发展如孙膑所料，齐军大败魏军。残疾人孙膑让他的同门师兄庞涓结结实实领教了什么才是大军事家。

又过了十多年，军事力量仍然称雄天下的魏国，不甘寂寞，入侵韩国。这次是赵国配合魏国攻击韩国，可见在利益面前，什么样的前仇和矛盾都可以化解。韩国向齐国求救。齐国再次派田忌担任元帅，孙膑担任军师，去救韩国。

这次不用再讨论了，齐国军队直奔魏国首都去了。魏军统帅庞涓这次学精了，提前防备到这一手，探子一报告齐军动向，他就立即撤兵回去，试图与齐军一决胜负。

当时的情况是：齐军进入了魏国国土，直指魏国首都，庞涓率魏国精锐部队，紧跟在齐军后边追赶，其间距离，应该只有一天的路程。

也就是说，只要魏国国都能坚守一天以上（这个应该没问题），齐军就会被包饺子。

紧追不舍的庞涓，每天观察齐军烧火做饭的灶台，发现灶台每天都在减少——这说明齐军战士知道危险，越来越多的人开了小差。

这一减灶之计，《史记》中是这样说的："齐军入魏地为十万灶，明日为五万灶，又明日为三万灶（《资治通鉴》的记载是二万灶）"。

三天时间，开小差的人达到三分之二，你信吗？

从司马迁写出这一段历史以来，对此抱有怀疑态度的后世读者并不少。宋朝学者洪迈在他的《容斋随笔》中，有这样的表述：司马迁说齐国军队进入魏国地盘后，第一天修了十万个灶台，第二天修了五万个灶台，第三天就成了三万个灶台。当时正是身处敌国，紧张行军，每天晚上居然还有耐心去修灶台，不知道战士们有什么精力时间来干这事？又何必一个人一个灶台呢？庞涓跟有齐国军队屁股后头追赶三天，因为灶台数量，大喜说：齐国战士超过一半开了小差。那说明庞涓每过一个齐军营盘，就要安排人一个个细数齐军的灶台，这是急着回国救急杀敌的军队可能干的事吗？

洪迈的质疑，有拘泥的地方，譬如十万灶五万灶，我们可以理解为供十万人就餐供五万人就餐的灶台，是个大致数字，不必一定是一个战士一个灶台。但在紧张的行军与追赶过程中，是不是真的有时间有耐心停下来修灶台数灶台，真的要打问号。

  我写这部书，并没有考证历史文献及事件真伪的目的，偶尔在文章中对文献资料及事件做一点考辨，主要还是用来调节文章叙述节奏，同时希望这部书的读者知道：对同一件历史事件，历史上往往有不同的说法，我在我的书中介绍给您的，只是最主流或我所认可的一种。如果希望了解更多，我还是希望读者朋友可以去阅读尽可能多的历史原著。

  按《史记》及《资治通鉴》的记载：数完灶台后，精神备受鼓舞的庞涓生怕齐军不用打就溃散了，于是率领最精锐的战车部队，脱离行动迟缓的步兵，加速追赶。

  这一天傍晚，追到马陵道，道边有大树，树皮剥下来，露出白生生的树干，树干上写了字。庞涓让人举火把去看，是这样几个字：庞涓死于此树下。

  读过这几个字，庞涓终于明白，齐军减灶只是故意示弱、引诱自己冒进的计策。此时齐军伏兵四起，箭如雨下。庞涓长叹一声："遂成竖子之名"。拔剑自刎。

  不知庞涓拔剑之时，心中会是何等凄凉。千秋万代，庞涓作为嫉妒、小气、恶毒的代名词，被人唾骂、耻笑。但庞涓当初，只要再狠一点，不只是让孙膑变成残废，而是直接让孙膑变成死人，哪有后来的马陵道之败？

  《孙膑兵法》在《汉书》中有记载，说全书共八十九篇，还有四卷图。但在东汉以后，就再也没有记录，从此失传，由此引发后人的种种猜测，很多人认为这个《孙膑兵法》只是对孙武的《孙子兵法》的误传，孙膑本人没有兵法行世。直至1972年4月，山东临沂银雀山西汉墓同时出土了《孙子兵法》和《孙膑兵法》，其中的《孙膑兵法》残简，共三十篇，一万一千余字，孙膑卓越的军事才华，才重新被世人认识。

乐　毅

  诸葛亮躬耕陇亩之时，常常自比管仲、乐毅。管仲是一代名相，辅佐齐桓公，成为春秋五霸之首。乐毅则是一代名将，以弱燕击强齐，几乎覆灭了齐国。

乐毅是名门之后，他的祖先叫乐羊，是魏文侯时代的将军，曾为魏国吞并了中山国，称得上一代名将。只是他同时代有个更卓越的名将吴起，把乐羊的光芒遮掩去很多。

乐羊死后，中山国复国，几十年后又被赵国吞并。乐羊后人一直定居在那里，稀里糊涂就成了赵国人。

乐毅也在赵国当了官，当时赵国的国王是那个胡服骑射的一代名君赵武灵王。跟着这样的领导干，应该是人才的最佳选择，只可惜赵武灵王被一场政变，活活地饿掉了性命。乐毅对赵国很失望，出走魏国。魏国倒也重视人才，给他官当，却没有用其所长，只是个闲职，这显然不能让胸怀锦绣的乐毅满意。

就在这段时间，燕国出了一场非常有寓言意味的内乱，燕国国君姬哙居然向上古时代真假难辨的尧舜禹学习，以禅让的方式，把他的国家，和平地交给他的相国子之——这是中国历史上唯一一例信史记载的和平禅让，而传说中尧舜禹的禅让，是儒家学者顶礼膜拜拼命鼓吹的帝王榜样，姬哙也是听信了那些儒家的鼓吹，才甘心情愿地放弃权力，禅让王座。

以人品而论，我绝对相信姬哙是个近于伟大的国君，在信史记载的中国历史上，没有第二个国君有他这样放弃。但这样一个对儒家学说信之行之的国王，却没能得到后世儒家学者的推崇，原因只有一点，尧舜禹是榜样，榜样只能摆在那里看，是不能效仿的。东施效仿了一次她的榜样西施，后果是出丑两千多年，姬哙效仿了一次儒家偶像，后果则是把国家搞乱。

如果没有好的制度，仅靠个人品格，是无法把好事长久办好的，因为我们无法要求所有人都是圣人。姬哙可以放弃手中的荣华富贵，他的儿子姬平不愿意，通过几年地下活动，姬平起兵攻击子之，子之反攻，双方打的不可开交。相邻的齐国趁机侵略燕国，仅用五十天时间，就攻下燕国首都，子之被砍成肉酱，佛一样的姬哙死于乱兵。关于姬平有两种说法，一种是他领导燕国人民反击齐军，把齐军赶出国土，他即位成了燕昭王；还有一个说法，姬平也战死了，赵武灵王把在韩国做人质的燕公子姬职送回燕国，继位成了燕昭王。总之，不管是哪个，姬哙的勇于放弃权力，给他本人、他的家族、他的人民、他的国家，带来的是同样的灾难。而燕国虽然经过艰苦抗战，把侵略者赶出国土，却也受到很大伤害。新上任的国王燕昭王耿耿于怀，一心向齐国复仇。为征召天下英雄，燕昭王专门筑造了一座"黄金台"。

黄金台，这是对天下英才的渴慕、重视，也成为千秋万代杰出人才所向往的所在。

燕昭王的恢宏大度，让他得到了乐毅，乐毅是以魏国使者的身份来到燕国的，没有哪个真正的人才不曾有士为知己者死的念头，乐毅为他的知己留在了燕国。

燕昭王最初是把乐毅当做与自己地位平等的贵宾来对待的，乐毅坚决不同意，坚持以臣子礼节对待燕昭王，于是，乐毅成为主管军队事务的政府第二把手——亚卿，第一把手是正卿。

乐毅是一个非常有耐性的人，他在亚卿这个位置上干了很多年，据说有二十多年。此前，燕国是战国七雄中最弱的一个，乐毅用二十年时间，使其强大起来。这也说明，作为军事家，乐毅与吴起有很大的区别，吴起走到哪里，哪里在军事这一项上立即战无不胜，而乐毅却要步步为营。

我没有比较两位军事家谁优谁劣的意思，他们面临的形势不一样，环境不一样，敌人不一样，做事方式本没有优劣之分，区别只在于谁更符合当时的现实。我只是通过比较说明，军事家有很多种，成功的战神，不一定要走同一条路。

燕国埋头于国内经济、军事建设的二十年中，齐国则四处征战，战绩显赫，齐国国王齐湣王得意洋洋，目空一切，没觉察到到连年的战争已掏空了齐国的国库，献钱献租献子弟的齐国老百姓，也对国王的穷兵黩武心怀不满。

燕昭王不是军事家，但他是卓越的政治家。卓越的政治家都有把握机会的政治敏感。二十年间，他放手让乐毅富国强兵，除了支持，从不干预，现在，他适时向乐毅提出了讨伐齐国的建议。

乐毅对齐燕两国的形势做了一番分析后，征得燕昭王同意，分别联手赵、韩、魏三国，相约一起征讨齐国，赵国又联络了秦国。公元前284年，燕昭王拜乐毅为上将军，率领燕国全部精锐部队，连同秦、赵、韩、魏共五国大军（这里采用的是《资治通鉴》的说法。《史记》中说楚国也派部队参加了征讨，但看随后各国向楚国求救，楚国出兵救援齐国的情节，似乎楚国从最初就不会派兵征齐），浩荡出征，直入齐国。

齐湣王是中国历史上少有的以自高自大成名的国王，听到五国联军入侵的消息，他并不紧张，调集全国军队，任命触子为帅，统军出征。出征前，向触子下了这么一个命令：只许胜，不许败，败了，就挖你的祖坟。

这样的出征动员很罕见，罕见并不罕见在前面六个字，而在于败后的处理。齐军与五国联军在济水以西展开决战，毫无悬念地溃败。触子扔下军队跑了，不过齐湣王也没心情没机会挖触子的祖坟了，因为燕军紧跟着打了过来。

燕军长驱直入之前，乐毅已经让另四国的部队抢占胜利果实去了，他只率领燕军直逼齐国首都临淄。

与另四个国家的部队分手时，燕国另一位杰出人才剧率提出自己的忧虑。他认为相对于齐国来说，燕国是个小国，此次取胜，有赖于另四个国家的军事力量，现在孤军深入，恐有危险，还不如实事求是地抢占齐国边境城市就够本了。乐毅不同意，乐毅认为此时机会难得，若错失良机，齐国安顿下来，很快就会卷土重来，到那时，战局就很难说了。

原本在准备阶段有着二十年耐心的乐毅，此时只争分秒，大军急进，迅速攻陷齐国都城临淄，齐湣王逃走。

乐毅将齐国首都的珍宝收集起来，运回燕国，向燕昭王报捷。眼看二十多年旧耻，今日得雪，喜上心头的燕昭王亲自赶到济上慰劳军队。犒赏三军过后，乐毅又将士气高涨的部队分成五路，全面清剿燕国尚存的抵抗力量，不到半年时间，齐国七十余城，分别陷落，都被改设为直属燕国的郡县，只剩下莒城与即墨城，还在垂死挣扎，苦苦支撑。

此时的乐毅，又重新回到了他当初的耐心，他对莒与即墨围而不攻，只在已占领的齐国领土上，全面推行燕国化。他为齐国的传奇国王与宰相齐桓公、管仲修筑庙宇，进行祭祀，在齐国封了二十多个拥有燕国封地的封君，给一百多个齐国名流封了燕国的爵位，史书上没有记载这些人有反抗的举动。

如果形势一直这样对峙下去，齐国人也就在乐毅的怀柔政策下，渐渐认可了被燕国化的事实。事实上，对老百姓来说，谁是他们的国君并不重要，重要的是谁让他们活得更好。我相信燕昭王和乐毅一定会比昏暴的齐湣王更能让老百姓轻松些。对于上层官员来说，其实也没有多少忠心耿耿、礼义廉耻可言，关键是新主子来了后，他们的地位、待遇有没有变化。看乐毅上面的行为，这些人的地位待遇不但没降低，应该还提高了一些。

就这样，时间如流水一样，过去了三年。除了坚持抵抗的莒与即墨，齐国的被占领领土上，人民安居乐业，各处为燕国服务的基层政府，也高效地运转着。没有反压迫、反侵略的暴动或游击战发生。

在这种情况下，中国历史上人数最多的小人出现了，在羡慕嫉妒恨的交相煎熬下，他们克制不住地找到英明领袖燕昭王，打乐毅的小报告：他能用几个月就打下齐国七十余城，为什么几年时间却攻不破两座孤城？原因只在于他有野心，想收服齐人之心，自立为齐王。

能够让乐毅这样的大军事家心悦诚服的领导，那真不是一般的英明，燕昭王听完小报告后，二话没说，立即把这个打小报告的人砍头，然后封乐毅为齐王。

乐毅感激涕零，却死也不肯接受燕昭王的这一封号。

时间再次如流水般过去了两年。在这五年里，齐湣王被杀，齐太子法章在莒登上齐国王位，田单在即墨成为抵抗军领袖。这是两个出色人物，田单更是紧随在乐毅之后，成为我们下一节要述说的名将。但综合当时的形势来判断，只要上天再给乐毅三年时间，齐国必亡，这不是法章和田单所能挽回的。

这个上天，其实可以具体化，那就是燕昭王。燕昭王的生命如果再延长三年，他将看到燕齐统一，燕国成为战国第一强国。

只可惜，燕昭王没有那个福气，公元前279年，乐毅攻入齐国的第五年，燕昭王去世，其子燕惠王即位。紧接着，军事才能并不弱于乐毅的齐国抵抗军领袖田单，派人去燕国散布流言，这流言也没什么创意，就是把此前那个小人向燕昭王打的小报告一而再，再而三地重复。很快，燕惠王听到了并下令：乐毅回国，骑劫取代。

如果燕昭王地下有知，不知会不会气得再死一次？

长达五年的耐心，挽回的是这样一个结果：功败垂成。乐毅做出了选择：不回燕国，直接逃往赵国。

燕惠王为自己的愚蠢付出的代价是：燕军溃败，齐国复国。直到此时，燕惠王才后悔自己的笨蛋行为，他写信给乐毅，请乐毅看在燕昭王当年的情义上，重回燕国。乐毅写了一封长信来回复，这是一封虽然隔了两千多年，对当代的我们仍有启发的信，信的名字是《报燕惠王书》。

乐毅虽然离开了燕国，但他的儿子乐间留在燕国，燕惠王请不回乐毅，就把乐间封为昌国君。几十年后，燕国想去攻打赵国，乐间提出反对意见，燕王不听他的，结果被赵国大将廉颇打了个稀里哗啦。后来乐间也回到赵国居住。汉代的开国之君汉高祖刘邦，也是乐毅的"粉丝"，有一次，他途经赵地，打听到乐毅的孙子乐叔尚在，就把他封为华成君。直至一千多年后的唐代，乐毅仍然做为神一样的古代名将，受到广泛的祭祀。

田　单

中国当代的许多历史类著作中，涉及田单时，基本说他起点甚低，实际上田单的起点很高，燕军入侵之前，他是齐国首都临淄的市政官员，并且他是齐国王室成员（在族谱上有些疏远）。燕军打进来，临淄居民争相出逃，田单也在其中，路上，他看到因为逃亡的人太多，交通极度拥挤，车辆碰撞在所不免，他就让同族的人把车辆两边露在车轮以外的部分锯短，再用铁皮包起来。不久，燕军尾随杀到，这些难民再度逃难，车辆拥挤，长长地露在外头的车轴相互纠绊，多因撞断而无法行走，成为燕军俘虏，独有田单一族因为他的先见之明，轻车快马，顺利地逃到即墨城。

这一段历史记载，说明了以下问题：首先，田单是他们本族人中的核心人物，他的建议是大家都要执行的。要知道，田单家庭是王族的一个分支，就算已经有距离了，他做为族中关键人物，平时与王室也不会疏远到哪儿去，这是他的政治先天优势。其次，从出逃的人大多乘车来看，普通百姓是不用逃难的，逃难的人大都是中产以上阶层，也即统治阶级。整个齐国统治阶级一窝蜂的出逃过程中，田单的锯轴裹铁、顺利逃走的过程，无疑会给他同一阶层的人强烈的心理暗示：这是一个可以托付身家的有智慧有计谋的人。田单赢得是他本阶层人士的倾心。

有了这两个前因，大家逃到即墨后，即墨大夫率军出城抵抗燕军，不幸以身殉职后，田单就顺理成章地被大家共同推举出来，成为即墨战时最高统帅，带领大家，抗燕救国。

乐毅一生中的重要战绩，在于伐齐一战。田单一生中的重要战绩，在于复国一战。乐毅伐齐，缓急之间，堂堂正正。田单复国，则用心各种计谋，堪称兵法集中展现场。

田单被推举为抵抗军领袖时，燕昭王还没死，名将乐毅指挥燕军，有条不紊地安抚着齐国百姓的心，消解着齐国战士的斗志。田单一点办法没有，只有加强防守。

不久，燕昭王死去，给了田单复国的第一个机会，田单绝不浪费。他立即派人去燕国首都，散布乐毅要拥兵自立的流言，果真打动了燕惠王的心，马上派骑劫去取代乐毅。

这一计叫做反间计。

反间计在中国战争史上赫赫有名，因为它成功地左右过许多决战结果，以及国家命运，如秦国以反间计拿下赵国名将李牧，曹操以反间计离间韩遂、马超，清廷以反间计为袁崇焕送命。李牧、袁崇焕被间，导致赵国、明朝灭亡，韩遂、马超被间，导致曹操取胜。

反间计要成功，需要一个前提条件，就是被离间的两方中，起码有一方是疑心病患者。如果被离间的两方相知相重，生死不改，那么这一计是行不通的。

田单这一计行通了，只证明了燕惠王的愚蠢。

功败垂成的乐毅，很明智地选择了出走赵国。走马上任的骑劫，此前在燕国国内，看着乐毅横扫齐国如卷席，心中一定是不服气的。

田单第一计成功，随即第二计开始。他下了一个奇怪的命令：即墨城中居民，每次吃饭前，都要在院子里放置饭菜，祭奠祖先。

这么做的最直接结果，是让那些因战乱而觅不到食的飞鸟纷纷飞来，啄食饭菜。这种飞鸟群集的现象，在古人眼中，是吉祥的兆头。譬如后世的岳飞，就有幼时遭遇洪水，百鸟翔集，遮蔽呵护的传说。燕军看到这一奇观，不明所以，纷纷猜测。

田单由此宣称：老天爷要派一位神师，来教我们用兵。一位小战士冒冒失失地问他：我可以做这位神师吗？话说完就害怕，掉头就走。田单把他拉回来，供奉到上座，以神师的礼节对待他。小战士知道自己闯了祸，老老实实说：我没什么本事，当不了神师。田单不让他继续说话，说：你什么话也不要说，就这么坐着好了。田单恭恭敬敬、一丝不苟，每次下令或操练，打出来的旗号都是老天爷（神）的安排。燕国军队听到这个消息，自然惊骇猜疑，齐国军队则一切惟命是从，并且自认为得到老天爷的帮助，士气高昂。

孙子兵法对取胜之道有这么一句："能愚士卒之耳目。"田单的伪托神师，算是对这一名句的一个成功诠释。

以装神弄鬼的方式，成功地将文化水平不高的部队团结起来后，田单紧接着推出另一个深合兵法要义的举措：他派人出城放风，说：齐国人什么也不怕，就怕燕国人把齐国俘虏割掉鼻子，排在军队前方，与齐国战士作战。燕军听到后，果然把齐国俘虏的鼻子全部割掉，每天列队在前，向守城的齐军示威。

燕军这么做得到的唯一结果，就是让齐国战士宁可战死，也不肯做俘虏。

田单紧接着拿出更狠毒的一招，他又派人去城外散布流言：齐国人现在最害怕的，就是燕国人把他们在城外的祖坟掘了，这样就会让齐国人心涣散。

骑劫听说了毫不犹豫，马上派人去将齐国人的祖坟一一找到挖开，就在即墨城外，将齐国人民死去的父母祖辈的尸骨点火焚烧。

这么做的后果，我们用脚趾头都可以思考出来，那必将让城中的齐国人悲愤交加，誓死雪耻。

此前，对仍在抵抗的齐国人来说，他们对燕国的仇恨，来自于虚无飘渺的亡国之恨。只要燕人以怀柔政策，让齐国人觉得，新政府政策比原来那个国家公平幸福多了，他们就将在时间的消磨下，慢慢忘却故国，成为新政府顺民。一代代朝廷更替，都在演绎着这个真理。但现在田单用他相当卑鄙的作法，成功地把亡国仇恨转嫁到每个普通齐国人头上，让大家把赶走燕国侵略者变成了自觉自愿的行动。

孙子兵法有一句："故杀敌者，怒也。"田单成功激起了齐国人对燕国侵略军的怒火。

面对一个个摩拳擦掌，红了眼睛要跟燕军决一死战的齐国战士，田单知道：决战的时候到了。

田单派人在城中百姓中募捐，得到一千锭金子，派人出城送给骑劫，要求投降，并请求在投降之后，不要掳掠伤害田单家族的男女老幼。能够不战而取得最后胜利，当然是最好的选择，骑劫一口答应了使者的要求，静待田单投降。

田单在城中收集了一千多头牛，给它们穿上了画了龙纹的红衣裳，牛角上分别绑上尖刀，牛尾巴绑上浸满脂油的芦苇，把城墙悄悄挖开几十个洞。在一个没有月亮可能也没有星星（有乌云）的夜晚，几十个挖好的城洞一举打开，一千多头牛一次性撒出。牛尾的火把明晃晃点亮，烧痛了的牛一往无前，直冲燕军大营，牛后头跟着五千位齐国精锐战士。

面对突如其来的怪物，燕军大乱，牛顶人砍，燕军溃败，并且一败不可收拾，短短时间内，齐国全境，完全光复。那个收了田单一千锭金子的骑劫，早死在敌军之中了，他为自己和赏识他的燕惠王的愚蠢，付出了生命的代价。

孙子兵法有这么一句："始如处女，敌人开户；后如脱兔，敌不及拒。"田单示敌以弱，骗得燕军放松警惕，随后火牛冲锋，一往无前。对孙子的这句名言，做出了完美的注解。

田单的这个火牛计，在中国战争史上，赫赫有名，相信现在正在读我这篇文章的朋友即便不清楚此计的详细过程，也应该听说过这三个字。

毫无疑问，火牛阵来自田单天才的创意。但这样的天才，并不只中国军事史上有，西方军事史上同样存在，与田单同时代的罗马与迦太基的战场上，便神奇地上演了与齐燕战场完全相同的火牛阵奇观。下面是钱钟书先生《管锥编》中的一段文字："汉尼巴尔（家强按：汉尼巴尔为迦太基名将，现在一般译成汉尼拔，是我最敬佩的西方名将之一）为罗马师所困，悉索军中牛，得二千头，以干柴为火把，束角上，入夜燃之，牛骇且痛，狂夺，过处无不着火，罗马师惊溃，围遂解。额火与尻火孰优，必有能言之者。"

钱钟书先生以文言行文，额火就是指汉尼拔把火把绑到了牛角上，火在牛额前燃烧；尻是个很文雅的说法，就是屁股，尻火就是指田单把火把绑到牛尾巴上，火在牛屁股后燃烧。钱钟书问：这两个绑火把的位置，哪个更好一点呢？

汉尼拔可以摆布火牛阵，是因为他被罗马军队围困不久，随军驮东西的牛都在。田单这个火牛阵最古怪的一点：以即墨这样弹丸之地的小城，被困这么多年，城中能做到可以不吃人，已经了不起了，怎么还能找到一千头牛呢？

火牛阵后，齐军尾随溃败的燕军，一路追赶，所到之处，失地尽复。这固然是因为田单统军有方，也是因为齐国此时已经确立了新的国家领导人齐襄王，大众心有所属，方可一呼百应。

这个齐襄王名字叫法章，他爹齐湣王在莒城被杀时，他逃到莒城太史敫家中打工，给太史敫整理后花园。太史敫的女儿见到了他，也许法章从小接受最高等教育，与一般打工园丁天然区别，太史敫的女儿慧眼识珠，"怜而善遇之"。后来他们两个在后花园中产生了私情，但这个私情恐怕不是一般爱情至上者所认为的小姐爱上穷书生，司马迁的记载是有前后逻辑的："法章私以情告女，女遂与通。"这说明太史敫女以身相许的前提，是已经知道了法章是王子身份。但这并不会降低太史敫女儿的大智大勇，因为按齐国当时所面临的形势看，法章这个落难王子可以给她带来的，既可能是未来的荣华，更大的可能是未来的杀身之祸。

历史对太史敫的女儿来说，上演的是喜剧剧情。很快，杀掉齐湣王的楚军被赶跑，法章被莒城的爱齐人士找出来即位为齐襄王，然后有了田单横空出世，有了火牛阵，有了成功复国。太史嫩的女儿作为"君王后"，在丈夫法章去世后，曾亲执国政多年，谱写了一曲巾帼英雄的传奇。

廉　颇

　　战国诸将中，廉颇的名气很大，这与他和蔺相如合演的那出"将相和"有很大关系。在将相和的故事中，他创造了"负荆请罪"这个成语，这让廉颇身为名将，却在战功之外，另有名垂千古的法宝。

　　在习惯上，人们都把廉颇看成老将，比喻一个人老当益壮时，也往往说他勇似廉颇。廉颇老当益壮，老骥伏枥，志在千里，这些都不假。但若说他大器晚成，就不合实际。《史记》中没有廉颇的生卒年，但《史记》中给出了他身为赵国大将、统军作战的大致年代，至少从赵惠文王中期（约公元前285年前），廉颇就是统领赵国军队的元帅级大将。并且随后廉颇虽然不再为赵国服务，仍在多年后被楚国任命为将军，这个时期估且算做公元前240年左右，那么廉颇作为部队统帅级人物领兵做战的时间，最低不会少于四十五年。而《史记》及其他史籍中没记载廉颇是少年天才，说明廉颇大致应该是靠战功累积上去的，就算他提拔速度再快，从基层军官进步到一国大将，怎么也不会少于十年吧。

　　战国时期，人才备受重用，也存在一些一步登天的大人物，但这样的人物无一例外，都得到当权派的大力推荐、担保，这样的推荐、担保，史书中一般会留下记载。廉颇不是赵国人，他在赵国为上将，却没留下被人推荐、担保的记载，这也只能理解为他是从中下级军官干起，靠自己的忠诚、勇敢，一步步走上最高军事统帅岗位。

　　也就是说，廉颇搏杀疆场的时间，最起码要在五十五年之上。考虑到古人的寿限，这是个让人吃惊的数字。

　　廉颇作为大将，在中国战争史上留下的第一笔传奇，是在赵惠文王的中期。当时秦国已经强大成了巨无霸，军事力量在战国七雄中稳居第一，并且把第二远远甩开。也许那个时候的秦国已有吞并六国的雄心，秦军四处侵略，各国也纷纷割地求和。

廉颇在历史上的第一笔重大战功，便是抵抗秦军的进攻。战斗力最强的秦军连攻几次，无不是铩羽而归，秦国国王昭襄王无可奈何，只得与赵惠文王在中阳（现在的山西省中阳县）那个地方见面讲和。当时是公元前285年。

过了两年，廉颇又领兵打败齐国。这次战争据史籍看，齐国并未主动挑衅赵国，而是赵国主动"伐齐"。因为廉颇的优秀，这次侵略战争战果辉煌，把齐国的阳晋（现在的山东郓城）打下来，归入了赵国版图。廉颇的善战之名，由此在各国间流传。赵惠文王论功行赏，封他为"上卿"。

战国时期的爵位等级，最高等的当然是国君（王），国君以下的国家管理人员，大致分为卿、大夫、士三级，卿又分上卿和亚卿两种。廉颇的"上卿"，就相当于后世的一品爵位了，国王之下，国民之上。

在一个国家，成为一人之下、万人之上的滋味，一定很享受。

身经百战的廉颇在上卿的位置上风光了不久，突然发现又有一个人也成了上卿，并且排名在他之前。

这个同为上卿，列名廉颇之前的人，叫蔺相如。

蔺相如完璧归赵的故事，中国人耳熟能详。但很多人可能不知道的是，在秦国要求以十五座城池换赵国的和氏璧的时候，赵国朝廷上有过一番讨论，认为如果将璧送出去了，秦国不可能会割让城池，徒然被欺；若不送璧，又怕招来秦国军队。包括上卿廉颇在内，大家对此都犹豫不决。这个时候，是宦官头目缪贤推荐了蔺相如。

蔺相如是缪贤的门客；某次，缪贤得罪了赵王，想出逃到燕国。蔺相如问缪贤：你是怎么与燕王成为朋友的？缪贤回答：我曾跟随赵王与燕王会盟，燕王私下里握着我的手，热情地表示要与我结为好友，所以我去投奔，他一定会收留的。蔺相如说：因为赵国强大，燕国弱小，而您又是赵王的心腹，所以燕王才与您结交。现在您成了赵国的罪犯，您以为一心巴结赵国的燕王还会拿您当朋友吗？他一定会把您绑起来送回赵国，借此来加厚与赵国的感情。

蔺相如给缪贤出的主意是：脱去上衣（肉袒），带上执法工具（伏斧），投案自首，找赵王请罪。结果是赵王果然赦免了缪贤。

遇到问题，要有勇气去面对、去承担，这样的人，即便有一点小过失，也易于得到别人谅解。

蔺相如对缪贤说的话，打动了赵王，蔺相如果然被任命为赵国使节派往秦国，蔺相如也果然不辱使命，完璧归赵。随后，秦王又邀约赵王于渑池相会，会上，秦王试图侮辱赵王，也是因为蔺相如的大智大勇，秦王自取其辱。

渑池会之后，蔺相如由一个宦官的门客，一跃而成上卿，排名在廉颇之前。

几乎每一个从战火硝烟中厮杀过来的功臣，对耍嘴皮子的文人都有些看不惯。功勋卓著的廉颇更是如此，他愤愤然地说了这么一段话："我为赵将，有攻城野战之功，而蔺相如徒以口舌为劳，而位居我上，且相如贱人（出身低下），吾羞，不忍为之下（我以排名在他之后为羞耻）。我见相如，必辱之。"

看来廉颇在大庭广众之下说的这些话，很快就传到了蔺相如耳中，蔺相如从此就躲着廉颇，在朝廷中不相见，在大街上遇到了，蔺相如也主动避让。蔺相如的随从愤愤不平：您既然这么怕事，我们还能跟您混出个什么名堂，我们走了。蔺相如反问他们：廉颇与秦王哪个更厉害？大家回答：当然是秦王。蔺相如说："夫以秦王之威，而相如廷叱之，辱其群臣。相如虽驽，独畏廉将军哉？顾吾念之，强秦之所以不敢加兵于赵者，徒以吾两人在也。今两虎共斗，其势不俱生。吾所以为此者，以先国家之急而后私仇也！"

千载之下，读过蔺相如的这番话，犹感动于心。

两千多年前的廉颇，听到别人传给他这段话后，也是既感动，又羞愧，他脱去上衣，背负荆条，到蔺相如门前请罪。

荆条可以用来做鞭子，背负荆条，是请蔺相如用来抽打自己的意思。

在蔺相如的门前，廉颇说了这样一句让人无限感慨的话："鄙贱之人，不知将军宽之至此也。"

从此后，廉颇和蔺相如成为刎颈之交。

将相和，由此成为千古传诵的佳话。

此后，廉颇东征西杀，战功赫赫。而廉颇向蔺相如道歉时，称蔺相如为将军，也不是白叫的，蔺相如也曾带兵征伐过齐国，并且取胜，这说明蔺相如并不只是一个相才那么简单。

时间迅速进入公元前260年，秦军进军至赵国长平地带。廉颇引军防御，秦军远来，士气正盛，屡屡挑战，廉颇坚守不出。眼看秦军锐气渐渐耗尽。

秦军遇到廉颇这样的名将，无可奈何，只好派出间谍，到赵国向赵王说悄悄话：秦国军队谁都不怕，就怕赵括。

远在首都的赵王，对廉颇的乌龟战术相当愤怒，对秦国间谍的话信之不疑，很快做出了一个名垂中国战争史的决定：用善于纸上谈兵的赵括，去替换廉颇。

这个决定之所以在中国战争史上名声赫赫，是因为这一个决定，直接葬送了四十万赵国士兵的生命。而在中国战争史上，一战而牺牲掉四十万战士的战例，非常罕见。

赵王做出这个决定时，蔺相如正在重病中，他是廉颇的刎颈之交，自然懂得廉颇的战略战术，做为一个卓越的宰相级人物，他也很清楚赵括的分量。他去劝阻赵王：大王您认为赵括很有名气，殊不知赵括这个人是个教条主义者，遇事不知变通，如同弹琴时把琴柱胶死，根本不能调整弦的松紧（原话是："若胶柱而鼓瑟耳。""胶柱鼓瑟"由此成为一个成语），他去取代廉老将军，只能把赵军带入死路。

一头驴发怒，就是要撞南墙时，没有比驴子更大的力气，是拉不住它的。赵王是赵国的最高权力者，也就是赵国最大力气的人，蔺相如空有眼光与忠诚，却无法挽回驴子死撞南墙的结果。

廉颇被从长平免职，他的门客纷纷散去。赵括战败于长平之战后，廉颇又被赵王起用，他的门客又回来了，廉颇责怪他们，请他们滚蛋。门客们理直气壮，说出了如下真理："夫天下以市道交，君有势，我则从君，君无势，则去，此固其理也，有何怨乎？"

廉颇无话可说，门客们留下，继续心安理得地大吃大喝。

但这些门客的寄生虫生活也没能维持太久，廉颇未能被重用到底，几年后，还是被赵悼襄王换掉。门客们再次一哄而散。这次，廉颇不再在赵国经历人情冷暖了，他回了老家魏国。

赵国后来屡次被秦国欺负，赵王又想起用廉颇，派使者去看望廉颇，但耿直的廉颇在赵国曾得罪过的小人（也是赵王宠臣）郭开，贿赂使者，让使者想办法说廉颇坏话，阻断他的回归之路。接受了郭开金银的使者来到魏国，见到廉颇，廉颇的一生英名是在赵国取得，他对赵国一往情深，对赵国屡受秦国欺负也是心有不平，很想能再回赵国领军作战。他在使者面前，一顿饭吃下一斗米、十斤肉，披戴盔甲，上马驰骋，表示自己宝刀不老，犹可为国再立新功。

使者回国，向赵王的报告却是：廉颇将军虽然老了，但是很能吃，他与我坐了一会儿，光厕所就跑了三趟。

愚蠢的赵王，这次"聪明"无比，他听懂了使者的潜台词，从此便将廉颇放到脑后。

反倒是南方的楚国渴慕廉颇这样的将才，秘密把他迎入楚国为将，但此时的楚国国势已弱，廉颇好像对楚国部队也不太适应，他自己说：我愿意指挥赵国的军队。这让我们想起吴起。最终廉颇没能再立大功，死于楚国。

李 牧

在《史记》中，李牧没有自己的传记，他的事迹，是附在廉颇蔺相如传的后面，极其简洁。

因其简洁，看不到李牧的成长过程。他在司马迁的笔下，一出场，就是赵国驻守北部边防的"良将"了。

与李牧对中国历史的重大影响，要等到几千年时光过去后，才愈显彰明一样，李牧的"良将"地位，最初也并不被人认可。

赵国的主要地盘在现在的山西一带，山西向北就是蒙古草原，当时是匈奴人活动的地盘。李牧驻守的地方就是雁门关，职责是防御那些以游牧和抢劫为主要谋生手段的匈奴人入境掠夺。雁门关这个地方，是联结以农耕为主的中原地区与以游牧为主的塞外民族物资交易的重要城市，虽然是兵家必争之地，战事频仍，但冒险前来做生意的大有人在，商业贸易极其发达。李牧就根据市场实际，设置公务人员征收税费，收入都拿来用做军费，每天都要杀牛宰羊犒赏将士，吃饱喝足没事干的战士们，就每天骑马射箭，训练不止，一个个膘肥体壮，孔武有力。但李牧如此训练，就是不让战士们与匈奴人做战，他有一个严厉的军令：匈奴人一旦进犯，每一个战士都要立即入关防守，有敢擅自与匈奴人作战的，斩。配合着军令，李牧将作为情报用的烽火台搞得仔细认真，并派出间谍，侦察匈奴人动静，只要匈奴人一开拔，李牧的烽火台立即燃起烽火，在关外训练的战士立即回关驻守。如此连续几年，李牧没有任何战功，当然，也没遭受任何损失。

当时，没有受到后世文人影响的匈奴人，以及李牧手下那些吃饱喝足精力无处发泄的战士，都以为李牧是胆怯。

李牧胆怯的名声，不仅仅在边疆流传，还传到了赵国国王的耳朵里，赵王很有意思，他派出人去讥诮李牧，李牧心理强大，置之不理。赵王很没面子，一怒之下，撤了李牧的职，另派了一个嘴上功夫无敌的将军去做雁门关最高军事首长。

那个接替李牧的将军，果然勇敢，镇守雁门关仅一年时间，匈奴一来，立即出战，一战再战，有胜有败，战士多有死亡，原来的耕田牧牛更是荡然无存。赵王的脑袋这才开始灵光，去请李牧继续出镇雁门关，李牧不受命。赵王以国家的名义强令他出山，李牧提出条件：如果领导您一定要我去，您一定要允许我仍然像以前一样，我才敢奉命。赵王同意了。李牧又去了雁门关。

李牧在雁门关，一如既往，匈奴又得不到便宜了，但从心底里瞧不起李牧，认定了他的懦弱。赵国边防军继续吃吃喝喝，时间久了，纷纷请战。李牧于是选定精兵良马，埋伏在雁门关外，将养得溜光水滑的牛羊撒出去，匈奴人试着来抢，一抢便抢到手，都乐开了花，于是匈奴人集体出动，大举入侵，被赵军伏击个正着，一战而杀掉匈奴人"十余万骑，灭襜褴，破东胡，降林胡，单于奔走，其后十余岁，匈奴不敢近赵边城"（《史记》）。

此后，"李牧攻燕，拔武遂、方城"。"击秦军于宜安，大破秦军。""秦攻番吾，李牧击破秦军，南距韩、魏。"

李牧一生，战无不胜，尤其是与当时横扫天下的秦军对阵，更是无一败绩。

　　公元前229年，秦国在灭掉韩国之后，挟战胜余威，直扑赵国，李牧、司马尚率军抵抗。秦军对李牧无可奈何。看当时的战局，若假以时日，授予李牧足够的军事指挥权，李牧应该可以把秦军一步步压回老家。

　　但就在这样的关键节点上，五千年来长演不衰的经典桥段来了：秦国派人以金银珠宝贿赂赵王的宠臣郭开（就是那个跟廉颇有仇，贿赂使者让他说廉颇老了不能用了的那个奸臣），郭开在赵王面前诋毁李牧。赵王果然派人去替换李牧。

　　在春秋战国成长起来的名将，尚没有形成后期大一统时代愚忠的观念。值此国家生死存亡关头，李牧不受命。

　　但铁了心要把自己的国家干掉的赵王，并不为李牧对国家的忠诚所动，他派人对李牧实行秘密逮捕，并干净利落地就地处决。

　　杀李牧的刀下去，毫无悬念地砍掉了赵国的生机；同时，也毫无悬念地砍掉了当时苟存于山东（崤山以东）五国的生机。几个月后，赵国被灭，赵王被俘，几年后，秦统一天下。

　　那个贪图秦国几锭金子，怂恿赵王杀掉李牧的郭开，在赵亡后，被秦军毫不留情地杀掉。

白　起

　　中国历史上的将军，各有其长，把白起放在里头比较，很难评判他到底排名第几。如果综合全面素质来看，他绝对排不上第一，甚至进不了前十。但若以作战的有效性来说，他绝对称得上中国历代名将第一。

　　因为只有白起，所打的所有战斗、战役、战争，几乎无一例外，都是歼灭战。这是没有哪一个将军可以比拟的。

　　唐代诗人那一句"一将功成万骨枯"，相信一般人耳熟能详，做将军者，领兵打仗，既要杀人，手下的战士也要被人杀，这一点大家都知道，也都认可。但像白起这样以杀光杀净为终身事业的将军，那也不多，而像他这样把这个事业做到如此巅峰的，没有第二人。

让我们先来看看白起的赫赫杀人功绩："攻魏于伊阙，斩首二十四万。""白起攻魏……斩首十三万。""与赵将贾偃战，沈（通"沉"）其卒二万人于河中。""白起攻韩径城，拔五城，斩首五万。""长平之战，前后斩首虏四十五万人。"

以上仅仅是《史记》给出了杀人数字的几次战役，没有给出杀人数字的战役还有多起，如："又虏其将公孙喜，拔五城。""攻魏，拔之，取城大小六十一。""攻垣城，拔之。""白起攻赵，拔光狼城。""白起攻楚，拔鄢、邓五城。""攻楚，拔郢，烧夷陵。""取楚，定巫、黔中郡。""攻南阳太行道，绝之。"

以白起作战必打歼灭战的习惯，他拔取的所有城池，不会有哪一座没被鲜血浸染。前面司马迁给出数字的战役是八十九万人被杀，没给出数字的战役就算半折之后再半折，也该有二十多万，两两相加，白起一生做战，杀人过一百一十万之多。

而这一百一十万还仅仅是杀掉对方的士卒，白起就算是神仙级名将，也不可能做到秦军一无伤亡，伤亡能够仅仅是对方的一半，就是很好的战绩了。史书中明确记载，让白起名垂青史的长平之战，他虽然杀了赵国四十五万将士，让赵国的力量一夜间耗尽，但秦国付出的代价则是十五岁以上精壮男子，半数战死。这也是秦国在长平歼灭了赵国几乎全部军事力量后，却不能乘胜吞并赵国的最大原因。

那么，就算给秦军的伤亡也打个折上折，按三十万计算，白起一生作战，杀人与被杀的总数，就该在一百五十万左右。

就算拿到现在人口膨胀的时代来看，一百五十万人战场死亡，也够惊人了。放到地广人稀的战国时代，这绝对是个天文数字。著名史学家范文澜、杨宽先生，在他们的专著中，给出过战国时代的中国人口数量：两千万（见范文澜《中国通史简编》，人民出版社，第236页；杨宽《战国史》，上海人民出版社，第96页）。

也就是说，白起以一个人的力量，干掉了战国总人口的约十三分之一。

一个人的战功，一百五十万士卒的殉葬。一将功成，普天下高于十分之一家庭的破裂和痛苦。

但我们不能离开历史的现实，站在两千多年后的立场上去苛责古人。对白起来说，他没有错，他为他的祖国立下了第一大功。

后世的史家，总是有意无意地淡化白起的贡献，事实上，在秦统一天下的过程中，白起无疑是第一功臣。

因为白起所打的仗，无一例外是歼灭战，他最大程度地削弱了敌国的军事力量，并且这种削弱，是在二三十年的时间内，无法简单恢复的。

白起是眉县人，地地道道的秦国土著将领，他在公元前294年，就出任秦军元帅，击略敌国。直到公元前260年，长平之战，让白起的军事才华、战绩战功走上巅峰，随即陡然殒落。

长平之战，是秦与赵之间的决战，也是秦国统一天下的过程中，规模最大的一次决战。这一战，秦国十五岁以上男子（大约六十岁以下）全部参战。此战若是赵国取胜，秦国统一天下的步伐，必然推迟，甚至在墙倒众人推的作用下，秦国未必再有统一天下的机会。

赵国是有取胜机会的，并且，机会很大。因为长平之战的最初阶段，赵国统军将领是廉颇。

从历史来看，最高将领未必都能决定战役的胜败，但单独挑出长平之战来说，的确是最高将领决定了战役的走向。

以军队的战斗力来说，赵国并不亚于秦国。赵国自赵武灵王首倡军事改革，变战车战术为胡服骑射以来，轻兵作战能力，几乎是天下第一。廉颇后来被赵王遗弃，被楚王迎去为将领后，没取得军事建树，就曾感叹自己手下的战士为什么不是赵国战士！

廉颇与白起一样，久历战阵，老谋深算，作战着眼全局，而不在意一时一地的胜负。秦军赵军在长平对峙的初期，秦军取得了几次小胜。廉颇不急不躁，坚守不出，任凭秦军在外挑战，充耳不闻。

长平作战，是秦军深入赵地，持久之下，秦军锐气必挫，赵军的机会也就来了。这应该是廉颇打的如意算盘。

这样的算盘，后世的司马懿在与诸葛亮对峙时也打过，结果是司马懿熬死了诸葛亮。但司马懿跟廉颇最大的不同是，当时的魏国皇帝对司马懿言听计从，司马懿因为部下怀疑他畏惧，特意让皇帝颁布圣旨，令他坚守勿出，所以司马懿是奉旨不出战，心安理得。廉颇头上的赵王则是个彻头彻尾的混蛋，廉颇手下的赵军还没怎么觉得将军畏惧，深坐王宫的赵王就耐不住性子，一再催促廉颇出战。

这样的催促连续了好几次，廉颇就是不听，仍然按兵不动。赵王很没面子，秦军也拖不起了，秦国就派出间谍，到赵国行贿，散布谣言说秦军不怕廉颇，就怕赵括。没面子的赵王果然派出赵括，把廉颇免职，弄回邯郸接受审查。

为了国王一个人的急功近利，四十五万赵军走向覆灭。

赵括接替廉颇之前，与廉颇合演过将相和、称得上廉颇知音的蔺相如劝说过赵王，他的原话是："王以名使括，若胶柱而鼓瑟耳。括徒能读其父书传，不知合变也。"瑟是中国传统乐器，柱是瑟上调弦的短柱，用胶把柱粘住，就无法调整高音。这句话的意思是赵括虽然熟读他父亲（赵国名将赵奢）的兵书，却只是纸上谈兵，不知变化，不能实际领军。

蔺相如文武全才，不只是廉颇的知音，看来也是赵括的知音。赵括的父亲赵奢也说过类似的话，与蔺相如也可算知音。

但一头驴要撞南墙了，力气比它小的人是拉不住的。赵王就是要毁灭国家了，赵国因为没有比他权力更大的人，所以也就无法制伏他，廉颇不能，蔺相如不能，赵括的母亲（她也劝说过赵王）也不能。

于是，年轻气盛的赵括走上了赵国最高军事首长的位置，老当益壮的廉颇黯然下台。

相信以廉颇的经验和眼光，他能清楚预知到这次换将的后果，但他无能为力。

此前与廉颇在长平对峙的，是秦国的名将王龁。赵国听秦国的话，用赵括替换下廉颇，秦国则立即任命白起为上将军，赶赴长平，统一领导对赵括作战，王龁则降为白起的副将。

赵国一方既然按敌方的期待更换了自己的主将，这战争的胜负其实就已经确定了，否则秦国就没必要行贿送礼散布谣言让赵括上前线。

没有悬念的战争也就没有详细叙述的必要。白起用诈败，诱敌深入，再全面包围，中间分隔，将四十多万赵国大军一网打尽，断其粮道，听其自乱。

应该说，赵括其人虽然没有临敌决策、随机应变的能力，但他不缺热血，不乏勇敢，被敌军团团围住后，赵军连续组织突围，都被秦军打回去。赵括以全军统帅的身份，亲自执刀冲锋，冲在最前头。

每次读史至此，我都无法不为赵括感叹。这其实是位可以造就的青年才俊。他有足够的才华，有足够的军事知识，有足够的勇气，也有足够的担当。他只是缺乏砺练，缺乏经验。如果，他不是全军统帅，而只是前锋之类的中级军官，我相信，他可以出色地完成由他负责的战术任务。

葬送赵军的错误不在他，以他的年龄与经历，他没法看到自身的不足。

历史上打败仗的将军，哪怕是最愚蠢的将军，打败仗的责任，也大多不在他们身上。因为他们不在决策位置上，是那个任用他们的最高决策人，葬送了这些将军，以及万千士兵，以及战斗、战役、战争。

领头冲锋的赵括被秦军射杀。四十多万赵军群龙无首，集体投降。白起想不出更好的办法来处理这些降卒，于是，"尽坑杀之"。

一战而杀赵兵四十五万，白起战神的名气，如日中天。

白起的鼎盛也成为他衰落的拐点，并且呈自由落体状，仅两年时间，他就由秦国第一战神，成为被秦王赐剑自杀的犯人。

白起握着赐下来的宝剑，非常苦恼："我何罪于天而至此哉？"想了许久，他找到答案："长平之战，赵卒降者数十万，我诈而坑之，是足以死。"于是饮剑自杀。

宋襄公

宋襄公肯定不是出色的将军，但他是中国战争历史上的一个巨大转折，中国的战争，就是以宋襄公为标志，发生了巨大转折。

这个转折标志着战争艺术的飞速发展，同时也标志着中国贵族精神的彻底沦丧。

宋襄公不是战场上成功的将领，但他是中国战争史上，最后一位贵族。

宋襄公一生中指挥的最重要的战役，也是让他一举成名遗笑千年的战事，是泓水之战。

宋襄公只是他的职称，他还另有名字的，他的名字叫兹甫（《春秋左传》写作兹父，此处从《史记》）。宋国是殷商王室的后裔，当年周武王伐商，把商纣王干掉，接管天下后，将商纣王的哥哥微子封在河南商丘，建国号宋，以存续殷商一脉的香火。

夏、商、周三代，受到孔子的极力推崇，不是没有原因的。起码三代开国领袖在率众推翻前朝政权后，都没有对前朝君王的家族实施迫害，更没赶尽杀绝，而是非常大度地把他们封为一个诸侯国，让他们自己管理，自己发展。这便是贵族风度，比较起后世，这样作法，更文明。而后世的国破便意味着皇帝家族灭亡，更血腥、更残虐。

殷商王族姓子，所以微子可以称子微子，宋襄公叫兹甫，他的全名便是子兹甫。不过在《史记》和《左传》中，都把登公位前的子兹甫称为公子兹甫（兹父），把登上公位的子兹甫称作宋襄公，我们下文也便这么称呼。

商周时代，天子称王，只有一个，王以下的爵位共有五等，依次为公、侯、伯、子、男（这套爵位事实上在后世一直沿用。金庸封笔之作《鹿鼎记》中，那个小混混韦小宝就混到了鹿鼎公的级别，那是除了皇帝、王爷之外，最高的爵位了）。公爵等级的宋国，在春秋列国中，论级别，是最高等的诸侯，但论到实力，则最多算个中流国家。

宋襄公还是公子兹甫时，因为他是父亲宋桓公大老婆所生（嫡出）的儿子，所以早早就被立为接班人，但宋桓公小老婆所生的儿子公子目夷年龄比公子兹甫大，人品也极优秀，宋桓公从心里喜爱。公子兹甫看出了这一点，出于对父亲的孝顺，公子兹甫主动提出：立公子目夷当接班人吧，他比我年龄大，比我有才能，将来他当国君，我愿意当宰相，来辅佐他！

公子兹甫的请求非常诚恳，所做的评价也实事求是。如果真的按公子兹甫的话办了，泓水之战不会发生，公子兹甫不会被人取笑几千年，宋国也不会很快衰落。

宋桓公很为有这样懂事的儿子骄傲，起初并不同意公子兹甫的意见。在公子兹甫的一再坚持下，最后答应找公子目夷征求意见。公子目夷听过后，也诚心诚意地对父亲说：弟弟兹甫能够以国家相让，世界上还有比这个更大的仁义吗？我不如他！为表示自己推辞的诚意，公子目夷随后躲到母亲的娘家卫国去了。公子兹甫也坚决表达自己让贤的诚意，也跑到卫国去了。一直到三年后，宋桓公病重，在孝与仁义之间，两个公子还是选择了孝，先后回国伺候父亲。

公元前651年，宋桓公去世，公子兹甫即位，是为宋襄公，他一即位，立即任命哥哥公子目夷担任国家宰相（宋国一直沿袭殷商政府那一套，相的称呼是"左师"），主管全国政务工作。

宋襄公任命哥哥为主持政府工作的左师（相），并且在哥哥屡次不赞成他的工作决策的情况下，始终没有撤换哥哥，给了哥哥长达一生的尊重。这只说明宋襄公当年推荐哥哥当接班人，是出自真心，而绝不是兵法盛行的后世中，常常出现的以退为进伎俩。我在这里详细介绍宋襄公此事，向他表达敬意。

宋襄公与他哥哥公子目夷的工作配合，相当默契，这为宋国的发展带来很好的条件。当时的春秋霸主齐桓公，便非常看中宋襄公，在葵丘会盟时，年迈的齐桓公和管仲一起，当面托付宋襄公，如果有一天齐桓公去世而后事没有安排好的话，请宋襄公出手，帮助齐国的公子昭继位。

宋襄公答应了，他受人之托，忠人之事，齐桓公死后，五个公子争位，公子昭逃到宋国，宋襄公不顾齐国强宋国弱的客观事实，联系卫、曹、邾三国，一起送公子昭回国继位，最终让公子昭成功登基，是为齐孝公。

宋襄公后来与楚成王争当霸主，他们约定在盂地（现在的河南睢县盂亭）相会，都不能带部队。公子目夷劝他，还是带些兵马赴会稳妥，因为楚国是个根本不守信用的蛮夷之国。宋襄公拒绝了，他认为即使与蛮夷之国交往，也要遵循诚实守信的原则，既然说好不带部队，就不能带。

宋襄公的诚信精神，第一次受到阴谋诡计的挫伤，便是在这次盂地会盟中，他被不讲信用带兵参会的楚成王直接当俘虏抓了起来。

楚成王抓了宋襄公，是觉得奇货可居，可以拿他要挟宋国，但宋国人极其明智地选择让公子目夷取代宋襄公继位为君。大敌当前，公子目夷是个懂得变通的人，不像宋襄公一味拘泥信义，他果断接任，主持抵抗楚国。

楚国攻不下宋国，宋襄公在他们手里毫无用途，不得不放了。公子目夷立即派人，迎接他回国，公子目夷继续回到左师（相）位置上，宋襄公继续当他的宋襄公。

感动于这俩兄弟间的真挚感情，但看后果，公子目夷还不如一直把国君的角色干下去，宋襄公不再回归大位，也许对宋国好一些。

但如果那样做了，这两兄弟就不是史上在权势面前，最干净感人的兄弟了，宋襄公也成不了中国战争史上的关键转折人物。

宋襄公回国复位的第二年（公元前638年）十一月初一，楚、宋爆发战争，两国军队，在泓水隔岸对峙。其时，宋军先到，已列好军阵，等待出击。楚军渡河来战，楚人渡河到一半时，公子目夷对弟弟宋襄公说：敌众我寡，等他们全部上岸，我们就很难取胜了，趁他们现在半数在河，出击吧！宋襄公的回答是：敌人尚在渡河，我们趁机突袭，有失仁义。

楚军过河后，一时摆不好阵势，乱糟糟的，公子目夷再次催促：现在可以趁敌军立足未稳，快速出击。宋襄公依然坚持：仁义之师，怎能在敌人未列好军阵之前，就贸然出击呢！

如此，等到楚军一切按部就班地做好准备工作。两军再战，人少力弱的宋军不是楚军对手，大败。宋襄公的大腿也受了重伤。

泓水之战后，宋襄公受到宋国人普遍的指责，宋襄公为自己辩解说：一个有仁义之心的人，作战时，不攻击已经受伤的敌人，不杀死头发已经花白的老年人；与人作战，从不靠关塞险阻取胜，而是靠德政得人心。我的国家虽然贫弱，又怎么能不好好学习这些仁德的先贤呢？

宋襄公的辩解当时就受到批评：两军作战，取得胜利是惟一的目的，凡是与我军作战的，都是敌人，是敌人就该杀无赦，又何必去考虑对方是不是头发花白。如果因为敌人是老年人就可怜，还不如直接向他们投降算了，何必劳师动众地列队作战！

几个月后，腿伤感染，宋襄公一命呜呼。

至今两千六百多年，宋襄公作为一个拘泥不化的代名词，一直受到人们的嘲笑，毛泽东对他的评价就是：蠢猪式的仁义道德。

项 羽

项羽与此前写到的任何一个名将都不太相同，差别最大的一点是：前面的名将基本都是出身平民，没有多少遗传基因（孙膑也许是孙武的直系后人，但隔的已经很久了）、家族教育可言。项羽不同，他出身在将军世家，《史记》说他"世世为楚将，封于项，故姓项氏"。他的祖父项燕更是楚国最后一任军事统帅，在抵抗秦国入侵的战争中，为国捐躯了。

项羽虽是将门之后，但要准确点说，他已经是个破落户子弟了。他也许从小是个孤儿，因为从《史记》中一亮相，他就是跟着自己的小叔父项梁过日子，连他父亲的名字都没提过。

《史记》中说"项羽（籍）少时，学书不成，去学剑，又不成"。项羽少年，已是秦始皇统一六合、焚书坑儒的时候，其实是没什么书（秦始皇一把火把天下的书都烧了，只剩下种树行医的书没烧，但项羽不会去做园丁或医生吧）可学的。至于学剑，项羽天生神勇，看他冲锋陷阵，百万军中取敌人首级，那都称得上天下无敌，不知他所学的剑是什么样的技术，居然会"不成"。

项梁对项羽的学书学剑两无成很不高兴，项羽说了句非常有道理的话："书足以记名姓而已，剑一人敌，不足学，学万人敌。"项羽这句话，很有开国之君的口味，看看后世历朝历代的开国之君，基本上没有大学问家（或大文学家），若一对一的比武功，他们也基本上不是部下或者敌人的对手。

但他们成功了，也许，做领袖，本就不该对某些专项过于沉迷精通了。

项羽本来是学"万人敌"的，但他的武功实在太高，这最终导致他过于迷信自己的功夫，譬如他冲破垓下之围时，仍然洋洋自得于自己的卓绝武功，而忽略了战略。

项羽的"万人敌"——也就是兵法——也没认真学下去，略知皮毛，便放下不读。这丝毫没影响到项羽后来的成功。至于他的失败，与他读了多少兵书，事实上没有多少关系。

项梁曾经因为犯法，被秦国在栎阳县（现陕西省临潼北）逮捕，但他在狱中托狱卒向监狱长写了封请托信，居然就被放出来了。项梁是秦军统一天下时所遇到的强硬对手项燕的儿子，又犯了法，居然一个小小的监狱长就可以徇私舞弊，放他出来，刚刚建国不久，又以严刑峻法名传后世的大秦，其政府内部的腐败情况，可以想象了。

像这样请托公行的监狱、法令，几乎就是变相地鼓励人犯法，项梁出狱不久，又杀人。这次杀人后，他领着项羽跑到吴中（现在的江苏苏州）。在那里，他们和当地百姓夹道欢迎下来视察的秦始皇，欢迎队列里，项羽说了句成名话："彼可取而代也。"

像这样胸怀大志的话，与项羽同时代的两位大人物也说过，陈胜的名言是："壮士不死即已，死即举大名耳！王侯将相宁有种乎？"刘邦的名言是："嗟乎，大丈夫当如是也！"后世史学家对项、刘二人的话有一句很到位的点评："项之言，悍而戾；刘之言，津津不胜其歆羡矣。"

陈胜率先发动起义，影响所及，被秦灭了的六国贵族，趁势煽风点火，纷纷起兵响应。会稽郡守殷通很有眼光，看出秦朝已没有多少生机了，于是先发制人，起兵割据。并且还看出项梁叔侄二人的能耐，约谈项梁，让他辅助自己起兵，做自己的左膀右臂。

这位很有眼光的殷通看时势、看人都很准，唯独对自己的判断不够客观。项氏叔侄的确是可成大事的人物，但他殷通是不是够格成为驾驭这等人物的更大人物？历史事实告诉我们：他不是。历史事实还告诉我们：很遗憾，他不知道他不是。

于是，这个知人却不知己的会稽郡最高首长殷通，就死在自己管理的百姓项羽之手。

项梁割下殷通的脑袋，拿到了殷通的大印。殷通的手下一时茫无头绪，"大惊，忧乱"。项羽在此时显示出他惊人的武功，他以一人之力，迅速"击杀数十百人"。这简直是天神下凡，谁敢不服。由此夺取当地政权，稳定当地形势，召募起八千子弟兵。

就是这八千子弟兵，从此跟随项羽，南征北战，搏杀疆场，为项羽的无敌战绩，贡献出他们的热血与生命。最后，项羽在冲破垓下之围，可以过江却执意不过时，说过这样一句话："籍（项羽名籍，字羽）与江东子弟八千人渡江而西，今无一人还。"

八千子弟今安在，一片江流不闻声。

长江自九江到南京这一段，流向是从西南向东北，所以现在的安徽北部一带就成为江西，安徽南部及江苏南部一带就是江东。

项梁叔侄率八千子弟兵渡江西去，与一伙领头人叫陈婴的起义军合兵一处。这个陈婴也很有意思，他本来是东阳县（现在安徽天长）的一个小干部，东阳县的"愤青"们响应陈胜号召，起兵造反，杀掉县令，强烈要求陈婴给他们当领导（可见陈婴平素为人不错）。陈婴的母亲告诉他：自从我嫁到你们陈家，就没听说你们祖上有官僚显贵，你现在一下子就任最高首长，恐怕不是吉兆，不如找个大家伙挂靠，这样如果最后成功了，你可以分一匙子汤喝，如果不成功，你换个名跑了，也不会受到关注。

把陈婴母亲的话与陈胜、刘邦、项羽等人的话对比着看，很有味道。

我们可以说陈婴是孝子，也可以说他很有自知之明，他主动说服那些拥戴他的"愤青"们，大家集体投靠世代为将、影响深远的项氏叔侄。

随后，项氏叔侄击秦嘉、诛鸡石、破襄城，已然成为秦末起义军中力量最强的一支。刘邦这时也扯旗造反了，也投靠了项氏叔侄。

后来成为项羽第一谋士的范增，这时主动去投奔项氏叔侄，并劝他们立楚国国王的后人为王，以号召天下。项氏叔侄果然听了他的话，找到了给人放羊的楚王的后代熊心，让他当楚王，项梁主动交权，自封了个官叫武信君。

范增后来在鸿门宴上，要项羽痛下决心，杀掉刘邦，是正确的策略。但他此时让项氏叔侄找出放羊娃来当楚王，不能不说是败笔。

把放羊娃捧到头上的项氏叔侄，只是为自己多加了一层约束，这个傀儡不甘心只当傀儡之时，又平白多添许多障碍。不久项梁战死，放羊娃楚王趁机夺下项羽军权。随后，在救赵的过程中，不甘心忙活半天、为他人做了嫁衣裳的项羽，杀掉放羊娃楚王安排的主将宋义，自任上将军，无可奈何的楚王只能承认。

上将军项羽从此牢牢握住军权，再不放手。他先是破釜沉舟，大破秦军，威震天下，随即西行入函谷关，灭掉秦国，设鸿门宴，杀降王子婴，烧秦宫室，分封所有灭秦有功的人，自封西楚霸王。此时的放羊娃楚王除了碍事，已无半点用处，项羽派人干掉了他！

是项羽的随意与偏心，让本已熄灭的战火重燃，也给了本就有志于天下的刘邦机会。

楚汉相争多年，项羽也不是没有机会干掉刘邦，凡是他所主持的战斗、战役，也无一不是以胜利告终。就算让他的千军万马荡然无存的垓下之围，也没能击败项羽个人，他还是要走就走，要杀谁就杀谁，没人能够阻挡。

但这不能挽救项羽最终的败局。我们可以为项羽的失败找出千万种理由。如果刘邦失败了，我们也同样可以找出千万条理由。

项羽的失败，冥冥中中止了中国城邦（邦联）化发展的可能，而让大一统，成为中国此后历史的主旋律。

《史记·项羽本纪》中，记载项羽被围垓下，决别虞美人，感情充沛，打动了后世无数读者。只有姓氏，没有名字流传下来的虞美人，也因此文流传不朽。原文如下：

项王军壁垓下，兵少食尽，汉军及诸侯兵围之数重。夜闻汉军四面皆楚歌，项王乃大惊曰："汉皆已得楚乎？是何楚人之多也！"项王则夜起，饮帐中。有美人名虞，常幸从；骏马名骓，常骑之。于是项王乃悲歌慷慨，自为诗曰："力拔山兮气盖世，时不利兮骓不逝。骓不逝兮可奈何，虞兮虞兮奈若何！"歌数阕，美人和之。项王泣数行下，左右皆泣，莫能仰视。

据《史记正义》载，虞美人在听完项羽的诗歌后，也和唱了四句诗，唱完即饮剑自尽。全诗如下：

汉军已略地，四方楚歌声；大王意气尽，贱妾何聊生。

此诗《史记》、《汉书》都未见收载。唐张守节《史记正义》从《楚汉春秋》中加以引录，始流传至今。《楚汉春秋》为汉初陆贾所撰，至唐犹存。刘知风、司马贞、张守节都曾亲见，篇数与《汉书·艺文志》所载无异。宋王应麟《困学纪闻》卷十二《考史》，认为此诗是我国最早的一首五言诗。

韩　信

韩信在项羽百战百胜之时，一手导演了垓下之围，将这个百战百胜、勇冠天下的楚霸王，一举送入死地。

假如没有韩信，楚汉相争的结局，很难说。

韩信东下井陉进击赵国（楚霸王项羽所封的仆从国，附楚而与刘邦的汉对立），赵国部队统帅成安君陈馀率二十万大军驻扎在井陉口（井陉口在现在的河北省井陉西北处，是太行山著名的险隘之一），凭险防守。赵国的广武君李左车向陈馀献计：我听说韩信此前战无不胜，士气高昂，现在乘胜远离他们的老巢，来侵略我们，正是锐气正盛的时候。但他们千里远行，粮草供应有很大问题。在井陉口这个地方，道路狭窄，两辆车不能并排行驶，两个骑兵不能并列前进，这样的路走上个百多里几百里，粮草供应必然跟不上趟。你只要给我三万战士，穿插到韩信部队的后面去，断绝他的粮草辎重，你率大军在前面堵着，不用出去跟这些家伙拼命，只是挖深壕沟坚固城墙，他就没办法。这样韩信部队向前没办法，后退我又截住他们的路，不需十天，就可以把韩信他们的脑袋砍下来，献到君王之前。如果你不听我的，我们将成为俘虏。

李左车这条计策，被韩信探听到了。当然，那个陈馀没有听李左车的话，而是企图以堂堂之阵、正正之师与韩信正面决斗，结果被韩信背水列兵，一战而败。韩信同时派两千精兵提前夺取赵军营垒，于城墙上遍插汉军旗帜，战败了的赵军看到汉军旗帜插上自家城墙，以为整个营地完全沦落，大惊之下，再无战斗之心，四散溃逃。汉军一战而胜，陈馀被杀，赵王被捉。

有意思的是，《史记》介绍陈馀不用李左车奇计的原因，竟然因为陈馀是个"儒者"，所以"不用诈谋奇计"。这是司马迁对"儒者"的一大讽刺，也是历史对"儒者"的一大嘲弄。

在战役开始之前，韩信探听到陈馀不用李左车奇谋之时，就已算定了自己的必胜。于是他下令，在第二天的战斗中，一定不要伤害李左车。李左车被活捉后，韩信把他推举到上位，以老师的礼节对待他，并说出了心里话：如果陈馀听了您的话，我现在就是您的俘虏了。

在这句话之前，韩信有一句话，值得我们一读再读："百里奚居虞而虞亡，在秦而秦霸，非愚于虞而智于秦也，用与不用，听与不听也。"

百里奚这个人曾经是虞国的公民，但虞国灭亡了。百里奚到了秦国，秦国成为春秋霸主。并不是百里奚在虞国的时候智商特低，一到秦国智商立即蹿升，而是秦国肯用他，肯给予他足够的权力和信任，而虞国不能。

其实韩信不用举百里奚的例子，他完全可以现身说法，因为他自己最初从军，就是跟随了项梁、项羽，项氏叔侄不能用他，他把自己流放到蜀中刘邦的部队，这才成为发光的金子，被刘邦拜为上将，一举成就了自己大军事家的事业。

如果项梁、项羽能够慧眼识珠，提拔、使用了韩信，那个楚汉战争还会有吗？即使有，项羽还会失败吗？

如果陈馀听从了李左车的话，井陉之战的结果还会是韩信胜吗？如果韩信失败了或者战死了，后来的垓下之围还会有吗？

不知道。

偶然的事件一旦成为事实，就成为必然，就成为过去时，无法更改。

就算我们从项羽的性格中找到许多证据，证明他失败的必然，韩信与陈馀、李左车的对决，又与项羽有什么关系？而这场对决的胜负，却直接决定了垓下之围能不能发生！

风起于青萍之末，千里之外一个细微的变化，完全可能改变一个人、一个家族、一个区域、一个国家甚至整个世界历史的变化、走向。

每每翻读韩信传记，在敬佩他的军事才华的同时，心中总也有些解不开的疑惑。都无法用事发后的推测来解释他当时的选择。

韩信青少年时，是以一个无赖的形象出现在历史中的。他既没有正式工作，也不去做小生意糊口，而是天长日久跟人家打秋风，蹭饭吃，以至于被蹭饭的人家被迫更改了开饭时间,让赶饭时去的韩信吃不上饭。韩信的反应居然不是愧或羞,而是怒。

怒冲冲走了的韩信,不能仅凭怒气填饱肚皮,于是去钓鱼,靠钓了几条小鱼维持活命的韩信,那种窘迫可想而知。河边这个破落不堪的钓鱼少年,让一位漂洗衣服的老妇人萌发了母性的同情心,一连数十天,每天带饭给韩信吃。吃饱的韩信冲老太太吹起了牛皮:"吾必有以重报母。"那个老太太只是可怜他给他口饭吃,听了他的牛皮,又好笑又好气:"你连自食其力都做不到,我难道还是因为指望你的报答,才给你饭吃的吗?"

还有比韩信更无赖的。一个杀猪的无赖因为看到韩信整天带着把破剑,于是当众侮辱他,说:你如果真是武士不怕死,就刺死我;如果不能,就钻我裤裆。

韩信钻了裤裆,并留下了"胯下之辱"这个成语。钻裤裆之前,韩信默默地长时间看着那个杀猪的无赖,相信在这段时间里,韩信是有剧烈心理斗争的。

后来韩信功成名就,回到故乡,先是去给了赏他饭吃的老太太一千两金子。又找到这个让他钻裤裆的无赖,当众宣告:这个人不是无赖,其实是个英雄人物,他当时让我钻裤裆时,我难道不能杀他吗?只是那时杀了他,太不值得,所以我才钻了裤裆。

这个解释完全是一派鬼话,唯一的用处就是解除长久压在自己心上的耻辱感受。这个世界上没有哪个正常人可以准确预言自己的日后事,韩信也不能,否则他就不会被个女人杀狗一样杀死。如果在兵荒马乱、战阵厮杀中,一只冷箭结果了他,如果在井陉之战,他被李左车他们俘虏或杀掉,那个淮阴杀猪无赖也可以朝别人吹牛皮:看,我多有眼光,我早就看出韩信这家伙没什么能耐,只配钻钻裤裆而已。

就算韩信的心理素质再强大,胯下之辱也让他无法在淮阴老家混下去了。于是他去投军,军队的最高领导人项梁、项羽却不重视他。

好像也不能怪项梁、项羽不重视他,看韩信从军之前的经历,他好像既没学过一人敌,也没条件去学万人敌,除了一把随身带着、却不敢用来杀人的剑,韩信好像没有什么长处。

我之所以在上面连续用"好像"两个字来限定对韩信的评判，是因为韩信的确有长处，他的长处就是当大将，当统兵元帅。但他这个长处不是随便什么人都能看出来的。于是，韩信怀才不遇，从项羽军中逃跑，到了刘邦军中，继续怀才不遇，继续逃跑。这时慧眼如炬的萧何出现，月下追韩信，终于把韩信追回来，并且以自身信誉做担保，硬压着刘邦拜韩信为大将，统领大汉全军。

刘邦也是个不可思议的人，他拜韩信为大将，将全军指挥权交给韩信之前，居然对韩信毫不了解，他这种做法，比一般赌博还危险。

这一连串的记录都过于传奇，让我对历史、对命运，不得不保持敬畏。

拿着全军性命、自身前途一场豪赌的刘邦，赌赢了。韩信也因为刘邦的信任，成就了自己千古流传的大军事家英名。

《史记·淮阴侯列传》中，全面记载了韩信的赫赫战功，韩信将兵，多多益善，这八个字也充分肯定了韩信的将才（多多益善是韩信自己的评价，得到了刘邦的认可，也得到了后人的认可）。限于篇幅，在这里就不一一陈列。

大汉开国时代，距离列国分封的战国时代不远，秦始皇建立起的专制集权制为时不长，尚未深入人心，所以韩信的统兵作战，在相当长的时间内，在相当深的战场上，事实上已经摆脱了汉刘邦的节制，而成为基本独立的战争。

韩信屡次放弃独立的机会，刘邦却不因此而放松对他的警惕，韩信统领赵国（众多独立势力之一）兵马屡战屡胜，兵强马壮后，刘邦就夺过他的部队；垓下之战后，项羽一死，刘邦再一次夺过他的部队，韩信都没有怨言地接受了。

有人劝韩信独立，指出：以他现在所处的位置，其实已经超出了一个臣子的权限，若独立，前途光明，若不顺水推舟地独立出来，则势必水急舟倾。

韩信不答应。史书上说他是不忍心背叛汉王刘邦，我相信这是韩信的真实想法。因为刘邦给了他充分的信任，他韩信正是因为刘邦的充分信任，才得以一步步拥有可以独立的强大实力。

感恩的韩信只能做他天下无敌的大将军，永远成不了坐拥天下的政治家。

刘邦是政治家，所以他虽然带兵打仗不行，但他能掌控带兵打仗特别行的韩信。等到天下太平，马放南山之后，没有出兵作战的必要了，却仍拥有带兵取胜能力的韩信，就必然成为政治家刀下的冤魂。

刘邦给了韩信一个面子，自己躲出去，让老婆吕雉执行拿刀砍韩信头的任务。吕雉出色完成了任务。刘邦赶回来，面对韩信的头，"且喜且怜之"。

司马迁笔力千钧，多么深刻的"且喜且怜之"。

张 良

张良一生，没能真正率领部队打过仗，按史书上的说法，那是因为他身体病弱，承受不了千里奔波、车马劳顿。这个解释其实有点牵强。

张良的青年时代相当传奇，他的祖父张开地及父亲张平，都曾担任战国七雄之一韩国的国务总理（宰相），他属于累世簪缨之家，贵族子弟。张平死后二十年，韩国被灭，史书上没有记载张良此时究竟有多大，但他就算是遗腹子，起码也在二十岁以上吧。国破后家并没有亡，张良此时家中还有三百名奴仆，资产可想而知。

秦始皇灭了六国，对六国的贵族倒是没有赶尽杀绝，这给了年轻气盛的张良机会。他变卖了家产，秘密招募勇士，准备为灭亡的韩国复仇。

变卖了家产后的张良，先在河南学习各种礼仪知识，后来窜至秽貊国。这个秽貊国具体位置是现在的朝鲜中部地区，后来归汉，成为苍海郡。

张良能从河南流窜到朝鲜中部地区，以那时候的交通条件，如果没有一副强壮的身板，张良不可能承受得了这样的长途跋涉。

在那里，张良见到了秽貊国的国君仓海君，我想语言是不通的，但以张良的聪明，这些隔阂不会难倒他。他很快与仓海君相处愉快，并且从那里得到一个大力士。这个大力士在历史上没有留下名字，却因为得到张良的垂青，以"力士"的名义，得以名垂青史。

张良领着这位大力士，随身携带重达二百斤的大铁椎，又千里迢迢从朝鲜中部地区赶回中原。经过一番调查研究，张良决定在秦始皇出外视察的必经之路博浪沙，搞一次暗杀活动。

博浪沙在河南原阳，这次暗杀活动发生在秦始皇二十九年，也就是公元前218年，此时距韩国灭亡已经十二年之久，距张良的老爹张平去世也已经三十二年之久，也就是说，张良此时的年龄，最低也要三十二岁以上。

三十二岁的张良看着大力士把二百斤重的大铁椎扔出去，轰隆一声，砸中了一辆巡视车。到底砸中没砸中秦始皇，估计这两位是没有闲功夫看的。在秦始皇勇冠天下的警卫队伍的追捕下，张良与大力士奇迹般地逃脱了。

这说明了两件事：第一，张良有智谋，他谋定而后动，逃跑路线规划的相当周密；第二，他的身体一定很好，再周密的计划，如果没有强壮的身体，在那个冷兵器时代，也不可能变成现实。

并不病弱的张良为什么一生不能直接率军打仗，原因值得琢磨！

大铁椎砸中的并不是秦始皇的座驾，不过像这样的暗杀活动成功一次已属侥幸，再搞一次，秦始皇肯定不配合。张良从河南逃到江苏，在下邳（现在的江苏睢宁）隐居了起来。

张良的隐居生活相当优游自在，这让张良身体在逃亡中受到伤病侵害的一点可能也很难立足。就是在这优哉游哉的隐居生活中，张良遇到了他人生中的一个大转折。

话说某一天，张良外出散步，直到一座桥上。桥上已经有一位老头站在那儿了。等张良走到跟前，老头非常张扬、非常故意地把自己的鞋子扔到桥下，然后歪头看着张良，吆喝：小孩子，到桥下去给我把鞋子拿上来。

张良这时候的反应是："愕然，欲殴之。"吃惊到要挥拳打人了，说明老头的这一故意行为太过明显。不过张良好歹是学过礼的，当然不会当真光天化日殴打一个老头。他强忍着，到桥下去将臭鞋子提溜上来。

没想到老头还没过分完，他伸出脚来：给我穿上。

在史籍中，张良此时有个心理活动：既然已经把鞋子拎上来了，穿上就穿上吧。于是他给老头把鞋子穿好。

老头等张良给他穿好鞋，笑着走了，很潇洒，没什么话。此时张良心中，已经没有愤怒，有的只是惊奇。他目送老头走出一里多地，然后又看着老头转身回来，一直走到他面前。

老头来回走了二里路，张良只是站在那儿看，有足够的时间思潮起伏。

老头告诉张良一句话：你是个可以教育好的孩子，五天后的早晨，来这里与我相会。

张良答应了。随后的桥段是：五天后，张良一早就去，老头早等在那儿了，因为张良的迟到而生气，约定再过五天的早晨再相会；又五天后，鸡一叫，张良就赶到那座桥上，老头又早到了，张良仍然得到一句奚落，约定再过五天早上见面；五天后，张良在前半夜就赶到桥上，这次按日期来算，张良相当于早到了一天，老头在下半夜赶到后，对张良的提前赴约表示了认可。他拿出一编竹简送给张良，说："你读好了这些书，就可以做帝王的老师了。从现在算起，十年后，天下大乱，十三年后，你会在济水之北的谷城山（也称黄山，在现在的山东东阿县境内）下见到我，那块黄色的石头就是我。"说完这些没头没脑的话，老头飘然而去，再不复见。等到天明，张良看那捆竹简，原来是《太公兵法》。

《太公兵法》就是《六韬》，因为传说是姜太公所撰，所以又叫《太公兵法》。对这部兵书的作者及产生年代，后世多有争议，比较主流的观点倾向于这是后人托名的作品，但当代考古发掘，在山东临沂银雀山汉墓、河北定县八角廊汉墓都挖出了《六韬》残本，说明这部书编成年代不会晚于战国。

按年代算，怪老头黄石公送给张良《太公兵法》是有可能的。但这种事太过神奇，甚至妖异。后来张良真的跟从刘邦从济北谷城山下经过，见到一块黄色石头，就取来供奉着。

黄石化为人形，千里迢迢跑到省外，去试探并赞助一个游手好闲的公子哥儿，这样的事在科学并不昌明的秦汉时期，哄人相信并不困难，当代的我们当然不会相信。那么这些鬼话从哪里来？毫无疑问，是张良自己编出来抬高身价的，看他以后煞有介事地供奉一块黄色石头，就可以想象张良是如何把这套鬼话说得天花乱坠的。

但张良虽然是人才，他的才华却多数发挥在阴谋诡计中，基本是利用人性弱点玩儿人，真正用于战阵厮杀的军事才能，并不多见。

张良大约是读过《太公兵法》的，我也读过，仔细比对张良传中张良的种种谋略，与太公兵法中的教诲并不搭边。张良的能力，全在他对人性的洞察。

张良跟随刘邦后，立下的第一件军功，是西入武关（现在的陕西省商南东南，是自河南南部入陕的咽喉要道）后，秦国军队驻扎在前方的武关（现在的陕西蓝田东南），刘邦准备动员军队，正面冲锋。张良献计：秦国军队战斗力强，正面攻坚，我们很容易吃亏，我听说秦军统兵将领是个肉店老板的孩子，从小看着他爹做买卖，一定也是一肚子生意经，我们不如派人去贿赂他，让他投降。刘邦听了张良的话。这个生意人的儿子果然被金钱收买，计划投降刘邦，一起去西攻秦朝国都咸阳。刘邦大喜，就要去跟秦军合兵一处了，张良又献计：这个将军是生意人，不能保证做战士的不忠心向国，还不如趁他们松懈，军事解决。于是刘邦部队发起突袭。秦将自以为已经投降，成为刘邦的自己人了，毫无准备，部队溃败。

后来韩信攻破齐国，通报刘邦，要自立为代理齐王，刘邦愤怒。张良悄悄告诫刘邦：此时不能惹怒韩信，因为你根本制约不了他，反而要倚重他。于是刘邦马上封韩信实职齐王。

在刘邦与项羽最后决战之时，刘邦在战前约好的援手韩信、彭越、黥布都失约不至。又是张良献计，让刘邦把项羽占领的土地提前预分给这三个人，三个作战一流、政治不入流的军事家这才及时赶到，共同演出了垓下之围，逼死楚霸王项羽。

而在项羽雄霸天下、自封西楚霸王，把刘邦封到蜀中之时，刘邦尚没有足够的力量与项羽翻脸，张良就建议刘邦边往蜀中走，边烧掉走过的木栈道，以此来讨好项羽，表明绝无与项羽争夺天下的野心。

最为后世熟知的鸿门宴上，张良挽救刘邦的计策的核心，仍然是向项羽的心腹大将送礼，并让刘邦与项羽心腹大将约定为儿女亲家。

综观张良一生中的重大军事贡献，其核心在于《老子》的一句话：

"将欲歙之，必固张之；将欲弱之，必固强之；将欲废之，必固兴之；将欲夺之，必固与之。"用白话文来表达，就是：我想最终干掉你，就先拿颗甜枣给你吃。

这不只与太公兵法《六韬》关系不大，与其他兵法关系也不大，实际上这是高明的政治手腕、职场决窍。其关键，在于充分利用了人性的弱点。

所以如果真的让张良像韩信那样开疆拓土、临阵用兵，张良可能会在小小的遭遇战中送命，因为这种真刀真枪的搏杀，较量的只是身体的强弱，与人性的弱点关系不大。

所以我一直怀疑，张良一生不带兵出战，只跟随在刘邦身边出谋划策，可能是出于他的自知之明。身体病弱云云，恐怕是他的借口。司马迁见过张良画像，长得相貌清秀，像女人，这也许是张良选择病弱借口而不选择其他借口的原因。事实上，相貌红润漂亮，那该是身体健康的表现。

深明《老子》道家精要的张良，有自知之明，更有知人之明。大汉统一天下，刘邦论功行赏，刘邦对张良有一句话评价："运筹策帷幄中，决胜千里外，子房（张良的字）功也。"张良没有被领导的表扬烧坏头脑，他非常清楚刘邦的人之本色，帮助刘邦打下天下，他已完整地实现了自己的人生抱负，剩下的，就是如何完整地让自己活好余生。

张良拒绝了刘邦一时兴起，给他的三万户封赏，而是很谦虚地只要了个留侯的爵位（留是张良逃亡时曾居住过的地方，在现在的江苏沛县东南）。随后他又神神道道地要放弃爵位，跟随一个叫赤松子的神仙道人，学习道法和长生之术。但皇帝不放他走，他也没有真的放弃富贵，像范蠡那样泛舟五湖，自在生活。

张良死于公元前187年，活了最起码六十岁以上，但也不会太大，否则他创造的桥上纳履、黄石公送他《太公兵法》故事中，黄石公喊他小孩子（小伙子），就讲不通了。按最低年龄算，那时的张良已有三十好几了。

六十多岁，在秦末汉初，固然已经算是高寿了，但张良学的那个长生之术，也实在没有什么用处。

樊　哙

不知道樊哙听没听说过陈胜的那句名言：王侯将相宁有种乎？如果他知道，相信他一定会拍手称快，因为樊哙的出身实在不高贵。他是个屠户，并且他这个屠户与别人不一样，别人杀猪杀羊，他专一杀狗。

杀狗的樊哙杀起人来也毫不手软，从他跟随刘邦起兵反叛，到最后放下屠刀，论功行赏，享受胜利果实，他一共砍掉了一百七十六个人的脑袋，俘虏了二百八十八个人。

一百七十六，在冷兵器时代，这个数字实在惊人。要知道，这是面对面的格斗，钢刀掠过，头颅滚落，热血窜升。这样的场面，一而再，再而三，三而一百七十六，保持全胜，无一败绩（败就是死），没有超常的勇力与心理素质，无法办到。

杀人之外，樊哙战功赫赫。他作为主将打败过七支军队，占领过五座城邑，平定了六郡、五十二县。占领城池的过程中，樊哙往往是第一个登上城头。身先士卒、率先垂范这个词用在他身上很准确，这会让他后面的士卒感动；同时也说明他主要还是个一勇之夫，要知道，一支部队的主将在发起冲锋时，如果率先战死了，对部队的指挥和锐气，都将产生决定性摧毁。不过，樊哙身手很好，运气也很好，一百七十六个正面敌人中，没有人是他的对手。

但这样的勇将在真正名将的眼里，并不是多么瞧得起。韩信被刘邦软禁在首都后，无所事事，游手好闲，有一次闲逛到樊哙的将军府第，樊哙"跪拜送迎"，恭敬之至，以"臣"自称，说：大王您来看我，太激动了。韩信出门后，笑着自言自语了一句话：我怎么与这种人为伍。

韩信被刘邦软禁，前途凶险，犹自瞧不起刘邦的爱将樊哙，那说明仅仅靠勇气勇力，难称名将。

就算勇气勇力，樊哙应该也不是同时代项羽的对手。项羽临死前自我吹嘘：力拔山兮气盖世。两千多年来没见有人质疑，说明项羽天下第一勇将的形象，受到所有中国人的认可。

如果樊哙身先士卒，迎面遇上的是项羽，会如何？

他们遇上过，虽然并没有真的拔刀相向，樊哙还是用实际行动说明了，他并不怕项羽。

这次火星撞地球般的相遇是在鸿门宴上。宴席上的刘邦形势危急，陪同入席的刘邦助手，却只有一个张良。张良是被司马迁认定为病弱的人，拔刀救主的能力不足，却有足够的冷静，惦量出自己一方可以对峙项羽的人，这个人当然就是樊哙，他以解手的名义，出营帐找到樊哙。樊哙也的确够勇猛，持盾直入大帐，项羽的守卫战士，居然集体挡不住樊哙一个。与项羽面对面后，樊哙居然把眼睛瞪出血来，联想到樊哙的杀人记录，樊哙此时的凶恶面相，无法不引起项羽注意。果然项羽注意到他，给他酒喝，给他肉吃，并且听了樊哙劈头盖脸一通训斥，居然默默不语。

在这一场对抗中，可以说樊哙完胜项羽。项羽当时有力量杀死刘邦以及樊哙，却不动手。如果最终的结果是项羽胜了，那是项羽肚量过人。但最终结果是项羽败了，命都没了。那么，鸿门宴上的项羽只是愚蠢。

鸿门宴后，刘邦成为汉王，樊哙成为列侯。

樊哙与刘邦连襟，有裙带关系，但不会有人认为，樊哙的封侯是从裙带上来的，一个鸿门宴，是樊哙挽大汉命运于垂危。

但樊哙的成功，固然是他抛头颅洒热血挣来的，却无法阻止中国人把他往帮派里划分。他老婆是吕后的妹妹，他再胸襟坦荡，不党不群，不立山头，他仍然不可避免地被划到吕后阵营。

事实上，樊哙与刘邦的特殊关系，的确让他做成了许多别人做不到的事，我们随后要说到的枭雄级人物黥布造反时，刘邦曾长达十几天不见人，没人敢进宫骚扰。是樊哙直闯进去，痛哭着劝说刘邦振作精神，并且成功。如果没有连襟这层关系，樊哙不可能成功闯宫劝驾！

刘邦死之前，准备杀掉在外领兵的樊哙，去执行命令的传奇人物陈平，因为害怕吕后，不敢下手，就用囚笼把樊哙弄到首都长安。到长安时刘邦已经死了，吕后马上把樊哙放掉，官复原职。如果樊哙不是吕后的妹夫，吕后不会救他。

但这样的裙带关系，虽然一荣俱荣，却也潜藏着一损俱损的风险。

等到吕氏垮台后，大汉群臣反攻倒算，此时樊哙虽然死了，他儿子樊伉还在，正继承着他的侯位。于是，这个倒霉的樊伉，就是因为母亲姓吕，被干净利落地一刀两断。

刘邦临死前对樊哙下手时，樊哙在鸿门宴上的舍命救援已经烟消云散了。樊哙儿子被杀时，樊哙与皇家的裙带亲缘也被斩断了。在专制制度下的政治棋盘上，没有任何功劳与亲情是可以成为活命的砝码的！

樊哙在鸿门宴上与项羽瞋目相对时，一对一的勇气不输于西楚霸王，但若到了战场厮杀，樊哙绝不是项羽对手。项羽是覆灭在刘邦手下三位名将的联手围攻中，三位名将中的韩信已单独介绍过，此处借樊哙的章节，再谈一谈其他两位名将。

彭越的出身比樊哙高明不到哪里去，原本是山东巨野湖中的强盗，看史书记载，他这个强盗规模也不大，可能没有自己的根据地，属于干一票就跑的类型。但想来他一定有勇有谋，在散沙一样的强盗伙中，有一定的声望，所以陈胜、项羽他们先后起义造反，天下骚乱之时，就有一起做强盗的人找到彭越，让他当头，带领大家造反。彭越说了一句很有深度的话：现在正是两龙相斗，我们等等再说。

如此过了一年，秦朝大地的起义烽火遍地燎原，巨野湖中聚集的强盗也有一百多人，他们再一次集体找到彭越，让彭越当头，彭越再一次推辞。强盗们再三恳求，彭越这才答应他们，又很有深度地说了一句话：明天早晨日出时大家集合，迟到的杀头。

当惯了强盗的彭越，不会怀疑强盗们的造反精神和战斗力。深有谋略的彭越，知道强盗们最缺乏的，是集体观念、纪律观念。

果然，逍遥自在、自由散漫惯了的强盗们，第二天虽然大部分准时赶到集合，迟到的仍有十多个人，最晚的一个居然到了中午才到。

从早晨到中午的等待时间里，不知道彭越与准时赶到的强盗们干了些什么，但他一定没谈纪律的事。因为直到最后一个人赶到，彭越才发表了正式的演讲：我老了，可你们一定让我做头领，我跟大家约好时间，很多人却又迟到，都杀头又不可能，只好杀最后一个了。

此时的强盗们还以为彭越是在开玩笑，哈哈笑着乱纷纷地说：哪里会到这种地步，你就让我们下不为例吧！

此时的彭越却黑下脸来，不再说话，拉出最后赶到的强盗，一刀下去，砍掉脑袋。彭越就站在这颗脑袋之前，开始发布军令。

起义之前的强盗们，一定会觉得起义造反是件很好玩、很有趣的事业，彭越的钢刀，同伴的人头，让他们知道，军队与强盗的区别，是纪律。

一对一拼搏，一个正常战士一般不会是一个正常强盗的对手。一旦是集体对抗，同样人数的强盗一般不会是军队的对手，原因也仅在于：纪律。

率领由强盗改编而成的军队，彭越攻城略地，收编散兵。到项羽占领长安，分封诸王时，彭越手下部队，已到一万余人。却又因为他只是强盗出身，并没有跟随项羽立功，所以这个分封没有他什么事，彭越与他的一万多军队，一时成了没有什么隶属的独立力量。但彭越之所以提着脑袋干，显然目的不是只成为一支独立武装力量的首领，他有政治欲求。粗枝大叶的项羽不理他，他就只好自己争取。

很快，机会来了。分封到齐地的齐王田荣起兵对抗项羽，派人拿着将军印去争取彭越，落寞的彭越有了这个机会，马上倒向齐王，并为他去攻击项羽的楚国。彭越的确是将才，与楚作战，大获全胜，手下士兵也增加到三万多人。他审时度势，又归附刘邦，刘邦派他到魏国做相国，执掌兵权作为游击力量，从侧面战场帮助汉军，牵制项羽。

彭越与项羽的对抗情况是：只要项羽没亲自率队，彭越战无不胜；只要项羽亲自率队出战，彭越战无不败。但这已经足够牵制项羽，让项羽始终无法全力与汉军作战，最后在垓下，韩信、彭越、黥布，三军合围，干掉项羽。

项羽被干掉后，刘邦论功行赏，彭越被封为梁王。他不是刘邦的嫡系，刘邦不可能让他安享富贵。彭越毕竟不是政治家，虽然有人提醒他刘邦要不利于他，彭越就是不信，果然被刘邦派人抓捕，废为庶人，流放到蜀地的青衣县。被押着在路上走的时候，正好遇到刘邦老婆吕后，彭越主动向吕后哭诉，想回老家。

彭越是天生将才，却远远不是政治家。他被吕后带往洛阳，重新罗织罪名，刘邦批准，杀头。杀掉后还不算完，还将彭越的尸身做成肉酱，分赠给各位王侯们品尝。

彭越的肉酱送到安徽六安时,淮南王黥布正在外打猎。打猎归来,看到彭越的肉酱,黥布心中无限惊恐。

黥布原来不叫黥布,姓英,叫英布。英这个姓来源于国名,他的祖辈原来是周天子分封的英国国君,后来这个英国被楚国灭了,但后代人以英为姓,代代传承下来。到英布时,已经是个普通老百姓了。

英布少年时,有个神相给他相面,说他会受到刑法处罚,但会封王。到他长大了,果然触犯刑法,被定罪后送到骊山劳动改造。英布就从罪犯群里拉出一支部队,逃到长江中做强盗。

英布大约就是这个时候改名叫黥布,因为他受的刑是黥刑(在脸上刺记号,并涂上黑),所以他改姓黥,有以毒攻毒的意思。

陈胜、项梁先后揭竿而起后,黥布判断形势,主动归附项梁、项羽。项羽一战成名的那次破釜沉舟,事实是在渡河决战之前,项羽先派了黥布带小部队过河,与秦军作战,黥布以少胜多,屡战屡胜,这才最终促成了项羽渡河决战,一战而成万世名。

此后的作战中,黥布始终是项羽最精锐的嫡系,啃最硬的骨头,打最漂亮的歼灭战,项羽活埋二十万投降的秦国战士,就由黥布具体执行。这是个很冷血的战将。

作为项羽最看重的战将,英布被项羽封为九江王。但到了楚汉相争、中原逐鹿之时,黥布却很弱智地背叛了项羽,倒向刘邦怀抱。在刘邦的汉军形势岌岌可危之时,成功地把项羽拖住了几个月,让汉军得到喘息之机,逆转了楚汉相争的大局。

不过黥布不是项羽对手,几个月后,他被项羽打成了光杆司令,跑去见刘邦。刘邦一边洗着脚一边见他,很不尊重。黥布又羞又悔,恨不得自杀。到了刘邦给他安排的住处,却又跟刘邦享受的一样丰富,他又高兴起来。

先用洗脚来折辱,再给个小甜枣吃,黥布居然就被这个小甜枣收买了。

被收买了的黥布,一心一意地给刘邦卖命,垓下之围,他是一支重要的力量,与韩信、彭越三人合成一股绳,逼死了项羽。事后,论功行赏，黥布被封为淮南王（此前就封过，但没有具体辖地）。

韩信、彭越、黥布，这是干掉项羽功劳最大的三人，韩信先被杀，彭越又被制成肉酱，黥布心里如何不恐惧。

黥布的下场清晰可见，老老实实混下去，只能被刘邦收拾掉。还不如赌一把，再造一次反。黥布就真的这么做了。

刘邦御驾亲征，两军对垒，刘邦责问黥布：你为什么要造反？黥布没说因为害怕，那样有损自己的锐气，他回答：想做皇帝吧！

黥布此前作战，除了打不过项羽，基本上战无不胜，从刘邦眼里看出去，黥布的排兵布阵，跟项羽没什么区别。但到了真打起来，黥布却是一战即败，屡战屡败，最后死在地方土著手里。

将这三位名将放在一起，是因为他们大致有着一样的下场，在大汉开国的历程中，这三人都称得上卓越的名将，他们都立下了赫赫战功。可以说，若没有这三个人，就没有刘邦的皇帝位子坐。

他们在汉朝立国后，也的确都没有反叛之心，他们只是想享受胜利果实而已。但刘邦不让他们享受。樊哙虽然好一点，因为吕后的关系没被杀掉，他的后代仍不免被杀。

周亚夫

周亚夫在年轻时，遭遇过一次预言，预言非常明确，一点儿不是那些靠察颜观色说些含糊话的街头巫师口气，预言指出：自预言之日算起，再过三年，周亚夫将被封侯；封侯八年后，将成为国家军事领导人和政府领导人（将相），称得上天子之下第一人，没有哪个大臣可以跟他比；再过九年，周亚夫将饿死。

这个预言跌宕起伏，奇峰突起，非常大胆。周亚夫根本不信，笑着回应：我爹虽然是个侯，但我哥哥已经继承他的爵位了，就算我哥哥不幸去世，也自然有他的儿子继承，哪儿轮得到我；尤其荒唐的是，你既然说我能成为天子之下第一人，如此富贵，又哪儿来的饿死之理！

周亚夫的父亲是周勃，汉朝的开国功臣，又是杜绝吕氏篡位的汉朝安国功臣,被封为侯。他最初被封侯时,汉高祖刘邦把一块印信(符)从中剖开,赐给他,那是以皇帝的信誉起誓,保他的后代世世继承,永远不绝。

皇帝立了这样的誓言,大臣除了感激涕零,也没别的选择。周勃死后,果然他的大儿子周胜之毫无争议地接班成了侯。在周亚夫心目中,皇帝的承诺应该比较重要一些,但那是长房长孙的继承权,不是他的。

给周亚夫算命的这个人,叫许负,是个老太太。这个人在历史上并没留下什么有功于国的事迹,但却被汉高祖刘邦封为雌亭侯。亭侯在侯这个荣誉职称中,是排位很靠后的一种,却也有自己的食邑,也就是可以在皇帝划给你的势力范围内收租收税。汉末的大将关羽得到过这个荣誉职称,并且一辈子以此为荣耀:汉寿亭侯。但汉末天下大乱,皇帝的命令在地方上已经很难落实了。所以关羽那个更荣誉一些,不是说他真的能去汉寿那个地方收租收税。汉初国家大一统,国力强盛,率土之滨,莫非王土,这个许负是绝对可以在自己的食邑幸福享乐的。同时,在一个几乎完全由男子书写的秦末汉初大动荡中,一个女子,居然能够封侯,这本身就是个奇迹。很遗憾,史书上没交代许负的功劳是哪些,不会是随军为刘邦看相算命吧?

(这个许负还有次著名预言:她在汉文帝母亲薄姬还在给楚汉之际的草头王魏王魏豹当小老婆时,就预言了薄姬会生下皇帝。)

这样一位绝对称得上凤毛麟角的女侯爷对周亚夫说出这样的预言,周亚夫信固然不信,但若说在心理上绝无影响,也不大可能,尤其是三年时间并不长。三年后,许负的第一个预言神奇地应验了,周亚夫那个继承了老父绛侯爵位的大哥周胜之,很倒霉地娶了个公主,夫妻不和,心里的气没处出,很不理智地杀了人,被除去绛侯的封爵。汉文帝感念周勃的功绩——是周勃诛灭企图篡位的各位吕氏大臣,才有了汉文帝继位当皇帝的机会——从周勃的儿子中挑选最有才德的人继承侯位,于是周亚夫毫无争议地当选,被封为条侯。

当时的周亚夫是河内太守(许负给他算命时,他就是河内太守),侯是个荣誉职称,不是实际官职,所以成为条侯的周亚夫,依然是河内太守。

之后，匈奴人大举入侵，大汉政府组织了三支主要边防部队，分别在首都附近驻扎，以保护首都，抵御侵略。三处驻军扎营，分别在首都长安的外围：霸上，棘门，细柳。周亚夫被从河内太守的任上调来，担任将军，主管细柳营军务。

三处军营扎好后，汉文帝率领警卫人等，视察来了。

视察到霸上、棘门两处军营时，一切按部就班，所有的营中将领夹道欢迎，道路早已清除障碍，恭请皇帝的专车高速进入，不用减速。

到了细柳，情况有了变化。细柳营的战士如临大敌，披盔挂甲，刀出鞘，弓满张。在皇帝专车前面开路的警卫们先到，居然不能进入营门。警卫立即把领导抬出来：皇帝就要到了。把守营门的军官干脆利落地回答："军中闻将军令，不闻天子诏。"

三大盛世的开创者汉文帝，不但没有怪罪他，反而按他的要求："将军约，军中不得驱驰"，慢慢赶着马车前行，周亚夫披甲戴盔、手持兵刃对着汉文帝，只作揖、不下跪（我觉得这有些做秀的成分），汉文帝居然感动得手扶马车横栏，向周亚夫致敬。事后，汉文帝又再三感叹："嗟乎，此真将军矣。"等到匈奴人入侵的警报解除，三支临时组建起来的边防军回归原建制，汉文帝没再让周亚夫回河内继续干太守，而是把他留在首都长安，担任保卫首都的"中尉"。后来职责有点变化，成为主要警卫皇帝安全的执金吾——东汉的开国皇帝刘秀，还是平民时，曾经非常羡慕这个职业。

汉文帝临死时，叮嘱接班人太子刘启——接班后就是汉景帝——如果将来有战争，周亚夫是最好的领兵将军。汉景帝一上任，马上把周亚夫官升一级。

汉景帝上任三年之后，七国之乱爆发。按当时的情况看，这七国之乱爆发的直接诱因，是汉景帝采纳了大臣晁错的意见，连续削夺了刘氏诸王的封地。但其深层原因，则是当时的大一统格局为时不长，许多手握权力的诸侯王不喜欢上面有个高度集权的专制君王管着，他们还念念不忘几十年前城邦联盟式的封国林立格局。他们希望通过战争，瓦解这个大一统的专制帝国，将历史重新拐回去。

他们有这个机会。七国之乱的领导人、扬言"我已为东帝"的吴王刘濞，手下有位桓将军，提出一个天才的军事计划：奇袭洛阳，稳固中原，号令天下击溃中央。

如果刘濞采纳了桓将军的意见，中国历史将会重写。桓将军也将成为不世战神，引领七个封国走向真正的独立。

只是，刘濞没有汉文帝、汉景帝的眼光和胸怀，完全可以创造历史的桓将军，根本没有展示自己军事才华的机会。

不幸的桓将军，卓越的军事天才被他愚蠢的领导一手扼杀。幸运的周亚夫，他出色的军事能力，被他的领导一直欣赏着。汉景帝任命周亚夫为太尉，率领部队，东击叛军。

周亚夫采取的办法是：避敌锋锐，坚守不出，断其粮道，敌退则破。

周亚夫的这套作战方案中规中矩，但如果吴王刘濞他们听从了桓将军的建议，周亚夫的这套办法是不行的。

历史无法假设，周亚夫的坚守不出，是以放弃了被叛军攻击的封国梁国（现在的河南开封）为代价的。他的这一放弃局部、追求全胜的战略方案，虽然得到了汉景帝的批准，事实上最终也用胜利验证了战略的正确，但那个被攻击的梁孝王刘武不是圣人，只是个普通人，他无法不记恨这个对他的一再求援置之不理的周太尉。

战争很快结束，周亚夫率领的政府军取得全胜，周亚夫也顺理成章地一直把太尉的位置坐了下去，五年后，更是担任了丞相。许负当年的预言，一一应验。

但要从位极人臣走到饥饿而死，也是需要过程的。过程的起端是汉景帝废掉栗太子，周亚夫认为不妥，据理力争，最后没争成功，却把汉景帝争得疏远了。

梁孝王刘武是汉景帝刘启的弟弟，景帝以国事为重时，可以不听梁王对周亚夫的坏话。景帝疏远周亚夫时，这些坏话就起了很大的助推作用。

不久，汉景帝要封皇后的哥哥、自己的大舅子王信为侯，询问周亚夫的意见，周亚夫搬出刘邦当年的指示：没有功不能封侯。"景帝默然而止。"

周亚夫没法沉默，汉景帝只好自己沉默。"默然而止"四个字中，包含了景帝的痛心与愤怒。

随后，景帝再封几个投降的匈奴王为侯，周亚夫再阻止，景帝不听他的。这个事实表明，周亚夫已经失去了景帝的信任。这对位高权重的人来说，是一个危险的信号。

景帝请周亚夫吃饭，上了大块肉，却不上筷子刀叉，周亚夫主动索要筷子，景帝笑着说："这还让你不满足吗？"周亚夫离开时，景帝看着他的背影，说："这样一肚子不满，我死后，小皇帝又如何驾驭得了？"

这句话中已含满了杀机。不久后，周亚夫的儿子买了些供陶俑人穿着的盔甲，是作为周亚夫去世时殉葬用的。人活着的时候，提前准备身后事，几千年至今，是中国人的习惯。但落到已对周亚夫起了杀机的皇帝手里，却成了他谋反的重大证据。把周亚夫抓起来审问时，周亚夫辩称："我所买的这些器具，是用来殉葬的，怎么能诬陷我谋反？"

这个审判官说了一句千古名言："你就算活着不造反，也是图谋死后在地下造反。"

欲加之罪，何患无辞。

周亚夫的父亲周勃，是西汉的开国功臣，同时还是保护刘氏天下不被吕氏篡夺的第一大功臣，既封了侯，也做到了太尉、丞相，但他仍然被一个史书上连名字都不记载的小人物，仅仅写了一封匿名诬告信，就被抓到大狱中。批准抓他的人，就是周勃把脑袋掖到裤腰上，诛灭诸吕一手扶立的汉文帝。

在监狱中，周勃被小小的狱警一再折磨污辱，他要行贿"千金"，才能免除这种作践，并传递出信息，走裙带关系，向汉文帝申诉冤枉。

汉文帝是中国三千年来三大盛世之首"文景之治"的首创人，头脑很清醒，也很理智。周勃作为他的恩人，在他的批准下抓捕"下狱"，他不可能不了解周勃的冤枉。抓周勃，估计只是他敲打功臣宿将，树立自己绝对权威的一个手段，倒未必一定要周勃死。说情的人一开口，汉文帝也就顺水推舟放出了周勃。

周亚夫对批准抓他的汉景帝，没有救命及扶立之恩，所以他也就没有老爹周勃的幸运。在抓捕周亚夫时，周亚夫想自杀，他妻子阻止了他。审判官的千古名言出口后，周亚夫很明智地绝食，连饿五天，呕血而死。

司马迁在周亚夫传记的最后，淡淡地这么交代"条侯（周亚夫）果饿死（被许负预测准了）。"

李　广

司马迁为李广立传，称"李将军列传"，而不称名字。在古人来说，这是极高的尊崇。李广坎坷又英雄的一生，也对得起这样的尊崇。

李广是累世将门之后，骑马射箭，是他们家专长的武功。李广自幼习练，射箭是他一生的特色专长，让他名满天下，垂于青史。

李广成名于公元前166年，那一年匈奴人从萧关（现在的宁夏固原东南）大举入侵，李广作为一个平民子弟，积极投军出征，以他的弓箭做武器，杀死许多匈奴士兵，影响很大，汉文帝都听说了，特意征召他去皇宫，给自己当侍卫。

在这里简单介绍一点常识：汉朝的征兵来源，主要有两个方向，一个是受处理的罪犯，一个平民子弟（史书中称为"良家子"）。平民子弟入伍后，地位职分天然比罪犯兵高一些，机会相对来说也多一些。

成为皇帝侍卫的李广，有了直接在最高领导面前展现自己才华勇力的机会。汉文帝是一个比较推崇无为而治的皇帝，他所开创的文景之治，也是这种治国方略结出的硕果。但这不是说他绝对没有雄心大志，他时常带领身边的侍卫战士到长安西边的皇家园林上林苑骑马射猎，也亲自操演军队。

在跟随汉文帝出行的过程中，李广往往冲锋在前，并多次在猛兽扑出时，舍生忘死，格毙野兽，受到汉文帝的高度评价，原话是："惜乎，子不遇时，如令子当高帝时，万户侯岂足道哉。"意思是：可惜现在是和平年代，你若跟着刘邦打天下，挣个万户侯轻而易举。

汉文帝这话说的很不负责任，他在位期间，天下并不是一味和平，可能就在他说这话之后不久，匈奴再次入侵，汉文帝任命令勉、张武、周亚夫等人为将出征，却不安排李广随军出征。

看汉文帝对李广的评价，他很有识别人才的眼光，但看他对李广的使用，他又根本不能用其所长。这样的知人却并不善任的领导人，历史上并不罕见！

汉文帝去世，汉景帝即位。李广先是作为陇西郡掌管军事的副太守（都尉），后又被调回到都城，担任皇帝的侍从武官骑郎将。汉景帝即位第三年，七国之乱爆发，李广被任命为骁骑都尉，跟随周亚夫去讨伐叛军。

周亚夫的平叛策略是坚固防守，绝敌粮道，待敌自乱。当时被七国叛军攻击最严重的，是汉文帝次子梁王刘武的封地梁国。周亚夫不去救他，任由他被叛军攻击。在这个过程中，政府军和叛军也不是绝对没有战斗，在小规模的冲突中，李广的个人英雄主义表现得淋漓尽致，他冲锋陷阵，泯不畏死，于敌阵中夺得叛军大旗。在没有大战的平叛战争中，李广这样的个体英雄，立即如彗星经空，赢得了所有关注这场战争的人的注意。梁王刘武出于对李广的敬重，更可能是为了发泄对周亚夫不救梁国的怨气，特意授予李广将军的勋爵和印信。年轻气盛的李广没有政治经验，接受了。

在一个大一统的专制国家里，所有以国家荣誉对功臣的封赏处理，必须出于最高领导人才行。私下里接受地方领导人赐予的国家荣誉，那是对专制体制的极大挑战。汉景帝坚决镇压七国之乱，就是为了维护高度集权的专制体制，又怎么能容忍梁王及李广这样无组织无纪律的行为？但梁王是景帝的亲兄弟，李广又确实立了大功，怎么办？汉景帝的办法是，既不处罚，也不奖励。李广的功，算是白立了。

不久后，李广被调离首都，到上谷郡（现在的河北怀来）去担任地方长官太守。太守这个职位是地方（郡）最高行政长官，一般并不管军事，但在边疆地区，易发生军事冲突地区，也会军政一把抓。李广的上谷郡就与匈奴紧挨着，行政、军事都由他一手负责。按李广的脾气习惯，恐怕是行政放手，专管军事吧。在那里，他几乎每天都与匈奴作战，杀得性起，也杀得名闻天下。中央政府的外交官公孙昆邪很关心他，专门找到汉景帝为他求情：李广才气，天下无双，但他太骄傲了，老是跟匈奴人打仗，我真担心会失去这员勇将。说到动情处，流下泪来。

毫无疑问，公孙昆邪是为李广好，但对李广这样的人来说，冲锋陷阵是他的快乐，也是他人生价值的最大体现。真让他跌落温柔乡里享清福，那与杀掉了他没什么区别。

好钢用在刀刃上，使用人才也是这样，并不是一味保护才是重视。

汉景帝听了公孙昆邪的话，将李广调为上郡太守，随后又走马灯般调动，先后在陇西郡、北地郡、雁门郡、代郡、云中郡等地担任太守。这些地方大都处在边防一线，李广仍然以勇敢善战闻名天下。

李广担任上郡太守期间，汉景帝派了个宦官来帮助李广训练部队，说是帮助，实际暗含了监督管理的意思。这也许是中国历史上最早的宦官督军，到了后世唐宋元明，这样的事屡屡发生，成为历朝名将最大的包袱。

第一个出现在中国军事史上，用以督军的宦官，看来还没学会狐假虎威，胡乱干预，但他也为李广带来了一大凶险。某次，宦官带了几十个人出外打猎，遇到三位匈奴人。几十个人打三个，哪有不胜之理？这是宦官理所当然的想法，于是指挥几十位骑兵去包抄这三个匈奴人，结果是这几十个骑兵被这三个匈奴人全部射杀，宦官一个人带伤逃回，去找李广诉苦。李广做出一个判断："是必射雕者也"——射雕英雄，最初出自匈奴。

李广带了一百多骑兵追上三位射雕者，然后由他一个人射杀两位，活捉一位。往回走的路上，遇到匈奴数千骑兵，跑是跑不掉的，打又打不过，危急关头，李广的判断是：下马，把马鞍卸下来，躺下来休息，让匈奴人认定李广一伙是诱饵，大队汉兵在后面。

匈奴人果然产生了这样的疑惑，与李广对峙一天一夜后，悄悄跑了。

我最初读这段故事时，只有十二岁，少年热血，为之沸腾。但年龄略大，多次重复读这个故事，心中不能不疑惑。李广的疑兵之计，在短时间内，肯定会让对方惊疑不定，取得效果。但当时间拉长到一天一夜，匈奴人就不能派出哨探，迂回到李广一伙身后，去侦察汉军是不是真的有后续部队吗？数千匈奴骑兵，就不能分拨出几百个来试探着冲锋一下吗？

同样的疑惑，还出现在李广担任右北平太守时。当时，李广的英雄事迹已经震动天下，被称为"汉之飞将军"，他驻守右北平，匈奴人就不敢来侵犯右北平。没有仗可打，对李广来说是个煎熬，于是他就出门打猎。好在那个时候的中国地广人稀，北部边疆地区山深林密，各种野兽应有尽有。某次，李广出猎，在林间草丛中，看到一只老虎蹲在那里，立即拉弓射去，射中了，跑过去看看，原来是一块石头，箭头都射进去了。李广退后再射，却怎么也射不进去。

这件事被司马迁记载在《史记》里，千古传诵，卢纶为此写下了一首著名的《塞下曲》：林暗草惊风，将军夜引弓。平明寻白羽，没在石棱中。

我的疑惑，不仅仅在于按常理推测，射箭入石，类同神话。最重要的还在于射虎中石的故事不只一个李广，在那之前的《吕氏春秋》中，记载养由基"射虎中石，矢乃饮羽"。在那之后同为西汉著名学者刘向编纂的历史纪事集《新序》中，记载："楚熊渠子夜行，见寝石以为伏虎，开弓射之，灭矢饮羽，下视，知石也。却，复射之，矢摧无迹。"

三个完全相同的记载，让我不得不怀疑：射虎入石，是对神射手的比喻性褒扬。至于事实如何，存疑吧！

但这丝毫不影响李广的英名，李广多次射杀真实的老虎，并且因为他射箭的玩命习惯："非在数十步之内，度不中不发，发即应弦而倒。"导致他曾被猛兽伤到过。某次在出雁门关击匈奴时，匈奴人以多胜少，击溃了李广的部队，习惯于近距离开弓射箭的李广可能来不及换箭拉弓，被匈奴人捉了个活的。李广当时受了重伤，匈奴人结了张网，拉在两马之间，将李广放在网上。李广诈死，让匈奴人放松了警惕，没有捆绑他，偷眼看着有一个匈奴人骑了匹好马从身边经过，立即腾身而起，跳跃到马后屁股上，将骑在马鞍上的匈奴人推到地上，"取其弓，鞭马南驰数十里"。几百个匈奴骑兵在后面追，李广一边逃一边开弓射箭，把追在最前头的匈奴战士一一射死，终于成功逃脱。

从匈奴人手中逃脱的李广，没能逃脱西汉朝廷对他的处罚。他因战败而被判处死刑。但在那个时代，交钱交粮食可以赎罪，于是李广被赎为平民。

从威震天下的将军，一下子成了平头百姓，李广不可能不郁闷，好在他还有弓有箭，郁闷了就去山中射猎。某次他领了个随从出去喝酒，喝完了回家，已经深夜了，途经汉文帝的坟墓霸陵（现在的西安市东北），正好遇到霸陵尉也喝醉了酒。这个霸陵尉是霸陵县的县尉，霸陵县以前没有过，因为汉文帝埋在那里起了个名叫霸陵，才设了个霸陵县，县尉的主要职责是维持社会治安，霸陵县最重要的治安场所毫无疑问在霸陵。霸陵尉虽然喝醉了，还是忠于职守，在文帝墓前值班。刚好看到李广两人醉醺醺地路过，马上喝止查问。李广的随从说：是前任李将军。霸陵尉说：现任的将军尚不能夜行，何况前任将军。强令李广就地住下。

人如果没经历过风光时期，一般委屈都能承受，因为他没机会体验被人尊崇的滋味，也就不觉得委屈有多么难堪。一旦从风光顶峰跌落下来，人的心理最脆弱，这时候一点点的委屈，都会放大成心中永难抹去的屈辱阴影。

随后不久，李广被汉武帝（汉景帝去世了）重新起用为右北平太守（他射虎入石，就发生在任右北平太守时期），李广申请让霸陵尉一起去，霸陵尉一到军中报到，李广立即将其斩首。

后世有史学家将李广报复霸陵尉，与韩信赏赐让他钻裤裆的淮阴无赖相提并论，认为李广胸怀不广。我认为两者最大的区别在于，韩信钻裤裆时，自己也是个不良少年，时时被人瞧不起，钻裤裆固然丢人，对当时的韩信也并不是特别屈辱。李广平生搏杀疆场，威名赫赫，此前没有经历过这样被小人物折辱的场面，尤其是他从高位被贬，心情郁闷，这种屈辱感，加倍严重。

说这些，没有为李广开脱的意思，他终究不是个心胸开阔的人。那个霸陵尉虽然说话不好听，但忠于职守，并无过错。

李广是战将，远不是政治人物。他的性格脾气来源于血腥的战场，而不是关系重要的官场。

人的性格脾气，与他所处的环境，面对的对象有关。李广对霸陵尉，显得胸襟狭窄，李广对自己的部下士兵，却又胸怀阔大如菩萨："广之将兵，乏绝之处，见水，士卒不尽饮，广不近水；士卒不尽食，广不尝食，宽缓不苛，士以此爱乐为用。"

此后，李广跟随大将军卫青北征匈奴，他领的四千骑兵被匈奴四万骑兵团团围困，战士们无不害怕。李广让儿子李敢率领几十名骑兵，突入匈奴骑兵队伍，又冲杀出来，回来说：匈奴人很好对付。这才安定了战士们的心。一日一夜间，在匈奴人的轮番冲击下，李广与他的战士们力战不屈，直等到援兵到来。

这一战，李广部队杀敌极多，自己的损失也极大，回国后评价功过，李广的功劳与过错相抵，既不处罚，也不奖赏。

此时的李广，年龄已经在六十岁左右了。像他这样的勇将，内心深处是很将大丈夫生当获封万户侯看重的，此时年华老去，回顾血雨腥风的一生，李广痛苦之极。对命运有了迷惘，就去求教算命先生，古今如出一辙，李广也不例外。他找到一个叫王朔的算命先生，问：那么多才华功勋不如我的，都能以军功封侯，我浴血一生，为什么就不能封侯？王朔启发他：你想一想，这一生有什么悔恨的事？李广说：我做陇西太守时，羌人造反，我诱骗他们投降，共八百多人，我在他们投降后一举杀掉，这是我平生最悔恨的地方。王朔一锤定音：祸莫大于杀降，这就是你不能封侯的原因。

又过了两年，卫青、霍去病率大军北击匈奴，李广申请随军出征，汉武帝认为他年纪太大了，不同意。李广坚持要去，最后汉武帝迁就了李广，任命他为前将军，随军出征。

等到出塞之后，卫青却亲自率队北征，让前锋李广率领右军，迂回包抄。这一迂回，路就远了。李广一再要求仍然干他的前将军，卫青坚持不同意。李广在愤怒中领右军迂回前进。在茫茫草原上，没有向导，迷失了方向，最后卫青他们大获全胜回来了，李广他们还在草原上稀里糊涂地找路呢！卫青派人去批评李广，让他到大将军府说明情况，李广说："广结发与匈奴大小七十余战，今幸从大将军出接单于兵，而大将军又徙广部行回远，而又迷失道，岂非天哉！且广年六十余矣，终不能复对刀笔吏。"话说完，李广引刀自裁。

李广的死前独白，将自己不能建大功，归结为"岂非天哉"。历史上也有"李广无功缘数奇"的说法，说他运气不好。观李广一生，无惧无畏，勇武过人，名满天下，皇帝也不是不重视他，但他就是无缘无故地坎坷波折不断。也许，人生中，真的有运数在？

搁笔向天，时正中夜，星空灿灿，寒气茫茫，人生运数，唯余迷惘！

卫 青

李广之死，与卫青有莫大干系。出塞之前，李广在部队的职务是前将军，也就是全军的前锋营统领，但一出塞，卫青马上将他打发到边缘部队。什么迂回进击，茫茫草原，纵横数千里，连匈奴主力在哪里都不知道，往哪里包抄？这摆明了是让李广靠边站。

司马迁对卫青这一明显以权压人的做法给出了两个原因：一个是在出发前，汉武帝曾悄悄吩咐过卫青：李广这人运气不好，不要安排他担任重要职务。还有一个原因，卫青的好朋友，也是卫青的救命恩人合骑侯公孙敖，因为此前出征时迟到，犯了军法，被削去侯爵，这次跟随卫青出征，卫青想给他机会，破敌立功，再把失去的侯爵找回来。李广也知道卫青的私心，所以卫青坚持让他率右军迂回进击时，他才大大愤懑，并且最终愤而自杀。

司马迁把这两个原因同时记下，说明他相信这两个原因都是真的。李广的儿子、那个率数十骑从匈奴四万骑兵中杀进杀出的李敢，也知道自己的爹穿了卫青的小鞋，后来找到机会，把卫青揍了一顿，卫青心里有愧，悄悄压下不说。

除了在李广这件事上，卫青做的太阴狠了些外，卫青还算得上是一位战绩卓著的大将军。他的一生，也充满传奇色彩，是个典型的从奴隶到将军的励志型人物。

卫青是个来历不明的私生子，他的父亲《史记》中明确记载，叫郑季，是平阳县的县吏。但他这个父亲是与卫青母亲私通生的卫青。这还不算什么，最关键的是卫青的母亲来历不明，《史记》中说她是"侯妾卫媪"。侯是平阳侯，叫曹寿，是汉初著名宰相曹参的后代，封平阳侯，娶了个妻子阳信长公主，是汉武帝的姐姐，皇帝的姐姐也嫁鸡随鸡、嫁狗随狗，改了个称呼叫平阳公主。

如果卫青的母亲是曹寿的妾，那么卫青以及他姐姐卫子夫等人名义上就是曹寿的儿子、女儿了。但侯爷的小妾偷情偷出来的儿子，并且还认了亲生父亲，这未免让平阳侯曹寿的头顶太绿油油了，就算汉朝人离三纲五常距离还远，但也并没有如此大度。更何况后来平阳公主嫌弃曹寿有"恶疾"，主动离了婚，改嫁给卫青。如果卫青真是曹寿小妾的儿子，那么平阳公主也是卫青名义上的母亲，这个伦乱的也太大了。

最大的可能是卫青乃侯府家奴老婆的孩子，这个家奴姓卫，于是卫青、卫夫子们都姓卫。这么说一切就很好理解了，唯一难以理解的，就是卫青几乎算得上司马迁的同时代人，司马迁没道理出现失误。

卫青生下来后，先是在侯府养着，略大些了，被送到生身父亲郑季的家里。天下掉下个私生子，郑季的妻子当然很不满意，郑季的那些儿子女儿也不把卫青当成兄弟，郑季也不是个负责任的父亲，他让卫青去当放羊娃，风里来雨里去，吃白眼受打骂，苦日子漫漫没尽头。一次，一个残疾算命先生看到他，给他相面，说：你的面相不凡，将来一定封侯。卫青苦笑：一个奴隶的孩子，能够少吃些打骂就烧高香了，怎么敢指望封侯的事呢！

长大以后的卫青，又回到了母亲身边，并很快被选拔为平阳公主的侍从骑奴。

吃过苦的人，大都会珍惜手中的幸福，从放羊娃到公主贴身侍从，卫青完成了他人生的第一次蜕变，起码，他已踏上了通往上流社会的第一步阶梯。在这个阶梯上，卫青表现得很出色。

不久后，汉武帝到平阳公主家做客，看上了跳舞助兴的卫子夫，卫青也随着姐姐入宫。

在卫子夫之前，汉武帝"金屋藏娇"，有了卫子夫，金屋里那个皇后陈阿娇就被冷落了，她与自己的母亲一起设计，算计不了卫子夫，就把卫青抓到狱中，准备处决。

汉朝初年，专制制度建立未久，还是一个崇尚游侠崇尚自由的时代，卫青的好朋友，骑郎公孙敖率领平时和卫青交好的数名壮士，直接搞了一场劫狱事件，把卫青救出。

劫牢反狱，按说是杀头的大罪，但因为汉武帝此时全部心思都在卫子夫身上，金屋以及陈阿娇，早已令他厌倦。所以在知道公孙敖劫狱事件后，卫青不但没得罪，反而被提拔为皇帝的随身侍从，公孙敖也因此大受重用。

后来，卫青为了给公孙敖机会，不惜伤害李广，直至李广悲愤自杀。对飞将军李广，卫青有愧；对好朋友公孙敖，卫青有情有义。

跟随在汉武帝身边接近十年，卫子夫越来越受宠，卫青的能力可能也在日常行为中有所表现。两方面的原因让汉武帝下定决心：给卫青机会。

这次机会出现在公元前129年（卫子夫被汉武帝临幸是在公元前139年）。这一年，汉武帝兵分四路，北伐匈奴。李广统领一路，由雁门关出发；公孙贺统领一路，由云中出发；公孙敖统领一路，由代郡出发；卫青统领一路，由上谷出发；每支部队一万人。结果是公孙贺无功而返，公孙敖丧失三分之二的人马，名气最大的飞将军李广干脆被匈奴人活捉，又抢弓夺马逃了回来。只有卫青一路，北出长城，深入漠北，直捣龙城（匈奴头子单于祭天和召聚首领的地头），斩杀七百余人，独奏凯歌而还。

浴血奋战一辈子的李广终生未得封侯，一战成功的卫青，被他的姐夫汉武帝直接封为关内侯。

次年，匈奴南侵，直入雁门，京师震动，关内侯卫青再次受命出征。这次他亲率三万精骑，直驱前线。这次战役并没有什么精妙的战法，卫青是速战速决，匈奴骑兵也不善防守反击，两支部队硬碰硬，卫青大胜。

就在同一年，卫子夫生了儿子，取代陈阿娇，成为皇后。

在卫青成长的过程中，汉武帝也在成长，在他热血沸腾的心中，还在酝酿着对匈奴发动更大的歼灭战。

由此，汉武帝时期河南、漠北两大战役，由卫青主演开幕。

"河南"的字面意义与现在的河南省差别不大，都是指黄河之南。但地理区域不同，卫青指挥的这个河南战役，作战地点在长安北边，黄河南岸。

战争也并不完全发生在那一个地方。卫青统领四万铁骑迂回作战，出云中以西至高阙（现在的内蒙古杭锦后旗），切断黄河南岸匈奴部落与黄河北岸匈奴大本营的联系，随后一路征战，直至陇西（现在的甘肃临洮），对黄河南岸的匈奴首领白羊王、楼烦王形成包围之势，两个匈奴王狼狈北逃。至此，河南战役以汉军的完胜结束。此战共杀死匈奴二千三百人，俘虏数千人，获取牛羊数十万头。凯旋之日，卫青被晋封为长平侯。汉武帝在卫青夺取的河南地域设立了政府机构朔方郡，安排十万战士在那里屯垦防守，不久后又移民十万户，到那里开荒种地，扎根生活。

河南战役虽然取得完胜，却没有从根本上消灭匈奴的主要军事力量，战役一结束，匈奴部队又追着汉军尾巴，继续入侵。此后两年，先后约有二十万匈奴士兵侵入边关，掠汉人近万，刚刚设立的朔方郡，风雨飘摇。

公元前124年，更大规模的一次北征作战展开，此次汉朝共动员十万军队，多路出击，寻求与匈奴决战。

卫青自己带领三万战士，直扑匈奴右贤王驻地。右贤王虽然知道汉军北征的消息，但更知道路途遥远，以当时的交通条件，短时间内无法杀到。所以右贤王根本不在乎，仍然是歌舞欢饮，饮还要饮醉，醉了要睡大觉。觉睡到半夜，千里急行军、奇袭右贤王的卫青大军从天而降，陡然杀到。惊醒后的右贤王，除了一个逃字，再没别的办法。他与他的爱妾还有几百个卫兵狼狈北逃，逃的速度极快，卫青派出部队穷追数百里也追不上。

这一仗，共俘虏匈奴小王十多个，以及一万五千余匈奴人，上百万牲畜。

这一仗杀人抓人都不算最多，但这是汉与匈奴决定性的一仗。这一仗基本逆转了汉与匈奴的军事力量对比。以这一仗为标志，此前的汉军，基本是防御性作战，匈奴处在主动进攻的一方。此战之后，汉军基本属于进攻作战，匈奴大多被动防守。

一年后的公元前123年，大将军卫青（上一仗结束后，卫青被封为大将军）再率十万战士，北上作战。这一次的行军先导，是因出使西域，而在后世影响力绝不小于卫青的张骞。

以前匈奴骑兵并不畏惧与汉兵正面交锋，连续受挫后，匈奴人现在躲着卫青的大军。卫青出塞后北行数百里，未能寻找到匈奴主力，只好胡乱杀掉一万多匈奴人后凯旋归来。反而是配合作战的侧翼部队三千人，与匈奴主力迎头撞上，以少敌多，浴血博杀一天后，两千多汉兵阵亡，率队的两员主将之一前将军赵信率领残部八百人向匈奴投降，另一位主将右将军苏建孤身杀出重围，逃回来见卫青。

面对浴血归来的苏建将军，那些稳坐中军的笔杆子、嘴皮子们兴奋起来，有个叫周霸的居然提出：杀掉苏建，可以树立您卫青大将军的威风！好在还有明白人，劝告卫青：苏将军以数千战士，对抗数万匈奴主力部队，能够坚持一天多，直至把人马拼光才孤身逃回，表扬还来不及，怎么能杀呢！

卫青是个明白人，他说了句明白话：我受皇帝派遣带兵出征，何患无威！斩杀或者赦免苏将军，那是皇上的权力，让皇上来处理吧！把苏建押送回首都。汉武帝也是个明白人，他没治苏建的罪，只是免了官职，把他降为平民。

这一次出征，可以说有失有得，有胜有负。最大的收获是霍去病第一次从军出征，立下赫赫战功，从此开启了一代年轻战将的传奇！

回到首都长安，汉武帝赐给卫青千两黄金。当时汉武帝正宠幸王夫人，一个叫宁乘的穷秀才对卫青说：你能成为万户侯，三个孩子也被封侯，不要认为是你的功劳大到无边无沿，其实主要还是因为你姐姐是皇后啊。现在皇上喜欢王夫人，王夫人的家人却没有因此得到好处，你还是把皇上的赏赐拿出来分给王夫人的亲属吧。

但实话大多不中听，人在春风得意时，大多听不进实话。卫青不是寻常人，他听了进去，真的分出五百两黄金给了王夫人家人。

这便是卫青的为人，司马迁给了四个字的评价：仁善退让。

仁善退让的卫青，在他外甥、天才将军霍去病崛起后，自己的光芒逐渐被遮掩起来。

公元前119年，卫青主导了他一生中最后的军事行动：漠北战役。

就在这一战，老将李广被安排侧翼迂回，最终导致了李广部队迷路误期，李广悲愤自杀。

不知道如果让李广担任前锋，首战匈奴，会是什么结果？卫青用自己的行为告诉了别人：那结果无论如何也不会比卫青亲自率军好。

亲率大军，星夜兼程，直扑漠北匈奴单于驻地的卫青，在率军长途行军一千里后，突然发现，面前是以逸待劳、早有准备的匈奴战士。

奇袭不再奏效。卫青沉着冷静，先用战车围成营垒，稳住阵脚，再主动派出敢死队,向匈奴阵地冲锋。战事由此爆发,两方主力部队,随即卷入作战,在暴起的风沙中,两个敌对民族的战士,舍生忘死,浴血搏杀。

在战事胶着,胜负未分之际,匈奴领导人伊稚斜单于居然吓破了胆子,率领几百名卫兵,扔下正在拼命的数万战士,悄悄向西北逃跑了。

老虎再猛,毒蛇再凶,没有脑袋了,也就没有了生命力。匈奴部队溃败。卫青带队追击二百里,追不上。

漠北一战,匈奴在东西两个战场(卫青是西战场,霍去病主持东战场)均惨遭失败,共损失十万人马。而西汉也损失了十几万马匹。两边从此都没有再发起成规模战役的能力了。由此而后数十年,汉匈无重大战事。

将军百战,解甲南山。此前,平阳公主的丈夫曹寿得了"恶疾",被主动离婚。平阳公主再选丈夫,大家一致向她推荐卫青,平阳公主笑了:这个人原本是我的奴隶,配做我的丈夫吗?推荐人回答:现在大将军已经富贵动天下了。平阳公主半推半就,嫁给了卫青。

曾经的奴隶,成了曾经女主人的丈夫,不知在闺房之内,会有怎样的故事?

霍去病

霍去病与他舅舅卫青一样,也是母亲跟人生下的私生子。

霍去病的母亲是卫青的二姐,叫卫少儿。卫青的三姐卫子夫能迷倒雄才大略的汉武帝,二姐也不可能丑到哪里去。不知道卫氏是个什么家风,卫少儿还是个姑娘,在平阳公主家里做婢女,就春心难耐,跟平阳公主的差人霍仲孺勾搭成奸,生下霍去病。一个姑娘还没出嫁,就跟人生下儿子,并且还光明正大地带在身边,无论如何都不是光彩的事,起码在很大程度上影响到她以后找婆家。

但对西汉中前期,这个平阳公主家的卫氏奴仆家庭来说,这一切好像都没任何问题,卫少儿照样带着偷情偷出来的私生子,光明正大地找了个国家高级官员嫁出去。娶她的那个人叫陈掌,担任管理皇宫及太子宫家务的重要职务(詹事)。他凭空娶了皇帝的二姨子,成了皇帝的襟兄,估计心里是乐开了花。而对自己没付出劳动就收获出来的儿子霍去病,他一样的娇惯疼爱,这让霍去病自小就受到了良好的教育,也自小就养成了骄傲无忌的性格。

纵观霍去病短短一生中所有的军事成绩,基本都是从骄傲和无忌这四个字来的。他的任何一次军事行动,都可以说是冒着极大的风险,都有全胜或者完败两种可能,霍去病每次都行若无事,毫不犹豫。这一点可以说是为将者必备的果断坚毅,但我更倾向于认为那是霍去病年少无知,是良好的家庭出身、长辈的纵容溺爱使他养成的傲慢自大、目中无人。这让他根本看不起对手,心中没有可能失败的概念。这样的性格也让他对自己的部下同样不在乎,不体恤。飞将军李广一生沉沦在中级军官的位置上,时时处处在与匈奴面对面搏杀,他了解匈奴人的好战凶残,他也理解那些执刀持枪的战士们都是鲜活的生命,每个人的身后都有家庭,所以李广对待部下极为宽容,每每在粮食断绝、饮水缺乏的地方,一旦遇到水源,战士们不先喝饱,李广就滴水不进;一旦有了食物,战士们不先吃饭,李广就粒米不食;下属就算有点小过错,李广也从不拿着军纪的棍子乱打乱罚。霍去病则每次出征,都随行有几十辆马车,专门拉着他一个人的专供物品。千万里征战归来,那几十车物品美食还有很多没消耗完,就全部扔了,而跟随他出征的战士,还有很多在饿肚子。出征在草原沙漠中,战士们吃不饱饭,很多饿得腰都直不起来,霍去病还要安排战士给他整理足球场,供他踢足球(蹴鞠)玩乐。

霍去病战绩,两句话就可以概括:千里奔袭,速战速决。一个字:快。除此之外,基本没什么战术战略可言。

汉武帝何许人也,他虽然重用霍去病,但他也看出霍去病不学无术的特点,于是建议霍去病学点兵法。霍去病回答:用兵打仗要看实际情况,学那些书本子上的兵法没用。

我相信这是以霍去病为代表的浮华二代们不喜欢用功学习的借口。但听起来非常有道理,最让人无言的是,霍去病无往不利的战绩,的确给他这句话做出了完美的诠释。

对霍去病流星般灿烂的短短一生，除了奇迹两个字，怎么解释都有缺陷。

霍去病第一次从军出征就创造了奇迹。这一年是公元前123年，霍去病十八岁。跟随他的舅舅大将军卫青，出塞北伐。

对卫青来说，这次北伐虽没有失败，也算不上成功，有胜有败。但对霍去病来说，这是他第一次在中国战争历史上亮相，他赢得了头彩。

卫青从自己率领的十万大军中，精心挑选出八百名最精锐的骑兵，交给霍去病指挥。相对于十万大军的远征作战，这八百个人相当于霍去病的保镖吧，保证卫青这个宝贝外甥别出意外，估计这才是八百骑士的最重要任务。

十八岁的少年，正是置生死于度外的愣头青年龄。霍去病率领八百骑兵，远离主力部队数百里，他也没有向导，但上天眷顾，居然让他找到了匈奴人首脑机关所在地。毫无畏惧的霍去病率领八百骑兵旋风般杀入，以极小的代价，杀死了包括匈奴宰相在内的敌人二千零二十八人，活捉了匈奴领导人单于的叔父罗姑比。

霍去病横空出世，成为这次无功无过的北伐战役中唯一的亮点。汉武帝本来就喜欢他，马上借势封了他个冠军侯。

公元前121年，汉武帝任命二十岁的霍去病为骠骑将军，率一万精锐骑兵，从陇西出塞。由此拉开了与卫青主导指挥的河南、漠北两大战役并称的河西战役序幕。

河西是指黄河以西那片狭长的平原地带，习惯上称做河西走廊的地方，这个地方长期在匈奴人手里，是匈奴屡次南侵的战略后方。河西战役的目的，就是要把匈奴人从这儿赶走，让他们南侵之路变得难走些。

这一次河西战役的揭幕战，霍去病率一万骑兵，在六天时间内，如旋风般从河西走廊上刮过，连破五六个匈奴部落（王国），纵横千里，无坚不摧，杀死匈奴折兰王、卢胡王（部落首领），活捉浑邪王的王子和宰相。霍去病快速作战的特点，发挥得淋漓尽致。

当年夏，霍去病再次出塞，再次快速挺进千里，一路马不停蹄，连续击破匈奴部落，总计杀敌三万二百人，俘虏二千五百人，活捉匈奴王（部落首领）以及相国、部队司令、王子等一百多人，还把匈奴最高领导人单于的妻子捉住了。

这一战,让霍去病的声威扶摇直上,与大将军卫青齐名了。

霍去病秋风扫落叶般的奇袭作战,不止战果辉煌,还很神奇地促成了匈奴领导人间的内讧。匈奴最高领导人伊稚斜单于坐镇大后方,不知道前方实际作战情况。霍去病的骑兵部队来去如风,根本不是大部队步步为营、层层推进的打法,所以伊稚斜单于感受不到前线战斗的残酷,只想当然地认为在前线主持工作的部落首领浑邪王和休屠王出工不出力,因而雷霆震怒,要把两位王军法从事。

打仗不是霍去病的对手,又不甘心被领导杀了立威,浑邪王和休屠王权衡利弊,决定向汉朝投降。

匈奴两王一起主动投降,这是汉匈作战史上前所未有的大事,汉武帝高度重视,派遣霍去病亲率一万骑兵,去河西受降。

受降还要带一万精锐骑兵,那明显是对匈奴人的投降持半信半疑态度。

汉武帝的半信半疑,倒也没冤枉匈奴人,就在霍去病到达河西之前,休屠王突然反悔,不想投降了。这次投降计划的主要策划人是浑邪王,休屠王只是被动响应,休屠王反悔了,可能还会得到伊稚斜单于的原谅,浑邪王却是根本没有反悔的余地。狗急跳墙,浑邪王刺杀了休屠王,立即收编了休屠王的部队,跟自己的部队合编在一起,列队等候霍去病,交械投降。

并不是所有的匈奴战士都愿意投降。就在霍去病率领受降骑兵出现在匈奴人视野里时,汉朝骑兵精壮的阵容,让与霍去病作战时吃过亏的匈奴战士心中悸动,部分人悄悄从队列中溜号逃跑。

小部分人的溜号,对大部分人有心理的影响,眼看着投降方阵中的匈奴人骚动纷纷,大有雪崩惊散之势。霍去病快马加鞭,飞驰往浑邪王阵营。霍去病的这一举动,大有英雄气概,因为浑邪王的投降如果是骗局,或者浑邪王已经约束不住他的部队,霍去病与他有限的随从,很可能会陷入匈奴乱军,玉石俱焚。而霍去病明知凶险,飞马入敌营,可以从根本上向匈奴人传达一个信号:请放心,我们是来接受投降的,而不是来消灭你们的。

在这种情况下，霍去病与浑邪王迅速稳住了犹豫不定的匈奴人心，并当机立断，当场镇压处决了八千多个坚决不投降的匈奴人。浑邪王单身乘汉朝派出的专车，去首都长安见汉武帝，霍去病则带领投降的四万（号称十万）匈奴人，缓缓渡河东去。

汉武帝为浑邪王的投降，举办了隆重的庆祝仪式，让所有投降的匈奴人大吃大喝一顿后，分别去陇西、北地、上郡、朔方、云中这五个郡接受安置。有些在茫茫草原流浪惯了的匈奴人，看到大城市长安的繁华，不愿意再到乡下定居，汉武帝也允许他们在长安住下来，并保持自己原有的生活风俗。

霍去病的两次河西作战，将匈奴势力从河西走廊赶了出去。匈奴人忧伤地唱起一支歌："亡我祁连山，使我六畜不蕃息；失我燕支山，使我妇女无颜色。"这是中国历史上最著名的歌词之一，只可惜作词的人名失传，否则，仅凭这支歌，该词作者就可以在中国文学史中成为大家。

李白有首《塞上曲》，这样写："大汉无中策，匈奴犯渭桥。五原秋草绿，胡马一何骄。命将西征极，横行阴山侧。燕支落汉家，妇女无花色。转战渡黄河，休兵乐事多。萧条清万里，瀚海寂无波。"诗中的"燕支落汉家，妇女无花色"，便是从上面的歌词中点化而来，比较一下，诗仙李白的诗句，哪里比得上歌词这般忧伤深切，直入人心。

公元前119年，汉武帝时期最大规模，也是卫青、霍去病最后一次对匈奴作战——漠北战役开战。此次战役，汉朝共动员精锐骑兵十万，随从运送衣粮马匹四万，后勤步兵几十万，一共数十万人马，浩荡如云，直出塞外。

这一战，霍去病与卫青各领五万骑兵，分道进击。李广就是跟着卫青出击，迷路误期，悲愤自杀。卫青则消灭了近两万匈奴部队，大获全胜。但比起霍去病，卫青的战绩又小了许多。霍去病自代郡出塞，轻装快马，北行两千里，决战匈奴左贤王的主力部队，斩获匈奴七万多人，几乎将匈奴左部斩尽杀绝。这是汉匈作战史上空前的军事胜利。最终，霍去病在瀚海（现在的贝加尔湖）会师，在狼居胥山主峰建立高台，在姑衍山麓开辟广场，高举千万只熊熊火炬，向天地报告这场伟大的战功。

千年之后，南宋的将军词人辛弃疾，在他的《永遇乐》词中，把

"封狼居胥"看做军事成功的一大标志。

经此一战，"匈奴远遁，漠南无王庭"。霍去病军功显赫，出于卫青之上，原来依附卫青的人，纷纷投入霍去病门下。

门客弃卫投霍，只是出于哪头炕热向哪头爬的人类劣根性，并不代表霍去病有跟卫青对着干、故意压卫青一头的意思。卫青是霍去病的亲舅舅，他们之间没有根本利益冲突，只有一荣俱荣一损俱损的连带关系。霍去病本人对他舅舅极是亲近。李广的儿子李敢，因为愤恨卫青故意压制李广，导致李广自杀，找机会殴打了卫青一顿，卫青悄悄压下，没有张扬。但霍去病是知道的。卫青出身坎坷，知道世事艰难，所以也能包容；自幼未受过挫折，长大又一路风光的霍去病却咽不下这一口气。漠北战役后，汉匈无战事，雄心大志的汉武帝与精力过人的霍去病们无事可干，就以打猎消耗过剩的精力。某次，李敢、霍去病一起陪汉武帝出猎，霍去病趁李敢不注意，冷箭射杀李敢。汉武帝主动为霍去病遮掩，亲自作证，说是梅花鹿用触角顶死了李敢。估计李敢家人应该打听得到真相，但就算名满天下的李广，都能被卫青折辱自杀，更何况不如李广的李敢，更何况比卫青更炙手可热的霍去病。结局自然是不了了之。

暗箭伤人之后，霍去病也未能长寿，一年后，霍去病去世，年仅二十四岁。

在汉武帝的坟墓茂陵之侧，并排葬着霍去病与卫青。作为将军，在专制社会里，这是最高的荣誉。衡量这甥舅二人的军功，他们的确当得起。

陈　汤

陈汤小的时候，刻苦好学，文章写的极好，他那句"明犯强汉，虽远必诛"两千年流传不衰，至今犹能让人热血沸腾，可见他的文字能力丝毫不亚于他的用兵将略。但陈汤的好文章未能给家里带来实际收益，他家很穷，穷得到处借钱借粮，借了又不好好还，搞得名声很臭。陈汤在老家待不下去了，就到京城去碰运气。他先是进入官吏队伍（估计是靠他的博学和能写），虽然是个低级官员，却有了能与高级官员接触的台阶。几年后，他果然与富平侯张勃搭上了话。张勃很欣赏他的才能，就推荐陈汤出任政府中高级官员。

科举考试始于隋唐，汉朝那个时候，主要还靠官员推荐。而推荐是很个人眼光的事，如何保证不徇私舞弊或看走了眼呢？那就要靠连带制度。被推荐人一旦被证明是个混蛋，推荐人也跟着倒霉。

陈汤的确有才能，但有才能的人未必不办混蛋事。他被推荐后不久，正等待安排，父亲死了，他不回家奔丧。陈汤不回家参加父亲葬礼，被视为特别大逆不道的事，监察部门一个报告，将陈汤送进监狱。推荐他的富平侯张勃，被减发工资。很快，张勃死了，被政府主管部门赐了个谥号缪侯，缪就是错误的意思，是指他举荐陈汤是个错误。

陈汤把他的伯乐拉下了水，他本人却的确是匹千里马，就算关进了监狱，千里马的本色依然不改。世上有一个伯乐，可以发现好多千里马；世上有一匹千里马，也可能会因之出现好多伯乐。陈汤就是这样一匹千里马，在监狱里坐着，依然有人欣赏他的才能，向政府推荐他。可惜史书上没记下这位伯乐的名字，他能够在已有张勃前车之鉴的情况下，仍然坚持推荐陈汤，说明他有很准的眼光和很强的自信。

第一次被推荐的结果，让陈汤对官场争斗有所畏惧，他的才华并不在于官僚之间的勾心斗角，而是实实在在建功立业的那种。于是陈汤在第二次被推荐、进入政府部门后，就一再请求出使外国。请求次数多了，就安排他去边疆西域做军队副职，正职是甘延寿。

在这里，必须简单介绍一下当时的西域形势。说到大汉西域，匈奴两个字是绕不过去的。历经李广、卫青、霍去病、赵充国、冯奉世等名将的轮番打击，到陈汤那个时代（或者说汉元帝时代），匈奴已远不是大汉初年，可以用书信调戏汉朝皇太后，可以进出中原如履平地的骄狂了。汉宣帝时，屡受打击的匈奴人不但不团结一致抵抗汉军，反而内部争权，五个单于争着当一把手，其中势力最大的呼韩邪单于和郅支单于都想到要争取汉朝支持，分别把儿子送到西汉政府当人质，西汉政府也乐于看到这样的情况，都笑纳了。既然笑纳了人家两方面的人质，西汉政府可以在五个单于中偏袒呼韩邪和郅支，却不能在呼韩邪和郅支中偏袒任何一个，对这两个单于来说，仍然要靠实力说话。实力比拼的结果，是郅支单于略胜一筹。呼韩邪单于破釜沉舟，投降路线走到底，亲自到西汉政府诉苦求援。郅支单于以为呼韩邪到中原去，最多是组织个流亡政府，再回故乡难上加难，就出兵把呼韩邪的地盘给兼并了。但对西汉政府来说，呼韩邪亲身来叩头投降，是对西汉政府的彻底臣服，若不能为呼韩邪撑腰，西汉政府在西域各国中将毫无威信可言；郅支单于的壮大，又将成为西汉的一个重大威胁，于情于理，必须力挺呼韩邪。于是汉政府直接出动抗郅援呼志愿军，护送呼韩邪杀回江北，当他的单于。这让已经称霸漠北、西域的郅支单于非常不爽。他把当人质的儿子要回去，又把护送人质儿子归家的西汉使臣谷吉杀掉，与西汉政府彻底决裂。

　　决裂后的郅支单于，倒也知道自己不是呼韩邪和汉政府联军的对手，干脆放弃领地，率众西窜至康居。相对于小国康居来说，郅支也是大国领袖，所以康居王对他很尊重，主动与郅支交换女儿，成为各自的妻子（也就是郅支与康居王同时是对方的女婿和老丈人）。虽然郅支此时是事实上的流亡政府，但他仍然拥有很强的军事力量，康居王指望能借助郅支打压一下周边的小国，所以给了郅支全力支持。郅支得以在西域各小国中大展拳脚，打服了一批小国后，骄狂气焰冲昏头脑，与康居王翻脸，杀掉自己的妻子也就是康居王的女儿，又写信调戏西汉政府：我想去大汉政府工作，只是困在这个又远又穷的地方，没法去啊！康居王拿他没办法，此时的西汉政府也远不是武帝时期的强盛，只好忍气不理。

　　陈汤就是在这样的背景下，作为甘延寿副手，一同去领导西域军队工作。

　　《汉书》中对陈汤有个非常简洁干净的介绍，翻译成白话文就没力量了，原文是："汤为人沈勇大虑，多策谋，喜奇功，每过城邑山川，常登望。"

　　这样一个胸怀大志的军事人才，一有机会，便要努力发光发热。到达西域后，陈汤马上向甘延寿提议：郅支单于给大汉与西域各国造成重大伤害，我们应该发奇兵，根除这个毒瘤，"千载之功一朝成也"。

　　甘延寿这个人，自身武功极高，在部队的军事全能考试中，一直是模范典型。但匹夫之勇，与当将军的能力，并没有必然联系。甘延寿认为陈汤说的很有道理，但认为一定要请示朝廷同意，才能施行。陈汤说了一句至理名言：政府中那帮饭桶，除了争官夺利，谁能真正为国家做点事，如果去请示，肯定通不过。

甘延寿不是傻子，政府中官僚们日常都忙了些什么事，他也心知肚明，只是他也是从政府体制内混出来的，对官僚体制有种天然的依赖，要主动放弃请示报告，独立决策，他还真是没有勇气。

陈汤可以凭一战而成千古名将，他当然不会受制于潜规则。瞒着甘延寿，陈汤伪造军队文书，召集西域军队管辖内的部队，以及西域军队所联系的各小国军事力量，一共四万多人，会聚于西域军队营房，誓师出征。

甘延寿此时有病卧床，听到这一消息，大惊，起床就要去阻止。陈汤挡住他，厉声喝斥：部队已经集合，你这小子居然还要去泼冷水吗？说这话时，陈汤的手按在剑柄上。在此情势下，甘延寿如果坚持己见，陈汤有可能拔剑。论武功，大约甘延寿比陈汤高出不止一大截，但在陈汤无惧无悔的气势下，甘延寿屈服了。他与陈汤一起向大汉政府写了一封检讨书，说明伪造政府公文，发兵西征之事。一边派人快马加鞭去长安送检讨书，一面下令大军兵分六路，分头穿越西域各国及帕米尔高原，合击驻扎在康居国地盘上的郅支单于。

沿途，陈汤剿除了威胁西域安全的军事叛乱力量，宣扬了大汉军威，得到沿途各国的拥护，也得到康居国政府的全力支持，全面了解了郅支单于的情况。

郅支单于在康居国土上自建城池，陈汤大军会聚于距单于城三十里的地方，扎下营盘。单于派使者来问：汉兵为什么来这里？陈汤的回答是：你不是要去汉政府工作被困在这里走不成吗？皇帝派我们来接你了。

一天之内，这样语含调戏的文字游戏往来几次。一天之后，陈汤指挥大军前进到单于城下三里处扎下大营。布开阵势，城上的匈奴战士最初并不畏惧，大声叫喊着要与汉军决斗，并有百余骑兵直冲到汉军阵前，在汉军拉满的弓箭前，又退却了。此后，陈汤指挥汉军冲至城下，四万人铁桶一样围起单于城，填平壕沟，堵塞城门，大盾牌在前面形成防卫，弓弩手在盾牌后仰射单于城上的匈奴战士，匈奴战士在城上立不住脚，下城来对射。汉军看匈奴土城外围了一圈木栅栏，就搞来柴草一顿猛烧。匈奴战士趁黑夜企图突围，被汉军一顿乱箭射了回去。

汉军还没全面围城之时，郅支单于曾想过逃跑，已经跑出城去了，却因为四周所有西域小国都曾受过他的伤害，在这样势穷力薄之际，怕被报复，哪里都不敢去，又回城里。与汉军战斗到最激烈的时候，郅支单于亲自披挂甲胄，率领几十个大小老婆持弓射箭。结果是大小老婆们基本被汉军射死，郅支单于的鼻子也被射中。到了半夜，单于城外围的木栅被烧焦，汉军冲入土城，一夜混战。黎明时分，单于城中四面火起，汉军的喝杀声、战鼓声惊天动地，汉军以盾牌在前，铁壁合围，并入土城，匈奴战士此时已基本战死或投降，仅剩郅支单于一家百余男女，在自家院内苦战。汉军先用火攻，看看烧得差不多了，一拥而入，乱刀砍死郅支单于。

此次西征作战，共斩杀郅支单于及他大小老婆、太子、名王等一千五百一十八人，俘虏一百四十五人，一千多匈奴人主动投降。参与作战的西域小国共十五个。

大获全胜后，陈汤、甘延寿写出作战总结，向汉政府做汇报，那句千古名句，就出于这份报告："宜县头槀街蛮夷邸间，以示万里，明犯强汉者，虽远必诛。"

相信，写出这句话时，陈汤必然意气风发。因为他的这份战功天下有目共睹，他为汉政府争了面子，为皇帝争了面子。

但专制体制内的黑幕，依然超出了陈汤的想象，他的这份功劳，不是上级批准实施的，在他是功劳，在上级领导心里，则是芒刺。陈汤为国家争了光，却让朝廷各级官员脸上没了光。

像陈汤这样敢于冲破规则的人，必然不会在小事上很检点（一个事事检点细心的人，不会做出超越规则的事业）。于是，这些自己觉得脸上无光的官员们，找出陈汤的一个毛病：他自己贪污留用了一些战利品。就在陈汤胜利班师，回归祖国的路上，朝廷派人将陈汤抓了起来。

这件事以并不是特别糊涂的皇帝出面解救，获得了还不算特别悲剧的结果。

政府中掌实权的大小官员虽然都对陈汤的功劳很不满，但皇帝以及部分未掌实权想借机打击实权派也拍皇帝马屁的人,却主张给陈汤、甘延寿奖励。一番较量后,皇帝派暂时占了上风,陈汤被封为关内侯,甘延寿被封为义成侯。

说"暂时占了上风",是因为对皇帝来说,奖励结束,事情就过去了。但对那些心理上觉得很受挫的大小实权官僚来说,事情远没有结束。几年后,甘延寿去世,汉元帝去世,官僚们又翻出陈汤贪污过战利品这一点事做文章,把陈汤一撸到底。随后再将陈汤送进监狱,准备杀掉。幸亏当权派一手不能遮天,仍然有人为陈汤鸣冤叫屈,只是鸣冤叫屈的人实力远不及要杀陈汤的人,结果是不杀陈汤,将他作为一个普通战士处理退伍。而在西击郅支单于时,陈汤被寒气所袭,两只手臂,此时已不能屈伸。

此后,陈汤又遭流放,最终在老死之前,返还长安,死于首都。

寇恂

寇恂是王莽新朝的上谷郡昌平县(现属北京市)人,新朝末年大起义时,他是新朝政府中的一个中级官员,是上谷郡的功曹,是主管人事的官员。

王莽后期的大起义,埋葬了王莽的新朝,也消灭了他的肉体生命。这些乱糟糟、互不隶属的起义军们,在互相妥协的基础上,捧出个更始皇帝刘玄来,就准备分享胜利果实了。在他们简单的思维里,老中央政府的领导人被干掉了,新中央政府建立了,老中央政府下属的各级政府,自然要集体转向新政府。他们派出使者,到新朝政府下属的各级政府机构传达这一信息,表示:投降的人都可以保留原来的职位。

上谷郡僻处北方,不属于兵家必争之地,新朝末年的起义烽火,对这里影响不大。太守耿况是因为精研经书(明经)才得以进步到这一职位的官员,属于文人从政,非常厚道,没有野心。更始皇帝的使者来传达的新中央政府精神,他也接受,主动把象征太守职位的印绶交上,使者收下了,却没有归还的意思,这与更始皇帝中央政府"谁投降谁留任"

的精神严重不符，也等于打了以耿况为首的上谷郡领导班子一记闷棍。耿况倒是没有态度，寇恂不干了，他直接带着部队去见使者，要求落实投降政策，归还印绶。使者不同意，寇恂将使者教训一通，使者仍然坚持不还。寇恂让部下假借使者的名义将耿况召来，就当着使者和耿况的面，进使者房间，将上谷郡太守印绶搜出来，交还给耿况。刀斧在前，使者同意或不同意，其实已不重要了，还不是十分傻的使者只好当场宣布：中央政府仍然任命耿况为上谷郡太守。

更始皇帝刘玄借助绿林军的力量，灭掉王莽，在名义上重新恢复了大汉政府。当时的天下形势，事实上已经趋于稳定，只要刘玄有韬略，有胸襟，迅速安定天下，并不是不可能的。

只可惜，刘玄不是成大事的人。

很快，更始皇帝刘玄的统治地位受到挑战。他派出将领带了少数部队到上谷郡，要求上谷郡动员部队出征，为新建立的更始政权作战。

寇恂劝说耿况，放弃难成气候的更始政权，主动投奔刘秀。

由于刘玄能力不济，本已渐趋统一的天下，此时又成乱局。在各路草头王中，一眼看清真正的英雄领袖，需要一种能力。

耿况也有这种能力。他同意寇恂的意见。寇恂于是率地方部队，袭击了更始皇帝刘玄派过来的将军，将其杀掉，收编了他带过来的部分中央军。随即与耿况的儿子耿弇一起，率领部队，南投刘秀。刘秀封寇恂为偏将军、承义侯，将其部队整编入军事行列。刘秀的军事总指挥邓禹，多次与寇恂交流对时局及军事的看法，非常赞赏，两个人成了酒友。

刘秀拿下河内郡（现在的河南焦作）之后，准备将这里建设成稳固的大后方，支撑他的统一大业。但当时天下鼎沸，群雄并起，河内郡四面受敌，要进行根据地建设并不容易。刘秀拿不准可以委派谁来镇守，就找邓禹商量，邓禹推荐了寇恂，将寇恂与汉初的萧何并称。他对寇恂有一个很简洁精到的评价："文武备足，有牧人御众之才。"

刘秀认可邓禹的这一评价，拜寇恂为河内太守，同时兼地方军队领导，与寇恂谈话时，刘秀有这样一番殷殷告白："河内完富，吾将因是而起。昔高祖留萧何镇关中，吾今委公以河内，坚守转运，给足军粮，率厉士马，防遏它兵，勿令北度而已。"安排好后，刘秀亲率大军北征。寇恂则兢兢业业，履行他根据地领导人的职责，打造武器、饲养兵马、收取军粮，提供给前方的部队使用。

此时的刘秀，已经与更始皇帝刘玄分道扬镳。更始皇帝的部队统帅朱鲔，在距河内不远处的洛阳驻军，听说刘秀大军北征去了，河内只剩些地方武装，大喜，马上派出将军苏茂、贾强领三万正规军，去收拾隶属于河内郡的温县。寇恂得到消息后，马上带领河内郡城中的警卫部队快马加鞭，驰援温县，同时派出使者出使下属各县，要求各县领导人带领地方部队，一起去温县参与会战。寇恂的警卫部队人数不多，部队参谋人员对以少敌多的作战并不看好，劝说寇恂：我们还是等到各县部队凑齐后，再去与朱鲔的部队作战吧！寇恂回答：那将贻误战机，温县一失，河内郡也保不住。他一马当先，飞驰温县。

第二天，在温县城下决战，此时恰好各县部队赶到，刘秀部下偏将军冯异也派出部分正规军救援赶到。寇恂安排人在城墙上击鼓大呼：刘秀大军到了。内呼外应，苏茂部队惊疑不已，阵势为之松动。寇恂马上带兵出击，内外合击，大破苏茂部队，一起追击到洛阳才驻足，仅俘虏就抓了一万多人。

此时的刘秀正在北方作战，刚刚听到传闻说朱鲔攻破了河内郡，心中忐忑不安，随即接到寇恂的报捷文书，大喜，夸了一句："吾知寇子翼（寇恂字子翼）可任也。"随行的将军们纷纷祝贺，动员他登基称帝，刘秀便在河北鄗县（现在的河北高邑）登基，是为东汉开国皇帝光武帝。

刘秀虽然成了皇帝，但他的军队并不因为摇身一变成了中央军而自然而然地丰衣足食，仍然是军粮严重缺乏。寇恂作为根据地领导人，全力搞好后勤，保障了前线的军粮供应。刘秀多次写信，慰劳寇恂。

当年萧何镇守关中，刘邦领兵与项羽逐鹿中原之时，就曾对萧何很不放心，怕萧何起异心，一再写信慰劳萧何。现在刘秀也是一再写信慰劳寇恂，这让寇恂不能不联想起萧何的故事，于是自称有病，不再管理河内郡的政事。刘秀回兵攻击洛阳，寇恂又主动要求从军作战。刘秀说：河内郡不能离开你。不让寇恂回归部队，寇恂于是把侄子寇张、外甥谷崇送到部队，刘秀都很欣赏，任命两位做了中高级军事长官。寇恂又重新致力于河内郡工作。

刘邦是中国历史上少有的另类政治家。仅从人品来看，刘秀要十倍好于刘邦。他对寇恂给予高度信任，从没产生过刘邦对萧何式的怀疑。但刘秀也同样不徇私情，表现出一代明君的泱泱大度，在他当皇帝的第二年，有人因告状，被寇恂抓起来殴打拷问，刘秀知道后，立即免去了寇恂的职务。

寇恂领导根据地，家人亲属都是根据地的大小官员，刘秀不怀疑。一个普通告状人被殴打，刘秀却要处理劳苦功高的寇恂，这说明当了皇帝的刘秀自觉地把所有臣民相对平等地对待。他的这一做法，起码让上访的群众看到了新政权的希望。

但寇恂并没犯大罪，处罚的样子做足后，寇恂又被任命为颍川（现在的河南禹州市）太守，带兵平定颍川人严终、赵敦组织的起义。几个月的时间，寇恂平定了颍川起义，因功被封为雍奴侯，食邑万户，也就是万户侯了。

刘秀的另一位大将、执金吾贾复手下的将军在颍川无故杀人，被寇恂抓获。当时正值东汉政权初创阶段，部队管理较乱，有点过错，地方上大都睁只眼闭只眼过去了。寇恂却不妥协，他将这个杀人犯将军给斩了。贾复深以为耻，部队行经颍川时，贾复放出话来：我和寇恂并列将帅，现在却受到他的侮辱，大丈夫岂能不以牙还牙，这次见到寇恂，我必然让他吃我一剑。寇恂听说后，不去与贾复见面。寇恂手下有一位叫谷崇（前面已经提到过，寇恂外甥）的勇将，心中不服，说：我作为您手下的将军，请让我带剑跟您去见这个贾复，他敢出剑，我一定不会让他讨了好去。寇恂说：我不是你认为的这样软弱，当年蔺相如不怕秦王而躲避廉颇，是因为怕他吗？那是为国家着想啊，古人的好例子，我怎敢忘记。

贾复的部队从颍川过境时，寇恂要求下属各县加倍供应酒食，寇恂也到路上迎接，没等贾复赶到，他就称病回衙。贾复想追击，无奈部下都喝醉了。

事后，寇恂派谷崇将情况向刘秀做了汇报。刘秀在与贾复谈话时，特地派人将寇恂叫过去，贾复见了，起身想走，刘秀说："天下未定，两虎安得私斗？今日朕分之。"有了皇帝做和事佬，还有什么不能化解的矛盾？寇恂与贾复从此居然成了好朋友。

寇恂为了颖川百姓，可以得罪大将贾复，有这样的好领导人，颖川没有理由不安定。一年多后，寇恂被从颖川调往盗贼蜂起的汝南，很快，也将汝南治理的"盗贼清静，郡中无事"。几年后，他成为皇帝警卫队司令。又一年后，颖川再次爆发起义，刘秀亲往镇抚，寇恂跟着一起去。听说青天大老爷寇恂来了，起义军主动缴械投降，并一再要求刘秀把寇恂再安排在颖川工作一年。刘秀顺从民望，将寇恂留在颖川一段时间处理相关事务。

寇恂一生，作为将军，最著名的一个战例，就是画家马骀在其作品中所表现的"高平斩使"。这件事发生在寇恂在颖川处理完事情后，继续作为光武帝刘秀的警卫司令，跟随刘秀西征高平第一城（现在的宁夏固原）。这个高平第一城的守将叫高峻，是割据势力隗嚣的手下，他原来投降过东汉，后来又叛汉回归隗嚣。后来隗嚣被汉军灭了，高峻怕汉军追究他降而复叛的罪责，死守高平，就是不投降。刘秀亲征之前，东汉大将耿弇已经率部围攻一年多了，攻不下来。刘秀带兵到了，仍然攻不下来。

刘秀派寇恂去召降，高峻倒也按照规矩，派出他的军师皇甫文，到寇恂军中回访，说明自己坚决不投降的决心。皇甫文表现得极其强硬，寇恂大怒，下令推出去砍了。旁听的汉军将领纷纷劝解，认为两军交战，斩人家的使者，太不合江湖道义和规矩。寇恂不听，坚持把皇甫文砍了，也不写文书，让皇甫文的副手回城，传达口信：你的军师无礼，已经砍了，你要投降，就赶快投降；不愿投降，就赶紧准备防守。

出乎所有人的预料，寇恂极不礼貌的口信传回城中后，高峻当天就开门投降了。汉军诸将都摸不着头脑，问寇恂：高峻死守一年多了，怎么你杀了他的使者，他反而投降了呢？寇恂回答：高峻之所以敢于、能够死守高平城，就是因为他有皇甫文这个军师，现在皇甫文表现得那么强硬，就说明皇甫文没有投降的意思。如果放皇甫文回去，他们反正不投降，还多了皇甫文出谋划策；杀掉皇甫文，高峻没了军师，必然也没了死守到底的信心，只有投降这一条路。

寇恂这一招，在中国战争史上，非常罕见。一般来说，你杀了人家的使者，只能激起对方更加不屈的斗志。寇恂敢于这么做，前期一定做足了侦察工作，明白高峻和皇甫文的关系，以及高峻的性格。孙子说："上兵伐谋。"寇恂的高平斩使，是个很好的注脚。

寇恂侧身中国名将之列，他自己对自己的认识却是"士大夫"。他常常将自己得到的奖励，分赠给他的朋友及下属，理由是："吾因士大夫以致此，其可独享之乎。"

士大夫以致此，寇恂是当之无愧的儒将。

冯 异

冯异也曾经是王莽新朝的中高级官员，他作为颍川（现在的河南禹州市）郡的主要领导，在汉光武帝刘秀起兵之时，兢兢业业，守卫颍川下属的父城（现在的河南宝丰）县——冯异就是父城人——刘秀的部队攻打一番，攻不下来，就在县城附近驻扎下来，准备休整一下再攻。

冯异看到刘秀的起义军停战不打了，担心刘秀掉头去打别的县，乔装打扮一番后，偷偷出城，想去另外几个县安排防守事宜。但冯异守城有术，化装无能，被刘秀的流动岗哨抓住，带回大营。

战争时期，人的生命至贱，抓住个敌人便衣，如果觉得有料，报告给上级长官固然正确，要是图省事，一刀砍了，也没什么错误。冯异的命好，他的本家冯孝和同郡的丁琳、吕晏，都在刘秀的起义军中效力，得知冯异被俘虏后，一起找到刘秀，联名推荐冯异。刘秀于是亲自召见冯异，与他谈话交流。冯异说：我一个人，就算现在跟着您出征，也不能贡献多少力量，我现在母亲还在城中，我愿回去，把我分管的五座县城给您好好把守住，让这里成为您的后方根据地，那样对我们的事业会更有帮助。

刘秀点头同意，当即放冯异回去。

这是刘秀与冯异第一次见面、第一次交流，冯异是一个什么样的人，刘秀此前从没具体接触、了解。

但刘秀给予了冯异完全的信任。

冯异也当得起刘秀的信任。刘秀把他放回去，没派任何人去当他的太上皇或副手监督他，就连部队也没有进入县城，直接回头走了，冯异仍然像以前那样完全掌控着颍川五县。这样的信任、重视，激发起冯异的耿耿忠心。以前他守城，是为王莽的新朝政权所守，现在，他是为新领导刘秀守城。刘秀走后，更始皇帝下属的将领先后有十多人，轮流来攻打颍川，在冯异的坚守下，一个个都灰头土脸地败下阵来。后来刘秀再次经过父城，冯异率众开门迎接。

直到此时，刘秀仍然在名义上和事实上都是更始皇帝刘玄的臣下，但在冯异心中和实际行动中，那是早将刘秀和刘玄分开对待了。他抵抗了更始皇帝其他十余位将军的进攻，现在却放弃城池，跟随同是更始皇帝臣下的刘秀，来到更始皇帝新迁的都城洛阳。

刘玄虽然被各路起义军共同奉为皇帝，但他既没有治国方略，又没有作战能力——当皇帝，未必一定要政治、军事都是一流高手，只需要有足够的胸襟，可以容纳并使用一流政治家和军事家就行了。但问题在于，自己能力不足时，往往会对能力足够的人充满忌惮、不信任。这样的人如果只是在政府官僚机构中，当一个混吃混喝的官僚，也没什么，反正这样的官僚遍地皆是，也不差这一个。但如果这样的人机缘巧合，坐到了必须有主见有主意的最高领导人位置上，那就是他本人的郁闷、政府的不幸。如果这个时代恰逢乱世，这样的人，大约不会有得善终的可能。

刘玄没有能力，刘秀尤其是他的哥哥刘縯有能力；刘玄如果有足够的胸襟，自己做刘邦，让刘縯他们去做张良、做韩信，照样可以建国立业。刘玄没有足够的胸襟，刘縯就没有做韩信的机会。结果是，刘玄杀掉刘縯，自己也失去了做刘邦的机会。

冯异跟随刘秀到洛阳时，刘縯被杀时间不久。刘秀心中悲痛，却不敢表现出来，平常在政府中议事，神态自若；回到家中，却根本吃不下肉、喝不下酒，枕席之间，泪痕斑斑。

刚杀刘縯时，刘玄还很警惕刘秀，事后看刘秀一如既往，慢慢也就放松了警惕。之后刘秀提出带兵去河北地区，为更始政权拓土开疆，刘玄几乎没怎么犹豫，就答应了。

冯异既然认准了大哥，跟定了刘秀，他就要全心全意为刘秀打算。在刘秀北行的路上，他找准机会，为刘秀分析当时形势：天下百姓对王莽新朝政权失望之极，怀念大汉政权已经很久了，现在的更始政府，根本建立不起相应制度制约各路草头王，各路军阀没有约束，残暴百姓，比土匪还土匪，老百姓流离失所，没有了生活下去的指望。在这种黑暗混乱的局势下，只要你能给他们一点光亮，他们就会踊跃跟随，如同人饥饿了，给他再粗的食物，他们也会吃得香喷喷。我们现在的紧要任务，是马上派出官员，到各郡县去接掌政权，理结冤狱，处理工作，向老百姓施恩示好。

冯异的陈述，是当时刘秀可以采用的最佳方案。可称一代英主的刘秀，就在邯郸，分派冯异和铫期（也是冯异推荐的东汉开国重臣）手持印信，到各郡县考察官吏，黜陟能否，处理狱讼，平遣囚徒，废除王莽那些荼毒百姓的政策，恢复汉时行之有效的制度，很快争得了河北地区百姓的拥护。冯异还把对各地中高级官吏的考查结果，写成秘密报告，单独向刘秀作了汇报。

眼看形势欣欣向荣，一切向好，邯郸的一位算命先生王郎突然异军突起，揭竿造反。由于他得到了汉朝宗室刘林、刘接等地方豪强势力的响应，队伍迅速壮大，一下子打了刘秀个措手不及，刘秀被迫从河北蓟县向南逃窜。当时形势危急，王郎的起义军就跟在屁股后头追，刘秀慌不择路，住宿、休整都只能在荒原野外，住还好说，累狠了在哪儿倒下也能睡，但没有饭吃，那就不是靠意志、吃苦可以捱得过去的。

刘秀一伙人狼狈不堪地南逃到饶阳，在一个叫无蒌亭的亭子间停下来休息。冯异不知从哪儿搞来一碗豆粥，献给刘秀。寒气凛冽的一夜过去了，第二天起身继续逃跑前，刘秀感慨地对跟在他身边的将领们说：昨天幸亏冯异的一碗豆粥，让我一晚上没觉得饥饿寒冷。

一碗豆粥当然不会让刘秀真的可以填饱肚皮隔绝寒风，他说这番话，那是对冯异表示自己发自内心的感谢。

往南跑不多远，在滹沱河畔，老天爷凑趣，又下起大雨刮起大风，一行人无法赶路，幸亏道边有空着的房舍——天下大乱的时代，最无辜最倒霉死亡最多的，是平民。昔日炊烟袅袅的房舍，此时大多成为老鼠狐兔的居处。刘秀他们进去歇下，冯异抱来柴草，刘秀的另一员著名将领邓禹点火，刘秀脱下湿透的衣服燎烤。又是冯异神奇地搞到麦饭，让刘秀饱餐一顿。

在刘秀最艰难的时候，两顿最普通的农家饭，奠定了刘秀与冯异间超出正常上下级关系的感情基础，牢不可破。

刘秀一伙一直逃到信都（现在的河北冀州市）。信都太守叫任光，他也是新朝政府官员，但王莽已经死了，新朝覆灭了，任光又看不上王郎，不肯归附。现在刘秀来了，正是天上掉下来的真龙天子，任光立即献城投降。刘秀就以信都为落脚点、根据地，收拾残兵，吸纳新人，结纳收拢当地豪强势力，重新整合部队，没用很长时间，就将奇迹般崛起的算命先生王郎干掉，自己整个接收了王郎在河北的势力范围。

眼看刘秀势力壮大起来，更始皇帝刘玄惴惴不安，他派出使者加封刘秀为萧王，让他罢兵回长安。此时的刘秀，羽翼已丰，岂是刘玄这样的无能皇帝一招明升暗降就能收伏的，他拒绝执行刘玄的命令。从此后，刘秀正式与刘玄分道扬镳，一个人另起炉灶，开始了他平定天下的征程。

光武帝刘秀部下，名将如云，云台二十八将，每一个都战功赫赫。冯异在所有名将中，是最谦虚退让的一个，每每与其他名将走个对头，他总是要主动退到路边，让对方先过。大家聚到一起，总免不了面红耳赤地争论功绩，冯异则一个人悄悄找棵大树荫凉处独自坐着，从不参与争功。部队里很快给他起了个外号：大树将军。击败王郎后，刘秀重新整编部队，一般的官兵都说愿意跟随大树将军，这让刘秀在个人感情之外，在工作能力上又对冯异高看一眼。

在前一章《寇恂》中，已详细介绍了寇恂主持的河内郡保卫战。在这场保卫战中，寇恂是河内郡行政最高领导人，主持了战事全过程，冯异则作为河内郡军队指挥官，统领野战部队，配合作战。冯异写信，离间更始皇帝刘玄方面的主要将领舞阴王李轶，李轶也看出更始政权不牢靠，就按兵不动，坐看冯异北伐南征，大破更始部队。一连串胜利之后，冯异向刘秀报功时，专门说明了李轶秘密配合的功劳，并把李轶给他的书信交上。但李轶其人，最初与刘縯刘秀兄弟俩非常要好，刘玄要杀刘縯时，他却成为帮凶，为讨好大领导刘玄，不惜出卖刘縯，刘秀从心底里不原谅他。收到冯异送达的李轶书信后，刘秀故意把这封信泄露出去，让更始皇帝刘玄的最高军事指挥官（大司马）朱鲔知道。朱鲔大怒，战争时期，不走程序，派人直接把李轶执行了军法，由此形成内乱，部队中李轶一派的人大都投降了刘秀。冯异南击朱鲔，朱鲔败退。

李轶与冯异秘密通信，并信守承诺，按兵不动，让冯异无后顾之忧地作战立功，起码对得起冯异。刘秀将李轶出卖给朱鲔，也不能不考虑冯异的心情。刘秀对冯异的解释是：李轶这个人"多诈不信"，我们根本无法把握他的内心真伪，所以我就把他的信泄露给朱鲔。

不知道冯异是个什么心情，但他是跟刘秀打工，刘秀安排他来做这个背信弃义的人，他也没办法。好在李轶对刘秀兄弟背信弃义在先，现在尝尝被别人背信弃义的滋味，也是报应不爽。

此战之后，刘秀称帝。称帝前，征求冯异意见，冯异说：现在天下大乱，百姓受苦，您应该顺从大家的愿望当皇帝，"上为社稷，下为百姓"。刘秀非常搞笑地回答冯异："我昨夜梦乘赤龙上天"——既然乘龙上天了，这皇帝当然非做不可。

刘秀成了东汉开国皇帝——汉光武帝，跟着他打天下的小兄弟们自然也都沾光。冯异被封为阳夏侯，刘秀以皇帝的身份，让冯异回家上坟，东汉政府高官去给他送牛酒，让方圆二百里内的地方官员都去参与祭拜。

富贵而归故里，对古人而言，是最大的荣耀。

冯异虽然享受到了人生最大的荣耀，但当时的天下却远远未到安享太平的时候。其时，刘秀最重要的官员、东汉大司徒邓禹，在长安一带平乱，未见效果，刘秀任命冯异代替邓禹西征长安。冯异受命，率军西征，沿途小股起义军，望风而降。一直走到陕西华阴县，与赤眉军相遇，双方展开拉锯战，六十余天，数十次战斗，各有损失。恰好邓禹率领车骑将军邓弘从长安一带撤回，遇到一起，邓禹的信心又空前高涨，让冯异跟他们合兵进攻赤眉军。冯异认为赤眉军虽然胜少败多，但实力犹在，不可能一举击溃。邓禹、邓弘认为冯异过份谨慎，邓弘率领自己的部队去猛攻赤眉军，激战一番后，赤眉军佯装败退，他们提前把辎重车里盛满土，上面薄薄地覆上一层豆类粮食，打了近一天的仗，邓弘的战士们都饿了，见有粮车，也不追赤眉军了，纷纷抢粮食吃，赤眉军返身杀回，邓弘军队大乱。幸好冯异和邓禹合兵一处，适时赶到，赤眉军不战而退。冯异认为此时战士们都累了饿了，可以先休息一下。邓禹不听，认为应该乘胜追击，率领部队追上赤眉军，一番刀砍斧剁，邓禹大败。冯异也是仅率几员亲兵，抄小道逃回军营。重新将部队整编好后，冯异派人给赤眉军下书，约定日期进行决战。决战之日，冯异安排精锐战士，穿上与赤眉军相同的衣服，提前埋伏在战场一侧。决战之时，赤眉军先派万余士兵与冯异部队作战，冯异故意示弱，赤眉军觉得胜券在握，于是全军压上，与冯异决战。激烈的战斗持续半日后，赤眉军的锐气已渐渐消磨尽了，此时冯异提前安排好的伏兵突起，冲入战阵。看到与自己穿同样军服的汉子拿着刀往自己人身上砍，没有什么战术素养的赤眉军大乱，冯异一鼓作气，乘胜追击，大破赤眉军，仅收服降兵便达八万人之多。逃走的赤眉军余部，不久后也投降了。

华阴一战后，冯异继续率部西行平乱，经过无法计数的大战小战，陕西、甘肃一带的割据势力，被冯异陆续平定，冯异的威名，也震动关中。

在中国历史上，好像没有任何一个有能力、有建树、有功勋的人，能够摆脱被人眼红、羡慕、嫉妒、仇恨，冯异的功劳，也毫不例外地受到别人的攻击，攻击他的人写出详细的调查报告，说冯异"专制关中，斩长安令，威权至重，百姓归心，号为咸阳王"。刘秀派人把这份报告送给冯异看，冯异惶恐不安，上书辩解。刘秀给他回复，说我和你名义上是君臣，实际上如同父子，哪儿有一点猜疑，可以让你产生恐惧呢！

后来冯异到首都述职，光武帝刘秀在朝堂上，向所有公卿介绍："是我起兵时主薄也，为吾披荆棘，定关中"，赏赐给他珍宝、衣服、钱帛，下发诏书，诏书原文是："仓卒无蒌亭豆粥，滹沱河麦饭，厚意久不报。"

刘秀的这一句介绍和这一份诏书，是公开向东汉政府的全体官员，表明了他对冯异的感情。那不仅仅是君臣的关系，甚至于比心腹还更深一步，完全称得上刘秀此前的定位："义为君臣，恩犹父子"。

首都述职后，冯异再返关中，破行巡，降青山胡，击卢芳，斩赵匡，最后在进攻冀县（有些当代作品中，把这个冀县当成现在河北的那个冀州市，但从冯异是在关中作战这一点来看，他所攻击的这个冀县应该是现在的甘肃省甘谷县，也即是后面将要写到的三国名将姜维的故乡）落门山的战斗中，因病死于军中。

光武帝刘秀对冯异给予了专制体制下最大的信任，冯异也以生命回报了这种信任，这是一代名将最大的幸运，最佳的归宿。

贾　复

看贾复为将的作风、行为，他是个张飞式的人物，但他少年起步，却偏偏是从读经习文开始——当然，真实历史上的张飞，起码还是个书法家，并不仅仅杀猪卖肉那么简单。

贾复少年时，是个好学不倦的好少年，专习《尚书》，他的老师叫李生。李生颇有识人之能，他曾经向其他学生这样评价贾复：贾复这孩子相貌堂堂，胸怀大志，又能扑下身子，勤奋学习，将来一定能出将入相。

到了王莽的新朝末期，贾复已经靠自己的学问和影响力在县里做了一个小官。官当了没多长时间，天下鼎沸，处处造反兵起，素怀大志的贾复也不甘寂寞，拉了几百号人，上羽山落草，自封为将军，这算是初步达到了老师李生对他的期望。

造反势力互相混战一番后，形势略显明朗，更始皇帝刘玄在绿林军的拥戴下，建立政权，分封百官，粗具开国气象。羽山上的贾复认为他的真命天子出现了，就率众下山，投奔到更始政权中汉中王刘嘉的麾下。刘嘉接纳了他，很器重也很信任他，任命他当校尉，从此可以近距离地了解政府中的情况。了解多了，有眼光有志向的贾复很悲哀地发现，自己错认了主子，刘玄根本不是个开国之君的材料。于是他劝说刘嘉脱离刘玄的更始政权单干，图谋天下。

刘嘉能在乱世中混出一定名堂，也是个有眼光的人，更难得的是他很有自知之明，他承认更始政权没有成大事的可能，同时也知道自己没有成大事的能力，但他看出刘秀是一统天下的最佳人选，于是修书一封，把贾复推荐给刘秀。

在中国历史上的开国之君中，刘秀是令人敬佩的人，刘秀识人、用人的能力，也称得上史上最佳，他与贾复一见如故，非常欣赏贾复的能力。要知道，此时的贾复还没有建立功勋，贾复的能力水平，完全靠刘秀的眼光度量判断，刘秀判断准确——刘秀一生识别人才，从没有判断错过——直接任命贾复为自己府中的警卫队领导人。在《后汉书》中，这个职务被称为"破虏将军督盗贼"。在《资治通鉴》中，贾复则直接被任命为破虏将军，但刘秀当时的身份是以破虏将军代理大司马职务，似乎不应该把自己的职务卸下来交给别人。

贾复骑的马相当瘦弱，刘秀就把自己拉车的马解下来送给贾复，贾复非常感激。但在刘秀的一些老部下看来，心里便不舒服：凭什么这个新来的小子进步这么快，而我们跟了刘秀这么多年，也就进步到这个位置。于是，某次会上，破虏将军府的官员贾复，与大司马府的官员段孝坐在同一位置上，大司马府的官员段孝就借题发挥：你贾复是破虏将军府官员，我是大司马府的官员，你没资格跟我坐在一起。

贾复很不以为然，回敬说："都是做臣下的，你以为你比我高到哪里去？"

贾复对刘秀老部下的不尊重，引起刘秀老部下的不满，这些人作战能力不行，但长期做行政工作，整人的能力很有一套。马上打报告，说贾复这个人自高自大，瞧不起人，不能配合工作，应该下放去当县官。

刘秀将报告压下，不同意。

刘秀是千古一帝，他将组织部门的报告压下后，向负责组织行政工作的老部下们解释："贾督有折冲千里之威，方任以职，勿得擅除。"

随后不久，刘秀提拔任命贾复为偏将军，在攻取邯郸、歼灭王郎起义军的过程中，贾复冲锋陷阵，立下战功，刘秀又将其任命为都护将军。

此时王莽的新朝已彻底覆灭，中原大地上的战火烽烟，已是各路起义军为争夺最终的领导权而互相吞并，自相残杀。刘秀的军队与青犊起义军作战，凌晨起短兵相接，持续鏖战至中午时分，已是血肉之躯的承受极限。刘秀派出传令兵，告诉在前线主持局面的贾复：现在将士们都是又累又饿，可以先撤下来吃过饭再战。贾复回答了七个字："先破之，然后食耳。"手执军中大旗，勇往直前，率先深入到敌方军阵中，交战中的刘秀一方战士，看到将军一帜领先，无不大受激励，奋勇冲锋，一鼓作气,将青犊起义军打得溃败。

此战一过,贾复的壮勇传遍军中,将军们也无不佩服他的勇气。

在随后与五校起义军的真定之战中,贾复再次亲冒矢石,带头冲锋,结果是五校军被打得大败,但一马当先的贾复也身受重伤,为他治疗的军医无不摇头叹息,认为救不活了。刘秀听说后,又吃惊又心痛,说:我从来不让贾复单独带领部队出征,就是知道他过于勇敢,轻视敌人,现在果然因此送命,让我痛失名将。我听说贾复妻子已经身怀有孕,如果生的是女儿,我儿子娶她,如果生的是男孩,我女儿嫁他,不要让他牵挂妻儿,死不瞑目。

刘秀的这一番公开表白,在那个君为臣纲的时代,足以感天动地。贾复在病床上听到后的感激,可以想象,他的身体素质本来就好,又有了强烈的求生力量,居然奇迹般地康复,继续为刘秀的统一大业卖命冲锋。

刘秀在小时候曾经立下过宏大志愿:"做官要做执金吾,娶妻要娶阴丽华。"阴丽华是刘秀家乡出身最高贵、长得最漂亮、才能最出众的女子。刘秀后来也果真娶到了阴丽华。执金吾则是警卫京师的最高军事长官,皇帝出行时则负责警卫任务,是刘秀少年时见过最威风的大官。刘秀当了皇帝后,可以把阴丽华立为皇后,却无法自己驾车为自己开道,他就把这个他心目中最威风的职位,交给了贾复。同时封贾复为冠军侯。

刘秀当上了皇帝,但不服从他的起义军到处是,刘秀召集诸将讨论下一步的军事行动,各位将领都不发言——这不能理解为刘秀部下诸将都没思想没胆量,只能理解为他们都对刘秀有信心,认定刘秀已有了成熟的战略方案——刘秀沉吟良久,手执令牌,在地上扣响,问:此次南征,郾城(现在的河南省漯河市郾城区、源汇区和召陵区)最难攻打,宛城(现在的河南南阳市宛城区)次之,谁可以领军攻取?话音刚落,贾复抢先回答:我请求把攻打郾城的任务交给我。刘秀笑了:执金吾攻打郾城,我就放心了,大司马吴汉将军攻击宛城吧!

当时是东汉建武二年(公元26年)三月,不到两个月,贾复就拿下郾城,同年八月,吴汉也打下宛城。

两位将军的作战能力毫无问题,但两位将军也颇有些军阀作风,拿下郾城、宛城后，再平定召陵、新息，战于新城、渑池，贾复部队连战连捷，同时也骄横不法，肆行掳掠。

当时寇恂任颍川太守，贾复的部将在颍川杀死无辜平民，被寇恂逮捕，明正其罪后，公开处决。贾复深以为耻，非常愤怒。后来他还军从颍川经过，公开对部下说：我与寇恂并列将帅，现在却被他羞辱，男子汉大丈夫，岂能心怀愤怒而不做个公开了断，这次见到寇恂，我一定要亲手杀了他。寇恂听说后，有意避而不见。寇恂手下有个叫谷崇的勇将，看来对贾复的个人剑术并不看重，找到寇恂说：我既然是您手下的将军，只需要带一把剑跟随您，我就有信心不让任何人伤害到您。寇恂说：我避开贾复，不是你所想的出于害怕，而是为了国家大业，当年的蔺相如不怕暴虐的秦军，却要屈身避让廉颇，是为了国家大义，我怎敢忘了国家大义！寇恂安排下属各县，按一人双份多多准备酒肉，犒劳贾复的部队，寇恂则只是象征性地到路上转了一圈，在贾复的部队还没开到之前，就称病回城，贾复要挥兵追击，没想到战士们都被双份酒肉醉倒了。随后寇恂派谷崇去向刘秀汇报事情经过，刘秀将他们叫到一起，亲自为他们排解纠纷，说："天下未定，两虎安得私斗？今日朕分之。"

对贾复来说，他所争的也只是个面子，皇帝亲自出面当和事佬，面子给足了，"于是并坐极欢，遂共车同出，结友而去"。

贾复一生，作战从未败过，百战百胜，并多次为其他将军解围救困，身负重伤十二处。刘秀因贾复作战过于勇猛，常常孤军深入，不留后路，所以很少派他单独率军出征，却又极其欣赏他的勇猛剽悍，于是往往将他留在身边，做自己的警卫队长。这就导致在各路将领聚集论功时，贾复没有特别重大的战功可以炫耀。刘秀则公开说：贾复将军的功劳，我心里最清楚。

一统天下之后，刘秀偃武修文，致力于恢复民生。贾复看明白刘秀不希望各位功臣继续手握重兵聚集京师，于是主动与刘秀最重要的功臣邓禹一起，交还兵权，去潜心研究儒学，深受刘秀器重。

贾复少年时即潜心钻研儒家《尚书》之学，随后在其青壮岁月，跃马于万军营中，执戈于烽火阵地，百战鏖兵，浴血归来，再深闭府第，继续他的儒家之学。每到春和清明，叶绿花红之际，渐渐老去的贾复，放下手中的书卷，仰看天际白云，回顾这传奇的一生，不知会是什么样的心情？

吴 汉

吴汉是河南南阳人。汉武帝刘秀起自河南南阳，他家乡的开国功臣就特别多。但吴汉与刘秀在起兵造反之前，互相并不认识，两个人的家庭出身也不同，吴汉出自贫寒之家，成年后，从事过与汉高祖刘邦一样的职务：亭长。亭长是最基层的乡村事务管理者、组织者，1949年前的几千年来，中国乡村事务实际上一直在由世系宗族在管理着，亭长算不上官，没有多少作威作福的资格和空间，承担的各种压力却不小。

王莽新政末期，吴汉犯法，史书上没写明白犯的是什么法，估计罪责不小，可以促使他放下牵挂，远离家乡，逃到河北渔阳，隐姓埋名，就地做起了贩马生意。在长途贩运的过程中，吴汉很注意结交各地的英雄豪杰。就这一点来看，吴汉是个胸有异志的人，在古书上，豪杰大都是不法之徒，你一个戴罪在身的逃犯，自保已是侥幸，结交这些人士做什么？

吴汉的结交豪杰之举，为他赢得了良好的江湖名声。此后天下大乱，更始政权建立，更始皇帝派出使者韩鸿，到河北地区招降纳叛，接收地盘，顺便吸纳人才，有人就向韩鸿推荐吴汉：吴汉这个人，是个有很大才华的人，可以任用他为国效力。韩鸿派人把吴汉找来，一番长谈，非常欣赏，马上任命为更始政权的安乐县令。

虽然是更始政权启用了吴汉，但庸碌的更始皇帝刘玄，显然不是吴汉这个良禽所要选择的良木，他在旗帜纷乱的各路烽烟中，默默比较，评价着自己的真命天子，结果与所有并列云台二十八将的功臣们一样，选定了刘秀。

当其时，那个算命的王郎已经在河北起事，定都邯郸，传檄天下，一时之间，响应者众。吴汉所在的渔阳郡距邯郸不远，那里的各路官员大多倾心于向王郎投降。吴汉找到郡太守彭宠，陈说利害，并建议彭宠收拢渔阳、上谷两郡的精锐骑兵，去追随刘秀，进击邯郸，并预言这将是在刘秀的建国史上难得再遇的良机。

吴汉是个工作能力强大、口头语言表达能力却很差的人，越是这样的人，说出来的话，分析出来的道理，越有分量。彭宠信任吴汉，也就接受吴汉的建议。无奈手下群官都倾向于王郎，彭宠也不敢过于拂逆众意，有点犹豫。吴汉告辞出来，一个人到城外路边供行人歇脚的破亭子里坐着，考虑怎么样才能够让各位同僚们回心转意。想了很久也没招，恰好路上一个看似书生的人走过来，愁极无聊的吴汉把他叫过来，请他吃饭，让他介绍一下一路上听到的消息。这个人说：听说刘秀将军大军所过之处，无不望风而降，那个邯郸王郎，打着汉室宗亲的旗号，其实是个假冒伪劣。

不得不承认，宣传战在任何时代，都有其不可替代的威力。吴汉听到这一则传闻，大喜，伪造了一封刘秀写给渔阳郡要求归顺的书信，让那个书生摸样的人，冒充刘秀使者，拿了这封信，去见彭宠，把他方才说过的传闻，原样再说一遍。约莫这个假冒使者把该说的话说完了，吴汉立即去见彭宠，那个冒牌使者的戏演得很成功，这次彭宠下定了决心，拍板决定，让吴汉率领渔阳郡精锐骑兵，会合上谷郡部队，一起南投刘秀大军，进击邯郸。吴汉在此行中立下大功，被刘秀任命为偏将军，赐号建策侯。

邯郸之战后，刘秀被更始皇帝封为萧王，让他回朝，这是明升暗降，剥夺他的兵权。刘秀此时羽翼已成，怎会再受更始政权的牵制。他接受萧王的封号，却不听调动，虽然在名义上仍然是更始政权的人，但在事实上已经与更始政权分道扬镳。此时的局势相当微妙，两者之间终将一战，决定谁才有资格成为统一中国的王者，在没动手交兵之前，谁抢占的地盘人马多，谁的胜算就大一些。刘秀其时人在河北，他的影响力和军事势力也主要在河北，完全平定河北，使其成为自己雄霸天下的根据地，为自己的全国战场供兵供粮，这是刘秀首先要解决的问题。

当时河北的核心地域幽州，还是更始政权的地盘，幽州最高地方长官幽州牧苗曾，是更始政权任命的。如何拿下幽州，成为刘秀的难题，因为刘秀当时毕竟尚未与更始政权彻底决裂，他不能也尽量避免此时在河北地域内与更始政权的势力火并。

刘秀的第一心腹将领邓禹，向刘秀推荐了吴汉，认为吴汉去征服幽州，征调幽州士卒，是最合适的人选。刘秀马上拜吴汉为大将军，让吴汉去征调幽州兵马，其实也就是把幽州纳入自己势力范围的意思。

因为目的不是作战，所以吴汉去执行这一艰巨任务，带领的部队很少。吴汉从这很少的部队中又单独选出二十骑兵，由自己带着，先头出发。到无终县（现在的河北蓟县）时，幽州牧苗曾带人在路边等候，带的人也不多。

苗曾等候吴汉是正常礼节，带的人不多，更显示出并没有正面对抗的敌意。吴汉的做法，却是立即令手下二十骑兵将苗曾就地格杀，夺下他的军权。

史书上说，苗曾心中不服从刘秀，想做更始政权的忠臣，并下令下属各郡县不得听从刘秀的命令。我怀疑这是吴汉以及刘秀政权日后的栽赃，他们不这么说，就无法解释吴汉杀人夺军的正义性合理性。之所以这样怀疑，原因很简单，如果苗曾对刘秀如此抗拒，他不会对吴汉毫无防备，以吴汉二十骑兵的单薄，苗曾先干掉吴汉也未尝不可能。

但时当乱世，人心诡诈，军事行动，更是凶险莫测，在自我保护和完成任务的巨大压力下，吴汉的先发制人，也就成为中国军事史上被认可被赞赏的行动。

没有人顾及苗曾，不管他是否冤枉，他只能以自己的生命，来衬托出吴汉的有勇有谋。这是苗曾的悲哀，也是乱世中国人的悲哀。

中国古代，以信符印章为军事指挥权的象征，夺下了苗曾佩戴的权力象征物，也就代表夺下了幽州十郡的最高权力，这是在血腥中建立并长期存在的法理。幽州十郡的领导人，未必都心服刘秀，但在权力之印握在吴汉手中，同时血淋淋的钢刀也握在吴汉手中时，他们都明智地选择了服从。

吴汉将幽州部队全部集中起来，率领南下，回归刘秀大军。到清阳相会之时，刘秀部下诸将看到吴汉身后无边无沿的大批部队，纷纷议论，怀疑吴汉会不会甘心情愿将部队交出来。吴汉毫不犹豫，径直回到军营主帅大帐，将部队花名册交给刘秀。各位将军看到后，纷纷要求刘秀多分些士兵给自己指挥。刘秀调侃道：你们刚刚不是说没兵可以分吗？怎么现在要兵的人又这么多呢？

平定王郎，攻破邯郸，并不是刘秀单独完成的，更始政权尚书令谢躬率军合作作战，拿下邯郸后，谢躬与刘秀分城而处，各占一半，表面上关系良好。谢躬勤于政事，刘秀每每赞叹说：谢尚书真是官员中的榜样啊！谢躬对刘秀印象极好，一点儿也不怀疑，反倒是谢躬的妻子看出刘秀谦虚平和的外表下那颗勃勃的雄心。她多次提醒谢躬：刘秀与您不是一条船上的人，你不要被他的花言巧语所蒙蔽，如果不做提防，早晚要受他所制。而话说再三，谢躬也不听。

按谢躬的表现来看，如果是和平年代，他一定可以成为一位勤恳贤明的宰相，为他所服务的国家带来福祉。可惜那是个丛林法则的乱世，谢躬良好的个人品德，恰好成为送他性命的弱项。后来谢躬率军还守邺城，刘秀调虎离山，要求谢躬与他合力击破青犊起义军，谢躬信了刘秀，率军出征，刘秀立即派吴汉偷袭邺城。吴汉以反间计劝降邺城守将陈康，陈康将谢躬的家人全部抓起来，吴汉进城设伏，等毫不知情的谢躬回军进城之时，伏兵突起，吴汉亲手击杀了谢躬。

史书上没有交代谢躬妻子的下场，估计不会好到哪里去。如果那位有眼光有见识的女人活了下来，不知她的余生会如何度过？

在刘秀平定河北的过程中，吴汉"常将突骑五千为军锋，数先登陷阵"。这是一位身先士卒的勇将。平定河北，据有了偌大的根据地后，刘秀登基为东汉开国皇帝，论功行赏，吴汉被拜为大司马，爵号是舞阳侯。

一年后，吴汉率领将军王梁、朱祐、杜茂、贾复、坚镡、王霸、刘隆、马武、阴识等人，连续击破檀乡、西山等起义军，刘秀再次封吴汉为广平侯，并亲临前线，慰问劳军。

上述这些跟着吴汉跑龙套的将军，大部分也都是云台二十八将之一，几乎每个人都是可以独当一面的大将，吴汉能成为他们的领导，其在刘秀心中的重要地位，以及其实际能力可想而知。

随后，吴汉率军南下，连续收复涅阳、郦城、穰城、新野等地，在新野黄邮水，一战击破秦丰军队，再于昌城击破张文起义军，于新安击破铜马、五幡起义军。

再过一年，吴汉再次率领云台二十八将之耿弇（时为建武大将军）、盖延（时为虎乐大将军），击破青犊起义军。随后，与苏茂战于广乐。苏茂方面的将军周建，率十余万战士前来援助被围困在广乐城中的苏茂，吴汉率军拦截，激战中掉下马来，伤及膝盖，收兵返营。周建得以进入广乐，与苏茂合兵，苏茂方面一时士气高涨。吴汉手下的将军，集体来看因膝伤卧床的吴汉，说："大敌在前而公伤卧，众心惧矣。"吴汉将伤口一裹，起床出帐，吩咐杀牛犒劳战士，激励战士们奋力作战，以博取功名，大家深受鼓舞。次日清早，周建、苏茂出城攻击吴汉，吴汉披甲戴盔，手持长戟，大声下达命令："闻擂鼓声，皆大呼俱进，后至者斩。"战鼓动地，汉军大呼冲锋，心理优势明显的周建、苏茂军队出乎意料，措手不及，很快崩溃，争相逃回广乐城，吴汉的部队顺势跟踪进入，一举拿下城池，随即乘胜追击，再下睢阳。

吴汉能够统帅同样为开国大将的各路将领，必然不是仅靠作战勇猛，因为作战勇猛是任何一位在建国烽烟中浴血搏杀的将领所必须具备的素质。攻城之外，吴汉还深谙攻心之道，吴汉连续在黄河中下游流域作战，屡战屡胜之际，吴汉曾经平定的鬲县（现在的德州市德城区），却发生了内乱：东汉政府派到鬲县任政府长官的县令，被当地百姓驱逐，当城群众据城造反，不再听从东汉政府号令。

百姓造反，又没有军队支持，对精于攻战的政府军来说，剿灭是举手之劳，将军们也都看出这个功劳容易取得，纷纷请战。吴汉此时显示出他高于一般将领之处，他认为：造成鬲县居民造反的局面，是鬲县领导出了问题，老百姓没有错，谁敢贸然进兵，斩。并将他的意见以正式文件的方式下发到鬲县的上级郡，让郡领导逮捕、法办鬲县原领导，同时派人向鬲县的造反派们通报这一消息。

鬲县的百姓之所以冒着以卵击石的危险，提着脑袋造反，本就是让原鬲县领导人逼的，现在问题解决了，有个体面的台阶下，当然不会死抗到底，他们就坡下驴，宣布投降。原本争着要打的将军们无不佩服，评价吴汉：可以不通过战斗就拿下城池，吴汉不是我们所及的。

吴汉在与富平、获索起义军作战之时，起义军五万余人，突袭吴汉军营，一时营中大乱，将士们乱纷纷地跑到吴汉帐中，惊慌失措地向他报警，要他起来躲避，吴汉满不在乎，继续躺在床上睡他的觉。看到主将如此镇定，大家也就慢慢稳定下来。起义军的突袭不见效，很快撤走，吴汉这时立即起来，组织精兵，紧随在撤退的起义军之后追袭，大获全胜。

东线作战，吴汉几乎战无不胜，为刘秀政权的迅速壮大、稳固，做出巨大贡献。几年时间，中东部地区基本平定，西部地区却依然被各路草头王占据，一时战事胶着。刘秀将吴汉派往长安，主持西线战役。

东部作战的胜利，多多少少让吴汉轻视了西部作战的艰难，在与隗嚣作战中，吴汉首次尝到他从军以来的大败。

无论是大将，还是普通人，只要有足够稳定的内心世界，偶尔的挫折，反而会成为进一步成功的砝码。战火中成长起来的吴汉，当然不会被一次失败摧垮，东汉建武十一年（公元35年）春，吴汉南征成都，与当地割据势力公孙述作战。战事一波三折，惊险纷呈。吴汉军先胜，与吴汉配合作战的东汉征南大将军岑彭，却不幸被公孙述派出的刺客刺杀，吴汉协调指挥两支部队，化悲痛为力量，连续收复成都外围城市，大军直逼成都城下。刘秀派人劝告吴汉，成都经过公孙述多年经营，很难短时间内拿下，要做好持久准备。吴汉胜的太多，杀得兴起，将在外君命有所不受，直抵成都城下作战，先输一阵，危急之中，与诸将勉励："吾共诸君逾越险阻，转战千里，所在斩获，遂深入敌地，至其城下……若能同心一力，人自为战，大功可立；如其不然，败必无馀。成败之机，在此一举。"

这段文言文并不难懂，语气中背水一战的壮烈，表露无遗。将士们深受感染，三日后出战，大胜。随后再战，八战八胜，最后拿下公孙述的脑袋，送回洛阳向刘秀报捷。成都归于东汉版图。

吴汉每每跟随刘秀作战，刘秀没能安歇下来之前，吴汉会一直站在刘秀身边；每遇战事不利之时，别的将军们难免会有失态，吴汉则一如既往，整理兵器械具，激励战士。每次受命出征，上午接到指令，下午就上路出发，随身没什么行囊。在政府任职之时，则兢兢业业，谨慎寡言。某次出征之后，吴汉的妻子在后方买了些田宅家业，吴汉归来后，认为战士们抛头颅洒热血，没得到多少好处，自己买那么多田宅不合适，就都分送给亲戚。他只是把卧室简单修了修，不起宅第。《东观记》记载：（吴汉）"夫人先死，薄葬小坟，不作祠堂"。

最后补充一句，吴汉是个杀人狂，屡有屠城记录，并受到刘秀的谴责。

战争避免不了杀人，但这不能成为屠杀手无寸铁的平民的理由，吴汉的身上，有着许多优良品质，这同样也不能掩盖他的罪恶。

耿弇

耿弇是扶风茂陵（现在的陕西兴平）人，这是个少年天才，他父亲叫耿况，跟王莽的弟弟王伋是同学。他们有个共同的老师叫安丘望之，是个专修老子学说的民间学问家，名气很大，皇帝召见，安丘望之不理会，他的主要生活来源也并不是教学生收学费，而是行医救人。跟着这样的老师，一定很有道德优势。

不知道是不是因为与王伋的同学关系，反正耿况很被王莽器重，直接授予了他上谷太守的重要职务——当时王莽托古改制，把地名、官名一通乱改，上谷郡太守在当时叫做朔调连率，朔调是上谷郡（现在的河北怀来），连率是指太守，你看得懂吗？王莽在名字上下功夫，是他的书生气，结果搞得人人不习惯，我从《后汉书》中第一次读到"朔调连率"，也不明所以，后来是借助古人注解才知道意思的。

耿弇成长在太守府，时常看到负责军事的太守副职郡尉操练士兵，对男孩子来说，这样的军事操练很有吸引力，耿弇从此迷上了军事。

耿弇二十一岁时，王莽就已经被砍头了，新朝政权崩溃，更始皇帝横空出世，往全国各地派出特派员，接受地方政权，很多地方政府的原领导人被毫无理由地换掉。耿况自认是王莽重用起来的官员，心里忐忑不安，于是派耿弇带了礼物去更始朝廷首都长安，试图主动靠拢，以保住职位。

耿弇走在路上之时，邯郸那个算命先生王郎，就诈称自己是汉成帝的儿子刘子舆，起兵称帝。跟随耿弇去更始政权投诚的上谷郡官员孙仓、卫包商量说：刘子舆是汉成帝的儿子，出身正统高贵，离我们距离最近，我们直接投靠他多好，何必舍近求远去长安？耿弇不同意，孙仓、卫包就偷偷逃跑，到邯郸去投奔王郎。

跟随自己的官员跑了，耿弇也没有了西去长安的信心，此时他听说刘秀正在河北征讨，于是临时做出决定，不去长安了，就近投奔刘秀。

此前，耿弇对更始皇帝刘玄、更始皇帝的部下刘秀，还有那个诈称刘子舆的算命先生王郎，其实都没有正面接触，不知道这位二十一岁的少年，是出于什么原因，做出了舍弃刘玄和王郎，投效刘秀的决断。就当时的形势来看，刘玄势力最大，王郎次之，刘秀最弱，就出身号召力来看，刘玄是直系皇族，王郎所诈称的刘子舆，也被大家认可，那也是直系皇族——王郎到底是不是刘子舆，真的很难说，王郎如果成功了，他一定就是刘子舆，他不幸被人打败了，打败他的人指着他的尸体宣称：这只是算命先生王郎，他也没办法站起来反驳。中国历史是一部成王败寇的历史，只记录战胜者的一面之辞。

只有刘秀，虽然也与皇族沾边，但关系已很疏远。

三者对比，优劣明显，耿弇能在这样的形势下做出对他最正确的判断，并且从此之后，赴汤蹈火，忠心不二，考虑到他的年龄，真不是一般人物。

接受了耿弇投诚的刘秀，并没给予他过多的关注，只是让他在帅府中当了一名小办事员。耿弇连直接找刘秀汇报的机会都没有，就向自己的直接领导将军朱祐打报告，要求放他回上谷郡去，调动部队，征讨王郎。朱祐向刘秀汇报，刘秀笑着说：这么个小孩子还有这么大的心胸志向啊！从此开始注意耿弇，也刻意表达出自己对他的重视，但仍没让他回上谷调兵。直到在蓟中（今北京大兴）遭遇王郎部队突袭，刘秀狼狈南逃，耿弇被乱兵冲散，自己回到上谷郡下辖的昌平县，找到父亲耿况，说服父亲派出寇恂，并约渔阳郡（今北京密云）太守彭宠一起出兵，一路南征，追寻刘秀。

南归刘秀的过程中，耿弇与寇恂、景丹等人"击斩王郎大将、九卿、校尉以下四百余级，得印绶百二十五、节二，斩首三万级，定涿郡、中山、钜鹿、清河、河间凡二十二县"。后世关羽千里寻归故主刘备，过关斩将，一路坎坷，被广为传诵，我们知道那不是真实的历史。耿弇一行在真实的历史上，一路攻城略地，投奔刘秀，所经所历，比较起关羽的匹马单刀，更加壮烈。

耿弇等人带着攻占的二十二个县的大礼，在广阿县（今河北隆尧）见到刘秀，刘秀大喜过望，统统加封他们为偏将军。部队整编后，与王郎决战，取得了决定性胜利。

击破王郎后的刘秀，已经拥有了自己庞大的军事力量和后方基地，而此时他在名义上还是更始政权的大臣，更始皇帝派人授予刘秀萧王称号，让他移交军权，与各位有功的将军一起回首都长安中央政府任职；同时派出苗曾为幽州牧，韦顺为上谷太守，蔡充为渔阳太守，全面接管刘秀的后方政权。

底牌已清楚亮出，刘秀要么接受，要么与更始政权公开决裂。

中央政府的命令下达之后，刘秀没有立即表态，而是整天在邯郸宫中，卧床睡大觉。

相信此时刘秀的部下每个人都有判断，但没人出来说话，大家也许都在等老大自己拿主意。只有年轻气盛的耿弇，耐不得这种可怕的寂静，他直接闯入邯郸宫温明殿。大白天刘秀仍然躺在床上睡大觉，耿弇把服务人员赶出去，就在床前向刘秀倾诉肺腑，劝刘秀马上拿定主意，与更始政权决裂单干，他愿意再回幽州，继续召集兵马，跟随刘秀完成一统天下大业。

《后汉书》上说，刘秀听到这段陈辞后，"大说（悦）"。《续汉书》记载，刘秀听到这段话后，有个假惺惺地作态：一下子从床上坐起来，说：你多话，我杀了你。耿弇说：您待我恩重如父子，所以我才敢披肝沥胆向您说真心话。刘秀笑了：你别害怕，我跟你开玩笑呢！

刘秀是开国之君，心中自有大主意，不是任何人可以说动、可以左右的，但当别人的意见与他的思路吻合时，他当然也很欣慰。

刘秀立即任命耿弇为大将军，与吴汉同去北部地区，召集兵马，在前一节《吴汉》中，已叙述过吴汉杀苗曾一事，与吴汉同时北返的耿弇回到上谷郡，将毫无根基的韦顺、蔡充抓起来，杀狗一样宰掉。

——乱世中出头，没有足够的根基和资本，风险太大。

耿弇带上谷郡部队南返，整编进入刘秀的中央军。耿弇跟随刘秀击破铜马、高湖、赤眉、青犊等路起义军，又与尤来、大枪、五幡等起义军作战。耿弇每每带领精锐骑兵做先锋，陷阵冲锋，二十多岁的少年将军，英武绝伦，每战必胜。

刘秀登基称帝后，任命耿弇为建威大将军，一年后封好時侯。

在此期间，耿弇降服厌新起义军，击破延岑大军，降服杜弘，战绩赫赫。公元28年，刘秀命他率军进攻先降后叛的渔阳彭宠。彭宠为渔阳太守时，耿弇的父亲为上谷太守，两人交好，并同时为刘秀提供过军事及后勤支援。现在受命北征彭宠，而耿弇一家没有人在首都做人质，耿弇自己心中疑虑，不敢轻易率军出征，而是上书要求留在朝廷任职。刘秀知道他的担忧所在，特意公开下发回复文件，说：将军你一家人都在为国效力，百战破敌，功勋卓著，"何嫌何疑"要留在中央政府？你就放心去做北征的准备吧！

耿弇的父亲耿况听到儿子自己要求解除兵权、留任中央政府的消息后，马上派出另一个儿子耿舒到首都任职，以充当人质。至此，耿弇才敢接受任命，率军出征。

以兄弟做人质，解除了刘秀与耿弇的双向疑虑之后，耿弇放开手脚，率军北征，耿况也出兵帮助儿子作战。一年后，彭宠死掉，刘秀以最隆重的礼节迎接耿况进京任职，安享富贵荣华。

父亲在京尽享荣华，耿弇则继续率军在外搏杀疆场。

耿弇先是与吴汉一起，在平原县大破富平、获索起义军，投降者达四万多人，继而东讨张步，经连续作战，"平四十余营，遂定济南"。

张步在山东已经营很久，平定济南，并未能消灭张步的主力。张步向东撤退，准备固守临淄，他让自己的弟弟张蓝率兵两万守卫临淄西北四十里左右的小县西安，让他原来任命的几位郡太守合兵一万多人，守卫临淄。耿弇进军至两座城池中间一个叫画中的地方扎营——先把两城的犄角呼应之势截断。准确判断两城的形势后，耿弇大张旗鼓地宣传，要在五天后进攻西安县城。到了五天后的半夜，耿弇全军动员，吃饱喝足后，要求立即赶往临淄，天一亮就动手攻城。有几位将军愕然不解，争论说耿将军您在五天前不是要求做攻取西安县的准备吗？西安县小，临淄城大，还是攻打西安县稳妥一些。耿弇回答：你们看的不对，西安县虽然小，但城池坚固，驻防部队人多而精，并且听说我们要去攻打，这几天日夜做准备，防守精严；临淄也知道我们要攻西安，必然疏于防备，我们出其不意，必能一战而取；拿下临淄，西安县城就成了孤城，张蓝一支孤军，守不住这座孤城，必会自己逃跑，我们击一可以得二；先攻西安，如果一时拿不下，兵力集中在城下，死伤必多；纵然不惜代价拿下这个小县城，张蓝领着部队跑到临淄，合兵抵抗，我们目前是深入敌地，后勤运输都跟不上，不用多长时间，不用他们反攻，就先陷入不得不退的境地。不要多说了，立即出发。

大军深夜出发，黎明时分赶到临淄城下，立即发起攻击。毫无防备的临淄守军仓促迎战，仅仅抵抗了半天，就城门洞开，全面失守。

张蓝听到临淄失陷的消息后，果然不敢再固守西安，带了部队东撤，找他哥哥张步去了。

张步在山东经营多年，他所作为首都的剧县（今山东寿光），城高壕深，兵多将广，守卫森严，如果耿弇乘胜前进，在张步的老巢进行决战，情况不明，地形不熟，耿弇没有必胜的把握，反有必败的理由。深思熟虑之后，耿弇拿定主意：诱敌前来，决战于临淄城下。

战略方针既定，耿弇向刘秀写了一份情况汇报，全文如下："臣据临淄，深堑高垒，张步从剧县来攻，疲劳饥渴。欲进，诱而攻之；欲去，随而击之。臣依营而战，精锐百倍，以逸待劳，以实击虚，旬日之间，步首可获。"

话说出来容易，如何让张步乖乖听话？耿弇安排人出去散步流言，数说张步的罪状。被敌对方从道德高度攻击，这本是数千年来中国战场上最惯用的伎俩，没想到张步真的被激怒了，也许是他没将年轻的耿弇放在眼里，他集中二十万大军，西征临淄，与耿弇决战。

刘秀肯定了耿弇的战略方针，听说张步是率二十万大军来与耿弇决战，又觉得张步的军事力量占了绝对优势，恐怕耿弇独力难支。

——当双方军事实力处于绝对的优劣对比之时，什么战略战术也难奏效，因为在真刀真枪的战场上，毕竟还是要靠实力说话。很多以少胜多的战例，都是有特殊条件在的，在正常情况下，以多胜少，那是常态。

放心不下的刘秀,决定亲自率军前往增援。

援军到达之前,耿弇率军出城迎战,在淄水之畔,与张步大将重异打了场遭遇战。耿弇手下精锐突骑急欲立功,想全力冲锋,耿弇则考虑到如果先拿下头阵,恐怕张步心里一害怕,就不敢前进了,破坏大的决战方略。他约束住自己的部队,佯败回城。

胜了第一仗的张步洋洋得意,率军直扑临淄城,耿弇部将刘歆率军在城外,全力抵挡,两军相接,战斗开始。

临淄城是春秋战国时的齐国国都,城中有齐王宫,宫中有观景的高台,年代久远,台子有些垮坍损坏,但依然高高耸立。耿弇退回城中后,就登上坏台,居高临下,观察城外战斗情况。

激烈的战斗,最容易消耗人的体力。耿弇判断形势,在交战双方都有所疲累之时,他走下高台,跨马率军,开城出战。

刀光剑影,血肉横飞,箭矢如雨,日月无光。突然,一支流箭射入耿弇大腿,痛入骨髓。身周除了跟随冲锋的战士,就是杀红了眼的敌人,形势根本不容耿弇有拔箭裹伤的机会。耿弇挥刀将露在大腿外的箭杆砍断,继续冲锋在前,战斗直至傍晚,居然没人看出耿弇是身负重伤了。

晚上,两军各自撤兵,耿弇这才有机会将大腿包扎好。第二天黎明时分,耿弇集合士兵,准备出营再战。此时刘秀亲率大军来援的消息大家已经都知道了,部将陈俊劝耿弇:张步的部队人数比我们多,昨天也没有明显落败迹象,士气很高,我们不如先闭营休整,等皇上的援军到了再战。耿弇回答:皇上马上就要到了,我们做臣子的,应该杀牛置酒来迎接,怎么可以将敌人留在这里等待我们的皇上呢!

留下这掷地有声的铿锵话语后,耿弇再上战马,率军出城,与张步决战。这一天是自清晨至黄昏,整整厮杀了一天,张步大军终于落败,死伤之人,将城周壕沟填满。耿弇在厮杀之际,清醒地判断张步撑不住就会撤退,预先在张步的退路上埋好伏兵。张步大军败退下来,伏兵四起,堵截、追杀,从临淄城直至钜昧水(现在寿光市西)畔,八九十里的路途上,扑满了死去的战士。

临淄决战,是耿弇一生中最重要的一战,刘秀对此给予高度评价,将耿弇与韩信相提并论,并指出耿弇作战时的环境形势,比韩信时代更加艰难，耿弇的功劳，比韩信更大。刘秀表彰讲话的最后一句是："有志者事竟成也。"

张步不久后向耿弇投降，山东之地，尽入东汉政府版图。

《后汉书》中，对耿弇一生的作战战绩，有一个高度概括的总结："弇凡所平郡四十六，屠城三百，未尝挫折。"

王　霸

王霸的名字很霸气，但观其一生行为举止，他的几次战功，多是从心理战入手，而不是身先士卒的冲锋杀敌。

王霸出身于世代司法人员家庭，他的祖父曾经在国家监狱任职，父亲则是颖川（现在的河南禹州）郡司法部门最高领导（郡决曹掾）。王霸少年时，子从父业，也到监狱里当了一名官吏。但王霸是个胸怀大志之人，对天天跟犯人打交道没什么兴趣。他父亲很欣赏也很支持儿子的理想志向，出钱让他到首都学习。后来新朝没落，义军蜂起，刘秀率起义军从王霸的家乡颖阳路过，王霸率家中宾客去拜见刘秀，说：您替天行道，起义造反，我虽然没什么能耐，但也知道向正义之师靠拢，愿意跟随您左右，从军出征。刘秀其时，正前往昆阳营救被围义军，感到力量不足，王霸率众来投，是雪中送炭的好事。刘秀很诚恳地对王霸说：我一直梦想得到豪杰相助，共成大业，就让我们同心同力，创建基业吧！

昆阳解围战，是刘秀一生中，最惊险的一战；是王莽新朝政权决定生死的一战；也是中国战争史上，以少胜多最经典最著名的战例之一。

当时赤眉军、绿林军纵横天下，更始政权也已建立，王莽新朝政权的大司徒王寻、大司空王邑占据洛阳，调发还听命于新朝政府的天下各州郡精兵四十二万，号称百万，将当时起义军占据的核心城市昆阳（现在的河南叶县）团团包围。昆阳城中的起义军只有八九千人，双方力量对比悬殊。

危急关头，刘秀带宗佻、李轶等共十三人，乘黑夜从王莽围城军营中突围而出，就近求援。

这一年是公元23年，王莽的新朝军队并没在意突围而出的刘秀等人，他们加强围困，全面攻坚，挖地道，用冲车、楼车，变着花样猛攻昆阳。但在起义军的严密防守下，久攻不破。

就在战事胶着、王莽新朝政府军占据全面优势的情况下，刘秀带着他所能征发的全部援军——不足一万人，赶回昆阳城下。

刘秀亲自率领千余精锐战士，率先与新朝政府军接火。政府军方面看到刘秀人少，没太在意，只派了几千人应战——那也是刘秀人数的几倍。在刘秀身先士卒的勇往直前下，几千政府军被一千刘秀援军打了个稀里哗啦。

此时，跟随刘秀的将领们，对刘秀有了一个共同评价：刘将军生平，看到小股敌人，还有畏惧之色，现在面临百万强敌，反而勇气百倍，真让人敬佩，我们愿跟随这样的人立功杀敌。

这是一句非常重要的评价，见小敌有惧色，说明刘秀为人的谨慎，如果把刘秀换到王寻的位置，他会对小股援军也小心应付，如临大敌，来援的起义军就没任何机会了；临大敌勇气倍增，说明刘秀具备成大事的素质。这似乎是所有开国皇帝共有的素质，在刘秀身上，体现尤为明显。

对一般人来说，因对手弱小而傲慢，因对手强大而畏惧，这也是一般人之所以是一般人的原因。

初战告捷，士气高涨，刘秀选出敢死队三千人，从昆阳城西，直扑新朝政府军中军大营。

直到此时，王寻等政府军最高领导人仍没把刘秀这小股援军放在眼里。王寻、王邑亲率万余人迎战。金鼓动地，杀声震天，血雨横飞中，王寻居然被斩杀于乱军之中，政府军一时惊慌失措，阵形大乱，昆阳守军趁机开城夹击，时值风雨大作，形势一团混乱。士气高涨的起义军人数虽少，但越战越勇，人数占据绝对优势的政府军主将战死，士气低迷，溃不成军，仅被大雨急流冲走的政府军将士就有万余人，被杀者不计其数，一举解除昆阳之围。

昆阳一战，刘秀、刘縯兄弟名声大噪，如日中天，受到更始皇帝刘玄的嫉恨猜忌，很快找个理由把刘縯杀掉。刘秀心怀悲痛，却不敢表现出来，暗暗等待机会。

王霸追随刘秀，参与了昆阳解围战，大战过后，王霸又回到家乡。直到刘縯被杀，刘秀孤立无援，王霸再次跟随刘秀。后来刘秀找到机会，争取到更始皇帝刘玄的任命，让他去平定河北乱军。刘秀没有人马可带，只带数百个亲随，北渡黄河，进入河北。

刘秀带的数百人中，就有王霸领去的数十名宾客。当时河北地区战火纷飞，山头林立，刘秀等几百人冒险进入，前途未卜。跟着王霸投奔刘秀的宾客们无不心中打鼓，时间不长，纷纷不辞而别。刘秀感慨地对王霸说了一番包含无限感慨的话，感情充沛，白话文无法翻译，原文如下："颍川从我者皆逝，而子独留。努力！疾风知劲草。"

那个诈称汉室宗亲刘子舆的算命先生王郎起兵之时，刘秀正在蓟县，听到王郎起兵的消息，刘秀马上安排王霸去街市中招兵，试图组织部队征讨王郎。王霸去街市上人多处，将招兵的话大声呼喊一番，换来的是路人用手比划着的大声取笑。王霸羞得脸红脖子粗，回来报告刘秀。手中无兵的刘秀无法与王郎对抗，开城向南逃跑。前面《冯异》一节中说到的芜蒌亭进粥一事，便发生在出逃路上。

逃难路漫漫，仅凭一碗粥远远不能解决生活问题，刘秀看路边有官办的驿舍，知道这驿舍已投降了王郎，于是诈称王郎派出的使者，进驿舍索要饮食，驿舍工作人员并未怀疑，按标准做出了工作餐。偏偏跟随刘秀逃跑的一班人几天没吃饱，终于可以放开肚皮吃了，没人留得住嘴，一顿穷吃，把驿舍人员吃得起了疑心，去敲了几声鼓，喊：邯郸（王郎盘踞地）将军到。把刘秀等人吓得面如土色，纷纷找马想跑。刘秀一只脚已经放进马蹬子了，突然情急智生，又缓步走进屋内，大模大样坐下说：既然邯郸将军来了，我们应该见面交换一下情况，不必急着赶路。等了好一会，那个子虚乌有的邯郸将军也没出现，刘秀才缓缓起身，说：想来邯郸将军路上有事耽误了，我们就不等了。告辞驿舍工作人员，缓步上马出门，直到走出驿舍视线范围，才快马加鞭，没命地往南跑。

一路跑到滹沱河畔，前面的哨兵回来报告：滹沱河未结冰，水很大，没法过。路上百姓又纷纷传言说邯郸追兵就在后面不远处，很快就要追上来了。

无奈之下，刘秀派王霸先行一步，再去滹沱河看看有没有过河的办法。王霸一马当先，赶到滹沱河，果然是流水浩浩，寒风冽冽，不仅看不到冰，连条船也见不到。王霸回头，迎着刘秀等人，说河水已结了冰，可以过去。

刘秀等人赶到河边，果然河水已结冰，并且厚度足以承担人马踏冰而过。大家依次渡河。刚刚过去，冰又化了。

这是正史中的记载，相当神奇，却令人不太相信，而更愿相信其实王霸去河边看时，冰是真的冻合了，为了显示刘秀真命天子，受到上天呵护，才无中生有捏造出这么个神奇故事。后来王霸说结冰渡河之事是"明公（刘秀）至德，神灵之祐，虽武王白鱼之应，无以加此。"武王白鱼云云，是《今文尚书》中所记载，周武王伐商纣王，过盟津（即孟津）之时，有白鱼跃入武王船中，那是上天赐予的吉兆。刘秀也对别人说：王霸这件事，"殆天瑞也"。

中国历代当权者及造反者，往往以天象天命来凝聚人心，刘秀也是其中一个，但不是搞这类迷信最严重的一个。

此后，在平灭王郎的战役中，王霸"追斩王郎，得其玺绶，封王乡侯"。

在刘秀整个平定河北的过程中，王霸常与臧宫、傅俊（均为东汉开国功臣、云台二十八将之一）一起带兵作战，类似于现代刘邓大军、陈粟大军，三个将领中，王霸是最善于作战士工作的，他能够脱下自己的将军服，用以收敛包裹战死的战士，也会亲自奉养受伤的战士，我在此节开始，说王霸更像一位政治委员，便是指此。

爱兵的王霸受到战士们的爱戴，也被刘秀看在眼里。刘秀登基称帝后，拜王霸为偏将军，独领当时王、臧、傅共领的部队，臧宫、傅俊则另有任用。

放手让下属独当一面，这是对下属最高的信任。信任，对有能力的下属来说，是工作的第一动力。

公元28年，王霸受命与捕虏将军马武东讨周建于垂惠（现在的安徽蒙城），苏茂领了四千多人来救周建。苏茂用了围魏救赵的办法，他不直接入垂惠城与周建并肩作战，而是去截击马武的军粮。马武听到报告，挥军去救，正在交战之时，周建打开城门，引军冲出，前后夹击马武。马武认为王霸也该引兵增援，没有血战到底的决心，被周建、苏茂打得溃败。马武溃退过王霸营前，大声呼救，王霸装聋作哑不理会，他的手下将吏劝他开营出援，王霸说：苏茂召集了些亡命之徒，来势汹汹，士气正盛；马将军现在已经败退，一心指望我们出兵救援，士无斗志，如果此时我们出营接战，军心不一，势必两败；现在我们闭营固守，让他们都看到我们不会出兵，苏茂部队必然乘胜轻进，逼压马将军，马将军的部队看到根本没人去救他们，要想活命只能自救，就一定会拼命死战，这样等到把苏茂的部队拖到精疲力尽，我们再乘机出战，一定会大获全胜。

马武看王霸闭营不救，心中的悲愤可想而知，他不再退却（也无处可退了），毅然反身，与苏茂部队决战。马武的部下将士，也同样怀着一肚子的悲愤，奋勇杀敌，不顾生死，一时之间，居然将苏茂的胜势扼制住了。

如此激战很长一段时间，王霸军中的热血青年们，看到自己的战友在外浴血搏杀，一个个倒下去，再也压不住心中激奋，纷纷断发请战。王霸看到士气被激发起来了，亲率精锐骑兵，开营门，从苏茂部队的背后突出袭击。原来马武的腹背受敌，现在变成了苏茂、周建的腹背受敌，苏、周的部队已经过长时间搏杀，正是身心俱疲，哪里禁得住王霸生力军的冲击，大败回城。马武对王霸也不愤恨了，两人各自回营。

过了两天，苏茂又鼓舞士气，到王霸营前挑战，王霸则安坐营中，与部属们饮酒作乐，根本不理营前的鼓噪。苏茂指挥战士往王霸营中射箭，一时间箭如雨下，王霸谈笑自如。突然一箭射中席前酒樽，锵然有声，大家都变了脸色。王霸连看那支箭都不看，徐徐对众人说出他的战略思想：苏茂带着这么多临时拼凑起来的匪徒，来救周建，我料这小城中积粮不多，不够他几天吃的了，所以他才来一再挑战，要求速战速决。现在我闭营不出，休养士兵，以逸待劳，正是不战而屈人之兵的意思。部属们听得明白，却未必都信。

没能实现速战速决意图的苏茂、周建带兵回营。当天夜里，垂惠城守将周诵果然投降王霸，苏茂、周建进不得城，狼狈逃去。

此后一年，王霸被升职为讨虏将军，此后，连续屯田于新安、函谷关。公元33年，王霸被任命为上谷郡太守，此后二十余年，王霸一直镇守上谷郡，这是汉代边关重镇，与匈奴、乌桓等相接。二十多年间，王霸与匈奴、乌桓大小数十百战，对匈奴、乌桓的情况非常了解。基于以战促和、和平第一的认识立场，王霸郑重其事地向东汉中央政府写出报告，陈述与匈奴结和亲的利益，又提出粮道运输的方式方法，均被中央政府采纳。在以王霸为主实施的一连串战争、外交手段下，匈奴、乌桓先后降服于东汉政府，北部边陲一片和平共荣景象，长时间远离了战火硝烟。

晚年不作战了的王霸，反而达到了名将的巅峰。

臧 宫

臧宫是颍川郏县人，年轻时，干了个与大汉开国皇帝刘邦一样的官：亭长。秦汉之时，"每十里一亭，亭有长，以禁盗贼"。一个村（亭）就这一个头目。

后来天下大乱，群雄四起，新朝政府崩溃，臧宫不当那个亭长了，带了一帮跟随者随着刘秀东征西杀，以作战勇猛被同事们推崇，刘秀也非常欣赏臧宫的能干活少说话，把他视为亲近。刘秀平定河北之时，臧宫被任命为偏将军，好多次身先士卒，陷阵却敌。

刘秀即位后，臧宫因功被封为骑都尉、成安侯，此后几年，他数次击破更始政权部队，收降更始政权将军，收复江夏、代乡、钟武、竹里等地。平定梁郡、济阴等处战乱。刘秀论功行赏，提拔臧宫为辅威将军，更封期思侯。

东汉建武十一年（公元35年），臧宫率军南征，进抵襄阳，驻扎在现在的襄阳市南部，当时这个地方叫中卢县骆越，之所以叫骆越，是因为此处主要是骆越移民聚居地，骆越是所谓的百越之一，其地在现在的贵州省遵义市西南一带。大约是家乡出现灾情了，大批骆越人迁居到湖北襄阳一带。臧宫驻扎的中卢县城，就是以骆越居民为主。

当时，东汉征南大将军岑彭，征伐西南割据势力公孙述，公孙述派出大将田戎、任满，率军在荆门抵抗，两军多次交锋，岑彭屡遭败绩。中卢距荆门不远，中卢县的骆越人见风使舵，看到东汉军队战场不利，就密谋叛离东汉政府，归顺公孙述割据政权。

臧宫探听到骆越人的密谋消息，但当时他所率兵力较少，不足以控制当地局面，形势一时变得相当微妙、危急。

正在束手无策之际，恰好下属各县运送物资的车辆抵达中卢，有数百辆之多。当时天色已晚，军用物资进城，路上要清除闲杂人等，加强警戒。虽然一般老百姓不能近距离观看，但臧宫清楚，正密谋叛乱，却又举棋不定、首鼠两端的骆越人，一定会派出探子，远距离观察汉军动静。臧宫情急智生，派人趁夜色掩护，把城门限（就是门坎，门下面的横木）锯断，然后派人推着粮车，反复进出城门，一夜车声不绝，直到东方渐明，才最后进门，不再出去了。远距离探听消息的骆越探子，看不到具体情况，只听到车辐辘声，终夜不绝，天亮后又看到城门下的横木居然都被车轮碾断。大军未动，粮草先行，是行军打仗的惯例，汉军运了一夜的粮食，那是说明随后将有大批后续增援部队赶到。

听了探子的报告，当地骆越人的头领不禁庆幸，幸亏没有做出背叛东汉政府的举动，否则汉军大兵一到，自己岂能抵抗。冷汗出完后，这个首领让部下备肉备酒，亲自去臧宫的营地犒劳军队，臧宫则命三军列队，以最强的姿态，向客人展示东汉军队战无不胜的昂扬风采，同时杀牛上酒，与来送礼品的骆越人一起大吃大喝，畅述友情。所有到场的骆越人，既亲眼目睹了汉政府军的强大，又亲身体会了汉政府军对他们的友善，一个个感动感激感慨，拍胸跺脚地表示要与汉政府军亲善到底，全心全意接受东汉政府领导，维护东汉政府权威。如此这般一番，臧宫将一场潜在的地方军事政变消弭于无形。

将后方稳定好之后，臧宫率军南行，与岑彭联合作战，取得荆门之战的胜利。臧宫原本带来的兵力不多，荆门战胜后，有五万多降兵被编入他的部队，臧宫一下子有了充足的兵源补给，于是与岑彭分头进兵，乘胜追击。

在沅水之上，臧宫遭遇了他此次南征的最凶险一仗。

公孙述大将延岑,率大军在沅水岸边抵抗东汉政府的南征部队,其时臧宫部队的人数虽少,但由于他乘胜追击,进军速度太快,在川湘之际的崇山峻岭间,粮草物资运输困难,接续不上;而臧宫的部队中,大部分是投降过来的人,看到形势突然逆转,难免会军心浮动,随时都有哗变的可能;同时,在他乘胜利之威,秋风扫落叶般收复的各郡县,也纷纷以中立的态度,观望战事胜败。

当时形势之危急,更甚于中卢骆越人的谋叛。臧宫判断形势,试图引军撤退,先保不败。但又怕撤退的命令一旦下达,极可能直接促使部队里的降兵立即叛乱,一时间进退维谷。

进不能退不得。臧宫在帅帐内反复权衡之际,突然有探子来报告,说东汉皇帝派出使者,带了七百匹战马,去交给岑彭的部队,正从我军营盘边经过。臧宫再次急中生智,立即派人出营,谎称接到皇帝刘秀的密令,这七百匹马不用远送岑彭,就近交给臧宫军中就行了。政府使者当然不会想到臧宫敢于编造皇帝命令,听话地将战马送到臧宫营中。

有了战马助阵,臧宫信心大增,他立即动员部队,趁夜进兵,把所有的战旗都打出来,步兵骑兵同时行动,沿山谷道路进击,喊杀震天。

延岑自以为占据优势,胜券在握,并不很担心汉军会鸡蛋碰石头地来主动向自己进攻。突然在睡梦中被汉军突袭的喊杀声惊醒,他匆忙起身去高处观察,满眼是汉军密集的旗帜,满耳是汉军宏亮的呼喝,延岑一时回不过神来,心中自然而然产生了巨大的恐惧。

主帅心慌,就会导致士无斗志,其实当时的战场优势未必就在臧宫手中,但一番大战下来的结果,是延岑部队被杀被淹而死的将士达万余人,剩下的部队全部向臧宫投降,延岑只身逃回成都。

在极度不利的情况下,打出这个干净漂亮的歼灭战,臧宫的军威一时达于极盛,他乘胜追击,沿途几乎没遇到抵抗,投降的部队达到十余万人之多。

一路凯歌,拔绵竹,破涪城,占繁、郫,击斩公孙述的弟弟公孙恢,兵锋直逼公孙述老巢成都城下。

其时,东汉大司马吴汉,沿另一条入川道路,也是一路势如破竹,进抵成都。臧宫离开自己营地,到吴汉军中,与吴汉讨论联合作战的战略战术，喝酒庆祝，相与甚欢。

当时成都虽然已成为一座孤城，但成都城外，仍然多处驻有公孙述的外围部队，东汉政府军刚到不久，忠于公孙述的小股狙击部队，更是四处流动作战，骚扰、牵制政府军的作战。一路高歌猛进，称得上东汉剿灭西南割据势力第一先锋的岑彭，便死于公孙述刺客的暗夜刺杀，所以在喝完酒后，吴汉劝臧宫，回营时不要走来时的路，以防止公孙述小股部队的狙击暗算。

在劝臧宫归途小心的话中，吴汉用八个字高度概括了臧宫的作战风格，以及臧宫的将军风采，这八个字神采飞扬，是白话文无论如何翻译不出其神韵的，八字如下："震扬威灵，风行电照。"

震扬威灵、风行电照的臧宫，显然不把公孙述一方的军事威胁放在眼里，他大摇大摆，原路返回。公孙述的狙击手的确就等候在路边，却在臧宫的赫赫神威前，不敢出手。

其后不久，臧宫和吴汉与公孙述决战，公孙述战死，公孙述的大将延岑献出成都城投降。吴汉臧宫大军入成都城，两天之后，全城已经从战争的阴霾中逐渐恢复之时，吴汉突然下令，全城大屠杀。公孙述妻子儿女以及整个家族，投降了的延岑以及整个家族，均被杀个精光。臧宫当时的官职身份，在吴汉之下，没能阻止，反而是汉光武帝刘秀，在听到屠城消息后，下达诏书，对吴汉的暴行做出严厉批评。

公元43年，以卜巫之类迷信行动聚集民众，成为领袖的巫师单臣、傅镇，率领起义军，占领原武城（今河南原阳），自称将军，抗拒东汉政府。刘秀命臧宫率军出征，剿灭这伙武装叛乱势力，臧宫围住原武城，连续发动几次进攻，除了死伤不少士兵外，毫无进展。

消息传到首都洛阳，刘秀召集所有朝廷高官以及诸侯、王爷们，商讨对策，几乎所有人都认为：应该提高赏格，激励战士们奋勇作战。皇子东海王刘阳独持异议，他说：这些变民是被巫师胁迫入城，其中一定有后悔想逃跑的，但在不分青红皂白的密集攻击下，他们逃不掉，只能出力死守；只要我们稍稍放松，给他们逃跑的机会，他们必然会形成溃散之局，到那时，一个村长就可以对付了。

真理未必在多数人手里，但少数人的意见能不能成为决策，还要看决策人的能力。刘秀是中国历代皇帝中极罕见的英明领袖,他拍板采纳了刘阳的意见,命臧宫撤退解围,城中的起义军战士果然四散奔逃。政府军随即收复原武城,斩杀成为孤家寡人的单臣、傅镇。

后来匈奴发生内乱,臧宫上书,请求率军北征,认为几年时间,就可以清除北部少数民族,立下"万世刻石之功"。刘秀不同意,刘秀的答复较长,其中有这么一段话:"今国无善政,灾变不息,百姓惊惶,人不自保,而复欲远事边外乎?"

臧宫一生为将作战,他有北伐争胜之心,可以理解。而光武帝刘秀的拒绝,则让我们感动:让国内老百姓活得幸福更重要。

祭 遵

祭遵也是颍川人,他与我们在前面介绍过的名将贾复,有一个比较相似的开始,那就是他们都是做学问出身的大将,文武全才。

祭遵家庭条件极好,他青少年时代,是个读书学习的榜样,做人处事,很是谦恭退让,母亲去世时,他亲自一锹锹填土起坟,完全是一个书生孝子的形象,所以当地人都尊重他的好学孝恭,却也不免在内心深处认为书生可欺。后来果然就有地方官员借故来欺负他,没想到祭遵反应激烈,居然召集了一批朋友兄弟,直接拿刀把欺负他的官员给砍掉了。人们这才知道书生也不是好欺负的,不敢再去招惹他,他杀了人也白杀,没人敢把他怎么样——也许这与时值乱世有关。

刘秀在昆阳大战中,以少胜多、击破王寻后,一举树立起赫赫威名。途经颍川,祭遵作为县里的工作人员,数次因事面见刘秀,刘秀很喜欢他出众的仪容,就让他离开县政府,到自己的军中任职,给他的职务是军市令,主要职责是纠察处理部队内的违法违纪行为。

祭遵一朝权在手,便把令来行,铁面无私,执法严明。刘秀的一个同族晚辈,不小心触犯军中纪律,祭遵按照军令条文,一刀下去,砍了,下刀之前,也没提前跟刘秀沟通。刘秀知道时,他那个晚辈的脑袋已经在地上乱滚了。刘秀勃然大怒:你祭遵这个做法,也太不把我放在眼里了吧！立即安排人去把祭遵抓起来，还没想好怎样处理，刘秀的秘书处主任陈副就劝告说：您不是一直期待军令严明，令行禁止，号令整齐吗？祭遵的这个行动，正是执行了您的要求啊！

在卓越领导人的优秀品质中，一定有一条，就是善于听从不同意见，善于大局着眼，控制自己的个人情绪。刘秀是中国皇帝史上罕见的卓越皇帝，他具备一个好皇帝应该具备的几乎全部优良品质。听过陈副的话后，刘秀豁然醒悟，转怒为喜，把祭遵从禁闭室里放出来，立即提拔他为刺奸将军，并对手下诸将公开发表讲话：你们要尊重祭遵，别有问题落到祭遵手里，我的晚辈亲属他都能杀，不可能偏袒你们各位。

随后，刘秀任命祭遵为偏将军，跟随参与平定河北之战，因战功被封为列侯。

公元 26 年（东汉建武二年），祭遵在一次平定地方割据势力的激战中，被一支冷箭射到嘴上，口破血出，战士们看到主将受伤，战意稍减，猜测是不是要收兵养伤。祭遵拔下箭，连创口也不处理，大喊着率先冲锋，战士们见主将居然重伤不下火线，无不深受鼓舞，战斗力陡然增加，一战而大胜。

同年，河南新城起义军张满，占山为王，派出喽啰占据山下的交通要道，收取买路钱。传统评书中有一段话："此路是我开，此树是我栽，要想从此过，留下买路钱。"这样的山贼行动，古典小说《水浒传》中，有形象的描述。有趣的是，张满占山起义，与梁山泊的好汉聚义一个路子，都曾对天祭祀，也都得到了上天的回应，梁山上天降石碣，说一百零八将是三十六天罡七十二地煞下凡。张满得到的回应，则是他可以割据称王。

这样的占山起义，在当时当地，是平民生活的一大困扰。刘秀派祭遵率众剿匪，还地方百姓一个安宁生活环境。

祭遵征讨张满，也没有很出色的兵法战术，他只是把张满起义军围困起来，断绝张满的粮食物资供给。张满率军来挑战，祭遵置之不理，张满联系其他起义军，从外围进攻祭遵，祭遵分出一部分兵力，很容易地就把那些临时拼凑起的乌合之众击破。

如此这般围困了近一年，张满弹尽粮绝，无路可逃，无计可施，祭遵轻松拿下山寨，活捉张满。被绑赴刑场砍头时，张满仰天长叹：都是迷信害了我啊。（原文是："谶文误我。"）

自己的命运，自己不好好把握，却妄想靠算命占卜来决定。由此而事业崩溃、性命沦丧之事，史书上比比皆是。但直到科学昌明的今天，这样的事，仍然屡屡发生在我们身边。几千年时光流逝，居然毫不进步。

公元28年，祭遵受命，出兵镇压张丰军事叛乱。

这个张丰也是受迷信毒害的人，他本来好好地当他的涿郡（现在的河北涿州）太守，偏偏喜欢信奉卜巫占卦这一套。有个他极其崇拜的预测大师，是个道士，妆模作样，摇头晃脑地给张丰掐算一番，得出的结论是张丰有当皇帝的命。道士不知让哪家娘子用五彩丝线绣了个锦囊，找块奇形异状的石头塞进去，似是而非地冲着五彩锦囊做了一番法事，然后郑重其事地给张丰缚在胳膊上，说这块石头中有玉玺，一定会保佑张丰登上九五至尊之位，当然，在登上皇位之前，这块石头要善加保管，不能损伤，登上皇位后，就可以破开拿出玉玺使用了。

面对当皇帝的前程，太守张丰毫不含糊地举旗造反。刘秀下令祭遵及朱祐、耿弇、刘喜各率本部兵马，合力围剿叛乱。

祭遵的部队第一个赶到涿郡城下，他根本没把这个上天任命好的张丰皇帝放在眼里，也不等其他几路部队赶到，立即展开攻城。

迷信的人往往洗了脑般，死心塌地的信奉预测好的命运，看在旁观者的眼里，与疯子也没多大区别。跟一个疯子冒险，结局很可能玉石俱焚，张丰的部下不愿意得到这样的结局，于是不去抵抗政府军，而是把张丰抓起来，献给祭遵投降。

张丰被祭遵下令推出去砍头之时，犹自嘴硬，说：上天早安排好，我是当皇帝的命，我胳膊上的锦囊里，就有玉玺藏在石头中。

祭遵马上让人当着张丰的面，把锦囊中的石头敲破，里面仍然是石头。此时的张丰，才知道自己的迷信有多可笑可恨，他仰天长叹："当死无所恨。"引颈就戮。

其后数年，祭遵西征地方割据军阀隗嚣，屡建战功。击破隗嚣之后，刘秀亲自到祭遵军营中劳军，当时祭遵正好患病，刘秀赏赐给他皇帝规格起居用具。对一位古代将军来说，这已是可以获得的最高荣宠了。

《后汉书》中，对祭遵的为人品格有以下评价："（祭）遵为人廉约小心，克己奉公，赏赐辄尽与士卒，家无私财，身衣韦绔布被，夫人裳不加缘，帝以是重焉。"裳不加缘，是指衣服不加做只用作装饰、美化、没有实际用途的边、领，譬如当代的蕾丝。"缘"字在有些版本中，也写作"彩"，那是指衣服只是单纯的素色。无论哪一种，都是极言祭遵一家清廉节俭。

公元33年春，祭遵积劳成疾，死于军中。刘秀极其哀痛，命百官都去灵堂，并亲自穿素服去主持追悼会，回首都洛阳后，又登上城门楼，目送灵车从城门经过，痛哭流涕，不能自已。落葬后，刘秀又亲自去他坟上祭奠。其后每每在政府朝堂之上，发表感慨："安得忧国奉公之臣如祭征虏者乎（祭遵于公元26年被封为征虏将军、颖阳侯）。"

祭遵死时，有一个叫范升的人写了一篇关于祭遵的评论文章，刘秀将其作为悼词，下令给政府官员学习，其中有这样一部分句子，虽然是文言文，但我实在不忍心翻译，因为白话文无法准确传达出文章的感情："（祭）遵修行积德，竭忠于国，北平渔阳，西拒陇蜀，先登坻上，深取略阳。众兵既退，独守衡难。制御士心，不越法度。所在吏人，不知有军。清名闻于海内，廉白著于当世。所得赏赐，辄尽与吏士，身无奇衣，家无私财。同产兄午以遵无子，娶妾送之，遵乃使人逆而不受，自以身任于国，不敢图生虑继嗣之计。临死遗诫，牛车载丧，薄葬洛阳。问以家事，终无所言。任重道远，死而后已。遵为将军，取士皆用儒士，对酒设乐，必雅歌投壶。"

马骃为祭遵所绘的画像，便是取雅歌投壶一段。身为大将而犹能儒术取士，雅歌投壶，这是极力说明祭遵系一员儒将。

雅歌，就是指吟唱《诗经》中的"雅"诗。投壶，是上古中国人很高雅的游乐方式，在《礼记》中有一篇专门的"投壶经"，详细介绍投壶的方式、方法、过程，极其繁琐。所谓的高雅，也就体现在繁琐的仪式中，至于游戏本身，无非是隔开一段距离，放上一个壶口直径为二寸半的壶，然后手持小箭（箭长按室中、堂上、庭中的不同，长短各有不同），瞄准壶口去投，投进去的就赢，投不进的输了，赢了的一方可以灌输了的一方酒。

国事为重的祭遵，老婆不生孩子，哥哥送给他妾，他也不收，以致后继无人，他死后，他的封国也跟着归入政府。他的哥哥祭午，则一直干到酒泉太守的职位。

祭遵还有个叫祭肜的堂弟，则在祭遵之后，成长为东汉初期著名的边防将领，他镇守辽东几近三十年，"肜之威声，畅于北方，西自武威，东尽玄菟及乐浪，胡夷皆来内附，野无风尘，乃悉罢缘边屯兵"。一直到他死后，他所驻防的"乌桓、鲜卑，追思肜无已，每朝贺京师，常过冢拜谒，仰天号泣乃去。辽东吏人为立祠，四时奉祭焉"。

祭遵也是云台二十八将之一。云台二十八将，是光武中兴、东汉建国的功臣名将。世传为上应二十八宿，是星君下凡。他们的传奇故事，两千年来，流传不衰。民间评书大家连阔如，演说二十八将故事《东汉演义》，据说红火到净街净巷的程度。

在云台二十八将中，选出寇恂、冯异、贾复、吴汉、耿弇、王霸、臧宫、祭遵等八人，一一介绍他们的生平主要事迹，借以观察东汉开国错综复杂的战争形势，以及在这个波澜壮阔的大时代里，各方将领及其领袖的行为取舍，以及刀口之下的中国情状。

在这个群雄并起的时代，许多默默死去或者背负着恶名死去的将领，他们的兵法智谋、人品能力，未必不如云台二十八将，但大多由于他们追随错了领袖，就只能无辜地成为二十八将上应星宿的垫脚石。

人生结局，向左，向右，有时候，也许只能归结于命运。在大时代的裹挟下，很多时候，抉择未必出自本意，结果却要由自己承担。

下面是云台二十八将的名字，以及他们的封号：

太傅高密侯邓禹

中山太守全椒侯马成

大司马广平侯吴汉

河南尹阜成侯王梁

左将军胶东侯贾复

琅邪太守祝阿侯陈俊

建威大将军好畤侯耿弇

骠骑大将军参蘧侯杜茂

执金吾雍奴侯寇恂

积弩将军昆阳侯傅俊

征南大将军舞阳侯岑彭

左曹合肥侯坚镡

征西大将军阳夏侯冯异

上谷太守淮阳侯王霸

建义大将军鬲侯朱祐

信都太守阿陵侯任光

征虏将军颖阳侯祭遵

豫章太守中水侯李忠

骠骑大将军栎阳侯景丹

右将军槐里侯万脩

虎牙大将军安平侯盖延

太常灵寿侯邳彤

卫尉安成侯铫期

骁骑将军昌成侯刘植

东郡太守东光侯耿纯

城门校尉朗陵侯臧宫

捕虏将军扬虚侯马武

骠骑将军慎侯刘隆

马 援

  云台二十八将，都是在东汉开国过程中，立下了卓著战功的将军，但把他们一一画成图像，悬挂到南宫云台中去的，却不是东汉开国皇帝刘秀，而是刘秀的儿子，汉明帝刘庄。

  画像上墙之后，开放供朝臣们瞻仰，骠骑将军东平王刘苍一再仰观，心中有个疑团，就是解释不了，最终憋不住，还是问了出来：伏波将军马援，南征北战，有大功于国家，为什么他的画像没有挂上去？

汉明帝也没做解释，只是微微一笑。但就是这一笑，让刘苍豁然开朗，原来汉明帝的皇后，就是马援的女儿。汉明帝故意不把老丈人画上去，那是避免被人指责偏心外戚的意思。刘苍由此对汉明帝的作法表示叹服。

但从当时直到今天，两千年间，一直有人为马援抱不平，因为不管自己的女儿是不是皇后，马援的大功就摆在那儿，作为历史的一部分，不增不减，不长不灭。汉明帝故意撇清自己，无视老丈人功劳，与他有心偏袒，故意夸大老丈人功劳，是一样的不公平。

好在历史已经形成，马援的军功，不因未上云台，就可以被抹杀掉，他马革裹尸的军人精神，赢得了当时及后世人千秋万代的敬仰。在中国当代，稍稍知道点历史的人，不知道云台二十八将很正常，但对马援，多少都该有所耳闻。诗圣杜甫，在他留下的几百首诗中，与马援有关的便有十几首，最具盖棺论定价值的一句是："勋业终归马伏波。"

我在上面说马援的军功不可抹杀，仅仅是军功，不代表我对马援全面认可。

马援，字文源，是扶风茂陵（现在的陕西兴平）人。读者朋友若有心，不妨与前面的云台二十八将对照着看看，刘秀的开国功臣圈子，大多是南阳人、颍川人，以及他最早占据为根据地的河北河南其他地域人，马援后来受到诽谤，却没有几个显要人物给他说话，与他的出身地，不能说毫无关系。

据史书上说，马援的祖先，是赵国名将赵奢，赵奢是与廉颇、蔺相如同时代的名将，他的作战风格与廉颇很不相同。廉颇持重，步步为营；赵奢则善于步兵作战。按史书上的记载看，两个人都没怎么打过败仗，但赵奢一举成名的对秦阏与一战，则是廉颇认为不能打、打不胜的战役，被赵奢漂亮拿下。

就因为阏与战功，赵奢被封为马服君，与廉颇、蔺相如职位相同。赵国亡后，赵奢的后人就以"马"为姓。

史籍上没记载赵奢有几个儿子，不知马援是不是赵括的后代？

汉武帝时，赵奢的这一支子孙由邯郸迁徙到茂陵，后世多为国家官员，但也没有爬到重要职位的高级官员。直到西汉东，王莽新朝时期，马援的三个哥哥先后走上地区（郡）首长（二千万）的重要岗位。

马援十二岁就死了父亲，但这不影响他的少年天才、胸怀大志，早早就成为地方上的才子俊彦。对他的远大志向，一般人（包括他三个哥哥）都很敬佩，只有他的堂弟马少游不以为然，马少游认为：人生在世，经营好小家庭，能消费得起一般档次的房子车子，有个清闲的政府工作托身，被乡里乡亲认可为好人，就很好了，眼光过高，自讨苦吃。

马援当然对马少游的话不以为然，他后来也基本达成了他的远大理想。但在两千年后，我们回头再来仔细品读马援和马少游的两种人生取向，两种人生态度，两种人生选择，哪一种更靠近幸福？

马援的大哥马况，在做河南（现在的河南洛阳东）太守时，曾这样说过马援：你有很大的才能，一定会大器晚成，但一个好木匠，不能只是拿着好木料给人看，他还要施展出自己的技能，才能受到别人的重视。

后来，马援在王莽的新朝政府当了个郡督邮，类似于当今负责司法工作的干部。一次他押送犯人，很同情一个重刑犯，半路上徇私枉法，把这个犯人放了，他自己则跑到北地（现在的甘肃庆阳）躲起来，后来王莽大赦天下，他的罪过一笔勾销。于是，他就在北地做买卖，兴办畜牧业。马援是个有大才能的人，不只是后世所熟悉的军事家，他的经营能力也是超一流，很快成为一个大牧业主，富有牲畜数千头，每季收谷数万斛（一斛为十斗）。创业过程中，他对追随自己的员工，最常说的一句话是："丈夫为志，穷当益坚，老当益壮。"创业成功后，面对满坡牛羊，满仓粮食，他又说出这样的名言：富人最可贵的行为，是拿出他的财富赈济穷人，否则不过是个守财奴罢了。他说到做到，把所有财富分割给陪他一起创业的兄弟朋友，他自己则仅仅一身粗羊皮衣裤，维持正常生活而已。

像这样胸怀大志，不为钱财所拘的人，在中国历史上并不多见。

王莽新朝末年，天下大乱，群雄并起。马援稳坐凉州，冷眼观天下，并没有跟着行动。这说明马援的大志最多就是做个功臣，成为中央政府的重要人物，而丝毫没有自己打天下、做皇帝的想法。

坐阵天水，割据西域，自称西州大将军的隗嚣对马援关注良久，他很欣赏、也很敬重马援。到刘秀在中原称皇帝，公孙述在四川称皇帝时，作为一股独立的势力，隗嚣如果不想自己称皇帝，就要决定投靠哪一方。而无论投靠哪一方，隗嚣都要靠实力为自己争取地位。隗嚣非常诚恳地请马援出山，一起商量军国大事，决定重大政策。他给马援的职位是绥德将军，实际上是将马援看做自己最信任的心腹。

隗嚣不能亲自去公孙述、刘秀那里探听虚实，作为隗嚣的心腹，马援担当起了这一重任。

隗嚣首先派马援去公孙述那里，马援也很乐意前往，因为马援和公孙述是老乡，少年时便很要好。在马援心目中，发小见面应该搂头拍腔、握手言欢才是。没想到公孙述摆了个大谱儿，肃清行人，戒备森严，这才请马援到他的皇宫里去。按照接待外交使节的规矩，一五一十做好，外交辞令一说完，立即送马援出宫。跟去的裁缝给马援制作了一身新衣新鞋新帽，随后在宗庙里汇集百官，按最高礼节、最高规格隆重为马援洗尘接风。公孙述出宫时，天子鸾旗引路，威风凛凛，声势煊赫。接待宴席更是极尽奢华，一番觥筹交错之后，外交辞令说完，公孙述当场表示要封马援为侯，侯是那个时候给予将军们最高的荣誉职称了。公孙述给职务也不含糊，送给马援的是将军中的最大——大将军。

跟随马援出使成都的随从们，觉得公孙述待他们太隆重了，倍儿有面子，纷纷表示愿意留下来，跟公孙述干。只有最受尊重的马援不同意，他说出了这么一番道理：现在天下群雄割据，大局未定，公孙述作为一方霸主，应该像周公那样，一饭三吐哺，礼贤下士，这样才会赢得人才归心，但他却摆阔气，讲排场，看着很热闹，却像个没头脑的木偶，这样的人怎么赢得人才？

回到天水，马援向隗嚣报告：公孙述只是个妄自尊大的井底之蛙，还是把注意力放到刘秀那边去吧。隗嚣对马援毫无条件地信任，他又派马援去东汉政府，找到刘秀探情况。

我们相信公孙述接待马援并无恶意，甚至是全心全意希望马援留下来帮他，他只是选择错了接待方式。如果他仍然以少年相交时那种无拘无束的方式来迎接马援，来诚恳地交流对天下大势的看法，来诚恳地邀请马援加入自己的队伍，我想马援很可能会留下，并且得到隗嚣的归附，势力得到成倍增长的公孙述再与刘秀逐鹿中原，天下大势，未可知也。

马援到东汉首都洛阳,见到刘秀。刘秀对马援也很重视,但他选择表达重视的方式,与公孙述正好相反,他让侍臣把马援接到内殿(宣德殿),单独与马援交流,马援就这样说:我和公孙述是老乡,是发小,但他见我时,要戒备森严,您并不了解我,却这样随便接待我,怎知道我不会是刺客?随后,马援感慨:天下群雄四起,欺世盗名之辈不可胜数,见到您,我才知道,什么是真正的帝王啊!

问题仅仅在于:刘秀再卓越,那已经是在马援受隗嚣器重之后了,天下人都可以跟随刘秀,他马援不可以。

隗嚣与马援一张桌子吃饭,一张床睡觉,言听计从,这样的感情和信任,已经超越了领导被领导关系,已是手足兄弟的情谊。

大丈夫固然要懂天时,识大势,但大丈夫处世,更应该重情谊,知恩德。

豫让(他说出了作为士的最根本原则:路人待之,路人报之;国士待之,国士报之。)在赏识他的智伯死后,舍生忘死,刺杀同样赏识他(时间可惜在智伯之后)的赵襄子;关羽在得知刘备消息后,立即辞别同样赏识他(可惜在刘备之后)的曹操,追随而去。

豫让与关羽,都知道他们要刺杀的赵襄子和要抛弃的曹操,都称得上开创基业的一代大政治家,他们所要报答(智伯)和追随(刘备)的,论能力,都有所不及,但他们仍然做出了不识时务的选择,义无反顾,死不旋踵。

马援如果对得起隗嚣,与隗嚣同生死、共存亡,也许同样赏识他的刘秀会觉得遗憾,但刘秀不会愤怒,他会为马援的重情感动、感慨。

但马援选择了对不起隗嚣,他向更具有雄才大略的刘秀投诚,背叛了给予他无限信任的隗嚣。

不知道当隗嚣知道马援背叛自己的信任时,心中该是何等的绝望伤心,那种彻入骨髓的哀痛,没有经历过的人,也许无法想象。

而马援的背叛,虽然让他找到了明主贤君;虽然让他名传青史,成为东汉初年一代名将,他北镇陇西,和抚羌人,南征交趾,平定叛乱,建立了不世功勋,为后人千古传诵;虽然让他有机会创造了两个成语:"画虎不成反类犬","马革裹尸",作为武将,在文人文章中也煜煜生辉。

中国历史上最卓越的开国皇帝刘秀，对待功臣，从来不怀疑不凌辱，从来都是给予最大信任。而独独对马援，刻薄寡恩，生前不予充分信任，死后还剥夺了给他的封号和封地。

史书上说刘秀是误听了梁松的诽谤之词，但从前梁松曾经被马援的书信牵连，向刘秀叩头求饶至流血，刘秀心中知道梁松对马援的愤恨，却要派梁松去做马援的监军？为什么？柏杨先生说："刘秀先生性情和平，不容易动怒，而独独在马援事件上，失去常态，不可理喻！"为什么？

唯一的解释，就是马援对隗嚣的背叛，不仅仅伤透了隗嚣的心，葬送了隗嚣的领地，同样也在刘秀心中深深刻下了一道背叛的阴影，这道阴影是那样强烈，以致几十年不能磨灭。

对信任的背叛，是人生中最不可原谅的污点。马援将军纵使建立了彪炳千秋的军功，他的这一污点，也永远不能原谅、洗脱。

耿　恭

耿恭是云台名将耿弇的侄子，也算出身于将门，不过他父亲耿广早早死了，耿恭成为孤儿，好在他的两个大爷耿弇、耿国都是政府中赫赫高官，他的堂兄耿忠（耿弇子）、耿秉、耿夔（均为耿国子），也都是威震一时的将军，耿恭这样的孤儿，谅来受不到什么委屈。史书上说他自少年起，便"慷慨多大略，有将帅才"。估计也是受家风熏陶，将门虎子嘛。

耿弇在云台二十八将中，排名并不在最前，开国之功，并不最大，但在《后汉书》中，刘秀的云台二十八将，另外二十七将都是二至多人合传，独独耿弇单独列为一卷，这并不是耿弇在二十八将中最重要，而是耿家在二十八将中最兴盛，在整个东汉近二百年（196年）历史上，耿家几乎代代有人才，代代有政府高级公务员，史书上说："耿氏自中兴（光武中兴）以后迄建安（汉献帝年号）之末，大将军二人，将军九人，卿十三人，尚公主三人，列侯十九人，中郎将、护羌将尉及刺史、二千石数十百人，遂与汉兴衰云。"

其实就算到了东汉末年，耿家也可以继续昌盛下去，因为当时耿氏后人耿纪，也是个少年天才，得到曹操的赏识喜爱，并大力提拔。是耿纪自己觉得耿家世代与东汉刘氏政府亲如一家，容不下曹操专政擅权，伙同吉平、韦晃，密谋起兵杀曹操，结果不是曹操对手，被曹操把耿氏一门夷灭，这个贯穿东汉历史的名门望族，才算寿终正寝。

耿弇独占一卷，便有一半被耿氏后人中的出色人物占去，其中耿恭在这一半中，又占了近一半的篇幅，毫无疑问，耿恭在耿氏后代名臣中，是最出色的一个。

耿恭作为名将的出山第一战，是在汉明帝后期（公元74年），跟随汉将骑都尉刘张出击车师。取胜之后，东汉政府为加强在西域地区的军事力量，设置了西域都护、戊己校尉等军职，率军在西域车师国内就地驻扎。耿恭被任命为戊己校尉，驻扎在车师后王部的金蒲城（在现在的新疆吉木萨尔县北），戊己校尉有两个（分别是戊校尉、己校尉），另一个叫关宠，率军驻扎在前王部柳中城（新疆吐鲁番），这两个驻屯军队，各有几百名战士。耿恭在驻兵屯垦的领导职位上，认真落实好中央政府交给他的工作任务，向西域边疆的各少数民族国家宣传大汉政府的国策，极大地推动了边疆各国家及地区少数民族政权对大汉政府的敬仰、尊重、听话，个别国家如乌孙等，国家首脑还派自己的儿子到东汉中央政府任职，以此来表达对东汉中央政府的臣服。

几个月后（公元75年），匈奴北单于派左鹿蠡王带了两万骑兵攻击车师国，汉军既然在车师屯军，那就是车师的保护国，车师被外敌攻击，驻屯军义不容辞，要去解围。耿恭于是派手下一个军官带三百士兵，去增援车师，路上与匈奴骑兵军团顶头撞上，打了场遭遇战，三百对两万，这场战斗毫无悬念，增援的三百东汉军队全军覆没，丝毫没能减缓匈奴人的进军速度，匈奴人按部就班地攻破车师城池，杀掉车师后王安得，然后掉回头来，收拾这个不自量力的东汉驻屯军。

耿恭手下原本就只有几百人，三百个人又肉包子打狗，回不来了，被困在金蒲城里的将士，算下天来最多也就再有几百人。好在作为驻屯军据点，金蒲城还有防守屏障，耿恭领着几百个人，抵抗两万匈奴骑兵的攻击。

　　看来以骑兵为主的匈奴人只善于野战,攻坚非其所长,耿恭又利用匈奴人耿直、没文化的特点,在箭头上涂上毒药,对攻城的匈奴人喊话:我们汉人的箭有神灵护佑,射到你们身上,与一般箭伤不一样。喊完就射,射多了总能射中几个,被射中的匈奴人,伤口出现烫灼红肿现象,耿直的匈奴人此前根本没听说过还有毒箭这回事,匈奴人一向迷信有神灵存在,被耿恭的毒箭搞得又惊又怕。恰在此时,突然天降暴风雨,箭随风雨而来,匈奴人避无可避,死伤不少,匈奴人吓破了胆,以为是汉人军队把老天爷招来惩罚他们,慌忙解围撤去。

　　匈奴人以为汉军通神,耿恭自己知道他与老天爷没交情,他考虑到匈奴人一旦缓过劲来、回过神来,有可能还要继续来攻,而金蒲城城小墙薄,被匈奴人攻击一番,也已有损坏;另外金蒲城远离水源,不利长期坚守。于是,耿恭率余部转移到附近的疏勒城,疏勒城紧挨一条山涧,可以随时取涧水补充。

　　果然如耿恭所料,匈奴人败退之后,越想越觉得不对头:我又不比汉人更坏,老天爷凭什么帮他不帮我?其中必然有诈。在耿恭入驻疏勒城两个月后,匈奴人卷土重来,围住疏勒城,将涧水从上游截断。耿恭无水可取,就在城内找水源,打井深达十五丈,却仍然见不到水。本来就渴坏了的士兵,再经过剧烈打井劳动,实在熬不下去,就把刚便出来的马粪收起来,压榨出粪汁来喝。耿恭仰天长叹,说:我听说汉武帝时,贰师将军李广利征伐大宛时,曾经拔出佩刀刺山,泉水跟着他的佩刀涌出;现在我们的国家光耀全球,怎么会连水都打不出呢!说完这番话,耿恭整理好衣服,一本正经地向井而拜,为军士向上天祷告。等他说完祷告词,果然有泉水从井底奔涌而出。战士们一齐欢呼:"万岁"。

　　耿恭在此处,是用了孙子兵法中的"能愚士卒之耳目"这一招,用迷信来鼓舞士气。

　　泉水奔涌,士气大振,耿恭亲自提桶打水,打出水来却不让战士们喝,先和稀泥,然后抬了稀泥上城墙,大摇大摆地用稀泥涂城墙。城外的匈奴人看到在他们长久断绝水源后,城中汉军居然仍能用水和出稀泥,迷信本色又一次暴露,再次认定汉人军队得到了老天爷的帮助,主动撤围走了。

其时，整个西域地区陷入对东汉政府的清算中，焉耆、龟兹武力清剿东汉势力，把耿恭的上司、西域都护陈睦干掉，驻军柳中城的另一个戊己校尉关宠也遭到围攻，汉明帝刘庄无巧不巧地也赶在这个节骨眼上死了。在中国传统中，帝王去世是了不得的大事，什么边疆战争，与此相比都算不上事，没人去关心正在西域浴血搏杀的汉军将士。

被西域驻军庇护的车师国，眼看着驻屯的东汉政府军成了孤儿，祖国不管不问，他们作为附属国，且顾眼前，在匈奴强大的军事压力下，车师国表示臣服，在匈奴的要求下，出兵与匈奴人一起进攻疏勒城的耿恭。

但车师国毕竟与东汉政府交好多年，他们的第一夫人（王夫人）也是汉人后裔，她常常派人去向耿恭通报军事情报，时常接济军粮物资。如此这般，几个月后，仅靠车师国第一夫人的接济过活的汉政府驻屯军，终于弹尽粮绝，他们把牛皮制成的铠甲脱下来，用大锅煮熟了啃。只因为耿恭自始至终，与士卒们同甘共苦，推心置腹，从未摆过领导派头，搞出领导待遇，所以士卒们都愿意跟他拼尽最后一丝力气，绝无二心。

几百名驻军，就这样在艰苦卓绝的战斗中，只剩下几十人。

匈奴单于知道耿恭的为难处境，派出使者到疏勒城下喊话，召唤耿恭投降，开出的条件是：封你当白屋王，你看中的女人尽管睡（耿恭如果投降了，按李陵的前例，他在洛阳的妻子家眷是要被处死的）。

耿恭假装答应，诱骗在城下喊话的匈奴使者上城，趁其不备，亲手将其杀掉，就在城墙上，将这使者的身体割碎烤着吃。这位使者的家属在城下远远看着，"号哭而去"。单于大怒，增派兵力猛攻疏勒城，居然仍然攻不下这个仅有几十名疲惫不堪的士兵把守的小城。

两处车师国汉军屯营被围攻时，柳中城的关宠校尉就派人回洛阳，向中央政府求救。汉明帝刘庄的葬礼过后，汉章帝刘炟继位，这个时年十八岁的少年皇帝搞不明白这些军国大事，拿到政府会议上讨论，分管水利建设民政等事务的三个宰相级国家最高官员（三司）之一司空第五伦（姓第五，名伦）发表意见：不能去救。另一个管干部的宰相级国家最高官员司徒鲍昱则发表不同意见：现在西域驻军处于危难之中，我们如果抛弃了他们，对外是纵容了侵略者，对内则伤害了所有忠于国事的臣民的心，要是以后边防永远无事也就罢了，如果匈奴再来侵犯，陛下您还好意思安排谁去带兵抵抗？

汉章帝虽然年轻，好在还不是个糊涂蛋，他拍板决策，派将军秦彭带领前来求救的王蒙、皇甫援，征发西部边防军共七千余人，于公元76年正月，增援车师于柳中、交河两地，与匈奴及车师联军作战。这些匈奴、车师部队，与关宠、耿恭他们作战已长达一年，也是疲惫不堪，心里又认定东汉政府对车师战况不闻不问了，也没做围点打援的准备，被东汉西征军一顿打，稀里哗啦败下阵来，三千八百多将士阵亡，三千多人被俘，东汉增援部队还额外获得驼驴牛羊等三万七千多头。匈奴人狼狈败回自己国内，车师人则墙头草一般再次向东汉政府归降。

此时柳中城的驻屯军校尉关宠已经战死，而东汉增援部队的负责人之一王蒙，是关宠派出求援的，此时已取得了作战的胜利，他便建议部队回国。

如果部队就此回国，耿恭基本就死定在疏勒城了，因为疏勒城中的守军此时已虚弱到就算不用作战，仅仅靠自己的力量走回国内，也做不到；更何况疏勒城外的匈奴部队并没撤围。

幸好耿恭此前也派了个叫范羌的军官，到敦煌去接应部队战士的过冬棉衣，顺道跟随王蒙等增援部队出塞，此时听说部队准备放弃疏勒城回国，表示坚决反对，坚持要去救援耿恭。

当时正值严寒，疏勒城在更西方很远的地方，且仍有匈奴部队在围困，增援部队的军官们没人敢主动要求前往，最后分了两千名战士，让范羌领着，去救援耿恭。

部队艰难行军，抵达疏勒城时，正值大雪，时在半夜，城中守军听到城外兵马声，以为匈奴人要趁夜攻城，大惊。范羌在城下呼喊：我是范羌，中央政府军队迎接大家来了。

城中守军听到的这一句呼喊，估计是他们一生中听到的最美的声音，齐声高呼"万岁"，打开城门，抱在一起哭泣。天一亮，疏勒城守军就与援军一起撤退，匈奴部队追赶，"且战且行"。

范羌领援军到疏勒城时，城中的全部守军，还有二十六个，由于饥饿劳累太久，这二十六个人的身体已严重透支，两个月后，部队撤到东汉边关城市玉门时，二十六个疏勤守军就死亡了一半，仅剩十三人生入玉门关。这十三个人的衣服已经破烂成条，瘦得只剩皮包骨头。

归国后，耿恭被提拔为骑都尉，生还的另十二人，也分别有所封赏。

一年后，耿恭被安排作为车骑将军马防的副将，一同率军征讨西羌。经过一年多的奋勇征杀，到公元 78 年，烧当羌（西羌的一支）投降，马防返还京城，留下耿恭继续剿除那些不投降四处打游击的羌人，最终全部平复。

但也就在大功告成之时，耿恭被中央政府以发牢骚为由逮捕下狱。

这个让人莫名惊诧的结果，是有前因的，前因就在耿恭跟随马防出征之时，没跟马防汇报，越级直接向皇帝打报告，认为掌管诸侯及民族使者入朝礼仪的大鸿胪窦固，应该担当边防部队指挥官的职责，马防当个侧翼接应部队的长官就可以了。

史书上没有写明白耿恭是出于什么原因写这个报告，他作为马防的副手，直接向皇上提议，换个人来夺走马防的权力，这是中国官场上的莫大忌讳。没看到马防此次出征有什么不对头的地方，耿恭这么做，一定有他的原因。

不管是什么原因，马防官比他大，此事被马防知道后，马防立即展开反击，官大的与官小的掐起架来，官更大的如果没有特殊原因，一般要偏向官大的一些，于是，耿恭有功不赏，反而被捕入狱。

好在耿家也是一般人动摇不了的大家族，耿恭下狱后的结果，是免去官职，回老家养老，他也就在老家老死了。

班　超

班超对后世影响极大，他的投笔从戎，万里封侯，不入虎穴不得虎子等事迹，激励了后世数不清的热血青年，也为后人留下无尽的思考。

班超出生在一个学术世家，扶风平陵县（现在的陕西咸阳西北）人，他的父亲班彪，在《后汉书》有传，哥哥班固的传略，也附在班彪之后，青史流传。班彪曾续补过司马迁的《史记》，班固和妹妹班昭，则接力完成了二十五史之一的《汉书》。说实话，要论对中国历史的贡献，名列《史记》之后的二十五史第二史《汉书》，比班超创造的那些边疆战功，要重要得多，班固、班昭的成绩，也因之流传不朽，班超如果不是口才好，创造出那么多成语，单论他的军事战功，早就泯灭于灿若繁星般的古代名将中了，不会有太大的影响力。

班超口才好，这是在史书上有明确记载的，史书上也记载了他少有大志，学有专长。但在学问更大的哥哥的掩映下，班超并没有多少显山露水的机会，直到他三十多岁时，才因为哥哥在京城任职，他与母亲随之迁居首都洛阳。

班固是个管理图书档案兼写材料的官员，职务叫做兰台令史。管图书写材料，没油水好捞，靠那点单薄的薪水，养家、养弟弟、养母亲，相当困难，三十多岁了的班超不能老是吃闲饭，就跟着哥哥到机关里抄写文书。天天趴在案头上抄抄写写，对一个胸怀大志的人来说，是无尽的折磨与痛苦，时间久了，郁积深了，要么得抑郁症，要么爆发，班超是个强人，得不上抑郁症，只有爆发一途。

于是，某次在埋头抄写了一会儿之后，班超突然把笔一扔，大声咆哮："大丈夫无它志略，犹当效傅介子、张骞立功异域，以取封侯，安能久事笔研间乎。"

与班超同时担任临时抄写员的人还有一些，大家一间屋子办公，班超突然发飙，大家惊诧莫名，一会儿反应过来，可能都觉得他的精神是不是出了问题，没人附会他，反而嗤嗤发笑。班超的自尊心受到强烈挫折，他愤怒地加上一句话："小子安知壮士志哉。"

说说大话，取笑取笑同僚，都很简单，开口闭口的事，但壮士之志真的能成真吗？班超心里也没底，他随后去街上找相面先生，那个相面先生看了他一番，说：你现在虽然只是个临时工，但以后一定会"封侯万里外"。班超听了，又激动又疑惑，追问为什么。那个相面先生说："生燕颔虎颈，飞而食肉，此万里封侯相也。"

可惜史书上没有记下这位相面先生的名字，他实在是个神仙。中国及世界历史上已先后有多少多少亿人生存过，大家虽然长得千奇百怪，但大致面貌也就那么些种,与班超面相相似相仿相同的人,一定不在少数,怎么就班超一个人万里封侯了?他凭什么确定只有班超可以"万里封侯"?

不管怎么说,凡是去求神问卦的人,都是本着相信神灵可以指引明路的目标去的,相面先生的这一番话,很大程度上为班超扫除了迷惘,坚定了他的"壮士志"。

后来班超在皇帝的直接关心下,由临时工进步为官员,成为与他哥哥一样的兰台史令。再之后,不知出了点什么事,职务被免除。但可能公职身份还保留了,这才在他四十二岁之时,有机会跟随奉车都尉窦固北征匈奴。

虽然在部队只是担任了基层军官,但对班超来说,这是他实现万里封侯宏愿的最好机会,也可能是这个四十二岁了的文职干部出身的"壮士"最后的机会。班超牢牢把握了这个难得的机遇,他勇猛作战,砍下了不少匈奴人的脑袋,受到窦固器重,再加上他文化高、口才好,窦固量才使用,派他领了文职副官(从事)郭恂及另外三十六个随从,出使西域,任务是打通大汉政府与西域的紧密联系。

几乎所有中国人都知道"丝绸之路"这个词,学过初中历史的人,也都知道张骞通西域的故事。但这个丝绸之路,其实并不是那么道路清晰,也一直不是那么畅通。

丝绸之路,在汉时,主要有南道和北道两条:南道是出阳关西行,经盐泽(现在叫罗布泊)、楼兰(现在叫若羌),沿昆仑山北麓西行,经于阗(现在叫和田)、莎车等地,翻越葱岭(现在叫帕米尔高原)、安息(现在叫伊朗,实际领地是现在伊朗的一部分)等国。北道则是西出玉门关后,沿天山南麓西行,经车师前王庭(现在叫吐鲁番)、焉耆、龟兹(现在叫库车)、温宿(现在叫乌什)、尉头(现在叫阿合奇)、疏勒(即耿恭将军守卫处,现在叫喀什),再翻越葱岭,到达大宛(现在叫费尔干纳)、康居(在现在的巴尔喀什湖和咸海之间)等国。

张骞通西域之时,西域各国主要还在匈奴势力范围内,并没与大汉政府建立起紧密联系,更不受大汉政府管辖,直至汉宣帝时(公元前160年),汉朝始设西域都护府,比较宽松地对西域各国实施管理,丝绸之路才名符其实地繁荣起来。

到王莽建立新朝,这种中原政府与西域各国和平共处的形势并无改变。但到新朝末期,天下大乱,中国政府根本无暇西顾,匈奴乘机进兵,再次控制了广大的西域地区。

到班超随窦固出征时,东汉政权已建立起四五十年,长达四五十年相对和平的繁荣发展,为东汉政府积累了相当丰厚的国力,让东汉政府有底气也有意向在西域地区重建势力范围。

此前我们介绍过的名将耿恭,与本节所写班超,便是在这样的大背景下,进入历史前台的。

班超带三十六人出使的第一个国家,就是位于塔里木盆地最东端的鄯善国,这个地方是汉政府丝绸之路南北两道都要用到的出发点,也是汉政府西域战略的基础支点,班超这次出使的主要目的,是恢复丝绸之路南道的畅通,南道离匈奴远些,恢复起来相对成功把握大一点。

班超出使鄯善之时,正是窦固大军新败匈奴之后,本来受匈奴势力控制的鄯善国王正六神无主,班超的到来,让他摇摆的重心向东汉政府倾斜了,一连多日,高规格接待。就在班超为出使顺利暗自庆幸之时,鄯善国高涨的接待热情突然降落下来,班超与随从们计议,认为必然是匈奴人也派了使者前来,鄯善国久在匈奴控制下,心理上摆脱不了对匈奴人的畏惧和依赖,才出现这种情况。这一段计议的最后,善于创造成语的班超说出这么一句哲理性很强的话:"明者睹未萌,况已著邪!"翻译成白话就是:聪明的人能看到将要发生的事,何况现在事情已经很明确了。

随即,班超使用兵法中的诈术,从鄯善国接待员的口中套出,匈奴使者真的来了,就住在离汉朝使者三十里远的地方。套出情报后,班超将鄯善接待员关了起来,这是怕他走漏风声。然后,他立即召集除郭恂之外的三十六名随从,摆开桌子,大吃大喝,酒酣耳热之际,班超发表了他简短的动员报告:你们跟我一起来到这远离祖国的地方(唐人注《后汉书》:"鄯善本西域楼兰国也,昭帝元凤四年改为鄯善。去阳关一千六百里,去长安六千一百里也"),无非是为了建立功勋,求取富贵,现在匈奴人也来到这里,鄯善领导人明显对我们冷淡了下来,这说明他心里是倾向匈奴的，一旦他把我们当礼品送给匈奴，我们将死无葬身之地，大家说，我们应该怎么办？

三十六名随从无不热血沸腾：现在是生死边缘，班领导您说怎么办就怎么办！

班超立即宣布他的决定："不入虎穴，不得虎子"，现在唯一的自救办法，就是乘夜火攻匈奴人，这些没文化不懂兵法的家伙突然遇袭，搞不明白我们的力量有多大，必然张惶失措，我们就可以乘乱把他们歼灭干净。杀了他们，当惯了随风草的鄯善国领导人必然吓破苦胆，什么事都会听我们的，如此，大功告成！

无论从什么角度看，班超的这个计划既不合情，也不合理，更不合法，还有极大危险，被烈酒和班超的动员刺激得激情澎湃的随从，也不免心里打鼓，提建议说应该跟副领导郭恂商量一下。班超大怒，厉声喝斥："吉凶决于今日，从事文俗吏，闻此必恐而谋泄，死无所名，非壮士也"。

一次动员，两句煽动力极大的名言："不入虎穴，不得虎子。""死无所名，非壮士也。"

当此形势，已别无选择。当天夜里，班超领了三十六名壮士，奔行三十里，直至匈奴使者驻扎营地，时正大风飞扬，班超安排十个人带了战鼓埋伏到匈奴营地后头，下令说：见到火起之后，马上击鼓大呼。其余人都手持兵器弓箭埋伏到匈奴营地大门两侧，班超自己亲自顺风放火，火势一起，前后战鼓擂响。祸从天降，张惶失措的匈奴人跑出营地，立即受到乱箭刀枪招呼，班超便亲手砍杀三人，班超的随从则杀掉包括匈奴使者在内的三十多个匈奴人，剩下一百多匈奴人，全部被活活烧死！

将匈奴使者团灭个干干净净后，班超等人奏凯归营，去告诉正蒙头大睡的文职从事郭恂。郭恂先是吃惊，继而表露出羡慕嫉妒的神情，班超明白他的心情，举手说：你虽然没参加这次活动，我也决不会独占功劳！郭恂这才高兴起来。

鄯善国王受到惊吓，他马上表示归附东汉政府，不再跟匈奴人来往，并把自己的儿子送到东汉政府，作为人质。

班超胜利班师，回去见到窦固将军，把胜利成果跟窦固说了，史书上说"（窦）固大喜"，马上写报告向中央政府汇报成绩，但同时，窦固也在汇报中要求更换使者，再次出使西域。

在班超做出了重大成绩之后，窦固为什么既"大喜"，又要求换掉班超？那只说明：窦固为取得通西域行动的成功而高兴，却并不认可班超取得成功的手段。

汉明帝则对班超提出赞扬（自汉明帝开始，中国历史上就对班超的这一行动只有赞扬声了），认为没必要更换使者，就让班超继续出使西域就行。于是，班超带着那三十六个随从，再次踏上打通西域的道路。

自此之后，四十多岁的班超，在西域整整三十一年。三十一年，他联络于阗、安定疏勒、攻破姑墨、孤立龟兹、智破莎车、逼退月氏、降服尉犁、稳定焉耆，西域大小五十余国，全部脱离了匈奴，归附东汉政府。

三十一年间，班超双足未履中原，他在西域所生的儿子班勇，也从未见到中原风情。

三十一年间，除了金戈铁马、战阵厮杀，就是折冲樽俎、外交周旋，班超高明的战场指挥艺术与外交斡旋能力，为他的祖国赢得最大利益。

三十一年间，班超远离中原的丽日晴天，花红柳绿，他的眼中所及，是黄沙纷纷、雪野漫漫，是高山如剑、草原如毡。

他在西域三十一年，为西域各国的繁荣和安定，做出卓越贡献，为他祖国在西域地区的利益，做出卓越贡献。

他的个人价值，就在这漫长的岁月消耗中，逐渐辉煌。公元95年（汉和帝永元七年），班超被封为定远侯，实现了他年轻时的"壮士志"。

公元100年，班超上书汉和帝，要求回归中原，这个时候的班超已年近七旬。汉和帝收到班超这封报告，长达三年时间，不做批复。三年后，班超的妹妹、中国历史上最卓越的女性历史学家班昭，又写了一封同样词意酸辛的报告，上交给汉和帝，其中有这样一段："（班）超以一身转侧绝域，晓譬诸国，因其兵众，每有攻战，辄为先登，身被金夷，不避死亡……且得延命沙漠，至今积三十年。骨肉生离，不复相识，所与相随时人士众，皆已物故。超年最长，今且七十。衰老被病，头发无黑，两手不仁，耳目不聪明，扶杖乃能行。虽欲竭尽其力，以报塞天恩，迫于岁暮，犬马齿索……故超万里归诚，自陈苦急，延颈逾望，三年于今，未蒙省录。"

读过这封报告，皇帝这才有所感动，下诏让班超归国。史书记载："（班）超在西域三十一岁，十四年（公元102年）八月至洛阳，拜为射声校尉。超素有胸胁疾，既至，病遂加……其年九月卒，年七十一。"

班超归国之时，接替他的任尚向他请教："您在西域多年，立功无数，一定有经验可以指点我。"班超回答："我年纪大了，头脑糊涂了，您屡任要职，工作经验岂是我能比的。一定要说，我只有一点不成熟的建议，凡是到西域塞外来当兵的，大都是因为在内地犯了罪，才发配过来的，这些人本来就不好管理，西域当地人，由于风土习惯不同，人的性情与内地又有很大差异，因此，对他们的要求不能太急太严，遇事要慢慢解决。常言道，水太清了，就养不住大鱼，工作要求太严了，就会失去下属的拥护。所以凡事宽大一些，政令简易一些，小毛病小过错不必过问，抓住事情的要点就行了。"

班超走后，任尚对左右亲信说："我还以为班超能告诉我些奇谋奇策，原来只是些平淡无奇的废话啊！"

任尚这么说，自然是没将班超的话放在心上。几年后，西域爆发叛乱，任尚被免职问罪。问题正是出在班超所告诫的急与严上。

班超的告诫，平平无奇，但班超的话中，包含人生重大哲理：水至清无鱼。只是，不知有多少个"任尚"，一直在做着清水中拿大鱼的游戏。

虞诩

虞诩的祖父叫虞经，是武平县里判案的法官，他有个行业偶像于公，也曾当过县里的法官。于公一生判案定罪，公平公道，赢得当地群众的高度信任和赞誉，在他还活着的时候，就为他立了生祠以示尊宠。于公家前的闾巷大门坏了，乡亲们商量着要重新修建起来，于公说：如果重修，请把闾门建的稍稍高大一些，能容朝廷高官乘坐的驷马高盖车通过，我一生判案，问心无愧，造福乡梓，没出现过一件冤狱，我的后世子孙中，一定会有人可以做到朝廷高官。后来他的儿子于定国果然成为西汉丞相，孙子于永也成为御使大夫。

虞经在工作中，事事处处向偶像于公看齐，"案法公允，务存宽恕"，——这八个字的评价中，其实暗含了宁可漏网、也不冤枉人的意思。每年入冬要将重刑犯案卷上报，请上级批准行刑时，虞经都要哭一鼻子。这或许有作秀的成分在，但虞经几十年如一日，一贯如此，那就不能以作秀来看待了，他一定有一颗仁人仁心，才可能如此为剥夺他人（罪犯）的生命而惋惜痛苦。他在老去时，说过这么一句话：我判案六十多年，虽然比起我的偶像于公，还有差距，但这差距也并不大，他的儿子可以做到丞相（类似于当代的总理），我的子孙也应该可以做到九卿（类似于当代的部长），所以他给虞诩起了个字叫升卿。

虞诩出生之时，大约虞经的年龄就很老了，虞经的儿子、虞诩的父亲，年龄也不会小，虞诩还没长大，这两个人就死了，虞诩的妈妈可能也死了，他成了个孤儿。但他这个孤儿能够被祖父寄予升至九卿的希望，也是有原因的，他是个早慧的天才，十二岁就精通《尚书》之学，在家侍奉祖母，无微不至，感动了县里的人，把他推举为孝孙。武平县属于东汉封国陈国的辖地，陈国的国相很器重他，想直接安排他干官员，虞诩推辞：我祖母九十岁了，离开我无法生活。

一直到将祖母侍奉到寿终正寝，虞诩才应征到太尉李脩的府中，当了个郎中。

汉安帝永初四年（公元110年），西域羌胡反叛，东汉在西域的地方政权并州、凉州等地极度动荡，中央政府开会决策时，部队最高领导人、大将军邓骘认为要想保全凉州，必然要耗费大量军力物力，得不偿失，不如放弃西部的凉州，集中力量保卫北部边疆。邓骘打了这么一个比方：比如两件衣裳同时破了，我们放弃其中一件，剪了用来贴补另一件，这样我们还可以保证有一件衣服完好，否则，两件破衣服都没法穿！在座的东汉政府高官们纷纷赞同。虞诩所服务的太尉李脩也表示赞同。

虞诩是个身怀韬略、胸藏大志的人，他听说这件事后，马上找到李脩，陈述不同意见：我听说要放弃凉州，我认为不合适，先帝开疆拓土，付出万千艰辛与牺牲，才占有的领土，现在却因为怕一点军费开支就放弃。凉州一旦放弃，长安西侧的三辅就成为我东汉政权的边塞，而前任皇帝们的陵园就要成为塞外了，这怎么可以呢！民间传言：关西出将，关东出相，凉州这地方的战士，其壮勇剽悍，实在比其他各州郡都要强。现在羌胡为什么不敢直接进军长安城下，就是因为凉州在他们后面；而凉州人为什么可以推锋执锐，无反顾之心，是因为凉州属于国家领土，他们这是保家卫国。如果中央政府决定放弃他们的土地，却将世代生活在这里的人民迁入内地，他们必然因为思念故土不习惯新生活而心生异志，如果真有那么一天，他们聚集起来，席卷中原，就算东汉政府拥有再强大的军队，也难以敌御。设计这条计策的领导打比方，认为牺牲一件破衣裳补另一件，可以保证有一件是完好的。我倒认为不能用补衣来比喻，更贴切点说是身上生了烂疮，将永难愈合，并且最后烂到什么程度，是不是足以致命，很难说。

李脩是个从善如流的人，虞诩一番话，让他幡然醒悟，说："我真没想这么多，没有你的劝告，几乎要贻误国家大事。你说该怎么办。"

虞诩提出计策：现在虽然还没舍弃凉州，但风声已经走漏出去了，凉州必然人心惶惶，恐怕会发生意外变故。现在应该让四府九卿立即针对凉州招录官员，凡是凉州地方官员的孩子，一旦都成为中央政府的官员，就好控制管理了。

李脩重新召集高层领导会议，提出虞诩的建议，得到大家一致认可，凉州果然得以安定。

任何一项政策的出台，都未必能得到所有人认可。虞诩的建议让凉州得以保全，东汉政府也没付出多少损失。但大将军邓骘却对此耿耿于怀，因为虞诩的正确，反衬出他最初提议的愚蠢。邓骘于是时刻关注着，准备以官方的名义来打击虞诩（这是正史中第一次明确指出以官方的名义害人："欲以吏法中伤诩"）。

功夫不负有心人，很快机会就来了。河南朝歌（现在的河南淇县）发生了武装叛乱，叛乱分子数千人，啸聚山林，攻杀地方官吏，经年累月，当地官府无力制止剿除。于是邓骘就推荐虞诩出任朝歌地方政府最高长官朝歌长。

朋友们去为虞诩送别，一致认为：到朝歌上任是最倒霉的事。虞诩笑着回答了一句话，我认为可以成为有志青年的座右铭："志不求易，事不避难，臣之职也。不遇盘根错节，何以别利器乎？"

这是"盘根错节"这个词，第一次出现的中国文字中。

创造了成语的虞诩，到朝歌任职，试图展现他的"利器"锋芒。他上任后第一件事，是去拜见上司：河内太守马棱。马棱是名将马援的族孙，很明白的人，他为虞诩到这是非之地当官惋惜，虞诩则只向他要求了一件事：请容许虞诩遇事自作主张，领导不要过分掣肘。

得到马棱的支持，虞诩才到朝歌正式走马上任。上任后立即发布命令，召纳壮士，他召纳的壮士绝不是知书达理、遵纪守法之辈，他只召三种人，最急切录用的，是曾经或现在正在明火执杖当强盗的，其次则是连偷带盗还伤过人的，第三种则是不事家业的流氓败家子。这三类人加在一起，共召录了一百来人。虞诩请他们吃饭，酒席上拍胸脯表示全部赦免他们以前的罪过，但却让他们将功补过：都去投奔叛乱分子阵营，引诱叛军出营劫掠，事先将情报通报给虞诩。虞诩则派人提前埋伏，一杀一个准，先后杀了几百个叛乱分子。他又秘密派遣穷苦百姓中能缝补衣服的人，为叛乱分子缝补衣服时，悄悄把彩线缝到衣服边缘处。那些叛乱分子也无非是被政府欺负得实在过不下去了，才甘冒危险举旗造反，都是穷人，衣服破了，缝补一下还要穿，穿在身上后，只要离群单出，就很容易被发现，很容易被抓捕。

虞诩这一套特务手段，基本属于他天才的自创，在他之前的兵书战策中，并没有太多讲授。叛乱分子中即便有几个读过兵书的，也搞不清这些秘密工作的底细。于是群贼惊骇，纷纷传言虞诩是神明下凡，四散溃逃，朝歌很快安宁下来。

虞诩因为受到邓骘的嫉恨，而被派往风险极高的朝歌，他却在盘根错节中利剑出鞘，辉映一时。此后邓骘没再难为他。这固然因为虞诩确实才能过人，要害他实在不容易，还有个更重要的原因：邓骘之所以能干上大将军，完全是因为他妹妹邓绥的功劳。邓绥是当朝皇太后，她给家人带来了荣华富贵，但却严格控制家人的行为。邓绥，这是在中国历史上用得上"伟大"这个词来形容的皇太后，她的家人在她的严格要求下，在历史上，并没留下太多污点。邓骘要加害虞诩，只能以给他官的方式，虞诩把这个官干得光彩夺目，邓骘就及时撒手。

邓骘不再为难虞诩，邓太后却开始发现并欣赏这位地方官员。公元115年，因为羌人连年进犯西部边疆地区，渐成中央政府心腹之患，邓太后指令任命虞诩为武都（现在的甘肃成县）太守，并在皇宫中嘉德殿上亲自接见虞诩，认为他有将帅之才，厚加赏赐。

虞诩率少量兵马，西进就职。羌人听说后，马上派出数千兵马，到虞诩西行必经的关口陈仓、崤谷一带堵截虞诩。虞诩并不与羌兵正面交锋，他在接近关口之时，停驻不发，派人四处散布流言，说他已向中央政府打报告，要求增兵，要等到增援部队赶到，再图谋西进。羌人听说后，信以为真，大批军队屯驻关口，死等虞诩的援兵，太浪费了，于是羌人把部队分散开，就近劫掠各州县。虞诩一听到羌兵四散劫掠，立即率军起行，急行军不分昼夜，日行百余里，同时命令士兵每日埋锅做饭时，加倍修筑灶台，每日增加。羌兵在后面追赶，看到虞诩每日增多的灶台后，不敢过分逼近，尾随着把虞诩送入武都。

有人问虞诩：当年的孙膑，以马陵道上减灶胜庞涓，现在您却增加灶台。兵书上又说行军每日不过三十里，以防意外，您现在却日行近二百里，这是什么原因？

虞诩回答：羌兵人多，我方兵少，如果走慢了，就容易被羌人追上看清虚实；我们走快了，他们追不上，就无法测定我们的实力，羌人看到我们做饭的灶台每日增多，必然以为是武都郡的边防部队来迎接我们了。我们人又多，行军速度又快，他们怎敢过分逼近。以前孙膑兵强则示弱，现在我们兵弱则示强，这都是形势不同的缘故。

到达武都之后，虞诩清点军队，连同他带来的少量兵力，统共不到三千人，而面临的敌人则有万余人。

这一万多羌人，把虞诩这三千多军队围在赤亭小城，连番攻打。虞诩让部队把强弩都隐藏下，不要使用，只用那些弓弦不紧、力量不强的弓，稀稀落落地去射攻城的羌人，羌人由此认为汉人的弓力弱，射不远也射不死人，于是集中力量攻城。虞诩指令战士们换成强弩，每二十张强弩集中射一个进攻的羌兵，务求一射必死。结果不出所料，羌人眼看着身边的战友一个个变成刺猬倒下去，又震惊又害怕，纷纷后退。虞诩当机立断，开门出战，以少击多，大获全胜。第二天，羌人不敢再去攻城，虞诩就让城中所有战士，排成队从东门出，北门入，入城后换一套衣服，再从东门出、北门入。如此反复数次，远远观察的羌人数不清汉军究竟有多少，更加恐惧。虞诩搞了这么一套把戏后，估摸着羌人不会再有胆子继续攻击了，就趁夜派出五百士兵，去羌人撤退必经的路边河岸设伏。第二天天一亮，羌人果然全军后退，五百伏兵齐起，连同后面的追兵，前堵后截，一通砍杀，羌兵死伤狼籍，剩下的一起流窜到四川去了。虞诩打扫完战场后，根据地势，分别设立了一百八十处哨所，每所屯驻少量兵力，以防备贼寇来袭，卫护武都平安。

充分展现了军事家能力，清除了不安定因素后，虞诩的行政能力又得以充分发挥。他开凿道路，修缮交通，发展经济，招还流散，当地生活环境迅速改观。虞诩刚到武都时，全郡居民不过一万多户，两三年间，就增加到四万多户。《续汉书》中有这样一组数字：虞诩刚到武都时，当地谷米要一千钱一石，盐八千钱一石；虞诩任职三年后，谷米变成八十钱一石，盐四百钱一石，"人足家给，一郡无事"。

虞诩一生事迹颇多，但属于军事方面的事迹，主要就在朝歌捉贼和武都御寇两段。他后来在京任尚书仆射（尚书台副官），有一个宁阳县主薄，到京城告发县令种种不法行为，已经六七年了，没人理睬他。这个主薄一怒之下，写了一封很不礼貌的告状信：我们这些老百姓都是皇帝陛下的儿子，皇帝陛下则是全国百姓的父亲。我已经写了上百封告状信了，居然一封也没有回音，这是不是要逼我出国去找外国敌对势力告状才行啊！

一百封规规矩矩的告状信没人理睬，这一封对皇帝有所不满的告状信，马上踩到了狗尾巴。皇帝怒气冲冲地把信拿给尚书令（尚书台正职）看，尚书令不需要看信的内容，只看皇帝的脸色就行，马上拿出报告，要治宁阳县主薄大逆不道之罪。在古代，大逆属于不在赦免之列的十恶之罪，如果皇帝批准了，这个宁阳县主薄必死无疑。虞诩挺身而出，据理力争：宁阳县主薄所反映的问题，正是皇帝所不允许发生的问题；而他写了上百封告状信，都不能得到回复落实，是有关部门不作为的结果。这个宁阳县主薄后来乱说话，说明他是个蠢蛋，没必要杀他。

应该说，皇帝还是个明白事理的人，按下心头怒火，采纳了虞诩的意见，只是把这个宁阳县主薄按倒打了顿屁股就赶走了。

虞诩临终之时（公元 136 年），对他儿子虞恭说了这么一段话："吾事君直道，行己无愧，所悔者为朝歌长时，杀贼数百人，其中何能不有冤者。自此二十余年，家门不增一口，斯获罪于天也。"

虞诩的意思是：凡是冤屈百姓的官，必遭天谴。

张　奂

张奂父亲张惇，官至汉阳太守。张奂有充足的条件学文习武，太尉朱宠便当过他的老师，不过教的不是军事韬略，而是《尚书》，并且很有成就，在当时的学术界颇有影响。他后来被举贤良，对策第一，说明他文字、逻辑能力极强，对时政观察也很到位，由此被授予议郎之职。

但这样的学者专家型进步，并不是张奂的理想，他在少年时，便向朋友们说过这样的话："大丈夫处世，当为国家立功边境。"与班超非常相似。

公元 155 年，张奂由中央政府的文官议郎，被调任西域边疆武官，安定属国都尉（汉代管理内附匈奴人的军事长官，驻地在今宁夏同心县下马关乡北境之红城水古城。）。他刚刚到任就职，南匈奴领导人台耆、伯德，就领了七千多士兵来犯，东羌人也起兵响应。当时张奂手下全部将士仅二百来人，张奂一听到匈奴来侵，毫不犹豫，下令二百来人全部跟他出征。将士没有一个人相信他们有取胜的可能，集体堵到张奂身前，叩头流涕，请张奂收回他那疯狂的军令。张奂不听。军令如山，将士们明知寡不敌众，也只好跟他前进，直抵长城，驻扎下来，招兵买马，派出能言善辩之人，去说服东羌人，不要跟在匈奴人后面与强大的东汉政府为敌，自取死路。张奂同时从可怜的二百来人中再抽人手，进驻龟兹，截断南匈奴与羌人间的交通。羌人失去了与匈奴的联系，仔细惦量轻重，最终还是决定与张奂合作，共击匈奴台耆。经过连番战斗，台耆被歼。南匈奴另一个领导人伯德惶恐不已，率众投降，西域边疆由此安宁下来。

不只是边境的汉人厌战，羌人也不喜欢砍杀。张奂解决了匈奴问题，让边境的羌人汉人得到和平环境，不只是汉人边民高兴，羌人也感激不尽。东羌首领挑了二十匹好马，先零酋长则选了八副上好的首饰，分别派人送给张奂，张奂一一收下，随即请羌人首领们一起到汉军中作客，把汉军的主薄（办公室主任或秘书长）也叫到一起，以酒酹地，说：即使马匹与羊一样多，也不能让它进入我的马厩；即使金银像小米一样多，也不能让他进入我的衣兜（原句是："使马如羊，不以入厩；使金如粟，不以入怀。"）。当场将全部马匹、首饰送还给原羌人领袖。

在张奂之前，安定属国先后有八位都尉到任就职，没有一个不好财贪贿，羌人久已为其所苦，现在张奂如此正气清廉，羌人无不拜服，当地社会风气，为之一清。

有效地分化敌人，拉一批，打一批，看来是张奂作为军事家的看家本领。他后来作为使匈奴中郎将出镇边塞，为匈奴叛军攻击，跟随驻防的战士们吓坏了，扯开腿要逃跑，张奂则安坐帐中，镇静自若地给他的弟子们讲诵经书，战士们这才安定下来。张奂随即派人去与匈奴一起叛乱的乌桓军中，威逼利诱，把乌桓人争取过来，遂斩匈奴叛军首领，击溃叛军，北部各少数民族纷纷向东汉政府投降。此后鲜卑人聚众侵扰，张奂直接率领匈奴南单于，将入侵的鲜卑人击溃，斩首数百级。

东汉有个著名的跋扈将军梁冀，以蛮横暴戾著称于历史。他在权势高涨时，曾很欣赏张奂，当时张奂还很年轻，没显示出军事才能，梁冀对张奂的欣赏主要是学术方面，征召张奂到他的大将军府任职过一段时间。后来梁冀被皇帝伙同宦官干掉，张奂因为这段经历，被免职，软禁起来。

被拿下的张奂，身边的朋友都跑光了，只有同为名将的皇甫规同情他，一再打报告，为张奂鸣冤叫屈。张奂被软禁四年，皇甫规打报告七次，终于得到中央政府认可，重新起用张奂，到边境城市武威任太守。

在武威，张奂表现出他领先于时代的科学精神。武威那地方有个邪门的风俗，认为二月、五月出生的孩子，以及与父母同月出生的孩子大不吉利，生出来就要杀掉。张奂在武威大力推行移风易俗，并配合以行政、法律手段，严加赏罚，居然在短时间内将这个杀人的风俗改变过来，地方百姓感念恩德，为他立了生祠。

后来张奂升官当了大司农（相当于农业部长兼财政部长兼央行行长），境外的少数民族听说张奂走了，又起兵骚扰边疆地区。东汉政府不堪骚扰，再次任命张奂为护匈奴中郎将，驻守边疆。几年时间内，张奂先后平定匈奴、鲜卑、乌桓、东羌等叛乱力量，边境得以清定。

若论当时的官员条例，张奂应该得到加封，但由于张奂不走关系，不去巴结朝廷高官，不去给当权的宦官送礼，他也就没得到提拔重用，只是赏给他一部分奖金，张奂推辞不要，只提出一个要求：把家从边疆酒泉内迁到长安东边的华阴县。在当时，内地人可以外迁，去充实边疆，边疆居民往内地迁，则是不被允许的。因为张奂的确劳苦功高，又没接受其他赏赐，所以就作为特例，被中央政府批准了。

公元168年，张奂班师还朝。当时的东汉皇朝，已入尾声，乱象纷呈，宦官当道，国政日非。大将军窦武和太傅陈蕃谋划清除宦官，重振朝纲。议事不秘，泄漏出去。宦官曹节等人先下手为强，假传圣旨，诛杀窦武、陈蕃。但作为宦官，离开皇宫后，事实上指挥不动多少军队。恰好张奂率军进入京城，给了宦官们机会，曹节他们假造皇命，让张奂率军去收捕窦武、陈蕃，不明所以的张奂真的遵命去了，结果造成窦武自杀，陈蕃遇害。彻底掌握了政权的宦官们大喜之下，论功行赏，任命张奂为大司农，封侯。此时张奂醒悟过来，自己被宦官利用，害死了有可能挽救国势的大臣，悔恨交加，坚决推辞，不接受提拔任命。

后来张奂向皇帝打报告，为窦武、陈蕃鸣冤叫屈，要求为二人平反昭雪，因此被宦官们记恨，随后"陷以党罪，禁锢归田里"。张奂也从此闭门不出，收徒讲课，先后教了一千多个学生，著有学术专著《尚书记难》，达三十多万字。

张奂虽然息政归宅，自甘淡漠，但他赫赫军功，却依然在世间流传。可称三国前期第一大军阀的董卓，就对他很是仰慕，派人送了一百匹丝绢给张奂，而张奂一向厌恶董卓为人，坚辞不受。公元181年，张奂七十八岁时去世。

张奂是当之无愧的中国名将，但他在中国军事史上，地位并不很靠前，因为他的军事生涯，以及军事指挥艺术，并未能在灿若星河的中国军事家中独占鳌头，领袖群伦。

就这一点来说，张奂的儿子张芝，要远胜他的父亲。

但张芝胜于其父的，并不是军事能力，而仅仅是指他们父子在各自努力的领域内的贡献和地位。

张芝是今草（相对于"章草"而言，也就是现在我们看到的通行的草书）的创始人，在书法界，是被供奉近两千年的"草圣"。

作为草书之圣，有关张芝的历史资料及历代评论甚多，读者朋友若有兴趣，不妨自己查阅。

张芝有个弟弟叫张昶，也极善草书，但他哥哥珠玉在前，张昶也就只好默默无闻于后世了（当时他们兄弟俩是并称的）。

张芝还有个弟弟叫张猛。前面我介绍过，张奂不迷信，但在张猛身上，却深深印记着神秘命运的影子：张奂任武威太守时，妻子怀孕，梦中拿了张奂的太守大印，登上自己所住的楼房唱歌。醒来后很奇怪，找了个算命先生来问，算命先生说：你一定会生个男孩，这个男孩也一定会回到这里，就死在这座楼上。张奂妻子果然生下儿子张猛，在曹操把持朝政的汉献帝建安年间，被任命为武威太守，被围困在这座楼上，举火自焚而死。

天意从来高难问。

前面说到那个为张奂鸣冤叫屈的皇甫规，是在当时与张奂齐名的一代名将，同时的一代名将不止他们两个，另有一个叫段颎。这三个人的字中有一个字相同，张奂是姓张名奂字然明，皇甫规是姓皇甫名规字威明，段颎是姓段名颎字纪明。这三个人老家都是凉州，同为名将，国家栋梁，边防长城，所以当时人把他们三个连在一起，称做："凉州三明"。

三明之中，张奂与皇甫规交情深厚，在张奂受打击之时，朋友们跑光了，只有皇甫规挺身而出，为他争理。张奂复出之后，皇甫规某次被任命为度辽将军，皇甫规自己认为能力不如张奂（史书上并不这么认为），于是向中央政府打报告，要求让张奂来当这个正职，自己当个副职。中央政府听了他的，安排张奂去干正的，皇甫规降为副职。

同为一代名将，皇甫规的胸襟气度，可称晴天丽日，坦荡恢宏。

后来东汉政府被宦官们所把持，知识分子出身的政府官员多被打为"党人"，受到残酷迫害。但在天下人的眼中，这些受迫害的知识分子官员,却是正直、清廉、骨气、节操的表率、标志,受到普遍敬仰。皇甫规作为边防名将,未能被划进"党人"队伍,深以为耻,他向中央政府打报告,认为自己与"党人"关系甚好,也该被划入"党人",受牵连受迫害才行。虽然把持中央政府的官员们将这份报告置之不理,但皇甫规的个人品行、理想、追求、情操,昭昭如在眼前。

三位名将中,张奂与皇甫规都有知识分子之风,或者说他们是知识分子型的军事家,儒将。张奂平生著作二十四篇,儿子成为书法家,草书之圣;皇甫规平生著作二十七篇,比张奂还多。两人都活到七十多岁,在那个科技、医疗都不发达的时代,称得上是高寿。

但要论真正的一线战场成就,段颎比张奂和皇甫规都要高些,这是位真正在一线战场,亲自带头冲锋陷阵的猛将。他的名将之誉,是真正从箭雨枪林中争取的。史书上对段颎的记载,仅砍掉几千至几万颗敌人脑袋的重大战役就有十余次,其中记载段颎与羌族叛军在张掖附近作战:"颎下马大战,至日中,刀折矢尽,虏亦引退。颎追之,且斗且行,昼夜相攻,割肉食雪,四十余日……出塞二千余里。"记载段颎的湟中之战:"进军击当煎于湟中,颎兵败,被围三日……潜师夜出,鸣鼓还战,大破之,首虏数千人。颎遂穷追,展转山谷间,自春至秋,无日不战,虏遂饥困败散。"记载段颎的甘肃之战:"颎复追羌出桥门,至走马水上……轻兵兼行,一日一夜二百余里,晨及贼,击破之……颎遂与相连缀,且斗且引,及于灵武谷。颎乃被甲先登,士卒无敢后者,羌遂大败,弃兵而走,追之三日三夜,士皆重茧。"

公元169年,段颎再次与羌人叛军作战,此战辗转于"穷山深谷之中,处处破之","凡百八十战,斩三万八千六百余级,获牛马羊骡驴骆驼四十二万七千五百余头……军士死者四百余人。"

史书记载"(段)颎行军仁爱,士卒疾病者,亲自瞻省,手为裹创,在边十余年,未尝一日蓐寝,与将士同苦,故皆乐为死战。"

"蓐"就是席子,未尝一日蓐寝,是说段颎没有一晚上可以躺在席子上睡个安稳觉,表示段颎与普通战士同甘共苦的意思。

当时临朝称制的窦太后,以皇帝的名义下诏,如此评价段颎:"(段颎)涉履霜雪,兼行晨夜,身当矢石,感厉吏士,曾未浃日,凶丑奔破,连尸积俘，掠获无算。洗雪百年之逋负，以慰忠将之亡魂，功用显著。"

很奇怪，不知道什么原因，这样一位冲锋在前、战功赫赫的将军，与张奂势同水火，各不相容。两个人分别向皇帝打报告，攻击对方，都是把对方说的一钱不值，有过无功。

后来张奂被宦官罗织为党人，受到迫害之时，段颎想趁机报复他，把张奂好不容易迁到华阴的家再赶回边疆，张奂此时低头屈膝，写给段颎一封求饶信，词意哀婉，"颎虽刚猛，省书哀之，卒不忍也。"

两个人的矛盾，可能也就是直到此时，才彻底搁置。

段颎因为曲意逢迎宦官，才保全富贵，没有像张奂那样被赶回老家软禁，还可以有报复张奂的机会。但也正因如此，他被视宦官如仇寇的知识分子官员当成眼中钉，后来这伙知识分子官员短时间内得势，扳倒大宦官王甫，顺势把段颎也拿进监狱，逼他饮鸩自杀，家人全部发配边疆。后来还幸亏宦官们夺回权力，又把段颎的家属安排回老家生活。

诸葛亮

诸葛大名垂宇宙，宗臣遗像肃清高。
三分割据纡筹策，万古云霄一羽毛。
伯仲之间见伊吕，指挥若定失萧曹。
运移汉祚终难复，志决身歼军务劳。
贺裳《载酒园诗话》评价这首诗："言简而尽，胜读一篇史论。"

杜甫的这首诗，已经完整地评定了诸葛亮一生事业，许多年来，反复读这首诗，深刻体会到杜甫对诸葛亮的景仰，因为那也是后人的景仰。

五岁那年，父亲边讲故事边指导，引领我读完几乎整部《三国演义》，从此以后，诸葛亮成为我心中的一抹亮光，牢不可灭。

此次写作这一节《诸葛亮》，小心翼翼，找出上百篇有关诸葛亮的传记及评论文字，反复阅读，始终不敢轻易下笔。

因为，诸葛亮一直是我心中仁、义、礼、智、信、勇等等能力与情操的化身，对他的景仰，从不改变。

诸葛亮是山东沂南人（琅邪阳都人），这个毫无争议。他的父亲诸葛珪曾任泰山太守，泰山地域接近琅邪，诸葛亮儿时曾在老家住过，大约也可成立。只可惜诸葛珪死得早，诸葛亮被叔叔诸葛玄带到了南方，从此在南方生活；先到江西，后到南阳隆中，定居下来。

在这个现在没有准确位置的隆中，诸葛亮开荒整地，播种庄稼，耕作之余，钻研音乐。史书上没说他如何遍读兵书、规划布阵云云，但他满腹才华，也就在这颇有些流离颠沛的二十几年间形成。

这个过程中，诸葛亮曾游学四方，与石广元、徐元直、孟公威、崔州平等人结为好友，诸葛亮认为这几个人都具备管理一个省（州刺史）的能力。他却不正面说出自己的能力有多大，又偏偏自比管仲、乐毅，这两位在齐国与燕国都曾干过丞相兼大将的工作。也就是说，诸葛亮含蓄地表达了自己是个宰相兼元帅的材料。

除了那几个游学路上的朋友，当时人并不认可诸葛亮的自比。杜甫则以"伯仲之间见伊吕"，把对诸葛亮的定位更提高了一截：伊尹、吕尚（姜子牙），那可是商朝、周朝的第一功臣，吕尚更是中国兵家之祖。

刘备与诸葛亮的遇合，千古传诵，被奉为君臣相知相遇的典范。刘备三顾茅庐，始见诸葛亮，这也成为礼贤下士的经典桥段。诸葛亮在他的出师表中明确写明："先帝不以臣卑鄙，猥自枉屈，三顾臣于草庐之中，谘臣以当世之事。"而后世偏偏有人视而不见，却以《魏略》中所记，认为是诸葛亮先去见刘备，为《三国志》作注的裴松之对此有个评论："良为可怪。"

草庐之中，隆中对策，诸葛亮大战略家的眼光，彻底折服了刘备，也足以折服后世读者。刘备将他与诸葛亮的关系比喻成"鱼之有水"，非常恰当。我们无法假设没有诸葛亮，刘备是否还能成为蜀汉皇帝，但有了诸葛亮这片"水"，刘备这条鱼才可以更迅速、更可靠地游动起来，这是已经发生的历史事实。

曹操平定荆州，刘备兵败，至于夏口，诸葛亮提出："事急矣，请奉命求救于孙将军。"这说明赤壁之战的开始曲——联吴抗曹是诸葛亮第一个提出来的。

《三国志》作者陈寿，对赤壁之战中诸葛亮的决定性作用，有如下交代:"及魏武帝(曹操)南征荆州,刘琮举州委质,而备失势众寡,无立锥之地。亮时年二十七,乃建奇策,身使孙权,求援吴会。权既宿服仰备,又睹亮奇雅,甚敬重之,即遣兵三万人以助备。备得用与武帝交战,大破其军,乘胜克捷,江南悉平。"

是诸葛亮提出"奇策",与孙权联合,让孙权"遣兵三万人以助",这才有了赤壁的一把火,这才有了曹操部队的溃退,这才有了荆州这块地盘,成为刘备的根据地,由此开辟出三分基业。

在蜀汉政权建立之后,诸葛亮任丞相,也就是政府一把手,他的行政能力得到充分体现。也可能因为这个原因,刘备东伐吴国之时,诸葛亮坐镇大后方,未能随同出征。如果诸葛亮随军,刘备是否还会有猇亭之败?

历史无法假设。

猇亭之败,丧尽刘备元气,第二年,病危之时,刘备于白帝城托孤诸葛亮:"君才十倍曹丕,必能安国,终定大事。若嗣子可辅,辅之;如其不才,君可自取。"又告诉太子刘禅:"汝与丞相从事,事之如父。"

刘备对诸葛亮托孤一段话,剖肝沥胆,赤诚感人。但在后世,尤其是当代,往往被解读为"诡伪之辞"。说这段话源于刘备对诸葛亮的不信任,云云,等等。

为《三国志》作注的裴松之有一句话:"观亮君臣相遇,可谓希世一时,终始之分,谁能间之。"这样"希世一时"的相遇,当然不是一般人所能理解。我也无法完全了解这君臣二人的希世心胸,但我相信,相信世界上有这样的相遇相知,相信世界上有这样的坦荡互信。

是的,这样的情况太过"希世",导致许多人怀疑它的存在,但我坚定地相信,并满怀崇敬。

元代诗人郝经,在《西陵行》一诗中,明确表达了他对刘备托孤的欣赏,他也坚定地相信,那出自刘备的真心,原因很简单,因为刘备是"英雄",全诗太长,节录结尾部分:"君不见永安宫中汉昭烈,重向孔明托后主。付君一片讨贼心,嗣子不才君自取。天下英雄只玄德(刘备字玄德),操等区区真溷鼠。"

刘备死后,蜀汉"政事无巨细,咸决于亮"。诸葛亮的行政能力,在此时再一次得到充分体现——蜀汉政权运转，井井有条，丝毫未受到兵败东吴及刘备去世影响。随后蜀汉南部诸郡发生大规模叛乱，诸葛亮的军事才能，也再一次得到充分体现。

南征作战，为彻底收服南人之心，使其得到根本稳定，诸葛亮对叛军领袖、在当地居民中享有极高威望的孟获，坚持降服其心，七次活捉到他，七次把他放掉。等到第七次放孟获走时，这个颇有些憨直的少数民族领袖不走了，说："公，天威也，南人不复反矣。"

诸葛亮的"天威"，体现在孟获这类人身上，绝不会是口才或行政能力，只能是军事能力，指挥艺术。

陈寿评论诸葛亮："治戎为长，奇谋为短，理民之材，优于将略。"这样的评价，是诸葛亮自己与自己比出来的。仅七擒孟获一事，诸葛亮的"奇谋"与"将略"，便已经可以辉映古今。

诸葛亮后期北伐，未获成功，陈寿也指出客观原因："所与对敌，或值人杰，加众寡不侔，攻守异体，故虽连年动众，未能有克。"

小说《三国演义》中，罗贯中借司马徽之口，说出了他对诸葛亮志业未成的评论："卧龙虽得其主，不得其时，惜哉。"

不得其时，那便是天意了。罗贯中另借崔州平之口，对此做出较详细的阐释："自古以来，治乱无常……民安已久，故干戈又复四起，此正由治入乱之时，未可猝定也。将军（刘备）欲使孔明（诸葛亮）斡旋天地，补缀乾坤，恐不易为，徒费心力耳。岂不闻顺天者逸，逆天者劳，数之所在，理不得而夺之；命之所定，人不得而强之乎？"

以诸葛亮的眼光、韬略，他未必不能预见到自己只手难补乾坤的困境，正是因为他极可能预见到了，却又不舍不弃，尽力而为，这才更让人感动。每每读《后出师表》至最后几句："凡事如是，难可逆见。臣鞠躬尽瘁，死而后已。至于成败利钝，非臣之明所能逆睹也。"都忍不住眼中湿润。

明知不可为而为之，这是诸葛亮对刘备的承诺，对知遇之恩的交代，这也成就了诸葛亮人格的伟大。

仔细阅读诸葛亮几次北伐作战，的确是胜多败少，斩王双、杀张郃、收姜维、困司马。但事实却是：屡屡战胜，屡屡无功而返。最终让他的收复中原、一统天下、霸业可成、汉室可兴的大志难伸。

其中的原因错综复杂，从诸葛亮还活着一直到今天，争议不休，各种观点，看起来都有道理，但又互相矛盾。

诸葛亮北伐过程中，在阳平上演的空城计，深入人心，而被一些人指为伪托。但此事出于诸葛亮同时代人（略后）郭冲之口，其可信度起码要比后世文人的逻辑推理高一些。

《三国志》在记述诸葛亮最后一次北伐中原时（习惯上叫"六出祁山"），对诸葛亮此前屡胜却又屡退给出了一个解释："亮每患粮不继，使己志不申"。说的是后勤供应困难，是诸葛亮难以扩大战果的根本原因。而在最后一次北伐时，诸葛亮采取的是稳扎稳打、步步为营的战略，他"分兵屯田，为久驻之基"，而蜀军在诸葛亮的带领下，军纪严明，混杂在百姓中种田耕耘，百姓私毫没有不适应感。

如果这样的稳扎稳打持续下去，结果会如何？

谁也说不清，因为不存在这个"如果"。就在这一次出征的过程中，诸葛亮病死于五丈原的军营中。时年五十四岁。

星落秋风五丈原。

如果，诸葛亮多活二十年，三国鼎立的结局会如何？

陈寿评价诸葛亮："亮少有逸群之才，英霸之器……，遭汉末扰乱，随叔父玄避难荆州，躬耕于野，不求闻达。时左将军刘备以亮有殊量，乃三顾亮于草庐之中，亮深谓备雄姿杰出，遂解带写诚……及备殂没，嗣子幼弱，事无巨细，亮皆专之。于是外连东吴，内平南越，立法施度，整理戎旅，工械技巧，物究其极，科教严明，赏罚必信，无恶不惩，无善不显，至于吏不容奸，人怀自厉，道不拾遗，强不侵弱，风化肃然也……而时之名将无城父、韩信，故使功业陵迟，大义不及邪？盖天命有归，不可以智力争也……其秋病卒，黎庶追思，以为口实。至今梁益之民，咨述亮者，言犹在耳，虽甘棠之咏召公，郑人之歌子产，无以远譬也。"

诸葛亮曾向后主刘禅上表，自述后事："成都有桑八百株，薄田十五顷，子弟衣食，自有馀饶。至于臣在外任，无别调度，随身衣食，悉仰于官，不别治生，以长尺寸。若臣死之日，不使内有馀帛，外有赢财，以负陛下。"

许多年后，杜甫流落剑南，在成都城外，武侯祠前，写下七律《蜀相》：

丞相祠堂何处寻？锦官城外柏森森。
映阶碧草自春色，隔叶黄鹂空好音。
三顾频烦天下计，两朝开济老臣心。
出师未捷身先死，长使英雄泪沾巾。

关　羽

关羽现在已不是神了。

关羽成神的历史大约有近千年，晚唐隐士范摅，在他的笔记作品《云溪友议》中，就清楚记录了关羽在祭祠他的玉泉祠附近成神显灵的事，说当地群众，在关羽神灵的庇护下："缁俗居者，外户不闭，财帛纵横，莫敢盗者"。就连厨房里的大师傅，如果敢于偷吃，关羽都要扇他巴掌。

关羽刚死的时候，蜀国给他的追谥是壮缪（这个字通"穆"）侯，他后来成了神，但影响多在民间，宋徽宗开始，皇帝们接手追封，由"忠惠公"，至"义勇武安王"，再到"三界伏魔大帝神威远震天尊关圣帝君"，最后封到26个字的"忠义神武灵佑仁勇威显护国保民精诚绥靖翊赞宣德关圣大帝"。至于民间的关帝庙比比皆是，与之差不多数量的，也许只有土地庙，很多地方，土地庙与关帝庙是二而一的。现在关羽在人们心中，与那些封号有关的神圣地位大大削减了，但作为"财神"，他仍被广大的大小商业主们供奉着。

在毛宗岗对《三国演义》的评点文字中，说三国有"三绝"，"古今来贤相中第一奇人"诸葛亮，"古今来奸雄中第一奇人"曹操，关羽则是"古今来名将中第一奇人"。

毛宗岗"三绝"评价，非常精当。但那只是对小说中人物的评价。如果仅就正史中记载的关羽来看，他当不起这个"古今来第一名将"。

《三国志》中的关羽与张飞、马超、黄忠、赵云的传记并在一起，合为一卷，关羽部分仅九百五十多个字，裴松之作注，补充了一千多个字，一共两千多字，记述了关羽的十六个故事。后来发展到宋朝的《三国志平话》，记载关羽的故事到了二十个，再后来发展到明朝的《三国演义》，关羽当主角的故事据有关学者统计是二十七个。关羽由人成神，由名将成大帝的历史，就被网罗在这二十多个故事里。

关羽是蒲州解良（现在的山西运城市解州镇）人，本来他的字是长生，后改名云长。我们现在习惯说"关云长"，试着叫一下"关长生"，很别扭。《三国志》说他是"亡命奔涿郡"，他的改名一定是因为"亡命"出逃才改的，至于他亡命的缘故，史书上并没有，《三国志平话》中是："因本县官员贪财贿，酷害黎民，将县令杀了，亡命逃遁。"《三国演义》中则是"因本处豪霸倚势欺人，关某杀之，逃难江湖"。

两处说法略有不同，但都表现了关羽的正义感和好身手。

据钱静方的《小说丛考》记载，清代康熙十七年（公元1678年），在解州，深挖一口旧井时，挖出了一块墓碑，上面刻有关羽祖、父两代的名字和生卒年等。现在这块墓碑见不到了，但当时的解州知州王朱旦写有一篇《关侯祖墓碑记》，这篇文章保存了墓碑上的相关内容，如下：

关羽的祖父叫关审，字问之，生于汉和帝永元二年（公元90年），在解州的常平村居住，死于汉桓帝永寿三年（公元157年）；关羽的父亲叫关毅，字道远；关羽生于汉桓帝延熹三年（公元160年）六月二十四日；关羽娶了个姓胡的妻子，生了个儿子叫关平。

关平的出生日被记录为汉灵帝光和元年（公元178年）五月十三日，但在民间传说中，这个日子是关羽生日，也有地方把它当做关老爷磨刀日。

在《三国演义》里，关平被写成关羽的义子。

《三国志》载："先主（刘备）与二人（关羽、张飞）寝则同床，恩若兄弟。而稠人广坐，侍立终日，随先主周旋，不避艰险。"

在史书上，找不到《三国演义》中刘关张与黄巾起义军作战的光辉记录，估计刘关张与黄巾军作战还是作了，只是细微处的小摩擦而已，刘备因此得了个县尉，县尉是主管治安的县级二把手，关张跟着去打工。此后翻来覆去折腾多年，刘备终于搞下徐州，任命关羽主持全州工作。

建安五年（公元 200 年），曹操东征，击破徐州，刘备逃到袁绍那儿去，关羽被抓。

在小说《三国演义》中，关羽有屯土山约三事，表现得大义凛然，但在史书上没有这个记载。不过史书上说曹操对关羽"礼之甚厚。"这说明曹操非常器重关羽。

在《三国演义》中，关羽此前有温酒斩华雄、三英战吕布的英雄往事，其将军威名早就树立起来，但史书上说斩华雄的那个人是孙坚，战吕布更是子虚乌有。此前关羽倒是与曹操打过一次交道，那是曹操刘备联手干掉吕布之时，关羽找曹操，一再提出要把吕布部将秦宜禄的老婆占有下来，结果曹操先下手为强，把秦宜禄老婆据为己有。仅就这一点看，关羽与曹操审美观趋同，不过有情敌的味道，关羽就为此"心不自安"，某次与曹操一起打猎，人都走散了，关羽鼓动刘备趁机干掉曹操。这件事站到道德制高点上说，是关羽忠君爱国，为国除奸（当然，另有很多人并不认同曹操是奸臣）。如果往庸俗一路上去想，说这是关羽要解脱"心不自安"的一个选择，也事出有因。

曹操是一个眼光独到的人，招揽天下英才无数，他器重关羽，必有器重关羽的道理。关羽也的确对得起曹操的器重，袁绍手下大将颜良征讨曹操，曹操安排关羽与张辽率先锋部队迎击，两军对阵，关羽遥遥看见颜良的麾盖，"策马刺良于万众之中，斩其首还，绍诸将莫能当者"。

仅仅二十个字，关羽的凛凛神威，跃然而出。

在斩颜良之前，曹操曾安排关羽的好友张辽，试探过关羽的心意，关羽非常坦诚，干脆利落地说："吾极知曹公待我厚，然吾受刘将军厚恩，誓以共死，不可背之。吾终不留，吾要当立效以报曹公乃去。"离开关羽后，张辽非常为难，史书上记录张辽的心理活动：要如实报告曹操，害怕曹操因此杀关羽；不跟曹操如实报告，又不是对待君主的道理。最后，张辽长叹一声：曹操，是我的君主和父亲，关羽，是我的手足兄弟。在极度讲究纲常伦理的古代，兄弟比君父排名要靠后。于是，张辽如实禀报曹操，没想到曹操不但不发火，反而更加欣赏关羽："事君不忘其本，天下义士也。"现在关羽斩颜良，为曹操立了大功，曹操知道关羽要走，密集地加以赏赐，关羽则将曹操的赏赐一一封还，写了封告辞信，匹马出行，千里寻故主。曹营将军们非常生气，要追这个在他们眼里忘恩负义的关羽，曹操说了这么一句话："彼各为其主，勿追也。"

关羽挂印封金，放弃大好前途，去追随漂泊江湖的刘备，义薄云天，忠贯长虹。

曹操明知道关羽不愿追随自己，却能由衷地表示赞赏，任由关羽离开，却不派人追击，以成全关羽的忠义，如果没有心怀天下、雄视四海的气量胸襟，根本不可能做到。

关羽挂印封金，成就了自己的忠义之名，同时也成就了曹操识才重才爱才惜才的美名。

关羽离开曹操后，《三国演义》中有过五关斩六将的说法，后世评论家力证其非，此处存疑。但"过五关斩六将"在后世成为一句民间俗语，形容一个人一段时间内的春风得意，一般是和"走麦城"连在一起说的。

重归刘备后，再经历赤壁之战，《三国演义》为关羽设计了一段极度经典的情节：华容道义释曹操。

华容道上，关羽将"义"这个字，诠释得淋漓尽致。如果没有关羽华容道上放行，以报答曹操当年任由自己离开的恩情，曹操当年放行的胸襟度量，就显得太单面了。

华容道之事，史书并无记载。更显关羽武勇的刮骨疗毒，则为史书明文记载，当时关羽伸出手臂，任由医生割开臂肉，在骨头上用钢刀刮削，另一只手则照样拿刀割了熟肉，举了酒樽，与各位将军们大吃大喝，"言笑自若"。

刮骨疗毒后不久，关羽一生军功巅峰到来：水淹七军擒于禁。这一战让关羽"威震华夏"，连曹操都不得不考虑迁移国都，以避其锋。

但是这个水淹七军，其实基本上是天灾，与关羽的谋略并无多大关系。当时关羽攻打襄樊，于禁率军来救。于禁是北方将领，主要在北方作战，对南中国的水灾泛滥不够了解，扎营扎在了低处，连续十多天暴雨后，汉水泛滥，直接把于禁的大军给淹了。史书上并没有记载关羽决汉水之堤的事。当然关羽扎营选在高处，也体现出他作为大将的眼光，不过，水淹七军的主要功劳，并不在他。

于禁的七军被淹没时，曹操方面出现了一个明星典型庞德，庞德这个人大半生跟随马腾、马超混，战绩赫赫，后来马超投了西蜀，庞德降了曹操。庞德降曹操之时，并无功勋，但曹操是个极能识才用才之人，在他的人才库里，有对庞德的评价，史书上说是"（曹操）素闻其骁勇，拜立义将军，封关门亭侯"。

这样单方面地施以恩义，如果受者是地痞流氓，他会以为理所应当，施恩者一时不周，受者就会勃然不满（有一个经典故事：一位富人每天都会给家门不远处一个乞丐十元钱，忽然有一天因事忘了给，第二天，乞丐揪住他，勃然大怒地喊："昨天我那十元钱，你为什么没给！"）；但如果受者是真正的人才，他会感恩，并以全力甚至生命报答。

庞德是卓越的将军，曹操对他的重视，让他有知遇之恩。士为知己者死，庞德在此战之前，便常常说，他与关羽，不是你死就是我亡。襄樊前线战阵中，庞德亲手射中关羽额头。大水之中，他被关羽生擒，不降被杀。曹操知道后，为之流泪。

庞德有个儿子，叫庞会，在钟会、邓艾的灭蜀之战中，随军出征到成都，将关羽后代满门，杀了个干干净净。

当时的关羽，肯定想不到自己的后代子孙，将尽灭于庞德儿子之手。水淹七军，降于禁、斩庞德后，威名达于顶点的关羽，受到曹操与孙权两方面的夹击，吕蒙白衣渡江，尽占荆州，关羽败走麦城，被孙权部将潘璋截击，与儿子关平同时殒命。

关羽一生，忠义武勇，就算没有《三国演义》的虚构情节，仅凭史书中记载：万军丛中斩颜良，封金而去走单骑，刮骨疗毒，水淹七军，他已足以立身中国名将之列而无愧。

张　飞

关羽在上千年间是神，最近这几百年，更是几乎在所有神祇中知名度最高受祭祀最多的大神。他的哥哥刘备和弟弟张飞，都只有羡慕的份儿。

但在这三兄弟中，第一个成神的，却不是关羽，也不是官当的最大的刘备，而是最不像神的老三张飞。刘备被建庙祭祠，可以肯定在盛唐之前，因为大诗人杜甫写过一首《谒先主庙》的诗，诗如下：

惨淡风云会，乘时各有人。力侔分社稷，志屈偃经纶。
复汉留长策，中原仗老臣。杂耕心未已，欧血事酸辛。
霸气西南歇，雄图历数屯。锦江元过楚，剑阁复通秦。
旧俗存祠庙，空山立鬼神。虚檐交鸟道，枯木半龙鳞。
竹送清溪月，苔移玉座春。闾阎儿女换，歌舞岁时新。
绝域归舟远，荒城系马频。如何对摇落，况乃久风尘。
孰与关张并，功临耿邓亲。应天才不小，得士契无邻。
迟暮堪帷幄，飘零且钓缗。向来忧国泪，寂寞洒衣巾。

杜甫这首诗，不只写了刘备的祠庙，对刘备一生事迹，更有精当的评价。在《三国演义》中，刘备是我衷心敬佩的一个人，所以不辞辛劳，将这首五言排律抄在这儿。

从诗中描写来看，这个刘备庙已很有年头了，就按一百年来算，那也该是初唐的建筑，说明刘备在唐初就已成神。

至于关羽，在前一节写到他时，我曾介绍，在晚唐人的笔记中，他屡屡在玉泉祠显灵，并受人祭祀。但那时间已离刘备成神受祭远隔二百年了。

只有张飞，在他死后不久，便被乡民当作神立庙祭祀。唐宋散文八大家之一曾巩，写过一篇《桓侯庙记》——张飞死后，被追谥为桓侯，在这篇文章里，曾巩说："州（阆中）之东，有张侯之冢，至今千有余年，而庙祀不废。"据明代嘉靖年间所修《云阳县志》记载，祠庙与张飞成神显灵从他刚死就有了："值张达（是他杀了张飞）之变，以其首顺流。土人云渔人得之，置而弗去，显于恶梦，遂祠焉，若有符契焉者。"明代成化年间阆中县令李直写了篇《桓侯灵异记》，记载张飞的灵异程度："能御大灾，能捍大恶……凡有水旱之灾，疫疠之作，有祷必应"。

刘、关、张三兄弟被民间当成神灵供奉，都远远在《三国演义》诞生之前，到《三国演义》诞生之时，民间将这三人合祭在一起的"三义庙"、"三义楼"已屡有兴建。

贬低刘、关、张，抬高曹操最为杀手锏的一个理由，是说刘、关、张之所以被人推崇，是小说《三国演义》虚构情节的功劳。但事实是：在《三国演义》诞生前的千余年间，刘、关、张在民间早已成神，早已被大众所崇敬。曹操则从不曾受到这样的待遇。

这是百姓的取舍，从杜甫、曾巩等人的作品来看，这也是大多卓越知识分子的取舍。

张飞字益德，后来也写作"翼德"。正史中对他的出身并无交代，直接就写他跟随刘备南征北战，民间文学及《三国演义》中，则写他是屠户出身，并且还是刘、关、张三人中家庭条件最好的，拥有一个桃园。后来民间直接把张飞供奉为盐业、屠宰业、肉铺业的神（刘备是纺织业的神，关羽是豆腐业、酱园业、厨业、成衣业、绸缎业、皮革业、香烛业、烟业等等共二十多个行业的神）。

刘、关、张三兄弟中，张飞年龄最小，虽然他成神最早，但关于他的民间故事、野史纪录，跟成神最晚的关羽没法比，这也许是因为他平生经历没有关羽那么有戏剧性。他一生跟定刘备，从未分散，他对刘备忠也够忠，义也够义，只是出戏的地方不多。

《三国志》中，张飞传只有几百个字，裴松之注《三国志》，其他名将多有旁征博引，增加故事情节，张飞一节则一个故事都没有增加。

无论在民间文学、戏曲，还是小说中，张飞在当阳长坂坡桥上一声怒喝，独挡百万曹兵的情节，都称得上张飞一生最重要的光环，最大的军事贡献——如果不是他喝退曹兵，刘备等人可能根本逃不脱，也就不会有后来的三分天下了。

但张飞一生中最重要的军功，居然只是凭空喝了一声："身是张益德也，可来共决死。"未免过于戏剧化。毛纶、毛宗岗父子评点《三国演义》时，对此有一句评论："天下事亦有虚声而可当实际者，然必其人平日之实际足以服人，而后临时之虚声足以耸听。"是说张飞的勇猛，早已通过无数次的战场搏杀，名闻天下，久为曹营将士所知，这才会出现在张飞的挑战面前，无人敢于出马迎战的局面。如果张飞是个寂寂无名之辈，之前没有那么多英雄事迹流传，他那一句挑战，只会为自己引来麻烦。

正史《三国志》中，长坂坡桥独退曹兵之前，未纪录张飞的一丝一毫战斗历史。但仅凭他长坂桥这一声喊，我们可以逆推出来，在跟随刘备的过程中，张飞一定有无数次出生入死、威震敌军的战斗经历。《三国演义》中有关张飞此前的作战经历，虽然史无明文记载，但应该都会与历史真实相去不远。曹操手下的重要谋士程昱等人，就一直夸奖关羽、张飞："万人之敌也。"

毛纶、毛宗岗父子，在评点了张飞喝退曹军，是靠日常实际作战的勇猛足以服人之后，还加了一句感慨："非若今人之全靠虚声，浑无实际也；人吃尽老力，我只出一张寡嘴也。"

毛氏父子的这句感慨相当幽默，也相当犀利，现实情况，的确是只出一张寡嘴的能说会道、能吹会拍之人，要比吃尽老力的人有市场得多。

赤壁之战后，刘备占有荆州，终于有了自己的一方天地，论功行赏，张飞为宜都太守，征虏将军，新亭侯。后来刘备与庞统等人应刘璋之邀，进入四川，"还攻刘璋"，进展不够顺利，原来留守荆州的诸葛亮与张飞分别率军入川，多路攻击，平定四川。

张飞一路进军途中，几乎没遇到真正的抵抗，只有到达巴郡时，才遭到巴郡太守严颜的拼死抵抗。张飞设计，生擒了严颜，张飞喝斥严颜："大军至，何以不降，而敢拒战？"

严颜是益州（四川）名将，非常有眼光的人，当初刘璋邀请刘备入川，对抗张鲁，严颜就曾留下这么一句叹息："此所谓独坐穷山，放虎自卫也。"现在他落入张飞之手，丝毫不惧，回答了这么一句话：你们毫无道理，来侵犯占领我益州，"我州但有断头将军，无有降将军也"。

张飞大怒，大声咆哮着命令刽子手把严颜推出去砍头，严颜毫无惧色，冷冷地说了这么一句：不就是砍头吗？多大点事，大声嚷嚷什么！

严颜的忠心为主、临危不惧，将张飞折服了，他亲自为严颜解开绑绳，推心置腹，真诚相交，也将严颜感动了，终于归降了张飞。

严颜在后世通俗文学及传说中，一直与黄忠并列为蜀汉名将，并成为不服老的典型。他还有一个美称："断头将军"。实际上他的头并没有断，却因为他的不畏不惧，成为千古美谈。宋末著名爱国人士文天祥，在他著名诗篇《正气歌》中，就将严颜的这一典故罗列出来："为颜将军头"，与汉之苏武、唐之张巡等人一起，都成为文天祥所崇敬及效仿的

173

人，此后不久有人凭吊文天祥，也这么说："忠如蜀将斩颜时。"居然真把严颜当成不投降而遭砍头了。由此可见，人固然不必自寻死路，但却不可以怕死；人固然要追求现世幸福的生活，但也不可以为了贪生而放弃伦理人性。

义释严颜之后，张飞挺进成都，沿途战无不克，很快与刘备会师成都城下，一举平定四川，奠定三分基业。

打下成都的第一功臣，并不是张飞，而是习惯上与张飞、关羽、赵云、黄忠一起被后人称为"五虎将"的马超。马超也是三国名将，民间有说法：一部三国，前表吕布，后表马超。我在少年时听到这一说法，然后在反复阅读《三国演义》的过程中，一直有疑惑，因为马超在《三国演义》中所占的章节，实在不多。

刘备围困成都，攻而不下之时，马超来投奔他。刘备听说马超来降，大喜之下，说了这么一句话："我得益州矣。"果然，马超一到成都城下，"城中震怖，璋即稽首"，"至未一旬而成都溃"。

因为拿下成都立了首功，刘备极看重马超，马超洋洋得意，与刘备说话时，直呼刘备的字"玄德"，这固然表示了亲切，但也明显没太把刘备当领导看，关羽和张飞都很愤怒。据《山阳公载记》说，关羽要求刘备杀掉马超，但当时关羽在荆州，提出这个要求的应该是张飞。刘备认为：马超走投无路了来投奔我，就因为直呼我的名字而杀掉他，怎么向天下人交代！张飞说：也罢，起码要他知道礼节。于是，在第二天，刘备再见马超时，张飞持刀站在刘备身后，马超进来看到这副仪仗，大惊，心知肚明是因为对刘备不够尊重带来的，从此再也不敢轻慢刘备了。

关羽不服马超，写信给诸葛亮，诸葛亮回信把关羽夸了一顿，关羽这才满意。张飞看来跟他关二哥一个肚量，都看马超不怎么顺眼。

其实这也很好理解，关羽、张飞、马超三个都以武勇天下闻名，互相不服是可以理解的。只是关羽、张飞是地头蛇，可以把不服表现出来，马超是后来的强龙，不敢表现自己的不服。

马超的战绩武功，都是在投降刘备前立下的，除投降之时对拿下成都立有头功外，马超之后再无功绩。而张飞在平定四川后，又率军进入汉中，在汉中与魏国名将张郃相持五十余日，最后用计将张郃军队引入狭隘山道，让张郃军队首尾不能相顾，由此大破张郃军，张郃领着十多个亲随，弃马爬山跑了。

占领汉中，是刘备蜀汉政权的一件大事，否则，仅仅一个益州，哪有足够的力量鼎足三分。

关羽的性格是对部下、对普通战士好，对领导（当然不指刘备）、对同僚（包括知识分子）很不在乎。张飞相反，他是对领导、对同僚（包括知识分子）很好，对部下、对普通战士则很不在乎。刘备深知他的毛病，多次告诫张飞：你时常无缘无故地鞭挞部下将士，却又仍然让他们留在你身边，这是很危险的。张飞听是听了，就是不改。

后来关羽失荆州、走麦城，被孙权部将所杀。刘备整顿兵马，东征孙权。张飞所部军马万余人，是出征大军中重要的一支。部队出发之前，张飞部将张达、范强杀死张飞，砍下他的脑袋，坐船顺流而下，投奔孙权去了。

《三国演义》中对张、范杀张飞的原因有详细交代，是因为张飞性格太急，逼得张、范二人无路可走、狗急跳墙，才杀死张飞的。这个过程虽然史书所无，推测起来应该是真的。杀张飞这样的一代名将、万人之敌，不是说着玩的，没有足够的压力，张、范不会这么搏命。

张飞部队将张飞死讯飞马报知刘备，刘备仅仅听说张飞部队来人有急报，尚未看到报告，就说了一句话："噫，飞死矣。"这说明刘备对张飞的了解实在够深。

不知在刘备说出"飞死矣"三个字时，心中会是何等的凄凉，关羽、张飞，与他同起于草莽，出生入死，不避艰险，始有今日立国基业，而两人却永远离去。

那烽火硝烟的战场往事，那生死不弃的手足温情，一定会从刘备脑中流过，转而成为摧残他身心的伤痛。"不求同年同月同日生，但求同年同月同日死"。不管刘、关、张三人是否有过结义盟誓，这两句话，连同那开在历史深处的艳艳桃花，都成为中国历史的一个组成部分，辉映人心，永不泯灭。

赵　云

　　赵云是一个有政治理想的人，他的家乡常山真定，本来是袁绍的辖区，但他却带人去投奔幽州的公孙瓒，公孙瓒很高兴也很奇怪，问赵云：听说贵州之人都愿意投靠袁绍，你为什么单单来投奔我？赵云回答了这么一段话："天下讻讻，未知孰是，民有倒悬之厄，鄙州论议，从仁政所在，不为忽袁公私明将军也。"

　　赵云的政治理想和一生追求是："从仁政所在。"

　　并不是说是常山人，就一定要跟着常山的领导去"保家卫国（州）"，而是谁能施行仁政，谁能给人民带来幸福（解民倒悬），我就要为谁赴汤蹈火。

　　这才是真正的大义所在，这才是真正的爱国（州）爱家。

　　但显然公孙瓒也只是个夺地盘、图富贵的军阀，并没有多少仁政施行，也没有施行仁政的意愿。这样的人，当然不是赵云这种有能力有理想的人才所愿意全力追随的。

　　凑巧的是，当时刘备也在公孙瓒那里，得以与赵云接触，拥曹贬刘态度明显的《三国志》中，对刘备的评价是："先主（刘备）之弘毅宽厚，知人待士，盖有高祖之风，英雄之器焉。及其举国托孤于诸葛亮，而心神无贰，诚君臣之至公，古今之盛轨也。"这样的领导，理所当然得到赵云的倾心。

　　后来赵云实在不愿跟着公孙瓒混下去了，正好哥哥去世了，赵云就借口回家处理丧事，离开公孙瓒。临别时，刘备握着赵云的手，依依惜别，赵云说了这么一句话："终不背德也。"

　　这是一句承诺。几年之后，刘备走投无路之时，投奔到袁绍帐下，正是狼狈不堪之时，赵云找到他，为他召集了几百个亲兵，从此跟定刘备，再不分开。

　　赵云跟随刘备后，很长一段时间里，级别并不高，只是保护刘备安全的先主主骑，因为职务所限，也就没有独当一面的机会。

但能成为刘备的警卫队长，起码说明了两点，第一：刘备对赵云充分信任。第二：赵云武功高强。这两点当然都不必再重复解释了。

拿下荆州，平定江南后，刘备有了地盘，可以论功行赏了，赵云得到地方军政一把手的位置，他以偏将军的身份，被任命为桂阳太守。原来的（曹操任命的）桂阳太守赵范，有一个守寡的嫂子范氏，长得天姿国色，赵范想把她再嫁给赵云，赵云坚决不同意，说，我们是同姓，你的嫂子就是我的嫂子。

读《三国演义》时，对这一段颇有些不满意，因为罗贯中对这一段渲染的极其过分，就因为赵范提了这么个事，赵云就勃然大怒，与赵范翻脸，显得太过分了。宋代以后，文学作品民间故事中的英雄以不近女色为骄傲，甚至以无礼拒绝媒人为骄傲。这是因为自朱熹之后，女子毫无地位可言，不需要好色，只是对女性表示一下尊重，就会被人看做不英雄甚至风流浪荡。罗贯中是明初人，有这种思想不奇怪，把赵云往这方面渲染也可以理解。但在女性权力翻天覆地的今天，再看到这样的情节，就很难接受了。

在真实的历史中（裴松之注《三国志》所引"云别传"记载），赵云只是拒绝了赵范的提亲而已，并没有更过分的言辞举动，并且他拒绝的理由也很充分：赵范只是迫于形势所逼，无奈投降，他心里怎么想的，很难揣测。

在这种情况下，赵云拒绝这门亲事，理所应当。赵范后来果然跑了。

后来刘备带兵入川，争夺益州。赵云留守荆州，刘备因为赵云为人严谨，行事规整，特别安排他管理刘备的家务事。

刘备的家务事很复杂，当代有学者考证，说刘备至少有八位以上的夫人，考证比较琐碎，此处不引用，仅介绍一下正史中有姓可查的四个刘备夫人。

《三国志》中，仅为刘备的两个夫人立了传，一个是甘夫人，一个是吴夫人。

甘夫人其实一直到死，都只是刘备的妾，只因为她生了个儿子刘阿斗（刘禅），刘禅继位当了皇帝，她才母因子贵，由诸葛亮提议，由刘禅追封为昭烈皇后。实际上甘夫人从嫁给刘备开始，一直过着颠沛流离、

177

担惊受怕的日子,在当阳长坂,刘备只顾自己逃命,将甘夫人母子抛下不管,如果不是赵云又勇敢又忠心,这娘俩已经没命了。也可能在长坂坡惊吓过度,没过多久,在刘备进入四川之前,她就病死了。

另一个在《三国志》中有传的是吴夫人,吴夫人没有名字,是刘备大臣、车骑将军吴壹的妹妹。在她少年时,有个相面先生给她相了一面,断言她日后将有大富贵,可能这个大富贵就是指成为皇后。这番算命先生言语被小军阀刘焉听说了,刘焉能力不大,野心不小,身处乱世,也有夺天下当皇帝的想法,他就给儿子刘瑁娶了吴夫人。没想到他自己没当成皇帝,儿子刘瑁更倒霉,消受不起这个有大富贵的夫人,反被克死了。刘备入川后,大家劝刘备娶这个寡妇,刘备从善如流,真的娶了吴夫人,立为皇后,那个相面先生的话,神奇应验了。

在《三国演义》中,有一个与甘夫人相提并论的糜夫人,她在长坂坡前,为了赵云和刘阿斗的安全,跳井自杀,感人至深;关羽过五关斩六将,保的也正是甘、糜二夫人。

事实上,甘、糜都活着的时候,甘夫人是妾,糜夫人才是妻,是夫人。糜夫人嫁给刘备,比甘夫人要晚些,但糜夫人有个坚强的娘家做支撑,嫁妆丰厚到家丁仆人达两千人之多,充做刘备军饷的金银货币更是不计其数。

这个风风光光嫁给刘备的糜夫人,仅仅在史书上风光了一行字,就再没她的消息,据推测,她应该在刘备迎娶孙夫人之前就死了,因为只有她死了,孙权才可能把妹妹嫁给刘备。孙权嫁妹再怎么出于政治目的,孙夫人也不可能去给刘备当小妾。

孙夫人是孙权的妹妹,同父,异母,在史书中并没有名字,后世戏曲里给她安了个名字:孙尚香,倒是花里胡哨很女性化,但在史籍中,孙夫人其实不怎么女性化。《三国志》中说:"初,孙权以妹妻先主,妹才捷刚猛,有诸兄之风,侍婢百余人,皆亲执刀侍立,先主每入,衷心常凛凛。"

每天晚上去与孙夫人亲近,要走过百余柄钢刀组成的刀林,说不准哪个一失手,刘备的艳福享不成,命就没了。有了这样的可能性,刘备去见孙夫人,实在称不上艳福。而孙权之所以将妹妹许配给刘备,是因为"群下推先主为荆州牧，治公安，权稍畏之，进妹固好"。把这么个出身高贵的大活人当成礼品送出去，孙夫人只要还有点自我意识和尊严，就不会很高兴。对于刘备来说，他收到的只是礼物，又怎么可能发自真心的尊重尊敬、举案齐眉？

刘备进川后，之所以安排做事严谨的赵云管理家事，估计也就是对孙夫人不放心，而以刘备对赵云的了解，他相信赵云有能力控制孙夫人，让她翻不出对刘备不利的新花样。

果然，孙权听说刘备进川，马上派船来接孙夫人。孙夫人回趟娘家，理直气壮，赵云也干预不得，但孙夫人回东吴，却企图将刘阿斗一起带过去，这就触及赵云的底线了。在妻子如衣服的时代，失去几个妻子无非是再换穿件新衣服罢了，失去继承人却是重大打击。赵云知道时，孙夫人已带阿斗上娘家的船了，赵云毫不犹豫，叫上张飞，一起带兵，截断江面，将阿斗抢下来。

就阿斗来说，这是赵云第二次救他的命。

当然，阿斗被带入东吴，也未必就死，但他将成为孙权牵制刘备的砝码，长时间失去自由，这是可以肯定的。最终是否能生还，生还后是否还能成为太子继承皇位？则都要打一个大大的问号！

截江夺阿斗，孙夫人独自归吴，让刘备彻底断绝了后顾之忧。益州很快进入刘备囊中。

历尽凶险的刘备，现在一下子拥有了荆州、益州的广大地盘，自是喜悦不胜，各位功臣也跟着喜悦，纷纷议论要分点蛋糕尝尝："时议欲以成都中屋舍及城外园地桑田分赐诸将。"赵云听到这种议论，向刘备陈述自己的不同意见："当年的霍去病说过，匈奴未灭，无以家为，现在的国家祸患远远不止一个匈奴，我们需要努力地方的还有很多，怎可就此偏安？要等到天下一统，和平降临，那个时候，各位功臣良将再回家乡，躬耕陇亩，安享太平。现在益州人民刚刚经历战乱之苦，应该把他们的土地住宅一一归还给他们，让他们安居复业，然后征兵收税，他们才会真心实意地配合。"

这一段话，充分证明了赵云的远见卓识，也说明他当年所说："从仁政所在"，是他一生的政治理想，从未改变。

益州安定后，刘备、曹操又在汉中展开争夺战，在这里，赵云先于诸葛亮，独立自主地实行了"空城（营）计"，大获全胜。

当时，曹操往汉中运粮，被蜀军侦知，与赵云一起出征的蜀将黄忠认为可去截粮，带兵去了，赵云守营等候。两位都久经战阵，深知所有战斗并无必胜之理，于是约好时间，如果黄忠到期不还，那就是遇到了麻烦，赵云带兵去接应。

黄忠果然遇到麻烦，到了约定时间，仍未归来，赵云营中战士，多数已跟黄忠截粮去了，剩下的人也不多了。赵云仅带数十骑兵，前往接应，救出黄忠，却与曹操大军迎面遇上，厮杀开始，曹军兵马越聚越多，赵云越战越勇，杀进杀出，凭一个人的英勇，将曹军杀败。但曹方兵力太多，败后马上蜂拥回来，如汪洋般又将将微兵少的赵云淹没进去，赵云就在这刀海枪林中，冲出重围，跟随他的部将张著却被曹兵杀伤，没能紧跟着冲出，陷入重围。赵云又跃马挺枪，重新杀入曹军阵中，于万马奔腾中，于耀目刀光中，于如雨枪矛中，于死亡线上，将张著救出，退回军营。曹操的大部队随后紧追，在军营中留守的蜀汉将领张翼，看形势不妙，马上指挥人关闭营门，据营力守。赵云不同意，他让战士们将营门大开，偃旗息鼓，不显半分慌张，而他自己，匹马单枪立于营外，直面潮水般涌来的敌军。

一个人的勇武，是以震摄万人、十万人、数十万人的胆气。史籍中没有赵云单骑独对曹兵的记载，但我相信，在那个金鼓喧天、厮杀整日的下午，在曹军中杀进杀出，如入无人之境的赵云，一定会匹马单枪，独对曹军，风劲如刀，夕阳如血，拂映在赵子龙身上，这样的天神般英雄，一定会成为许多曹营将士一生挥之不去的梦魇。

一定会是这样，不如此，便无法解释史籍中所记载的曹操大军面对空营，却不敢试探进攻，马上退却。一定是赵云天威，震慑了曹军，让这数万军队，在他一个人面前选择退却、溃逃。

赵云手挥处，蜀营中"雷鼓震天"，尾追射箭，曹军惊恐奔逃，拥挤落入汉水，被淹死众多战士。

仅凭此史有明文记载的一战，赵云足可立足于中国名将之林。仅凭此一战，赵云的个人武功，也足以对得起民间吕一赵二的说法。

第二天，刘备来到赵云军中，惊叹了这么一句："子龙一身都是胆也。"由此，赵云被"军中号为虎威将军"。这一句话也成为对一代名将的崇高褒扬。

一身是胆的赵子龙，在刘备决定东征孙权时，再次显示出他文武全才、有勇有谋、深具政治远见的全能才干，他劝谏刘备："国贼是曹操，非孙权也。且先灭魏，则吴自服。操身虽毙，子丕篡盗，当因众心，早图关中，居河渭上流以讨凶逆，关东义士必裹粮策马以迎王师，不应置魏，先与吴战；兵势一交，不得卒解也。"

一直到诸葛亮北伐曹魏，已可称老将的赵云仍然率军从征。诸葛亮误用马谡，导致失街亭后，各路蜀军多有损失，只有赵云亲自为自己所率部队断后，部队毫不慌张，按序后退，没有一点儿损失。

公元229年，赵云病逝。后主刘禅追谥赵云为顺平侯。

姜　维

在正史中，姜维的处世为人，理想追求，也与赵云绝相类似，《三国志》引同时代人郤正论姜维，原文如下："姜伯约据上将之重，处群臣之右，宅舍弊薄，资财无馀，侧室无妾媵之亵，后庭无声乐之娱，衣服取供，舆马取备，饮食节制，不奢不约，官给费用，随手消尽；察其所以然者，非以激贪厉浊，抑情自割也，直谓如是为足，不在多求。凡人之谈，常誉成毁败，扶高抑下，咸以姜维投厝无所，身死宗灭，以是贬削，不复料摘，异乎春秋褒贬之义矣。如姜维之乐学不倦，清素节约，自一时之仪表也。"

这段话的中心意思是说：姜维身为蜀汉大臣中的第一人，不好声色，不图富贵，将有限的生命，奉献给了无限的复兴汉室的事业中去，一般人评价人，总是按成王败寇那一套，因为姜维最终未完成复兴汉室事业，就往他身上泼脏水，那实在与正确的历史观相差太远。

姜维，字伯约，天水冀县（现在的甘肃甘谷）人，少年时就失去了父亲，与母亲相依为命。他自幼好读书，兵书之外，尤其喜欢汉代大学者郑玄所注释的经书（《诗经》、《礼记》等）。

姜维父亲之死，是因为跟随郡里的地方部队指挥官，平灭叛乱，为保护指挥官不受攻击而死，所以姜维算是忠烈后代，受到中央政府的特殊照顾；成年后，被安排到郡里任职，又特别给了他个荣誉职称：中郎。这个中郎是个八品官，其实际岗位应该在皇帝警卫部队，姜维一直在天水，没到首都就职，因此他这个"中郎"只能算是计算俸禄用的虚衔，他的实际工作岗位，还是在本郡，属于地方部队的高级参谋官。

公元228年，诸葛亮兵出祁山，北伐中原，兵锋直逼天水。当时的天水太守马遵，正领着姜维等一干部属，跟随上司雍州刺史郭淮视察工作，突然接到诸葛亮兵出祁山的军情报告，郭淮对马遵说："诸葛亮来者不善，我要回去准备抵抗事宜。"拍马回驻地上邽去了。马遵想到天水驻地翼县偏出西郊，正是诸葛亮大军最先打到的地方，心惊胆战，就要跟随郭淮逃跑。姜维劝阻说："您的驻地在翼县，我们应该回翼县。"马遵很生气："翼县在战事前线，你让我回去，岂不是让我去送死！"他很愤怒地对姜维等部下说了句："你们这些人都不可信，都是叛乱分子。"说完就匆匆追着郭淮去了。姜维等人此时的确没想过要叛离魏国、投奔西蜀。太守不信任他们，他们也没办法，太守不是当地人，说跑就跑，了无牵挂，而他们这些地方官吏的家人都还在翼县，要跑也没处跑。犹豫了一阵，想想还得先公后私，就追着马遵往上邽去，没想到他们就迟了这一步，跑在前头的马遵就已把上邽城紧紧闭住，不让他们进去。姜维等人无奈，回过头来再回翼县。此后历史记载略有不同，一说姜维一伙回翼县，翼县人也不让他们进城，他们无路可走，只好投奔诸葛亮。还有个说法是他们回了翼县，但此时翼县已入诸葛亮之手，翼县人民欢天喜地，翻身得解放，看到他们所喜爱的姜伯约回来，一致鼓动他去投奔诸葛亮。姜维推辞不过，只好去见诸葛亮。

两处记载，虽有小处不同，但没本质区别，都是说姜维是在不得已的情况下，才去投奔的诸葛亮。小说《三国演义》，以及戏曲《收姜维》，演义出许多曲折情节，也同样是说姜维不得已投奔诸葛亮。

投奔的过程虽有不得已，但也是冥冥之中的遇合。诸葛亮二十七岁时见到刘备，感刘备相知之恩，从此跟定刘备，南征北战，鞠躬尽瘁，终于建立起蜀汉政权；姜维也是二十七岁时见到诸葛亮，感诸葛亮相知之恩，从此投身蜀汉兴复大业，贡献出一生的光和热，呕心沥血，只手扶社稷，于风雨飘摇之中，支持蜀汉后期政权数十年。

这样的知遇，在历史上存在，但不多。姜维受到诸葛亮知遇，感激之情，贯穿他的一生，这是他的幸运，也是蜀汉政权的幸运。

诸葛亮非常器重姜维，在小说和戏曲中，姜维成为了他的弟子，诸葛亮将自己的从军经验、兵法韬略，以及行政工作经验、方法，一一倾囊相授。史书中没这么写，但应该相差不远。因为诸葛亮就是把姜维当成接班人来培养的，几年时间，年轻的姜维就升为中监军、征西将军。诸葛亮多次这样公开评价姜维："姜伯约忠勤政事，思虑精密……""姜伯约甚敏于军事，既有胆义，深解兵意。此人心存汉室，而才兼于人……"

诸葛亮死后，姜维回到成都，被晋升为右监军、辅汉将军，成为蜀汉部队的实际领导人。但在诸葛亮所推荐的政府接班人蒋琬、费祎在世之时，姜维的军事统领权力一直受到制约，他每每出征，费祎也不过分反对，只是给他的人马从来不过万人。一万兵马，打打游击战、破袭战还行，要全面进入中原，恢复汉室，那是远远不够。

费祎有费祎的道理，他曾跟姜维说过这么一段推心置腹的话：我们这些人，比起诸葛丞相来，能力差得远，以诸葛丞相惊天动地的大才，犹且不能平定中原，我们哪儿办得到？目前我们最需要也是唯一要做的，就是"保国治民，敬守社稷"，留下机会，等待以后出现能力超群的才人来完成。我们不能因为理论上也存在一点获胜的概率，就大举出兵，进行赌博式的决战，万一不能如我们所愿，到那时后悔都来不及。

费祎的话无疑非常正确。但长久的偏安一隅，你蜀汉乐意，他魏晋吴未必同意。若是一段时间内，能力高于姜维，可以平定中原的人才降临不到蜀汉，而魏国、吴国却发展壮大了，怎么办？所以费祎是个好丞相，他的话有道理，却未必合适当时的形势。姜维的北伐未必能成功，却也可能是他不得不的选择。

无论是日常生活，还是军事行动，有许多客观因素的左右，实在不是纯粹的理性推断所能解释的。

费祎去世后，姜维成为蜀汉大臣中第一人，再也没有人掣肘他用兵，他终于可以带"数万"将士出征了。《三国演义》中所称姜维九伐中原，主要战事都发生在此后。

在与魏国的交锋中，姜维有胜有败，总体上占据上风，对蜀汉政权的扩张，基本没有收益和损失。好在战火基本燃烧在魏国领土，对蜀汉百姓造成的骚扰并不算大。只是连年用兵，军费开支浩大，蜀汉百姓的负担肯定会有所加重。

后来在邓艾兵临成都城下时，力劝后主刘禅放弃抵抗、开城投降的蜀汉重臣谯周，就针对伐魏所带来的负作用，公开宣布了他的不赞同，他认为以蜀汉当时的形势，"可为文王，难为汉祖"，也就是费祎所说的，只能期待后人完成光复汉室的使命，他们这一代人是白搭了。

不只是朝臣有人这么看，军队中也有人这么看，著名的打酱油级别将军廖化（蜀中无大将，廖化作先锋，就是指这个人），就公开表达过他对连续作战的不满，认为不能休养生息，是自取灭亡之道。

谯周、廖化所代表的一派人，所说都有道理，休养生息，务农植谷，绝对没有错误。关键在于：你想休养生息，就能休养生息吗？

对这个问题，看法并不一致，我也不认为姜维的选择就一定正确，同时，我也不认为姜维的选择就一定错误。处在那个风雷震荡的时代，姜维所切身感受的压力，切身所处的环境，是不在他的位置之人，所无法体会的。

只是，以姜维的智慧与忠诚，他选择的，一定是一条相对不错的路。

蜀汉的灭亡，宦官黄皓起了很大的推动作用，这是依附在蜀汉政权肌体上的一条大蛀虫。出于忠诚，姜维在竭见后主刘禅时，建议刘禅杀掉黄皓，刘禅说："黄皓只是个给我服务的普通小吏，以前董允（就是诸葛亮在《出师表》中表扬过的那个）对他切齿痛恨，我就很不满意。你现在又何必多说。"

袒护身边人，袒护马屁高手，为了这些进谗言、拍马屁的家伙，不惜干掉国家栋梁，这样的事，历史上一再发生。姜维是个文武全才的大臣，他应该熟知历史。正因为他熟知历史，刘禅如此袒护黄皓的话一讲出来，姜维立即知道黄皓在刘禅心中的份量了，也立即知道自己有可能大祸临头了。

刘禅很有趣，他随后指派黄皓去见姜维，向姜维道歉，这哪里是道歉，简直就是示威：我黄皓与皇帝的关系，你在外带兵的姜维，有什么能力离间得了？

姜维的文武全才，通达世情，在此时显露出来，他借这个面对面进行交流的机会，不但安抚下黄皓情绪，还说服黄皓，让自己带兵远离成都，去屯田种庄稼。

后世的岳飞在干预皇帝家事，惹怒皇帝后，仍坚持自己正义的意见，不容于皇帝，终致杀身之祸。姜维也是在干预了皇帝的爱好（爱好小人）后，知道不容于皇帝及小人，马上抽身退步，远走避祸。

两个人都对国家、对皇帝足够忠诚，两个人最终都死于非命，都称得上英雄。

姜维远走避祸之后，北伐终于搁置，那些非难姜维用兵的人，现在终于如愿以偿了。但事实是：你不对敌国用兵，敌国就要对你用兵。你想安安稳稳当周文王，希望挣下家业，等周武王出世，去打下天下；你的对手给你这个机会吗？

姜维屯田去了，已经由司马家族牢牢控制的魏国政权派出钟会、邓艾两支部队，南征蜀汉。树欲静而风不止，你不打人家，人家打你来了。

对这个结果，作为优秀的政治家、军事家，姜维早有预料，他在入川门户剑阁，列营守险，抵抗魏国主力，既不出战，也不回复钟会的诱降，时间长了，魏军粮草供应不上，钟会无可奈何，决议退兵。

眼见得这次军事风险就要被化解，邓艾奇兵飞度阴平，在绵竹与诸葛亮的儿子诸葛瞻作战，获胜，并于阵中斩杀诸葛瞻，乘胜进抵成都城下。

邓艾只是奇兵，并非主力部队，奇兵突袭，无后勤保障，利于速战，诸葛瞻如果不是被邓艾的劝降书激怒，主动出战，他只需固守绵竹，用不多长时间，就会把邓艾的队伍拖垮。就算绵竹失守，邓艾没有任何机械后援，想攻打当时的大都市成都，简直是做梦（当初刘备大军齐备，攻成都艰难备至，最后靠马超的威名逼的刘璋投降）。只要成都固守，姜维抽调部分兵力回援，很容易就会将邓艾击垮。就算姜维不回援，拖垮邓艾也只是时间问题。

但历史的诡异在于，它不按逻辑行进。决定历史进展，在于历史坐标点上那个人。时间不前不后，空间不左不右，坐标点上，恰恰是那个人。

那个人是刘禅，他投降了，并且他下命令，令姜维也投降。

姜维没有任何选择，他失去了任何战斗下去的理由，他只能投降。

大厦倾覆，再有力量的手臂，也无法支撑。

好在姜维不是平常人，他用他生命的最后一点光和热，迸发出他对蜀汉政权的忠诚写真。

姜维向钟会投降，他的计划是：让钟会干掉邓艾，然后钟会反叛司马氏，在四川独立；然后姜维再干掉钟会，接回后主刘禅，宣布蜀汉复国。

姜维差点就成功了，钟会的确反叛了（以史书上给出的前置条件，可以推测当时的形势，钟会没有办法不反叛，因为他已经失去了司马氏的信任，钟会面临的情况是：反叛尚有机会，不反只能被清除），邓艾也被抓了起来，姜维给刘禅写密信，让刘禅耐心等几日，他就会复国成功。

只可惜姜维谋划再周密，像这样的大规模叛乱行动，不可能不让下属知道，只要一位下属不乐意，信息泄露出去，所激起的后果，就不是周密计划所能控制的。

钟会的叛乱计划泄漏出去，出生入死从中原打到四川来的将士，都是中原人，父母妻儿都在中原，他们不愿跟随钟会冒险，他们想回家团聚。于是，兵变出现，钟会与姜维在密谋中，被乱兵闯入杀死。

乱兵蜂拥而入，姜维拔剑在手，在满屋的大刀长矛、汹汹杀意中，奋勇搏击。以他六十多岁的高龄，于杀红了眼的乱兵中，仅仗手中短剑，亲手杀死五六名乱兵，终于丧命于如林刀戟下。

这是一代英雄的谢幕，英雄为他的理想殉葬。

张　辽

因为《三国演义》的缘故，蜀汉五虎上将深入人心，关张赵马黄，在民间故事里，神一般地存在着。与他们上演对手戏的曹操方面的将领，尽管在正史记载中，军功武功都未必低于蜀汉五将，但在民间，显然无法和蜀汉五将比，在五虎将的夺目光彩下，曹营将领大都是以陪衬人的身份在跑龙套。

有教授曾有文章，题目就是"五虎将"和"曹八将"，他笔下的曹操八将是：夏侯惇、许褚、典韦、于禁、曹仁、曹洪、李典、乐进，这八位将领，是曹操在军事方面的主要支撑。

不过在《三国志》中，被排在魏国将领第一位的，并不出自"曹八将"，而是张辽（夏侯与曹氏的列传在张辽之前，但那是因为皇室宗亲的缘故，并不是军功排列）。

张辽在《三国演义》中，是一个非常儒雅的将军，在很大程度上，与蜀汉的赵云、姜维相似，在连环画中，他的形象也是赵云、姜维这一类型，这说明在画家心目中，他们是同一类人。

张辽在《三国演义》前期，跟着关羽出了一次名，那是关羽被困于土山之上，准备死拼到底。偏偏曹操爱他这个才，不给他拼命的机会，让张辽去劝他投降。关羽开始不听劝，执意要死拼，张辽说你要拼死了，就犯了三条大罪："当初刘使君（刘备）与兄结义之时誓同生死，今使君方败，而兄即战死，倘使君复出，欲求兄相助，而不可复得，岂不负当年之盟誓乎？其罪一也。刘使君以家眷托付于兄，兄今战死，二夫人无所依赖，负却使君依托之重，其罪二也。兄武艺超群，兼通经史，不思共使君匡扶汉室，徒欲赴汤蹈火，以成匹夫之勇，安得为义？其罪三也。"张辽说，要想不犯这三宗大罪，只有投降曹操一条路："一者可以保二夫人，二者不背桃园之约，三者可留有用之身。"

史书中并没记载张辽劝降，不过这不妨碍罗贯中杜撰出来劝降话的无比正确。土山约三事，由此成为经典桥段。

罗贯中安排张辽去劝降关羽，非常有道理，因为这两位名将惺惺相惜，虽在敌对阵营，却是肝胆相照的好朋友。在《关羽》一节中，张辽奉曹操之命，去试探关羽会不会走，关羽实话实说：一定要走。史书上难得在白描之外，记载了一次人物心理活动：告不告诉曹操？告诉，怕曹操生气干掉关羽，不告诉，又不是为人臣属的本分。后来张辽下定决心告诉曹操时，对自己与关羽的关系有个明确定位：兄弟也！

张辽是并州雁门马邑人（现在的山西朔县），在《三国演义》里最初出现时，跟在吕布后头跑龙套，后来吕布被灭，他就投降了曹操，从此为曹操出生入死，建功立业。

吕布因为《三国演义》中虎牢关前张飞那一句："三姓家奴"，成为反复无常的代名词。其实吕布只投靠过两个人，加上他自己的本姓，三姓家奴，并不多变。以张飞的眼光看起来，张辽应该是七姓家奴才对：张辽本姓聂，后来为了避仇才改姓张，最初他在郡里做官吏，并州刺史丁原（就是三姓家奴吕布最初跟随的那个）发现了这个人才，把他收归到自己帐下，封官进爵，派他带兵入京；到京城后，国家最高军事领导人何进也看中了他，让他为自己服务，到河北去征兵，张辽忠诚地执行何进指示，去河北召了千余兵丁；回京后，何进已在权力斗争中被干掉了，张辽又投靠了权倾一时的大军阀董卓；董卓失败后，张辽才跟随吕布出奔徐州，此时的张辽年仅二十八岁；吕布被曹操杀掉后，张辽率余众投降曹操，这才算立稳脚跟，正式展开他的名将生涯。

生逢乱世，一个有才能却又无法做领袖的人才，既幸运又悲哀，幸运的是乱世出英雄，自己的文才武艺发挥的空间比和平年代大很多；悲哀的是，只要选择眼光出了问题，一步踏错，赔上性命的概率，比起和平年代来，同样大很多。

良臣择主而侍，良禽择木而栖。投靠了几个人、经历过几姓并不重要，重要的是是否有赵云那样的理想志向："从仁政所在"，并且最终找到了正确的方向，从而让自己的才华得到最大程度地发挥！

赵云遇到刘备，找到了他最正确的选择。张辽投降曹操，作出的也是他最正确的选择。他们的生命，因此绽放。

张辽投降曹操之初，即被赐爵关内侯，这只是个荣誉职称。此后他随军出征，屡立战功，被升迁为裨将军。

曹操击破袁绍，平定河北后，派张辽（与曹营其他大将一起）去收拾地方割据严重的山东地盘。张辽与夏侯渊在东海郡（治所在现在的山东郯城县）围攻昌豨，达几个月之久，未能攻下，后勤补给跟不上了。主将夏侯渊与张辽商量，准备先退兵回根据地，以后再来拿下东海。张辽认为：现在正是攻破东海的关键时候，不能撤退。这些天来，每每去城下巡视围城部队，城上守卫的昌豨就要目不转睛地看着他，若有所思，并且也不安排弓箭手向他射箭，偶尔零星有几支箭射过来，也有气无力，根本构不成威胁，这一定是昌豨在犹豫着投降不投降，所以才不出力战斗，我可以尝试着跟他谈谈，或者可以劝他来降。

能不费刀枪就平定东海，当然求之不得。只是张辽的视力也太好了，昌豨远远看着他有所思的样子，居然被他观察得清清楚楚。幸好他不是近视眼。

计议已定，张辽安排人去向昌豨传话：曹操有些话要跟您说，委托张辽转达。

昌豨果然如张辽所料，一直在战与降中摇摆，听了使者的话，他真的出来跟张辽见面聊天。估计张辽的话说了不少，其中最有杀伤力的是这么一句，被正史记录下来："太祖（曹操）神武，方以德怀四方，先附者受大赏。"

谁先投靠谁就占据好位置，张辽本身就是个好例子。昌豨果然心动，答应投降。张辽自身这个例子之所以中用，以及张辽之所以从昌豨的神色变化间捕捉到昌豨的内心想法，最重要的原因是他们两个以前曾是同僚，一起上阵杀敌，出生入死过。张辽辗转于丁奉、董卓部下，当他的政府军中级将领时，昌豨在泰山一带当土匪，后来两个人分别被吕布收编，成为吕布帐下的将军；吕布被曹操干掉，两个人又同时投降了曹操。只是由于两个人的出身不同，所受到的教育不同，世界观与价值观有很大差异。张辽跟了曹操后，从此死心塌地，再没改变，不管曹操所处的形势好或坏，他都兢兢业业，为曹操的事业舍生忘死。昌豨的土匪出身，让他的忠诚度远远低于张辽，官渡之战，曹操以弱抗强，昌豨觉得前途渺茫，就趁着还没玉石俱焚，脱离曹操，割据东海。他本来认为这是识时务的举动，没想到曹操居然能以弱胜强，取得官渡大捷，一跃成为中国版图上军事实力最强的军阀。昌豨能在官渡之战的关键时候背叛曹操，说明他是个计算概率成败的高手，在他的计算中，困守东海不会有前途，实力最强的曹操就再一次成为他选择投靠的最佳人选。

只是昌豨在曹操最困难的时候做出背叛行为，这让他心里总是不安定。为打消昌豨的心病，在阵前交谈，昌豨口头答应投降之后，张辽孤身一人,来到东海郡城三公山上昌豨的家中,拜望昌豨的妻子,与昌豨一家畅叙离情,共怀往事。

对别人总抱有疑心的人,最渴望的,其实是别人对他的信任。张辽孤身前来,让昌豨欢喜无限,他马上宣布投降,跟张辽一起去许昌拜见曹操。曹操安慰了昌豨一番后,让他回去了,然后责备张辽:"你这样冒险,岂是大将所为!"这句话明是责备,实际上包含了爱惜、赞赏之情。张辽回答:"您的威信布满四海,我是以您的名义去完成任务,昌豨一定不敢加害于我。"

张辽是个极会说话的人。土山上说服关公,东海郡说降昌豨,现在回答曹操,都能让对方听得心情愉悦。

《三国志》中对昌豨事迹的记载不太一致,《于禁传》中说是于禁急行军去攻打昌豨,昌豨与于禁以前很有交情,就向他投降了,而于禁为了表示自己大公无私,立即把这个念旧情的昌豨杀掉了。曹操当时也不在许昌,听说后,还感叹了一句:"这个昌豨真没头脑,既然投降了,不来找我,反去找于禁,岂非天命?"

也许是昌豨投降张辽后,又自作聪明去向于禁投降?——当时于禁的军职远远高于张辽,昌豨精于算计,这样做是有可能的,那么事后曹操的感叹,就只能用"假惺惺"来解释了。更或者就是曹操暗示于禁杀掉昌豨,也未必不可能,像昌豨这种看风使舵,拿着背叛不当回事的人,哪个领导人都不会喜欢!

过了一年多,公元203年,曹操征讨袁绍的儿子袁谭、袁尚于黎阳(现在的河南浚县),张辽跟随出征,立有军功,被提拔为中坚将军。袁尚抵抗不过,逃到邺城(现在的河北临漳),曹操尾随追击。邺城是袁氏根据地,多年经营,城坚难攻,袁尚也无退路可逃了,拼死抵抗。曹操攻不破,只好放一放,退军回许昌。这次作战,张辽也参与了,他在曹操退军之时,攻下了属于袁氏势力范围的阴安(现在的河南清丰县)。

一年后的公元204年二月,张辽再次跟随曹操攻打邺城,至这一年的八月,拿下邺城——长达半年的攻防战,期间战事之激烈残酷,可以想象。随后,再跟随曹操击破袁谭于南皮;迫使袁尚逃往辽西,依托乌桓。曹操派张辽独自率军,远征辽东,大破起义造反出身、被另一个大军阀公孙度封置的营州刺史柳毅。回到邺城时，曹操亲自出城迎接，与张辽一起乘车返城，提拔他为荡寇将军。

平定辽东之后，辽西袁尚，以及不肯服从的乌桓人，就成为曹操平定整个北方的最后障碍。公元207年秋，曹操决定北征乌桓。

曹操宣布这个决定，张辽表示了不同意见，张辽说："许昌现在是大汉首都，皇帝就在许昌，您这次北征，长途跋涉，旷日持久，如果刘表派刘备率兵袭击许昌，占据此地，号令天下，咱们就很危险了。"曹操则认为刘表一定不会信任刘备，不会放手使用刘备（这其实是郭嘉的意见）。曹操不听张辽的劝阻，执意出征。

据说当时发大水，近海平原坦途不能走，曹操部队翻山越岭向北进军，后勤辎重时常供应不上，连续跋涉五百余里，与乌桓袁尚的联军在柳城（现在的辽宁朝阳西南）东的白狼山（现在的辽宁喀喇沁左翼蒙古自治县东白鹿山）迎头撞上。

当时，袁尚乌桓联军是以逸待劳，曹军刚经长途跋涉，与联军迎面撞上的前锋，只是轻甲部队，装备并不齐全。面对突如其来的变化，张辽坚决请战。

大军出征之初，张辽劝告不宜出征，这不是怯懦，而是考虑周全；与强敌猝遇，则毫不犹豫，奋然请战，这也不是轻敌，而是勇敢。

不希望出战的人，未必不敢战；同样，天天将战斗字眼挂在嘴边，表现得比谁都勇猛的人，见到强敌，未必不胆怯。

这样的道理，原也不难懂，却仍然有持重稳健之人，被指怯懦，仍然有纸上谈兵之人，被付重任。

曹操也不愧英雄，他将手中的指挥令旗交给张辽，任命他为前锋部队最高指挥官，率军直冲袁尚乌桓联军。

这是以少胜多、勇往直前的一战，这也是奇迹般的一战，张辽以少数长途跋涉的轻甲部队，击溃人数上占绝对优势又是以逸待劳的袁、乌部队，并于阵中斩杀乌桓最高军事领导人蹋顿单于。

张辽作为一代名将的胆气，在这一战中表露无遗。此后的公元209年，张辽率军在安徽平灭陈兰、崔成叛乱，在险峻的天柱山中，张辽要发起进攻，随军诸将都认为"兵少道险，难用深入"。张辽的回答是：

"此所谓一与一，勇者得前耳。"于是进军，斩杀陈兰、崔成。

狭路相逢勇者胜。

勇者与勇者并不完全一样。某些战场将领，用兵时也是不计后果，敢于做出决死一战，但做为最高军事领导，他们自己却并不冲锋在前，只是下达命令。这样的人可能在士兵的森森白骨之上，建立起自己的赫赫威名，被人视之为名将（如隋之杨素）。

另有某些将领，同样敢于不计后果，与敌方决死一战，但在决战之时，是自己冲锋在前，陷阵先登。

张辽的勇，无疑属于后者。

建安二十年（公元215年）八月，孙权率十万大军进围合肥，当时合肥守将是张辽、李典、乐进，守军全部加起来，仅七千人。

以七千对十万，张辽对形势的分析是：曹丞相现在远征在外，等他回来救我们，我们早就被孙权吞掉了，所以曹丞相才留下锦囊，让我们在敌人立足未稳之时，率先冲锋，以挫折敌方的锐气，也可以安定我们的军心，这样才有希望长期固守。"成败之机，在此一战"，你们还有什么犹豫迟疑的。

张辽平时与李典不和，李典又是部队的二把手，张辽这话，很大程度上是说给李典听的。李典也是曹军名将，张辽话音刚落，立即表态："这是国家大事，只看张将军的决策如何，我断断不会为了点私人矛盾而贻误公事。"

于是张辽与李典趁吴军围城未合，连夜招募敢死队，最后招募了八百个敢死士兵，杀牛设宴，激励士气。吃饱喝足之后，战士们倒头睡下。第二天拂晓，张辽披甲持戟，身先士卒，开城直冲吴军。

孙权带了十万大军来攻合肥，事先也早知道合肥守军不过数千人，任谁也猜测这数千守军一定会严把城池，没人敢于去想他们居然会主动挑战。八百位曹军敢死战士，跟在张辽身后，旋风一样杀入吴营，张辽直如虎入羊群，连续杀死数十名吴军士兵，斩二员吴方将军，大声呼喊着自己的名字，直冲到孙权的跟前。吴军众将一时不知所措，孙权返身逃到一个小山包上，以长戟自卫。张辽在山下耀威扬威，大声喊叫，让孙权下山决战，孙权气为之夺，动也不敢动。过了很长时间，孙权总算还过神来，看张辽带的人并不多，马上下令将张辽团团围住，张辽在万军围困中，左冲右突，勇往直前，硬生生从枪山戟林中撕开一道口子，率身后跟随的数十人突围而出。被吴军截断、未能成功突围的敢死队员大声呼喊：张将军不管我们了吗？张辽闻声，返身杀入重围，接应出被围士兵。

此一战，自清晨至中午，张辽所向披靡，无人敢当，最后毫发无损，安然还城，空留下一地吴军尸体。吴军锐气大挫，无不留下了严重的心理阴影，此后再攻合肥城，士气不振，久而无功，被迫撤军。

孙权的退军命令下达，吴军拔营要走，被张辽侦察到。张辽远远看到孙权行至合肥东侧的逍遥津畔，立即率军发动袭击，阵斩吴将陈武，跟随在孙权身边的吴国名将甘宁、吕蒙、凌统奋力抵挡，却挡不住张辽的雷霆一击。孙权策马急逃到逍遥津前，当时的逍遥津上木桥已拆了一丈多，万分危急的关头，孙权急鞭胯下骏马，骏马腾空，飞越丈余，越水而过，吴将贺齐率军在对岸接应，孙权侥幸脱身。

据说，这一战，杀得江南人人胆寒，吴国境内，小孩晚上啼哭，只需说一句张辽来了，小孩子就不敢再哭。

两年后，曹操再征孙权，途经合肥，沿张辽当年作战的路径走了一遍，叹息良久。

后来曹丕篡汉，为魏文帝，将逍遥津之战后还活下来的张辽敢死队队员，统统召还首都，担任皇帝卫士（虎贲）。

曹丕还将自己所乘坐的车子送给张辽的母亲，派军队护送张辽母亲到张辽驻地，并下令张辽母亲到达时，仪仗队要出来迎接，同时，张辽的手下部队，也全部列队于道边下拜；并为张辽起造宅第，特意为张辽母亲建造了宫殿。

将军百战，荣耀故里。

典　韦

典韦在三国舞台上，活动的时间并不长，他早早死了。但就在短短的历史记录中，他的胆略、豪勇、气力，都足以让人过目难忘。

典韦是陈留己吾人（现在的河南宁陵），他生在汉末乱世，却颇有上古侠客之风，同时具备侠客之能。他为一个姓刘的人家，去找富春县令李永报仇，当时社会极不安定，李永又深知自己仇人众多，所以日常防备极严。就是在极严的防备中，典韦闯入李永家中，仅靠一把匕首，将李永夫妻两人一并杀掉。

擦干匕首上的血迹，典韦慢腾腾踱出李永府宅，从门前车上取下他提前藏好的刀戟，也不乘车，就步行着慢慢离去。李永的住宅就在闹市边上，此时被屠杀的消息已快速传播开来，数百人尾追着典韦，就是没人敢于上前拦截，就这样走了四五里，仿佛送别一样，典韦的同伴来迎接他，一并远去。

这样光天化日之下，入宅杀人；数百人尾追之下，从容离去，想不出名都难。而这样的勇士，在乱世之中，是各路势力网罗的对象。陈留太守张邈起兵反董卓（就是《三国演义》中着力渲染的"十八路诸侯讨董卓"中的一路。但据正史，满打满算，联合起来讨伐董卓的，最多十三家，不过陈留太守张邈的确是其中一路），将典韦召至麾下，随同出征。

古代的军营之前，都要竖立主帅大旗，也就是所谓的牙门旗，我为这篇文字所选用的马骀画像，画题为"牙门建纛"。纛的本意是舞者手持之羽，后来指天子车座上方的羽毛幢，用于军事，就是指主帅大旗。既然是主帅大旗，这杆旗子就足够大、足够威风，一般人两只手齐上，用尽全身力气，扶都扶不起，典韦则只用一只手，就轻轻松松地将大旗竖起，赢得营中所有人的惊叹。

典韦的力气，不知在三国名将中排第几位，但他是三国名将列传中，少有的被确认手中兵器重量的名将，那是在他跟随曹操之后，由于他的手中兵器是双戟，曹营中迅速流传开这么一句话："帐下壮士有典君，提一双戟八十斤。"

双手各提重达四十斤的铁戟，上阵厮杀，抢转自如，典韦的力气，真是让人瞠目。后世出于对关羽的崇拜，硬生生创造出一个八十四斤重的青龙偃月刀，让关羽拿着，要知道，这是史书上没有记载的，更何况双手抢刀与单手一边一个相同重量的兵器，对臂力的要求有很大不同。

典韦最初归属曹操之时，还没进入曹操法眼。因为曹操最重视的是可以统兵作战的将领，对于匹夫之勇的壮士，他的重视程度显然不够。典韦跟着大将夏侯惇打工，因为作战勇猛，屡立战功，成为夏侯惇所率部队的中级军官。

直到曹操进击吕布，战于濮阳（此事发生在公元194年），曹操亲率大军，夜袭吕布驻扎在濮阳城西四五十里的军营。一夜激战，成功歼灭了吕布的这支部队，但还没来得及还营，闻听到消息的吕布就亲自带队来救援，分三面将曹军包围起来。吕布身先士卒，亲自上阵搏杀，他的武功三国第一固然出自演义传说，但他毫无疑问是三国时期第一等的勇将，他的阵前搏杀，不只杀伤曹营将士，更重要的是对己方士兵的激励作用。眼看自清晨激战至下午，自己部队的士气在吕布的奋勇冲杀下一点点消退，曹操下令，在部队中招募敢死战士，组成突击队，冲锋反击，一定要在气势上扭转颓势。命令一下，典韦第一个报名，在他之后，又有数十人报名。

由这几十个人组成的敢死队，均放弃盾牌，身着两重铠甲，手持长矛撩戟。这是放弃防守、全力进击的意思。

其时，三面围攻中，西面战事最急，典韦来到一线，吕布军箭如雨下，典韦看都不看，告诉身边人："敌人离我十步时再跟我说。"很快，吕布军队就冲到典韦十步范围，典韦同伴喊："十步了。"典韦又说："五步再说。"十步之内，兵刃的寒气已可感受到，典韦同伴们心胆俱颤，想都没想就接着呼喊："五步了。"典韦"手持十余戟，大呼起，所抵无不应手倒者"。

典韦殊死一击，无坚不摧，挡者披靡。进展良好的吕布部队突然遭到这一番迎头痛击，一时适应不过来，死了一批人后，纷纷后退。其时太阳已落山，暮色四合，曹操部队趁机突围而去。吕布军队锐气受挫于典韦，追击的士气也不高。

此战能够安全归来，端的有赖于典韦的个人英雄行为，曹操立即提拔典韦担任自己的卫队长，带领几百个亲随武士，专职警卫曹操安全。

典韦成了曹操的卫队长，遇到战事时，仍然会上阵厮杀，他带的几百人的警卫队，都是从万千战士中精挑细选出来的，战斗力惊人。虽是曹操的亲兵警卫队，战斗到白热化时，常常成为挫锋折锐的前锋。

典韦在勇猛之外，他还具备了一个领导心腹所必须具备的素质：忠诚。他跟随曹操之后，白天一直跟在曹操身边，几乎寸步不离，晚上则睡在曹操卧室之侧，基本上不回自己的家

典韦的经典一战，也就是殒命一战，发生在濮阳之战后三年，时为建安三年（公元197年）。当时地方割据势力张绣屯兵宛城（现在的河南南阳），曹操去讨伐他，张绣很明智地选择了投降，曹操很高兴，专门请张绣和他手下的将军们吃酒。酒宴开始后，曹操挨个敬酒，典韦则手持大斧，跟在身后，斧头的锋刃有一尺之长。杀人不眨眼的大汉提着杀人如砍草的大斧，气势的确逼人，曹操所到之处，典韦都要死死盯住受敬的张绣方面将军，一直到喝完酒，张绣以及他手下的将军们，没人敢正眼看典韦。

张绣是当时力量很强的一股割据势力，他的投降，让曹操去了一块心病，很是得意，太得意了，就容易忘形。曹操虽是一代英雄，只是也有好色的毛病，得意忘形之余，他看上了张绣的婶娘（叔叔张济的小老婆），偷偷将其接入军营中，享受鱼水之欢。

这样的行为，很大程度上形成了对张绣的污辱，张绣虽然能力比曹操差得远，毕竟也曾是割据一方的军阀，脾气与自尊心都比一般人强一些，听说此事后，立下决心：反叛曹操，杀掉曹操。

张绣反叛，计划极其隐秘，以曹操的诡计多端，居然没能觉察到任何蛛丝马迹。

夜色掩护下，张绣军队突袭曹操大营。惊慌失措的曹操带人从后门狼狈逃跑，典韦则率领十余个警卫战士，死守营门，为曹操赶往安全地带赢得时间。

典韦一双大戟，若龙舞九天，挨着死，碰着亡，任张绣叛军人马如潮，就是过不了他死守的大门。于是张绣叛军就从别处营门冲入，再迂回过来，前后夹击。

与典韦一起死守曹营大门的十余位曹操警卫，无一不殊死拼搏，以一当十，无奈叛军太多，在潮水般的冲击下，一个个死去，最后只剩典韦一个人，在前后夹击之下，死战不退。他手中铁戟每一次抡动，都有

十余枝叛军枪矛被击折。血肉横飞之中，典韦受伤数十处。叛军蜂拥至前，长长的铁戟已挥舞不开，典韦居然手提两位叛军战士，当成武器挥舞作战，如此气力勇猛，吓破了叛军的胆子，他们再也不敢靠近典韦，只是远远将典韦围起来。典韦奋勇向前，直入敌阵，再次格杀多名叛军，血流如注，伤重难返，再也支撑不下，这才"瞋目大骂而死"。直到他死了好一会，叛军才敢试探着上前，割下他的头。

曹操逃走后，听到典韦死讯，泪流满面，派人偷偷将典韦的尸体弄回来。下葬之时，曹操去坟前痛哭。

为了与一个女人的几夕快活，丧失了手下最忠诚、最勇猛的大将，典韦墓前，痛哭之时，不知曹操心中是何滋味！

典韦是曹操的首任卫队长，典韦死后，许褚登场。

《三国志》描述许褚是"长八尺余，腰大十围，容貌雄毅，勇力绝人"。对典韦的描述要简单一些，只有八个字"形貌魁梧，膂力过人"。但在小说《三国演义》中的描写，及后世民间评论中，典韦武功排名要比许褚高一些（小说《三国演义》说许褚、典韦交手不分胜负），也许是因为典韦在宛城之战中，过于威风了。

许褚因为武功高，被推举为宗族领袖。在东汉末年那样的乱世里，一个宗族中能有这样的英雄人物做保护神，是族人的幸运。当时有一伙强盗人数达一万多，看中了许褚宗族财富，前往劫掠。此前，为求自保，许褚宗族已结好寨墙，此时正好用来抵御强盗。但寨中的许氏人家，都是普通百姓，毫无作战经验，估计也很少有锻炼机会，人数也少。来抢掠的强盗人数既多，作战经验更加丰富。抵抗一段时间后，寨里的许氏族人都疲惫不堪，战斗力急剧下降，箭也都射完了。危急关头，许褚让人在寨中将所有能捡到的石块都捡起来，放置到寨墙四隅，许褚四面奔行，以石头飞掷攻寨的强盗，力量大、准头好，每一块石头掷出去，都要有一名强盗或死或伤。强盗们不敢再近寨墙。

强盗们虽然不敢逼近，却也并不撤走，如此旷日持久地围困下去，寨外的强盗可以从别的地方取得供给，固守在寨子里的百姓受不了，粮食眼看着越吃越少。于是许褚派人出寨，跟强盗谈判，请求用耕牛来换粮食。强盗们答应了，要求先取牛，许褚同意，赶了牛出寨，送给强盗。

牛向前走不几步，可能是预感到要被屠宰的命运，返回头就跑，许褚在牛屁股后，一只手抓住牛尾巴，硬生生地倒拽着行走了百余步，一直将牛倒拽到强盗们跟前。

一个人，居然能将牛倒拽百余步，这样的人，比牛更牛，强盗们面对这样的牛人，哪里还敢要他的牛，心惊胆颤，一哄而散。

"横推八马倒，倒拽九牛回"，这是评书中，形容一个人力气大、武功高所常用的词语。正史中有这样记载的人物，却确实罕见。许褚一拽成名，方圆几百里，强盗、乱兵、起义军，没有不怕他的。

后来许褚带领手下投奔曹操，曹操非常高兴，说了句意味深长的话：这就是我的樊哙啊！

此前，我们写到过樊哙，那是刘邦手下一员勇将，鸿门宴上，他持盾闯宴，与项羽对峙，目眦欲裂，丝毫不落下风，迫得楚霸王项羽放过了刘邦。曹操将许褚比做樊哙，既是对许褚的赞赏与肯定，也隐含着将自己当成了汉高祖刘邦。

曹操为人多疑，在《三国志》及《三国演义》中多有描写，但他对许褚一见如故，毫不怀疑。当天就任命许褚为都尉，职责就是给自己当贴身警卫，跟随许褚投奔而来的豪杰之士，统统编为虎士营，也就是曹操贴身卫队。

官渡之战，袁绍、曹操两军相持，无间道上演。曹操的一位老警卫员徐他阴谋刺杀曹操，就因为许褚平时跟随曹操几乎寸步不离，徐他很畏惧许褚，不敢轻举妄动。一次正值许褚休息日，徐他抓住机会，怀揣利刃，入见曹操。许褚回到宿舍里，神奇的第六感官发挥作用，警觉到曹操可能有灾祸，立即返身回到曹操大帐。徐他只知道许褚今天休息，并可能亲眼目睹许褚回到宿舍了，不知道许褚去而复归，进入曹操大帐后，骤然见到许褚就站在曹操身边，极度惊愕中，神色大变，许褚警觉到危险所在，立下杀手，格毙徐他。

经此变故，曹操对许褚更加信任，"出入同行，不离左右"。

后来在潼关与韩遂、马超作战。曹操被韩、马联军所败，逃到黄河边上，溃败下来的曹军纷纷争船逃命，挤做一团，马超率万余精兵紧追在后，箭如雨下。危急时刻，许褚夺下一条小船，扶曹操上去，岸边哭爹喊娘的曹营败兵乱纷纷地拥在船周，纷纷扒着船沿，想上船逃命，扒在船沿上的手多了，小船撑不住，眼看着就要翻了，许褚抽刀将攀在船沿的战士们的手一一剁下来，小船这才算撑离岸边。船刚离岸，马超率追兵赶到，密集的箭矢射来，许褚手举大马鞍，护住曹操，撑船的船工没人护，一瞬间就被射成刺猬，掉到水里死了。许褚左手举马鞍遮蔽箭矢，右手持桨划船，终于在箭雨中成功逃走。

《三国志》在叙述完这段情节后，加了一句评价："是日，微褚几危。"意思是：这一天，如果没有许褚，曹操基本上是要报销了。

此战是马超一生中最重要、最著名的一战，就靠这一战，奠定了马超三国名将的地位。

这一战也是曹操一生中最危险、最狼狈的经历之一。曹操一生，很不容易，有过多次死里逃生的经历。在宛城，他在张绣军队的突袭中侥幸逃跑，他的第一任卫队长典韦却因为掩护他而丧命。现在他在马超的追逼下侥幸逃生，好在第二任卫队长许褚没典韦那么倒霉。

曹操一生中打败仗的时候很多，也不在乎多败这一次。他的军队也没因为这一败而丧失元气。韩遂、马超联军也有很多难以解决的矛盾，没能力乘胜扩大战果，两军随后进入僵持阶段。

僵持过程中，两军有过对垒，曹操与马超阵前谈话，说好不能带多了随从，就只有许褚一人骑马跟在曹操身后。马超在三国名将中，以勇猛善战闻名；曹操文才卓越，当时就名满天下，历史记载中他少年时的身手很灵活，但也仅此而已，好像从来没有人提及他武功多好。马超有机会与曹操面对面交谈，暗暗计划突然出手，将曹操手到擒来，但在要行动时，他突然被来自曹操身后的一道凶狠目光震摄。面对许褚的威武，马超心中畏惧，陡然想起江湖传说许褚倒拽牛尾巴的故事，于是问：您手下有虎侯许褚，现在哪里？曹操回手指向许褚：这就是。许褚抖擞精神，怒目而视，马超不敢轻举妄动，随口与曹操敷衍几句，各自归队。

小说《三国演义》中，有"许褚裸衣斗马超"的情节，极其激烈，极其精彩，是后世三国迷津津乐道的段子。但无论在正史中，还是在事实上，那都不太可能。中国的历史演义小说，以及评书、民间故事，经常会渲染斗将的情节，似乎战争、战役、战斗的胜负，就取决于敌对双方的将领谁武功更高。这样的故事固然精彩,只是大多不实。古代的战争或战斗并不是没有斗将,但却极少,更难以成为战争胜败的关键。

决定战争胜败的因素有很多,比如天时,比如地利,比如后勤保障,比如将帅谋略,将帅的个人勇武也有点作用,但小到几乎可以忽略不计。

勇猛的马超与身为诗人的曹操对阵,结果却是大败亏输。

不过马超也不是一味勇猛,他也有相当的谋略,比如这次与曹操部队相持,他就计划坚拒曹军西渡,将曹军堵在粮食几乎耗尽的黄河之东,不过二十日,曹军必然会因缺粮败走。只可惜联军的另一位统帅韩遂不听,这才导致最后决战,马、韩联军惨败。曹操事后听说了马超的计划,感叹了这么一句话:"马超这小子不死,我就死无葬身之地了。"

马超在阵前问"虎侯",是因为许褚被曹军将士起了个外号:"虎痴",早已天下闻名,所以才有马超这一问。几日后的决战中,许褚奋勇杀敌,砍下不少马、韩联军战士的头颅,因功被封为武卫中郎将,从此时起,曹操的警卫部队才正式定名为"武卫"。

很难想象,一个如此豪勇粗犷的将军,在史书上得到了"谨慎守法,质重少言"的八字评价。曹操手下最重要的大将之一、也是曹操的宗亲曹仁,从荆州前线归来,当时曹操正在休息,曹仁便叫许褚一起到厢房闲坐吃茶聊天,许褚回答了一句:"大王就要出来了。"不理会曹仁的邀请,回身去了大殿。曹仁很没面子,对许褚恨意不绝。有人责怪许褚:"曹仁既是国家大将,又是宗室重臣,他平易近人,主动来跟你交流,你为什么要驳人家这个面子?"许褚正色回答:"曹将军虽然地位显要,又是大王亲信,但毕竟是统兵一方的外臣,我的级别比他低多了,但我的职份是大王的贴身警卫,曹将军与我交流,在公共场合就可以了,单独到小屋里,解释得清楚吗?"

许褚没有单独统领部队独挡一面,不知他的将略如何,但看他对曹仁的表现,许褚则极为精通与主要领导的相处之道。这件事被曹操听说后,曹操更加亲近、信任许褚了。

许褚死后,被谥为壮侯。当年跟从他一起投奔曹操的"虎士"们,曹操认为都是壮士,"同时拜为将,其后以功为将军封侯者数十人,都尉、校尉百余人,皆剑客也"。

张 郃

《三国志》中，张辽、乐进、于禁、张郃、徐晃合为一卷，陈寿在这一卷的最后，有这么一句总评："太祖（曹操）建兹武功，而时之良将，五子为先。"此后，这五个人就被并称为五子良将。与此相同的是蜀国五将关张马黄赵，也是并为一卷，但"五虎将"的名头，却不是出于陈寿，而是后人所加。

五子良将中，只有乐进是一出场就跟随曹操，其余四人都有过跳槽经历，其中张辽跳槽次数最多，张郃次之。

张郃最初追随的，是冀州刺史韩馥，这也是汉末著名的十八路诸侯讨董卓的一路诸侯，很重要的一支地方割据势力。只是能力有限，在乱世大鱼吃小鱼的游戏中，成为被吃掉的小鱼。张郃在韩馥败亡的过程中，没有什么救亡图存的举动，也许是因为他只是个中下级军官，救亡图存是肉食者的事，轮不到他出头。

韩馥被灭后，张郃投降袁绍，袁绍让他带兵与公孙瓒作战。在这个过程中，张郃的能力得到表现，渐渐引起袁绍注意，公孙瓒被灭后，张郃也因功被提拔为宁国中郎将，成为袁绍手下有数的大将之一。

官渡之战时，袁绍手下最重要的两位军事统帅颜良、文丑已死，张郃已进步到袁绍最重要的大将之列，也有了与袁绍面对面交流出主意、提建议的资格。袁绍的部队与曹军有过几次小的接触，取得过几次小胜。小胜利让袁绍骄傲自满起来，从战略到战术全方位地蔑视曹军。张郃作为一线军事指挥官，深知曹操部队的战斗力不容小觑，几次小胜根本不能说明什么问题。真正决战，人数多的袁军未必有必胜的把握。于是，张郃向袁绍提出建议：我们现在虽然连续取得小胜，但决战的风险仍然很大，不值得跟曹操拼命，我们只需要秘密派出精锐骑兵，迂回包抄到曹营背后，断绝其后勤供应线路，曹操必会不战自败。

本来就志大才疏、当时又骄傲自大的袁绍想都没想，就拒绝了张郃。

官渡之战，曹操的取胜有多种原因，侥幸也一定是非常重要的一个原因。因为在较长的相持阶段中，袁绍有过多次取胜的机会，包括张郃提出建议的这一次。只要袁绍的选择正确一次，可能官渡之战的结局就将改变，三国的历史也将改写。

只是，看起来袁绍的确没有从大军阀进步到开国帝王的幸运和能力，他一次次挥霍浪费着上天赐予他的机会，也让他手下那些有能力有理想的将军，一次次遭受打击，直至心灰意冷。

张郃在官渡之战的最高潮时投降曹操。史书中有两种说法，一种说法见于《三国志》中的曹操本纪和袁绍列传，另一种说法见于《三国志》中的张郃传，两种说法的起因都是一样，结果大有区别。

袁绍部队的后勤粮草都放在乌巢，袁绍安排大将淳于琼守护督运，行后勤保障之职。曹操亲自带队奔袭乌巢。

古代行军打仗，一向讲究兵马未动，粮草先行。还有个说法是"战争打的是后勤保障"。充分说明了粮草后勤在战争中可以决定胜负的重要性。

袁绍部队的侦察员能力不低，曹操大军出动，消息很快传报回袁绍中军大帐，袁绍集合谋士、将军们开紧急会议，讨论对策。张郃说：曹操的部队战斗力极强，他们奔袭乌巢，一定会击破淳于琼，淳于琼战败，乌巢失守，我们的形势就无法收拾了，现在的办法，只能是立即去乌巢，救援淳于琼。

一位很得袁绍信任的谋士郭图，提出不同意见："张郃的话不可听，这哪里是奇谋妙计，我们应该去攻击曹操的大本营，对曹操来说，是烧我们的粮草重要还是大本营被连窝端掉重要？他听到消息，一定会回头来救，这样我们不用远赴乌巢，乌巢危机自然解除。"

郭图跟随袁绍的时间并不算短，并不算愚蠢的袁绍（袁绍的愚蠢，只是比较曹操而言，他能在汉末乱世成为最大的军阀，一定有其过人之处）对他信任，也一定有袁绍的道理，估计他此前也为袁绍出过比较见效的主意。

就算郭图此前没有过正确的经历，他只是谋士，他的职责就是出主意，至于他这主意是否被采纳，那不是他的事。

两个办法，救乌巢还是攻曹营，摆在袁绍面前，决策还要袁绍拿。

看到袁绍有被郭图说动了心的苗头，近乎绝望的张郃加了这么一句："曹操的营寨坚固异常，我们仓促去攻打，短时间必然不会攻破，如果淳于琼支撑不住，被曹操拿下，我们都将成为曹操的俘虏了。"

作战经验丰富，对曹军战斗力更有切身体会的张郃，说出这样的话时，内心的焦急和愤怒可想而知。

袁绍是汉末军阀中很有能力的一个，他此前经历的战争战役战斗，也是胜多败少，只有到了官渡，占据优势的袁绍却吃了迷魂药般，所有做出的决策，几乎没有一个是正确的。这一次，他也没有犹豫，将拍板的手拍到了毁灭的按键上。

袁绍不救乌巢，命令张郃去攻打曹操大本营。

结果如张郃所料，曹营早有准备，殊死抵抗，攻营毫无进展，淳于琼却是没做多少抵抗，就被曹操拿下，乌巢失陷，袁绍军粮被烧。

官渡之战前，曹军将士听说袁绍要打过来，都有畏惧之心，认为不是袁绍对手，曹操对袁绍下了这么一句评价："我跟袁绍很熟悉，一向深知他的为人，他的志向很大，但智力不匹配，外表很威严，实际做事胆小犹豫，为人猜忌刻薄，没有什么威信，拥有军队虽多，却不能协调统一，手下将领们大都傲慢不法，导致政令不通，虽然他目前占据地盘最大，粮食物资最丰富，那其实都是为我们准备的。"

决定历史趋势的官渡一战，验证了曹操对袁绍所下的判断。

史书上对张郃此时的选择记载不同，《三国志》曹操本纪及袁绍传中，均说张郃在攻击曹营的过程中，听到消息，曹操已攻克了乌巢，马上阵前倒戈，向曹操投降。他的倒戈行为，让袁绍军队军心涣散，以致大败。

《三国志》张郃列传中，说张郃攻不下曹营，乌巢失陷，张郃撤军回归袁绍营寨。随后由于军粮不继，战斗力涣散，曹操军队乘胜进攻，袁军大败。郭图为自己瞎出主意而惭愧。君子惭愧，会去向他所惭愧的人道歉认错，小人惭愧，会想办法攻击、消灭令他惭愧的人，以此来证明自己永远正确，不会犯错。郭图毫无疑问是小人中的极品，他看到张郃当初的建议才是唯一正确的选择后，马上去找袁绍进谗言："张郃这家伙看到我军溃败，觉得很出气，一再发牢骚骂您不听他的话。"郭图的坏话说的并不机密，或者他本来就不想保密，他要逼走张郃，故意将话散布出去，传到了张郃耳朵里，以张郃对袁绍的了解，他不能不恐惧这个多疑的主子拿自己开刀。他要保命，他只好开溜，去投降曹操。

无论哪一个记载更接近历史真实，张郃的投降曹操，都含有无可奈何的因素。他对袁绍谈不上背叛，因为袁绍不值得他忠诚。

曹操对张郃极其欣赏，认为张郃投奔他，可以与韩信投奔汉高祖刘邦相比，当即任命张郃为偏将军，封都亭侯。

曹操很喜欢以汉高祖刘邦自比，许褚来投奔他时，他说了句：这真是我的樊哙呀！荀彧投奔他时，他说了句：这真是我的张良呀！

张郃也没辜负曹操对他的重视，他随即带兵，跟随曹操，攻拔邺城，又进击袁谭。在后来的柳城之战中，与张辽同为前锋，一鼓作气，以少胜多，大败袁尚与乌桓联军。他因战功被晋升为平狄将军。军职上升，张郃在战场上的重要性更加彰显，征东莱、讨管承、破陈兰、围安定、降杨秋、破马超、平宋建……战功赫赫，逐渐成为一代名将，名动天下。

后来，张郃作为夏侯渊的副将，率部与刘备军队争夺汉中，刘备并不在意夏侯渊，对张郃却颇为忌惮。定军山之战，老将黄忠奋起神威，身先士卒，于阵中斩杀夏侯渊，这是刘备、曹操交锋史上，刘备方面阵斩曹军最高级别的军事指挥家，军心为之大振。而刘备却说了这么一句话：应该杀掉最厉害的张郃，夏侯渊这样的人杀不杀没多大意义。

定军山之战前，刘备曾兵分十路，趁夜突袭张郃，张郃亲率军队迎战，指挥得当，毫不慌张，刘备无功而返。

赤壁之战，是决定三国鼎立的最重要一战。赤壁之战前，曹操已统一了北中国，乘胜南进，如果在赤壁能够一举歼灭孙刘联军，当可长驱南下，以席卷之势，统一华夏。无奈赤壁一战，大火熊熊，让曹操元气大伤（曹操吹牛说那把火是他自己放的），从此后再无足够力量大规模南侵，这才给了刘备、孙权喘息之机，迅速发展壮大起来，最终三分天下。

赤壁之战后，对三国鼎立形势造成最大影响的一战，就是汉中战役。争夺汉中之时，刘备只有益州、荆州，地盘最小，力量最弱，并且在后来，荆州也被关羽丢掉。仅以益州一地，根本无法与魏、吴相抗。汉中又是入川咽喉，无论是魏伐蜀，还是蜀伐魏，谁取得汉中，谁就掌握了战略主动权。所以，对汉中，无论是曹操，还是刘备，都是势在必得。相比较而言，还是刘备的决心更大一些，因为汉中很大程度上关系到他的生死存亡，对已掌握了整个北中国的曹操，汉中的重要性略微小一些。

在曹操、刘备都没顾得上汉中之时，占有汉中的地方军阀叫张鲁，他也是个宗教领袖，汉中实行的是政教合一政体。后来刘备夺取益州，曹操击溃马超、韩遂，两大军事集团一南一北，都与汉中正面接触。张鲁没有能力抵抗来自任何一面的吞并，他就必须投靠其中的一个。经过权衡，张鲁主动向曹操投降，被曹操任命为镇南将军，封阆中侯。汉中地盘则交由夏侯渊率领张郃等人镇守。

刘备安定了蜀中形势后，立即向汉中伸手，他亲自率领部队夺取汉中，汉中在他心中的重要性可想而知。曹操则稳坐后方，只是向汉中增派兵力将领。

汉中战役拖的时间比较长，是比较典型的持久战，在西蜀的全力攻击下，战事由胶着状态，渐渐向刘备方面倾斜。定军山之战爆发时，汉中战役已经进行一年多了。

老将黄忠阵斩夏侯渊，蜀军士气大振，魏军情绪低落，蛇无头不行，鸟无头不飞，军中无主持，人心惶惶，不知所措。魏军中司马郭淮挺身而出，召集将士们，发表简短演讲：张郃将军是我们国家的著名将领，战功赫赫，刘备一向惧怕他，现在情况危急，只有张将军才能带领我们转危为安。

当此之际，别无选择，张郃接任军中主帅，魏军士兵方才安定下来。第二天，刘备本想一鼓作气，渡汉水去全歼没了主帅的曹军，张郃有意离开汉水一段距离，列阵以待，准备在蜀军渡河至中流时，全力一击。刘备远远看到魏军昨天刚死了主帅夏侯渊，今天居然仍然阵列整齐，士气高涨，心中犹豫，不敢冒险，就没有让军队渡河。

接连收到战场失利的消息，尤其是亲信大将夏侯渊的阵亡，让曹操在后方坐不住了，他从长安赶往汉中，亲自坐阵指挥。但此时战场形势已完全倾向于西蜀，以曹操的军事能力，也已无法挽回颓势，相持一段时间后，曹军缺粮严重，被迫退兵。刘备又趁机进军，夺取了房陵、上庸（均在现在的湖北省境内），地盘扩大，实力大增。当年七月，进位为汉中王。三分天下之势，至此完全确立。

汉中之战，张郃虽然也有被张飞击败的经历（宕渠之战，《三国演义》对此有精彩描写。实际是张郃、张飞相持数十日后，张飞将张郃引入狭窄山路，首尾不能相顾，遂破之），但在夏侯渊死后，是他稳定了大局，没让曹军出现溃败的情况，最后得以平稳地撤出汉中。撤军途中，张郃被曹操安排镇守陈仓，继续在战争一线与蜀军对峙。

张郃一生中，最重要的一战，发生在公元228年。这一年，诸葛亮在南定蛮中，稳定蜀中之后，决策出兵北伐。北伐之前，诸葛亮否定了名将魏延申请精兵五千，从褒中出发，循秦岭而东，经子午谷，十日抵达长安，一举收复长安以西的建议，决定稳扎稳打，步步为营，兵出祁山，先攻陇右，再下关中。

魏延兵出子午谷、奇袭长安的计策究竟如何，自当时，到今天，一千七百多年来，始终被人争议。

诸葛亮的担忧可以理解，兵出子午谷，过于冒险，只要魏国在这条险峻的山径间埋伏一支小部队，就足以让魏延五千精兵灰飞烟灭。

但军事行动，不冒险行吗？有哪一次战役、战斗是有绝对取胜把握的？

相隔了如此巨大的时间空间，我对诸葛亮与魏延的争论没有评判，他们都有道理，他们也都可能成功。

是的，诸葛亮如果不是正好使用了马谡，马谡如果不是倒霉遇上了张郃，诸葛亮步步为营的战法，也未必无效。

诸葛亮兵出祁山，讨伐魏国，魏国举国上下，震动恐惧。很快，陇右的天水（现在的甘肃甘谷）、南安（现在的甘肃陇西）、安定（现在的甘肃泾川）等郡相继叛魏降蜀，收姜维的故事就发生在此时，形势一片大好，诸葛亮先取陇右，再下关中的计划，正在稳步实现。

诸葛亮的稳步前进，给了魏国从容调派军队的机会（如果按魏延的兵出子午谷计划，魏国没有这个机会），魏明帝曹睿又亲赴长安（按魏延的计划，此时的长安已被魏延占领），坐镇指挥。右将军张郃，率五万大军，自长安西进，正面抵抗诸葛亮的蜀军。

在街亭，张郃遇到马谡，对两个人来说，这都是他们一生中最重要的战斗。对蜀国和魏国来说,这也是决定两国命运兴衰的一战。如果蜀国胜,则可以乘胜前进,直取长安,拿下关中地区,若关中地区到手,东向灭魏,实现诸葛亮隆中对策的最后也是最好结局,很有可能。如果魏国取胜,则可彻底挫败蜀军的此次征伐行动,并且会从心理上影响魏蜀两国的将士情绪,不能一鼓作气的蜀军,以后再翻山越岭从川中盆地爬出来,作战的力量肯定会有减弱,从而可以长久地将蜀国军队堵截在川中。

对于马谡这个人,刘备临死前,有一句评价:"马谡言过其实,不可大用,你要多加考察。"诸葛亮为什么在如此重要的战役中,安排马谡来担任最关键的主将角色?

马谡非常有军事智慧,是一个卓越的参谋,他经常与诸葛亮通宵达旦地讨论军事、行政问题,诸葛亮平定南中,也是他提出攻心为主。但以诸葛亮的知识,他肯定知道赵括纸上谈兵的典故。一个好参谋、好智囊,与一个出色的一线指挥官,有相当大的不同。他们之间,说不上谁更优秀,但很多时候,这两种角色,并不能和谐统一在一个人身上(所以历史上真正文武兼备的名将,并不是很多)。

马谡虽然是第一次担任如此重要的军事指挥员,但作为优秀的参谋人员,他多次从军出征,出谋划策,也饱读兵书,满腹韬略,他为什么在街亭不去稳守营寨,反而去山上扎营,丝毫不考虑水源问题?

《三国演义》对此给出了解答,说马谡是迷信兵书上所说:"凭高视下,势如破竹",以及"置之死地而后生"。驻扎在高处,从高处冲下来,可以势如破竹,不考虑水源问题,如果水源被魏军断绝,蜀军被置之死地了,哪能不拼命冲杀?这都是马谡想当然的想法,毛宗岗评《三国演义》,在马谡说出的这两句话的下面,分别下了一句评语:"会说大话的,每每误事。""马谡只记得许多兵书,记得多却是见得少也。"毛宗岗对整个街亭之战,也有一句总评:马谡之所以失败,就是因为他记了许多兵法成语在脑中,哪知道坐而论道、上辨论会去夸夸其谈是这样,真正在现实中应用起来则不是那么回事,读书虽多,用起来全然不对,岂不令人叹息;所以善于使用人才,不是因为这个"人才"说了什么话,吹了多少牛才去使用他,一个人是不是善于用兵作战,也与他读了多少书,进了什么学堂，拿了什么学历无关。

不过，马谡虽然因为街亭之战，成为纸上谈兵的典型，成为千古笑料，如果他的对手不是张郃，而是一个跟他差不多的人物，他学到的兵法也未必不起作用，他也未必败。

身经百战的张郃，能在人才济济的曹营中，跻身五子良将之列，那完全是靠真刀真枪真战绩真本事熬出来的。他断绝蜀军水源，在蜀军人心慌乱之际，全力进击，蜀军溃败。

街亭防御战的失利，让诸葛亮多年筹划、开局良好的北伐曹魏行动，归于失败。这一次北伐，准备最充分，士气最高涨，进展最顺利，正在高潮时分，突然间硬生生截断，对蜀国军心民心的打击，是沉重的。诸葛亮此后几次北伐，都无功而返，原因固然有很多，第一次北伐留下的阴影，必然是其中之一。

从这个角度来说，张郃在街亭一战的胜利，对魏国的国运发展、长治久安，有着深远的意义。

形势如此危急的抵抗诸葛亮第一次北伐作战，张郃就被授予战场主帅的重任，并取得大胜。按说此后对抗诸葛亮北伐，张郃应该继续主持战事才对。很不幸，张郃遇到了军事能力比他更卓越的司马懿。

司马懿的厉害之处，在于他不仅仅是军事家，还是一位政治家。张郃在军事能力上本来就比司马懿略低，在政治上，更没有司马懿的眼光韬略——张郃不是死于军事，而是死于司马懿的政治谋杀。

公元231年，诸葛亮再出祁山，第四次北伐，魏国主帅是司马懿，张郃跟随作战。这一次，诸葛亮屡战屡胜，形势一派大好。负责后勤的李严却因为供给不力，假传圣旨，让诸葛亮班师。

诸葛亮在战胜之余，突然撤军，司马懿也不考察具体原因，就命令张郃带兵追击。作战一生的张郃，凭经验嗅出其中肯定有问题，因此提出不同意见："兵法上说，围城作战都要给对手放开一条生路，现在蜀军方胜，突然撤退，必有蹊跷，归军勿追，不能出兵。"司马懿不听他的，严令出兵。张郃不得已，带兵追击，果然在木门谷，遇到诸葛亮布下的伏兵，魏军追兵大败，张郃被射死。

司马懿也是一位卓越的军事家，张郃明白的道理，他没有理由不明白,他严令张郃追击,其实就是逼着张郃送死。他为什么这么做?是因为张郃与他有矛盾?还是作为一个政治家,他此时对曹魏已经起了不臣之心,在悄悄地、慢慢地剪除曹操留下的、对魏国忠心耿耿的大将,从而让自己篡夺曹魏政权更容易一些?

张郃被蜀军射中的是膝部,他应该不是当场死亡,而是伤口感染致死。从被射伤到死亡,会有一个过程,在这个过程中,张郃将军回首一生,不知会是什么心情?

邓 艾

诸葛亮初次北伐,魏延建议兵出子午谷,奇袭长安,可以一战而定关中。一生谨慎的诸葛亮不愿冒险用奇,拒绝了魏延的提议,魏延此后一直引以为恨事,抱怨诸葛亮过于胆小,认为自己的才能没得到充分施展。

对于诸葛亮不用魏延奇计一事,后世评论也是两种声音,有为诸葛亮辩理的,有为魏延叫屈的。但很少有人认为诸葛亮是在故意压制魏延。直至当代,认为诸葛亮故意压制魏延的声音才多起来。我查阅过相当一部分说辞,感觉这么说诸葛亮的人,大都是以自己的心胸(或以自己周围的环境)来揣度诸葛亮,对诸葛亮并不公平。

以诸葛亮对蜀国事业的兢兢业业、鞠躬尽瘁,诸葛亮绝不会以自己的好恶影响国家大事。并且在史书中,没有任何一点迹象可以证明诸葛亮对魏延有看法,有偏见。当年刘备入川,魏延作为下级军官随行,因为战场立功,升为牙门将军,也不是高级军官。刘备自封汉中王后,需要重将镇守汉中,大家都认为是张飞,张飞也认为是自己,最后刘备却任命魏延为汉中太守,督汉中镇远将军,出乎所有人意外。当时诸葛亮作为刘备军师,可称第一心腹,参与国家大事,刘备的这项出人意料的人事任命,不可能不征求诸葛亮的意见,如果诸葛亮坚决反对,刘备也不可能下得了决心破格用人,后来诸葛亮驻军汉中,仍以魏延督前部,领凉州刺史,再后来兵出北谷口,又是魏延为前锋。事实说明,诸葛亮对魏延无成见，并一直重用。

诸葛亮之所以不采纳魏延奇袭长安的计策，只能说因为与诸葛亮的战略方针不一致。大的军事行动之前，开会讨论战略战术问题，将领们发表不同意见，主帅选择符合自己战略意图的采纳，不符合战略意图的舍弃，这是很正常的事。

如果魏延一直活到蜀国灭亡，那他更会死不瞑目，因为蜀国就是亡于邓艾的奇兵突袭，而邓艾所走的险道，比魏延提出的子午谷，还要艰难数倍，并且邓艾所进入的是蜀国腹地，所处环境也比魏延仅仅奇袭长安，更凶险得多。

邓艾是魏国后期最重要的将领，姜维屡伐中原而不能如意，最重要的原因就是邓艾跟他作对。如果说周瑜当年高呼"既生瑜，何生亮"是小说家的杜撰，周瑜与诸葛亮并无生死冲突，姜维就该有足够理由感叹：既生维，何生艾。如果没有邓艾，姜维统一中国的大志也未必能成就，但起码姜维的战绩可以扩大一些，蜀国也会推迟灭亡时间。

对蜀、魏历史影响如此之大的邓艾，出身贫寒，属于大器晚成的人物。他是义阳棘阳（现在的河南新野）人，少年丧父，跟着母亲辗转迁徙，靠给地主养牛为生。不过他好像接受过文化教育，起码识字写文章不成问题。十二岁那年，邓艾跟随母亲辗转至河南颍川，读到当地前辈名人陈寔的墓碑。

陈寔是东汉晚期著名知识分子，在宦官们发起的党锢之祸中，他作为知识分子的领袖，成为宦官们打击的对象。同样受到宦官抓捕的知识分子，大都逃跑了，陈寔不跑，他说："吾不就狱，众无所恃。"这句话的意思与清末谭嗣同慷慨入狱前说的话，内容不一样，内涵差不多，都属于知识分子中有侠气的铮铮汉子。后来宦官倒台，党禁解除，大将军何进、司徒袁隗推荐他出来做官，陈寔婉言谢绝。陈寔死的时候，自发去吊祭他的人，多达三万人。

就在陈寔的墓碑上，有这样八个字评价："文为世范，行为士则。"说他的文章是世间范本，他的行为是知识分子榜样。十二岁的邓艾虽然还谈不上是个知识分子，但他对陈寔敬仰之极，视为崇拜偶像，就借用这八个字，给自己起名叫邓范，字士则，后来发现在宗族中已经有人叫这个名字了，只好另改为邓艾，字士载。

以陈寔为榜样的邓艾，长大后进入政府部门工作，又因为说话结巴，不能担任领导职务，只做了个"稻田守丛草吏"，沉沦下僚，不只大志难伸，吃饭都成问题。他同事的父亲可怜他，常常慷慨资助他，邓艾都接受了，很少表示感谢。

邓艾贫贱不移其志，胸有韬略，每每从高山大湖走过，都要模拟规划行军打仗，何处可扎营，何处可埋伏，何处可固守，何处可决战，听过的人都笑话他，邓艾也不以为意。

一个卓越的人才，只有到了可以施展他卓越才能的平台，他才成为人才。未到这个平台之前，他的表现，只能比普通人更差，只因为他不是普通人。

邓艾之所以被普通人所笑，正因为那些笑他的人都是普通人。当同样的行为，落到出色的军事家、政治家司马懿眼里后，邓艾的这些行为就不是可笑，而是可惊、可奇、可提拔、可重用。司马懿将邓艾调到身边。其时，三国纷争已进入后期，诸葛亮已去世多年，司马懿有了灭蜀吞吴的打算，要完成这一宏大计划，先要筹备足够的粮食物资。司马懿安排邓艾去地方调查开荒种地提高粮食产量的事，邓艾尽职尽责，写出一篇调研报告《济河论》，提出要兴修水利，可大幅度提高粮食产量，司马懿接受了邓艾建议。公元241年，指派邓艾在淮南主持屯田，兴修水利，先后开渠三百余里，灌溉农田面积达二万余顷，粮食大面积丰收，魏国国力因之提高。

农田水利工作，邓艾做的成绩斐然，但他更大的能力在于军事。司马懿既然是他的伯乐，当然不会抑制他的特长，粮食丰收后，邓艾被任命为南安太守，直接参与对蜀国的边防战事。

诸葛亮死后，蜀国军事由姜维统领，按《三国演义》的说法，姜维有过"九伐中原"，按《三国志》后主刘禅传的记载，姜维北伐中原共有八次，第一次是在公元249年，姜维出攻雍州，正面抵抗姜维的，就是邓艾。不过邓艾当时还不是魏军主将，主将是征西将军郭淮，姜维在魏军的严密防守下，无功而返。姜维出征前，曾约同西北方向的羌人一起行动，打退姜维后，郭淮马不停蹄，转身去平定西北方向的羌人叛乱。

邓艾提出建议：姜维虽然退了，但走的不远，很可能还要杀回马枪，我们应该留下部分部队驻防，以提防姜维。郭淮也是魏国著名将领，头脑清楚，他分出足够的兵力，由邓艾率领，防御姜维去而复返。几日后，姜维果然返身杀回，看到魏军有防备，就派廖化领少量兵力，牵制邓艾，姜维则率主力部队奔袭洮城。这声东击西一计，又被邓艾识破，邓艾抢在姜维前头，增援洮城，姜维无可奈何，真的退兵回蜀中了。

姜维八次北伐，正面敌将主要是邓艾，两军作战，互有胜负，但没有一次，姜维能够逾越邓艾的防线，每次的结果都是退回蜀中。就这个意义来说，邓艾是魏国后期最重要的军事将领，不过他在魏国的地位，比起姜维在蜀国，要差得远，姜维是蜀国军事最高统帅，邓艾充其量是魏国的地区军事指挥官。

史书中并没有关于邓艾生年的记载，多本有关邓艾事迹的当代著作，却大多在邓艾的名字之后附有他的生卒年，这个生年，大多是从邓艾传末所附段灼为他鸣冤叫屈的奏疏中"七十老翁，反欲何求"逆推出来的。段灼的语意是，邓艾被诬陷造反时，年已七十。邓艾被诬陷时，是公元264年，倒推七十年，便是邓艾生年。古人说年龄，常说约数，坐实是七十岁，或者有些过于拘泥，但也不会相差太远。

灭蜀之战，就发生在被诬陷的前一年，当时邓艾已是69岁高龄，实在让人吃惊。

发动奇袭，灭亡蜀国，首倡者是司马昭。当时姜维惧怕黄皓陷害自己，率蜀军主力在沓中屯田避祸，蜀中空虚，后主刘禅宠信黄皓等人，朝政日非，司马昭的意思是：用一支军队牵制住姜维，另遣大军袭取汉中，则蜀中震怖，魏军趁势进军，蜀国指日可下。

司马懿生了两个好儿子，司马师、司马昭都是出色的政治家、军事家。司马昭对蜀国现状的分析，对出兵节奏的把握，对战争形势的判断，都非常精准，让人佩服。

不过，任何决策的正确与否，都要看最后的结果。决策刚刚做出之时，身在庐山中的人们由于各自掌握的资料不同，看问题的角度不同，未必都能做出正确判断。当时的魏国中央政府，参与决策讨论的人，除了一个钟会，全部持反对意见。

钟会不只全部赞成司马昭的决策，还提了条建议：让青、徐、兖、豫、荆各州大规模公开制造战船，做出向东吴进军的样子，借以掩护对蜀国发动的突袭，同时也让吴国心有牵挂，不敢增援蜀国。

司马昭下令，任命钟会为镇西将军，假节都督关中诸军事（就是关中地区最高军事指挥官），全面负责筹备伐蜀事宜。

与邓艾不同，钟会是少年得志。他的父亲钟繇，是政府高官，也是在中国书法史上与王羲之齐名的大书法家。钟会的母亲张氏，原来是钟繇的妾，非常受宠，钟繇的大老婆孙氏很嫉妒，张氏怀了钟会后，孙氏更是妒发如狂，在张氏的药食中下毒，张氏吃了几口，有所发现，立即吐了出来，但还是晕眩了好几天。她的身边人看不服气，问张氏：你为什么不把这事告诉钟繇太傅？张氏说：大小老婆争风吃醋，破家危国，无论是古是今，都不是好事，我向钟繇说了，就算钟繇相信我，他人谁知道其中内情？难保不认为是我造谣诬陷，孙氏以自己的做人方式来揣度我，必然认为我会跟钟繇说，为了摆脱责任，她就肯定要抢在我前面去跟钟繇说，这件事由她去说出来，岂不更好！

这个张氏真是了不起的妇女，推测人心入骨入里，孙氏果然跑去跟钟繇说：我盼着张氏生个男孩，就去求了专生男孩的神药悄悄放到张氏的饭碗里给她喝，张氏反而诬陷我下毒。钟繇是个智商极高的人，他回答说："求得生男子的神药是好事，却要偷偷放到张氏的饭碗里给她吃，是何道理？"马上传来丫环仆人讯问，得知孙氏下毒详情，勃然大怒，立即休掉孙氏。

不过这个孙氏也很有后台，她居然去找皇太后哭诉委屈，皇太后为她作主，让皇帝下令，命钟繇把孙氏接回去，继续当她的大老婆。钟繇愤怒之极，装腔作势要饮鸩自杀，被别人劝阻，他又大量吞咽辣椒，导致喉腔受损，话都说不出来。皇帝宣告投降，不管他的家事了。

有这样一位深具智慧的妈妈，钟会少年是神童，成年更是盛名播于四方。史书记载，夏侯霸投降蜀汉后，姜维等蜀国大臣们问他：魏国有什么重要人才，可对蜀汉形成威胁？夏侯霸只提出一个人：钟会。不过同时限定了一个前提：需要非常之人，才可能放手使用他。

司马昭显然就是非常之人，他任命钟会全权负责灭蜀事宜，任命邓艾率下属部队进攻沓中，牵制姜维大军，雍州刺史司马绪也率三万兵马，协助邓艾，全面堵住姜维。

钟会是灭蜀主帅，他率领的十二万大军，在司马昭心目中，是灭蜀的主力军。

这一年是公元263年，钟会三十九岁，邓艾约六十九岁。

战争不是靠运筹帷幄，就真的可以决胜千里的。战场形势千变万化，更需要的是一线指挥官临机应变的决断能力。

姜维久历战阵，行动迅速，司马昭的堵截之策，宣告失效。姜维退守剑阁，钟会十二万大军，面对天险要塞，任是什么样的妙计奇谋、猛将雄兵，也束手无策，僵持的久了，粮草供应跟不上，钟会做起了退兵的打算。

就在此时，原本作为牵制力量的邓艾部队赶到，看到正面进攻受阻，邓艾提出：选精兵一万，由他带领，偷越阴平，走山路，奇袭成都。

这是一个比魏延出子午谷奇袭长安还要大胆还要冒险的计划。

阴平位于岷山摩天岭之北，阴平的名字也是这么来的，其地地势险要，公元229年，诸葛亮拿下阴平、武都后，认为"全蜀之防当在阴平"。现在，不幸被他说中了。

因为这次军事行动过于冒险，钟会不敢做主，将奇袭成都的计划上报给司马昭，司马昭下达命令：批准。

邓艾率一万精兵，自阴平出发，凿山开道，遇水搭桥，在长达七百里的荒山野林中进军，所经历的千辛万苦，可以想象。某次，遇到一绝壁深谷，欲进不敢，欲退不能，眼见得就要活生生困死在深山密林中，邓艾横下一条心，身披毡布，连爬带哧溜，惊险万分地带头下去，士兵们没得选择，随后跟上，摔死了许多。

不可思议的七百里艰苦行军结束，衣衫褴褛、面无人色的魏国士兵们，突然出现在江油城下。

江油在蜀国腹地，离前线很远，蜀国虽然从建国开始就不间断地打仗，但大都是在敌国土地上作战，江油人已经几十年没经历战争了。江油守军及江油地方领导人做梦也想不到敌人会从天而降，突如其来，几乎未做抵抗，就缴械投降了。

邓艾自江油前进，在绵竹，遇到了唯一一次像样的抵抗。

诸葛亮的儿子诸葛瞻，率军在绵竹抵抗魏军。诸葛瞻能力比他爹差远了，对蜀汉皇朝的忠心却不差，他率军殊死抵抗，邓艾让儿子邓忠和军司马师纂各率一军，分路进攻，两个人上前打了一会，打不过，退下来，告诉邓艾：蜀军不可战胜。

邓艾大怒：我们千里奇袭，无后援，无后勤，深入敌人腹地，无路可退，若不能取胜，只有一死，横竖都是死，敌人哪有不可战胜之理！就要砍两个人的头。邓忠、师纂也想通了，战败是死，被邓艾砍头是死，还不如死在战场上。回头再战，这一次所有魏国士兵都已置生死于度外，拼命冲杀。蜀军大败，诸葛瞻战死，诸葛瞻年仅十几岁的儿子、也就是诸葛亮的孙子诸葛尚，也战死在疆场。

诸葛瞻忠心可嘉，智力欠缺。邓艾千里奔袭，无援兵，无后勤，只能速战，只要略微拖延几日，不战自败。绵竹（那个时候的绵竹是现在的四川德阳，不是现在的绵竹）是成都之前重要城池，防守起来并不困难。诸葛瞻只要不逞血气之勇，关闭城门，固守绵竹，邓艾的奇兵必将变成一着死棋。

诸葛瞻不肯采取守势，是瞧不起看起来已疲惫不堪的魏军，还是怕被人讥笑为胆小鬼？

绵竹失陷，邓艾兵锋直指成都城下。

作为一个国家的蜀国，被邓艾几千奇兵吓得乱成一锅粥，朝廷上下，为讨论是逃跑还是投降，吵做一团，就是没人勇挑重担，担起保卫成都的任务。一番大讨论之后，在著名天文学家谯周的坚持下，刘禅把自己反绑起来，拉着棺材，主动出城去向邓艾投降。

投降之前，刘禅的儿子、北地王刘谌孤独地站出来，反对投降，他说：即便是无计可施，无力守城，起码也要背水一战，为国捐躯，这样才不愧对地下的先帝。在一片投降的声浪里，没有人理会刘谌。刘谌跑到祖庙里，痛哭流涕，在刘禅出城投降之时，他杀死妻子，然后自杀。

《哭祖庙》，是中国各类戏曲形式中大多都有的一出戏，在任何一种戏曲里，刘谌那高亢、悲愤的唱腔，都感人肺腑，让人动容。

刘禅向邓艾投降，同时派人给正守卫剑阁的姜维下达他作为蜀国皇帝的最后一道指令：向钟会投降。

投降的命令传达到剑阁前线，包括姜维在内的蜀国将士，悲愤不已，拔刀砍石。他们抛头颅、洒热血，拼却生命保护的政权，就这样没了。

悲愤之后，姜维率军向钟会投降。钟会对姜维极其欣赏，两位敌手，居然在这种古怪的和解后达成默契，姜维成为钟会的心腹。

此时魏国的形势也很古怪，皇帝还姓曹，但所有的权力都被司马昭掌控，随时有篡位自立的可能。钟会名义上还是魏国的大臣，但他所有的权力都是司马昭给予的。

钟会是奇才，有大志，魏国国将不国了，是改姓司马，还是改姓钟，都没有什么不合理的。姜维看出钟会的野心，他顺水推舟，迅速膨胀了钟会的野心。史书上的记载是：姜维想借助钟会，继续将蜀汉独立出来，然后杀掉钟会，接回刘禅，恢复旧制。

要实现野心，灭蜀功劳最大、军事能力最强的邓艾，必须除去，于是钟会伪造邓艾书信，给司马昭写了封极度傲慢无礼的信。钟会是大书法家钟繇的儿子，又是天才，模仿笔迹、伪造书信，太容易了。司马昭果然被激怒，下令让钟会收捕邓艾。

钟会搞阴谋整人的能力，看来比他的军事能力要强。他仅用几笔书法，就把灭蜀第一功臣邓艾装进槛车押送回京。他自己则亲赴成都，坐镇谋划反叛割据之事，不料所谋不密，远离家乡的魏国士兵又不愿永留川中，纷纷起而反抗，姜维、钟会终为乱兵所杀，一场谋划，付诸东流。

钟会叛乱被杀，受钟会诬陷的邓艾自然否极泰来，他的手下亲信追上槛车，将邓艾救下来，迎回成都，迎面遇上他的另一个部下田续带领的一批战士。田续此前因为在成功穿越七百里、陡然面对江油城时，心里畏惧，不敢前进，差点被邓艾杀了。他自己认为这是莫大的耻辱，现在正是乱中报仇的机会，他率领手下追上来，就是要干掉邓艾。

邓艾是名将，自身武功如何，史无记载，就算武功很好，毕竟是约七十岁的老头子了，在短兵相接的肉搏战中，邓艾与他的儿子邓忠被当场杀掉。

受命伐蜀之时，邓艾做了一个梦，梦见自己坐在一座山上，身边有水流。他问研究周易的名家爰邵，爰邵告诉他："按周易的卦象看，你邓艾将军此次伐蜀，一定会大获成功，灭掉蜀国，只是你也永远回不来了。"

周　瑜

《三国演义》在中国的影响力，大家都知道。正因为它的影响力太大，所以也就不可避免地背了些黑锅，譬如这部小说的尊刘抑曹倾向，几百年来几乎没人提出异议，最近几十年间，却有纷纷扬扬的文章及专著，将矛头对准这个倾向，纷纷著文，替这个那个翻案。

几乎所有翻案文章的论据，都来自《三国志》。《三国志》是最可信赖的正史，这点没问题，但《三国志》有着明确的尊曹抑刘倾向，不知何故，指出的人并不多。

最可笑的是将民间对刘备、关羽、诸葛亮等人的崇拜，对曹操等人的反感，统统归之于一部《三国演义》，这是《三国演义》的荣幸，却是它不该拥有的荣幸，更像是《三国演义》无辜背上的黑锅。

诸葛亮、刘备、关羽等人在民间被崇拜的历史，那都远远在明朝之前，罗贯中只是将这些民间感情给归纳了、系统化了而已。尊刘抑曹，不是罗贯中的创造。

三国人物的民间定位，在《三国演义》产生前，大都已经形成。并不是说《三国演义》就没有创造性地发挥，创造性地颠覆人物形象，这个被颠覆了的历史人物，是周瑜。

在《三国演义》产生之前，周瑜这个人，无论是在正史中，还是在民间文学、庙堂文学中，是一个绝对偶像级别的完人，歌颂他的诗词文章很多，最有名的一句是东坡先生的："遥想公瑾当年，小乔初嫁了，雄姿英发。羽扇纶巾，谈笑间，樯橹灰飞烟灭。"简直称得上中国历史上的第一帅哥。

《三国演义》对周瑜的改造，充分说明了通俗小说在民间的巨大影响力，《三国演义》一出，周瑜就被牢牢拴定在气量狭小的耻辱柱上，再也挣脱不开。

其实《三国演义》对周瑜的改造，也仅仅是把以他为主将的赤壁之战功劳小部分地转嫁到诸葛亮身上，以及将他的性格变得气量小——他能被活活气死，真是个小气鬼。

绝大多数正史中所有的描述，《三国演义》并未改变，尤其是有人说《三国演义》将周瑜歪曲成嫉妒心强，这纯粹是在歪曲《三国演义》，《三国演义》中写到周瑜害诸葛亮，与诸葛亮才能高有关，但与周瑜嫉妒不嫉妒无关。早在几百年前，毛宗岗就已明确指出：周瑜并不是因为嫉妒诸葛亮的本领才打击陷害他，周瑜这么做，只是为了打击刘备（因为刘备壮大后，势必成为东吴的敌人），诸葛亮为刘备服务，周瑜才打击他，诸葛亮如果是为东吴服务，周瑜就决计不会打击陷害他。周瑜让诸葛亮的哥哥诸葛瑾去说服诸葛亮归顺东吴，便是这个意思。不能将周瑜打击诸葛亮等同于庞涓打击孙膑，庞涓是与孙膑同为魏国服务而要杀孙膑，周瑜是因为人才在别国，而欲招揽到自己的国家；庞涓则是因为人才与自己在一个国家，拼命打击陷害，把人才推向了别的国家。试将庞涓与周瑜相比，周瑜根本不是嫉妒诸葛亮之才，实在是最最重视诸葛亮之才！

《三国演义》中，也没有改变周瑜作为孙刘联军主要统帅的地位，火烧赤壁的主战场，是东吴军队攻打的。只是在智谋比拼时，周瑜一直略略落后于诸葛亮，我倒相信，在真实的历史上，周瑜的智慧谋略，就是要略低于诸葛亮。

周瑜出身高贵，他的祖辈，做到了太尉的高位，父亲周异，也做到了洛阳令的官位。俗语说：三代出贵族。周瑜家族累世显贵，到他已不止三代，所以周瑜的气质华贵是可以想象的，他长得又漂亮，所以很得人喜欢。在他十四岁那年，孙策的父亲孙坚举兵参与讨伐董卓，孙策也仅仅十四岁，虽然少年英雄，毕竟还是少年，孙坚安排他留驻后方，周瑜因此与孙策相识。惺惺相惜，英雄相重，两个人一见如故，成为至友，周瑜将家里的一所大宅子送给孙策用，还拜孙策的母亲为义母，与孙策不分彼此，"有无通共"。后来（公元195年，周瑜时年21岁）孙策兵进江东，经略地盘，给周瑜写信邀请，周瑜马上招兵买马带了去与孙策会合，帮助孙策打下江东不少地盘，成为东吴的重要开国奠基人。

孙策兵强马壮，且拥有稳固的根据地后，周瑜回到叔叔、丹阳太守周尚那里。不久，当时最大的地方割据军阀袁术让堂弟袁胤去做丹阳太守，周尚带着周瑜到了袁术的"首都"寿春，周瑜属于从内到外都优秀的人才，袁术虽然没多大水平，也一眼看出周瑜的能力，要提拔周瑜做大将。乱世之中，军阀网罗人才，人才也在选择主子。周瑜观察袁术不是可成大器的主子，就推辞这个破格提拔，只要求到地方上做地方官，他的选择是长江边上、安徽北部的居巢，袁术同意了，任命周瑜为居巢县县长。公元198年，周瑜渡江投奔孙策。从此之后，周瑜将自己的全部生命，献给了东吴。

孙策也对得起这位少年时便建立起深厚情谊的战友加兄弟，亲自去迎接周瑜来归，给他安排的住处，以及享受的待遇，都是最高规格的。两个人合伙打下皖城（现在的安徽省潜江县），当地有个著名的大户桥公，生了两个女儿，都是天姿国色。孙策娶了大桥，周瑜娶了小桥。

大小桥的故乡当时属皖城，现在属安徽怀宁。《太平寰宇记》第一百二十五卷中有记载：怀宁县有个桥公亭，"在县北，隔皖水一里。汉末桥公有二女，孙策与周郎各纳其一女，今亭溪为双溪寺。"

大小桥姓的是桥，而不是乔。至于后来为什么把"桥"改为"乔"，未见出处。也许是因为唐人杜牧写七绝《赤壁》时，出现了笔误，后来就以误传误？不敢确定。《赤壁》原诗如下：

折戟沉沙铁未销，自将磨洗认前朝。

东风不予周郎便，铜雀春深锁二乔。

在小说《三国演义》中，诸葛亮智激周瑜，向周瑜背诵了大文学家曹操的一篇《铜雀台赋》，赋中有关键性的一个句子："连二桥于东西兮，若长空之蝃蝀。"这是说铜雀台有玉龙、金凤东西两台，中间以桥连接，如同空中彩虹般漂亮，诸葛亮将这个句子改成"揽二乔于东南兮，乐朝夕之与共"。便将曹操原本赞美桥梁建造之美的句子，篡改成了曹操对孙策、周瑜老婆的欲望。

有杜牧的《赤壁》诗，说曹操有这样色迷迷欲望的始作俑者，便不是罗贯中小说中的诸葛亮（诸葛亮要听罗贯中安排），再者曹操好色，史有明文，虽然二桥事件是给曹操栽赃，只怕也不是完全冤枉他！

周瑜一共生了两个儿子一个女儿，至于是不是小乔所生，未见记载，姑且算是吧。在周瑜死后十四年（公元225年），周瑜的女儿嫁给了孙权的太子孙登，周瑜的大儿子周循则娶了孙权的女儿孙鲁班。周瑜和孙权成了双料的儿女亲家。

孙权的这个太子和公主，却不是一个母亲，孙登的母亲姓徐，孙鲁班的母亲姓步。孙登死在孙权之前，周瑜的女儿没有了当皇后的命，守活寡。周循也是短命鬼，早死了，孙鲁班却不用守寡，改嫁给东吴大将全琮。这个孙鲁班不是一般人物，她姓孙名鲁班，字大虎，也具备虎的凶狠，屡屡插手娘家的事务，陷害包括她一母同胞亲妹妹在内的太子、公主、大臣、大将，最终棋差一着，被贬到当时相当蛮荒的豫章（现在的江西南昌）去了。

周瑜的二儿子周胤，也因为不知什么罪过，被孙权贬为庶人，赶到同为蛮荒之地的庐陵（现在的江西吉水），诸葛瑾、步骘等朝廷大臣联名上书，恳求孙权感念周瑜功德，对周瑜的儿子不要这么刻薄，孙权答应了，让周胤回来，周胤也就在这个时候病死了。

孙策和周瑜这两位战友，分享了胜利果实后，继续扩大战果，江东之地，悉数收降。可惜孙策福气不足，没来得及在自己打下的地盘上过足土皇帝瘾，就因为杀死吴郡太守许贡，许贡门下客三人，誓为主人报仇，趁孙策出去打猎落单，射伤孙策，后不治而死。

许贡这三位门客，史书上未留姓名。

当时孙策已雄霸江东，许贡被杀，门人星散。在那种乱世，杀人或被杀，像吃饭睡觉一样平常，孙策杀许贡，就如同碾死一只蚂蚁，无声无息。国家（如果那时候的东汉还算个国家的话）不曾为此出台任何惩戒措施，视而不见，民间也没人关心许太守死活。而孙策，百战疆场，威名震赫，现又占有广大地盘，以匹夫之力与其对抗，等同于自寻死路。

许贡的三位门客，就这样走上了自寻的死路，为主报仇，死不旋踵。即使东汉末年的黑暗遮掩了整个天幕，仍然压抑不住这三位门客身上的忠义之光，凛冽明亮，照彻天地。

三家分晋的豫让，为以国士待他的智伯报仇，伏桥入厕，漆身吞炭。许贡这三位门客，忠义之情，与豫让相同，又能果真杀伤孙策，更是死而无憾。

知恩图报，待人以诚，人以国士待之，则以国士报之，义之所在，箭矢不避，如此，便无愧一生了。

孙策死后，孙权接班成为东吴领袖。《三国演义》中说孙策让孙权：内事不决问张昭，外事不决问周瑜。查看几个人的传记，没有这个说法，只有孙策向张昭嘱托："公等善相吾弟。"既然是"公等"，那么受嘱托的当不止张昭一人，其中应该包括周瑜。事实上在孙策死了之后，的确是周瑜以军方职务与政府高官张昭共同执掌朝政。

曹操击破袁绍，平定北方，一跃而成汉末第一大军阀，又挟持天子，于是以汉政府名义下令，要求孙权将儿子送到许昌当官，也就是充当人质的意思。张昭等人本质上是文人，心中难免有一些中央政府情结，可能倾向于赞成，又不敢直接说出来，因为动员主子把儿子送去当人质，毕竟不是光彩事。孙权看出他们的犹豫，孙权绝对不愿把儿子送到事实上的敌对势力中去当人质，于是便单独领周瑜到母亲面前商量。周瑜说：当年楚国刚刚分封之时，仅百里之地，他们招聚贤才，扩土开境，终于成为霸主之国，国祚绵延九百余年。现在我们有六郡之众，地域广大，人员众多，兵精粮足，财源丰盛，有什么理由送人质给曹操？人质一旦送去，我们就不得不与曹操搞好关系，为了搞好关系，不得不听命于他，他要求您去许都，恐怕您也不能不去。到那时，最多不过被封侯爵，十多个随从，几辆破车，几匹老马，岂能跟现在割据天下、雄据江东相比。我建议您先不要送人质，看以后局势变化再做定论，如果曹操果真能统一天下，您到那时再归附他也不晚，如果形势不明，战事不断，您率领江东英雄，鼎足一方，"以待天命"，何必送人质呢！

可以肯定，孙权的母亲是绝不愿将乖孙子送到虎狼丛中去的，听完周瑜的一番慷慨陈词，大喜，说："周瑜说的是，周瑜跟孙策同岁，只小一个月，我一向看成自己的亲生儿子，孙权你要将周瑜当哥哥一样尊敬。"

从送人质的事情来看，张昭对中央政府是有归顺之心的，后来曹操率大军南征，至于赤壁，写信要求孙权归降，仍然是张昭这班人，主张投降。

我们按事后诸葛亮的眼光来看，张昭主张投降，很不为孙氏集团负责，有负于孙策嘱托。但在当时，吴、蜀未立国，整个中国，在名义上还是由一个汉政府统一管理。曹操南征北战，也不是为当时还根本没出现的魏国打天下，而是为汉政府剪除叛乱，重回中央统治。在情理和法理上，曹操都堂堂正正。至于大家都明白曹操肚子里打的什么算盘，葫芦里卖的什么药，那都不能从法理上改变曹操的正义性和正统性。

赤壁之战影响巨大，需要单独提出来说一下的是：在东吴方面，第一个力主抗战的，是鲁肃，但由于鲁肃当时的地位不够高，尚不足以坚定孙权的信心，是周瑜的坚定信心及精辟分析，才最终让孙权下定了决心。在政府讨论大会上，孙权拔刀砍在身前的办公桌（前奏案）上，说："诸将吏敢复有言当迎操者，与此案同。"

第一个提出孙、刘联合的人，则是诸葛亮，诸葛亮过江拜见孙权，共商联合作战事宜。此后，直至赤壁之战结束，诸葛亮在联军中具体做了什么工作，史书记载缺失。《三国演义》固然有些神化诸葛亮，但也没有任何证据证明诸葛亮没做那些神奇的事。

赤壁之战的主帅是周瑜。赤壁之战，成为三分天下的源头，周瑜经此一战，威名震天下，成为另两支大军阀势力刘备、曹操的眼中钉、肉中刺，没办法在战场上除掉他，就试图离间孙权与周瑜的关系。刘备与孙权密谈，说："周瑜文韬武略，是天下罕见的英才，看他的胸怀志向，恐怕不是可以长久做臣子的人。"

这是夸大了周瑜的野心，试图用周瑜的功高盖主来激发孙权的提防心。

曹操也给孙权写信说："赤壁之战，值有疾病，孤烧船自退，横使周瑜虚获此名。"

这则是贬低周瑜的能力，让孙权怀疑周瑜夸夸其谈、冒领军功。

刘备、曹操，都是天下英雄，他们的谮言，到底对孙权形没形成影响，真还没法确定。因为周瑜不久后就死了，孙权就算中计，对周瑜有了不良看法，也没时间表现出来。

罗贯中对周瑜最大的改变，是说他居然被诸葛亮活活气死，活脱脱成了小气鬼。而历史上的周瑜性格恰恰相反，"性度恢廓，大率为得人"。

他与老将程普不睦，程普屡次公开冒犯他，周瑜从不计较，程普最终折服了，感叹说："与周公瑾交，若饮醇醪，不觉自醉。"

这也说明程普本身是个优秀的人。现实生活中，绝大多数情况下，容让的尽管一再容让，得寸进尺的一方仍会步步紧逼，绝不会有程普的感悟。

人与人之间的尊重是双方的，不存在单方面的尊重。偏偏有人不明白这个最基本的道理，你的容让，成为他加倍无赖的理由。

如周公瑾这样的醇醪，必须要具备同样品格的人，才能享受、体会。

周瑜，字公瑾，瑜和瑾都是美玉。

太史慈

太史慈是东莱黄人（现在的山东龙口市），自幼好学，他这个好学应该不仅仅是爱好读书，还应该包括搏击、射箭之类的体育项目，所以，太史慈是个文武双全的人才。

在承平之时，搏击射箭之类能力，只适合在运动会上施展，日常没有施展空间，靠这个混口饭吃还行，想在政府谋个很有前途的职位就难了。因为太平官无非是耍嘴皮子动心眼，要害人也是笑眯眯地当面说好话背后下毒手，用不着拿刀动剑。

所以，太史慈最初走进历史，不是靠他的武艺，而是靠他读书识字写文章，到东莱郡当了个奏曹史，掌管奏议，就是个时常要写各种汇报材料的中层官员。

东汉时的国家建构，有州、郡、县三级，太史慈那个东莱郡，归青州管，郡里最大的官是太守，州里最大的官是刺史。太史慈为郡守服务期间，这个郡守与州刺史起了矛盾，两个人都给中央政府写奏章，指责对方的不是，按当时的形势看，曲直未分，是非未判（也许只是扯皮而已，根本没有什么曲直是非），谁的奏章先送到，谁就能左右中央政府的第一判断，谁就有利。

青州刺史官大，占先发之机，率先把奏章往首都洛阳送出。东莱郡僻处山东东北部，本来比治所在淄博的青州离洛阳就远，现在发奏章又晚，心里急得不行，公开招募可以加速度赶往洛阳的人。太史慈时年21岁，主动申请去完成这件艰难的任务。他尽量压缩休息时间，快马加鞭，昼夜赶路，最后非常神奇地与州刺史派出的使者同时赶到首都洛阳，并且就在负责管理南阙门、接待官吏百姓上书以及四方贡品的公车司马令门前相遇。

太史慈刚好比州使者晚到一步，看到州使者正寻觅门卫请求通报，太史慈马上上前，拍拍州使者的肩膀，很亲切地问：你是来递送奏章的吗？州使者回答：是的。太史慈问：奏章在哪里？州使者回答：在车上。太史慈很关心地问：题署没有错吧，拿来我先看看。"题署"是上书的格式惯例，太史慈这句话的意思是你没把奏章格式写错吧？这句问话比较专业，这个地方又是在公车司马令的大门前，青州使者根本想不到太史慈居然是东莱郡的人（太史慈不说方言?），他以为太史慈是公车令府的工作人员，毫无防备地回身去车上取下奏章，拿给太史慈看。太史慈事先已将刀藏在怀里，拿到奏章后，抽出刀来，眼明手快，刷刷几下，把奏章割得七零八落。青州使者上了这个恶当，跳脚大吼：有人毁坏了我们的奏章。太史慈拉着他到了车后，把自己的身份告诉他，又说：如果方才你不把奏章交给我，我就没办法毁坏，现在你的罪过跟我一样，我不能单独承担这个罪过，还不如我们一起隐姓埋名跑了，事情也就过去了，何必为这件事都受刑罚处理呢？青州使者有点不理解，问：你为了你们的郡太守毁了州里的奏章，正是大功一件，还有什么好逃跑的？太史慈回答：郡太守派我来，只是看看州里的奏章是否已经送上去，我现在直接把州里的奏章割坏，做得过分了，回到东莱，也一定会受到太守的处罚，还不如跟你一起逃亡算了。

青州使者认为太史慈说得有理，当天就跟太史慈离开了首都洛阳。太史慈看着青州使者真的孤零零一个人走远了，马上回转身再进洛阳，将郡里的奏章送了上去。等到后来青州刺史知道了，再次派人来送奏章，时间已晚，朝廷已做出了对东莱郡有利对青州不利的决定。

太史慈有功于郡太守，却被州刺史所记恨，而州刺史又是郡太守的直接上司，要给太史慈小鞋穿，郡太守也没办法全部给他抵挡下来，太史慈怕受报复，真的也逃亡了，远去辽东。

与东莱郡相距不远的北海相孔融（北海是个小封国，在现在的潍坊，北海相就是这个小封国里的政府负责人，实际权力与郡太守差不多。孔融因为当过北海相，时常被人叫做"孔北海"。）听说这件事后，很欣赏太史慈的能力，屡屡派人去探望太史慈的母亲，并多次赠送礼品。

后来黄巾军起义，刀枪映日月，烽火遍九州，胶东半岛也不能幸免，孔融驻守都昌城，被黄巾军将领管亥率众围困。刚好太史慈听到青州形势大乱，料想青州刺史也没精力再追究自己的事，就从辽东赶回家乡。太史慈的母亲看到儿子毫发无损地回来，很高兴，说：你与孔融先生以前从不认识，你逃走后，多亏孔先生多次关照、探望，比你那些天天在一起的朋友强多了，现在他被造反的乱军围困，你该去帮助他。

太史慈的母亲深明大义。要知道刀枪无眼，兵凶战危，太史慈本领虽高，千刀万箭中，谁也不能保证他就不受伤、不牺牲，太史慈的母亲不因为疼爱儿子就置孔融的恩义于不顾，很了不起。太史慈深知战阵风险，他也没有把握一定可以活着回来。于是，他在家中停留三日，全心全意地伺候母亲，恪尽孝道。三日后，太史慈与母亲作别，一个人，步行着赶到都昌。

赶到都昌城下时，乱军还没有将城密不透风地包围起来，太史慈一个人，目标很小，他又眼疾手快，身手矫健，在夜色的掩护下悄悄行动，没引起围城乱军的注意，来到城下，叫开城门，见到孔融。

对太史慈来说，他来都昌，是为孔融解围来了。如何解围？靠口才肯定不行，只有武力解决。太史慈请求孔融将城中兵马集中起来，由他带领出城去与敌人决战。由于实在是众寡悬殊，又没有亲眼见识太史慈的武功能力，孔融不肯冒这个险，只对太史慈说等援兵到来，再里应外合，出城作战，那时胜利的把握要大。

乱世中，没有特殊利益，谁肯去看顾别人？等了几日，援兵的毛都未见，都昌城却被铁桶般围了起来。孔融这才慌张，盘算起来，只有在邻近的平原国担任国相的刘备，有过作战经历，为人又以忠义著称，可以去求援。有了目标，却又发愁谁是可以奔向这个目标的人。太史慈主动要求承担这个任务，孔融忧心忡忡地说：现在贼人把都昌围得密不透风,大家都认为冲不出去,你的勇气可嘉,但完成这个任务太难了吧!

太史慈说:您对我母亲一直关照有加,母亲感激不尽,这才让我来为您效力,就是认为我还有可用之处,一定能帮上您的忙。现在大家都认为突围无法完成,如果我也认为无法做到,又怎么对得起您对我母亲的关照,以及母亲让我来的本意,现在事情紧急,希望您放下顾虑,让我突围求援。

得到孔融的首肯后,太史慈做好所有突围准备,一大清早,就骑马持弓,带了两个随从,让随从扛着个射箭靶子,大摇大摆地出城门。围城的起义军都很警惕,看到城里出来这么三个人,纷纷拿起兵器,做好战斗准备,太史慈却不向前,只在城壕的边上,将箭靶子立起来,开弓射箭,射完一通后,将箭靶子收起来扛着,施施然回城去了。

第二天,太史慈又领人扛着箭靶子出城,这次围城的起义军们只有一部分警惕地拿起兵器。太史慈正眼也不看他们,继续练习射箭,射完后,又扛着箭靶子回城了。

等到第三天,太史慈再带着箭靶子出城后,就没有人理会他了。太史慈陡然拨转马头,快马加鞭,从毫无准备的起义军中横穿而出。等到那些起义军发觉自己原来上了太史慈大当,太史慈已经突围出去,起义军中眼疾手快的骑马跟在后面追赶,太史慈骑马边跑边开弓回射,箭无虚发,连续射倒几个,追兵们胆怯了,停下马,眼睁睁看太史慈绝尘而去。

太史慈赶到平原,找到刘备,说起孔融被围,久仰刘备"有仁义之名,能救人之急",所以特来求救。

孔融作为孔子的直系子孙,当时已名满天下,刘备在那个时候,却只是个为大军阀公孙瓒打工的地方官员,虽有野心,既没时机施展,也尚无人知晓。孔融形势危急,居然第一个想到向他求救,让刘备的虚荣心一下子得到满足,他非常庄重严肃地感叹了一句话:"孔北海知世间有刘备邪!"当即点齐三千兵马,随太史慈去解都昌之围。

所谓起义军,未经过千锤百炼之前,不过是群乌合之众罢了,刘备、关羽、张飞、太史慈带三千训练有素的正规军赶到,没来得及交战,起义军就一哄而散。孔融转危为安,更加重视太史慈,感叹说:你真是我的忘年交啊！太史慈回家，将事情经过告诉母亲，母亲很高兴，说：我们现在终于报了孔融先生的大恩！

太史慈的英雄气质，非常近似赵云，刘备在公孙瓒那里见到赵云，一见如故，特别亲近，以致赵云与他分手时，说出永远不会背叛的话，并终于找机会投奔刘备，成为蜀汉大将。刘备遇到太史慈的时间，与遇到赵云间隔也不是太长，太史慈孤身闯围，胆略和武功都高，不知何以刘备不努力将他挖到自己阵营中？很为刘备遗憾。

为刘备遗憾，是因为他失去了一员可以帮助他建立勋业的大将。对太史慈来说，遗憾则没有那么大，他虽然失去了刘备的青睐，却吸引了东吴开国领袖孙策的目光。

为孔融解围后，太史慈去看望同为东莱郡人的扬州刺史刘繇，老乡见面，仅为述旧，太史慈倒也没有在刘繇手下混饭吃的意思。无巧不巧的是，老乡情还没述完，孙策就领兵前来攻击刘繇。有人向刘繇提议，可以任命太史慈为大将军，带兵抵抗孙策。

这是当时最合适的选择，也是刘繇当时可以抵抗孙策的唯一可能。刘繇却说了这么一句话：我如果任用了太史慈，许劭岂不要笑话我。许劭是刘繇的手下，但许劭在社会上的名气，并不比刘繇低，许劭以点评人物眼光独到、观点辛辣、基本准确著名，对曹操那句名传千古的"治世之能臣、乱世之奸雄"的评语，就出自他的口，许劭创办了每月一次的人物点评榜，称为"月旦"。到今天，月旦这个词还在使用，就是专指对人物的评价。

刘繇说如果任用太史慈，即为许劭所笑，意思是太史慈一点儿名气也没有，许劭根本连评点他的兴趣都没有，刘繇怎么能使用这么个名不见经传的小伙子呢？

乱世之中，不能做到任人唯贤，却斤斤计较什么对方的学历文凭、工作经验、影响力等等。刘繇也曾是长期割据一方的实力派军阀，却在孙策的一击之下，即告溃败，原因是如此明显。

刘繇不让太史慈做统兵将领，只让他担任侦察兵去刺探孙策军队的虚实。看来太史慈的老乡感情特别重，他没有对这明显大材小用的用人方式表达不满，而是尽心尽力，干好领导交代的任务。

一天，太史慈仅带了一名战士，出城去观察敌情，恰好孙策也带了十三位战将如韩当、黄盖等人出营来观察地形，两方在神亭岭恰好相遇。太史慈并不因己方仅两人就畏惧逃跑，反而主动向前，挑战孙策。两个人迅速扭打在一起，孙策眼疾手快，拔下太史慈插在背后的手戟，太史慈则将孙策的头盔抢了下来，两个人正在狠命扑击之时，两边的大队人马赶来赴援，这才各自罢手回去。

神亭岭一战，太史慈让横行江东的小霸王孙策吃了个小亏。但太史慈一人之勇，不足以挽回刘繇无能所带来的军事失利，很快，强调文凭学历影响力的刘繇被击溃，成了丧家之犬，太史慈被孙策军队活捉，绑结实了送给孙策。孙策亲自为他解开绑绳，握着他的手，问了这么一句话：还记得神亭岭下的搏击吗？当时如果是你捉到了我，会如何处理？太史慈老老实实说：我不知道。

惺惺相惜，只有英雄才会看重英雄，孙策拜太史慈为将。

刘繇惶惶然逃窜之后，手下还有万余士卒，群龙无首。孙策让太史慈去招抚这些部队归顺。一些亲信悄悄向孙策嚼耳根：太史慈走了，肯定不能再回来。孙策遂对太史慈公开下了一句评语：太史慈"气勇有胆烈"，"其心有士谟，志经道义，贵重然诺，一以意许知己，死亡不相负"。

许劭没有对太史慈做出评价，这成为刘繇不肯重用他的理由。孙策对太史慈下了肯定的评价，这评价永垂青史。

孙策送别太史慈之时，两人约定何时归来——这一点历史记载有所不同，有说"六十日"，有说"第二天"，按当时的交通条件，以及工作任务的艰巨性，似乎六十日更准确些，第二天则更戏剧化一些。

就在约定回归的时间，太史慈果然带着他收拢的刘繇余部，准时赶回。他没有辜负孙策对他的信任。

一个真正的人，永远不会让信任他的人失望。

此后，太史慈跟随孙策，东征西讨，南征北战，为东吴建国，建立了不朽的功业。某次他进攻一座营寨时，敌将凭栏对阵，太史慈弯弓搭箭，远远射去，正好将敌将的手射穿，牢牢钉在栏杆上。吕布辕门射戟，传为千古美谈，也成为吕布武功冠绝三国的有力证据。不知太史慈射手贯栏，比之辕门射戟，哪个更难一些？不管怎样，这两位都称得上神射。

曹操听到太史慈的英雄事迹，极其喜爱，意欲招揽到自己帐下。他派人去给太史慈送了一封信，打开后，里面没有任何文字，只有薄薄的一片中药——当归。

太史慈当然不会背叛孙策，曹操的爱才之心，也可见一斑。

太史慈四十一岁即去世，当时孙权还没宣布建国，太史慈死前长叹："丈夫生世，当带七尺之剑，以升天子之阶，今所志未从，奈何而死乎。"

甘　宁

少年时读《三国演义》，对甘宁极其崇仰，原因主要有两个，一个是甘宁百骑劫曹营，太神奇了；另一个说来有点搞笑，我很喜欢甘宁这个名字。

甘宁字兴霸，巴郡临江人，临江也是蜀国大将严颜的家乡，严颜被张飞擒获后，说过这么一句掷地有声的话：宁做断头将军，不做投降将军。隔了几百年后，贞观天子李世民读到这段话，为之感动，下诏将临江改为忠州，延续（延续的过程中多次改名）至今，便是重庆市忠县。

甘宁是中国历史上，难得的一位游侠出身的将军。中国历史名将的记录中，也多有少年浮浪游侠，斗鸡走狗，好勇斗狠之徒，但像甘宁那样啸聚江湖，在长达二十多年的时间里，将游侠事业进行到底的，他可能是唯一。

当代的武侠小说，以当代人的观念，写古代游侠，把他们写的急公好义，打抱不平，对贫穷仗义疏财，为民众舍身取义。但在史书中、笔记中记录的古代游侠，身上却没有偌多的光环。他们也为人出头，某些时候也打抱不平，不过主要作为仍是"侠以武犯禁"，以自身的能力、号召力，践踏社会规范。一定有暗中为他们叫好的人，但在主流评价中，这些人得分不高。

甘宁自幼力气大于常人，武功高于常人，可能是从青春叛逆期的少年时代，他就召集了一帮跟他同样好勇斗狠的少年，结成团伙，甘宁被拥戴为头领，整天带着这么一伙子人，手持兵器，身系铜铃，不管横行到哪里，铜铃一响，大家就知道是他们来了。

甘宁一伙人以侠义自命，有时为人报仇，也杀伤人命，那些穷凶极恶的杀人犯没地方跑了，常常躲到他家中，全郡的人都知道，也没有官府人员前去缉捕。他每每出行，在陆地上则骏马名车，浩浩荡荡，在水路上则多艘豪华游艇，摆成一串。跟着他的随从都穿着最豪华的衣服，在他之前，打扫他贵足要踏过的道路。每次停泊，都要把最好的锦缎当成缆绳，来系住行舟，开船时也不解掉锦缎，只是抽刀一挥，割裂的锦缎就不要了。

看这等炫富行径，倒也不足为奇，只是像甘宁这样，后来能成大器的，微乎少矣。

这样的豪纵行为，与绿林土匪还是有区别的。土匪大都是穷得活不下去了，铤而走险，靠抢劫混口饭吃，与社会法律规范公然对抗。甘宁一伙则是已经由老子挣下了殷实家底，他们没正事可干，或者不想干正事，故以豪奢眩人耳目，满足自己的虚荣心，他们的相当一部分行为也是越过法律边线的，但有老子辈垫底，一切也就在权力与权力之间，金钱与金钱之间摆平了。

甘宁一伙的铃铛声音，名震一时，听到铃铛响声的富户大族，如果恭恭敬敬，好吃好喝好接待，甘宁他们就将之作为好朋友；如果听到铃铛响声，置若罔闻，不理不睬，甘宁一伙就会放开手脚，抢掠一番。他们因为把川中最贵重的锦缎挂到船上，当成风帆，所以被人暗地里呼作："锦帆贼"，如果是当面，或者恭维为"锦帆侠"，也未可知。

如此横行霸道二十多年，不知有了什么机缘，甘宁突然放下屠刀，立地成佛，收起锦帆与兵器，一门心思做起学问来。

史书中没有记载甘宁的生卒年，就算他少年天才，武功早成，他出道做锦帆贼的年龄定位在十六七岁，到他幡然悔悟、刻苦读书的时候，也已年近四十。

在东汉末期，四十已经是高龄的人了，甘宁居然学有所成，先是被荐举为蜀郡的文官，时间不长，甘宁弃官而去，带领手下八百余人投奔刘表，因为当时刘表的名声很响，他所镇守的荆州在很长一段时间内，又未受兵火波及，这让甘宁产生了错觉，以为刘表是可以成大事的人。

直到真正在刘表手下做事了,甘宁才看穿刘表的为人。刘表就是一介儒生,又复天生厌战,如果是在太平盛世,刘表应该可以成为一代名臣,只是在军事实力决定一切的乱世,刘表这样的人,早晚会成为别人肚子里的一块肥肉。甘宁对刘表很是失望,此时孙策已霸有江东,兵精粮足,觊觎天下之心,昭昭可见,甘宁很想去投奔他。

离开荆州,投奔江东孙氏,便要东渡长江。夏口是重要渡口,甘宁率人来到夏口,驻守夏口的是三国末年著名的白痴加粗野将军黄祖。黄祖把甘宁留住,不让他东渡。甘宁没办法,只好跟着黄祖混饭吃。

黄祖留住甘宁,似乎是爱惜人才,留下后,把甘宁编到部队里,却只让他担任下级军官,并不格外高看他。后来孙权率军征讨黄祖,黄祖被杀得大败,慌忙逃窜,孙权的追兵紧紧跟在后面,形势危急。甘宁因为武功高、箭法强,主动断后,阻遏追兵,他的弓弦响处,东吴大将凌操被射个正着,翻身落马,追兵这才停下脚步,黄祖逃得性命。

甘宁救了黄祖性命,是他的救命恩人,甘宁射杀东吴大将,武功高强,甘宁断后,便可退却追兵,指挥能力也很高超。对于这样的人才,黄祖逃出性命后仍然是不理不睬,不闻不问。

唯一可以解释的,就是黄祖是个唯文凭、唯出身论者,甘宁青少年时期纵横江湖的锦帆贼生涯,让黄祖充满浆糊的脑袋里牢固树立了一个信念:这样的人不能用。

像黄祖这样的人,代代不绝,多如过江之鲫,在太平年头他们死死扼住人才的脖子,万马齐喑。乱世年头,他们扼住的就是自己的脖子了。

黄祖的副手苏飞,非常欣赏甘宁的能力,屡屡向黄祖推荐,黄祖就是不听他的。甘宁非常郁闷,屡屡要走,又怕被黄祖所阻。苏飞看出他的意思,请甘宁喝酒,说:"我多次推荐你,只是黄祖不能容人,岁月如梭,光阴似箭,人生一世,能有几何,你还是走吧,我可以欣赏你的知己。"甘宁停顿了很长时间,终于回答:"我的确有这个想法,只是找不到机会。"苏飞说:"我随后去为你要求下去当个县长,你到地方了,去留如意,没人能干预的了。"

黄祖不用甘宁,看来是真看不起甘宁的出身,苏飞跟他一说,他马上痛快地答应,让甘宁下去当县长。

就在县长任上，甘宁招募旧部和愿意跟他建功立业的壮士，渡江去投奔东吴。东吴大将周瑜、吕蒙合力保举，孙权特别重视他，所有待遇都跟一向跟随孙氏父子浴血征战的旧臣们一样。甘宁非常感激，说了一段类似于隆中对的话，当然，他的话主旨是请求孙权讨伐黄祖，对夺取西川，平分天下的形势分析，只是当做背景，一带而过。孙权听了，非常高兴，举杯向甘宁敬酒，说："兴霸，今年出兵讨伐的军事行动，就像这杯酒一样，全权交给你来掌管了。"

英雄不问出身，细看三国时期魏蜀吴三位开国皇帝，无一不是虚怀若谷，招贤纳士。这让三国成为人才辈出的时代，星灿长天，千古传颂。

是别的时代没人才吗？不是，是别的朝代没有曹操、刘备、孙权这样诚心接纳人才、放手使用人才的领导人。

被孙权授以决策之权，这对刚刚投降过来的甘宁是莫大的信任。甘宁没有辜负孙权的信任，经过周密策划，率军西征，一战而擒黄祖、苏飞。

孙权对黄祖有杀父之仇，他的父亲孙坚在围攻襄阳之时，战败黄祖，乘胜追击，被伏兵射死，年仅三十七岁。仇恨埋藏在心中这么多年，发兵之时，孙权就提前做好两个木盒子，用来盛放黄祖和苏飞的脑袋。史书上没有记录甘宁与黄祖面对面时的情况，小说《三国演义》有一段描写：黄祖突围，被甘宁拦住，黄祖说："我向日不曾轻待汝，今何相逼耶？"甘宁呵斥道："吾昔在江夏多立功绩，汝乃以劫江贼待我，今日尚有何说！"

苏飞作为黄祖的副手，也被孙权切齿痛恨，他做的两个木盒子，一个就准备用来装苏飞的脑袋。

苏飞在押解他的木槛车里，居然说动了看管他的东吴士兵，让士兵去跟甘宁传信，请甘宁救他。甘宁听过传信后，说了一句："就算苏飞不说，我又怎能忘记。"

孙权为歼灭黄祖有功的将军们安排了酒宴，大家痛饮高歌、兴高采烈之余，甘宁离座，到孙权面前，跪下叩头，用力太猛，额头上磕出血来，甘宁开口说话时，眼泪夺眶而出，与额头的鲜血混合着落到地上。甘宁说："苏飞当年对我有大恩，我若是没遇到他，现在尸骨早已填埋于沟壑之间了，根本没有机会为您效力，现在苏飞被擒，他的罪过确实是大，我愿纳还一切官职、封赏，只恳求您能饶他一条性命。"

孙权很感动，他肯定也想做个样子，鼓励手下将领们重恩重义，他扶起甘宁说："我可以为你释放苏飞，就怕他偷偷跑了。"甘宁回答："苏飞能够免去断头之祸，您对他有再生之恩，就算用棍子赶他，他也不会走，又岂会偷偷溜掉，如果他真的偷跑了，我愿割下我自己的脑袋，装到木盒子里。"

孙权释放苏飞，成就了甘宁有情有义的人生。

赤壁之战后，甘宁南下，与曹仁作战，他以仅千人的部队，固守夷陵。曹仁派遣五六千人的部队不歇气地攻击，制造高耸的木楼，曹军从木楼上向城内射箭，密集如雨，吴军士兵没有不恐惧的，只有甘宁谈笑自若，砥砺士气，一直坚守到周瑜率军解围。

之后，甘宁跟随鲁肃镇守益阳，抵御关羽。关羽率部号称三万人，从中精选五千人，从益阳附近河道较浅的地方，准备深夜渡河，发动作战。此事被东吴哨探侦知，回来报告，甘宁当时直属部队仅三百人，他对鲁肃说：你再加派给我五百人，我前往迎击，我保证关羽听到我的咳嗽，就不敢渡河，如果他真敢渡河，我一定活捉他。鲁肃安排一千名士兵，随甘宁当夜赶赴关羽计划的渡河点。关羽听到甘宁来了，真的扎下营盘，不再渡河了。

攻击皖城之时，甘宁手持铁链，在枪林剑雨中，第一个爬上城墙。此战之后，甘宁被提拔为折冲将军。

公元215年，孙权率十万大军，往攻合肥，张辽以七千人应战，打了一场漂亮的以少胜多的经典战役。此段情节，在《张辽》一节中，已有叙述，此处不赘。唯有孙权在撤退之时，被张辽轻骑突袭，孙权差点成为张辽的战利品，是甘宁与凌统联手死战，方保得孙权平安飞马跃过逍遥津，逃出生天。战事白热化时，甘宁一边大呼酣战，一边厉声喝问：战鼓为何不擂起来。"壮气毅然"，尤为孙权所称赏。

甘宁平生最传奇的一战，也是我极其崇拜的一战，是他以百人突袭曹操数十万大军。

当时是公元217年，曹操率数十万大军，进攻濡须（现在的安徽巢县），甘宁作为前部先锋，受命出击，突袭曹营。

此前的合肥之战，张辽以八百人突袭孙权十万大军，把孙权逼上小山丘，看来这一份耻辱，已经深深烙印在了孙权心上。不能如法炮制，原璧奉还，孙权解不开这个疙瘩。

张辽突袭吴军，仅八百人，孙权为甘宁所做的突袭，仅仅准备了一百人。出发之前，孙权赐酒，为这一百壮士践行壮威。甘宁以银碗酌酒，自己先喝了两碗，又酌酒满碗，递给自己的副将，这位副将吓得魂不附体，趴在地上，不肯接酒碗。甘宁拔剑在手，厉声呵斥：论起受主公赏识重视，你们哪一个比我甘宁更重要？我尚不怕死，你们有什么好怕的？

将军一怒，声色俱厉，何况这个甘将军一向以作战勇猛、杀人不眨眼著称，副将无路可退，把心一横，站起来接过酒，一口喝下，随后，百名敢死队员一一喝下一碗烈酒。至二更时分，上马出营。《三国演义》对这一场夜袭有精彩的描写，摘录于下："飞奔曹营寨边，拨开鹿角，大喊一声，杀入寨中，径奔中军来杀曹操。原来中军人马，以车仗伏路连接，围得铁桶相似，不能得进。甘宁只将百骑，左冲右突。曹兵惊慌，正不知敌兵多少，自相扰乱。那甘宁百骑，在营内纵横驰骋，逢着便杀。各营鼓噪，举火如星，喊声大震。甘宁从寨之南门杀出，无人敢当……曹兵恐有埋伏，不敢追袭……甘宁引百骑到寨，不折一人一骑。"

这简直是神话般的一战。纵观整个三国名将，若论短兵相接，白刃肉搏，甘宁的排名绝对靠前。

孙权大喜，赏赐给甘宁绢千匹、刀百口，说了这么一句话："曹操有张辽，我有甘宁，足以匹敌。"从这句话看，压在孙权心头的耻辱，已经被这场胜利冲走了。

甘宁厨房里有个伙夫，因事得罪了甘宁，出逃到另一位东吴大将吕蒙家中。吕蒙怕甘宁杀他，收留下来后，也不马上还给甘宁。后来甘宁准备了礼品乘船到吕蒙家中拜望吕蒙的母亲，吕蒙这才将这个伙夫还给甘宁，甘宁也当面表示既往不咎，不会杀害这个伙夫。归来快到船边时，甘宁将这个伙夫绑到岸边的桑树上，弯弓搭箭，当即射杀。杀完人后，回到船上，安排船夫多加缆绳，把船牢牢固定在岸边，不走不逃，他自己则到舱中，解衣高卧。吕蒙听到传讯，气炸了肺，立即击鼓，召集战士，准备去攻击甘宁。甘宁听到随从报告，更躺得四平八稳，动也不动。吕蒙的母亲听到后，连鞋子都来不及穿，跑出来劝告吕蒙："孙权待你亲如骨肉，委托你承担大事，你为什么要因为个人丢了面子而去攻击甘宁，就算你真把甘宁杀了，就算孙权不过问，你自问做得合情合理合法吗?"

史书上说吕蒙一向孝顺，所以听了母亲的一番话后，豁然醒悟。我觉得吕蒙一时丢了面子，聚会战士，要去攻击甘宁，也是骑虎难下，他自己也未必真的敢攻杀有大功于东吴的高级将领甘宁。吕母的这番话，恰好给了他台阶下。他立即不生气了，亲自赶到甘宁的船头，笑着招呼甘宁："兴霸，老娘做了好饭，等你去吃呢！"甘宁也就坡下驴，马上送给吕蒙个面子——甘宁流着泪说："我对不起你。"

看这些浴血疆场、杀人不眨眼的名将，相互间假惺惺起来，也很见功力。战场上能打的将领不少，但在中央政府能站住脚的将军并不多。关键就在于能打之外，还要精通世故人情！

甘宁为东吴立下大功，深得孙权欣赏，但仍然免不了在死后唯一的儿子获罪被流放，并很快死去。

帝王的恩遇，只是夺天下的手段，当不得真。

陆 逊

东吴的人才储备，亚于曹魏，比蜀国强。蜀国可以身兼军事统帅及政府首脑——也就是军事家、政治家集于一身的人才，前有诸葛亮，后有姜维，仅此二人。当然，仅此二人就可以让蜀国三分天下有其一，鼎足相抗不落下风，也证明了这两个人可以以一敌多。

东吴则人才辈出，一身兼军事家、政治家的卓越人才，前有周瑜、鲁肃、吕蒙，后有陆逊、陆抗父子。很有意思的是，前期的周瑜和后期的陆逊，一生中最大的战绩，都是放火。

陆逊是吴郡吴县华亭人（现在的上海松江），出身于世宗大族，看他及他的儿子陆抗，孙子陆机、陆云的行事，确也有贵族风范。虽然出身贵族家庭，陆逊也还是很不幸的，他在少年时即失去父亲，跟着叔祖父陆康生活。陆康在庐江任太守,袁术跟他有矛盾,准备去攻击他,陆康将陆逊等人送回老家,陆逊比陆康的儿子陆绩大几岁,成为这一宗族的实际主持人。

等到孙权接班孙策,主持江东工作时,陆逊已经二十一岁了,出仕作官,担任海昌屯田都尉,同时兼任海昌县(现在的浙江海宁市盐官镇)县长,都尉是军职,县长是文职,陆逊的起点虽然不是很高,但从起点处,就将军事与行政合在了一起,并且都取得很高的成绩。海昌县连年干旱,陆逊打开国库,赈济灾民,亲自下田,引导百姓耕种栽植,争取大旱之年无歉收,在他的勤恳工作下,当地在灾害之年,未出现大的饥荒灾患,百姓安然。

当地有两股大的土匪势力:会稽潘顺,鄱阳尤突。陆逊招募士兵加以训练,攻坚履险,先后将之平定。

陆逊人虽年轻,在实际工作中显露出的卓越才干,引起了亟需人才的孙权的注意。孙权亲自接见了他,与他讨论对时局的看法,陆逊以为:当前时局混乱,群雄并起,要想统一天下,没有足够的军队不行。而东吴根据地内,多有土匪作乱,攘外必先安内,"腹心未平,难以图远",所以最紧迫的工作,是扩大军队规模,打造出一支战无不胜的精兵。

孙权很欣赏陆逊的建议,也很欣赏陆逊这个人,做主将孙策的女儿许配给了陆逊,陆逊就成了孙权的侄女婿,进入皇亲国戚行列。孙权也不再让他回地方了,留在帐下任右部督。

三国时代,战争并不单纯在军阀割据势力间爆发,因为军阀们旷日持久地作战,消耗极其巨大,对百姓的盘剥就变本加厉,活不下去的老百姓经常会举旗造反。所以在写三国时代的这十多个名将时,时常提到他们有平定叛乱的功绩,大多就是这么来的。

陆逊此前在海昌任职时,所平定的潘顺、尤突,基本上也属于这个情况。陆逊就任孙权帐下右部督后,丹杨又发生起义事件,并且这个起义军首领费栈还颇有政治头脑,他在起义之时,就与曹操联系上,接受了曹操的任命。曹操当时是东汉丞相,当时的天下名义上还只有一个国家,就是东汉,所以曹操的任命就是东汉政府的任命。相对于东吴孙权军阀割据来说,费栈才是代表中央政府。

不知费栈读没读书，读了多少书，他大约是相信"名正言顺"这一套说辞的，但名正言顺靠的是实力，实力有了，你说什么都正都顺，实力不行，你说什么都不是道理。在正史《三国志》中，被中央政府承认，接受了中央政府任命的费栈被称为"贼"，明明是分裂国家，割据一方的军阀，对抗中央政府的行动，却被称为讨贼。

陆逊前往讨伐费栈，也没有正面作战，只是多插大旗、多做鼓角，夜潜山谷，鼓角大作。起义军大多都是乌合之众，费栈这一伙起义军更是如此，仅仅是旗幡招展，鼓角铮鸣，就把他们吓得一哄而散。

清剿完费栈，陆逊没有马上回家，他就地征兵，将当地的精壮劳动力都弄到了部队，扩充军队数万人，这才回家，驻扎芜湖。

陆逊这么一搞，地方劳动力陡然缺失，严重影响了农田耕种，会稽太守淳于式向孙权打报告，说陆逊强制征兵，严重侵害了群众利益，群众对此普遍不满。陆逊后来去首都鄂城（后迁至南京），向孙权汇报工作，谈论起地方官员时，陆逊夸奖淳于式是个好官。孙权问："淳于式写报告告你的状，你反而推荐他，为什么？"陆逊说："淳于式的目的只在让民众过上好日子，这才告我的状，如果我因此而诋毁淳于式，那怎么可以！"孙权感慨："这是忠厚之人的行为，一般人是做不到的。"

关羽在荆州，率军北伐，水淹七军，斩庞德，威震华夏，不单单是曹操震恐得要迁都以避，东吴的孙权也不高兴。此前孙权为儿子去求娶关羽的女儿，关羽一句"虎女怎能配犬子"，让孙权丢尽了颜面，现在关羽军威鼎盛，如果真的灭了曹操，收拾东吴也是必然之事。所以孙权先下手为强，密谋袭取荆州。

恰好在陆口（现在的湖北省嘉鱼县陆溪镇）与荆州对峙的吴军元帅吕蒙称病返回建业，陆逊先去看他，两个人讨论起荆州的局势。陆逊认为关羽这个人骄傲自满、目中无人，现在又取得大胜，更加不可一世，一门心思图谋北进，经略中原，并不太重视我们东吴，现在听说您病了，肯定更加不提防，我们正可出其不意，突袭荆州，一定可以取得成功。吕蒙说："关羽是一员猛将，很难对付，他占据荆州已有多时，影响深入民间，现在刚刚取得大胜，士气正盛，拿下他并不那么容易。"

说是这么说，见到孙权之后，吕蒙依然采纳了陆逊的建议，与孙权商讨突袭荆州之策,第一步便是把病持续装下去,以骄关羽之心。孙权问:"你装病期间,谁可以代你为将?"吕蒙回答:"陆逊最合适,他虑深谋远,才堪重负,看他的才华度量,终可担负大任。现在他还不怎么显山露水,关羽不会重视他,他到陆口,对关羽方面刻意示好,观察形势,一旦有好的机会,突袭荆州,可一战成功。"

陆逊到陆口,接替吕蒙的军职,他给关羽写了一封信,信里写的非常谦虚,自认为才疏学浅,而关羽久经战阵,多立功勋,久负盛名,很愿意多多合作,多多学习。骄傲了一生的关羽,接到陆逊这封拍马屁的书信后,心满意足,对这位东吴年轻将领再无防备。陆逊秘密安排人手,侦知荆州虚实,有针对性地做出安排,然后写出报告,分析突袭荆州的可行性。孙权接到报告后,亲率大军西征,而以吕蒙、陆逊为前锋。

孙权做出突袭荆州的决定后,给曹操写了封信,表示自己要从后方袭击荆州,为曹丞相效力。他这封信主要是讨好曹操,也避免万一荆州之战不顺利,与关羽陷入相持苦斗,曹操抄他的后路。曹操看到他的信后,作出的反应是:立即派人持信南下,送给襄阳城中的曹仁。关羽一直围攻曹仁,于禁率七军去救援曹仁,扎营地势太低,才被水淹。淹掉七军后,关羽继续围攻襄阳,曹仁固守,到这封信送到襄阳城中时,这场攻防战正在进行中。

曹操让曹仁把孙权这封信用箭射给关羽军队,关羽看到信后,犹豫不决,既怕失去荆州,又怕这是曹操用的计,尤其是围攻襄阳已有很长时间,如果不能趁水淹七军的大胜之势拿下襄阳,以后再来攻打,只怕更难拿下。可能还有一条原因,他从骨子里看不起孙权,尤其看不起那个寂寂无名的陆逊。一连串的思考、疑虑,让关羽失去了挽回败局的良机。

关羽在襄阳城下犹豫不决之时,东吴已经完成了战争动员,吕子明(吕蒙字子明)白衣渡江,奇袭荆州,袭公安,降南郡、据江陵、取宜都、获秭归,兵锋到处,呈破竹之势,风卷残云般扫荡荆州全境,关羽再也没有犹豫的机会了,或者他为自己的犹豫痛悔万分,撤退当阳,西保麦城。孙权派人劝降,关羽假装同意,做了些稻草人放到城墙上,率剩余军马偷偷出城逃遁。走不多远,战士们纷纷开小差逃走,仅十余人追随，之后便是潘璋擒斩关羽。

关羽败走麦城，落难于潘璋之手时，不知道想没想起过陆逊的那一封书信，不知恨没恨过以自己大风大浪的经历，居然会受到毛头小伙子的蒙骗。

如果不是陆逊出镇陆口，如果荆州的背腹之敌仍是久经战阵的吕蒙，关羽收到曹操转送给他的孙权书信，也许不会那么犹豫，荆州的丢失，也就不会那么容易。只要东吴的奇袭变成攻坚，荆州战事胶着一段时间，益州的刘备、诸葛亮就有时间有条件增援荆州，荆州就未必会失去。荆州不失，诸葛亮《隆中对》中同时兵出荆州与秦中、两路夹击、经略中原的计划，就可顺利实施，三国纷争的最后结局，未必不能改写。

只是，这一切仅仅建立在"如果"之上，如果，关羽不是那样傲慢自大。

关羽因为瞧不起陆逊，不肯在看到孙权要突袭荆州的书信后，回救荆州，造成地失人亡的结局。同样的一幕，几年后，又发生在刘备身上。

刘备打着为关羽报仇的旗号，倾全国之兵，东征孙吴。孙权遣使求和，刘备不同意，孙权于是任命陆逊为大都督，率军迎敌。

东吴的抵抗军力，史有明确记载为五万人。刘备带了多少兵去，史书上没有记载，《三国演义》中说统兵七十五万，当不得真。估计应该有十万人左右。刘备深入东吴地界，从巫峡直至湖北的夷陵（现在的湖北宜昌东），数百里沿线连结数十座兵营。他也知道吴军的统帅是陆逊，但正像关羽一样，刘备也不明白陆逊的斤两，奇袭荆州一战，人们还是把功劳记到吕蒙身上，所以无论在战略上，还是战术上，刘备都不怎么瞧得起陆逊，这一点轻视之意，是刘备大败的重要根源。

刘备联营扎寨的消息传到魏国，魏文帝曹丕听说后，对群臣说了这么一句：刘备根本不懂军事，他一定会失败，"岂有七百里连营，而可以拒敌者乎"。

刘备征战一生，从一个织履贩鞋的社会下层小手工业户，打下三分天下，是一个名符其实的军事家。曹丕的军事能力，一定不会比刘备更强，曹丕认为刘备必败，也只是从兵法常识中得来。曹丕懂得的兵法常识，刘备不可能不懂，既然懂还这么做，不外乎两个原因：第一，形势所迫。在为时较长的持久战中，后勤供应极其重要，刘备出川，深入敌境作战，后方山路险阻，供应困难，并且很容易被敌方所趁，刘备连营七百里，可以保证供应不绝且安全。第二，刘备从内心里，瞧不起这个没什么军事建树的东吴年轻统帅。我刘备就是违背军事常识了，你陆逊又能怎么样？

以刘备的战略战术安排，如果东吴一方主帅不是陆逊，可能真的在失败之前，就已经胜利了。刘备先是安排吴班率数千蜀兵，在平地立营，向吴军挑战，吴军"诸将皆欲击之"。"皆欲击之"，那是说"诸将"中任何一位将军如果是吴军主帅，就出营作战了，唯独陆逊不同意，他认为其中必有诡计，先观察一段时间再说。僵持一段时间后，刘备知道计策行不通，就带领埋伏在后方山谷的伏兵出谷去了。看刘备的兵力安排，他的如意算盘是：吴军出营与吴班作战，双方混战之时，预先埋伏在山谷里的伏兵齐出，趁乱夺下吴军营垒，便可乘胜前进，直入东吴腹地。没想到年轻的陆逊会如此老成持重，不上刘备的当。

如此相持达七八个月之久，蜀国军队无法向前推进，东吴看起来也没破敌良方。蜀军士气渐渐松懈低落下来。陆逊向孙权打报告，认为此时可以进入军事反攻阶段了。东吴的各位将军们都不认可，陆逊一意孤行，先安排一支小部队去攻击蜀军的一处营寨，打了败阵回来，吴军将领们纷纷说："这不是让战士们白白送死吗？"陆逊却胸有成竹地说："我已经知道破敌方法了。"

事后看来，陆逊安排小分队去挑战蜀军，是要借此来观察蜀军的军事配置，士气高低，以及部队反应能力等等。至于火攻之计，应该是此前就已想好的，因为放火也要选择好时机，如果蜀军反应机敏，士气高涨，配置合理，一把大火，未必可以给予蜀军毁灭性打击。

陆逊安排吴军，每人手持干燥易燃的茅草，悄悄掩至蜀军各营寨，几乎在同时放火，火势一起，吴军借势全力攻击，蜀军大溃。陆逊亲自督战，连破蜀军四十余营，刘备趁夜色狼狈逃跑，断后的战士焚烧铠甲等物，阻截追兵，这才保得刘备逃回白帝城。所有军用物资，全部成为吴军战利品，蜀国战士的尸体，塞满长江，顺流而下。刘备又惭愧又愤怒，说：我居然被陆逊这小子所折辱，难道是老天的意思吗？

从这一句话里，可以看出，刘备对于陆逊，自始至终并不怎么瞧得起，陆逊一把火烧去十万蜀兵，刘备仍然认为是老天与他作对，而不是陆逊有多么厉害，他败在陆逊手里，是莫大的耻辱。

刘备再怎么不服气，也只能孤独地死在白帝城中。陆逊经此一战，天下闻名，一举进入顶尖名将行列。

与刘备对峙期间，东吴将领或者是跟随过孙策的开国将军，或者是与孙氏沾亲带故的皇亲国戚，大家都不怎么看得起陆逊，陆逊说话，没人真正听从，陆逊也发了次火，手按宝剑，威吓诸将："与刘备这样的强敌作战，必须严明军纪，我既然受主公委托，在这岗位上，就要履行这个岗位的工作，军法森严，希望各位不要触犯！"

直到火烧连营，击溃刘备，诸将均服。后来孙权听说这些事，问陆逊：你当时为何不将将军们不听你调度的事报告给我，我将严肃惩处。陆逊说：这些将军都是国家的栋梁之才，我受您的重托，国家的大恩，我一向敬仰蔺相如将相和的美事，愿意效仿，与大家精诚合作，为国效力。孙权大笑，连声说好，提拔陆逊为辅国将军，领荆州牧，封江陵侯。

对吴国来说，陆逊实有再造之功，若无陆逊，在刘备的全力一击之下，吴国结局如何，实难猜测。陆逊也因此得到孙权的连番重用，终于任职大将军及丞相高位，实际掌握了东吴的全部军权和政权。但在废立太子之事中，陆逊站在太子一方，提出了与孙权主意相左的意见，孙权很不高兴，连续派出太监，堵着陆逊的家门，批评指责陆逊。对那些不识字的太监来说，批评指责四个字显得过于文雅，实际上很可能就是谩骂。贵族出身，一生出生入死，功勋卓著，为东吴呕心沥血的陆逊，哪里受得了这样的污辱，终于在愤怒中活生生气死，死时六十三岁，当了一辈子高官而家无余财。

羊　祜

孙权安排太监，去把陆逊骂死之时，陆逊的二儿子陆抗（陆逊的大儿子叫陆延，早死）年正二十，他安葬完老爹后，回首都去向孙权谢恩，孙权仍然愤愤不平，找出别人在报告中诋毁陆逊的二十件事，一一诘问。陆抗出身世代贵族之家，气度自是不凡，口才既好，谈话技巧掌握的也好，他直视孙权，目光绝不游移，对每一条诘难都做出了恰当的解释和反驳，孙权的气稍稍平了些。

孙权对陆逊的主要愤怒，来自于陆逊对孙权废立太子一事的干预，但这样的愤怒不大好意思说出口，别人对陆逊的诋毁，正好给了孙权发泄情绪的借口，至于诋毁事件的真假，并不重要。

孙权对陆逊的愤怒，事实上在把陆逊骂死之后，也就发泄出来了。他对陆抗的解释与反驳，只是给自己找了个下台阶的梯子。他并没有再难为陆抗，陆抗以建武校尉的身份，统领陆逊旧部五千人。公元246年，他被提拔为立节中郎将，与东吴的另一位将领诸葛恪交换防区，陆抗率部撤离防区前，加固了城墙，修葺了房舍，至于营地所植花草果木，都未有任何践踏采摘，诸葛恪率军入住，俨然进入一座新建的军营。而诸葛恪留给陆抗的营房则是一番狼狈景象。诸葛恪是诸葛瑾的儿子，诸葛亮的亲侄子，神童出身，东吴重臣，两相比较，"深以为惭"。

后来陆抗屡经提拔，到东吴末代皇帝，也是中国历史上有准确记载的第一个末代皇帝中的暴君孙皓（夏桀商纣的暴行，多出于传说而无当朝实录，作不得准）在位的时候，陆抗就成为东吴的最高军事首长了。孙皓令人发指的暴行延续了十多年而居然不亡国，很大程度上有赖于陆抗的军事能力。

有很长一段时间，陆抗驻军于东吴边防前线江口，与驻防襄阳的将领羊祜对垒。

与陆抗相同，羊祜也是出身于累世贵族之家。他是泰山南城人（现在的山东费县），祖上九代均为高官，他的祖父羊续，担任过南阳太守，父亲羊衜担任过上党太守。他的母亲是东汉末年大学者蔡邕的女儿。

蔡文姬的故事千古流传，我们都知道她是蔡邕的女儿，遗憾的是，《后汉书》蔡邕列传中，未记载蔡邕有几个女儿，按常理推断，他应该不是蔡文姬归国后再婚生出的儿子。

蔡文姬一嫁再嫁，羊祜的父亲也是一娶再娶。羊祜传中没有记录他父亲的事迹，不过推算起来应该是当时有数的青年俊彦，他第二娶娶的是蔡邕的女儿，第一婆娶的则是名气丝毫不亚于蔡邕的另一个大学者、孔子直系子孙孔融的女儿。这个孔夫人为羊太守生下个叫羊发的儿子后，就去世了。羊太守再娶蔡夫人，蔡夫人先为他生了个叫羊承的儿子，不巧羊发、羊承同时得病，蔡夫人难以兼顾，就把主要精力倾注到羊发身上，结果羊发救活了，羊承病死了。

羊祜有个同胞姐姐，嫁给司马师做老婆，他与司马家族的关系至亲，但他又娶了曹魏嫡系大将夏侯霸（就是后来逃到蜀国去的那个）的女儿为妻，在司马氏篡夺曹魏政权、双方斗争白热化的时候，羊祜置身两难，处境很尴尬。

羊祜十二岁那年，父亲去世。他曾在汶水之滨郊游散步，遇到一位很神秘的地方老人，这位老人端详着他，没头没脑地说了这么一句话：小伙子长了一副圣人相，在你六十岁之前，"必建大功于天下"。说完后飘然而去，羊祜反应过来后再去寻找，再也找不到。

到羊祜长大后，"博学能属文，身长七尺三寸，美须眉，善谈论"。被当时善于品评人物的郭奕评定为：这是当世的颜回啊！

名气大了，出身又好，政府领导就很留意，他与一个叫王沈的人，同时被曹魏政府实际当权人曹爽录用，王沈欣然约着羊祜一起去，羊祜认为此时去这个充满风险的政府就职，并不安全，不去。后来曹爽果然在与司马氏的权力争斗中败下阵来，王沈因为是曹爽所录用的官员，被免职赶回老家，他去羊祜那里，表达他的佩服：现在回想起你以前的话，真是有先见之明啊！羊祜则很谦虚，说：现在的情况，也不是我先前所能料到的。

羊祜的岳父夏侯霸投降蜀国，发生在司马懿夺权之后，夏侯霸跑了，他的亲属受到司马氏的残酷清洗。羊祜没受牵连，他姐夫是司马师，这个结果理所当然。不过羊祜亲眼目睹政治斗争的残酷性，也不愿意出仕到官路上挤，正好母亲去世，不久后哥哥羊发也去世，羊祜就以这个为理由在家守丧致哀，长达十余年之久，"以道素自居，恂恂若儒者"。

司马师是羊祜的亲姐夫，羊祜摆摆架子，不去伺候他，司马师也当不得真，一笑了之。司马师死后，司马昭当权，以羊祜的聪明智慧，知道这架子没机会没条件再摆了，在谢绝了一次司马昭的征召后，趁司马昭还没发脾气，乖乖地在第二次征召中走马上任了，先是任中书侍郎，后任给事中，黄门郎。

钟会是神童，才华不在羊祜之下，占有了先发优势，他一旦视羊祜为争宠对象，羊祜的处境就艰难。羊祜很清楚问题所在，对钟会也很忌惮。

以钟会的智慧，他既然认定羊祜是争宠对象，那就说明羊祜确实很受司马昭重视，及至钟会率军入川，平灭蜀国，阴谋独立，终于事败被杀后，横隔在羊祜之前的大石头终于搬开。羊祜随即进入司马昭的核心班子，成为司马昭的卫队长，贴身护卫司马昭，并直接参与国家军事决策。

司马昭死后，司马炎接班，逼迫曹魏小皇帝曹奂把皇位让给他，是为晋武帝。羊祜属于司马氏篡位的元勋功臣，被连续提拔为尚书右仆射、卫将军，成为集军政大权于一身的显赫人物。但羊祜很谦虚，每每与老资格的同级官员共事，总是以晚辈自居，事事谦让。

其时蜀国已灭，只有吴国还在与晋国对峙，司马炎一直有统一天下的想法，安排羊祜到荆州前线，总管地方军事。羊祜到任后，与民生息，宽刑缓政，荆州作为三国主战场之一，地方百姓饱受战乱之苦，来了这么一位政令宽缓的领导，老百姓无不欢悦。与吴国对峙中，羊祜也不炫耀武力，继续使用他以德服人的一套，战场上俘虏过来的吴国战士和群众，愿意回吴国家乡，都可以回去。吴国的石城（现在的湖南岳阳南）太守是一位出色的将领，屡屡率军侵入晋国地域，并且屡战屡胜，羊祜是一位军事战略家，眼光远大，战术上好像并不高明，拿这位东吴将领没办法。好在羊祜不但是军事家，还是政治家，军事上搞不定，就从政治上搞。他派人去东吴中央政府做工作，在金钱、美女、谣言以及东吴中央政府官员对地方功臣将领的嫉妒心的相互作用下，东吴中央政府罢免了这位对国家只有功劳、没有错误的石城太守。

羊祜以计拿下吴石城太守后，晋、吴两国的边境一片安宁，羊祜将一线战士抽出一半人，去开荒种地八百公顷。羊祜初到荆州时，部队的口粮不足百日之用，羊祜就任军队领导三年，部队因吃不了而储存下的军粮，足够十年之用。司马炎对羊祜的工作非常满意，把邻近的部队统统划拨给羊祜管理。

羊祜始终以儒将面貌示人,在荆州,他并不多么积极主动地进行军事训练、处理地方政务,而是经常"轻裘缓带,身不被甲",只带十多个警卫员,就到荒山野岭间打猎娱乐。有一次,羊祜可能晚饭时喝了点酒,一时兴起,带着几个警卫员就要夜出游乐,部队的纪律监察室主任徐胤堵着营门不让走,说:"政府安排您镇守边境,您怎么可以如此做事轻率,要知道,羊将军您的安危,关系到国家的安危,今天您除非处死我,这道营门才会开。"

在徐胤一番义正辞严的指责下,羊祜的酒大体醒了,他向徐胤认错道歉,从此很少出去打猎游乐了。

不游猎了,精力就回到军事上,羊祜采取步步为营的方式,一点点向东吴境内推进,每取得一块地盘,就建城结寨,将其永远占有。与吴军交战,也一向约定交战时间,按时正面作战,从不使用伏兵、偷袭等兵法战术,却也很少中对方的埋伏和偷袭。吴军将领陈尚、潘景率军与羊祜作战,战死疆场,羊祜很欣赏他们宁死不降的军人气质,"厚加殡敛"。

这是中国战争史上少有的礼敬,能够尊重敌方的军队,才真正能够获得尊重,因为在他们心中有是非判断,有精神领地。遗憾的是,我们看到更多的,只是机器般的杀戮,这让战争的车轮,绝少走上正义的轨道,只沦为成王败寇的屠杀游戏。

羊祜的行为,博得了敌对国家吴人的普遍尊重——他擒获吴将邓香,优待俘虏,邓香感恩投降;他率军侵入吴国领地收割庄稼,总要计价赔偿给种地农民;打猎时如果野兽先被吴人所伤后被晋军所得,他都要送还——吴人尊称这位敌国最高边防指挥官为"羊公",而不称呼他的名字,更不对他施加国骂。

在军事能力上,羊祜似乎比自己正面战场的对手、陆逊之子、东吴大将陆抗略低一筹。东吴将领步阐举城投降羊祜,陆抗第一时间攻击步阐,羊祜统兵五万去救步阐,居然救不下来,步阐被陆抗所擒。

好在羊祜与陆抗的正面交锋并不多,他们更多地是在暗战,在尽量以和平的姿态,争取对方的民心,这一点上,两个人打成平手。

这两大战区的敌对将领,互相派遣使者,问候对方,陆抗盛赞羊祜,说羊祜的道德、能力，就算是乐毅、诸葛亮也不能超过。一天，陆抗派使者去问候羊祜，羊祜与使者闲聊，问道："陆抗将军身体还好吗？"使者说："陆元帅已经卧病在床好几天了。"羊祜问了问病况，说："他的病和我的病差不多，我已经有备好的药了，你带回去给他服用吧。"使者将药带回，交给陆抗。陆抗安排人马上熬给他喝，吴军众将纷纷劝说陆抗："羊祜是我们的敌人，他给的药怎么会是好药？"陆抗回答："羊祜怎么可能是下毒的小人呢！"将药碗端过来，一饮而尽。

在这之前，陆抗送给羊祜好酒，羊祜也是毫不怀疑，开怀畅饮。

陆抗常常告诫部下：羊祜一直展现给我们和平的一面，以德服人。如果我们还之以暴，那是不用打仗，就输给了人家。现在我们做的就是各自保卫好边界，不要追求一星半点的战利品。

在两位儒将领导下，吴、晋边境出现了这样和平的一幕：双方在边境线上田地里的庄稼熟了，相互间绝不会偷割（更别说公然抢夺）对方一镰；双方百姓放牧的牛羊，走到对方的国境内，打声招呼就可以越境赶回来；打猎时，只要是对方先伤到猎物，另一方最后猎取到后，都会主动送还对方。

这样和平安宁、亲如邻里的边境奇景，两个国家的皇帝都听到了，晋国皇帝司马炎默不作声；吴国皇帝孙皓大发雷霆，派出太监去批评陆抗，陆抗说："就算在乡村邻里之间，都不能做无信无义之人，何况是国与国之间？我如果不这么做，正足以彰显晋国的泱泱大国风范，对羊祜有何损伤？"

如果陆抗可以持续统领吴军，就算孙皓残暴，失却民心，晋军想要一举灭掉吴国，也不太可能，可惜陆抗英年早逝，孙皓令人发指的暴行又让东吴上下离心，为晋国灭吴提供了良好的时机。

羊祜长期处在与东吴对峙的边防一线，对东吴国情相当熟悉，陆抗去世之后，他马上上表，认为是灭吴的良机，但政府中不赞成的声音太多，羊祜叹息道："天下不如意，恒十居七八，故有当断不断，天与不取，岂非更事者恨于后时哉。"

羊祜性爱山水，他曾在岘山之上，设置酒席，谈诗论文，终日不倦，说到兴致浓时，留下这么一段著名的话："自有宇宙，便有此山，由来贤达胜士,登此远望,如我与卿者多矣,皆湮灭无闻,使人悲伤。如百岁后有知,魂魄犹应登此也。"

羊祜认为吴国在陆抗之后,国中缺少中坚力量,吴国皇帝孙皓残暴不仁,搞得国内民怨沸腾,将领离心,正是伐吴的好机会。他跟代表皇帝来向他咨询国情事务的中书令张华说:司马炎受曹魏禅让而就皇帝位,诚为美事,但尚没建立让天下归心的大事业,现在吴国人受暴政已久,人心思变,我们只要出兵,可不战而克。如果放弃了现在这个好时机,孙皓不幸去世了,吴国人拥戴出一位出色的皇帝,那时候,我们纵然有百万雄兵,面对长江天险,也将无能为力。

孙皓自己不会知道,他在东吴的为所欲为,祸国殃民,会成为晋国吞并他的理由、条件和机会。

孙皓最初并不是东吴皇位的第一继承人,是丞相濮阳兴、左将军张布违背了前任皇帝孙休的遗愿,说服皇太后,硬把孙皓扶到了皇帝位子上。孙皓当上皇帝后,先把这两个恩人干掉,随后杀起人来,便为所欲为:他用烧红的锯,断下禀公执法的中郎将陈声的头;他常常召集群臣,硬逼大家喝酒,酒桌上选出他不满意的人,酒后打击处罚,杀头充军;他广选美女,后宫佳丽数万,看着哪个不顺眼,杀掉后扔到水里;至于剥人面皮、凿人双眼等等酷刑,在他是博取一笑的游戏……这样一个暴君,皇帝当久了,国家哪里来的凝聚力,谁还会死心塌地给他当忠臣?

不过羊祜固然很着急,司马炎也认为他的话很有道理,就是不好实行,因为此时晋朝太平已久,政府中高级官员多从文职爬上来,他们对战争没有兴趣,对于军事形势的判断,直接没有感觉。

羊祜眼看着时间一点点流逝,机会随时可能逝去,干着急,没办法,急出一身病,治不好死了,时年五十八岁。司马炎亲自穿了白衣服去送别,哭得鼻涕眼泪往下流,当天气温极低,鼻涕眼泪流到胡须上,都凝结成冰。荆州百姓在赶集时听到这个爆炸性消息,集市也不搞了,大伙儿聚在一起痛哭,就连吴国边防军听到这个消息,都禁不住流泪致哀。襄阳的老百姓在羊祜经常登临的岘山上建庙立碑,四时祭祀,凡是走过碑前的人,无不落泪,所以这块碑得了个名字——堕泪碑。荆州百姓为了表示对羊祜的尊重,避讳他的名字,连同音字都避,房屋不称户,而改称为门，有个管理户口的官职叫户曹，也改名叫辞曹。

东吴被吞并之时，羊祜去世已两年，群臣向司马炎表示祝贺，司马炎手执酒杯，泪流满面，说："这都是羊祜的功劳啊！"

史书上还记载了羊祜儿时的一件奇幻事：羊祜五岁那年，突然让保姆给他把玩具金环找出来，保姆很奇怪，说：你从来没有这件玩具啊！羊祜自己去邻居李氏东墙下的一株桑树上取下。李氏在旁看到，很惊奇，说：这是我儿子去世前丢了的玩具，你怎么找到的？保姆把前因说出来，李氏悲痛不已，街坊邻居听说后，都认为李氏去世的儿子应该是羊祜的前身。

王濬

羊祜遇到汶水之滨的相面老人，又兼有转世灵童的神奇，他自己可能也深信这些迷信说法，他驻军边防时，曾听吴国儿童唱过这么四句童谣："阿童复阿童，衔刀浮渡江。不畏岸上兽，但畏水中龙。"羊祜对这个莫名其妙的儿歌非常认真，精心研究，发表研究心得说：这首童谣说的是，要灭掉东吴，主要依靠水军，统帅是谁，也要找与童谣里的名字相符的人。刚好益州刺使王濬小名就叫阿童，羊祜认为上天确定的灭吴统帅就该是他，向司马炎打报告，要求将王濬留在荆州，主管军事，秘密建造战船，为顺流东下灭吴做准备。

王濬也是一个奇人，他是弘农湖县（现在的河南灵宝）人，他也出身于累世显宦之家，家庭富有而多贵族气，在这样的家庭里长大，读书学习的氛围并不缺，王濬也确实博览群书，精通典籍；但在这样的家庭里长大，如果不能够善加自我约束，很容易就会骄纵放荡，伤风败俗，很不幸，王濬同样具备了这些毛病，一直到他长成青壮年，才有所悔悟。他的基础好，底子扎实，一变而成为疏朗通达之人。

王濬长得很漂亮，等到他悔悟青少年的行为之时，为自己确立了奋斗目标，志向远大。他在盖自家房子时，特意把门前的道路扩展至数十步宽，这在没有汽车甚至也没有独轮车、搬运东西主要靠肩挑背扛、出行最多是骑马骑驴或者坐个敞蓬小马车的年代,非常罕见。别人奇怪地问他:为什么留这么宽的路?王濬回答:我要留出将来走大马车、排列仪仗队的空间。能坐大马车、使用仪仗队,在古代,只有朝廷高官可以。所以大家认为王濬是在说大话吹牛皮,都笑话他,王濬也不恼,只是说了句:你们没听过陈胜的那句话吗?"燕雀安知鸿鹄之志"。

要实现鸿鹄之志,唯一一条路,就是当官。王濬应州领导征召,到州里从事检察工作,下属郡、县听说王濬上任,凡有不廉洁行为的,纷纷辞职而去。州刺史徐邈有个女儿,知书达理,有才有德有貌,就因为自身条件太好了,一直找不到配得上的人。徐邈某次将所有下属邀请到家里搞聚会,让女儿藏在门后观察,结果女儿一眼就看上了王濬,徐邈于是将女儿许配王濬。

后来王濬转调到羊祜手下,任军事参谋,羊祜很欣赏他的才华,引为亲信。羊祜的侄子羊暨可能是出于嫉妒,找羊祜打小报告:王濬这个人志大才疏,为人行事,铺张浪费,不知节制,这样的人不能给他权力,应该好好制约他。羊祜否定了侄子的话,说:王濬这个人有大才,只要满足了他的要求,他一定能成大事。羊祜不但不制约王濬,还积极推荐他提拔进步。

在羊祜的力推下,也是王濬自己工作的出色,他转任巴郡太守。巴郡靠近吴国边境,征兵服役任务特别重,当地百姓生了男孩都不愿抚养,偷偷扔掉——中国自有政府以来,一直是男权社会,中国历史上,一向以生育男孩为光荣(白居易说杨贵妃受宠,影响所及,遂令天下父母亲"不重生男重生女",那是艺术夸张,史书上实无记载),现在居然不敢生养男孩,说明巴郡这个地方兵役该有多么沉重。当老百姓含辛茹苦养大的男孩子无一例外被旋紧到国家机器上,充当炮灰时,还有哪个家庭,甘于承受这样的伤心和不幸?

王濬到任巴郡后,针对这一情况,严肃法律法规,一切按全国通行的兵役条例实行,不得随便增加徭役赋税,所有生育男孩子的家庭,都按制度享受待遇,因此而活下来的孩子,达数千人。

王濬在巴郡政绩突出,又转调为广汉太守。在广汉,王濬一如既往地推行惠民政策,让老百姓切实感受到生活有奔头。某天晚上,王濬做了个恶梦，梦到他睡觉的屋里，房梁上挂了三把刀，一会儿又增加了一把。王濬从梦中惊醒，有点害怕，跟他的主薄李毅说起此事，李毅马上下拜祝贺，说：三把刀那是一个州字，又增益一把，那是说您要提拔到益州去了。

这话也只是说说而已，因为当时益州有刺史，叫皇甫晏。没想到做梦后不久，皇甫晏被地方叛民张弘所杀。西晋中央政府果然下令，升任王濬为益州刺史。

大人物经常有些神奇古怪的事，史书上有记录，我们姑妄听之。

如果不是张弘杀掉皇甫晏，王濬没有机会提拔为益州刺史，但王濬并不感激张弘，到任后，第一件事，便是设计将张弘一伙，全部歼灭。王濬恩威并施，将远离中原的益州地区，治理的井井有条，中央政府考核政绩，准备提拔他任朝廷大臣。羊祜则认为王濬更适合留镇益州，为伐吴做准备，秘密给司马炎写报告，司马炎也很听话，果然将政府刚刚下达的任命作废，重新任命王濬为益州刺史。

留王濬在益州，就是为伐吴做准备，司马炎这么要求王濬，王濬也愿意干。于是王濬"作大船连舫，方百二十步，受二千余人，以木为城，起楼橹，开四出门，其上皆得驰马来往。又画鹢首怪兽于船首，以惧江神"，像这样庞大的战舰，此前从未有过。

王濬在长江上游造船，用下来的小片木料，漂在江上，流向下游。长江中下游是吴国领地，吴国建平郡（现在的长江三峡一带）太守吾彦发现了这一情况。吾彦的警惕性很高，军事素质也很高，他马上从江中捞取木料，附上分析报告，上呈给皇帝孙皓，认为从木料看，晋国在大量制造战船，而他们造战船的唯一用途，只能是征吴所用，在长江防区，建平是军事前线，吴国应该马上向建平增兵严防，只要建平不失，晋军就没法顺流而下，攻击吴国腹地尤其是首都南京。

皇帝就是下决心要埋葬自己的天下，大臣们再忠心再能干也没有办法挽回局面，孙皓看了吾彦的报告，置之不理。

以吾彦的军事眼光，孙皓如果能听他的话，王濬最后能顺利地摧毁东吴沿江防线，直下南京吗？

可能很难。而战事只要进入胶着状态，结果就难说。

王濬运气很好，他要歼灭的对象是孙皓这样的愚蠢暴君。他毫无阻碍地将战舰造好。

东吴皇帝是昏君，但大臣多数贤明，明确看出并指出东晋有吞并东吴之意。西晋是皇帝虽有吞并之意，大臣们却纷纷不同意。大家从各个方面论证伐吴的不可行，这给司马炎造成很大困扰，伐吴之事，也就旷日持久地拖延下来。

王濬大器晚成，急着多干点事，伐吴决策迁延下来，他就到七十岁高龄了，这一年，他向司马炎打报告：我经过周密调查研究，认为现在伐吴是最佳时机，如果现在还拖延着不用兵，万一孙皓去世，东吴人民选出个贤明的皇帝，选贤任能，文武大臣，各尽职责，则会成为我们的强敌；其次，我制作的战船也已闲置七年之久了，整天泡在水里，再这样下去，就会腐烂至无法开动作战了；第三，我现在年已七十，眼看土已埋到脖子，随时有可能倒下去，不能再为国尽力。以上三点，只要有一点出了问题，统一吴国的计划，便难以实现，我真诚地祈愿陛下不要坐失良机。

混一四海，做一个天下共主，是历代专制帝王的梦想，司马炎对王濬的报告深表赞成。报告发下去讨论时，以太尉贾充为首的一伙人，认为晋军尚没有足够的力量吞并东吴，表示反对；以中书令张华为首的另一伙人，则认为机不可失，时不再来，必须立下决心，尽快出兵。两派正在争论之时，扬州军事防区的最高领导人王浑传来消息，说吴人早有准备，似有北伐之意。一时之间延期伐吴的声音高涨。接羊祜班的东晋另一员名将杜预连上两表，分析形势，力主立即伐吴，第二份奏章到达之时，张华正与司马炎下围棋，张华推枰而起，恳切要求司马炎下定决心，出兵伐吴。

争论到此时戛然而止，司马炎终于下定决心，出兵伐吴。有意思的是，他任命力主不能伐吴的贾充，担任所有伐吴部队的总指挥。

公元279年冬，东晋发兵二十万，分六路进攻东吴。其中水军一路由王濬负责。

公元280年正月，王濬率军由成都出发，直下丹杨（现在的湖北秭归东南）。

在此之前，吴国边防军为防止晋国水军入侵，已提前作了防范，他们在长江三峡各险要处横置铁链，以阻挡上游来船；还铸造了大量一丈多长的大铁椎，沉入江底，椎尖朝上，上游来船一旦撞上，必然会底破水进，船沉江心。

吴国人的这些边防措施已实施很多年了，羊祜活着的时候，抓获过吴国间谍，从他们口中，已获知这些情况，这么多年来，破解之法久已成形。王濬制作了几十个长宽各约百余步的大木筏，在筏上缚些稻草人，让水性好的战士操纵这些木筏，顺流直下，江底的大铁椎刺入木筏，就被木筏带着冲了下去；又制做了许多支巨型火炬，长约十余丈，粗有十几围，灌上麻油，放置在船头，遇到铁链阻挡，就把火炬点燃，时间不长，就会把铁链烧得熔化断裂。

进展顺利，极大地鼓舞了东晋士兵的士气，筹备多年的铁链铁椎像纸一样被捅破，对东吴将士的士气打击则是致命的。王濬迅速攻克丹杨，俘虏东吴丹杨指挥官纪盛；随即顺流直下，连克长江沿线的东吴城市西陵（现在的湖北宜昌）、夷道（现在的湖北宜都）等处。进攻至乐乡时，东吴部队指挥官孙歆出战，战败逃回，被另一路晋军杜预部队活捉。王濬攻下乐乡，没见到孙歆，以为他已死于乱军之中，就向中央政府报捷，说已砍下了孙歆的脑袋。没想到捷报前脚送到东晋首都洛阳，孙歆就被杜预派人后脚送到。这事一时传为笑话，卓越的王濬将军，不幸成为了笑话的主角。

虽然搞出了笑话，并不能阻止王濬前进的脚步，战端初开之时，司马炎曾下发诏书，要求王濬在进军的前半段，接受杜预指挥；进军的后半段，接受王浑指挥。

杜预、王浑都是一代名将，王濬同为一代名将，并不服气这种安排。杜预为人豁达，他对部下说：王濬为国建有大功，威名显赫，不应由我来指挥他。杜预还专门给王濬写了封信，表示绝不干预王濬行军，并祝愿王濬能早日抵达南京，拿下灭吴首功。王濬大喜，给皇帝写报告时，把这封信也一并附上了。

王浑则不同，他其实早已抵达南京城下的长江之北，并打了一场胜仗，但他不肯单独渡江作战，直等到王濬的水师浩荡到达三山（现在的江苏南京板桥镇)之时,派人去跟王濬联系,要求他到江北与自己共商攻城之计,那意思是要行使自己最高指挥官的职责,安排王濬协同作战。

王濬连战连胜,势如破竹,正是意气风发之际,岂愿听一个晚辈将领的话,他手指鼓满了风的船帆,对王浑的信使说:风很大,停不下来。

六路大军中,王濬水军率先打到南京(建业)城下,南京城外唯一的一支东吴水师,早已离心离德,此时顺势投降;南京城内仅存的守军也纷纷散去。杀人上瘾,对下属送上来关于东晋有伐吴意向的报告置之不理的孙皓,现在终于发愁了。正在不知所措时,还围绕在他身边的亲近警卫战士纷纷呼喊:愿意为陛下去决一死战。孙皓大喜:真没白信任你们一回。马上打开宫中库房,将金银财宝取出来,一一分赐给这些人。这些几分钟前还一脸忠贞的警卫战士,拿到钱后,无一例外,溜之大吉。

孙皓现在成了真正的孤家寡人,他向王濬投降。

东吴被灭,在中国历史上一再出现的"立大功的人有大罪",不赏其功、但挑其罪的经典桥段再一次上演。远在洛阳的中央政府官员们,甚至提出要把王濬直接打入囚车中解送回来。这一次泼向王濬的污水是不听指挥、搜掠财宝。

王濬针对这两件事,写了两封自我辩白的报告,被完整地记录在《晋书》中。

好在作为西晋的开国之君,司马炎还有足够的清醒,他没有处罚王濬,但显然也没怎么重奖王濬。此后,王濬锦衣玉食地又活了六年,八十岁时,寿终正寝。

唐代著名诗人刘禹锡,在著名的七律《金陵怀古》中,这样追述王濬灭吴事件:

王濬楼船下益州,金陵王气黯然收。
千寻铁锁沉江底,一片降幡出石头。
人世几回伤往事,山形依旧枕寒流。
今逢四海为家日,故垒萧萧芦荻秋。

周　处

周处，字子隐，义兴阳羡人（现在的江苏宜兴），他实际上并没有多么卓越的军事成绩，但他却大大有名，大部分军功显赫的名将，要论在民间的影响力，大大不如他。

周处被后人尊重的主要原因，来自于他改过自新的能力，"闻过则改，善莫大焉"，"放下屠刀，立地成佛"，在他的身上，体现得淋漓尽致，这是一位相当励志的人物。他的故事被人提起最多的场景，应该是教育那些有过不改的人。

有部京剧叫《除三害》，表演起来情态豪迈，唱腔则意气凛然，是极受京剧爱好者喜爱的一部戏。我不喜欢京剧，但在很小的时候，我听一位乡亲哼哼这个剧中的唱段，央求他给我讲讲戏中的故事，他真的讲了，讲得并不好，但故事的本身吸引了我，山中吊睛白额虎，水中蛟龙，给我无限遐想。后来读《世说新语》，读《晋书》，读到这个故事，才知道乡亲所讲的故事其实有很多歪曲之处。

周处的父亲周鲂，是吴国的鄱阳太守。周处很有力气，家里又不缺钱，养着宝马良驹，喜欢飙车，也喜欢纵马驰骋，打猎游戏，好勇斗狠，动辄发脾气。他纵马之时撞没撞伤人，他打猎之时毁没毁过农田，他发脾气时伤害没伤害过百姓，史书上没有明确记载，但看他的乡亲们对他的切齿痛恨，这样的事一定发生了不少，周处基本上是一副坏透了气的流氓恶少形象。

在周处还未成年之前，父亲周鲂就死了，这可能给了周处一个反省的契机；另外他横行霸道的路上，乡亲们避让他的态度，以及看他的眼光，都会让成年之后的周处有所警醒。

周处的本质是好的，所以他才会从乡亲们对他的厌恶中有所感悟，如果周处本质是恶的，乡亲们的厌恶，换来的只能是他变本加厉的报复。

周处有了这种警醒，就有了悔改之意。他想做好事，改变自己的形象。他问德高望重的乡邻："今年风调雨顺，粮食丰收，我为什么看到乡亲们脸上一副苦相,很不开心?"这位德高望重的乡邻回答他:"有三大祸害没有除掉,有什么好开心的!"周处追着问:"哪三大祸害,我怎么没听说?"回答是:"南山上有吃人的吊睛白额虎,江水中有兴风作浪的蛟龙,再加上霸道不讲理的你,正好三个。"周处倒也不生气,反而很高兴,说:"如果就是这三害,我能除去。"周处的意思是他能杀掉老虎和蛟龙,而他周处本人,既然能为民除害了,那就是幡然悔悟,再也称不上祸害,所以三害可以一并除去。

不知那位德高望重的乡邻听没听懂周处的意思,也许他只是想促成周处尽快去杀虎斩蛟,表现得很积极,很高兴,说:"你如果能除去三害,则是我们全郡人共同的喜事,不仅仅是消除了灾患而已。"

周处一腔热血,深入南山,射杀了老虎;又跳入江中,与蛟龙搏斗。这条蛟龙翻滚不已,有时浮在江面,有时沉入江底。周处牢牢贴近它,与之搏杀,长达三天三夜。最后在江边看看,不见任何动静,于是乡亲们认为周处与蛟龙一起死了,奔走相告,欢天喜地,几乎所有人家都张灯结彩,鞭炮齐鸣,大肆庆祝。

射虎杀蛟的故事,千古流传,成为一代又一代洗心革面人物的励志标本,但其中的象征意义很可能大于真实性。在春秋时期,齐景公有三个力士,一个叫公孙捷,他跟着齐景公在桐山打猎时,赤手空拳打死了一只老虎;一个叫古冶子,他跟随齐景公过黄河时,黄河蛟龙做怪,要吃齐景公的马,古冶子也是跳入黄河,杀死蛟龙(还有一个田开疆,他的功劳中,没有这些神奇事迹)。

不过这个故事既然被正史所采用,其真实性也不能轻易动摇,或者略有夸张,大体上应该是有这么类似的两件事。从江水里爬出来的周处,精疲力尽,跌跌撞撞,心里却为除去了乡亲们所头疼的两害而兴奋,满心期待着能受到英雄般的欢迎,一举洗脱自己从前的恶名。现实展现在他眼前的,却是乡亲们大肆庆祝一举除掉三害的场面。

周处这才知道自己被大家所痛恨的程度,他肯定会有伤心,但这伤心并没化做仇恨,更没化做报复行动,而是更坚定了他改过自新的决心。他决定到吴兴去找陆机、陆云两兄弟,请教自己以后的路该怎么走。

陆机、陆云是陆逊的儿子,在当时有着美好的名声和德行节操,堪称一时典范。陆机不在家,陆云接待了周处,周处毫不隐瞒,把事情经过,原原本本向陆云说了一遍,最后说出自己心声:"我想改正错误,好好做人,只是现在年龄已大,耽误已久,只怕这辈子难以做出什么成就了。"陆云回答他:"一个人贵在有理想有追求,古人说,早晨明白道理,晚上死去都值得,你现在年龄并不大,正值青壮,前途远大,应该担心的是志向不立,理想不远,又何必担心未来不能搏得好名声呢!"

与陆云一番恳谈之后,周处终于放下心理包袱,从此折节向学,力求上进,文化水平迅速提高,也明确了一生奋斗的志向理想;为人则忠诚守信,言出必行,很快扭转了在乡亲们心中的形象。几年后,他得到地方政府的征召任用,到东吴末年,已成为中央政府官员。

吴国被灭,晋国统帅王浑(就是与王濬争功的那个)进入南京(建业)城孙皓的皇宫中,与投降的吴国官员一起喝酒,喝得有点大,对吴国官员们说:"你们都是亡国之臣,在这个时候,怎么都没有痛苦的样子呢?"

王浑这话,明显是在嘲讽这伙吴国降臣。大家听了,都很羞愧,只有周处不卑不亢,回敬了一句:"汉朝末年,天下分崩,三国鼎立,魏国灭亡在前面,吴国灭亡在后面,如果要痛苦,也不该只是吴国旧臣吧!"

王浑原本是曹魏重臣,现在为司马氏服务,周处这句话,将王浑的嘲讽之意原样奉送,王浑很惭愧。不过王浑显然不是小肚鸡肠的人,他并没有因此治周处的罪。周处口才好,运气更好,他遇上的如果是晋军最高元帅贾充,估计不会有善终。

这班吴国降臣,被送到晋朝首都洛阳后,考核能力,部分重新分配职务。周处分到的职务是新平太守,那是个边疆地区,与少数民族矛盾由来已久,经常发生冲突。周处严格执行少数民族政策,宽以待人,赢得了少数民族群众的信任,当地出现了多年未有的和平建设局面。此后,周处转任广汉太守,这个郡的前几任太守看来都很懒惰,或者极端不负责任,或者能力确实有限,郡里的许多案件,居然长达三十多年未经处理。周处到任后,立即投入清理积案,所有案子一一得到公正处理(这个也许有点吹牛)。

后来周处因母亲年老,罢归故乡。过不多久,朝廷又任命他为楚国内史（秦以后所谓的国，大都是亲王封藩，王们只在国内收税拿钱，不管军事、行政，国大致相当于郡的规模）；周处还没来得及到任，朝廷又下任命，让他去中央政府就任散骑常侍。周处说："古人辞大不辞小"，先去楚国上任，当地屡经战乱，新迁入的居民与原居民混住，风俗不同，矛盾丛生，周处善加教导，力促和谐，又带人将因战乱死亡曝尸于野的骨骸收拾起来，入土为安，葬于地下。

做完这些事，周处才回京城就职。

到京城后，周处先任直接侍从皇帝的散骑常侍，因为他经常向皇帝提建议，就被提拔为御史中丞，这是个有权力的位置，也是个得罪人的位置。当然，得罪人的前提是必须足够正直，有话敢说，有问题敢查，查出来敢办。周处恰好就是这么一个人，他连山中老虎水中蛟龙都不怕，也不怕那些皇亲国戚，梁王司马肜违了法，周处安排人手，穷追不舍，调查处理，一点面子也没给。周处的这种铁面无情，给了所有官员很大压力。

公元297年，陕西的氐族人齐万年造反，消息上报朝廷，讨论出征人选时，中央政府的高官们一致推荐周处，他们希望周处走得越远越好，死得越快越好，理由却相当冠冕堂皇：周处是吴国名将的后代，为人忠义节烈，行事果断坚毅，很适合上前线作战。

周处遵循国家法律，为国办事，他对得起国家人民。但他不循私情，按章办事，却又召来几乎是中央政府官员整体的反感。

被晋朝政府高官们集体投票陷害的周处，果真被安排从军西征。西征军的最高统帅，恰好就是被周处禀公执法、处理过的梁王司马肜，周处则隶属于司马肜的亲近夏侯骏。周处明确知道司马肜对自己一直心怀不满，一定会借这次出兵陷害自己，但自己既为政府官员，就该受令奉法，不能推辞。心里存了不能生还的念头，自管准备上路。

整个西晋政府高层，也并不全部都是奸臣，总还有几个良知未泯的人，中书令陈准就很知道司马肜的为人，知道他必然对周处施以报复手段，就向皇帝打报告，认为司马肜和夏侯骏都不是可以统率军队的人才，司马肜对周处有意见，就这么让周处跟着出征，司马肜一定会逼周处送死，朝廷应该予以适当干预。

报告打上去,皇帝不吭气,石沉大海,没人搭理。伏波将军孙秀与周处私交不错,知道周处此去,必死无疑,私下里劝说:"你母亲年纪大了,你可以用这个借口,推辞不去。"周处说:"为国尽忠,为母尽孝,难以两全,我既然在政府任职,又怎么能以父母年老为借口,爱惜自己的生命呢?今日之行,就是我的死期了。"

造反的氐人领袖齐万年听说周处被派西征,评价说:周先生当年在新平任职,我很了解他的为人和能力,他文武双全,如果这次是他统率晋军来,我抵挡不了,如果他是听命于别人,那就可以俘虏了。

所有的前期议论,都不能改变结果。周处跟随夏侯骏来到陕西前线,当时齐万年有七万战士,夏侯骏拨给周处五千名士兵,逼他去进攻。周处不听,争辩说:"你让我以五千破七万,又不安排后续援军,我死不足惜,只是这样的必败之仗,会损伤国威、动摇军心。"司马肜看夏侯骏安排不了周处,于是越级下达指令,严令周处立即出战。在六陌(现在的陕西兴平)地区,周处的五千兵马与齐万年的七万大军相遇。交战之前,周处的五千人马很长时间没能吃饭,饿得发慌,周处计划饭后再战,司马肜急令立即交战,不能吃饭,并断绝其一切后援。周处心中一片冰凉,自知必败必死,提笔写下一首诗:

去去世事已,策马观西戎。

藜藿甘粱黍,其之克令终。

周处毕竟是周处,他杀过虎、斩过蛟,后来虽然做了文官,也能写几句诗,心中的热血激情,犹未冷却。写完诗,周处掷笔于地,飞身上马,持刀在手,身先士卒,直冲敌阵。

这一战,周处抱必死决心,奋勇冲杀,血战不退,自清晨至日暮,一日之间,斩杀敌军万余人,最终弦断箭绝,刀也砍卷了刃,而后方的晋军大部队,始终不增援。周处的警卫员劝他先退兵,周处按剑大喝:"这正是我以生命报效国家的时候,何退之有!古代良将接受命令,专挑凶门出阵杀敌,就是有进无退的意思,现在我们国家的军事统帅虽然不守信用,又怎么能断绝我为国杀敌、以身殉国的信念呢!"

话音落地,周处继续跃马冲锋,最终力尽,死于万军之中。

周处一生,仅此一战,这一战还落得全军覆没,身死阵中。但在历史上,却很少有人怀疑他是名将,更没有人指责他的战败。

名将不需要打很多仗,也不需要打很多胜仗。名将自有名将的风范、气概,名将自有名将的凛然、节烈。

周处死后,被晋惠帝追赠为平西将军,到晋元帝司马睿,加谥号为孝,所以后来周处常被称为周孝侯。

周处在杀虎斩蛟之后,成为淳淳儒者,文化人,他的作品除了上面那四句诗外,还有《默语》三十篇,以及《风土记》、《吴书》等。在当时便有人为他立庙追祀。现在的周处庙位于江苏省宜兴市宜城镇东庙巷,其门厅、享堂、廊屋等,均为清末重建,庙左为周处墓,尚有宋代以来碑刻。

周处共有三个儿子,周玘、周靖、周札,老二周靖早夭,周玘、周札则是当时名人。

如果仅仅以军事能力、军事贡献来说,周玘比起他的老爹周处,更具名将风范。在西晋八王之乱,动荡战乱,至于消亡,晋室南渡,司马睿建立东晋的过程中,天下骚乱,尤其是江北广大的中原地域,战火弥天,杀戮每天都在进行。江南形势,也极度不稳,战乱时有发生。周玘就仿佛是江南的一根定海神针,他几乎是以一人之力,力保江南安定。"周玘三定江南",是中国军事史,更是中国历史上的一件大事,单纯从军事形势来看,周玘是东晋顺利过渡的第一功臣。

周玘在三定江南之后,一直就任吴兴郡(现在的浙江湖州)太守,周玘此时已是江南地方士民的精神领袖,而此时在江南主持政府全面工作的琅玡王司马睿(后为晋元帝),则是北方人。北方的官员南迁到江南,对地方势力又要利用又怀恐惧,在强龙与地头蛇心理作用下,对周玘的任用,就成为一个心病。司马睿怕周玘在吴兴待时间长了,形成顽固势力,就调他去镇东将军府(司马睿兼任镇东将军)当军政官(镇东司马)。周玘上路不久,又改任他为南郡(现在的湖北江陵)太守,周玘还只是走到半路,又改变命令,调他去部队里当军咨祭酒。在这儿戏般的调动中,周玘满腹郁闷,终于在公元313年,病发而死。

周 访

周访是东西晋转换时期的名将。

周访祖居本在中原地区,因避汉末战乱,迁至庐江寻阳(现在的江西九江),到周访时,已历四世。他的祖父周纂,是吴国的威远将军,父亲周敏,则在吴国被灭后,入晋任中郎将。周访少年时,便显示出与众不同的品性,为人沉着坚毅,遇事谦退,处事果断勇决,乐于助人,家中财物,大都施舍出去,并无余财。他在县里为官时,与东晋另一位后世影响比周访还大的名将陶侃,结为好友。周访主动把女儿许配给陶侃的儿子,好友之外,又加了一层儿女亲家的关系。

周访眼光远大,对时局有准确把握,当时八王之乱,国事日非,五胡入侵,中原鼎沸,朝廷连续征调周访出任中央官员及地方政府一把手,周访都不受命,安居于家,静观时局发展。这期间,有乡人偷了他家的牛,在乱坟地里杀了吃肉,周访发现后,只是悄悄将剩下的牛骨牛肉挖坑埋起来,并不声张,更不利用自己的职务身份去缉捕盗牛之人,因为他知道,那些人只是为了填肚子活命而已,他不愿这些人再为此受到惩处。

公元307年,时任琅玡王、安东将军、都督扬州诸军事的司马睿,原本坐阵下邳(现在的江苏睢宁),他审时度势,渡江南迁,将指挥所搬迁到建康(现在的江苏南京),下令调周访到将军府任参谋。其时,正好有个与周访同名同姓的人犯了法,其罪当死。官府抓人,误抓周访,周访一再解释,就是没人听他的。眼看抓进监狱,就有可能面临各种不明不白的死法,周访奋起反抗,将几十个警卫打得落花流水,落荒而逃。周访亲自去向司马睿说明情况,司马睿不怪罪他,任命他为扬烈将军,率领一支一千二百人的部队,进驻寻阳,征讨不服从司马睿的江州刺史华轶——这只是场窝里斗,只因为后来华轶败了,司马睿胜了并登基成了皇帝,司马睿在史书中就成了天然的正义方。中国史书中的官军与"贼",率多如此。

周访的部下厉武将军丁乾,与华轶的部下武昌太守冯逸暗中有往来,被周访知道,周访毫不留情地将其杀掉。冯逸闻讯,起兵来为朋友报仇,周访率军将其击溃,乘胜前进,围攻冯逸。华轶派兵增援冯逸,又被周访击败,周访乘胜将华轶最后的军事力量水军击败,华轶无计可施,烧掉老巢逃跑,被周访抓到,砍掉脑袋,江州遂为司马睿控制。

有了平华轶之功,周访被司马睿提拔为振武将军、寻阳太守,命他协同各路军队,共征杜弢。

杜弢起义,是东西晋交替之时的一件大事,影响广泛而深远。

杜弢,字景文,他是成都的秀才,李特在蜀中发动流民起义,建立成汉政权之时,杜弢避乱,出川来到南平郡(现在的湖北公安),受到太守应詹的赏识,被推荐到长沙郡的醴陵担任县令。

其时蜀中益州,战火连绵,长江以北,五胡纵横,广大汉民,纷纷流亡至荆湘一带。没想到天下乌鸦一般黑,蜀中战乱不已,中原地区被胡骑蹂躏,江南地区的晋朝地方政府,欺压起人来,丝毫不比乱兵及胡人手软心软。逃得了乱兵及胡人的铁骑,汉人官员的残酷更加厉害。公元311年正月,荆湘一带,发生流民起义。杜弢作为晋朝的地方领导人,跟随应詹太守,率兵前往镇压,被流民击败。随后荆州刺史王澄搞假招安,哄得流民放下武器,突然袭击,将流民起义军杀死、淹死,将他们的妻儿分赏官兵。这一暴行,引起更大规模的流民暴动。湘州刺史认为所有来自巴蜀的流民都有谋反之心,于是公开喊出要将巴蜀流民杀光的口号。杜弢也是来自巴蜀的流民,自然也在杀尽之列。事情至此,矛盾已不可调和,杜弢由镇压流民起义的地方官吏,一转而成为流民领袖,自己给自己封了官叫梁益二州牧、平难将军、湘州刺史。

杜弢的起义军滚雪球般越滚越大,横扫湖南湖北,在武昌城下,被东晋名将陶侃打败。有点得意忘形的陶侃随即被杜曾在石城(现在的湖北钟祥)击败,之后再被杜弢在林障城(现在的湖北汉阳)击败,并痛失兄子陶舆。

周访便是在东晋军队屡战屡败,杜弢起义军如日中天之时,横刀立马,进入剿匪队伍,战局因为他的到来,产生逆转。

杜弢不愧是秀才出身,很善于动脑子,他在船上安装了一种叫桔槔的作战工具,用来对抗官军战船。桔槔是一种可以活动的大吊杆,一头用绳子绑上重物,与官军战船接近后,转动空中的吊杆,重物轮起来,去撞击敌船。就是用这种办法,许多官军战船被撞沉。周访的应对办法是制作一批顶端带歧叉的长竿,对方的吊杆转过来时,用歧叉顶住,吊杆头上的重物就轮不过来,撞不到官军战船。

在水面上受到周访水军扼制的杜弢,安排手下大将张彦突袭豫章(现在的江西南昌),一举拿下。周访率军复夺豫章城,一番激战后,张彦力不能支,率军弃城退却,周访随后尾追,追上后再展开激战,起义军无路可退,被逼死战,战况惨烈。起义军首领张彦战死,周访的两颗门牙也被流箭射掉。周访神色不变,冷静判断形势,发现起义军人数既多,被逼上死路后又全力死战,追上来的官军人数少,要一举击溃起义军,已不现实。他于是立即收兵,退到战场边一道河流的另一侧,与起义军隔水对峙。双方安营扎寨,埋锅造饭,周访仔细观察对方的人数,比已方多了好几倍,知道在这种对峙中自己已没有取胜的机会,于是秘密安排一部分战士伪装成砍柴的老百姓,分散出营,到达对方观察不到的地方后,再聚集起来,结阵击鼓,浩浩荡荡、大摇大摆地回归军营,到达起义军可以听到声音的距离时,齐声高呼:援军到了。留守营寨的战士们也大声高呼万岁,显出激动万分的样子,两军胜利会师,格外多设烧饭的火堆,安排战士们密集地在火堆间穿行、吃饭。起义军远远观察着,误以为周访来了大部队增援,趁夜间悄悄拔营跑了。周访长出一口气,马上传令,拔营撤退,撤时将水面上的桥梁拆毁,因为他判断起义军一定会回过味来,很可能会回师倒追。果然,起义军走出一段路后,分析出周访没有援军到来,马上回身追击,被断桥所阻,周访部队得以平安撤回。

此战之后,杜弢安排手下大将杜弘,进逼东晋在荆襄战场的最高军政指挥官王敦所驻扎的湓口城(现在的江西九江)。湓口动荡,周访马上回师救援,亲自步行提刀,与敌决战,斩首数百。起义军挡不住他的悍勇,退守庐陵,周访追上去,双方再战,起义军再败,退入城内固守。周访围城,很快被起义军找到机会,成功劫掉军粮,没饭吃的周访部队只好退往巴丘山(现在的湖南岳阳),等到军粮运到后,重新前进,围击庐陵城。这一次杜弘守不住了，他将城中值钱的物品收集起来，安排人从城墙上大量向城外抛掷，围城的官军纷纷捡拾宝物——在这样战乱的年代，对绝大多数战士来说，当兵，只是为了一口饱饭。至于战争的正义与否，那是政治家野心家们揣在怀里打击别人的武器，与他们无关，他们更关心的是：这次战斗、这次战争结束后，我能得到点什么？

杜弘趁官军抢拾宝物，阵势松动，率军从城中冲出，突围而去。周访收拾部队，随后追击，获得军用物资不可胜数。

此战之后，起义军力量明显削弱，陶侃复统军进逼，终于在长沙大败杜弢，杜弢在逃跑中丧生。

征讨杜弢起义军的主要战将是周访、陶侃等中兴名将，最高军事首长却是王敦，他当时的职务是都督征讨诸军事。杜弢被灭后，王敦晋升为都督江、扬、荆、湘、交、广六州诸军事，拥有在这六州之地（大半个江南）自选州郡官员的大权。

当时的西晋还没彻底完蛋，可怜的晋愍帝司马邺还是名义上的晋朝皇帝，只是他此时已指挥不动拥兵一方的各路诸侯。司马睿坐镇南京，将江南视为自己的地盘，隐然已有称帝之志。晋愍帝安排侍中第五猗（姓第五，名猗）为征南大将军，监荆、梁、益、宁四州，来到荆州，曾跟随杜弢起义的原晋朝官员杜曾等人向第五猗投降，共奉他为荆州刺史。

此前的荆州刺史是陶侃。在乱世中成长起来，并逐渐掌握了军政大权的王敦，面对飘摇江山，野心也在逐渐蓬勃，他将陶侃调离荆州，赶到偏远的岭南，去任广州刺史，让堂弟王廙接任荆州刺史。

晋愍帝司马邺的政令虽然已很难在长安城外产生作用，毕竟名义上还是晋朝皇帝，第五猗被奉为荆州刺史，王廙就无法到任，只是颇有些理想志气的司马邺当皇帝时间太短，被刘曜俘虏。公元316年十一月十一日，立国仅五十二年的西晋正式灭亡。

西晋灭亡后几个月，司马睿在南京称帝，东晋大幕拉开。

皇帝换了，朝廷其实也换了（虽然仍然叫做"晋"），隶属于原来西晋中央政府的各地方官员，大多数见风使舵，转而接受新朝廷新皇帝的号令。个别忠心于前政府，或者野心勃勃，希望在乱世中割据地方独立为王的地方政府领导人，则独占一方，拒不接受新政府号令。

第五猗就不接受司马睿号令，在杜曾等人的拥戴下，割据荆州，对抗东晋政府。第五猗在政治上，也由原来中央直接任命的地方军政主官，一下子变成另一个中央政府公开宣布的叛军头领。

杜曾是当时的一员名将，作战勇猛，名闻天下。王敦的堂弟王廙在第五猗被他堂兄所左右的东晋政府宣布为叛乱分子后，终于当上了荆州刺史，率将军赵诱、襄阳太守朱轨等人前往剿匪，女观湖一战，大败于杜曾之手，大将赵诱、朱轨等人均战死。杜曾乘胜追击，横扫湖北，威震长江沿线。司马睿听到报告后，下令周访率军进击。

周访率军八千，进至沌阳，与杜曾对垒。杜曾挟战胜之威，士气正盛。两军决战之日，周访将部队分置为左右两翼，自领中军，并将自己的帅旗高扬于阵内。

杜曾久已听说周访的作战能力，有意避开中军，先去攻击左右两翼，计划拿下左右翼后，再集中兵力，包抄周访的中军。

其实周访故意将不多的兵力分出左右翼，原因在于他也相当忌惮杜曾。他分出两翼的主要目的，便是要牺牲部分士兵，拖垮杜曾。

女观湖之战中战死的征虏将军赵诱之子赵胤，统领父亲的余部，隶属于左翼，他被当做诱饵，率部在最前线，与杜曾的军队肉搏。在杜曾部队潮水般的冲击下，苦战多时，败下阵来。赵胤飞马去中军，向周访告急。

周访安排好任务后，为稳定军心，故示闲暇，带了人在中军营后射猎野鸡，告诉军情观察员，如果一翼败了，敲响三通鼓，如果两翼都败了，敲响六通鼓。赵胤兵败赶来报告时，中军仅鸣响了三通鼓，周访勃然大怒，厉声把赵胤斥责了一番。赵胤大声号哭着跨马回去，再次投入战斗。现在知道已没任何活路了，横下一条心，多杀一个赚一个。

如此激战，自天亮至下午，左右两翼，终于被杜曾击破。六通鼓响，周访已精选出敢死队员八百人，一一敬过他们酒，让他们不要动，等到鼓声起时，奋勇杀出。

杜曾击破周访的两翼部队，按计划包抄周访中军。周访中军悄无声息，杜曾的部队迅速逼近，距周访中军营地约三十米时，周访挽起袖子，拿起鼓槌，全力砸向鼓面。震天的战鼓声中，周访养精蓄锐大半天的八百勇士，如出山猛虎，凶猛地扑向杜曾部队。两军距离太短，杜曾刚刚取得胜利，筋疲力尽与骄傲自满同时存于一身的战士们，来不及反应，就被敢死队员们砍瓜切菜般撂倒。杜曾部队溃败，周访下令，立即追击。作战一整天的将领们纷纷要求休整一夜，明天再追。周访严辞拒绝：杜曾这个人勇冠三军，这一次之所以被我们击败，是因为他持续作战，而我中军以逸待劳，现在正宜乘其精疲力竭之时追杀，等他休息好了，胜负难料。一鼓作气追杀下去，将杜曾原本占去的地盘，复夺回来。杜曾退守武当（现在湖北均县）。论功行赏，周访被提拔为南中郎将、督梁州诸军、梁州刺史，驻军襄阳。周访不去襄阳就职，而是激励军中将士：杜曾骁勇善战，我们如果不能一举将他干掉，未来祸患不已。公元319年五月，周访派人悄悄劈山开道，深入武当，突袭杜曾，杜曾再次逃跑，后被连同第五猗一起活捉。

周访捉到这两个人后，想把他们一起给王敦送去请功，女观湖之战中战死的襄阳太守朱轨的儿子朱昌、赵诱的儿子赵胤，一起求请周访批准他们报仇雪恨，于是在军中斩杀杜曾，朱昌、赵胤把他的肉一小片一小片割下来，吞咽到肚子里。

第五猗被送给王敦时，周访附上自己的意见，认为第五猗是被杜曾裹挟着去对抗东晋政权，他本人还是西晋政权的忠臣，不应杀头。王敦不听周访的，杀掉第五猗——第五猗不听东晋政府那一套，更多地是对东晋权臣王敦的蔑视。周访对王敦也有看法，所以他有点同情第五猗，而王敦绝不会让这种蔑视自己权威的苗头有所蔓延。

当初，王敦深感杜曾骁勇难制，曾向周访许诺：如果能拿下杜曾，我会争取朝廷任命你为荆州刺史。等到周访真的灭掉杜曾了，王敦又反悔了，仍然让周访留任梁州刺史，并写了封信向周访解释，同时送上玉环玉碗表达亲切情意。周访大怒，将玉碗摔在地上，说：把我当成生意人了吗？居然会认为这点小恩小惠就可以收买！他仍然留驻襄阳，屯田练兵，地方上的官员一旦出缺，直接任命新人，任命书下了，才向上级打报告。王敦很不高兴，但又惧怕周访的军事能力，不敢反对。王敦一直瞧不大上东晋开国皇帝司马睿，有颠覆之心，但在周访活着的时候，也只能想想，不敢真的有所行动。

公元 320 年，也就是收捕杜曾、第五猗，扑灭长达九年的荆、湘流民起义的第二年，周访死于襄阳任所，时年六十一岁。

陶　侃

同为东晋名将，陶侃作战的能力亚于周访，但在后世，陶侃的影响要远远大于周访。

陶侃未搬迁之前的老家是鄱阳，一天，老家有一位叫范逵的孝廉到寻阳来，陶侃邀请他到家中做客。因为范逵来的突然，家中事先没有准备，腰包里一时又没有钱，正在着急，陶侃的母亲将自己留了几十年的头发割断，拿出去换回酒肴——在古代，讲究"身体发肤，受之父母，不敢毁伤"，头发不能随便处置，因此也就值钱。

截发留宾，让人心折。

陶侃与范逵就着用陶母头发换回来的酒肴，边吃喝边叙谈乡情、评论时政，很有共同语言，成为知心好友。

范逵离开之时，陶侃依依不舍地送别，直送出百里之远。范逵很感动，临别时问陶侃：你愿意到郡里去当官吗？陶侃很坦诚：我求之不得，只是没人推荐、提携！范逵没再说什么，与陶侃作别后，直接到了寻阳县的上级庐江郡，找到与自己有较深私人感情的太守张夔，力荐陶侃。张夔将陶侃提拔为庐江郡督邮兼任枞阳县县令。

陶侃固然有能力，应该提拔，只是，他的提拔，与他的工作、能力无关，只与他的朋友，以及朋友的朋友有关，只与那顿酒宴有关。

张夔后来又把陶侃调回郡里，提拔重用，成为心腹之人。某次张夔的妻子得了重病，要去数百里外迎接治病的医生。其时已值隆冬季节，天降大雪，郡里的同仁都很畏惧，只有陶侃一个人主动请求承担迎接医生的任务。

陶侃顶风冒雪，为太守张夔接回医生，医好了张夔老婆的病，张夔不知道该怎么回报，左思右想，把他推荐给晋朝中央政府实际负责人张华。陶侃去首都见张华，张华是朝廷重臣，巴结他的人多如牛毛，张夔不是很重要的一个，张夔推荐来的人物，更没时间接待。陶侃一次次前往求见，一次次碰壁，从无怨言，照样每天再去碰壁。终于遇上张华有时间也有闲心，接见了他。一番谈话后，张华对陶侃刮目相看，当即任命他为郎中。

一段时间后，一个欣赏陶侃的人任命陶侃为武冈县县令，而武冈县的顶头上司郡太守却不喜欢陶侃，两个人闹矛盾，官小的陶侃被赶回老家。

不久后，陶侃在首都时曾经巴结过的中央官员刘弘，被任命为荆州刺史，上任之前，将闲待在老家的陶侃找出来，任命为南蛮长史，让他领人先去荆州的襄阳，灭掉盘踞在那里的起义军。

陶侃此前所做的所有工作，就是为了这一天。他率军先行，灭掉起义军，以一个安全稳定的荆州，迎接刘弘的到来。刘弘到来后，对陶侃说了这么一句充满期待的话：我当年跟着羊祜当参谋，他说我以后会来荆州接他的班，现在看你的才干，以后必然要接我的班。

刘弘既然如此看重陶侃，便处处为他考虑，先后提拔他为鹰扬将军、江夏太守，封东乡侯，食邑千户。陶侃到任所武昌后，按最高礼仪，将曾截发留客、为自己的进步搭下第一个台阶的母亲，接来任所，乡亲们对此称赞不已。

陈敏叛乱，派弟弟陈恢进攻武昌，陶侃出兵抵抗，一个姓扈的官员悄悄向刘弘打小报告：陶侃和陈敏是老乡，现在陶侃掌管重要的郡，手握强兵，如果与陈敏联合起来，荆州就完了。

这个姓扈的是另一个郡的副职，他说这番话的潜台词是：陶侃不值得信任，我才对您刘弘领导忠心耿耿，您让我去接替陶侃吧！

刘弘回答：陶侃为人的忠心和能力，我观察很久了，不会出现你说的情况。

此事被陶侃知道了（姓扈的一定不会在大庭广众之下说陶侃坏话，没说成功，更不会主动曝自己的丑。陶侃知道的唯一可能，就是刘弘有意透露给他的），陶侃马上安排儿子陶洪和侄子陶臻到刘弘那里报到上班，就是留为人质的意思。刘弘任命他们为高级参谋，每人发了笔大额奖金，让他们回去。

陶侃非常感激刘弘对他的信任。陶侃精于人情世故，也具备同样的行政、军事能力，他化感激为力量，主动出击陈恢，每战必胜，所向必破。

陶侃后来一路高升，他当到江州刺史时，安排张夔的儿子张隐担任军队的高级参谋，范逵的儿子范珧为湘东太守，刘弘的曾孙则直接带在身边当幕僚。凡是他沉沦下层时，对他有恩德的人，哪怕只是送给他一碗饭吃的，陶侃都一一报答。

这些人的孩子，拥有比当年的陶侃好得多的背景后台，在陶侃高升后，还没有好工作，只说明他们的综合能力有欠缺，或者根本没有与陶侃所安排职位相匹配的能力。陶侃对有恩于己的人的报答，用的也都是国家的权力和位置。但无论是当时人还是后世人，几乎没有例外，都称赞陶侃的不忘本，陶侃的忠诚、义气，陶侃的美德。

在陶侃所生活的东西晋交替之际，他不是最重要的人物，但在后世，他的影响力，要远远大过许多在历史转折的关键处起了关键作用的人。

陶侃作战，并没有很出色的战略战术，胜败也是常有的事。当然，总体来看，还是胜多败少。他的亲家周访单纯从军事能力看，远远高于陶侃，但受制于当官的能力，从平定杜弢之乱开始，就受陶侃领导，一生的职务，也低于陶侃。

在陶侃的主持和周访等人的努力下，杜弢之乱被平定，作为平乱主帅，陶侃名声大震，名高一时，深受他的领导、东晋最大的权臣王敦嫉妒。陶侃去找王敦汇报工作，王敦留下他，不让他走，陶侃的部下不服，王敦更生气，与陶侃会面时，亲自戴盔披甲，手执长矛，要杀掉陶侃，却又犹豫不决，出来进去达四次之久。陶侃忍不住了，大声讥讽：以您的能力职务可以决断天下，这点小事就如此犹豫吗？说完就上厕所去了。王敦的参谋人员梅陶劝说王敦：周访和陶侃是儿女亲家，如同左右手，哪有断人左手而右手不回击的道理。王敦想起周访的军事能力，这才放陶侃离开。

陶侃连夜出发，到豫章时见到周访，流着眼泪说：如果不是有你做外援，我活不下来。

梅陶的一句话，是王敦最终放弃杀陶侃的关键，陶侃也一直铭记在心，后来予以报答。

王敦不杀陶侃，却把他远远赶到岭南的广州去当刺史。陶侃在那个荒蛮之地，无工作可做，就搞了一百块砖，早晨搬到室外，傍晚再搬回室内。人们看了很奇怪，问他原因，陶侃回答：我以后还要回中原地区建功立业，现在过于悠闲，到那时恐怕承担不起重任。

后来王敦叛乱失败，陶侃被提拔为都督荆州、雍州、益州、梁州诸军事，领护南蛮校尉，征西大将军，荆州刺史。据说陶侃重回荆州之时，当地百姓"莫不相庆"。

《晋书》如此介绍陶侃："性聪敏，勤于吏职，恭而近礼，爱好人伦。终日敛膝危坐，阃外多事，千绪万端，罔有遗漏。远近书疏，莫不手答，笔翰如流，未尝壅滞。引接疏远，门无停客。常语人曰：大禹圣者，乃惜寸阴，至于众人，当惜分阴，岂可逸游荒醉，生无益于时，死无闻于后，是自弃也。"

王镇恶

王镇恶的爷爷王猛是北海剧（现在的山东寿光）人，他出身贫贱，靠卖畚为生，衣食不继，却胸怀大志、熟读兵书、精研政令，偏偏就是打理不好日常生活。这种巨大的反差，让他屡受嘲讽，并让他无法拥有正常的人际关系，也很难在正常的世俗生活中立足。于是他东去关中，隐居在华阴山中。

公元354年，东晋权臣桓温北伐，一路势如破竹，直抵关中。

桓温是东晋历史上的重臣、权臣，他对东晋政权有扶大厦于将倾的大功，也是他挟权自重，阴谋篡位，最终由他的儿子篡夺了东晋江山。

桓温十五岁时，父亲遇害，他立志复仇，十八岁时，仇人江播去世，他伪装成吊祭的宾客，亲手杀死江播的三个儿子。年轻时曾任琅玡太守，在任所种植了些小柳树，多年以后，他率军从旧地经过，见到当年的细柳已长成十围，不禁感叹：树木犹且如此，人又如何不老（树犹如此，人何以堪）。这句话千年流传，面对飞逝的岁月，渐老的容颜，这句话成为最有表现力的名句。

桓温功名盖世，心生篡位之意时，曾经抚摸着枕头说过这么一句话：男子汉大丈夫纵然不能流芳百世，也应遗臭万年。这一句话也成为经典，激励着一代又一代有野心的人。

华阴山中的王猛听说桓温行军至山下，觉得自己的机会可能来了，就主动出山来见桓温。有治国之才的王猛，生活能力不足，破袄又脏又旧，生满了虱子，王猛就当着桓温的面，边抓虱子边纵谈天下大事，见解深刻而精到。桓温攻不下长安城，准备退兵之际，邀请王猛与他一起走。

王猛没有跟桓温走。王猛不跟桓温南下的原因，《晋书·王猛传》中已有明确交代：王猛与桓温都是英雄，双龙不同池，双雄不并立。

王猛留在北方，辅佐秦皇帝符坚，统一北方，成就了他伟大的政治家事业。桓温回到南方，进一步建功立业，铲除异己，将东晋政权，牢牢掌握在手里，皇帝患了阳萎症，居然都是他将其废掉的理由，立哪个皇帝，更是他说了算。

按当时的发展势头，王猛如果能够多活十年，前秦政权将充分稳固，届时发兵江南，席卷天下，建立起一个统一的大秦帝国，概率非常大。桓温如果多活十年，也一定可以顺利取代司马氏政权，建立起桓氏政府。

有时候，不得不敬畏天命。王猛与桓温都没有足够长的寿命，让他们的事业再向前迈进一步。于是，前秦亡了；于是，桓氏家族覆灭。

前秦亡掉后，王猛的孙子王镇恶流落涡池。桓氏家族覆灭后，作为剿灭桓氏力量的两位主要军事统帅刘裕和刘毅，则成为东晋政府中不能并立的双雄。

王镇恶流落涡池，尚是一位十多岁的少年，他寄居在一个叫李方的人家。李方一家人对他都很好，王镇恶很感激，他对李方许诺：如果我有幸遇到能赏识我的领袖，必然能挂印封侯，那时，我一定要好好报答你。

王镇恶虽然年少，但首先他是王猛的孙子，王猛在当时中原人的心目中，相当于诸葛亮当年在四川人心目中的形象，都是圣人；其次王镇恶的气概风度，必然有所展现。所以李方对少年人的大话深信不疑，回答说：您是王丞相的孙子，有如此才华，何愁不富贵，到那时，您能让我当本县的县令，余愿足矣。

由于胡人纷争，中原形势太乱，王镇恶后来离开李方家，跟随叔父王曜来到相对安宁一些的晋国，客居荆州，精心钻研各家兵法，关注并讨论国家大事，"意略纵横，果决能断"，只是身体不够强壮，骑马射箭、抡刀舞枪能力不济。

后来东晋的最后一个重臣刘裕（他是灭掉桓氏家族，恢复晋室江山的第一号功臣；也是最后一位权臣——最终篡夺了晋室江山）接受他人推荐，召见王镇恶，一番谈话后，非常器重，留王镇恶联床夜话，一宿长谈。第二天，刘裕对手下将领们宣称：王镇恶是名相兼名将王猛的孙子，真称得上是将门出虎子，将门出将才。他提拔王镇恶进部队到司令部任职。

至此，作为东晋最主要对头的前秦覆灭，前秦政府最主要负责人王猛的孙子王镇恶，进入原敌对国家晋朝的军事中枢。主要敌对国家覆灭，内患桓氏家族被灭，看似形势大好的东晋政府，却又面临在对抗桓氏集团过程中成长起来的两大军事集团刘裕与刘毅的争权。王镇恶成为其中一大军事集团的重要将领。

时为东晋第一重臣的刘裕，给了王镇恶充分的信任与赏识。刘裕决心干掉刘毅之时，王镇恶主动申请：请给我一百条船，我愿为您冲锋陷阵，平灭刘毅。

其时，刘裕坐镇东晋中央政府，刘毅为卫将军、荆州刺史，都督荆、宁、秦、雍、交、广六州诸军事，两个人在中央政府都有支持者，若正面开战，胜负难料。刘裕先下了除掉刘毅的决心，刘毅不知道，这就让刘裕出奇兵偷袭有了很好的条件。

刘裕兵到姑孰（现在的安徽当涂），任命王镇恶为振武将军，与龙骧将军蒯恩一起率领一百艘战船先行（如王镇恶所愿），行前嘱咐二将：如果刘毅没有准备，能攻击时可以攻击；如果刘毅知道我们来攻打他，已有了准备，你们就先烧掉敌船，在水边扎营，等待大军。

王镇恶终于有机会施展军事才华，他率领水军，逆流而上，星夜兼程，对外宣称是刘藩带兵入荆州。刘藩是刘毅的堂弟，兖州刺史，此时已被刘裕悄悄杀掉。

打着刘裕堂弟刘藩的旗号,一路直行,畅通无阻,这一天,船到豫章口,离刘毅的任所江陵仅二十里路程。王镇恶率军舍船登岸,每船仅留两名士兵,让他们在岸上广树军旗,旗下安放战鼓,吩咐说:估计我军靠近江陵城时,便擂响战鼓,做出有大军在后面增援的姿态。临行之前,烧掉刘毅一方停泊在岸边的战船,这才急行军直扑江陵城。路上也遇到地方百姓和刘毅部队流动巡查人员的盘问,王镇恶都回答是刘藩的部队到了。果然没人怀疑,眼睁睁看着王镇恶部队过去。

至江陵城五六里时,适逢刘毅部将朱显之带了几十个人出巡,两方迎面遇上,朱显之问:你们是哪儿的部队?王镇恶依然回答是刘藩来了。朱显之作为刘毅重要将领,认识刘潘,问:刘藩在哪里?回答:在后面。朱显之马上赶到队伍后面,却见不到刘藩,只看到战士们肩扛手提攻城器械,远处江边,则火光冲天,战鼓齐鸣。朱显之醒悟到不是刘藩部队,而是敌人来袭,立即拨马飞驰入江陵,向刘毅报警,同时传令快关城门。

朱显之一跑,王镇恶知道已骗不下去了,扔掉攻城器械,紧随朱显之急追,城门尚未来得及关闭,就冲入城内。

在江陵城中,刘毅部队尚有三四千人,但事发突然,大家都在睡梦之中,懵里懵懂起床作战,如何是有精心准备的王镇恶部队敌手,巷战一段时间后,刘毅部队渐渐溃散。王镇恶又因风放火,进一步制造乱局,刘毅领余下的战士,退守内城。王镇恶命令挖地道攻入内城,派人把政府通告文书及刘裕的亲笔信送给刘毅,刘毅并不观看,一把火烧掉,督率士兵,奋力抵抗。王镇恶的部下与刘毅的士兵,有许多是亲朋故旧,他们一边挥刀互砍,一边聊天唠嗑。刘裕以中央政府的名义发令,无疑占有天时地利,刘毅的抵抗,眼看并无前途,士兵们为自己着想,逃跑的逃跑,投降的投降。

如此捱过一天,夜里,刘毅率亲兵三百人,开北门逃跑,仓促间无马可骑,刘毅的儿子刘肃民骑马跟在后面,刘毅要他的马骑,刘肃民不给,朱显之大怒,说:人家要杀你父亲,你居然连马都不愿给,如果你父亲死了,你又能跑到哪里去?遂夺下刘肃民的马给刘毅。刘毅骑马逃跑,先后遭遇王镇恶和蒯恩的部队,恶斗一番,单人独骑逃出江陵,到城外的牛牧寺时，力竭马乏，恳请寺中僧人留下歇息。此前，刘毅剿杀桓氏家族时，桓蔚战败，逃到牛牧寺中，僧人因为掩藏他而被刘毅杀掉。现在僧人回答刘毅：当年先师因为容留桓蔚，被刘毅杀掉，现在实在不敢再留人了。刘毅长叹：作法自毙，就是这样的下场呀！说完，在寺门前上吊死了。

灭掉刘毅后，刘裕已是东晋皇朝说一不二的人物，隐然有代晋之志。为了进一步树立权威，建立功业，刘裕决定北伐。

因为灭刘毅的功劳，王镇恶被赐封汉寿子爵位，此次决策北伐，王镇恶被任命为谘议参军、龙骧将军，率军为前锋，北上进入后秦国域。

出征之前，王镇恶发誓：如果拿不下咸阳，绝不渡江回南。他率军进入后秦境内后，战无不胜，漆丘（现在的河南商丘）守将投降，邵陵、许昌等地守军则望风奔散。王镇恶与东晋的另一位前锋主将檀道济会师，入虎牢关，破柏谷坞（现在的河南偃师东南），斩秦将赵玄，进逼洛阳，后秦镇守洛阳的征南将军、陈留公姚洸出城投降。

在决策北伐、王镇恶率军出征之时，刘裕曾要他打下洛阳后，停止前进，等到刘裕的后续大军到达后，再一同进军。王镇恶拿下洛阳之时，后秦内部不但不团结一致共御外侮，后秦皇帝姚泓的亲弟弟姚懿反而在此国难当头之际，举兵叛乱，自称皇帝，好不容易镇压下去，手握重兵的征北将军姚恢又起兵"清君侧"，后秦集中最后一点军事力量，将姚恢扑灭。面对后秦如此混乱局面，王镇恶等不及刘裕大军到来，率军直进，拿下渑池。

打下渑池之后，王镇恶去李方家，拜见李方的老母亲，送了大批金银财宝，并以中央政府的名义，授予李方渑池县县令职务。

李方走马上任，圆了自己的梦想，也圆了王镇恶的承诺。史书中记载李方事迹，到此为止。此后王镇恶被杀，晋军被逼出河南，北方重回胡人政权之手，不知李方这个渑池县令当了多长时间？当得怎么样？

李方从历史的夹缝里突然而来，又悄然而去。

人生如戏。李方那个渑池县令，与戏台上的加官晋爵相比，有什么不同？

渑池距潼关不远，拿下渑池后，王镇恶率军直扑潼关，在潼关下，遭到后秦大将军姚绍的顽强抵抗。

姚绍是后秦最后一道长城。当时的后秦皇帝姚泓继位之前,发生过以夺取继承权为目的的宫廷政变,姚绍辅佐一个叫姚弼的皇子,姚泓最后胜出继位后,不计前嫌,任用姚绍执掌军事大权,姚绍非常感动,全心全意辅佐姚泓。这君臣二人可称臣忠君不疑的典范,如果是在相对安定的时代,他们有联手创造一个小盛世的可能。只可惜在那个混乱的年代里,这君臣二人的优秀品质都被连天的战火掩盖了。

姚绍镇守潼关,王镇恶不能越过,时间久了,军粮供应发生问题。王镇恶派人去向刘裕请求粮草援兵,刘裕指着黄河北岸虎视眈眈的第三方军事势力——魏国的部队,对求援的使者说:我曾要求不要轻率进击,你们不听我的,你看北岸的情况,我怎么增援得出兵马粮食?

王镇恶求不来领导支持,只好自己想办法,他亲自下乡征集粮草,还真就解决了问题。

对峙一段时间后,姚绍在内外压力的交相煎迫下,鞠躬尽瘁,发病呕血而死,后秦挽救危亡的最后一点希望,熄灭了。

姚绍一去,刘裕马上到达潼关,一番攻打后,潼关失守。王镇恶率水军,自黄入渭,直冲渭桥。王镇恶他们乘的是"蒙冲小舰",这种小舰的特色是舰背上蒙有生牛皮,乘船划船的人都在牛皮下的船舱内,从远处看,小舰上没有人。秦国军队只见船行,看不到人,无不惊骇。船到渭桥后,王镇恶率军登岸,下令弃船,很快小舰就被水冲得不见踪影。王镇恶对战士们做动员:我们家在江南,这里是长安北门,离乡万里,舟船衣粮都已随水去了,我们若能战胜,功成名就,若不能战胜,只有曝尸异乡,别无他路,大家努力吧!

在兵法上,这叫背水一战,最初使用的人是韩信,王镇恶此刻用出来,效果也很好。晋军将士无路可退,横下一条心,与秦军决战,以少胜多,大败秦军,秦军溃败,再无战斗力。王镇恶率军进入长安。后秦皇帝姚泓率妻子、群臣,向王镇恶投降。

姚泓做出投降决定后,他十一岁的儿子姚佛念不肯投降,并劝老爹不要投降,以免自取其辱,怕死的老爹不听他的,他就自登宫墙,跳下摔死了。这个孩子,与蜀后主刘禅的儿子北地王刘谌相同,他们的自杀,虽然没有改变历史的一丝一毫，但他们的宁折不弯、宁死不屈，令人崇仰。

拿下长安的第二个月，刘裕赶到长安，王镇恶率军去迎接他，刘裕慰劳他说：是你为我成就了霸业。

作为名将，王镇恶成就了他的军事勋业，作为一个人，王镇恶有一个很正常也很不应该的毛病：贪财。他拿下长安后，在刘裕到达长安之前，大肆搜刮，搞到金银财帛不计其数，甚至把后秦皇帝姚泓的坐车也弄到手，将车上金银装饰品抠下来装到自己兜里。

有人找到刘裕告发王镇恶贪财，刘裕不表态。告发的人又说王镇恶搞到姚泓的坐车不交公，恐怕有闹独立当皇帝的野心。刘裕派人去秘密察看，发现王镇恶把金银装饰品抠下后，将车子扔到了城墙下垃圾堆里，于是也不表态。

刘裕在长安待不太久，就急着回南京为篡权当皇帝做准备，王镇恶留在长安。临行前，刘裕向王镇恶在部队的死对头沈田子说了这么句秘密话：猛兽不敌群狐，你们不必怕王镇恶。

这句充满杀机的暗示一说出口，王镇恶的生命就走到了头。不久后，沈田子以请王镇恶商议军情为由，将王镇恶骗出本营，于会议室坐中击杀。

沈田子也没得意几天，就死在他人之手。刘裕虽然暗示沈田子可以对王镇恶下手，对外公告却是大赞王镇恶的功劳，痛惜王镇恶的牺牲。杀掉王镇恶后又被人所杀的沈田子，则被定性为精神病突发，只是不再深究他杀王镇恶之罪，至于他此前此后所建立的功勋，则一笔勾消。

像王镇恶那样，搜刮了整个长安城的财宝，坐拥亿万家财，连皇帝车子的装饰品都不放过，可生命转瞬就没了，那满长安的财产，又与他何干？

檀道济

檀道济是与王镇恶同时的宋国名将。他与王镇恶是广义上的山东老乡，王镇恶祖籍山东寿光，檀道济祖籍山东金乡，不过这两个人都没在祖籍成长过。檀道济从祖上就已经迁居到京口（现在的江苏镇江）。

在刘裕平灭桓玄篡位的过程中，檀道济跟着哥哥檀韶，加入到刘裕的平叛大军，屡立战功，表现优异。刘裕灭掉桓玄，站稳脚跟后，檀道济的职务已是太尉参军，职称也到了作唐县男爵，成为刘裕手下的重要将领。

成就了王镇恶赫赫军功、也成为王镇恶丧身之所的北伐后秦战争，同时也成就了檀道济的赫赫军功以及仁义之名。

时任冠军将军的檀道济，与龙骧将军王镇恶，同为前锋，两人分头前进，都是战无不胜，所向披靡。拿下徐州、新蔡，攻破许昌之后，檀道济、王镇恶胜利会师，一起攻击洛阳，在洛阳城下连破秦军，逼迫后秦的洛阳主将姚洸出城投降，跟着姚洸投降的，还有四千名后秦士兵。

有人提出建议，把这四千名投降士兵全部杀掉（历史上没有记下提这条建议的人的名字，他的冷血让人不寒而栗），檀道济不同意，檀道济说：我们是作为仁义之师，来北方征讨不义之国，解救水深火热中的人民群众，如果我们也滥杀无辜，比后秦朝廷又好到哪儿去？

在那个杀人如割草的时代，檀道济的"不杀"，非常有感染力。在随后的进军途中，各处守军及百姓纷纷归降，直抵潼关之下，与后秦名臣姚绍形成对峙。

后来王镇恶以蒙冲小舰，取得灭后秦、夺长安的首功，并在此后不久，在刘裕的默许及鼓励下，被沈田子杀害。檀道济则跟随刘裕回到南方，在刘裕篡晋建宋的过程中立下功劳，被提拔为丹阳尹、护军将军，封永脩县公。

刘裕是一个由草根到皇帝的典型，出色的政治家、军事家，明末清初的大学者王夫之认为：刘裕的功绩不在曹操之下。刘裕不尚奢侈，比较节俭，他本人的才干和品质，是他得以篡夺晋朝、建立宋朝的重要因素。

公元404年，刘裕干掉桓玄，把持晋朝国政，经十余年经营，于公元420年建立宋朝。两年后，刘裕便重病不治，咽气之前，他把几位朝廷重臣召集到一起，吩咐后事，这几位重臣是：檀道济、谢晦、傅亮、徐羡之。

这些人中，谢晦最有政治才干，他认为太子刘义符过于顽劣，治国能力不足。他把这看法很率直地跟刘裕说了，意思是希望刘裕另找接班人，刘裕没听他的，可也没怪罪他。临终之前，刘裕跟太子刘义符交代后事，对以上四人一一点评：檀道济虽然军事能力雄视天下，但没有政治野心，不像他的哥哥檀韶那样难以驾驭；徐羡之、傅亮属于按部就班的贤能大臣，也没有政治野心；只有谢晦，一向跟在我身边，战场征战，官场打滚，颇识机变，日后国家如有变化，一定是他搞起来的。

刘裕看人极准，这一番临终遗言更是饱含感情。只可惜刘义符根本没有参悟老爹深意的能力。在刘裕死后，接班成为皇帝的刘义符，就是个纯粹的玩童，他已经十七岁了，看起来心智好像没到这个阶段。他也不是特别残暴，只是玩得过火。刘裕的尸体还停在灵堂没有下葬，刘义符就在后花园带人排兵布阵，互有攻防，喊杀连天，军鼓隆隆，玩得不亦乐乎。大臣们劝他，他不听，可也并不是特别着恼，他杀过劝谏他的大臣，但杀的并不多，更没向顾命大臣下手。

总的来看，刘义符是一个并不具备极大破坏力的玩童天子，这样的人在位上，国家不会有发展，可只要大臣们按部就班工作，国家也未必崩溃，明朝的明武宗就是这么个人，也没把明朝玩垮台。

如果顾命大臣们的责任心只局限在治理国事上，不去干预皇帝的事，刘宋皇朝按惯性发展下去，也许这些大臣们可以保有一生的荣华富贵，因为看起来刘义符并不具备剥夺顾命大臣的权力和生命的兴趣及能力。这样的先例也有，比如诸葛亮，他只是尽自己的力，做自己份内的事，并不试图将无能的刘禅换下来。

刘裕的这四个顾命大臣却有些责任心过头了，他们认为刘义符没做皇帝的能力，不适合皇帝岗位，应该换上去个有能力的皇帝。他们集体疏忽了一件事：皇帝有了足够能力，如果看他们不顺眼了，他们就不会再有能力更换皇帝、逃得性命。当然，以这几个人的聪明，未必想不到这一点，只是他们不会相信这样的噩运会降临到自己身上，或者盲目自信有能力避免这样的命运。

皇帝毕竟不是枕头，说换就换，在京执掌中央政府大权的徐羡之、傅亮、谢晦等人，密谋拍板后，将出任南兖州刺史的檀道济调回京城，这是因为檀道济战功显赫，威望极高，是时又手握重兵，他们需要檀道济的影响力和军权，为他们撑腰壮胆。

刘裕对檀道济的评价恰如其分，檀道济没有什么政治野心，他也看不出换个有能力的皇帝，会对自己构成什么威胁。他对刘义符胡天胡地的玩闹也看不上眼，所以谢晦等人把废立皇帝的计划跟他一说，他立即表示同意。

决心下定，谢晦借口他的府衙破败，需要整修，把家人迁出京城，府中驻满军队。动手之前的晚上，谢晦与檀道济住在一个房间，谢晦满脑子问题，满腹心事，思前想后，转侧不安，一晚上睡不着觉。檀道济则倒头就睡，浑然无事，他经历的生死决战多了，哪在乎这点事情。

一夜过去，太阳升起之时，睡足一夜、精神饱满的檀道济和一夜不眠、肿胀眼袋的谢晦，带领部队，直入皇宫，收捕刘义符。

百战沙场的将军，去抓一个毫无戒备的玩童，自然手到擒来。几个顾命大臣将刘义符软禁起来，宣布废除他的皇帝职务，一个月后，又派士兵用门闩将刘义符活活打死。然后由尚书令傅亮率领百官，去江陵将时任荆州刺史的刘裕第三子刘义隆接回来继任皇帝，是为宋文帝。

这些顾命大臣也不是白给的，他们也预防到刘义隆将恩成仇、翻脸无情，接回刘义隆的同时，宣布由谢晦接任荆州刺史、都督荆、湘等七州诸军事，这是让谢晦坐镇一方，手握兵权，好让刘义隆投鼠忌器，不敢轻下杀手。

谢晦在刘义隆即位后，离开京师，乘船西上，赴荆州上任。望着渐行渐远的石头城，谢晦脱口说出：现在终于脱险了。

这一句话，说出了刘义隆在几个辅政大臣心中的形象，这是个非常有主意、有城府的皇帝，他上任之初，根基不稳，多方向辅政大臣示好，信任有加，同时加紧提拔自己的亲信，渐渐转移辅政大臣手中的权力。

经过几年经营，刘义隆确信已牢牢掌握了中央政权，立下决断，除掉几位辅政大臣。

刘义隆是个搞联合阵线的高手，徐羡之、傅亮在中央政府把持朝政，名义上权力最大，但并没有军事权力，杀起来易如反掌，反而是出任刺史的谢晦、檀道济，名义上只是地方官员，但手握兵权，杀起来麻烦得多，搞不好激起叛乱，不好收场。

刘义隆分析形势：檀道济军事能力最强，打仗最厉害，但他个人并没有政治野心，上次废立皇帝，他只是胁从；谢晦居于长江上游，手中兵权最大，但却没有很高的军事能力。如果放檀道济一马，让他去打谢晦，檀道济必然心怀感激，拼命表现。能除掉谢晦最好，就算被谢晦干掉，也等于是拔了一颗钉子；同时谢晦干掉檀道济也必然会伤筋动骨，那时再派人去收拾他，容易得多。

谢晦等人没有看走眼，刘义隆确实是很好的皇帝料子，够忍、够狠、够决绝，决心下定，立即付诸实施。公元426年正月十六日，刘义隆下手，徐羡之被逼自杀，两个儿子被杀，傅亮被杀。檀道济则在刘义隆的怀柔政策下，见风使舵，宣誓向刘义隆效忠，率军向荆州进发，讨伐他的老战友谢晦。

谢晦在荆州听到徐羡之、傅亮被杀消息，义愤填膺，立即征兵东下"清君侧"，出发之前，他向刘义隆送上公开信，公开信中有这样的话：如果当初我们不是为国家着想，只是为自己谋利，在废黜刘义符时，刘裕还有幼小的儿子，我们完全可以立为小皇帝，把持朝政，发号施令，谁能不从？为何要虚位七十多天，逆流而上三千里，迎接你这个远在荆州的刘义隆来接班？

在谢晦心目中，徐羡之、傅亮死了，同谋犯檀道济没道理单独活着。结果是指挥大军，离开江陵，到达隐圻（现在的湖南岳阳东北），并且在与政府部队初战告捷之后，檀道济率政府大军及时赶到。

檀道济向政府投诚，并亲率军队来迎战老朋友，对谢晦的心理打击是致命的。谢晦的心态又影响到了整个部队，两军交锋，谢晦部队毫无悬念地大败，谢晦在逃亡路上被捉，送回首都处斩。

檀道济被晋封为征南大将军、江州刺史。

公元431年，征南大将军檀道济率兵北上，抵达寿张，与北魏军队相遇，一场大战，檀道济获胜。他继续向北，进军历城，一路上与魏军大小三十余战，大都获胜，但堵截的魏国军队越来越多，宋军的锐气也在一次次苦战中消磨殆尽，同时，檀道济所率部队孤军深入，后勤保障出现很大问题。军队到达历城后，军粮终于供应不上。

没有粮食，战士们饭都吃不饱，还有什么力气格斗、杀敌。檀道济没有办法，只好下令撤军。王敬则讽刺萧鸾父子的那句话，便典出于此：三十六策，走为上计。

走也不容易，宋军中有一个士兵开小差，跑到北魏军队中通风报信，于是本来处于守势的北魏部队信心大增，全军逼近，要与吃不饱饭的宋军决战。饿着肚子的宋军士兵无不忧愁恐惧，眼看魏军只要发起进攻，宋军就有溃散的可能。

魏军之所以逼近了宋军还不进攻，是因为天已黑下来，魏军怕中埋伏，计划天亮后进攻，不过他们也并不完全信任那个宋国逃兵的话，派出探子，悄悄摸近宋军大营，探听情况。

危机就在眼前，檀道济的大将风度显露无遗。他不慌不忙，稳坐军前，让士兵们把沙子当做粮食，用升斗称量，边量边大声报出数字，分派到各支部队，将军中仅剩的粮食覆盖在沙子上，并故意撒落一些。

做完这些戏后，檀道济下令撤退。其时北魏大军已从四面包围上来，檀道济镇定自若，他让战士们穿好铠甲，随时准备迎战，自己则仅穿一件休闲式的白衣服，带着部队缓缓拔营而去。北魏军队已经接到探子的报告，知道檀道济军粮充足，以为他有什么秘谋奇计，不敢靠近。去他刚刚离开的营盘看看，撒落的粮食赫然在目，北魏的将领勃然大怒，抓过宋国逃兵砍头，认为他谎报军情，差点让北魏军队中计。眼睁睁地看着檀道济部队在重围中整齐有序地撤退回国。

檀道济虽然北伐无功，但他唱筹量沙，全军而退，让他的名望更上一层楼，同时也引起了宋国皇帝对他的猜忌。

宋文帝刘义隆从当皇帝时起，就对檀道济没信任过，之所以没将其与徐羡之、谢晦等人一起除掉，是因为檀道济明显没有政治野心，同时还有很大的利用价值。但檀道济的能力太强，只要用他，就不能阻止他的影响力日益高涨，而这影响力越大，就会让皇帝越不安，当这种不安达到某个临界点时，檀道济的生命，也就到头了。

公元436年，宋文帝刘义隆病重，皇帝到这种时候，就会自然而然地考虑到后事，考虑到如何处置手下重臣与接班人的关系，像刘备把国家与接班人一起托付给诸葛亮，是让人感动的方式，却并不多见；像朱元璋把功臣杀尽，让太子没有扎手的刺，是让人寒心的方式，却屡见不鲜。

刘义隆选择了除去檀道济的方式。他下诏，召檀道济入京。

史书上没记下檀道济妻子的名字，却记下了她明智的一段话：自古功臣易被忌，现在没有战事，却召你入京，只怕大祸将临。

史书上没记载檀道济听了妻子的话有什么反应，他只是默默地听令赴京。他如果有政治野心，这道诏令会逼他造反。他没有政治野心，他只能企望领导人能够理解他，给他活路。

他没有活路，这与他有没有野心无关，只看领导人的政治需要。在刘宋皇权的政治格局中，已经把他剔除了，他只有死。

檀道济被捕之时，"愤怒气盛，目光如炬"，倒了一斛酒，一饮而尽，抓下裹头的头巾，狠狠摔到地上，大声说：你们这是在毁坏自己的万里长城。

北魏听到檀道济被杀消息，欢欣鼓舞，一致认为：檀道济死了，南朝的那些小子再没什么可怕的。十多年后，北魏军队南下，打到长江北岸瓜步城（现在的江苏六合东南），宋文帝刘义隆登上石头城，隔江北望，忧心忡忡，叹息道：如果檀道济还活着，怎会到这个地步！

周山图

宋文帝刘义隆在石头城上，远望瓜步的北魏军队，怀念起被他杀害的名将檀道济。怀念归怀念，敌人就在眼皮下，还要想办法退敌才是，于是大规模征兵，填充军队。将军虽然差了点，部队人数多，一样可以以多取胜。

周山图就是在这次征兵中，进入刘宋政府军，开始了他的军事生涯。

周山图，字季寂，义兴（现在的江苏宜兴）人，出身于普通乡里人家，天生神力，十五六岁时，一对一较量，没有人是他的对手；饭量同样异乎常人，一个人要吃四五个人的量。他对稼穑耕种、发展经济、富裕家庭的事毫无兴趣，自小立下志向要当将军，乡村间的少年聚集起来，游戏或者打猎时，周山图每每要担任主帅，不过他虽然力气大，勇健果决，骑马射箭临阵对决却不擅长，他摇起羽毛扇子，一副儒将派头，指挥分派，井井有条，大家也都愿意听他的。这可能也与他的为人有关，他平时拙朴谨慎，寡言少语，从不论人短长，说人是非，跟人交往，"皆白首不异"。

进入部队后，周山图如鱼得水，找到了发挥自己能力的平台。他一步步成为名将的过程，正是刘宋后期，一个皇帝比一个皇帝昏暴，互相间乱砍乱杀，大臣、将军一个个朝不保夕，今天是功臣，明天可能就要身首分离，周山图就在这流血的乱世夹缝里成长起来，居然每步都踩准了步点，由刘宋入南齐，成为著名将领。

五胡十六国及南北朝是中国历史上最黑暗、最血腥的一段，人的生命，以及人性人伦，轻贱如草芥。五胡进中原，乱纷纷建立那么多国家，最后无一例外归于崩溃，屠杀行动无日不在进行，既有争权夺利的互相残杀，也有民族矛盾引发的仇杀，部分少数民族就因为到中原大地风光这一把，灭族灭种。江南四朝代，宋、齐、梁、陈，不知中了什么诅咒，开国皇帝都还比较正常，后代则几乎都穷奢极欲、残暴不仁、手足相残、父子凶杀，一片血腥中，功臣良将大都没有好下场。

比较起来，刘义隆还算是相对正常的皇帝，他杀功臣檀道济、杀弟弟刘义康，下手毫不容情，却在明知道太子刘劭和另一个儿子刘浚阴谋弑父篡位的情况下，心肠软弱、犹豫不决，被先下手为强的儿子刘劭杀死。

刘劭灭绝天伦，杀父篡位，也没风光几天，他弟弟刘骏不服气他，举兵造反，没多长时间就打到南京（建康），刘劭无路可逃，躲进宫中的一口废井里，被抓出来杀掉。刘骏踩着哥哥的尸体登基当皇帝，是为宋孝武帝。

刘骏举兵讨刘劭，还有个为父报仇的幌子，当上皇帝后，天下的事他说了算，不再需要幌子了，他的魔爪向他的亲人一一伸去：弟弟刘铄被毒死，叔叔刘义宣连同十六个儿子被杀死，弟弟刘浑被逼死。在他试图杀掉六弟刘诞时，遇到抵抗。

刘诞为人宽厚、待人有礼，颇得人心。他在刘骏讨伐刘劭，以及诛杀刘义宣时都曾立下功劳，他对哥哥刘骏也有所防范，所以刘骏派出第一拨部队，突袭广陵（刘诞驻地），试图一举杀掉刘诞时，遇到刘诞的抵抗、反击，突袭部队的两位将领，一位战死，一位抄小路逃跑。

刘骏杀弟弟的决心很坚决，一次不成，再来一次。这次领军的是刘宋皇朝著名将领沈庆之，沈庆之是一员老将，身经百战、战绩显赫，周山图就在他手下担任中级军官，手下领了二百多战士，参与广陵城攻击战。名帅名将，全力一击，广陵城应声告破，刘骏心满意足地杀掉弟弟，周山图也因此立功，受到朝廷重视。

刘骏把他认为是眼中钉的亲人杀完后不久，也病死了，他死于公元464年，只比他公元459年杀死的刘诞多活五年。死后，十六岁的儿子刘子业继位，是为前废帝。

刘子业是个奇人，他爱好读书，尤其爱好历史，对前朝兴亡更替相当熟悉，却丝毫没有从中接受哪怕是一点儿教训。他继位之后，凶残横暴，他妈妈王太后最愤怒的时候，要求别人拿刀子剖开她的肚子，看看怎么会生出这样的混帐儿子，最后被活活气死。

刘子业上台时，刘骏给他安排了几个辅政大臣：刘义恭、柳元景、颜师伯、沈庆之等。刘子业的残暴嘴脸暴露出来之后，刘义恭、柳元景、颜师伯等人计划废掉他，另立新君，但名将沈庆之却做了叛徒，向刘子业告发，刘子业先下手为强，杀掉各位辅政大臣，再杀掉弟弟刘子鸾。刘子鸾只有七岁，死前说：愿来世不要生于帝王之家。

刘子业虽然残暴，但可能因为年龄还小的原因，性格中犹豫的因素较多。他把几个叔叔抓起来，分别装到竹笼里过称，给他们取了些别名：杀王、贼王、驴王，体重最重的刘彧则得名"猪王"，刘子业将杂食拌到猪槽里，放到泥坑里，让刘彧赤身裸体在泥坑里，像猪一样爬着用嘴去吃槽中的食物，并曾起兴要杀掉刘彧，因为"杀王"刘休仁的几句恭维话而放过了。

事情搞到这个程度，刘子业不杀那几个"王"，那几个"王"就一定会动手杀刘子业。结果是那几个王动手在先，干掉刘子业，猪王刘彧接班，是为宋明帝，改年号为泰始。

按正常逻辑思维，刘彧受了那么大委屈，在兄弟们的互相扶持关照下才保住性命，又是兄弟们抱团奋起一击干掉刘子业，才有皇帝位子给他坐，他应该有所戒鉴、团结亲族、和睦兄弟才对。但皇帝这个东西，真不是正常人正常思维所能理解的。他上任后，先将宋孝武帝刘骏的二十八个儿子，全部杀光；魔爪又伸向当初与自己一起受刘子业虐待的兄弟，"驴王"刘祎、"贼王"刘休祐，以及刘休若，包括救了他性命并第一个拥戴他做皇帝的刘休仁，都一一被刘彧杀掉。在他杀人的过程中，也激起过反叛、抵抗，周山图便在刘彧平叛的过程中，屡立军功，逐渐成长为刘宋的一员重要将领。

周山图既然为刘彧杀兄屠弟建立功勋，刘彧对他就足够关注。周山图喜欢喝酒，屡次喝酒误事，刘彧多次批评他——刘彧对外姓人比对自家亲人好得多，只是善意批评，批评过后该升官升官。周山图知恩图报，不但战场奋勇，居然把酒也戒了。

与刘宋南朝对峙的北魏，此时正是强盛期，南北两朝屡次发生军事碰撞。周山图某次带二千战士，在武原城被魏军所围，双方激战，周山图虽然杀伤魏军甚众，终究寡不敌众，困守孤城一段时间后，不见外援，开城突围，奋勇冲杀，魏军虽多，当者披靡，被周山图杀出一条血路，突围而去。周山图因此得了个外号"武原将"。

泰始七年（公元 471 年），豫章（现在的江西南昌）人张凤，聚众起义，占据康乐山（现在的江西万载），对抗政府，宋中央政府屡次派军围剿都被击败，声势越来越大。刘彧派周山图挂帅，率军讨伐。周山图详细研究敌我双方军事实力，揣摩张凤的心态，最终采取了示敌以弱、诱敌上钩的战术。他先把精锐战士隐藏起来，只把老弱战士派出来活动，让张凤的探子看到后，传递回虚假情报。张凤起了轻视之心后，周山图又派人向张凤送去厚礼，约他出山谈判，并说明不限定谈判人数，张凤愿带多少防卫人员就带多少，以此来说明他没有谈判桌前消灭张凤的意图。张凤信以为真，果然带着部队下山谈判。

一般人的认识，骗人谈判，只是为了让敌人首脑进入我方营地，以多抓少，手到擒来。周山图的不限谈判人数，正是针对了这一认识误区，既然不限人数，敌我军力就大致对等，大不了谈判不成，对决开打，谁怕谁呀！

周山图的做法则是：我根本就没想跟你谈什么，也根本就没想让你走到谈判地点，我只是把你从山寨里调出来，就近找险要地带设伏，突然袭击。

张凤自以为并不惧怕周山图在谈判场前做什么手脚，带领大队人马行进到望蔡（现在的江西宜丰）时，突然遭到周山图伏兵袭击，出乎意料、措手不及，没做像样的抵抗就被杀掉，手下起义军纷纷投降。周山图因功被提拔为宁朔将军、涟口驻屯军司令员。

刘彧当了几年皇帝之后病死了，他的儿子、年幼的刘昱接班当皇帝，是为后废帝。

刘昱年龄虽小，在刘彧的身教下，心狠手黑、凶残暴虐，丝毫不比父亲差。上任就杀掉叔叔刘休范，这一次作战，萧道成居首功，也逐渐成为刘宋朝内军事重臣，周山图在他的节制之下。周山图也很有眼光，判断形势，果断向萧道成靠拢，很快被提拔为督高平、下邳、淮阳、淮西四郡诸军事、宁朔将军、淮西太守，成为萧道成的心腹干将。

萧道成的影响力越来越大。刘昱也变得越来越残暴，他特爱杀人，一天没杀人就闷闷不乐，他身边随时带着钳、锥、凿、锯等凶器，看到谁不顺眼，抓起来就用刑，每天因此被杀被残的人足有几十人之多。他想杀哪个大臣，直接带人带凶器闯到大臣家里，现场肢解大臣们的全家老小。某次他突然闯进萧道成家里，时值六月，天气炎热，萧道成裸身在院子里睡觉，刘昱叫醒他，在他肚子上画上个圆圈当靶子，拉弓搭箭就要射，萧道成跪下求饶，刘昱的随从也苦劝，刘昱这才把箭头去掉，用无头箭射中萧道成肚皮后，洋洋得意而去。

萧道成此时是刘宋皇朝第一军事统帅，刘昱要么一箭将他射死，倒也一了百了，刘昱居然还想留着萧道成的大肚子随时当箭靶来射，萧道成为求活路，就算此前绝无反叛念头，也不得不铤而走险了。

后来被萧道成的后代逼反了的南齐大功臣王敬则，此时只是刘宋朝廷的越骑校尉，他自告奋勇，为萧道成探听刘昱行踪，他每晚穿着黑衣服，趴在路边观察刘昱行动。

周山图虽然也已成为萧道成心腹，但此时正在地方任职，在此期间，有盗墓贼挖掘东晋权臣桓温的墓葬，偷取大量随葬宝物，有人搞出一些来送给周山图，周山图一一登记造册，送交官府。

——当此乱世，还能做到清正为官，不占不贪，周山图让人佩服。

公元477年七月初七，皇帝刘昱先乘车去台冈，与随从们比跳高，跳完高又去青园尼姑庵玩耍，傍晚又去新安寺偷了一条狗，再去昙度道人居处把狗杀掉煮肉吃。吃完狗肉喝完酒后回宫，安排亲信杨玉夫在院子里观察牛郎织女星渡河见面，让他在两颗星星碰头时叫醒自己，又说如果看不到两颗星星相聚到一起，天一亮就杀死他。

距离好多光年的两颗星星当然绝无相撞的可能，杨玉夫不想死，只好去杀刘昱，很简单就把刘昱的头砍下来，交给正穿了黑衣服在宫外观察的王敬则，王敬则拎了人头就去向萧道成报捷。

第二天，萧道成发布命令，立年仅十一岁的刘准为帝，是为宋顺帝。萧道成则总揽军政大权。

同为宋朝名将的沈攸之不服萧道成，沈攸之长时间镇守荆州，手握重兵，萧道成把他加封为车骑大将军，并将沈攸之在朝廷做官的儿子派回荆州，意思是不需要沈攸之人质在朝，以此来向沈攸之示好。但沈攸之并不接受萧道成的恩惠，很快打出为废帝刘昱报仇的旗号，发兵东下，进讨萧道成。

萧道成让儿子萧赜担任政府军统帅，周山图为副统帅，率军西征，平灭沈攸之叛乱。

沈攸之顺江东下，效忠政府的郢城（现在的湖北武汉）不肯投降，沈攸之便率部弃船上岸，攻击郢城。偏偏郢城守卫严密，久攻不下。沈攸之的功曹臧寅劝说沈攸之：攻坚作战，不是短时间可以成功的，如果旷日持久地在这里攻打下去，必然会挫伤部队锐气。我们应该放弃郢城，顺流而下，直捣京师，拿下京城后，郢城又怎么会不归顺？

臧寅的建议，是沈攸之当时唯一正确的道路，但沈攸之不听，继续攻城。

萧赜循长江而上，屯兵盆城，以待沈攸之。听到沈攸之不再东进，而是全力攻打郢城的消息，问副手周山图：沈攸之这么个战法，会是什么结果。周山图一语中的：沈攸之一味纠缠于城市攻坚，必会军心涣散，不战自溃。

结果如周山图所说，萧赜的政府军还没与沈攸之接战，沈攸之的部队便在郢城之下分崩离析，沈攸之也在逃跑途中被人杀死。结果出来后，萧赜很佩服周山图，说：您此前的判断，可谓"明于见事矣"。

那位劝沈攸之不做攻坚、直捣京城的功曹臧寅，也称得上"明于见事矣"。沈攸之溃败后，手下官吏纷纷做鸟兽散，有人劝臧寅一起跑，臧寅说：我既然已经为沈攸之服务，岂能自己逃跑，我不负沈攸之先生，如同沈攸之先生不负朝廷（沈攸之打出的旗号是为朝廷除奸）。他投水而死。

有了作为萧赜副手平灭沈攸之的大功，周山图一跃而成为萧道成的心腹重将。公元479年，萧道成将当了两年皇帝的刘准废掉（两年后又将他杀掉），宣布自己当皇帝，国号齐，是为齐高帝。周山图也终于完成了由平民村夫到开国功臣的转变。

此后，萧道成去世，萧赜接班成为齐武帝。有过一起搭班子剿灭沈攸之的经历，周山图极受宠信，萧赜把他调回京城，任命为自己的警卫队队长，专门带羽林军值卫皇宫。周山图在城郊建有别墅，每天下了班都要回去住，萧赜很关心他的安全问题，说：你以后来往城郊，要多带些随从，以防不测之祸。

皇帝如此关心，周山图心里必会暖洋洋的，他活到六十四岁，平安故去，这是作为名将难得的死法。

刀锋下的中国历史

（下）

许家强 著

当代世界出版社

目　录

陈庆之 ……………………………………………………（289）
羊　侃 ……………………………………………………（295）
石　勒 ……………………………………………………（302）
杨大眼 ……………………………………………………（308）
韦孝宽 ……………………………………………………（313）
杨　素 ……………………………………………………（318）
韩擒虎 ……………………………………………………（324）
史万岁 ……………………………………………………（330）
长孙晟 ……………………………………………………（336）
李　密 ……………………………………………………（342）
秦　琼 ……………………………………………………（349）
程咬金 ……………………………………………………（354）
王伯当 ……………………………………………………（359）
柴　绍 ……………………………………………………（366）
尉迟敬德 …………………………………………………（373）
李　靖 ……………………………………………………（381）
徐世勣 ……………………………………………………（389）
裴行俭 ……………………………………………………（395）
薛仁贵 ……………………………………………………（401）
哥舒翰 ……………………………………………………（406）
高仙芝 ……………………………………………………（413）
李嗣业 ……………………………………………………（420）
白孝德 ……………………………………………………（427）
张　巡 ……………………………………………………（433）

李光弼 ……………………………………………………… (440)
郭子仪 ……………………………………………………… (448)
李　晟 ……………………………………………………… (454)
李　愬 ……………………………………………………… (461)
王彦章 ……………………………………………………… (467)
曹　彬 ……………………………………………………… (474)
杨延昭 ……………………………………………………… (480)
狄　青 ……………………………………………………… (486)
岳　飞 ……………………………………………………… (492)
韩世忠 ……………………………………………………… (501)
辛弃疾 ……………………………………………………… (509)
伯　颜 ……………………………………………………… (517)
徐　达 ……………………………………………………… (523)
常遇春 ……………………………………………………… (530)
戚继光 ……………………………………………………… (537)
袁崇焕 ……………………………………………………… (545)
秦良玉 ……………………………………………………… (555)
年羹尧 ……………………………………………………… (563)
曾国藩 ……………………………………………………… (570)
左宗棠 ……………………………………………………… (575)

陈庆之

萧衍是个相当"文化"的皇帝，他后来信佛信得把国家都亡了。没当皇帝之前，他酷爱下围棋，不管白天黑夜，想起来就下，一下就老僧入定，没日没夜，陪他下棋的人都害怕，每天困倦得不行。只有一个叫陈庆之的少年，精力充沛，白天下了棋，晚上接着再下，随叫随到，非常讨萧衍喜欢。

就这样，陈庆之一天天陪着萧衍下棋，由少年下到青年，棋力如何不知道，眼见得一生就埋葬在围棋格子里了。突然间天降馅饼，萧衍成了皇帝，陈庆之也跟着扶摇直上，由一个围棋陪侍，成为主管皇帝各种文书的主书，一步登天，进入中央政府机关核心位置。

不过这个主书除了下棋好之外，还有什么能力长处？没有人知道。萧衍也没有其他事麻烦主书大人，主书的重要工作，好像还是陪皇帝下棋。

三下两下，陈庆之由青年变成了中年。

陈庆之自己并不甘心一辈子当个围棋宠臣，他有远大理想，他仗义疏财，结交贤才，随时找机会展示围棋之外的不凡身手。

陈庆之生于公元484年，萧衍于公元502年代齐建梁，成为皇帝，又下了漫长的二十三年围棋，直至公元525年，四十二岁的陈庆之，才等来了他成为名将的第一次机会。

下了三十多年围棋，才等到第一个机会，这需要多大的忍耐力。并且在这漫长的岁月中，陈庆之要毫不懈怠，才能抓住稍纵即逝的机会，一举成名天下知。

公元525年，北魏徐州刺史元法僧举兵叛乱，又打不过政府军，于是向梁朝投降。在棋枰前坐成中年人的陈庆之，第一次与军队亲密接触：他被棋友萧衍任命为武威将军，带人去徐州接受投降。

接应降军，只要对方不是诈降，没有任何危险，就建立大功一件。陈庆之旅游一趟，回到梁朝首都，被加封为宣猛将军，文德驻屯军司令员。

既然徐州归梁朝所有，萧衍就要向徐州派遣地方官，行使梁政府职能。萧衍把这副重担压到儿子萧综肩上，陈庆之受命，率两千战士，送萧综去徐州赴任。

北魏的中央政府此时问题很多，所以陈庆之去接受投降才毫无阻碍。但内部问题虽多，对待敌国梁朝，却有足够的理由同仇敌忾，虽然没来得及阻止元法僧降梁南归，梁朝再往徐州派地方官，就要全力狙击了。北魏的两位皇族王爷，率军两万，来争夺徐州。

这是陈庆之离开棋枰之后，遭遇的第一场战斗，兵力比是两千对两万。陈庆之毫不犹豫，下达攻击令，军鼓震天擂响，余音犹未落去，两万魏军就被两千梁军击溃。

这是陈庆之名将路上的第一战，以少胜多。

将军战胜，不代表局势必赢。萧衍的这个儿子萧综，来路有些不正，他母亲吴淑媛原本是萧宝卷的嫔妃。萧衍干掉萧宝卷，夺下他的江山，同时也笑纳了他的女人。吴淑媛成为萧衍妃子七个月后，生下萧综。后来吴淑媛年老色衰，萧衍不再搭理她，吴淑媛就告诉儿子萧综：是萧宝卷与她结合，生出的萧综。母亲的话，萧综当然要信，于是萧综处处看萧衍不对劲，心怀郁愤，写过两首诗《听钟鸣》、《悲落叶》，非常好，抄《悲落叶》如下，共赏：

悲落叶，连翩下重叠。落且飞，从横去不归。

悲落叶，落叶悲，人生譬如此，零落不可持。

悲落叶，落叶何时还？夙昔共根本，无复一相关。

有这样的心态，萧综对梁朝只有仇恨，没有认同，这次出任徐州刺史，与北魏军队近距离对峙，给了萧综离国叛逃一个最好的机会。萧综也果断抓住，就在陈庆之取胜后不久，瞅冷子逃离徐州，投奔魏营。

梁朝军队到徐州来，浴血搏杀，就是为了让萧综坐稳徐州刺史，现在萧综跑了，部队一时没了方向和目的，军心动摇，陈庆之当机立断，在北魏军队还没做出反应之前，"斩关夜退"，部队安全撤回国内。

公元527年，陈庆之与梁领军曹仲宗一起，率军北征，攻夺北魏城市涡阳。北魏则派征南将军常山王元昭率十五万军队，救援涡阳。

陈庆之部队刚到涡阳城下，北魏大军前锋也已赶到距涡阳城四十里远的驼涧。陈庆之立即提出：主动迎击。梁军主将之一寻阳太守韦放却提出不同意见，认为魏军前锋必是精锐，与之作战，胜了没有多大意义，如果输了，则会动摇军心，不如以逸待劳，等他们到了再说。

切不可因此认为韦放是个胆小鬼，此前，他受命率二百余人与陈庆之等人会合，路上正遇北魏援军。众寡悬殊，二百多战士无不胆怯，韦放只做了这么一句战前动员："今日唯有死耳"，就坐在行军椅子上（胡床），指挥战士作战，三支流箭射中他甲胄，他面不改色，受到激励的梁军战士无不以一当十，竟然击退魏军。

韦放的不同意见，也是军事常识，下惯了围棋的陈庆之却不认可，陈庆之说："魏人远来，皆已疲倦……及其未集，须挫其气，出其不意，必无不败之理……诸君若疑惑，庆之请独取之。"仅率直属部队二百余骑兵（《南史·陈庆之传》记载为"五百"，此处从《梁书》及《资治通鉴》），奔行四十里，突击魏军前锋，大获全胜，凯歌而还。

一次突袭，不足以左右整个战局，此后，北魏军队与梁军在涡阳城下长时间对垒。北魏人多，此战又发生在他们的地盘上，后勤供应也没问题，于是在梁国部队营盘之外，筑起十三处营寨，企图困死梁军。具体形势大致是涡阳城在中心，梁军包围着涡阳城，魏军又在外形成了更大的包围圈。

梁军主将是曹仲宗，他召集将领们开会，研究退兵事宜。

陈庆之坚决反对，发言说："我们来攻击涡阳，已长达一年，费兵耗粮。现在居然要当缩头乌龟，岂是大丈夫所为，简直是一群强盗。我听说兵法中有一条是'置之死地而后生'。皇帝给我有密令，谁敢轻言班师，我会依令而行。"

以萧衍的为人，不会另给陈庆之谁撤退就砍谁的密令，但在那种局势下，陈庆之的恐吓真起了作用，大家不再谈退兵之事。陈庆之亲率敢死队，夜袭敌营，一夜之间，攻破四座北魏营寨，长时间苦守涡阳的北魏将军王伟也支撑不下去，举城投降。

梁军从降卒中选出人来，放他们回北魏营寨，传播涡阳投降的消息。北魏军心浮动之际，陈庆之将北魏降卒安排在阵前，梁军在后，攻击北魏剩下的九座营寨。魏军大败溃逃，梁军随后掩杀，涡水被北魏将士的尸体阻塞，几至断流。

在陈庆之的坚持下，涡阳之战以梁军全胜收场。梁武帝亲手为陈庆之写下表扬信："本非将种，又非豪家，觖望风云，以至于此，可深思奇略，善克令终。开朱门而待宾，扬声名于竹帛，岂非大丈夫哉"。

与后面的战绩比起来，陈庆之在徐州、涡阳两次以少胜多的胜利，仿佛只是一个开场曲，他马上将进入足以让他成为千古战神的北征作战。那是陈庆之军事生涯的巅峰，千古名将，也无出其右者。

北魏在那段时间很混乱，徐州刺史元法僧投降梁朝，公元529年，北魏皇族元颢也投奔梁朝，只是他并不完全是投降，他想借助梁朝的力量，送他回国当皇帝。萧衍同意了，派陈庆之率七千人马，送元颢回国登基。

当时北魏虽然朝政动荡，仍是统一了长江北岸、带甲百万的军事大国。陈庆之率七千人，就把流亡王爷送回去当皇帝，萧衍的这一安排，怎么看搞笑成分也大于实际意义。

元颢往回走了走，到了涣水（据《中国古代地名大辞典》：旧自河南陈留县东流，经杞、睢柘城、宁陵、商丘、永城诸县，入安徽宿县，经灵璧、五河入於淮，一名濊水，今上流已湮，下流在永城以东者，即今之浍河也），自己封自己当北魏皇帝，却怎么也不敢再往北魏的土地深入了，只把陈庆之封了一堆官，让他带七千人去给自己夺权。

陈庆之就率领这七千人的小部队，自铚县（现在的安徽濉溪）出发，一路向西，先克荥城（现在的河南商丘东），进至睢阳，镇守睢阳的北魏将领丘大千，率领七万人的部队，分别筑起九座营寨抵御梁军。陈庆之到达睢阳，不做任何准备，立即攻击，自清晨至下午，连续击破三座营寨，人数是陈庆之十倍的丘大千率军投降。陈庆之再进至考城（现在的河南兰考），北魏征东将军元晖业率军两万，据城抵抗，城墙四面环水，陈庆之"浮水筑垒，攻陷其城，生擒晖业"。继续前进，所过之处，北魏军队无不望风披靡。

七千人的部队，纵横北魏大地，迅速逼近北魏国都洛阳。北魏全国震动，集中兵力达三十万人，开抵洛阳东部的荥阳，与刚刚赶到的陈庆之七千人部队决战。

荥阳城当时还在北魏手中，荥阳城下，七千梁军一侧是荥阳城的高墙深壕，另一侧是三十万魏军蜂拥而至。

危急关头，陈庆之发表战前动员："我们一路杀来，杀人父兄、夺人土地，与北魏军队已是仇深似海，不可化解。现在敌人有三十万，我们只有七千人，今日之战，不是他死，就是我亡。我们要赶在北魏主力部队未赶到之前，先拿下荥阳城，生死在此一战，各位不要犹豫。"

动员令下，陈庆之亲自击鼓，一通鼓罢，梁军敢死队员宋景休、鱼天愍等人已越墙入城，转瞬之间，荥阳城进入陈庆之之手。

登上荥阳城楼，陈庆之观察城外北魏军队已全部赶到，将荥阳城团团围住。北魏军中也不乏能征善战的将领，他们此时心中盘算的，无一不是如何进行城市攻坚，没有人敢于想像陈庆之会出城作战。

北魏将领们随即发现，他们设想的攻城法子用不上了——陈庆之率三千骑兵，大开城门，在北魏将士目瞪口呆中，旋风般冲来。

三千对三十万，没有任何计谋、埋伏、奇袭，完全是硬碰硬的决战。这是中国战争史上不可思议的奇迹，独一无二的奇迹，完全可以说是神话的奇迹——陈庆之大胜，三十万魏军溃败，北魏军队统帅单骑逃跑。陈庆之追杀至虎牢关，虎牢关守将不战而逃。洛阳皇宫中的北魏皇帝元子攸恐惧之极，直接放弃首都洛阳，逃跑到长子。北魏朝廷百官，不战而出城迎接陈庆之与元颢入城。

陈庆之以七千战士，在十四个月内横行北魏，历四十七战，平三十二城，无一战不是以少敌多，无一战不是大获全胜。最终把一个流亡王爷，送上皇帝宝座。

陈庆之麾下将士，全部白衣白袍，所向披靡，洛阳童谣唱道："名军大将莫自牢，千兵万马避白袍。"

千古名将，陈庆之称第二，没人可称第一。

陈庆之的遗憾在于，他是千古名将，可没遇到哪怕只优秀一时的皇帝。被他扶上皇帝宝座的元颢，是一个典型的混蛋。陈庆之的副手马佛念劝陈庆之把元颢干掉，自己单干，但陈庆之只是名将而已，毫无政治野心，拒绝了。最终在混蛋元颢的逼迫下，陈庆之单独率军离开洛阳去守卫卫星小城北中郎城。

北魏大军喘息方定，卷土重来。陈庆之开城作战，三天战斗十一场，把北魏军队杀得人心慌慌，撇了陈庆之去战元颢，一战而干掉元颢，重夺洛阳。陈庆之单独守卫北中郎城已无意义，于是率领几千梁军东返梁国。北魏统帅、权臣尔朱荣率军来追，适值嵩山山洪暴发，毫无防备的梁军全军覆没，陈庆之剃须落发，把自己打扮成少林寺和尚，抄小路逃出北魏国境。

昼伏夜行于北魏小路上时，陈庆之看到来时路径，必然会记起来时七千战士的风采，白袍将军，而今和尚模样，不知他会否反省到自己军事上并没失败，却为何沦落如此？

回到梁朝国都，陈庆之依然因功受封，此后仍然带兵出征，同样战无不胜。他就任北兖州刺史之时，妖僧僧强造反称帝，聚众三万，横扫北徐州，战斗力极强，萧衍安排陈庆之讨伐，特别盼咐要小心，不要对攻。陈庆之则挺兵直进，很快砍下僧强的脑袋送回首都。

随后，陈庆之调任南北司二州刺史，他走马上任后，立即发起悬瓠之战，连破北魏颍州刺史娄起，扬州刺史是云宝于溱水（溱水河，在河南新密），又破北魏行台孙腾、大都督侯进、豫州刺史尧雄、梁州刺史司马恭于楚城。

公元536年，后来毁灭了梁朝的北魏将军侯景率众七万南侵，陈庆之于大雪之日，击破侯景，侯景败走。这是史书上记载陈庆之的最后一战。

就在这一年，豫州大饥荒，陈庆之开仓赈灾，地方百姓大多因此得以活命，八百多地方乡民联名上书，要求为陈庆之树碑颂德，这是史书上所记陈庆之最后一件事。

……

公元1969年6月3日夜，湖北武昌，一位七十六岁的老人在窗下阅读一大字本史书，读到心潮澎湃处，提笔在书眉处写下这么八个字："再读此传，为之神往。"

这位写字的老人叫毛泽东。他所阅读的"传"是《南史·陈庆之传》。

羊 侃

陈庆之以七千人马，正面作战，大破魏军三十万，那已不是名将，只能以神将视之。

一般人想不到的是，所有以少胜多的战斗，陈庆之基本上都不是身先士卒，亲自操刀作战。长期坐在围棋枰前，陈庆之的体力并不好，骑马本就不是他所擅长，拉弓射箭，据说连张稍硬一点的纸都射不穿。陈庆之可以以少胜多的全部秘诀只在下面四个字："善抚军士"，就是说他善于团结部下，所以能得到部下的以死相报。

陈庆之的第五个儿子陈昕，则从七岁就娴熟骑马，可以在马上开弓射箭。十二岁时，陈庆之开始了以七千人直捣洛阳的梦幻之旅，陈昕随军前往，路上得了重病，被送还梁朝首都，病好后，梁鸿胪卿（职责是执掌诸侯及民族使者入朝礼仪，很难完全与当代职务对应）朱异找他了解北魏境内形势。陈昕搞了个沙盘，演示给朱异看，朱异对这个小孩子刮目相看。

大约在陈昕二十二岁时，跟随父亲陈庆之参加围攻悬瓠（现在的河南汝南）之战，北魏豫州刺史尧雄率军来援。尧雄也是一员骁将，尧雄的侄子尧宝乐，极其勇敢，名闻北国，两军对垒，尧宝乐单骑出阵，要求一对一决斗，陈昕跃马挺枪，出阵决斗，结果是将尧雄部队杀得溃败。

爹是名将，儿是勇将，还不仅仅是勇将，更是忠义之将。著名的反复小人侯景在受梁皇帝萧衍大恩之后，举兵叛梁，进京夺权途中，活捉了孤身上任途中的陈昕。侯景对陈氏父子极其敬慕，此时曾击溃过他的陈庆之已死，他就厚待陈昕，并认为：得到陈昕，梁军将领没有谁可怕了。他让陈昕召集旧部，随同自己叛乱，陈昕誓死不从。此时侯景已开始围攻梁朝首都南京，陈昕既然不投降，侯景就把他软禁起来。陈昕武功好，口才也好，居然把看守自己的侯景部下范桃棒说服，同意临阵叛逃，归降梁中央政府。范桃棒趁攻城机会，将密信射入城中。当天晚上，陈昕缒绳潜入城中，详细说知情况。萧衍大喜，马上要拍板，实际主持工作的太子萧纲则疑虑重重，瞻前顾后，犹豫再三。时间拖延数日，范桃棒的手下将密谋报告给侯景，陈昕在城中不知道，最终等到萧氏父子都同意了，这才趁夜色偷偷出城，一回侯景大营，立即被侯景抓起来。侯景命他写信，射给城内，只说降军将有几十个人先期入城投降。侯景的意思是挑选敢死队员，假扮降军，入城斩关夺门，一举拿下京都。

当此生死关头，陈昕坚决不写诈降书，只求一死。侯景再不容情，下手将陈昕杀害，死时年仅三十三岁。

陈昕不写诈降书，侯景就围住南京城攻打，南京城在强攻之下，却自岿然不动。侯景除了铁桶般围困，一时也无计可施，因为他知道主持守城的梁军将领是谁，更了解这位将领的军事才华。因为他们都曾是北魏的军官。

这位苦守南京的梁朝将领，就是羊侃。

羊侃，字祖忻，泰山梁甫（现在的山东泰安）人。他是个世家子弟，祖上羊续，曾任汉朝的南阳太守；祖父羊规，曾是南朝刘宋的徐州祭酒从事，后来徐州领导人投降北魏，徐州成了北魏领土，羊规就成了北魏的官员，被提拔为卫将军、营州刺史。羊侃的父亲叫羊祉，官做到北魏的侍中，金紫光禄大夫，这两个职务的主要工作都是为皇帝提供顾问应对业务，属于皇帝信得过的心腹近臣，智囊式岗位。

按说北魏朝廷对他们羊家够意思了，但北魏毕竟是少数民族政权，对习惯了汉族文化传统的汉族官员，缺少凝聚力，羊祉就一边陪北魏皇帝谈天说地，一边规划着回归南方汉人政府。他自己在北魏中央政府任文职，逃跑的机会微乎其微，就在家里时时训导孩子们，时刻不要忘了自己是个汉人，不能长期为异族人服务，只要有机会，就要去投奔江南汉人政府。这样说的时间久了，孩子们心中就有了根深蒂固的念头：离开北魏，回到南朝。至于北魏和南朝哪个对百姓更好一些，哪个更负责任一些，他们想不到，也不会去比较。

羊侃自幼，便长得体貌魁伟，他博览群书，尤其喜欢以《左传》为代表的史书和以《孙子兵法》为代表的兵书，熟知历史，精研兵法，后来进入部队，成为中级军官。他服役期间，泰州羌族人莫遮念生起义造反，自称皇帝，派弟弟莫遮天生率众攻陷岐州，又乘胜前进，进攻雍州，北魏派萧宝寅挂帅西征，羊侃作为偏将，随军出征。两军对垒，尚未开战，互相侦察敌情之时，羊侃单身负弓，自堑壍间潜行，逼近身边一大堆随从、没有防备的莫遮天生，弯弓搭箭，莫遮天生应弦倒下，被射的死翘翘。像这样的造反部队，大都是乌合之众，主帅被射杀，余众就没了作战动力，大伙儿一哄而散。羊侃立了头功，被提拔为征东大将军、泰山太守、矩平候。

羊祉一门心思南归，却没有机会。现在羊侃部下有兵，手中有权，南归的机会就握在他手里。羊侃身为名将，不乏当机立断的果决，立下决心，南归梁朝。他先写密信给梁朝中央政府，随即举兵南下。

北魏朝廷对羊家一直不错，这不能改变羊祉父子的南归念头，却已改变了羊侃堂兄弟的思想。羊侃的堂兄羊敦，时为兖州刺史，兖州恰好在泰山之南。堂兄弟间非常熟悉，羊敦知道羊侃的计划，就守住兖州，堵住羊侃的南下之路。堂兄弟间，为到底要效忠哪个朝廷，反目成仇，大打出手。

羊侃率手下三万精兵，猛攻兖州，羊敦守得很稳，攻不下来。羊侃就筑起十余座营寨，与羊敦对峙，等待梁朝的接应部队。

梁武帝萧衍接到羊侃的投诚密信，非常高兴，果然派出南朝著名将领羊鸦仁率军接应。羊鸦仁原本也是北魏人，此前数年，投奔梁朝，其时任职员外散骑常侍、历阳太守。他曾经在北魏政府工作过，对北魏地形军情都熟悉，在梁朝又有多次领军作战的经验，由他来接应羊侃最合适。

北魏中央政府也获悉羊侃叛国投梁的讯息，第一反应是羊侃对职务安排不满意，嫌官小了，才叛魏南下，因此马上派出使者，加封羊侃为骠骑大将军、司徒、泰山郡公，可以永久担任兖州刺史。

形势发展到这一步，就算羊侃勇气最初是因为官小才背叛，此时也不容他三心二意，他是一代名将，对局势的把握，明断果决。他不讨价还价，而是直接砍下使者脑袋，以此来表达南归的决心。

和平鸽放不成，就要靠钢刀说话，北魏朝廷立即派出仆射于晖，率众数十万，浩荡东征，阻击羊侃。同时将羊鸦仁率领的梁朝接应部队，阻击在中途，无法前进半步。

大军合围十余重，羊侃奋战，伤亡惨重，箭都用完了，营寨保不住了。羊侃趁夜色率军突围，北魏军队紧紧纠缠不放，且战且走，历一夜一日，终于逃出魏国，进入梁朝边境，其时，尚有两千匹马，一万多战士。大军停下来休息一夜。但奋战了一夜一日的战士们都不睡觉，而是集体唱起了北方民谣，歌声悲凉。羊侃静静听着，他知道这些战士们跟着他与政府军拼命，是对他的尊敬和忠诚，但这些战士都是北方人，父母家人都在北方，他们从心底里，是不认同南朝梁国为家的。

羊侃把大家召集起来，说："故土难离，你们不愿意去南方，我很理解，去或不去，你们自己决定，我们就此分手吧。"

那个离别场面，一定感人至深，这些战士能够与政府军舍命搏杀，对羊侃的感情一定足够深厚，羊侃能够赢得战士们的感情，他自己也一定付出了足够感情。百战之余，一起从死亡线上走过来，就此分手，也许一生再无见面机会。谁都会相信，在那个寒风凛冽的冬天（十一月），一定有热泪在这些北国汉子脸上流淌。

擦去泪，一拱手，从此天涯是路人。

公元529年，羊侃来到梁朝首都南京，萧衍封了他一堆官职，如散骑常侍、安北将军、徐州刺史云云，后转为云麾将军，青、冀二州刺史。

羊侃天生神力，武勇绝人，他所用的弓，最强的要二十石的力气才拉得开，在马上所用弓，也要六石力气拉开。没有这样的强弓，他也不可能在雍州射杀莫遮天生。泗水桥上有几个石人雕塑长八尺、粗十围，羊侃能将之举起来互相撞击，击得粉碎，多大的力气！他不只硬功厉害，轻功也甚是了得，曾于兖州尧庙飞步上墙，直上达五寻之高，横行壁上可走七步。这是一个让人咋舌的数字，如果《南史》记载准确无误，那么我们当代武侠小说中对轻功的描写，并不显得夸张，当代电影中靠吊钢丝绳才能爬墙上屋、横行墙壁的动作，历史上都曾真实存在过。

羊侃的武勇，不仅震动北魏，梁朝也多有听闻。某次，萧衍举办宴会，羊侃也参加了，刚好在宴前得到兵工厂报告，选好了一柄两边开刃的长矛，长达二丈四尺，粗有一尺三寸（圆周），萧衍乘着酒兴，赏赐给羊侃一匹黑头黑尾的紫色马，让他上马试矛。羊侃持矛上马，舞动如飞，左击右刺，招数神妙，大伙儿围着看，个子矮挤不到前排的，就爬到场边一棵大树上去看。萧衍兴致勃勃，指着那棵大树对爬上去的人们大声说：你们快下来吧，这棵树必然会被侍中刺断。羊侃在马上听了，心有灵犀，马到矛到，全力一刺，真把树刺断了，从此这柄长矛有了名字，叫做折树矛。

萧衍是中国历史上信佛信得颠狂的一个（中国历史上个别皇帝也有出家为僧经历，但没萧衍这样数次出家、数次赎还的经历）。他的治国能力不差，他在任期间，曾一度强盛的北魏因为宫廷混乱、权臣横行，衰落下来，战火不断，民不聊生，而南梁却有难得的数十年和平发展，百姓安居乐业，经济迅速恢复。从北魏叛逃过来的人也不少，所有归降的北魏人士中，羊侃最受萧衍喜爱，原因是萧衍特别推崇门第制度，对人的出身成份极其看重。北魏降臣中，只有羊侃是世家出身，所以得到萧衍器重，萧衍又不愿别人说他只看出身，不看能力，所以特别给羊侃机会，一展武功。他公开对羊侃说：我少年时跨马持矛，与你很相似。他这话肯定是自吹牛皮，对羊侃来说，却是天大的鼓励和荣耀。

萧衍还即席写了首三十韵的《武宴诗》送给羊侃，武艺超群的羊侃没白浪费少年时的读书积累，写了首和诗，萧衍大喜，说："吾闻仁者有勇，今见勇者有仁，可谓邹、鲁遗风，英贤不绝。"萧衍说"邹鲁遗风"，那是因为邹是孟子故乡，鲁是孔子故乡，圣人家乡，遗风所在，英贤不绝。

羊侃也颇以世家子弟自命，瞧不起出身贱微或者工作岗位贱微的人。宦官张僧胤曾经想跟羊侃见面说说话，羊侃只向传话人回答了一句话："我床非阉人所坐。"不见。这事传了出去，由世家子弟把持的梁朝政府，将之传为美谈。

这样一个靠门第世家选拔官员，朝中上下，不以能力做比较，只以出身论高低的政府，不可能有创造力和进取心。梁武帝萧衍时代，名将灿灿、国力强盛，反观北魏，朝廷动荡、内乱不已，最后分裂成东、西两个小国，乱打一气。梁朝却没有能够把握机会，扩大领土甚至统一中原，这与政府层级板结，丧失了起码的创造动力有绝大关系。

就在这样的背景下，东魏权臣高欢病死，儿子高澄接班。高欢原来重用的大将侯景瞧不起高澄，向西魏投降。侯景人品恶劣，西魏虽然接受了他投降，却要剥夺他兵权，侯景见无利可图，转而向梁朝投降。萧衍以为是个便宜，马上派出侄子萧渊明挂帅，向北去接应侯景，羊侃随军出征。

梁军到达彭城（现在的江苏徐州）不久，东魏援军匆匆赶到。当时彭城尚在东魏手中，羊侃劝萧渊明趁敌军远道而来，疲惫之机，先发制人，萧渊明不听他的。之后，羊侃再劝，萧渊明仍然不听。羊侃知道萧渊明必败，就率领自己的部下，离开大军，独自出去驻扎，萧渊明也不多管。

不久后，梁、魏两军开战，梁军不出意外地战败，萧渊明被魏军活捉，只有羊侃的部队未遭损失，全军撤回。

接应部队撤了，侯景惨了，被围剿的魏军打得只剩下八百多人，狼狈逃到江南，向萧衍投降，萧衍收留了他，任命为南豫州刺史，驻地是寿春（现在的安徽寿县）。

对于接收并重用侯景，梁朝中央政府有强烈的不同声音，侯景其人品之坏，影响极大。只是萧衍不同意，他也许认为善心可以感化一切戾气。但事实是：善心只能引导有向善意愿的心灵。对于黑透了的邪恶之心来说，过分的善良，只能是对邪恶的鼓励和引诱。

萧衍的善良，就鼓励和引诱了侯景的叛变之心，在此之外，萧衍的唯出身论，又作为小插曲，进一步刺激了侯景的叛心膨胀：侯景上书，请求娶梁朝最大家族王家或谢家的女子为妻。萧衍回答说：王、谢两家门第高贵，你配不上，还是从朱、张以下家族中选配偶吧！侯景如果是个嗜书成癖、泥古不化的知识分子，也许会为此惭愧，但侯景在历史上是被以豺狼来定性的，他的反应是：我以后要把这些世家大族的女子配给奴隶。

侯景的反叛行动，做得并不保密，多人次向萧衍报告，萧衍就是不信。侯景想联合同为魏国降将、时任梁朝司州刺史的羊鸦仁一起反叛，羊鸦仁大怒，将侯景的使者抓起来连同文书一起送到首都南京。主持政府工作的朱异，就是靠家族出身爬上去的，他坚决不信，还命令将侯景的使者放还。侯景公开上书，要求诛杀羊鸦仁，并更加公开大胆地谋划叛乱。

公元 548 年八月，侯景公开叛乱，十月，打过长江，兵临南京城下。此前羊侃曾建议设置外围防线，拒侯景于长江以北，时间略微一长，作为乌合之众的叛军，自然会做鸟兽散。以朱异为首的中央政府主事人不听。等到侯景真的围城攻击了，羊侃被委以防守重任。其时，由于梁朝国内，尤其是首都数十年无战争，战事一起，人心惶惶，羊侃传出假消息，说援军已近南京，这才暂时稳定了民心和军心，防守事宜得以顺利展开。

侯景叛军制造了叫尖顶木驴的攻城工具，被羊侃放火烧掉；侯景叛军又从城外起土山，逼近城墙，羊侃从城内挖地道，挖塌土山。连续几回合攻守，在羊侃严密的防守下，叛军没有得到任何便宜。原来吓得尿裤子的梁朝那些靠出身爬到高位的朱异之类官员们，又重新不将侯景放在眼里，认为侯景没什么可怕，派军队出城，将其一举击溃便是。

这些官僚世家子弟永远不会想到：侯景不可怕，是因为有羊侃这样的将军在，而他们一旦往羊侃的手脚上缚绳子，侯景就会成为他们的灾星。

羊侃对贸然出击，提出坚决的反对意见，职务高于羊侃的政府官员们不去理他，下令守城部队出击。出击果然不利，死伤大半，守城力量以及军心，遭到重大创伤。

陈庆之的儿子陈昕，便是此时因为里应外合计划泄露，被侯景杀害。

侯景不止抓住了陈庆之的儿子，还抓住了羊侃的大儿子羊鷟，将其押至南京城下，要挟羊侃投降。羊侃在城墙上对侯景喊话："我的整个家族都要献出生命，报效国家，犹恨不足，怎么可能为了这一个儿子投降，你还是早点把他杀了吧！"过了几天叛军又将羊鷟押到城下，羊侃对儿子说："我以为你已经遇害了，现在怎么还活着？我以身许国，只求战死沙场，绝不会因为你的生死而变化！"说完，他弯弓搭箭，射向儿子。他当然不会真的射杀亲子，这么做，只是表达决绝的态度。侯景叛军为之感动，从此不再让羊鷟到城下，也不再伤害羊鷟。

侯景又派曾经同为魏国大臣的傅士哲，去城下劝说羊侃投降，两个人在城上城下，对话良多，羊侃指出侯景的背叛，实是灭绝天理人伦之举。傅士哲最终无话可说，最后提出一个要求："我当年在魏国之时，久仰您羊将军的大名，只恨此生没有机会跟您畅谈交流，今日有幸一见，期望您能脱去盔甲，让我得以瞻仰您的真实仪容。"

这是中国早期的追星，追的是名将风范。

羊侃脱去盔甲，"（傅）士哲瞻望久之而去。其为北人所钦慕如此"。

侯景围攻南京，长达五个多月，羊侃全力守卫，呕心沥血，终于倒在抗击叛军的第一线上，时年五十五岁。

羊侃死后不久，南京沦陷，萧衍被俘被害。以门第起家爬上高位的世家大族子弟，大多遇害；世家大族女性，大多被像配牲口一样送给底层军吏蹂躏。影响中国政局数百年的世族门阀制度，至此遭到毁灭性打击。

石　勒

石勒是羯族人，据说他这一族应该是讲伊朗语言的胡人，但在石勒出生时，他这一家早已迁入内地，定居在上党武乡（现在的山西榆社）。他的祖父叫耶奕于，父亲叫周曷朱（一名乞翼加），少数民族在内地受歧视，被编成一个小队，便于管理，石勒的祖父和父亲就是这样的小队长。

十四岁那年，石勒随乡亲到首都洛阳贩卖物品，这可能是他第一次到大城市，兴奋之余，激情难抑，就靠着洛阳城内的上东门仰天大吼。刚好东晋贵族王衍从此经过，看到石勒，听到石勒吼声，对左右随从说："方才那个胡人少年，我听他的吼声，有抱负有野心，只怕日后会祸乱天下。"遂派人去抓捕，石勒早淹没在人流中，找不到了。

王衍是西晋时的大名士，著名清谈家，口才好，长得漂亮，他创造了"信口雌黄"这个成语，还给货币创造了一个成语：阿堵物。这是因为他从不谈钱，他妻子不相信他真的那么高雅，趁他睡着，用钱把床围起来，王衍起床后，召唤丫环：把这些堵路的东西弄走（举却阿堵物）。

这个清谈家有眼光有耳力，不愧名士。石勒的相面先生眼光也不差，对石勒有一致评价：这个胡儿相貌奇异，志气非常，前途不可限量。他劝石勒的乡邻好好对待石勒，可大家都当笑话来听。只有村里的财主郭敬，以及阳曲县的地主宁驱，认同石勒，常常资助他，石勒很感激，主动为这两家财主扛活打工。

郭敬和宁驱为什么可以成为当地小财主，而那些嘲笑石勒的人只能是最底层的"邑人"？原因很简单，郭敬、宁驱的眼光略微长远一点。

公元302、303两年（西晋太安年间），石勒居住的并州地区发生了大面积饥荒，石勒与打工扛活过日子的各路胡人纷纷流亡逃生，石勒逃往阳曲县，投奔宁驱。这些流亡的少数民族"胡人"命运很悲惨，往往被各地军阀部队绑去贩卖了。石勒在宁驱家打工期间，一个叫刘监的北泽都尉就曾领兵闯到宁驱家中，想抓了他去贩卖，幸亏被宁驱掩护逃过一劫。

打工仔的命运由人不由己，石勒离开宁驱，去纳降都尉李川处投军。军阀混战的时代，战士的命虽然也未必高于草芥，总是有把刀可以自卫，不至于让人随便当牲口卖了。

投军的路也不容易，石勒走到半道，又饥又渴，眼看就走不下去，两目昏花之时，当年村里待他极好的郭敬迎面走来。

郭敬本是带了货物去城中贩卖，此时路遇石勒，听石勒流泪诉说一路走来的苦况，郭敬也忍不住落泪，就地把货物处理了，买饭给石勒吃，买新衣服给石勒穿。吃饱穿暖后的石勒，告诉郭敬他有个主意，可以把并州吃不上饭的胡人弄到冀州倒卖掉，既给胡人找了活路，又可以大赚一笔，两全其美。

郭敬认可石勒的主意。石勒还没来得及实施，就被西晋并州刺史司马腾的部队抓起来，他们两个"英雄所见略同"，都要搞到流亡胡人贩卖赚钱，石勒在那些负责具体执行的战士眼里，也只不过是个普通的流亡胡人，看到就抓了，抓了就往冀州运送，两个人共戴一副木枷，像牲口一样，被鞭子驱赶着往冀州走。押送的部队首领叫张隆，特别反感石勒，一路折磨不止。好在部队另一个首领叫郭阳，是郭敬的堂兄，郭敬提前打了个招呼，郭阳一路善加照顾，石勒才算在一路病死饿死近半的胡人队伍里活了下来。

到了目的地后，石勒被卖给茌平人师懽当奴隶。由于石勒胸有大志，理想不泯，他这个奴隶就与众不同，不只是师懽欣赏他，同为奴隶的其他胡人尊重他，相邻的国家牧场负责人汲桑还与他成了好朋友。

在这个过程中，史书记载，石勒连续两次遇到神，第一次是个老头子，他告诉石勒：你的苦难快满了，此后当贵为皇帝。说完就不见了。第二次则是他被师懽租借给武安的地主打工，路上被一伙掠卖人口的政府军抓住，刚好有一群鹿从军人身边跑过，战士们大呼小叫追鹿去了，石勒赶紧跑了，跑到安全地带，又是一个老头子凭空出现，对石勒说：那群鹿都是我变的，你以后会成为中原大地的主人，所以我来救你。

相面先生判断石勒有贵人之相，或者有可能，反正只要肯给钱，再好听的话，相面先生也会说。但那两个老头子的事却可以肯定是石勒说的鬼话。石勒为什么要说鬼话？答案很明显，他按耐不住，要造反了。鬼话中的主题都是石勒当皇帝，说明石勒从决定造反之时，就有雄霸中原的勃勃野心。

乱世出英雄，其时正值八王之乱，时局动荡，天下骚然，石勒招集王阳、夔安、支雄、冀保、吴豫、刘膺、桃豹、逯明等八人八骑，开始了强盗生涯。不久后，又有郭敖、刘徵、刘宝、张曀仆、呼延莫、郭黑略、张越、孔豚、赵鹿、支屈六等十人加入，号称十八骑。石勒以十八骑为基本力量，从此开始了他经略中原的历程。

在薄薄的历史册页上，十八骑只是单薄的几个汉字。遥想历史深处，西晋后期，动荡的中原大地上，阴霾蔽天，白骨盈野，草蔓滋生，平原荒野，万里凄凉，一十八骑，就从这样的背景里腾跃而出，人如虎，马如龙，一路烟尘，滚滚向前，撕裂历史的帷幕，一路杀向不可知的前途。

那是何其让人心潮激荡的画面。尤其在这画面的终极处，是一个大大的国家。

十八骑纵横驰骋，掠夺四方，抢回来的财物，都交到牧场领导人汲桑那里，也就是说，汲桑此时事实上是石勒及十八骑的领导人。石勒的名字，也是此时由汲桑所起。

其时，八王之乱越闹越烈，整个西晋皇朝进入分崩离析状态，匈奴族人刘渊在黎亭扯旗造反，宣布独立，自称汉王。原政府军将领公师藩自称将军，起兵于河北、山西一带。石勒与汲桑分析形势，认为靠自己这一小撮人成不了大事，还需要投靠大树，抱个粗腿。他们选择了公师藩，带着一帮子人和养马场的几百匹马，去投靠了公师藩。公师藩大喜，安排石勒任前锋队队长，一起去攻打邺城。

石勒和汲桑的眼光并不怎么样，他们投靠公师藩后，公师藩率他们攻打邺城，一战落败，逃跑途中，公师藩被晋濮阳太守苟晞斩杀，石勒、汲桑狼狈逃窜，总算保住性命和老班底。

押错了宝，并没打消石勒一伙旺盛的热情，他们决定不再投靠别人，就自己干，大家拥戴汲桑为大将军，坐镇中军，石勒则率众前驱作战。很快，这两个人就招集了大批人马，再攻邺城，因为此前已经有了攻城经验，像石勒这样的军事天才，成长迅速，自然不会两次绊倒在同一座城墙下。这次他们不止攻下了邺城，还杀掉了晋朝宗室重臣东嬴公司马腾，干掉一万多政府军战士与平民。

不过，此时的汲桑和石勒还是流寇，没有根据地意识，打下邺城，杀完人，抢光了邺城里的妇女和金银财宝，扬长而去。他们流窜于延津及兖州一带，烧杀抢掠，严重动摇了地方政权根基。

这个被石勒一伙严重侵扰的地方在现今山东西部一带，是东海王司马越的势力范围，司马越又恐惧又愤怒，命苟晞进军征讨。

苟晞的父母不知有没有文化，这个名字起的相当狗稀，但这个人一点儿不狗稀，他将石勒一伙压缩在山东西北部地区，数月间大小三十余战，斩杀一万余人，石勒一伙大败亏输，逃跑途中，汲桑被杀。石勒则率领他那个核心小队跑到山西上党，那儿盘踞着一伙少数民族（胡人）队伍，石勒施展战场身手之外的口才功夫，居然说服他们一起去投奔刘渊。以后，又为刘渊招降乌丸张伏利度的两千多军马，对战时缺兵的汉王刘渊来说，这是两份厚重的大礼，刘渊也不吝惜，封石勒为辅汉将军、平汉王、督山东征讨诸军事。

至此，石勒以一年左右的时间，从一个扛活的长工，一跃而成为十六国中刘汉一朝的王爷、大将，从此开始了他掌控千军万马，纵横中原，建功立业的名将、领袖、皇帝历程。

公元308年，刘渊称帝，石勒成为他的平东大将军、平晋王。不久后刘渊去世，刘聪继位，石勒又得到了征东大将军、并州刺史等一大堆头衔。

在刘氏匈奴汉皇朝，石勒东征西杀，煜煜生辉，迅速成长为第一大军事重臣。石勒的经验、能力、名声、野心，都随着他的赫赫战绩而累加。

石勒没读过书，但他对读书人相当尊重，他把所有掳掠到及投奔来的读书人集中到一处，号"君子营"。这是石勒的一大创举，也是他的参谋中心，他最重要、在中国军师历史上可以占据非常靠前位置的军师张宾，便是此时投奔来的。

张宾是个官宦子弟，父亲官做到中山太守，张宾少时博览群书，却不好章句之学，他常常跟兄弟们说："我自认为能力、智慧不亚于张良，只恨遇不到刘邦。"

后来石勒征战山东、河北等地，张宾观察了一段时间后，对家人说：我这些年注意观察了所有起兵举义的将军，只有这个胡人将军可以成就大事。于是主动提剑入军队，投入石勒君子营，随着一次次出谋划策，"机不虚发，算无遗策"，很快成为石勒军中总参谋长。他死的时候，石勒痛哭流涕，说："老天不愿意我成就大业吗，为什么这么早就夺去了张宾的生命？"

在张宾的全力辅佐下，石勒迅速壮大。公元311年，他在苦县宁平城（现在的河南鹿邑），击溃二十万晋军，活捉太尉王衍、襄阳王司马范等晋朝高官重臣。

王衍是那个从少年石勒的吼声中，就可判断出石勒必祸害朝廷的清谈家。石勒没文化，但对文化人很崇敬、很神往，他与王衍交流，很折服于王衍的口才，话说了很长时间。王衍为自己开脱，说自己只是个清谈家，做学问的，晋朝兴亡衰败，与自己无关；并讨好石勒，拍石勒马屁说石勒这样的大英雄，现在就应登位当皇帝。

一个知识分子，之所以得到他人敬仰，一定是因为他的学问和风骨。没有学问称不上知识分子，没有风骨则是癞皮狗，是恶虎之伥。

石勒之所以敬重王衍，大致也因为这两个原因，所以王衍为求活命的马屁话一说出来，他的形象在石勒心中立即坍塌，原来一脸敬仰，现在勃然大怒，石勒说："你的名声传于四海，身为国家重臣，自青年就在中央政府为官，一直当到今天，国家的兴亡衰败，怎么会与你无关？目前天下离乱，正是你们这样的昏官所致。"遂下令全部干掉。死之前，王衍终于认识到了自己的问题所在，说出了一生中最明白的一句话：我们这些人，虽然比不上前贤，但如果这些年来不是清谈误国，而是致力于国家建设，解决民生疾苦，应该不至于走到今天这一步！

同年，石勒攻克洛阳，俘虏晋怀帝司马炽。

此后，石勒火并了同为匈奴汉国大将的王弥，汉国皇帝刘聪大怒，专门下旨批评石勒"专害公辅，有无君之心"。但石勒军权在握，根基牢固，刘聪骂完了，仍然要加封石勒，现在石勒的职务成了镇东大将军、督并幽二州诸军事、并州刺史。

内讧毕竟不是石勒的主要工作，作为一代名将，石勒的主要工作是开疆拓土，他的主要战场还是与晋军的对抗。

先后与石勒正面对抗的晋军主要将领中，有两位赫赫有名的大英雄：刘琨、祖逖。一千年来，这两位英雄的事迹被广为传颂，直到今天，他们仍是我们所敬仰的民族英雄。

刘琨与祖逖是好朋友，他们青少年时，同在司州为官，在一个床上睡觉，五鼓鸡鸣，两个人便相互踹一脚，起床操练武艺。其后八王之乱起，晋室倾覆，刘琨、祖逖南北分离，在北方的刘琨，苦苦撑持晋室危局，百战中原，最后被他的同盟军段匹磾所害。遇害前，刘琨写了一首五言诗，全诗比较长，节录最后部分：

"……功业未及建，夕阳忽西流。时哉不我与，去矣如云浮。朱实陨劲风，繁英落素秋。狭路倾华盖，骇驷摧双辀。何意百炼刚，化为绕指柔。"

刘琨率晋军与石勒对抗之时，曾俘获石勒的母亲王氏和堂侄石虎，他将两人送还石勒，并写了封文采斐然的信，劝石勒投降。石勒回了封极其简短、极其有力的信："事功殊途，非腐儒所知，君当逞节本朝，吾自夷，难为效。"

英雄惜英雄，石勒虽与刘琨为敌，却依然心折于刘琨的磊落胸襟，后来他活捉了刘琨的侄子刘启，不仅饶了不杀，还专门请老师为刘启授课。

祖逖与刘琨共同创造了"闻鸡起舞"的典故后，在八王之乱中，避地江南。司马睿称帝后，祖逖发奋北征，自长江南岸北渡，船至中流，祖逖击楫立誓："祖逖不能清中原而复济者，有如大江。"

无论是石勒还是刘琨、祖逖，都只能抱憾，他们生在了同一时代，又成为敌手。这让石勒的帝王事业，只能局限在江淮以北，也让刘琨、祖逖重整江山的志愿，只能与自己的生命一起，深深埋入那个混乱时代。

匈奴赵国在刘渊、刘聪之后，陷入内乱，汉国宗室刘曜篡位为帝，改汉为赵，史称前赵。石勒趁机独立，于公元319年，自封赵王。此后与刘氏那个前赵国相互攻击，石勒节节胜利，终于在公元328年，决战于洛阳，一举擒杀刘曜，灭掉前赵。

公元330年，石勒称大赵天王，行皇帝事，不久后改称皇帝，他所建立的赵国，史称后赵。后赵在石勒称帝期间，与东晋基本作到了和平共处，没有特别大的战事，两国分界线是淮水。当时，赵国的领土"南逾淮海，东滨于海，西至河西，北至燕代"，如果他的接班人能有他同样的能力，兢兢业业将这片领土经营下去，未必没有一统天下的可能，因为他所拥有的领土，基本与前代的曹魏帝国重合，是中原核心地盘。

有一次，石勒酒酣耳热，问张宾之后最重要的谋臣徐光："我与古代的帝王将相比，跟谁差不多？"

徐光当然只能说好听的话："陛下你的神武策略高于汉高祖刘邦，雄图英武强于魏武帝曹操，在中国历史上，黄帝排第一，您排第二。"

石勒笑了："你说的过了，我怎么能与黄帝相比？我的才能大体在刘邦与刘秀之间吧，如果遇上刘邦，我只能成为他的部下，与刘秀倒可以一争短长，逐鹿中原。"

石勒很有自知之明，但他听了马屁话只是大笑着纠正。如果徐光说的是刻薄话，认为他只能与白痴司马衷比，石勒还是只会大笑着纠正吗？

石勒死后，他儿子的皇位被石虎所夺，石虎倒行逆施，残暴不仁，让后赵成为短命王朝。

杨大眼

杨大眼是少数民族氐族人，他祖父是氐族部落首领杨难当。部落首领与机关首领最大的区别，就是身体的强健与否头脑的发达与否，生在武勇好斗的家庭，杨大眼自幼胆气豪勇，身手矫健，"跳走如飞"，但就因为他是小老婆生的，是"侧出"，在家里不受重视，吃不饱，穿不暖。

对于有志向的人，苦难是一把磨刀石。磨利后的刀刃，等待的只是机会。

北魏孝文帝年间，北魏朝廷决定南伐，尚书李冲受皇帝委托，亲自选拔出征将官，杨大眼听到消息后，跑去毛遂自荐，被李冲拒绝。杨大眼不甘心，提出当场展现武功技能，李冲同意了。杨大眼拿出早就准备好的长绳，约三丈有余，系在发髻上，然后发足奔跑，由于跑得太快，三丈的长绳被风激吹到空中，笔直成一条斜线，李冲安排人骑马在后面追，居然追不上。

所有在场的人目睹这一奇观，无不惊叹。李冲更是激动万分，千秋万载，从来没有过这样的奇才，当即拍板录用。

杨大眼成为征讨军将领，回去跟同僚告别，说了这么一句话："我现在终于蛟龙得水了，从此后将青云直上，再不会与各位一起沉沦了。"

这句话很直爽，直爽得可能让任何此前的同僚都受不了。杨大眼在此前被压制得太厉害了，他的内心一定充满屈辱。

靠一技之长争取到机会的杨大眼，牢牢把握住来之不易的机会，他跟随北魏高祖孝文皇帝元宏出征，连年作战，史书上说他每一次战斗"莫不勇冠三军"。

在杀红了眼的战场上，作为一线指挥员，懦弱恐惧、畏惧怕死的结果，往往只能是死；反而置生死于度外奋勇向前，往往可以不死。

求生不得生，求死反不死，这样的战场逻辑，值得玩味！

到北魏世宗宣武皇帝元恪在位时，杨大眼就因为军功卓著，被封为子爵（安成县开国子）、辅国将军、游击将军。此后，又转任地方实职：征虏将军、东荆州刺史。时间不长，少数民族领袖樊秀安聚众造反，北魏都督李崇挂帅平乱，杨大眼重归部队，作为副将，一同前往征讨。

就在这段过程中，杨大眼搞出了一段千古佳话。

杨大眼的妻子潘氏善于骑马射箭，杨大眼出征在外，她守在家中，不甘寂寞，跨马持弓，千里寻夫，找到杨大眼军中。攻城陷阵之时，潘氏也是一身盔甲，紧紧贴在杨大眼身边，冲锋在前，敌军的刀枪矢石，丝毫不能消减潘氏的勇气，同时也未能伤害潘氏毫发。战斗之余，精力旺盛的杨大眼和潘氏也常常去山中打猎游戏，两人并马齐驱于林壑之间，青山秀水，映照一对英武的夫妇。

面对万重敌军，联手冲杀，游猎山泽林丛，意气风发。这是多么让人艳羡的夫妇，这是何其风光旖旎的佳话。

只是，幸福永远是短暂的，而忧伤，将突如其来。

当时的杨大眼和潘氏没有丝毫忧伤，他们陶醉于自己争取来的幸福中。每从战场上、林壑间归来，夫妇二人总是换掉或染满鲜血、或挂满风尘的盔甲，穿上便装，并肩坐在营中帐下，与各位下属将领们谈话说笑，每每这个时候，杨大眼就要向同僚们介绍：这是潘将军。

南朝的梁武帝萧衍派遣江州刺史王茂先、宛州刺史雷豹狼等人先后侵入北魏领地，招降建城。北魏宣武帝元恪起用杨大眼挂帅，带领军队前往征讨，大获全胜，阵斩梁朝高级军官王花、申天化等人，俘虏梁军达七千余人。

不久，萧衍又派出他的舅舅张惠绍率军入据宿豫。北魏这次则让都督邢峦挂帅，杨大眼依然为副将，一同前往讨伐。

这一场打下来，北魏军队先获大胜，乘胜前进，于钟离（现在的安徽凤阳）围住城池。其时梁朝在钟离的守军仅三千余人，北魏军队则有数十万，但是钟离守军很顽强，北魏军队一时攻不下来，梁武帝萧衍迅速自合肥增调援军，前来解围。

当时杨大眼自统一军，在钟离城东，把守淮河大桥，上游大雨，水势暴涨，北魏军队与梁朝援军作战，战况不利，杨大眼属下的刘神符、公孙祉两支军队，争相夺桥逃命，杨大眼虽然神勇，但被逃兵强烈的求生意志裹挟，制止不了溃散的逃兵，自己也跟着跑了。

此战结束，统计结果是北魏军队战死十万余人，淹死十万余人。逃出命来的杨大眼当不成官了，被一撸到底，派到营州当大头兵。

杨大眼的家安在北魏首都洛阳，杨大眼是独当一面的高级将领时，老婆潘氏可戎装入营，杨大眼成了大头兵，老婆就不能再进军营了。于是，潘将军在洛阳家中守活寡。

据说，就在这段时间里，潘氏再次不甘寂寞，勾搭上了男人，或者被男人勾搭上了，将绿油油的帽子奉送到千里之外当兵的丈夫头上。

这只能是据说，因为说这话的人是杨大眼小老婆的女婿赵延宝。

赵延宝向岳父杨大眼揭发大娘潘将军不守妇道之时，杨大眼已经被重新起用为中山内史，他这个中山内史有试用期，赵延宝的揭发就在试用期间。

潘将军可以与杨将军并马齐驱于万军阵中、林壑之间，从容面对军中将佐，充分说明那个时代的女人地位并不算低。但杨大眼听到女婿的揭发后，怒不可遏，将潘将军抓起来，先关了一段时间，后来辣手摧花，一刀杀了。也没人追究，杨大眼不久后又获高升，这又充分说明那个时代的女人地位也不算高。

杀死潘氏后，杨大眼续娶了个正室元氏。潘氏虽死，留下三个儿子：杨甑生、杨领军、杨征南，这三个人在如此英武的母亲父亲影响下，都身手矫健，做事果敢。他们目睹着同父异母的姐（妹？）夫赵延宝告状，目睹着母亲被关被杀，目睹着元氏进门，仇恨在他们心中生长蔓延，但在强势的父亲面前，他们只能忍隐、容让。

宣武帝元恪笃信佛教，全国建造寺庙约近一万五千处，糜费钱财，消耗劳力；朝廷公开定价卖官，被称作"市曹"，既然是买卖了，就没有人愿意赔本，花出去的钱肯定要拼命赚回来，由此贪污盘剥，流毒天下。盛极一时的北魏，迅速走到风雨飘摇的崩溃前夜。元恪没有任何进取想法，他只想守成，能够不被梁朝侵扰就好。他起用杨大眼，率军屯于南部边陲，镇守淮水、肥水防线，阻遏梁军北伐。杨大眼的威名早在民间传为神话，杨大眼回到首都时，大街小巷，以及他去办理手续时的政府部门，无不围满了崇拜者、好奇者。

元恪是个相当昏庸的皇帝，北魏在他在位期间迅速衰落，但他却改变了北魏皇宫的一个陋习：此前北魏立了太子后，要立即杀掉太子的母亲，以免后戚干政乱政，这个陋习极不人道，被元恪中止，立儿子元诩为太子时，放过了元诩的母亲胡氏。没想到他好不容易办成的这个很人性化的事，却被后来的事实证明，成了北魏亡国的导火索。元恪死后，胡氏挟子自重，惑乱朝政，硬生生地将强大的北魏，推入崩溃的深渊，她自己也未得好死。

元恪刚死时，胡氏的荒淫混账还没显露出来，她以儿子的名义任命杨大眼镇守荆山。杨大眼后来又与萧宝寅一起出征淮堰，攻不下来，只好掘开堰坝，放水淹掉梁朝部分庄稼土地，这也成了他的功劳，被加封平东将军。

淮堰之战，未能取胜，并不是杨大眼不够勇猛，也不是梁军多么顽强，而是杨大眼的部下将士，与他离心离德。

杨大眼骑马作战，勇猛彪悍，他虽然贵为将帅，但每每临阵对敌，从来都身先士卒，勇猛冲杀、摧锋陷阵，从来不犹豫、不畏缩，凡与他正面为敌者，没人等挡得住他的矛尖刀锋，杨大眼战马过处，"莫不催拉"。梁朝将帅，凡有出征任务，只要听说是与杨大眼作战，部队未动，先已胆寒。据说当时江淮之间广大魏、梁交战区域内，小孩子啼哭时只要说一句：杨大眼来了。立即不哭，比灵丹妙药还好使。梁朝高官王秉投奔北魏，见到杨大眼，很惊喜也很惊奇，说：在南方听说将军大名，以为您的眼睛有车轮般大，现在看，也与平常人一样。杨大眼回答：旗鼓相望，对阵厮杀之际，怒发冲冠，怒目圆瞪，足以使敌人不敢正面直视，何必大如车轮！

杨大眼威名天下所闻，无不认为即使是蜀汉勇将关羽、张飞，也不能超过。他日常对待士卒，关怀倍至，甚至直接呼战士为儿子，见有将士受伤，他能对着伤口流下泪水。

这样一位有勇有仁的猛将，居然在淮堰之战时，喜怒无常，鞭挞士卒，不恤兵情，将士们深以为苦，没人愿意出力作战。

此战过后，杨大眼被任命为荆州刺史，到任后，杨大眼常常缚草人，披上黑衣服，弯弓射箭，召集当地众多少数民族头领一起来观看。他指着插满箭枝的草人威吓这些头领：您们谁敢造反，我就会这样射杀。荆州下属的北淯郡有恶虎伤人，杨大眼亲入深山，搏杀恶虎，砍下虎头，悬于闹市。当地的少数民族间，由此盛传一句话：杨将军是个杀人魔王，常常制作出我们的人型靶子用箭来射，连深山的恶虎都不放过。

恶人怕更恶的人，杨大眼的凶恶，果然威慑住了当地少数民族，杨大眼在任期间，没有发生造反事件。

但这样完全靠更恶的武力来镇压的和谐局面，可以维持多久？杨大眼不能回答，因为他只做了两年刺史就死了。

韦孝宽

韦孝宽的孝宽是字，他的名是叔裕，古人一般称名，很少以字行于世的，韦孝宽则自少年就以字行世。他是京兆杜陵（现在的陕西西安东南）人，这个韦氏家族，是陕西长安一带的大姓，韦孝宽的祖父韦直善、父亲韦旭，都在北魏政府干过郡太守，称得上世代簪缨之家。

韦孝宽也是一个文武全才的人，为人"沉敏和正"，阅读"涉猎经史"。年方弱冠，出仕为将，隶属于南齐投降过来的萧宝寅，后来萧宝寅与北魏决裂，占据长安，自称为帝，韦孝宽看出萧宝寅不成气候，主动跑到北魏首都洛阳，请求归顺政府军，愿为前锋，去征讨萧宝寅。北魏中央政府称赞他弃暗投明的行为，真的任命他为政府军将官，率部参与西征。

西征过程中，韦孝宽屡立功勋，锋刃初试，利不可当。平灭萧宝寅叛乱后，论功行赏，韦孝宽被就地安置为华山郡政府首脑。北魏大都督杨侃出镇潼关，很欣赏韦孝宽的才能，特别把他要到部队任职，并把女儿许配给他。

朝廷有人好作官，背倚杨侃这棵大树，韦孝宽连续得任重职，爵位也进封至男爵，在荆州担任析阳郡（现在的河南西峡）太守，颇有政声。

北魏分裂为东西魏之后，老家陕西的韦孝宽自然归属于西魏一方。东西魏互相攻杀，连年不绝，韦孝宽跨马征战，累日不休，职务也随着战事的转换而连续变化。西魏文帝元宝炬在位时，韦孝宽以大将军身份治理宜阳，后任南兖州刺史。这段任职时间里，韦孝宽使用了一次反间计，很漂亮地干掉敌对的东魏将领。

这位东魏大将叫段琛，韦孝宽是西魏任命的宜阳地区领导人，这块地盘却被段琛占据着，韦孝宽与他隔界对峙。段琛下属的阳州刺史牛道恒是个很优秀的军政两能人才，以各种方式方法诱导西魏边境居民过境归附。韦孝宽深以为患，于是派遣情报人员，潜入东魏，搞到了牛道恒的书札字迹，找了个善于模仿他人书法的家伙，临摹牛道恒的字迹，伪造了一封牛道恒致韦孝宽的书信，信中表达了要弃暗投明、投奔西魏的意思。韦孝宽故意将这封信烧了点边角，伪装成读过后要烧掉没烧尽的样子，以此表示这封信的机密程度，派遣情报人员带着这封信去段琛营中，收买段琛营中工作人员，让他假作截获的书信，交给段琛看。

段琛看过信，倒是没马上将牛道恒绳之以法，但从此不再信任牛道恒，牛道恒再提出巩固边防的建议，段琛一律不听。韦孝宽探听到两个人果然出现隔阂后，发奇兵突袭，一举擒获段琛和牛道恒，淯山、渑池一带，遂归西魏所有。

公元542年，韦孝宽升任晋州刺史，镇守玉壁（现在的山西稷山西南），原来住在当地山区的少数民族，不堪战乱劳役之苦，逼上梁山做强盗。韦孝宽到任后，软硬两手施展出来，又打又拉，境内强盗渐渐不见了踪影，韦孝宽被加封为大都督，还是管原来的那么多事。

公元546年，韦孝宽一生中最残酷、最激烈、最有影响的一战到来。

东魏权臣、实际掌权人高欢，亲率十余万大军，征伐西魏，玉壁首当其冲，成为高欢大军西进的第一道关卡。高欢并没怎么将其放在眼里，因为这确实不是一座有悠久历史的坚固城池。高欢大手一挥：拿下玉壁，乘胜西进。

十余万西征大军就地扎营，连绵数十里，直至玉壁城下，本想一鼓作气，拿下这个小城，没想到被守军打了个灰头土脸。高欢的手再一挥：每人包一包土，在城墙外堆成土山，我们从土山上冲进城墙。

土山很快堆起来，韦孝宽则在城门楼上再绑扎木杆，使其更高峻，仍是居高临下，射箭、砍人都方便。土山堆到一定高度，再往上堆就困难了，高欢让人在土山顶上向城中喊话：你就算把城门楼绑高到天上去，我也可以从地下攻进城中。不再加高土山了，反过头来挖地道，计划从地道里攻进城去。韦孝宽则安排人在城内围着城墙挖出一条深深的壕沟，战士们守在壕沟内，以逸待劳，城外的地道一旦挖进壕沟，立即挥刀砍人，然后将早已准备好的柴草点燃，塞进地道，再用皮制的风箱自外向内吹风，风吹烟火，地道内爬不出退不及的东魏战士很快成为一摊烧肉。

地道不行，高欢又琢磨出一种攻城车，相当坚固，就算有成排的大盾牌，也难抵御。韦孝宽命人用粗布缝成大布幔，随着攻城车的方向，在空中张开阻挡。布幔飘荡在空中，攻城车再坚固，也撞不坏；高欢让部下将松枝缚在长木杆上，浸上麻油，点燃后举到空中去烧布幔；韦孝宽立即制作出锋利的铁钩——大约是现在的镰刀形状吧——也缚到长杆上，看准火竿的方位，长竿一挥，铁钩就把火把割掉了，割不掉也撞掉了。

眼见这一计不行，久历沙场、也称得上一代战将的高欢又拾起地道故伎，这次不再挖进城中，只挖到城墙下，挖好后，用木头顶住上面的城墙。四面开挖，一共挖了二十一条地道，全部挖好后，将油泼上木柱，同时点火，木柱同时折断，城墙多处随之崩坍。城外的东魏军队等尘土散尽，刚要发起冲锋，惊奇地发现崩坍的城墙缺口处，已经竖起了木栅，西魏守军就躲在木栅后向外射箭。

高欢用尽攻城技巧，被韦孝宽一一化解，实在想不出新招了，派出参谋官祖孝徵，到城外土山上点名叫韦孝宽对话，韦孝宽真的去了。祖孝徵单刀直入："你被攻这么多天，西魏政府也不派兵增援，何不投降？"韦孝宽回答说："我这里城池坚固，防守严密，粮草准备充足，你们作为进攻的一方，劳神搏命，我们防守起来，轻松得多，只不过打了十几天几十天的仗，哪里需要救援，我反而担心你们不能生还故乡。我韦孝宽堂堂关西男儿，永远不会做投降的将军。"

祖孝徵被堵得哑口无言，歇了好长时间，对城墙上的西魏守军喊话："韦将军是西魏的大官，有权有势不愿投降，你们这些大头兵，何苦为了他的荣华富贵搭上自己的性命。"然后写了封赏格，绑在箭上，射入城中，赏格上写的是："无论是谁，只要斩杀韦孝宽，投降东魏，官拜太尉，封开国郡公，食邑万户，赏绢帛一万匹。"韦孝宽读过后，随手在赏格后面题字："若有能斩高欢者，一依此赏。"拉弓将赏格射还城外。

韦孝宽的侄子韦迁，被高欢抓起来，押到玉壁城下，钢刀加颈，告诉城上的韦孝宽，若不投降，就一刀一刀将他割死。韦孝宽在城上慷慨激扬，勉励将士们努力守城，连一眼都不曾看向城下。城中的西魏将士无不感动，大家人同此心，誓与玉壁城共存亡。

双方在如此这般的攻防中，苦战六十天，东魏十余万大军，战死战伤的接近一半之多，高欢计穷智困，体力严重透支，发病倒下，大军趁夜色拔营退却。一次乘兴而来的倾国征伐，就这样狼狈收场。

回国后不久，高欢就在愤怒和羞愧中，一命呜呼。

韦孝宽则因此战名震天下，被西魏中央政府晋封为骠骑大将军、建忠郡公。

公元552年，韦孝宽迁任雍州刺史，治军之外，他又展现出治理地方的能力。此前，该处每隔一里设置一处供行人歇脚的土坯歇处，风吹雨打，常有颓毁，每每需要重新修整，劳力耗时。韦孝宽到任后，让相关部门在各处栽上槐树以取代，既免除了修复之劳，行人又得到树荫处歇足。西魏的实际当家人宇文泰下去视察工作时见到，怪而问之，知道原因后，说："这样的好办法不能只在一个州里实行，要在全国推广。"于是西魏下属诸州掀起了路边植树运动，一里植一树，十里处植三树，百里处植五树。

韦孝宽治理地方的指导思想，在这一件事上可以看到：务求简便，与民生息。

公元554年，韦孝宽南征江陵，大胜，回京后被晋封为尚书右仆射，赐姓宇文——这个荣誉后人没拿着当回事，没有哪本书将韦孝宽写成宇文孝宽。

两年后，宇文泰让韦孝宽重回玉壁镇守，以与刚刚篡夺了东魏政权的北齐对峙。此后宇文氏也篡夺了西魏政权，改国号周。雄才大略的宇文邕登基后，追念韦孝宽当年固守玉壁、力抗高欢大军的功勋，将玉壁地区设置为州，名字就叫勋州，玉壁城顺理成章成为州府所在地，韦孝宽就地成为勋州刺史。

勋州是与北齐对垒的第一线，在这里，韦孝宽再一次施展他炉火纯青的间谍战术。韦孝宽亲自培养出的间谍，对他无不忠心耿耿，被派入北齐，都能出色完成任务；北齐政府内官员，也有很多被韦孝宽策反，甘心情愿为周当卧底，盗取、传递秘密情报。北齐的朝政军情，周都能在第一时间获悉，并做出相应部署。

韦孝宽部下有一位叫许盆的将领，很得韦孝宽赏识，被安排独当一面，独守一处城池。许盆向北齐献城投降，韦孝宽大怒，安排间谍快速展开刺杀行动，很短时间内，许盆的脑袋被送到韦孝宽面前。

中国历史上不乏间谍、卧底情节，但像韦孝宽这样将之演绎到如此淋漓尽致，成为作战、治军、治政的重要手段，实是仅此一例。而他使用间谍谋杀斛律光的行为，尤其让人惊心动魄。

斛律光是北齐名将，作为将军，他的军事能力，不亚于韦孝宽，个人武功可能尤有过之。还在少年之时，斛律光箭就射大雕，被人誉为"射雕手"，是一位真正的射雕英雄。

与周军作战，斛律光屡战屡胜，韦孝宽曾与他有过一次汾水决战，以韦孝宽大败结束。韦孝宽相当忌惮他，战场上不能战胜，就使用阴谋，派出间谍，去北齐首都传播韦孝宽主持创作的两段歌谣："百升飞上天，明月照长安"，百升，就是一斛；"高山不摧自崩，槲树不扶自竖"，这两段歌谣的指向，都是斛律光要篡权夺位。北齐几个皇帝，没有一个正常人，都是很极端的变态，没有这样的谣言就看着斛律光不顺眼，有了谣言做理由，毫不犹豫，挥刀就砍。一代名将，居然死在韦孝宽将军主持创作的几句歌谣上，人生荒诞，莫过于此。

斛律光被杀的消息传到周境，周武帝宇文邕大喜，下令大赦天下。后来周武帝灭掉北齐，统一北方，进入北齐首都邺城，追封斛律光为上柱国，手指着起草好的追封诏书，感叹说："如果这个人还活着，我哪里有机会走进邺城啊！"

韦孝宽的命运很好，他没有遇上一心一意自毁江山、非要干掉自家长城的领导人，所以他可以一直在一线上作战立功，又能健康长寿。某次周武帝东征北齐，从玉壁出境，韦孝宽自告奋勇，要求率部从征，周武帝不让他去。战胜归来，周武帝很得意地对韦孝宽说："世人都说老人多智，然而我只与少年将军们东征，便获大胜，你认为如何？"韦孝宽回答："我现在老了，只剩下报国的忠心了，但当年我还少壮之时，也曾为国家出力，安定江山。"周武帝大笑："你说的是实话。"

韦孝宽为宇文氏出生入死、安定江山，但到了杨坚专权，准备篡权之时，韦孝宽又自然而然地为杨坚服务。宇文氏忠心耿耿的大臣尉迟迥不甘心周室江山落入杨坚之手，举兵要拿下杨坚，杨坚指派韦孝宽率军，东征尉迟迥。在邺城，韦孝宽一战击溃尉迟迥军队，逼迫尉迟迥自杀，并坑杀了所有降卒，一把火烧掉邺城。

战后归来，时正十月，仅过了一个月，韦孝宽就死掉了。

三个月后，杨坚篡夺周室江山，建立隋朝，是为隋文帝。

杨　素

杨素用兵作战，无愧名将，但在后世，却是对他的指斥之声，远大于褒扬。那是因为他参与宫廷政治，为杨广出谋划策，挤掉杨勇。如果杨广上台后是一个英明神武的皇帝，杨素就会成为集军事家、政治家于一身的卓越人物，可惜杨广是个昏君，杨素就成了军事家、野心家的典范。

杨素字处道，华阴人，也是官宦之后，祖父杨暄，官做到辅国将军、谏议大夫；父亲杨敷，官做到汾州刺史，在与北齐的对抗中，以身殉国。杨素少有大志，为人落拓，不拘小节，既不积极向上，也不循规蹈矩，在一般人的眼里，就是个不良少年。只有堂叔祖杨宽欣赏他，每每对子孙说："杨素这孩子以后一定会超越常人，成为杰出人才，你们这些人都比不上他。"

不良少年如果一味游手好闲、打架斗殴，估计一辈子也就那样子。不良少年能够成长为杰出人才的关键，在于"不良"的同时，骨子里仍有对知识的渴望以及不被僵化教育所扼杀的创造力及创新精神。杨素就完全具备这一标准，在追求新知的道路上，杨素与牛弘成为有着共同志向的好朋友，两个人相互激励、博览群书、精研不倦，后来牛弘成为大学问家、隋朝名臣，两个人的友谊一直保持下去。

杨素靠他的写作能力以及书法水平，先成为周朝创立阶段第一权臣宇文护的秘书，后来当到大都督的职位。周武帝宇文邕干掉宇文护，亲理朝政，杨素打报告，说父亲为国临敌，守节捐躯，朝廷却没给予适当的说法，很不公平，希望皇帝给予追封。周武帝不同意，杨素锲而不舍，一再打报告提要求，把周武帝搞得大怒，喝令左右推出去砍了。杨素当着大家的面，大声喊叫："我遇上了无道的昏君，当然该死！"

周武帝是中国历史上少有的明君，很有作为，挨了杨素的骂，不但不再生气，反而很赞赏他的气概胆勇，不杀他了，按杨素报告中的要求，追封杨敷为大将军，加了个谥号忠壮，连卖带送，提拔杨素为车骑大将军，从此受到周武帝的垂青器重。

不过周武帝对杨素的重用，最初还是局限在杨素的文字上，周武帝下诏书，让杨素起草。杨素不打草稿，也不打腹稿，提笔立就，"词义兼美"，周武帝深为叹赏，拍着杨素的肩膀说："好好努力，不愁不富贵。"杨素应声回答："我只愁富贵来逼我，从不主动去寻求富贵。"

这句回答确实骄狂，杨素也确实有骄狂的资本。周灭北齐的战争开始之时，杨素要求统帅父亲的旧部为先锋，周武帝答应了他，隶属于齐王宇文宪，出征作战。河阴之战中，杨素立了功，被升官。第二年，继续跟随宇文宪进击北齐，攻拔晋州，北齐皇帝亲自带军来救，宇文宪居然害怕得趁夜逃跑了。齐军紧跟在后边追杀，统帅逃在前边，士卒们谁还有心思抵抗？周军一时四处溃散，幸亏杨素带着十余位骁将苦战抵挡，总算让宇文宪顺利逃走，保住性命。

此后杨素统帅大军，活跃在平灭北齐、统一北方的战场上，屡战屡胜。灭掉北齐后，杨素升为公爵，被赏赐大量的粮食绢帛、奴婢牲畜。

杨素此时已是周的一员重要将领，率军作战，屡有斩获。

此时英明的周武帝宇文邕不幸英年早逝，接班的孩子不成器，被外戚杨坚大权独揽，眼见得朝政变色。

杨素不只是军事家，还是一位有野心的政治人物，他审时度势，主动向杨坚靠拢，拍胸脯、表忠心，深受杨坚器重。周武帝的忠臣尉迟迥见不得杨坚篡权，起兵抗议，荥州刺史宇文胄起兵响应，杨素自河内郡发兵袭击，干掉宇文胄，成为隋朝开国的重要功臣。杨坚篡周登基后，杨素被封为上柱国、御史大夫。

就在仕途蒸蒸日上之时，突然出了个小插曲：杨素的老婆郑氏，是个又凶又悍的泼妇，杨素感受不到多少家庭温暖，某次夫妻干了一架，杨素愤怒地说："如果有一天我当了皇帝，一定不让你当皇后。"郑氏立即将这话报告给皇帝杨坚，杨素被罢官。

在皇权时代，说这样的话，是大逆不道，尤其是手握重权的大臣，一般要被处以极刑。不知道郑氏与杨素夫妻之间到底是什么关系，郑氏这一状，有可能把杨素的脑袋告掉，杨素真的没命了，对郑氏又有什么好处？

好在杨坚是个明白人，杨素对他来说又很重要。郑氏告状之前，杨素就多次向杨坚提出过灭掉南朝陈国、统一天下的战略方案，杨坚很欣赏。郑氏的告状，短时间将杨素的官告掉了，一段时间后，有志一统天下的杨坚还是不咎过往，启用杨素为信州总管，主持水军进攻陈国事宜。

杨素驻扎永安（现在的四川奉节），建造名为五牙的大型军舰。舰上起五层楼，高百余尺，左右前后放置六根用来击打对方舰船的拍杆，一艘战舰可容纳战士八百人；同时还造了些中型战舰，每舰容纳百余名战士；其余小战船则不计其数。一切准备妥当后，杨坚任命杨素为行军元帅，下令伐陈。

杨素率大小战船，自永安顺江浩荡而下，船行至流头滩时，遇到陈国将军戚欣的抵抗。戚欣共率领青龙船百余艘，数千战士，据险阻击。此地水流湍急，山势峭拔，隋军诸将无不畏惧。杨素召集大家开军事会议，说："胜负大计，在此一举，如果白天驾船攻击，我军情况将完全暴露给陈军，还是要趁夜色突袭。"

当夜，杨素亲率水军，顺流而下，派将军王长袭和刘仁恩，分率步兵和骑兵，分头袭破戚欣的大本营和外寨，戚欣狼狈逃走，走不了的陈军士兵成为俘虏。杨素优待俘虏，一一好吃好喝招待他们，吃饱喝足，发给经费打发回家，对地方百姓更是秋毫无犯，一举征得陈国百姓之心。杨素率军东下，船舰密密麻麻布满江面，盔甲曜日、旌旗蔽天，杨素坐在帅船的船头上，容貌雄伟、品相庄严。已经被他的秋毫无犯打动内心的陈国百姓远远望见，交口称叹："杨素真是江神啊！"

陈国将军吕仲肃驻守歧亭（现在的湖北麻城），率军抵抗隋兵。他在长江北岸凿岩成孔，将三根超级粗铁链自南岸引向北岸，在岩壁间牢牢固定，横断江面，以此来阻遏隋军战船；为防隋军上岸断链，在险要之处，设立营栅，守护铁链。杨素停船登陆，攻击陈军营栅。没想到在大自然天险面前，隋军士兵畏惧起来，谁也不肯向前。杨素一口气斩杀三百名畏惧不前的士兵。面对血淋淋的钢刀，退后必死，向前说不定还有生路，隋军战士把心一横，无惧无畏地冲向陈军营栅。

在不怕死的战士面前，天险根本不是问题。营栅很快被攻下，解除铁链，隋军战船继续扬帆东下。

吕仲肃守不住歧亭，退守荆门，在长江中的小洲坝延洲设置防线，派驻军队，将战船排开，与杨素决战。杨素派出四艘五牙战舰，横冲直撞，舰上的拍杆此起彼伏，击碎陈军战船十余艘，大获全胜，俘虏陈军两千多人，吕仲肃单骑逃走。

面对不利的地势，杨素三战三捷，下游驻守的陈国将领，望风而逃。杨素兵不血刃，直下汉口。

灭掉南陈后，论功行赏，杨素被拜为荆州刺史、越国公。

南朝虽然宋、齐、梁、陈换得很快，毕竟与北方未能统一已达数百年之久了，习惯了南朝政权的南方百姓，一时不适应统一后的政权管理，大小起义，此起彼伏。杨坚任命杨素为行军总管，率兵镇压。他先后平定朱莫问、顾世兴、叶略、沈玄憎、陆孟孙、沈雪之乱，又与自称东扬州刺史、拥有战舰千艘的浙江起义军高智慧苦战，击破高智慧，高智慧从海路逃往福建。

福建泉州人王国庆聚众作乱，杨素从海路进军，奇袭泉州，没有防备的王国庆大败，逃往海岛溪洞间。杨素派出人员，秘密与王国庆联系，承诺只要把高智慧的脑袋送上，就可赦免他的叛乱之罪。

兄弟本是同林鸟，大难来时互相咬。高智慧自认为与王国庆是难兄难弟，理该同心拒敌，毫不防备，却被王国庆抓起来献给杨素，在泉州当众砍头。一众大小叛乱分子，无不畏惧，纷纷来降，江南大定。

灭陈国、定江南，杨素功昭日月，回京时，趋炎附势之徒纷纷奔走于门上，生怕巴结晚了。这些人的眼光不错，杨素果然被提拔为副宰相（尚书右仆射），与宰相高颖，共掌朝政。

杨素是个极其傲慢的人，目无余子。他对高颖相当敬重，对薛道衡也厚相接纳，除这二人之外，就只有对当年的同学牛弘还客气了，其他朝中大臣，都不放在眼里，每多轻侮言行。某次杨素受命出征突厥，去与牛弘道别，牛弘送别杨素，至中门而止，杨素调侃说："大将出征，故来叙别，何送之近也？"牛弘拱手作揖，杨素笑着说："奇章公（牛弘此前被封为奇章郡公）可谓其智可及，其愚不可及也。"能开这样的玩笑，就说明杨素并不把这事放在心上。

牛弘其人也是奇人，《隋书》说他："荣宠当世，而车服卑俭，事上尽礼，待下以仁，讷于言而敏于行。"某次在金銮殿上，皇帝让他宣告一些事情，在龙案前跟他说好了，他走下台阶面对朝臣时，居然没话可说，又回到龙案前，向皇帝道歉，说："我把事情给忘了。"皇帝不但不怪他，反而更加敬重他的质朴诚实。牛弘有个弟弟叫牛弼，酗酒闹事，将为牛弘拉车的牛射死，牛弘回家后，妻子迎上来说："你弟弟把牛射死了。"牛弘连原因都不问，直接回答："那就做肉脯吧！"回书房坐下后，妻子又说："你弟弟突然射死牛，一定有原因。"牛弘回答："我知道了。"找出书来阅读，不再说话。

在牛弘这样的人眼里，老同学杨素再高的功勋、再大的官，都不会影响他的心态，很可能，他也因此才赢得杨素的敬重。

杨素对高颎相当敬重，但高颎并不因此就徇私废公。杨坚让杨素督建仁寿宫，杨素为了邀功对工人督察严苛，造成大量工人死亡，据说宫侧常有鬼哭之声。等到宫殿完工之后，杨坚安排高颎去验收，高颎回报："宫殿建得太过豪华铺张，工人死得也太多。"杨坚本来是个比较简朴的皇帝，听到报告后不高兴。杨素去走独孤皇后的门子，独孤皇后劝说杨坚："身为皇帝，天下都是你的，建一个豪华宫殿，谈得上什么浪费！"杨坚转怒为喜，对杨素厚加赏赐。

这一件小事足以说明：失去监督，仅靠自律，绝少有人可以抵御享乐的诱惑。

高颎后来被杨坚逐渐疏远而贬至平民（杨广时代被诛杀），其缘起，可能就是从他试图阻止领导人滑向享乐窝开始的。

杨素与牛弘道别后，领军出征突厥，在塞外相遇，两军对垒。

北部少数民族以游猎为主，骑马打仗是他们的特长，此前中原部队与之作战，顾虑到少数民族骑兵的厉害，都要将战车排列在阵前，并穿插鹿角屏障，就是要限制对方骑兵展开。杨素认为这是固守的办法，不是取胜之道，下令将战车鹿角都踢到一边去，骑兵在前，正面决战。突厥领导人达头可汗听到报告后大喜"下马仰天而拜",说:"这是老天爷给了我们机会啊!"率十万骑兵迎上去。

决战展开,双方拼死搏斗的结果,是突厥大败,达头可汗重伤,满怀胜利渴望冲上来的突厥战士,大哭着逃回去。

这样硬碰硬的作战,中间没有任何战术可言,搏的是双方战士的勇气和决心。为什么惯于马上征战的突厥人,反不是中原地区战士的对手?

杨素用兵,只做了一个字的事:狠。他执掌部队,凡有触犯条规者,立斩不赦。每每出兵作战,他都要千方百计寻求到战士的过错,将犯错的战士当众砍头,多者百余人,少也不下十数人。及至对敌决战之时,杨素总要先派一二百人率先冲锋,与敌战死则厚加抚恤,若不能战死逃回来,无论多少,一律斩杀;然后再派二三百人,再次冲锋,依此类推,直到打乱敌方阵脚。在此情势之下,将士无不抱有必死之心,由此战无不胜,杨素也就树立起名将威名。

若战士只是送死,别无好处,杨素的"狠"字只能逞强于一时,时间长了,就没人跟他了。偏偏杨素又是杨坚信赖的人,言无不从,凡是跟随杨素出征作战之人,只要有一点点小战功,就会得到相应的封赏,而其他没跟杨坚建立私人感情的将军,虽然立了大功,往往也会被后方喝茶看报的大小官僚诋毁,淹死在由嫉妒心堆积起来的唾沫星子中。所以,杨素虽然够狠,那些真想靠自身本事搏个出头之机的将士,还是愿意跟从。

身为将军,率军出战,第一要务便是取胜。所以,杨素虽然待下属够狠够残忍,他仍然无愧于名将。

杨素的问题,在于他不仅仅是名将,他还是个手段极其卑劣的野心家、政治家。他用下作手段,将同时代的名将史万岁诬陷致死;朝臣中凡有对他不够巴结的,基本都穿过他的小鞋;凡是依附于他的,虽然毫无才华能力可言,也一定能够得到提拔任用。

杨广谋夺太子之位,选中了杨素做他的同盟,刻意拉拢结交。对一个野心家来说,没有比立起一个皇帝更大的野心了,两个人一拍即合,杨素积极出谋划策,做外围工作,杨广则积极表演,终于将太子杨勇挤掉,杨广当上太子。

杨坚重病之时，杨素在病榻前伺候，随时将杨坚的病况报告给杨广，以便让杨广做好接班准备。某次送信人疏忽，杨素的报告被病床上的杨坚获知，杨坚大怒，刚巧杨广调戏杨坚的小老婆，小老婆找杨坚哭诉，杨坚更怒，就要废掉杨广，复立杨勇。但此时杨坚的圣旨，已不能走出皇宫。杨素当机立断，调集太子宫中卫士，将皇宫全面占领，禁止任何人出入。杨坚被谋杀于当日。

　　杨广登基当上皇帝，杨素成为第一功臣，杨广也没有亏待他，对他大手笔封赏，但在心中，对他极度猜忌。杨素患病，杨广派御医去给他诊治，每天都要询问医生杨素的病情如何？生怕杨素死不了。

　　杨素一辈子搞别人，当然知道被别人所搞是个什么滋味，他坚持不吃药，不治疗，一心求死，他对弟弟说："我没必要再活下去了。"不久后病死。杨广听到他的死讯，长长吐出一口气来，说："杨素如果一直赖着不死，我一定要杀光他全家。"

　　杨素不仅是个名将、政客，还是位出色的诗人。去世之前，他写了一首五言诗，赠给著名诗人、播州刺史薛道衡，史书上评价此诗"词气宏拔，风韵秀上，亦为一时盛作"。薛道衡的读后感则是"人之将死，其言也善"。

　　全诗共十四章七百字，其最后四句是："木落悲时暮，时暮感离心。离心多苦调，讵假雍门琴。"

韩擒虎

　　韩擒虎也是一位博览群书的高人，"经史百家皆略知大旨"。周朝太祖宇文泰（他没当皇帝，他的皇帝名号是他的儿孙们追封的）很欣赏他，特意嘱咐自己的孩子们，多跟韩擒虎结交游玩。

　　其时宇文泰还不是皇帝，但他是西魏第一权臣，是不称皇帝的皇帝。韩擒虎能入他法眼，蒙他如此看得起，是有原因的，那原因当然不只是多读了几本书那么简单。

　　韩擒虎字子通，祖籍东垣（现在的山西垣曲），后来迁居到新安（现在的江苏睢宁)。他的父亲叫韩雄,以英烈武勇知名,在宇文氏的周朝,官做到大将军以及洛州、虞州等八州刺史,称得上朝廷重臣。宇文氏还没篡夺西魏政权之前,估计他与宇文泰走得很近,是宇文泰的铁杆拥戴者,韩擒虎才有机会进入宇文泰的视野。

韩擒虎自幼便是志气慷慨之人,有胆识,有谋略,估计这才是宇文泰看重他的地方,更侥幸的是韩擒虎又生了副好模样,"容貌魁岸,有雄杰之表"。

这样的人,想不成功都难。

在宇文泰的关照下,韩擒虎成为皇族接班人们的同学和朋友,在周室政权中,如鱼得水,很快成为都督、新安太守,后来跟随雄才大略的周武帝伐齐,拿下金墉城,平定范阳,官升永州刺史;光州城下,击破陈国军队,平定合州,与陈国名将甄庆、任蛮奴、萧摩诃屡次交手,多有胜绩,在陈国军队中,有极高的威慑力。

公元581年,杨坚篡位,韩擒虎没有任何反应,自然而然过渡为隋朝大将,周天子家族对他不薄,但不能成为他为宇文家族献身的理由。

新的朝廷稳定后,雄心勃勃的杨坚就积极筹划吞并江南陈朝,考虑到韩擒虎的声名威望,起用他为庐州总管,成为灭陈大军中的一路主帅,用兵之前,先行训练士卒。

担任灭陈大任的隋军最高统帅是杨广。军事行动展开后,韩擒虎率本部人马为先锋。韩擒虎的运气很好,灭陈过程中,真正的硬仗,被另一路统帅贺若弼及水军统帅杨素打了,他作为先锋部队,反而没遭遇到攻坚战。

韩擒虎率五百人,乘夜色横渡长江,偷袭陈军把守长江的采石驻军。其夜,采石驻军可能搞了一个什么盛大的酒宴,喝酒喝得都醉了,毫无战斗力,韩擒虎五百人爬墙进去,不费吹灰之力,活捉了采石守军。乘胜向前,仅用半日时间就攻下姑熟;继续向前,陈朝军民如梦方醒,毫无斗志,纷纷上门投降,门庭若市,煞是热闹,倒像个集贸市场,不像行军打仗的军营。杨广很满意,派人快马加鞭,回江北去向杨坚报功。

韩擒虎一路受降纳叛,高歌猛进,什么像样的仗也没打,就来到南京城下。陈朝名将任蛮奴与另一路隋军贺若弼血战一场,被隋军击败,任蛮奴很有性格，不向打败了他的贺若弼投降，放弃被击溃的部队，骑马跑到韩擒虎部队，向韩擒虎投降。

任蛮奴是陈朝名将，在陈朝军队中有极高威信，韩擒虎得他投降，大喜过望，领着他那五百多人，在任蛮奴的引领下，直入南京，来到朱雀门前。陈朝守军本来要做做抵抗的样子，任蛮奴阵前高呼："我老人家都投降了，你们还抵抗个鸟！"守城的士兵想一想，也是，将军都投降了，我们凭什么卖命？抛弓扔戈，纷纷走散。

南京城居然就这样被韩擒虎拿下来了，不发一枝箭，不流一滴血，陈朝皇帝陈后主就做了俘虏，陈国就亡了。隋朝就统一了天下。

一点也不传奇。这就是传奇。

韩擒虎兵不血刃，进入南京城之前、之时，另一路隋军正在贺若弼率领下，血战蒋山，与陈军名将鲁广达、周智安、任蛮奴、萧摩诃等人殊死决战，于生死一线间，大破陈军。冲进南京城时，韩擒虎已将陈后主陈叔宝抓住。抓住敌国皇帝，那是排名第一的功劳，贺若弼急忙赶去，将陈叔宝叫到面前。陈叔宝恐惧之极，汗流浃背，两股战战，哆哆嗦嗦地下拜，贺若弼安慰他："你是小国之君，面对大国重臣，下拜是礼节，等你到大隋中央政府后，怎么着也可以被封个归命侯，不必恐惧。"

对着俘虏，贺若弼尽可能和颜悦色，一展将帅风采；对着没经过搏杀就轻松夺得首功的同僚，贺若弼就按捺不下满腔嫉恨了。他与韩擒虎三说两说吵起来，三吵两吵骂起来，贺若弼拔出刀来，所幸并没砍人，而是被人劝了出去。

这两个人回到大隋首都长安，受到杨坚隆重接待，但他们互相仍不服气，在杨坚面前争起功来。贺若弼的理由是：我在蒋山，与陈军主力决战，歼灭了他们的有生力量，擒获了他们的勇将，我大隋军威，震慑敌胆，这才一鼓荡平陈国。韩擒虎则根本没打过什么仗，怎么能跟我相比？

韩擒虎的理由是：我与贺若弼一起得到陛下您的指示，要求我们同时进军，以攻取南京。贺若弼不守诏令，领军先行，遇到敌人，当然要战，因为他的缘故，致使我军将士死伤极多。我则率五百轻骑，兵不血刃，直取南京，招降任蛮奴，活捉陈叔宝，收据其库府，占领其首都。

贺若弼晚间才到南京城下,我开门将他放进去,他将功补罪都不够,岂能跟我的功劳相比。

韩擒虎所说贺若弼未按统一安排、率军独自先行一事,在平定江南之后,隋军主帅杨广曾追究过一次,并已安排人员搜集材料,准备治贺若弼的罪。是杨坚亲自下旨,让贺若弼进京受奖,这才算逃过一劫。而韩擒虎拿下南京城,活捉陈叔宝,本是无可争辩的首功,回国后却被有关部门调查通报,说他放纵士兵,奸污了陈国后宫女子,有罪。

两大名将争功的最终结果是:贺若弼被封上柱国,赐物八千段,进爵宋国公,封给食邑三千户,"加以宝剑、宝带、金瓮、金盘各一,并雉尾扇、曲盖、杂彩二千段,女乐两部,又赐陈叔宝妹为妾,拜右领军大将军,寻转右武侯大将军"。韩擒虎则仅仅是"进位上柱国,赐物八千段",其他一无所有。

灭陈战役之前,陈国境内流传过这么一首民谣:"黄斑青骢马,发自寿阳涘。来时冬气末,去时春风始。"虎皮多为黄色斑条,平陈之时,韩擒虎所骑又为青骢马,出征伐陈与得胜回归的季节,则与此歌谣的最后两句符合。

这究竟是巧合,还是韩擒虎出征前派间谍进陈国传播的歌谣?

灭陈立下首功,又没得到多少封赏的韩擒虎,被安排为凉州总管,出镇西域。

一段时间后,杨坚又将他召还京城,在皇宫中宴请他,规格很高。

这样的日子没过多久,某天,韩擒虎的邻居老太太出门时,突然间看到韩擒虎居所门前来了隆重的仪仗队伍,那是只有王爷才能享受的待遇,老太太很好奇,悄悄问仪仗队伍里的人:"这是怎么回事?"那个人回答:"我来迎接王爷。"说完话,整个仪仗队伍像一个电影片子放完了一般,一下子不见了。

——这个仪仗队伍的出现,只是为了配合老太太的一句问话。

此事还没有定论,一个重病不治的人,突然从病床上跳起来,小跑着来到韩擒虎门前,叫嚷着要进去拜见王爷,韩擒虎的门前守卫问:"你要见什么王?"那个病人说:"阎罗王。"韩擒虎的家人非常生气,抓起病人就要群殴。韩擒虎劝住大家,说:"生为上柱国,死作阎罗王,斯亦足矣。"

几天后，韩擒虎死去，时年五十五岁。

韩擒虎的儿子韩世谔接班继承韩擒虎的爵位。韩世谔将门虎子，颇有父亲的名将风度，后来杨素的儿子杨玄感反叛隋帝杨广，安排韩世谔担任军中大将。韩世谔作战勇敢，每战必身先士卒。及至杨玄感落败，韩世谔被隋军抓住，送到隋炀帝杨广的所在高阳。杨广安排有关部门罗织韩世谔的罪名，这个过程中，韩世谔被关在监所里，听候处理。韩世谔虽然被抓，身上有钱，每天拿钱请看守他的人买酒买菜大吃大喝，一再扬言说：我很快就要被处死了，再不喝醉就没机会醉了。独自喝了几顿后，请看守一起喝，看守已经失去警惕心了，果然陪他一起喝。成了酒友，关系就近了，关系密切的酒友一起喝酒，当然是不醉不完。结果是看守喝醉了后，看着好像比看守还要醉的韩世谔，睁开清醒的眼睛，手脚麻利地从看守身上解下钥匙，打开监门。从此龙归大海凤入深山，在中国历史上，再也没有了关于他的记载。

贺若弼虽然在平陈战役中，未能取得首功，但他获得的奖赏要高于韩擒虎，一时之间，贵盛无比，"位望隆重。（贺若弼）家珍玩不可胜计，婢妾曳绮罗者数百，时人荣之"。

贺若弼自认为功劳在政府官员中首屈一指，于是每每以政府官员第一人——宰相自居，却浑然不记得：进步的因素不只能力这一个，甚至能力都排不到进步因素的第一位。不久后，同为将军的杨素成为副宰相（右仆射），之后更被提拔为正宰相（左仆射），而他贺若弼仍然只是一位将军，贺若弼非常不满，时常抱怨，传到皇帝杨坚的耳朵里，杨坚毫不客气地免了他的职。

不只当不上宰相，现在连将军也没得做了，贺若弼更加不满，牢骚话更多更公开，杨坚受不了了，把他关到监狱里。进监狱之时，杨坚接见了他一次，问："我用高颖、杨素当宰相，你为什么老是在公开场合宣称这两个人是只会吃饭的饭桶，什么意思啊？"

贺若弼回答："高颖，是我的老朋友，杨素，是我舅舅的儿子，我很熟悉他们的能力，才会这么说。"

讨论定贺若弼罪的时候，朝中大臣大都主张死刑。杨坚的目的只是敲打贺若弼，没有真要消灭他的意思，最后的结果是削职为民。仅过了一年时间，又恢复了他的职位。杨坚很念旧情，不过也很顾忌他那张臭嘴，不再让他担任实职，只享受待遇。

贺若弼自视极高，又确有能力，就这样被圈养起来，自然苦闷，写诗发泄，杨坚读到了，也不怪罪。突厥派使者来，杨坚安排了个欢迎宴会，会上突厥使者出节目，射箭，一箭中的。杨坚说，只有贺若弼能做到。让贺若弼也去射，贺若弼表示感谢，当着杨坚的面做祈祷：我如果是赤诚奉国的忠臣，这一箭就命中靶心；如果不是，就射不中。说完话，拉弓搭箭，箭如流星，正中靶心。杨坚很有面子，对突厥使者说："此人，天赐我也。"

杨广还是太子的时候，曾经与贺若弼闲聊，问："杨素、韩擒虎、史万岁三人，俱称良将，优劣如何？"

贺若弼一一作出点评："杨素是猛将，非谋将；韩擒虎是斗将，非领将；史万岁是骑将，非大将。"

杨广接着问："然则大将谁也？"

贺若弼躬身下拜后，再作回答："唯殿下所择。"

几句答话的口气里，透露出贺若弼极度的骄傲：唯一的大将，就是他贺若弼了。

不知道是什么原因，杨广对贺若弼没有好感，打下南京城后，杨广就安排人员调查过贺若弼，准备治他的罪。

贺若弼冲着杨广太子吹了这一通牛皮，后来杨广当了皇帝，并不把他当大将使用，贺若弼不满。公元606年，杨广北巡至榆林，突厥启民可汗拜见杨广，杨广做了顶空前绝后的牛皮大帐，其中可以坐下几千人，用来摆酒宴招待启民可汗等人。贺若弼认为太过奢侈，说了一些风凉话，传到杨广耳朵里，杨广以此为借口，杀了他。

贺若弼可以说倒霉在一张嘴上。有意思的是，他父亲贺敦，曾任周朝金州总管，因为说了些不该说的话，被宇文护杀死。行刑之前，贺敦把贺若弼叫到跟前，赠以临终遗言：我因为多嘴多舌被处死，你一定要牢记教训。让贺若弼张口吐舌，用锥子把贺若弼的舌头扎出血来。

在没荣登高位之前，贺若弼也曾谨言慎行，曾经说过一句非常富有哲理的话："君不密则失臣，臣不密则失身，所以不敢轻议也。"

到立下灭陈大功、勋业辉赫之时，贺若弼就忘记了父亲的锥子与他自己的话，牢骚话怪话时有爆发，因此被贬，因此丧命。

人的性格可以控制一时，无法控制一生。人的命运与性格息息相关，不是人力所能长期掌控的。

史万岁

史万岁英雄气概，武功高强，骑马射箭，"骁捷若飞"，好读兵书，满腹韬略，又精于占候，能掐会算。

十五岁的时候，史万岁就初步显示出他统揽战局、未卜先知的能力。史万岁的父亲史静是周沧州刺史，当时随周军与北齐军队会战于芒山。史万岁随父出征，在军队之中，遥见对方旗鼓，史万岁马上安排部下收拾行装，准备逃跑，其后会战结果，果然是周军大败。史万岁等人因为准备充分，得以从容逸去。

两军作战之前，史万岁散布己方必败的言论，以军法而论，那是动摇军心，要杀头的，此事却被当作史万岁精于占算的例证保留下来，并且他父亲史静因此对史万岁刮目相看。

史万岁占算灵验，也只见于这一例，他后来惹上杀身之祸，占算已不能向他提供帮助。

与北齐的芒山之战，因为儿子的神奇占算，史静保住性命。此后在灭齐战争时，儿子的占算不再灵光，史静战死。史万岁以忠臣之子的原因，承袭了父亲的太平县公爵位。

杨坚专权，尉迟迥起兵讨伐，杨坚派出政府军平叛，史万岁作为军中中级将领，跟随大将梁士彦出征。行军途中，远远看到空中有群雁飞来，史万岁对梁士彦说："我可以射中雁阵中的第二只。"

说话之间，雁群已飞临头顶，史万岁张弓搭箭，弓弦响处，箭如流星，雁阵中的第三只，应声而落。刚刚听了史万岁的话，暗地里撇嘴、认为他是吹牛皮的将士，无不心悦诚服。

军至前线，与尉迟迥军对垒争锋，史万岁每战必身先士卒、冲锋在前。在尉迟迥根据地邺城（现在的河南安阳）之下决战之时，尉迟迥无路可退，拼死搏杀，政府平叛军一时抵挡不住，有退却败阵的迹象，史万岁对左右说，形势危急了，看我来扭转战局。"于是驰马奋击，杀数十人"，左右将士无不热血沸腾，齐心协力，跟在史万岁身后奋勇冲杀，总算扼制住了败退之势。

及至尉迟迥被平，论功行赏，史万岁升任大将军。但他这个大将军位子没能坐久，就被牵连进尔朱绩谋反案中，一撸到底，充军发配到西部边陲敦煌，当了一名最底层的部队战士。

守戍敦煌的部队，最主要的任务，就是防止北方突厥部族入侵。自古以来，来自北方的侵略，始终是中华民族最大的危机。

不过凡事都有例外，史万岁在敦煌当兵期间，敦煌部队的长官是一位武功极其高强，又极具个人英雄主义的人，他每每单人独骑离城北进，突入突厥部落中，劫掠突厥人的牛羊，每次都有收获，因此敦煌守军从来不缺牛羊肉吃。突厥方面，无论防备不防备，无论防卫的战士有多少，都不能阻挡这位汉军将领自由来去。一向到中原劫掠惯了的突厥人，反过来被汉人劫掠，无不头痛，又无可奈何！

像这样具有个人英雄主义的人，一般都很傲慢，想让这样的人瞧得起，必须要有真材实料。

那位部队长官，深知政府高官的来路，像史万岁这样曾经的大将军，在他眼里，也不过是靠父祖福荫、溜须拍马爬上去的，从内心里瞧不起，每每找机会责骂侮辱。史万岁苦不堪言，实在挨不下去，争辩说自己的武功能力也不差。守军长官倒也不埋没他，让他上马施展，史万岁在马上连射带练，表演一通，守军长官笑了，说："你这只是合格士兵的本事。"史万岁就讨要了强弓硬箭，请守军长官远距离观察，一个人直奔突厥部落，劫掠了大批牲畜而还。

英雄惜英雄，从此两个人肝胆相照，成为朋友。然后两人两骑，每每要深入突厥数百里，抢掠牲畜、斩杀敌兵，成为突厥大患，名震北疆。

这样的传奇行为，可能很对敦煌守军长官的胃口，他就是个独行侠。但这却不是史万岁的追求，史万岁是要指挥千军万马，建立大功业的人，并不甘心就这样游侠一生。

隋军大将窦荣定北击突厥，行至敦煌，史万岁把握时机，赶赴大军辕门，请求从军效命。窦荣定久知史万岁之名，此处相见，喜出望外，他丝毫不浪费这天上掉下来的机会，派出使者去跟突厥主帅说："我们两国有矛盾，战士们又有什么罪过，要跟着牺牲性命？我们各派出一名壮士来决斗，一场定胜负吧！"

这个提议比较冠冕堂皇、合情合理，突厥主帅如不答应，那就是不顾惜突厥战士的性命了。突厥作为游牧民族，民风剽悍，也不信一对一决斗会打不过文弱的中原人，一口答应下来，派出突厥部队中的勇士，主动挑战，窦荣定则派出史万岁应战。史万岁飞马直出，一照面便斩却突厥勇士首级而还。

后世小说、影视、评书、故事，往往渲染战场斗将，实际上古今中外的战场上，一对一斗将都是凤毛麟角之事，更不会因斗败一将而主动败退。战士之间的白刃相交，血肉之躯的奋勇搏杀，才是战场的主旋律。

史万岁的斗将而胜，在名将中很是罕见。更难得的是突厥人信守承诺，斗将失败，不再死缠乱打，拔营退去。

这相当于史万岁一个人击退了突厥大军，论功行赏，前罪不究，拜为车骑将军；后随军平陈，再立战功，封赏有加。

此后杨素南征讨伐高智慧，史万岁随军出征，率二千战士，自东阳始与大军分道而行，逾岭越海，深入少数民族之地，攻陷溪洞不可胜数，前后历经七百余战，转战千余里。

由于是孤军挺进，身后是大山大河，险阻千重，征战十个月，后方一无消息，全军上下，都以为史万岁这两千多人，已经肉包子打狗，被南方烟瘴蛮族给吞没了。

缺少后勤保障的远征，艰苦卓绝，史万岁也想与后方建立起联系，重山叠嶂中，信使不通，无奈之下，他想出一个很童话的办法：写成书信，将信塞到竹筒里，密封起来，放入北流的河水里，听天由命。

也非常童话的是，按概率看基本没有希望的竹筒密信，居然真就被杨素的手下给打捞上来了，报告杨素，杨素大喜，马上把这件传奇写成报告，上报隋文帝杨坚。杨坚感叹称赏，赐给史万岁家十万钱，史万岁远征归来后，被提拔为左领军将军。

隋灭陈，统一天下之时，南方的少数民族领袖爨玩主动向隋朝中央政府投降，被封为昆州刺史。

虽然看似投降之后，少数民族领袖的地位并未被剥夺，但毕竟成为大隋中央政府下辖官员，并且昆州不只爨玩一个领导，隋政府必然要派去一些官员。如此这般之后，爨玩宣布独立。

中国历史上专制政权的逻辑是：我把你连肉带骨头啃完，是理所应当，你喊痛，想逃离我的手掌，那就是叛国，要严惩，要杀头，还要在舆论上搞臭你。一番舆论准备后，隋政府安排史万岁率军南征。

已经有过在穷山恶水间与少数民族作战的经历，此次南征，史万岁游刃有余。他率军直入南中，于路上各险要处，一一击破敌军防守，深入南部山川数百里，见到当年蜀汉丞相诸葛亮南征时的纪功碑，碑的背面有铭文，上写："万岁之后，胜我者过此。"

史万岁好像并不崇拜诸葛亮，见到这块神一样的预言碑，下达的指令是让战士们把石碑推倒。

推倒石碑后，史万岁率众"渡西二河，入渠滥川，行千余里，破其三十余部，虏获男女二万余口"。这些少数民族头人此前没怎么跟正规军交过手，不知道厉害，连续遭受打击后，始知一个统一国家的军事威力能强大到什么程度。遂派出使者请求投降，跟降书一起送上的，还有直径长达一寸的大个明珠，还学会了汉人那一套拍马屁把戏——立了纪功碑，刻石以记其功。史万岁派使者快马入京报捷，捷报中说要携同爨玩一同入朝。收到捷报后的杨坚大喜，立即下旨：同意把这个少数民族头人带回来。

万水千山阻隔，信使的马再快，在古代崇山峻岭间那些羊肠般的小路上来回跑一趟，也要漫长的时日。杨坚的回信送到史万岁手里时，事情已经有了变化。

爨玩投降，是被史万岁的军队打服的，并不是出自真心。他知道隋朝无法在这个蛮瘴之地长时间驻扎大量军队，他计划在隋军撤退后，继续宣布独立。有了这个想法，他就不肯跟史万岁回长安。可史万岁的军队他又打不过。于是爨玩选择了贿赂的办法。

名将史万岁，大量收受了爨玩的贿赂，继续任命他为少数民族首领，隋军北撤。北撤途中，收到隋文帝杨坚的批复文件，但也不可能再回头去将爨玩重新抓一次了，史万岁或者也没想到，不满足皇帝的虚荣心，后果会有多严重，他仍然按部就班率军北撤。

回撤途中，路经益州，有人向蜀王杨秀打小报告，说史万岁收受了大量贿赂。杨秀很眼红，见见面，分一半，你从我这儿走，留点买路钱吧。派人去找史万岁索要。史万岁是名将，这名将的名头是一刀一枪从战场上搏出来的，杀人杀多了，脾气就大——你想拦路抢劫，我偏不给你，宁可我自己不要，也不给你。

史万岁将所收金银财宝，沉入长江。

蜀王杨秀无可奈何，从此对史万岁刻骨仇恨。

史万岁归京之后，杨坚没有治他的罪，仍然将史万岁的爵位提升了一下。杨广出于争夺太子宝位的考虑，虚心结纳史万岁，杨坚顺水推舟，安排史万岁为杨广服务。

如果爨玩不再搞事，估计各方情绪随着时间的推移，慢慢就冲淡了，只是爨玩凭什么重礼行贿，他的目的就是要再次脱离中央，割据独立。仅仅在史万岁归国一年后，南方复叛的消息就传入京都。蜀王杨秀与这道消息一起，打上报告，痛陈史万岁收受敌人贿赂，有意放纵叛贼之事。

杨坚愤怒之极，安排人员全面调查史万岁罪状。

有关人员很快用实际行动证明了皇帝的英明：皇帝指定的罪过，被他们一一证明。其罪当死。杨坚当面批判史万岁："你收了爨玩贿赂放了他，导致现在还要再派军队去镇压，我感念将士出征不易，寝不安席，食不甘味，这都是你的罪过啊！"

让皇帝觉睡不好，饭吃不出味道，当然是罪该万死。史万岁却自认为堂堂正正，争辩说："我之所以留下爨玩，是怕当地再生变故，所以让他留下镇抚，陛下同意让他一起回京的诏书下达时，我军已返回到泸水了，不好再回去捉他来朝，实在并没有受贿。"

史万岁的辩护只能让杨坚的火气更大：我以为你是好人，你却是个大汉奸大内贼，明天就绑到刑场上杀了。

此时，史万岁才明白过来，他的生命，就攥在眼前这个人手里。而决定杀或者放，并不在他史万岁有没有理，只在眼前这个人高兴不高兴。

明白过来的史万岁终于害怕了，他马上连连大叩其头，承认了所有罪责，只要求皇上开恩，放他一马。宰相高颖、左卫大将军元旻也全力为他求情。

史万岁认罪求饶，等于说杨坚的确英明神武，洞察一切，杨坚这才满意，面子有了，杀不杀史万岁倒真没什么，于是下令，将史万岁削职为民。

公元600年，突厥达头可汗入侵，朝廷重新起用史万岁，与杨素各率一军，分头出塞抗击。史万岁出马邑道（现在的山西朔县），与突厥军队相遇。达头可汗派人探听隋军主将是谁，探子探听明白，回营报告："史万岁是隋军主将。"达头可汗追问："就是那个敦煌戍卒吗？"探子回答："是的。"

史万岁戍敦煌，千里横行，突厥无人能挡，威名久著。达头可汗听到是他率军来征，恐惧之极，马上下令撤退。史万岁挥军向前，快马追击百余里，终于追上，大破突厥军，斩首数千级，突厥人四散溃逃。

归国后，杨素嫉妒史万岁的功劳，向杨坚打小报告，说："突厥人本来已经投降，这次来边塞只是为了放牧牛羊，根本不是入侵，史万岁贸然出击，完全破坏了边境和平安宁环境。"

杨素是杨坚的第一红人，他说的话，杨坚自然要听。史万岁有功不赏，心中不满，屡屡上表自陈，杨坚不理，并且对史万岁的不满愈深。

其时，杨广在杨素的帮助下，刚刚夺得太子宝位，原太子杨勇被废，杨坚正在追究治罪废太子一系的人。杨坚问杨素："史万岁在哪里？"史万岁当时正在中央政府办公室（朝堂），杨素明明知道，看杨坚正在气头上，马上说了句极重极狠的谮言："史万岁正去拜见废太子杨勇呢！"杨坚立即气得七窍生烟，下令立即召见史万岁。

当时，跟随史万岁北征的将士，因为得不到朝廷封赏，正在跟史万岁哭诉冤情，听到皇上宣召，史万岁安慰将士说，我一定向皇上把大家的情况说明，今天一定为大家讨一个说法。见到杨坚后，史万岁根本不去看杨坚的脸色有多难看，奋然为将士争功，一再诉称将士们九死一生所立战功，被政府有关部门压制，言辞犀利，神情愤慨。

杨坚正在气头上，哪里听得进史万岁的道理，气上加气，当即下令，把史万岁活活摔死在大殿之上。

岭南转战，北疆纵横，出生入死，名将生涯，都在这一摔之中，化为尘烟。

"（史）万岁为将，不治营伍，令士卒各随所安，无警夜之备，虏亦不敢犯。临阵对敌，应变无方，号为良将。"

史万岁"死之日，天下士庶闻者，识与不识，莫不冤惜"。

长孙晟

在灿如星河的古代名将中，长孙晟排名很靠后，看其军事功勋，运筹帷幄的成分多一些，率军厮杀于战场之上的时候并不多。

但长孙晟又是一个武功高强的人，他一手创造的成语"一箭双雕"，至今流传。

长孙晟少年时，只是武功高强，也读了些书，能写点文章，仅仅略通而已，他的骑马射箭矫健身手，倒是被一众少年弟子所推崇。他的家庭在魏、周、隋三代都迭出高官，他是名正言顺的官某代。长孙晟年轻时，正值周室一统北方之时，朝廷上下，尚武成风，官僚子弟们，也无不以尚武为荣，大家时常凑到一起较量武艺、骑马射箭，长孙晟允称第一，子弟们无人不服。

长孙晟的影响仅止于此，武功好而已，武功好仅是匹夫之勇，并没有太大用处。有关部门量才使用，让他去干皇宫卫士，至于他其他能力，没人了解，长孙晟也没机会表现。只有杨坚某次遇到他，交谈了一会儿，非常欣赏，拉着长孙晟的手，向周围的人说："长孙晟这个小伙子，武艺超群，刚刚与他交流，发现他又胸怀韬略，日后一定会成就为一代名将。"

公元579年，突厥部落头人摄图向周朝廷示好，要求娶周室公主，当周室女婿。周宣帝同意，将赵王宇文招的女儿封为千金公主，送到突厥去与摄图成婚。

周与突厥，都是尚武之国，两国各自自吹自擂，选拔使者也专门选择武功高强之士。长孙晟的武艺在皇家卫士中首屈一指，被选出来，作为送公主成婚的副使前往突厥。

此前，周与突厥互派使者，多达数十人次，摄图大都不怎么瞧得起，唯独见到长孙晟后，觉得很对胃口，找借口留下长孙晟达一年之久。一年中，两个人时常并骑出猎。某次出猎途中，发现天上两只大雕，边飞边争夺一块肉。摄图取出两支箭，交给长孙晟，说："麻烦你把这两只雕射下来。"长孙晟弯弓搭箭，却不急着射出，只纵马跟着雕飞的路线尾随追赶，瞅准两只雕咬在一起的瞬间，弓弦响处，一箭穿空，射穿两只雕。

射雕英雄，一箭双雕。

摄图看得目瞪口呆，归来后，指示突厥皇族子弟多跟长孙晟交往，冀望于能跟他多学点驰马射箭本领。

摄图的弟弟处罗侯，也是部落首领，很得人心，一向为摄图所忌，处罗侯心知肚明，于是主动向长孙晟靠拢，希望借助中原政府的力量，制衡哥哥。长孙晟来者不拒，一一以朋友相交，平常大家一起游猎，长孙晟悄悄观察山川形势，以及突厥部落强弱之势，一一记在心里。回国后，一一向当时的周朝宰相杨坚禀报，杨坚大喜，大约也有点为当年的眼光准确而骄傲。

后来杨坚篡位，当了皇帝，改国号为隋。摄图可能与千金公主感情较深，千金公主娘家皇权被夺，千金公主肯定不高兴，千金公主不高兴，摄图居然跟着不高兴，说："我是周家皇室的女婿，杨坚篡权夺位，我不能干预，有何面目面对老婆。"于是动员军队，出兵伐隋。

杨坚刚刚登基当皇帝，政局尚不稳固，听到摄图入侵消息非常紧张，立即调集民工，去北方边境修筑长城；调发重兵，分头去北方边境驻屯防御。另外还特别安排了一支数万人的预备队，随时视情况增援。

长孙晟有一年多居住突厥的经历，深知突厥摄图、玷厥、阿波、处罗侯等部落头子，虽然都是叔侄兄弟，看起来也团结友爱，一团和睦，实际上四人各统强兵，分居四面，都自称可汗，互相猜忌、互相提防。在这种情况下，如果外部有压力，他们一定会合力对抗，如果外部无压力而内部出问题，则很容易就会分崩离析，各人顾各人。

长孙晟把他的思考写成报告，呈交杨坚。杨坚读过后大喜，召宣长孙晟当面汇报，长孙晟口才也好，在杨坚面前"口陈形势，手画山川，写其虚实，皆如指掌"。杨坚又称赞又感叹，一一采纳长孙晟建议。派出大臣元晖出使伊吾道，谒见玷厥可汗，赠送狼头大旗，全面表达兄弟加朋友的深厚感情。玷厥派到隋都长安的使者，隋中央政府礼节优先，一切待遇都置于摄图使者之上。

如此反间计使将出来，没读过什么兵书的突厥领导人们果然上当，互相间猜忌不定。长孙晟则直接出使黄龙道，至于处罗侯部，与处罗侯畅叙友情，趁机在其身边广布心腹，劝导处罗侯向隋归顺投诚。

公元582年，摄图纠集四十万大军，自兰州东侵，击破隋军防线，计划乘胜南下，长孙晟的反间计发挥了作用——玷厥不同意，顾自领兵走了。长孙晟又秘密指派处罗侯的儿子染干去向摄图通报假情报：突厥铁勒部落反叛，要袭击我们的根据地。摄图一时无法辨别真假，领兵回去。

回老家看了看，并没有部落反叛，摄图卷土重来，分兵南侵，隋朝则兵来将挡，分头阻击。

南侵突厥部落之一阿波，在凉州与隋将窦荣定交战，一败再败。长孙晟时为隋军副将，派人去向阿波传话：摄图带兵入塞，每战大胜，你阿波带队作战，每战必败。摄图与阿波两部落力量原本差不多，现在摄图屡胜，为突厥人所崇敬，阿波屡败，为突厥人所瞧不起。摄图必会趁机归罪于阿波，将阿波吞并，请阿波自己衡量，能抵抗得住吗？

听完传话，阿波一头冷汗，马上派使者去隋军出使，向长孙晟讨教应对办法。长孙晟教给他的办法，就是向隋政府投诚，以此来避免摄图吞并。

阿波真的听了长孙晟的话，由敌人一变而为降军，驻扎塞上，派人跟长孙晟去隋朝首都向杨坚投降。其时摄图正与隋军苦战，听到阿波投降的消息，仗也不打了，率军北还，直捣阿波部落根据地，将阿波部落留守后方的老弱妇孺一网打尽，顺便砍死阿波的老母亲。

阿波无家可回，仇恨刻骨，西奔玷厥部落，借得雄师十万，东击摄图。被复仇怒火燃烧着的阿波，作战拼命，很快将失去的部落势力范围夺回来，收拢原部落失散的战士达数万人，与摄图互相攻击，屡战屡胜，慢慢地阿波成为强势一方，摄图反而成为弱势一方。

内乱中弱势的一方，一般都要寻求外部的支持，摄图本来与隋朝打得不亦乐乎，现在被自家人杀得抬不起头来，没办法，只好祈求隋朝政府的支持：他派使者进长安，要求再做隋朝的女婿。已经失去江山，侥幸还没失去性命的北周皇族宇文氏公主听到消息后，主动申请改变姓氏，作为大隋朝杨氏公主，出塞和亲。

杨坚将公主改姓杨氏，赐封大义公主，派长孙晟做副使，与正使虞庆则一起，送公主出塞和亲。

到了摄图大帐，宣读隋文帝诏书，摄图受诏，却不肯起身下拜。长孙晟说："突厥可汗和隋朝皇帝都是大国天子，您不肯起身下拜，也符合礼仪，只是您现在娶的妻子是大隋皇帝的女儿，您就是大隋皇帝的女婿，您怎么可以没有礼节到连岳父泰山都不尊敬呢！"

长孙晟的话给了摄图足够的面子，摄图岂能不明白就坡下驴的道理，笑着对突厥大臣们说："应该敬拜岳父，我就听长孙先生的吧！"于是起身，拜接诏书。

出使不辱使命，长孙晟回国后，被晋升为左勋卫车骑将军。

三年后，摄图去世，此前就与长孙晟建立了良好关系的处罗侯，在长孙晟的力挺下，接班成为莫何可汗。摄图的儿子雍闾被别封为叶护可汗。

一年后，处罗侯去世。

再过五年，本为北周皇室宇文氏后人的大义公主，在强烈的为家族复仇意念的支配下，试图劝导雍闾独立，脱离隋朝的管制，被长孙晟使计，搞出大义公主桃色事件，反劝雍闾拿下大义公主，向隋朝归诚。

权衡利弊，一介弱女子的大义公主被理所当然地抛弃，雍闾抓起她来，与长孙晟一起，亲自去长安献礼。结局是大义公主被杀，雍闾则受奖赏。

得到奖赏的雍闾忘乎所以，提出也想做隋朝女婿。杨坚征求意见，长孙晟建议不理雍闾，主动招处罗侯之子染干为婿，让他来制约雍闾。

染干喜出望外，派了五百骑兵跟长孙晟迎亲，杨坚将杨氏皇族中一位姑娘封为安义公主，嫁给染干。长孙晟去送亲，趁机说服染干，让他率众南迁，居于隋与突厥的中间地带。

大义公主在名义上是雍闾的后母，雍闾把母亲都贡献出去，隋朝政府居然不同意他做女婿，反而把与他面和心不和的染干大力提拔起来，对自己处处提防，这怎不让雍闾怒火万丈。发泄怒火，只有提刀去砍，雍闾果然率众侵扰隋朝边境，无奈染干横在中间，屡次击破他的入侵行动。

雍闾受隋与染干合力压制久了，一腔怒火无法发泄，选择与达头可汗联盟，合力去袭击染干。

突厥人在长城下自相残杀，结果是一支孤军的染干不是雍闾、达头联军的对手，大败，兄弟子侄被杀，部落亡散。染干与长孙晟只带了五名骑兵，趁夜色向南逃走。天亮时分，逃离战场百余里，收拢失散的骑兵数百人。染干与这些败兵们商量：我现在匹马入隋投降，大隋皇帝怎么可能重视，还不如投奔玷厥，一定可以得到他的帮助。

长孙晟虽然未能参与突厥人的讨论，但他心思机敏，察颜观色，发现染干并无跟他入隋归诚的意思，于是秘密派出贴身汉人随从，速去附近的兵营，让他们点燃报警烽烟。

染干正在犹豫未决之时，突然发现四围烽烟滚滚，大惊失色，问长孙晟："这些烽烟是怎么回事？"长孙晟骗他说："烽火台都建在高处，一定是把守的士兵遥遥看到突厥追兵来了才点燃的，敌人少则点燃烽烟少，现在四面烽烟，说明雍闾大举追击而来。"

染干恐惧之极，再也不敢回头，跟着长孙晟到隋都，面见杨坚投降。

又一个少数民族首领来降，杨坚的自尊心再次得到满足，大喜之下，授予长孙晟左勋卫骠骑将军之职，让他带部队护送染干回突厥，重建家园。封染干为意利珍豆启人可汗。其时安义公主已死，杨坚另将义城公主许配给染干。

隋朝全力扶持染干，引起突厥势力最大的部落首领达头可汗的不满，他集拢士兵，与隋对抗。杨坚让长孙晟为秦川行军总管，率军征讨，此次征讨的名义主帅是时任晋王的杨广。杨广此时正在谋夺太子之位，礼贤下士，争取人心，对长孙晟言听计从。长孙晟建议：去达头部落饮用水的上游投毒。杨广批准。批准后，达头部落人畜饮水多毒发身亡，达头搞不明白怎么回事，以为是老天爷有意降下毒水来惩罚他，当夜拔营逃跑。长孙晟挥军猛追，斩首千余级，俘虏百余人，获取牲畜数千头。

杨广大喜，摆设酒宴，与长孙晟欢饮庆功。有突厥高级官员来降，也被安排入宴喝酒，席间，说起在突厥人中，非常畏惧长孙总管，听到长孙晟的弓弦响，说是霹雳，见到长孙晟纵马奔驰，说是闪电。杨广大笑，说："将军震怒，威行域外，遂与雷霆为比，一何壮哉！"杨广是个诗人，诗歌文章写得极好，说出话来也很有气势。

公元601年，长孙晟打报告，要求送染干北归，统一突厥各部。杨坚批准。第二年，长孙晟率军北行，恩威并施，对不服从的坚决进行军事镇压，对服从的则进行封赏安慰。如此这般一年多，突厥各小部落纷纷脱离达头控制，转投染干，达头渐成孤家寡人，西投吐谷浑，突厥大部进入染干控制范围。

用了两年多的时间办妥了这些事，归国时，适逢杨广干掉老爸杨坚，尚封锁消息，恐怕有对杨坚忠心的武将大臣不服造反。杨广与长孙晟有过并肩作战的经历，关系非同一般，看到长孙晟归来，喜出望外，立即安排他负责皇宫内外一切安全警卫事务，即时就任。

在长孙晟的鼎力维持下，杨广顺利登基。

杨广登基为隋炀帝第三年，要到塞外去宣扬武力，满足虚荣。途经突厥部落，长孙晟提前告知染干，染干将几十个突厥部落的首领召集起来，一起恭迎杨广。长孙晟先到迎接的营帐视察，发现营帐虽然搭建得雄伟富丽，帐边的荒草却并未清理，于是安排染干动手清除荒草。染干作为突厥最高领导人，亲自操刀动手，清除荒草，整修御路，所有突厥部落首领及贵族一一效仿，硬是从榆林北部至染干驻地，清除出一条长三千里、宽百步的隋代御道。突厥举国上下，为开这条御道昼夜不停，没耽误杨广如期莅临。

杨广满足了，突厥人的愤怒引发了。

以长孙晟的心机智谋，岂会想不到此举所可能引发的不良后果，但他无能为力，他不干，有人会干，后果摆在那里，不会改变。长孙晟选择了迎合，他是一个接受现实的人。

两年后，长孙晟去世。又过了几年，突厥叛乱，兵围雁门，隋炀帝叹惜说："向使长孙晟在，不令匈奴至此。"

匈奴人反或不反，都是他最高领导杨广的政策和行为所致，与长孙晟死或不死，无关。

李 密

李密也是世代贵族出身，曾祖李弼是西魏司徒，祖父李曜是北周的魏国公，父亲李宽是大隋的蒲山郡公。李密继承父亲爵位，被录用为杨广的宿卫仪仗官。某次杨广出行，于一众仪仗人员中，一眼留意到李密，觉得很不爽，退朝后安排许国公宇文述："别让那个目光炯炯的小子再当宿卫官了。"几天后，宇文述找到李密，说："以你这样聪明智慧，应以才学进入仕途，靠祖上荫德当个宿卫有什么意思？"

办事时的说话能力很重要，明明是辞退李密，李密还一肚子高兴，马上主动称病辞职，回家潜心读书。

杨素把李密带回家，一番长谈，对李密的才学见识非常欣赏，告诉儿子杨玄感："我看李密的才学识见，都在你之上，你要好好与他结交。"难得的是杨玄感丝毫没有嫉妒之心，倾心与李密结交，两个人都够得上英雄级别，英雄相惜，很快成为刎颈之交。

杨玄感某次曾与李密私下交流："当今皇上好色乱政，猜忌心重，隋朝天下只怕坚持不久了，一旦有变，你我二人谁能成就大事？"

李密回答："若论领兵出战，战之必胜，我不如你；若论统驭英雄，使远近归附，你不如我。"

这句话的意思很明白：杨玄感是大将之才，李密才是真龙天子。

杨玄感也不反感，不过在他心中，还是自己想做真龙天子。

杨素及时死去，保全了子孙富贵，杨广曾表扬杨玄感："将门必有将，相门必有相，固不虚也。"后来杨广为了一点虚荣，发兵辽东，远征高丽。第二次征高丽之时，杨玄感在黎阳督运粮草。

杨广自当上皇帝后，征突厥、征高丽、修运河、造龙舟等等，无一不是靠大隋子民的血肉之躯来支撑，在杨广穷奢极欲的虚荣路上，遍布平民百姓的森森白骨。在沉重的兵役、徭役压迫下，底层民众暗无天日，死亡威胁如影随行。

当横竖都是一个死时，造反的时机就成熟了。杨玄感审时度势，自认为良机在手，他不再为杨广亲自率领的东征大军发运粮草，而是集拢部队，传书四方，起兵反叛。起兵之前，杨玄感秘密派人持信去长安接出李密，请李密到他军中当军师。

李密如期赶到杨玄感军中，杨玄感向他问计，李密提出了上、中、下三计：上计是趁杨广大军尚在辽东，杨玄感率精骑北去，扼断杨广大军回归之路，杨广东征大军回归无路，高丽人趁势追杀，不需多日，自然溃散。中计是由杨玄感率军迅速西进，中途不攻城、不野战，兵贵神速，趁人不备，袭取首都长安，占据关中平原，进可东取中原，退可固守关陇，是为中策。下计是就近攻击洛阳，但洛阳城池坚固，防守完备，一旦战事胶着，胜负难料。

李密原先对杨玄感的判断准确，杨玄感只适合作大将。杨玄感作战勇猛，每临战阵必身先士卒，手使一杆长矛，行如闪电、声如霹雳，当者披靡，大家将其视为楚霸王项羽再世。但他大局观欠缺，不是可以成就开国大业的人，他选择了下计。

不出李密所料，洛阳城下，杨玄感虽然也屡有胜绩，但却攻不破这座坚城。各地隋军，闻讯后陆续赶来增援，眼见得要被隋军包饺子，杨玄感被迫采纳李密中计，西入关中，突袭长安。

这本来也是一条死中求活之路，偏偏在赶到陕县（现在的河南三门峡）之时，被弘农城的粮食所诱惑，屯军弘农城下，连攻三日不下，失去了宝贵的时间，被尾追的隋军追上，连番大战，连番失利，最后在董杜原（现在的陕西潼关东）决战，杨玄感完败。他与弟弟杨积善败逃途中，自知大势已去，为免被捉遭辱，让弟弟将其砍死；杨积善杀死哥哥后，挥刀自杀，没死成，被追兵抓住，连同杨玄感首级，送往隋炀帝杨广处。此前此后，杨素所有儿子或阵亡或被杀，已是一个不剩。隋炀帝不解恨，给杨玄感一家改了个姓：枭。

平定杨玄感起义后，隋炀帝杨广得出一个让人毛骨悚然的结论：天下人太多了，才会出现杨玄感登高一呼万众云集的结果，多杀一些，人变稀少了，就不会发生这样的事了。

大肆屠杀之后，杨广回到洛阳，看到街上人来人往，对左右说："犹大有人在"。那是对杀人杀少了表示不满。

遇到这样的统治者，造反，是唯一可能的活路。

起义迅速蔓延，天下一片烽烟。

董杜原一战中，李密与杨玄感的堂叔杨询，从乱军中侥幸逃得性命，跑到杨询在潼关的家中躲藏。在严酷的连坐制度下，杨询的邻居告发了他们，被当地警察逮捕，送往隋炀帝当时的所在高阳（现在的河北定县）。路上，李密向押解者行贿，趁押解者放松警惕之机，于途中住宿的土屋中，挖破墙壁，逃得性命。

一千多年前的中原大地，在杨广的极度蹂躏下，一片野草荒烟，茫茫无际，李密一个人，独行于长途之上。

他去投奔起义军郝孝德，郝孝德不在乎他；他又去投奔起义军王薄，王薄也不重视他。

长途通天，独无李密容身之处，粮尽饥饿之时，李密挖草根、吃树皮，走投无路之时，他躲到淮阳（现在的江苏清江）的荒村之中，改了个名字叫刘智远，设帐授徒，当起了教书先生，收一点干粮当学费，维持活命。如此抑郁狼狈，李密写了首五言诗，以记其怀，诗写得很好，全录于下：

金风荡初节，玉露凋晚林。此夕穷涂士，郁陶伤寸心。

野平葭苇合，村荒藜藿深。眺听良多感，徙倚独沾襟。

沾襟何所为，怅然怀古意。秦俗犹未平，汉道将何冀。

樊哙市井徒，萧何刀笔吏。一朝时运会，千古传名谥。

寄言世上雄，虚生真可愧。

诗成而泪下。村里有人看到了，找到太守赵佗举报，抓捕人员赶到逮捕时，高度警惕的李密已远远逃走。

此后，李密又逃往妹夫丘君明及游侠王秀才家，因丘君明侄子的告发，丘君明及王秀才被杀，李密再次逃走。

其时河南已烽烟遍地，处处造反，李密观察各路起义军，以瓦岗寨力量最强，于是前往投奔。有人向瓦岗寨首领翟让说坏话：李密曾跟杨玄感造反，失败了，投奔我军也不会带来好运，杀掉算了。翟让把李密囚禁在军营外，犹豫着杀或放。李密找机会，说动与翟让关系密切的义军首领王伯当，让他引荐，说服翟让效仿当年的项羽、刘邦，在杨广暴虐之时，奋起义旗，席卷中原，灭亡隋朝，再建新政。

翟让既然敢于举旗造反，就是个有雄心的人，但他的雄心，也仅止于混口饭吃，割据一方、视天下如掌中的志向，他并没有。听了李密一番话，翟让很高兴，很敬佩李密，不再把他当犯人囚禁，给予他较高礼遇，却不敢接受李密图谋天下的建议，翟让说："我造反只是为求生，您的话我做不到。"

李密去为翟让招降附近的小股义军，李密或者天生有英雄之气，或者所说道理让各义军首领衷心悦服，所说皆降，瓦岗军实力大增。翟让大喜，对李密信任有加。李密趁机献上他进入瓦岗第一计：拿下荥阳，建立起稳固的根据地，养兵蓄锐，进而争锋天下。

瓦岗军从此开始，离开瓦岗山，进军中原，成为覆灭隋朝政权、争夺天下的最有力量的一股势力。

瓦岗军在翟让与李密的带领下，先破金堤关，复攻荥阳治下各县城，攻无不克。荥阳太守杨庆与荥阳通守张须陀发兵征讨。

张须陀是隋末著名将领，剿除过多股起义部队，翟让也多次败在他手下，听到张须陀带兵前来，心惊胆颤，就要收兵回山。李密阻止了他：你只须列队迎敌，我会活捉张须陀。

翟让没办法，只好带部队列阵迎击张须陀，果然不是张须陀对手，一战即败，张须陀随后追杀。李密预先在战场后的荥阳大海寺北树林中埋伏好伏兵，突起袭击，隋军正是骄傲轻敌之时，被伏兵冲击，阵脚大乱，翟让趁机回头掩杀，反败为胜，张须陀力战而死。

此战，是李密直接指挥的第一场大胜仗，张须陀之死，对河南地域的隋军造成了巨大的心理打击，李密的威信空前提高，翟让让他自建牙帐，统帅部分兵马，号蒲山公营。李密"军阵整肃，凡号令士兵，虽盛夏皆若背负霜雪。躬服俭素，所得金宝皆颁赐麾下，由是人为之用"。李密所率队伍成为反隋义军中最有力量的一支部队。

李密动员翟让，拿下兴洛仓，开仓济民，可得贫民归附，百万之众，一朝可集，进而席卷天下，大事可定。翟让回答：我没有这么大的志向，你率军先发,我做后援,拿下兴洛仓后,我们再做商量。

公元617年春,李密与翟让率精兵七千,奇袭兴洛仓,一举拿下,开仓赈民,几十万贫苦百姓纷纷前来取粮、投军。镇守洛阳的隋越王杨侗,急派虎贲郎将刘长恭率步、骑兵二万五千人前往讨伐,李密一战而胜,刘长恭只身逃回洛阳。

设伏大海寺、奇袭兴洛仓、击溃刘长恭,三次胜仗,瓦岗军声威大震,如日中天,而这一切,都是李密一手谋划并亲自率领完成的。翟让自知能力不及,倒也憨厚,不嫉妒生事,而是主动将首领之位让出,推李密为主帅,号魏公,设坛场,李密登坛即魏公位,翟让退为上柱国、司徒、东郡公。

据《新唐书》记载,李密登坛即位之时,狂风大作,鼓荡其衣,差点把李密吹倒;登坛即位之时,狐狸在坛边哀鸣。这些记载显然都是指李密不配做真龙天子,但设若李密真能平定天下,同样的记载,又会成为李密是真龙天子的证据。

以当时的形势推论,李密最有机会灭掉隋朝,统一天下,成为开国君主。他的影响力,他的军队,他的战将谋臣,他拥有最强大的天时与人和。

但让人不可思议的是,判断力原本一流的李密,居然重蹈了杨玄感的覆辙——屯兵于洛阳城下,与洛阳城中守军,展开拉锯战。他虽然屡屡获胜,却就是无法攻下这座城池,反被洛阳所困,一而再、再而三地丧失夺取天下的良好机会。

李密的部下柴孝和,向李密献计:关中阻山带河,项羽弃之而亡,刘邦据之而兴,我认为我们不可纠缠于洛阳城下,可令裴仁基守回洛,翟让守洛口,您亲率大军,奔袭长安。百姓久苦于杨广恶政,必会主动迎接,西征之路,并无恶仗;占据长安之后,根基牢固,粮足兵强,复东出崤山,扫荡中原,传檄可定天下。现在天下英雄并起,如果我们错失时机,被他人抢先,悔之莫及。

柴孝和的这一计,就是李密当年向杨玄感所献中计的翻版,当年李密见事明白,谋划精准,不知为什么,现在李密却自己否定了自己当年的计策。否定的理由,居然和杨玄感一模一样,都是觉得出身中原的将士远离家乡,西征长安,可能会军心不稳;拿下洛阳,可以稳定人心。

为什么，仅仅作为谋士的李密可以非常准确地判断天下大势，做出极有远见的谋划；而成为三军统帅，最有力量的天下争夺者时，反而被眼前的战场所迷惑，丧失了准确的判断力？

也许，做谋士时身无牵挂、心无纠绊，灵台澄明，方能视天下大局如棋盘，每一处落子都能看得明白。大业初成，率百万将士，系天下安危之时，反而会被已经取得的胜利蒙蔽心智，眼前利益，阻挡了更长远的考量。

这样的解释也嫌牵强，总之，李密对几乎相同的一件事，前后迥然不同的判断，让人不解，也让他走上绝路。

李密放弃的机会，被太原起兵的李渊夺走。拿下长安的李渊，坐阵关中，看李密在中原大地，与隋军鹬蚌相争。

李密纠缠于洛阳城下，与隋军大战，有胜有败，柴孝和在败阵之时，溺水而死。翟让则在大胜之后，因老部下对他当初让权不满，计划拥戴他夺回权力，引起李密猜忌。翟让本人可能并无夺权之意，但李密不能不提防到翟让老部下们借此生事，最好最简便的办法，就是杀掉翟让。

李密果然这么做了。当时与李密正面为敌，本来指望李密、翟让两虎相争，他好捡便宜的隋军主帅王世充，却因此对李密更加畏惧佩服，评价说："李密聪明果敢，成龙成蛇，深不可测。"

杀掉翟让，李密随即作出最适当的安抚工作，并没因此失去军心。李密随后在与王世充的洛口决战，及与隋军的邙山决战中，大获全胜，形势大好。

公元618年，宇文化及在江都杀掉隋炀帝杨广，率军东还，在洛阳城外，被瓦岗军所阻，由此与李密展开连番大战。在与宇文化及的童山决战中，瓦岗军虽然取胜，但也付出惨痛代价。王世充趁机反扑，与瓦岗军再次决战于邙山之下，李密遭遇了他平生最重大的失败。

失败后的李密，原本想逃往黎阳，那里由他的部下徐世勣镇守。有人劝他：徐世勣是翟让老部下，当年杀翟让之时，差点把他也杀了，现在还敢去依靠他吗？

《旧唐书》对李密此时的选择及后果，有如下评价：失败后的李密，麾下尚有数万兵马，如果能够不起猜忌之心，赶往黎阳，以徐世勣为大将，以魏征为军师，此后成败之势，天下归属，未可知也！

只是，雄才大略的李密，再一次出现了致命的判断失误，他果然起了猜忌之心，不去黎阳，反奔河阳（现在的河南孟州）；在河阳又听信了柳燮的馊主意，放弃中原基业，西入长安，投降李渊。

李密是毫无疑问的天下英雄，他来投降，带动了他原来割据区域内的大部分郡县也来投降，李渊当然高兴。不过李渊并不是李密想象的那样，任用李密作宰相，只是让他作了个管理酒宴膳食接待工作的光禄卿。

以李密的智慧，他应该想得到，以他的才华智能和号召天下的影响力，李渊怎么可能安排他做政府首脑？他又怎么可能甘心久屈人下？

做了个侍奉酒宴的光禄卿，每每李渊欢宴群臣及外国使节，他就要中规中矩地做好供应和接待，这样的日子，让李密倍感屈辱。

终于找到机会，李密请求李渊放他东归，去招降中原地区他原来的部属。李渊被他说动，已经放他走了，李密行至稠桑（现在的河南灵宝），突然接到李渊诏书，让李密的部下减速行进，只让李密单骑回长安，有事相商。

这是明显不信任李密，在那种乱世，有才能之人一旦不被领导信任，只有两条路可选：反抗或被杀。

李密不甘心束手待毙，他要搏最后一把：脱离李渊，东行寻找旧部，独立称王。

《新唐书》对此有一句评论："使（李）密不为叛，其才雄亦不可容于时。"反叛，是他当时唯一可能活下去的选择。

跟他同行的人，却并无死亡危险，他们大都只想平安活下去，都不同意李密这个鱼死网破的计划，个别怕受牵连的自己跑了。李密的副手、始终对李密忠心耿耿的王伯当不跑，决定跟李密同生死、共患难，王伯当此时在历史上留下了一段感人至深的话：大丈夫立志，不以兴亡胜负而改变，我感戴您的恩德，愿以性命相报。您既然不听我们的意见，我决心跟您同行，同生共死，只怕最终不能成功。

李密、王伯当等人就地造反，唐将盛彦师以数千兵马，埋伏于熊耳山中，待李密半渡山涧之时，出兵突袭，李密与王伯当力战而死。

李密死讯传至瓦岗将士仍固守的中原地区，瓦岗将士无不痛哭，有的人哭至吐血。

李密决战洛阳之时，部下邴元真投降王世充，导致了李密最终的溃败。李密死后，旧部杜才干假装向邴元真投降，刺杀邴元真，以其首级，祭奠于李密的坟墓前。

秦 琼

自《隋唐演义》开始，所有与隋唐英雄有关的小说、演义中，开篇人物必然是秦琼，最受人尊敬的英雄也必然是秦琼，虽然他在小说演义中官不如程咬金大，武功不如李元霸高，但他是一个在任何一方面都毫无瑕疵的完人，仁、义、礼、智、信、孝、勇，他都做了个十路十，称得上是典范。

在《隋唐演义》及《说唐》等古典小说中，都将秦琼的父亲写成北齐大将；后来的评书故事中，又将其说成陈朝大将。当然，在事实上，秦琼并没有这么显赫的家世，他是平民出身。小说中拔高他家世，无非是突出将门将种而已。

演义中的秦琼虽然出身将门，父亲却为国尽忠而死，他成为孤儿，由母亲抚养长大，成为济南府历城县的一名捕快头子。

身为捕快，便负有侦缉犯人的责任。在这段经历中，秦琼任侠好义，扶危济困，救人危难，生死不避，在江湖上熬出了个响当当的名头。《兴唐传》说他是"赛长诸，似孟尝，神拳太保，双锏大将"，"锏打山东六府，马踏黄河两岸"。声名远播，江湖中好汉，无不敬仰。

捕快秦琼与另一捕快樊虎，奉命押送抓获的盗贼去盗贼原籍潞州、泽州。他们押着犯人，先去长安刑部领批文，再分头去潞州、泽州。在临潼楂树岗，遇到李渊一家被杨广一伙假扮的强盗袭击，秦琼拔锏相助，杀散贼人，由此成为李渊一家的恩人。

据《隋唐演义》和《说唐》，李渊一家被秦琼救下后，当天，李渊夫人生下在历史上大名鼎鼎的唐太宗李世民。而在《兴唐传》、《响马传》等民间说部中，李渊夫人生的是在民间大名鼎鼎的隋唐第一条好汉李元霸。

秦琼做好事不留名,救过李渊一家后,自去潞州交送犯人,却因为一时拿不到批文,交不上旅店房钱,落魄在王小二店中,受尽屈辱。所幸王小二的妻子柳氏很贤惠,暗中接济秦琼生活。无奈之下,秦琼当锏卖马,算还王小二店钱。

秦琼卖马,卖给了绿林道上总瓢把子单雄信,单雄信对秦琼仰慕之极,秦琼因为落魄,不愿与单雄信相认。秦琼算还房钱后,匆匆返回山东,不料急病来袭,倒在魏征、徐茂功(勋)主持的道观前,被魏、徐所救。单雄信听王伯当说卖给他马的人就是秦琼,立即飞马追赶,追之不见,回程在道观与秦琼相遇,遂邀请秦琼到二贤庄他的家中相聚。

单雄信的存在,则充分体现了中国百姓对急公好义、雪中送炭人物的倾慕和渴望。无论成功不成功,几乎每一个人,在他的成长过程中,都有过秦琼落难的窘迫,那种孤苦无告、无依无傍的滋味,那种急于抓到一根救命稻草、喘一口气的压力,让单雄信成为人们心中最大的渴望。

所有与隋唐英雄有关的小说、评书中的单雄信,是"义薄云天"这个词的形象诠释,在民间演义中唯一可以与他匹敌的,只有那个成了神的关羽关云长。他最后独踏唐营,被人活捉,因为兄长死于李渊之手,其仇不泯,决不投降,被处死。死前,各位结义兄弟(瓦岗群雄)一一与他辞别。

当然,在真实的历史上,虽然秦琼与单雄信的确同为瓦岗军大将,估计两人交情也不错,远没到同生共死的份儿上。单雄信被处死时,原瓦岗军将领也的确为他求过情,只是在打江山的棋盘上,人情淡如轻烟。

在二贤庄与单雄信相聚一段时间后,秦琼起程回山东,行至皂角林,在店中误伤人命,又是单雄信全力打点,最后判为充军发配北平府。去往北平府路上,秦琼有个长辛店打擂,结识了史大奈等一伙热血兄弟。到北平府后,秦琼二堂认姑,北平王罗艺成了他的姑夫,罗成成了他的表弟。

在民间隋唐故事中,名气影响绝不亚于秦琼的著名帅哥罗成,在历史上查无其人,倒是被安排为他爹爹的罗艺,历史上确有其人,并且确实武功高强,为隋之虎贲郎将,镇守北平,隋末大乱之时,割据北平,称霸一方，后降于唐，屡立功勋，被赐姓李。却因为他系太子李建成一党，李世民玄武门政变之后，被逼造反，后死于手下将领之手。

在北平姑母家盘桓一段时间后，秦琼回家。不久后，发生了程咬金劫皇杠之事。秦琼在侦缉过程中，知道程咬金是自己的世交、发小，于是冒程咬金之名去找靠山王杨林，企图以自己的死消掉这桩案子，换取程咬金的生。

不想杨林是个爱才之人，识破秦琼冒名之事后，不但没杀秦琼，反认秦琼为干儿，给他龙票龙签（可凭此调动天下兵马），让他继续抓捕劫匪。

不久后，秦琼母亲大寿，天下英雄纷纷前来祝寿，贾家楼四十六友义结金兰（《说唐》中是三十九友，其他说部中多为四十六友），秦琼义字当头，当众将龙签劈碎，龙票烧掉。

此后，群雄反山东，走马取金堤，会兵瓦岗山。以秦琼为主角的隋唐故事，至此演变成没有了主角的群雄演义。

在民间的隋唐故事里，秦琼是天下第十六条好汉，罗成是天下第七条好汉。极其欣赏秦琼的那个杨林，则是天下第八条好汉。

历史上并没有杨林这个人，倒是有一个杨义臣，是隋朝末年的名将，先后平定多路反王。如果说杨林有原型，这个原型就该是他了。在民间的隋唐故事中，杨义臣也有亮相，他摆了个铜旗阵，与瓦岗英雄为敌，秦琼在破阵时大发神威，"三铜倒铜旗"，杨义臣无奈自杀。

《新唐书》、《旧唐书》都有秦琼的传记，他的确是隋唐之际名闻天下的一员勇将。只是他仅仅限于勇将，从来不是独当一面的元帅，在瓦岗军中，他是李密的卫队长，也不是瓦岗元帅。

秦琼字叔宝，山东历城人。在隋末群雄并起之前，他就已从军，在大将来护儿帐前任底层小军官。秦琼母亲病故，来护儿派专人去秦琼家中吊丧，别人不解，来护儿解释说：秦琼勇悍有志气，日后必当自取富贵，岂可以卑贱视之。

真实历史上，如此看重秦琼的来护儿，则是杨广最重视的名将，他指挥过围攻高丽平壤，宇文化及江都兵变杀死杨广之时，来护儿奋勇抵抗，为隋炀帝杨广捐躯牺牲。

后来隋末大乱，群雄并起，此时的秦琼，隶属于齐郡通守、河南道十二郡讨捕大使张须陀帐下。大业十年（公元 614 年）十二月，张须陀率部征讨卢明月起义军，其时卢明月有众十万，张须陀仅万人，连续作战十余日后，众寡不敌，张须陀兵行险招：率主力部队退却，留下千名士兵埋伏好，待卢明月率军追击之时，趁虚夺取卢军大营，张须陀率军反攻，两面夹击，反败为胜。但谁也没把握一定能以千名士兵迅即攻破卢明月大营，若卢明月及时回援，被夹击的就是埋伏部队。

在成功与失败的概率间一权衡，众将均默然。只有秦琼和罗士信毅然请命，率军做埋伏。

在突袭卢明月大营之时，卢明月留守部队早有防范，眼见得埋伏部队要被拒于营栅之外成为卢明月起义军的饺子，秦琼、罗士信奋起神威，勇攀营栅，越墙而入，终于在卢明月回援之前，拿下卢军大营，与张须陀前后夹击，大败卢明月。

与秦琼一直攀过营栅的罗士信，在隋唐民间演义中，是秦琼的干弟弟，隋唐四猛之一。

秦叔宝一战成名，随后跟随张须陀奋斗在镇压起义军的战场上，攻无不克，战无不胜，所向披靡。无奈将军虽勇，皇帝昏庸，起义军越剿越多，越杀越强，至大业十二年十月，张须陀与李密领导的瓦岗军在荥阳大海寺决战，中了李密的埋伏，为掩护部下脱身，张须陀力战而死。

张须陀的为人，非常类似于隋唐演义小说中的秦琼，仁善义气，得到部下士卒的忠心爱戴，他死后，"所部兵昼夜号哭，数日不止"。

在那昼夜号哭的人群中，应该会有秦琼的影子。随后，大隋朝廷派裴仁基来接管张须陀的部队。

在民间的隋唐故事中，裴仁基有一个著名的儿子，叫裴元庆，是隋唐第三条好汉，他手使亮银锤，长相小帅哥，武功仅次于李元霸和宇文成都。事实上裴仁基有子裴行俨，的确骁勇善战，被称为"万人敌"，后来他们父子均死于王世充之手。

像演义小说中所说一样，裴仁基父子不满朝廷监军行为，投降了瓦岗军。秦琼便是在此时，跟着成为瓦岗战将，被李密知人善用，任命为自己的卫队头子：骠骑。与他一起被任命的，还有程咬金。

秦琼之于李密，有点类似于典韦、许褚之于曹操，赵云之于刘备。能到这个位置，都是超一流战将。任职之后的第二年，李密与宇文化及童山决战，最初的局面极其不利，李密亲自上阵杀敌。史书中讲过李密读书，从没提过他的武功，他的武功确实稀松平常，一只流箭射掉了他勇破敌阵的梦想，李密栽下马来，昏倒于地，宇文化及部队蜂拥上前，李密的卫士们搞不清领导死活，战意大减，纷纷散去。危急关头，是秦琼挺枪跃马，舍命护主，以一人之力，抵挡住宇文化及千军万马的冲锋。好在李密及时苏醒，重上战马，卫士们在秦琼的感召下，重新聚拢在一起，奋勇杀敌，终于将宇文化及军队杀退。

童山决战，若无秦琼的舍身救护，李密早已命归西天。但取得童山决战胜利的李密也没高兴几天，在随后与王世充的北邙山决战中，被胜利冲昏头脑的李密过于轻敌，招致大败，一败而不可收拾，如日中天的瓦岗军，就此冰消瓦解。秦琼投降了王世充。

王世充对秦琼极为重视，封为龙骧大将军，比李密那个骠骑好听多了，但此时的隋末群雄逐鹿，已过中盘，天下大势，渐有分晓。王世充的禀赋品性，远不是一代开国之君的模样，独霸关中后出兵东征的唐王朝，渐显王霸之相。乱世英雄，捐躯舍命，无非是要搏个好前程，经过比较、权衡之后，秦琼毅然做出决定，叛王归唐。他是在王世充的郑国军队与唐军对峙之时，阵前倒戈，跃马投唐，但对王世充还是表达了感谢之情。

民间演义中，瓦岗散将之后，秦琼也是先被王世充笼络，后在徐茂公的劝说下，向唐军投降，与史实差距不大。

秦琼投唐之后，被李渊分配到李世民手下，在那里，李世民安排秦琼干的角色也是个卫队长。

民间演义中，古代的两军作战，主要是斗将。那大都是臆说。但古代两军相对之时，一方派出精锐之士，到阵前耀武扬威一番，以打击敌方士气，振作己方精神，还是常有的。每在此时，李世民总要派出秦琼，跃马挺枪，直冲敌阵，于万千敌军中，将出阵炫耀的敌将斩杀。

于万军丛中，取敌将首级，说起来威风八面，事实上惊险万分，秦琼身上，大创小伤，比比皆是。李渊知道后，很感动，公开说了这么一句话:"朕肉可为卿用者,当割以赐卿,况子女玉帛乎!"

秦琼肯定不会也不敢要李渊的肉,秦琼也肯定会为李渊的这句话而感动不已,而忠心耿耿。

平定各路反王后,玄武门之变前,李渊给秦琼的封号是:翼国公。

玄武门之变,秦琼作为秦王李世民的手下大将,虽然没有直接参加战斗,李世民登基成为唐太宗,秦琼仍然被加封为左武卫大将军。

跃马疆场,冲杀于千军万马,取敌将首级如探囊取物的历史已经远去了,秦琼闭门家中坐,尽享拼搏得来的晚年清福。在对往事的无限缅怀中,以往战场上得来的伤势一一发作起来,秦琼自己计算,一生大小二百余战,负伤不计其数,"出血亦数斛矣,安得不病?"

秦琼做了十多年的病人,于贞观十二年(公元638年)去世。他绝对想不到,他英雄的一生,在后世,会从史册中走出来,在万千民众的口耳相传中,成为另一个样子,生动鲜活,纵横于天地之间。

程咬金

程咬金历史上实有其人,与秦琼一样,是隋末唐初的一员勇将,他与秦琼的关系确实也很好,很多时候,他们同进同退,同任一样的职务。在民间,他与秦琼的影响力也大致相当,只是,这影响力也与秦琼一样,不是来自于真实的历史,而是来自于民间的演义故事。

有关程咬金的民间俗语有不少,例如:半程上杀出个程咬金,程咬金的三斧头,程咬金做皇帝——当不得真,程咬金拜大旗——众望所归,程咬金上阵——就那三板斧,程咬金的斧子——头三下,等等。还有人把关羽拉来与程咬金配对:关羽与程咬金比武。歇后语是:大刀阔斧。这就有点猜谜的意思了。

演义中的程咬金也是将门之后,他父亲与秦琼的父亲交情甚好,他和秦琼也是幼年时的玩伴。后来国家破灭,两家寡母幼儿各自逃难,人海茫茫,居然都逃到济南府的地界。

程咬金是私盐贩子出身,这在民间广为人知,后来被官府抓起来,关了好几年，他娘在家里，眼睛几乎哭瞎了。从监狱里出来后，程咬金听娘的话，不贩私盐了，改卖耙子。又因为他这个人貌相凶恶，赶集一天，一只耙子也卖不出去，闷闷不乐中，他去酒店喝酒，吃饱喝足，没钱给，用耙子顶帐，人家不同意，程咬金勃然大怒，撸胳膊挽袖子就要打店，被店主劝住。

这个店主叫尤俊达，原是绿林豪杰，归天下绿林总瓢把子单雄信管，抢足了钱后，洗手不干，回家当起了庄主员外。刚刚打听到靠山王杨林要向京城长安运送一批皇杠，想着私自劫下来，又感觉势单力薄，看到程咬金的勇气和身手，就劝住程咬金，跟他交朋友，拜把子，诱导程咬金跟他一起劫皇杠。

程咬金那三斧子武功，就是为准备劫皇杠而学的，有些演义神化为梦中得仙人传授。

凭这三斧子，程咬金劫下皇杠，身为地方捕头的秦琼，三探武南庄（尤俊达的庄园），与程咬金相认。为了保下世代交好的幼年好友，义薄云天的秦琼扮成程咬金的模样，去杨林的驻地登州销差，满心想着以自己的死换取程咬金的生，不想杨林爱才心切，不但不杀他，还认他为义子，给他龙票龙签。

此后天下英雄给秦母拜寿，贾家楼上，程咬金提出要跟秦琼归案。秦琼当众烧掉龙票龙签，群雄结义，反山东，走马取金堤，准备投奔瓦岗寨。瓦岗寨寨主翟让不怎么情愿接纳这班人，两方比武，程咬金靠他那三斧头，打服了翟让，顺利进入瓦岗寨。然后大家计议成立大魔国，决定谁当大魔国皇帝时，立了杆大旗，大家轮流下拜，谁能把旗子拜上旗杆顶端，谁当皇帝。结果谁都拜不上去，只有程咬金把旗子拜了上去，于是众望所归地成为皇帝。

拜旗之前之后，还有程咬金探地穴，得皇袍玉玺的故事。总之都是说程咬金兵权天授，该当几年莫名其妙的大魔国皇帝。

与秦琼一样，程咬金在民间演义中最光彩照人、最有传奇色彩的故事，基本都发生在聚义瓦岗山、成立大魔国之前。这段时期的秦琼是仁义礼智信勇的化身；程咬金身上则集合了小市民的优缺点，他憨直、鲁莽、勇敢、仁义，同时却又狡黠、耍小聪明、怯懦、不讲义气。他因为看不惯单雄信总瓢把子的地位，屡次三番挑拨武功比单雄信高的罗成，促成他们两个人的矛盾、打斗，自己在一边看的兴高采烈，浑不顾面临的局势如何需要同舟共济、万众一心。被人揭露后，又推三阻四，栽赃嫁祸，毫无英雄好汉的气度。

就是这么个人，被民间大众以口耳相传的方式，推举为瓦岗寨大魔国皇帝，说明他的小市民习气深得民心，大家可以取笑他，心里却因为这取笑而倍感亲切。

当了大魔国皇帝的程咬金，便基本不再上阵施展他那三板斧，隋军屡次来剿，均由秦琼、徐茂功等人对阵设谋，一一退却。在裴仁基父子率兵围攻瓦岗寨时，程咬金还喜娶新妇裴翠云，成了裴仁基的女婿，把隋唐英雄中天下第三条好汉裴元庆变成自己的小舅子。

后来瓦岗军散将，程咬金和秦琼一起被单雄信招请到王世充的洛阳，此时单雄信已成为王世充妹夫，热切盼望两位能同保洛阳。程咬金、秦琼看出王世充非创业之主，但秦琼恪于单雄信的潞州大恩，犹豫不决，在已经投唐的徐茂公策反下，程咬金坚持离开，终于把秦琼也带走了。

投唐之后，秦琼的故事基本终结了，程咬金则继续容光焕发地继续着他的传奇生涯。民间演义里，他一生共经历了隋文帝、隋炀帝、唐高祖、唐太宗、唐高宗、武则天、唐中宗、唐睿宗八朝，活足了一百二十岁，是一员有福多寿的福将。在后来的故事中，他不再是主角，而是作为一个重要的配角出现，秦英征西、罗通扫北、薛仁贵跨海征东、薛丁山樊梨花欢喜冤家、薛刚报仇等等经典传统演义小说中，程咬金作为父祖辈，一直混在子孙辈的军队里插科打诨，直到薛刚复唐，打开铁丘坟，程咬金才在大笑声中去世。

在中国的演义小说中，程咬金式的人物一直很有市场，如三国时期的张飞，杨家将队伍里的孟良、焦赞，岳家军中的牛皋等。他们给英雄演义增添了许多笑料，相比起他们所陪衬的主角，他们都不够高大完美，身上的缺点一望即知，却也因此更加亲民，均成为中国文学中的不朽形象。

历史上真实的程咬金，另有个文绉绉的名字，叫程知节，《旧唐书》、《新唐书》中关于他的列传，也都写作"程知节"。但这个程知节是他后来扬名立万了才改的,他出身之时,就叫程咬金,后世百姓,也只认他这个程咬金。

程咬金是东阿县人,是一个武功很高的人,不是像演义中那样只有三板斧的能耐。他手中的武器,也是类似长枪的马槊,不是板斧。中国历史上真实的战将,大多用长矛以及类似于枪矛的武器,像板斧这样的兵器很少见。

演义评书中,武功非常高的人大多使锤,如隋唐天下第一条好汉李元霸等,岳飞传中的岳云就手使双锤,八大锤大闹朱仙镇是评书中的经典,在《宋史》中,这是真实存在的,《宋史》还给出了岳云两柄锤(椎)的重量:八十斤。

手使马槊的程咬金在乡里很有影响力,隋末群雄并起,程咬金号召乡里子弟,结众共保乡里。

世道越来越乱,乱兵如林,一个小小村镇很难自保。程咬金审时度势,于大业十三年(公元616年),投奔了当时最有前途的造反军瓦岗军,与秦琼同时,成为李密的卫队长:骠骑。

李密与宇文化及的童山一战,靠秦琼的英勇,李密没有丢命,并反败为胜,击败宇文化及。但杀敌一千,自损八百,瓦岗军精锐,也损失殆尽。王世充看准时机,率领洛阳城中最后的精锐力量二万人,出城与李密决战。

两军战于北邙山下,瓦岗军大将单雄信部,首当其冲,成为王世充的进攻对象。激战之下,单雄信部渐渐不支,李密急派程咬金和另一勇将裴行俨前往增援。

在演义小说中,裴行俨的名字叫裴元庆,是隋唐间第三条好汉,长得漂亮,武功更高。真实的裴行俨也是一员勇将,被人呼做"万人敌",可惜他的武功未及施展,就被王世充部队的一支冷箭,射下马来,昏了过去。

当时的形势很混乱,单雄信部已支撑不住,纷纷逃命,程咬金、裴行俨领来的增援部队被败军冲击,再被王世充部队冲击,也纷纷溃退。掉落马下的裴行俨没人护卫,眼看就要被王世充部队围上来砍死。

程咬金在此时表现出了他的勇猛和义气,他冲上前杀散王世充的战士，将裴行俨抢到自己马上，一马两人，边战边退。

乱军之中，一个人逃命都未必能躲得过追杀，一匹马驮两个人，根本跑不起来。追兵追到程咬金身后，一槊刺过去，居然把程咬金刺了个对穿。

被穿透了的程咬金不仅没有畏惧恐慌，反而激起无边的斗志，他回过身，硬生生地将钉在他身上的长槊樾断，力挺长矛，将敌人刺死。

此时的程咬金一定威风凛凛如天神降世，身上那个咕咕冒血的大洞更平添了狠辣之气。他仍然是一马双人，慢慢撤退，蜂拥而至的王世充部将士，却只能心惊胆颤地目送他远去，再没人敢上前去与他搏斗。

程咬金与秦琼的勇悍，挽回不了大部队的败局。李密领导下的瓦岗军，终于在如日中天之时，落败于北邙山，随即瓦解。无处可去的程咬金与秦琼投奔了王世充。

王世充非常欣赏这两员勇将，待他们甚厚，又是程咬金说服秦琼："世充器度狭浅，而多妄语，好为咒誓，乃巫师老妪耳，岂是拨乱主乎？"动员秦琼与他一起叛王降唐。

在王世充的郑军（王世充称帝建立郑国）与唐军列阵对峙之时，程咬金与秦琼阵前归唐。这两个人非常君子风度，他们脱离郑军战阵，并不快速逃跑，而是在很近的距离内，向王世充行礼，说："这段时间来，非常感谢您的厚待，也盼着能有机会报答，但您性格猜疑，又偏听偏信小人之语，所以我们不能再在这里待下去了，现在向您告辞。"

说完话，程咬金、秦琼"于是跃马与左右数十人归国（唐），世充惧，不敢追之"。

在玄武门之变前，程咬金得到的封号是宿国公。他这个宿国公和秦琼的那个翼国公，都属于秦王李世民一系，与李建成的太子党，水火不容。李建成计划一一翦除李世民膀臂，就去李渊面前进谗言，李渊听了大儿子的话，调程咬金出任康州刺史。没想到这成了太子党与秦王党摊牌的一针激化剂，程咬金对李世民说："您的左右臂膀现在已被一一翦除，就轮到您了，我就算死，也不会离开您，只盼您能早定主意。"

箭在弦上，不得不发，玄武门政变迅即爆发。

除掉太子党后，李世民逼退老父，登基成为唐太宗，论功行赏，程咬金成为右武卫大将军（秦琼是左武卫大将军）。

程咬金虽然没有小说演义中活得那么高龄，但比老战友秦琼活得长多了，唐高宗朝代，他还活着，并且还有机会担任元帅（葱山道行军大总管），率军西征西突厥。

当时程咬金手下有两员副将，一个叫苏定方，一个叫王文度。在民间的隋唐故事演义中，苏定方是一个大反派，是他设计射死了白袍小将罗成，后来死于罗成之子罗通手里，大快人心。但这是纯粹的无中生有，颠倒黑白，历史上的苏定方是唐军名将，智勇双全，且深具仁义之风。正因为他过于优秀，引起王文度的嫉妒，苏定方提出正确的战略主张，王文度都横加指责。按说程咬金久经沙场，不难判断出谁更有道理，然而古怪的是，程咬金每每都要听王文度的无厘头主张，否定苏定方的正确建议。

最让人叹惜的是，有一座胡人之城怛笃城，主动开门投降，而王文度提出屠城，既可冒充军功，又可抢掠资财，大家分分。苏定方坚决反对，指出：我们出兵西域，本为灭贼，现在屠杀主动投降的城池，不是自己作贼吗！

程咬金不听苏定方的，下令：屠城。

抢到的所有资财，只有苏定方一个拒绝分享。

难道，程咬金屠城之令，就是为了分得一份儿厚重的战利品吗？

对主动投降的怛笃城的屠杀，那城中数千胡人无辜的鲜血，洗去了程咬金一生的光彩和辉煌。程咬金作为名将的一生，就这样定格在完全失去人性的屠杀中。

王伯当

这一节以王伯当命名，集中介绍一下民间演义传奇中的隋唐英雄，以及他们在历史上的真实经历。

之所以选择了以王伯当为群雄总冠名，仍是有原因的，那就是：忠义。能够进入这部中国战争史名将系列的开唐名将，仅寥寥数人，不能入列的名将中，战功、影响大于王伯当的，比比皆是，但论起在真实历史上真实的忠肝义胆，则无一人可与王伯当相匹。

在民间演义里，王伯当姓王名勇，字伯当，有个外号叫勇三郎，枪法（《说唐》中是画戟）厉害，箭法也厉害，是所谓东西南北中天下五路绿林南路总头领，他有一个形影不离的搭挡，叫谢映登，外号神射手。

在民间演义里，王伯当是个龙套角色，他武功不低，却也没进入天下十八条好汉的排名榜。他在秦琼的大多数故事里（包括落难潞州府、长安闹花灯）都出头露面，在瓦岗寨故事中，他也是随时在侧的龙套，五打瓦岗寨、会战四明山，都有些他的戏份，但他在哪一段故事里，都没混成主角，甚至不是重要的配角。整个隋唐英雄传奇中，以他为主角上演的戏份，仅有"虹霓关"（也写做"红泥关"）一出，在这出戏中，王伯当又是一个薄情寡义、凉薄残忍之人，他辜负了情深义重的东方氏女士，亲手杀死为他献关投降的东方氏。

虹霓关前，王伯当薄幸。断密涧前，王伯当则将君臣、兄弟之义，演绎得淋漓尽致。

李密于走投无路之时，找到翟让，翟让把他当成杨玄感逃将，囚禁起来，犹豫着要害他性命。是王伯当去找翟让，转述李密的志向，以及指出瓦岗军日后的出路，这才使翟让转疑为喜，释放李密，给了他成就大事的机会。

李密杀翟让，而丝毫未动摇瓦岗军军心，也是王伯当力挺李密。翟让死后，王伯当与名将徐世勣、单雄信一起，分领翟让原部众。

李密兵败北邙山，瓦岗军崩溃，李密又跑到王伯当面前，说："兵败矣，久苦诸君！我今自刎，请以谢众。"王伯当紧紧抱住李密，阻止他自杀，痛哭至嗓音嘶哑。李密决定西投李渊，深怕王伯当不愿意，特意单独问他："你现在家室人数众多，怎么方便与我同行呢？"王伯当回答："当年汉高祖刘邦讨伐项羽，萧何率家族子弟从军征战，我一向只恨不能全家人都跟您出征，深以为愧，岂会因为您现在一时失利，就弃您而去。您到哪儿我跟到哪儿，就算丧身荒原，也甘心情愿。"

投唐之后，李密因为李渊对他的不礼貌，叛唐东归，王伯当分析形势，苦苦劝阻，李密不听，王伯当毅然决定，随李密赴汤蹈火。做出这

个决定之时,王伯当说了一段话,原话如下:

"义士之立志也,不以存亡易心。伯当荷公恩礼,期以性命相报,公必不听,今只可同去,死生以之。然终恐无益也。"

历史上,说这类漂亮话的人没有亿万,也过千万,千古兄弟表率桃园三结义的刘关张,也未能做到结义誓词中的"但求同年同月同日死"。只有王伯当,以生命践行了他的这段话,在"陆浑县南邢公岘之下"(《新唐书·李密传》云。《旧唐书·盛彦师传》谓"熊耳山南"),唐将盛彦师设伏,王伯当奋战之下,与李密同时殒命。

如何说即如何做,明知"无益"必死,为义不避不躲,以生命诠释忠义——

王伯当,隋唐间第一伟丈夫!

在历史上,是盛彦师干掉了王伯当;在民间演义中,盛彦师则是贾家楼四十六友之一,王伯当的拜把兄弟,也是天下绿林中黄河两岸的总头领。

历史上的盛彦师则是隋朝官吏,从李渊造反,斩杀李密、王伯当后,镇守熊州,后与造反军徐圆朗(原为李密部下,李密败后归附窦建德)作战被擒,誓不投降,徐圆朗也不难为他。然而唐军平定徐圆朗后,回归政府的盛彦师,却被唐政权毫无理由地杀掉。

天下五路绿林中,还有一个值得一说的,就是"大刀王宣王君廓",有些评书中,把王君廓说成王君可。这是个按照关羽的形象塑造出来的人物,家住河北任邱县五柳庄,是北路绿林总头领。

按评书中的说法,王君廓长得像关羽,刀法像关羽,武功也极高,比天下绿林总头领单雄信要高一些,只是在瓦岗军事迹中,基本没他什么事,辜负了演义评话中的形象。

历史上的王君廓,《旧唐书》无传,《新唐书》有传——并州石艾人(现在的山西平定),自幼便为孤儿,确实成了盗贼,当地人都很讨厌他。如果没有后来的天下群雄并起,他也许一辈子就是个流氓混混了。杨广给他制造了造反的机会,王君廓就召集一伙人扯旗造反。造反之初,他动员叔叔跟他一起干,叔叔安于舒适幸福的小家庭生活,不同意。王君廓就设计诬陷邻居与婶婶通奸,然后义愤填膺地报告叔叔,两个人一起把无辜的婶婶杀死，幸福的小家庭消失，命案在身，不由得叔叔不跟王君廓舍命造反。

单打独斗一段时间，王君廓判断天下大势，瓦岗军最强，于是投靠李密；李密并不重视他，于是王君廓投奔大唐李渊。在后来的洛阳之战中，王君廓创造了以十三人破敌军万人的辉煌战例，受到李渊特别嘉奖。

与窦建德作战，王君廓发愤大呼，至鼻耳皆流血，此人的武勇猛烈，可见一斑。

王君廓终究文化不足，上阵是猛将，天下太平后，做官就显露出他出身盗贼的本质，屡有不法行为，被人参劾，召往京师长安。王君廓内心恐惧，行至渭南，北投突厥，路上被乡民杀死。

不知王君廓的叔叔后来如何，若他婶婶在天有灵，可能会说出"老天有眼"四个字。

王君廓武功很高，但在隋唐故事里，他并没能排到天下十八条好汉的行列中。不过这么说也不够准确，隋唐十八条好汉是《说唐》中提出来的，但《说唐》这部书中，就没明确这十八条好汉到底是谁，后来的评书、小说、故事，也继承了十八条好汉的说法，却也都没个明确排名。

前十条好汉还是有排名的，抄在下面：第一条好汉李元霸，第二条好汉宇文成都，第三条好汉裴元庆，第四条好汉雄阔海，第五条好汉伍云召，第六条好汉伍天锡，第七条好汉罗成，第八条好汉杨林，第九条好汉魏文通，第十条好汉尚师徒，第十一条好汉新文礼（就是在传奇中与王伯当生死冤家的东方氏前夫，又写作"辛文理"）。在整个隋唐故事中，称得上第一男主角的秦琼，是第十六条好汉；并列男主角一号的程咬金，则榜上无名。

这一大群好汉中，只有秦琼和裴元庆（真名裴行俨）称得上名符其实，一代勇将，其余则大多于史无征。名列天下第一条好汉的李元霸，四明山一战，十八路反王百万雄师，不够他双锤打的，《说唐》中用了"犹如打苍蝇一般"形容。天下无人收拾得了他，惹动天怒，以雷霆将其劈死。这个人在历史上是有的，是李渊的第三个儿子。李渊还没来得及造反就病死了，他活着的时候，李元霸是个能言善辩的聪明孩子，至于他是什么时候、为什么演变成了隋唐第一条好汉，真是想也想不明白。

名列天下第二条好汉的宇文成都，使一柄凤翅鎏金镋，号称无敌将，是忠心于杨广的第一勇将，在与天下第一的李元霸对决中丧生。这个人，以及在秦琼闹花灯经典桥段中有过戏份的宇文成惠（宇文成都的弟弟），都是纯粹无中生有，由民间艺人创作出来的人物。

隋唐好汉中著名的英俊小生——第七条好汉罗成，历史上并无其人。演义中射死罗成、最终死于罗通报仇之手的大反派苏定方，则实有其人，他是程咬金任统帅西征突厥阿史那贺鲁的部队中，唯一坚持正义的将领，光明磊落、人性焕发。程咬金不听他的话，落得个灰头土脸，葬送了一世英名。一年后，苏定方任统帅，再征西突厥，生擒阿史那贺鲁；后来西域三国联合反叛，又是苏定方统军出征，平定西域。直到他六十九岁，犹挂帅出征百济，击败百济及日本军队，生擒百济王及太子。是为初唐名将，常胜将军。

按军功论，苏定方的功劳约略与薛仁贵相当，但在民间演义中，薛仁贵以及薛家将功高参天，英风盖世。

单雄信是所谓天下五路绿林总头领，家住山西潞州二贤庄，他的武功却不够高，只是义气第一，在民间的隋唐英雄中，光明磊落，义气感人。

真实的单雄信是山东曹州济阳人，自幼习武，功夫很高，翟让创立瓦岗寨后，他马上拉队伍前去投奔，成为前期瓦岗军的主要将领。

李密到瓦岗后，很快确立了领袖地位，计杀翟让之时，翟让的心腹大将徐世勣、单雄信都随同在座。变生肘腋，前任领袖翟让在眨眼间被钢刀砍倒，徐世勣和单雄信同时做出反应：徐世勣回身向帐外跑去，单雄信立即跪倒求饶。

这两个人都是一代名将，为人也一向以忠义勇敢著称，但就在故主的尸体、鲜血前，一个选择逃，一个选择降。

李密没难为这两员名将，给了他们充分的信任：翟让旧部就由二人外加王伯当分领。

及至李密兵败北邙山，手握精兵的单雄信并不出兵救援，促成了李密无路可去后归降大唐，旋即叛离身亡的结果。仅就这件事来说，似乎是为翟让报了仇。

单雄信不是个打天下的领袖,只能做名将,他随后投降王世充,成为王世充的心腹大将。武德三年(公元620年)七月,李世民与王世充对垒期间,李世民领五百锐骑,外出观察战场形势时,被王世充和单雄信发现,单雄信一马当先,冲开李世民卫兵,眼看着就要把李世民报销到马槊之下。

如果单雄信成功了,就没有了贞观之治。历史改写,单雄信在改写的历史上也许会有个辉煌的传记。

可惜李世民手下有个尉迟敬德,此人的武功明显比单雄信高出一截,由此上演了一出著名的"单鞭夺槊"的好戏。唐军反败为胜,反把偷袭的王世充部队一举歼灭。

结局在此前介绍过,洛阳陷落,单雄信被杀。

天下五路绿林中,各路总头领并没全部在演义评书中出现。王君廓之外,还有个东路总头领很出名,他出名既不是因为他的武功,也不是他主持过什么大战阵,主要是沾了程咬金的光——是他招约程咬金劫皇杠的。他叫尤俊达。

在演义传奇中,劫皇杠之前,尤俊达就已金盆洗手退出绿林了。看到大宗财富,又起贪心,单独抢劫,是很犯忌的事,特别失信于绿林朋友。所以在演义小说中,尤俊达并不是个上流角色。

在真实的历史上,尤俊达姓牛名秀,字进达,也是个跑龙套的角色,新旧唐书,都没有他的列传。他在秦琼、程咬金阵前辞别王世充,跃马降唐之时,第一次出现在史书中,是跟随秦琼、程咬金降唐的几十人之一,这说明尤俊达确实是瓦岗寨旧将,只是不够分量。

尤俊达可能是个慢热型的人,在如日中天的瓦岗众将渐次凋零之后,他居然渐渐冒出头来。他在贞观早年,以邗江府统军的身份,平灭少数民族叛乱,立下大功。后来他又随名将侯君集出征吐蕃、高昌,至贞观后期,在出征高丽的过程中,再次立下大功。最终,他的官做到玄武门事变后程咬金因立了大功才得到的右武卫大将军、琅琊郡公。

尤俊达曾跟随出征的名将侯君集,也是贾家楼四十六友之一,是个鼓上蚤时迁式的人物,齐彪、李豹等绿林豪客炫耀给秦母上寿的珍珠灯,被他偷了去。但后来的瓦岗寨故事中，基本没有他显身手的机会。

历史上的侯君集不只不是个神偷，且跟瓦岗寨没有任何关系。他"以材雄称"，一出仕，就成为李世民的幕府，"从征讨有功"，玄武门击杀李建成，他立了大功，李世民登基后提拔他为左卫将军、潞国公。

贞观八年（公元634年），侯君集随李靖征讨吐谷浑，立有大功。贞观十三年、十四年，他独率大军，灭掉高昌。不过他灭了高昌之后，并没受到嘉奖，反因私掠财物，被人告发下狱。这让他心怀不平，萌生反志，进入太子李承乾的谋反阵营，被唐太宗一网打尽，砍了脑袋。

民间流传的瓦岗英雄中，还有一位又勇猛又犯浑的莽撞英雄，叫罗士信，他是秦琼的干弟弟，却没有进入贾家楼四十六友名单。在隋唐传奇中，他有时候被列入"三猛"，有时候被列入"四猛"，他都排名第一。有些说他用锤，有些说他用棍，力气仅次于李元霸，可以一对一地与李元霸大战一段时间。

历史上的罗士信确是秦琼的老乡，同为历城人，他十四岁投军，与秦琼同为张须陀帐下勇将。张须陀战死后，他与秦琼一道由裴仁基接管，投入瓦岗寨。后被王世充俘虏，再后来投归李唐。

罗士信不是浑人，他智勇双全，他为裴仁基办理后事，说：我死后，一定要埋葬在裴将军一旁。后来与刘黑闼作战，王君廓守城不力，罗士信替他守城，终于城破被杀。评书故事中，说他是跟随王君廓长大，秦琼见而爱之，将他从王君廓身边要走，并结义为兄弟，看来是有原因的。

秦琼还有个著名的故事，长辛店打擂。那个立擂的擂主叫史大奈，他与秦琼不打不相识，结为好友，后来随罗成去为秦琼母亲上寿，也进入贾家楼四十六友名单。

史大奈的武功不算高，在瓦岗寨一众战将里，是个跑龙套的角色。除了在秦琼打擂一段戏文里，他成了主要配角外，在其他所有瓦岗英雄故事里，几乎都是个没脸可露的人物。

历史上真实的史大奈，原名叫阿史那太奈，是个突厥人，随着他们的可汗入隋，成为隋军将领，后来归顺李渊，在李唐建国的过程中，屡立战功，被赐了个汉族姓氏：史。李世民登基后，他是禁卫军将领，可见李世民对他的信任。后因病去世。

柴 绍

柴绍也是民间演义中的贾家楼四十六友之一,但他没参与反济南、上瓦岗。在隋唐英雄群体中,他是个不起眼的配角。隋唐英雄故事里,他给人留下最深的印象,是在大闹花灯的章节中,他在长安街头猜灯谜、玩蹴鞠的举止,俨然一个翩翩浊世佳公子,却与武功无关。硬要找个人比一比,与梁山上的燕青有点相似。

不过与燕青比,柴绍的出身要高贵得多,他是晋州人(现在的山西临汾),出身世代公卿之家,爷爷柴烈,是周朝骠骑大将军,历任遂州、梁州刺史,冠军县公,父亲柴慎,入隋为太子右内率,钜鹿郡公。柴绍自幼习武,矫健敏捷,勇猛过人,任侠好义,名播关中,李渊也在大隋朝廷内任职,慧眼识才,将女儿(后来称帝后封为平阳公主)嫁给他。

在隋唐故事中,柴绍露面,缘于秦琼为地方官员押送寿礼,进京给杨素祝寿,途经临潼山侧,秦琼当年在此处曾义救过李渊,李渊就在当地庙中给他塑了像,供奉着,让女婿柴绍在此看护。秦琼去庙中游览,两人相见,英雄相重,柴绍跟着秦琼入长安、闹花灯,再去历城县为秦母上寿,贾家楼结拜,柴绍进入隋唐英雄谱。此后柴绍上场的机会不多。四明山李元霸锤打十八路反王,是柴绍紧跟着,阻止他向瓦岗军挥锤。

历史上的柴绍与瓦岗军没有任何关系——瓦岗溃败后,瓦岗将领大多投唐,他们一殿称臣,倒是有结为好友的可能——在史书上,李渊起义之前的柴绍事迹,一笔带过,并不是多么耀眼的明星。

李渊在太原起义之前,柴绍夫妇在大隋的首都长安任职。李渊在李世民的怂恿下,决断起兵反隋。决心既下,马上派人秘密入京,找到柴绍府第送信,让他立即赶赴太原,参与起事。

在那个交通极度不便的时代,要拖家带口快速逃跑,几乎是不可能的事。李渊造反,万事俱备,如箭在弦,没给柴绍的逃离长安留下多少时间,家人跟随一起逃往太原,不现实。柴绍与妻子商议:你父亲推翻旧社会,为百姓创造一个新社会,我听从召唤,准备奔往太原,襄助大业。事在紧迫，我们一起走肯定走不脱，我一个人走，又担心你们不安全，你看应该怎么办？

李渊的女儿是一位奇女子，其豪情大志不让须眉，她回答：你现在赶紧走吧，我只是一个小小女子，到哪里也藏得下，我自己想办法好了！

情势紧迫，容不得婆婆妈妈，柴绍立即单骑偷出长安。就在他出长安之时，李渊也已在太原树帜反隋，消息迅速传回长安，朝廷震动，立即派人搜捕在长安任职的柴绍。当然已经捕不到了。

柴绍逃出长安，不敢走大道，循小道前赴太原，路上遇到李建成、李元吉。

李渊到太原赴任之时，家眷并没全部跟随，只有二儿子李世民跟随左右，新旧唐书都说李渊起兵反隋，是依从了李世民的主意。并且起事时间相当仓促，没做充分准备，留在老家的家眷也没能全部接出来，就算是身手敏捷的柴绍，也仅仅是逃出长安，太原造反就发动了。李建成、李元吉原本留守在李渊的老家河东郡（现在的山西永济），也是听到李渊的秘密传讯后，迅速逃出。

柴绍与这两个舅子在途中相遇后，李建成跟柴绍商量：老爹李渊的密信催得太急，可能是已经树旗起义了。我们赶往太原，上千里的路途上隋朝城池相连，我们偷路而行，只怕走不多远就要落到官府手里，还不如就近投奔绿林山寨，做为暂时的安身之所。

柴绍当即否决："不可。岳父密信既然催得急了，我们就该急速赶路，虽然在路上要辛苦一些，终究可以早日赶到安全之所，如果就近投奔强盗山贼，他们一旦知道我们是唐公李渊之子，必然会将我们献往隋朝政府，以此邀功，这是要活路反投死路。"

李建成、李元吉听了妹夫的话，于是急奔太原，于路夜行晓宿，避易行难，临近太原时，获得准确消息：李渊已正式起兵反隋。三个人击掌相贺：幸亏听了柴绍的话。

进入太原后，李渊安排柴绍任右领军大都督府长史，大军浩荡西征，柴绍又被加任为马军总管。大军将到霍邑，隋虎牙郎将宋老生把守在这里。柴绍先行至城下，打探宋老生虚实，回营后作出判断：宋老生是一勇之夫，没什么头脑智谋，我军若到，他一定会逞匹夫之勇，出营来战，一定会成为我们的俘虏。唐军赶到霍邑时，果不出柴绍所料，宋老生按捺不住性子，开城出战，霍邑被一举拿下。

在著名评书经典《兴唐传》中，唐军在霍邑与宋老生作战，宋老生不是天下第一条好汉李元霸（李元霸在史书上是为李玄霸，清时为避康熙大帝玄烨的字，改为李元霸，此后流传二百年，等到清朝覆灭，可以不再在乎名讳之事时，李元霸之名已深入人心，改不回去了）的对手，请出老师鱼俱罗，将李元霸砍死，鱼俱罗也被李世民射死。

《隋书》中有鱼俱罗其人，"身长八尺，膂力绝人，声气雄壮"，是个大嗓门，平时说话，数百步外都可听见。跟随杨素北击突厥，鱼俱罗仅带数人，就直冲敌阵，"瞋目大呼，所当者皆披靡，出左入右，往返若飞"，是一员武功卓著的勇将。不过他并没有机会跟唐军作战，而是死于隋炀帝杨广之手。杨广杀鱼俱罗之时，已是天下大乱，反旗处处，鱼俱罗也忠心护国，四处平叛，战绩卓著。杨广杀掉鱼俱罗，等于是自断臂膀，造福起义军。据说鱼俱罗相貌异于常人，跟楚霸王项羽一样，"目有重瞳"，被隋炀帝杨广所忌。

但在李世民的传记中，宋老生也并不是一味勇猛粗鲁。唐军将至霍邑之时（也就是柴绍先行去城下打探消息之时），天气不好，阴雨连绵，持久不绝，唐军的粮食供应出现问题，李渊计划返回太原，李世民劝阻：我们树立义旗，号称要解救天下黎民，就该直入咸阳，占据首都，号令天下，如果还守一城，那就只是一个普通的造反派，将失去对民众的号召力。李渊不听他的，执意要回军，李世民没了办法，堵着军营大门放声大哭。李渊又惊又怒，把他叫回来，问他为什么要这么做？李世民回答：我们现在的形势如箭离弦，已是只能进，不能退，将士们拼着性命跟我们造反，无非是要搏个前程，我们此时如果退兵，势必导致军心涣散，而政府军尾随于后，乘势追杀，我们还能有活路吗？

李渊毕竟是一代开国帝王，见事不可谓不明白，听了李世民的话，豁然醒悟，向李世民说了这么一句："造反既然是你鼓动起来的，那么是成是败，由你决定吧！"

柴绍的侦察分析，大约就是此时回营做出的。于是唐军继续挺进，至于霍邑城下，宋老生却不像柴绍的分析那样按捺不住出城来战，还是李世民，仅率领几员从骑来到城下，东西指划，俨然是安排扎营、四面围困的意思。宋老生被激怒，这才率部出城列阵。李渊与李建成列阵于东，李世民与柴绍列阵于南。宋老生攻击东阵，李建成激战中落马，李渊率军退却，宋老生率军乘胜追击。李世民自南杀入，从中间截断宋老生的阵势，激战之中，宋老生阵亡，唐军攻取霍邑。

虽然在李世民的列传中，拿下霍邑的第一功臣是李世民，但柴绍先行侦察，后又与李世民同率部队，截击宋老生，反败为胜，他的功劳或许比不上李世民，却也堪称大功。

之后，柴绍随唐军下临汾，平绛郡，每临战阵，必身先士卒，先登陷阵。潼关城下，决战隋将桑显和（为隋将屈突通手下将领，屈突通后降唐，为凌烟阁名臣），柴绍率军自其后方掩袭，与唐军另一员大将史大奈成合击之势，击溃桑显和，"因与诸将进下京城"。

与柴绍精诚合作的史大奈，在民间的隋唐传奇故事里，也是贾家楼四十六友之一，是柴绍的结拜兄弟。

进下京城长安之前，柴绍先率数百骑，前往终南山，迎接他的妻子、李渊的女儿平阳公主。

平阳公主与李世民一母同胞，均为李渊元配窦氏所生。这个窦氏也是个奇女子，她的父亲窦毅，是北周最有能力的皇帝周武帝宇文邕的姐夫。初生之时，头发就披到脖子，三岁之时，头发已长到与身子等齐，读书则过目不忘，深受舅舅周武帝宇文邕的喜爱，把她养在宫中，所受到的宠爱，异于其他外甥。周武帝去世，杨坚坐大，篡夺北周政权，改朝号为大隋，窦氏在家中听父亲说起此事，气得从床上投身而下，说："恨我非男子，不能救舅家祸。"父亲窦毅急忙捂住女儿的嘴："别瞎说，当心被满门抄斩。"

窦氏嫁给李渊，也与一般女子不同。窦毅极度喜爱这个女儿，不舍得轻易许配给人。但窦氏聪慧之名远播，求婚者络绎不绝，怎么办？窦毅想出个办法，类似于演义传奇中的比武招亲，不过窦氏不下场，只较量求婚者的武艺、胸襟。窦毅在屏风上画了两只孔雀，凡来求婚的人，都被安排向孔雀射两支箭。窦毅与女儿的约定，是谁射中眼睛就嫁给谁。结果是先有十几位求婚者，射遍了孔雀身上各个部位，就是没射眼睛；

最后李渊来了，抬手两箭，各射中一只孔雀的眼睛，于是窦氏下嫁李渊。

有这样奇女子的娘，又有奇男子的哥哥李世民，平阳公主也不甘落后，成为中国历史上屈指可数的奇女子。

柴绍逃出长安之时，平阳公主也收拾家私，迅速离开长安城，到乡下的老家鄠县（现在的陕西户县）庄园。但陕西是大隋的首都近边，核心区域，隋朝拘捕她，易如反掌，躲无可躲。简单的躲藏不是办法，平阳公主就拿出家中所有积蓄，招募当地的流寇强盗，得到数百人，整编成队伍。在李渊太原起义的消息传来之时，也正式打出造反旗号，以响应父亲。

其时，就在平阳公主营地鄠县庄园的附近司竹园（现在的陕西周至司竹乡），有一伙势力较大的绿林响马，为首者叫何潘仁，是个少数民族。平阳公主派出一个叫马三宝的家中仆人，前往司竹园，说服何潘仁归顺到自己旗下，随即安排他出兵攻打鄠县县城，一战成功，顺利拿下。随后，马三宝又连续去几处绿林豪杰的山寨，说服他们顺应天时，归降平阳公主，合力迎接太原李渊的到来。各处绿林头子李仲文、向善志、丘师利等人，果然被马三宝说动，一一带人来降，平阳公主麾下，迅速聚集起数万人马，马三宝也在一次次奔波绿林的过程中成长起来，成为平阳公主军队中的主要将领。隋朝屡次派兵来清剿，屡次被马三宝、何潘仁率部击退。

在反清剿的过程中越打越壮大的平阳公主，已不满足于守卫鄠县一城。她安排人马，分头出击，很快拿下周边的盩厔（今陕西周至）、武功（今陕西武功西北武功镇）、始平（今陕西兴平东南）等县，至此，平阳公主已拥有了七万人的强大军队。

平阳公主最初散尽家资，召募到的人马仅数百人，她之所以迅速膨胀成大集团军规模，主要是因为几股大的绿林豪强（起义军）势力的归附。但就一般情况来说，拥众上万的绿林豪客，都是杀人不眨眼、不怕王法不服管的粗莽汉子，平阳公主靠什么让他们甘心情愿交出兵马，服服帖帖任劳任怨？史书中对此没有交代，我们也只能理解平阳公主是个天生的英雄，天生的帅才，当然还要加上马三宝的口才及英雄气概——马三宝后来成长为唐军名将，官至左骁卫大将军，被封新兴县公。贞观三年（公元 629 年）他去世时，唐太宗李世民为之停止上朝办公，以示哀悼。

史书中说平阳公主的部下每打下一处县城，平阳公主就要申明法令军纪，禁止士兵无故侵掠平民，所以甚得民心，归附的人马就多。这从一个侧面，反映出平阳公主的大局观念和将帅之才。

在大隋的腹心关中之地，打下这么片根据地，这对李渊挺进关中、直取长安的战略计划所起的作用，怎么评估都不过分。平阳公主派密使抄小道将消息报告给一路西进的李渊，李渊喜出望外，渡过黄河。兵临长安之时，李渊派柴绍带数百从骑，去终南山迎接平阳公主归来。

此时的平阳公主，已不是柴绍逃离长安之前仅仅料理家务的小女人了，若论起手中实力，她比柴绍要强。将手下部队整编入大唐军队后，平阳公主作为唐军将领，与柴绍一起，被安排在李世民手下，各领一支部队，在相隔不远的地方，各自扎下营寨，开辟幕府，一起参与长安围攻战。

因为此时李渊安排在平阳公主营中的战士，多为平阳公主一手训练出的女兵，所以平阳公主的军营，被称为"娘子军"。

平阳公主的封号，也是在拿下长安之后，李渊封赠的。古代女子没地位，以平阳公主如此重要的军功贡献，史书把她的事迹放在柴绍的列传后，居然没有她的名字，我们也只能以平阳公主呼之。

史书中，关于平阳公主的记录，在攻破长安之后，就戛然而止了。据后人考证，随后唐军关中作战，扫荡隋朝残余势力时，平阳公主及其娘子军都曾参战，并立有战功。

这段时间里，柴绍则跟随李世民转战四方，平薛举，破宋金刚，在洛阳击破王世充，于虎牢关擒获窦建德，几乎所有重要战役，都有柴绍矫捷勇猛的身影。

如果，平阳公主是男性，这些重要战役，是不是也该有她的身影？

窦建德为人诚恳，倾身接物，与将士们同甘共苦，所以深得手下将士之心。虎牢关被擒后不久，李渊在长安处斩了窦建德，激起窦建德余部的强烈反弹，他们推举刘黑闼为首领，于武德四年（公元 621 年）起兵，继续与唐军对抗。

据说，为防止窦建德余部（刘黑闼）进入山西，李渊安排平阳公主率手下数万娘子军驻守苇泽关，这个地方位于现在的山西省平定县东方，现在的名字叫娘子关，据说就是因为平阳公主娘子军的入驻，苇泽关才改名为娘子关。

新旧唐书上并没有平阳公主驻守娘子关的记载，正史中平阳公主事迹，在长安之战后，紧接在后面的，就是她在武德六年（公元623年）的去世。中间是大段空白。关于她的死因，也是毫无头绪。倒是她身死之后，享受到与功臣大将同等级的哀荣，有关部门还写成报告，认为按照礼制，女人不能享受这样的待遇，唐高祖李渊亲口驳回，认定平阳公主"于司竹举兵以应义旗，亲执金鼓，有克定之勋"。也就是认定平阳公主为大唐开国元勋。

平阳公主死后，柴绍继续为国家转战南北。大唐立国不久，国势不振，西北边的少数民族时常入境骚扰，柴绍率军抵御吐谷浑与党项的入侵联军。两军相对，柴绍扎好大营，坚守不出，敌兵居高临下，向柴绍大营中射箭，"矢下如雨"，柴绍不但不躲避，反而在营中空地上置酒设宴，安排乐工弹奏胡人瑟琶，让两位女子随乐起舞。

入侵的少数民族将士，根本不明白兵法计谋云云，更没想到在箭矢如雨中，汉人将军居然还要喝酒观舞，惊奇不已，纷纷停止射箭，远远地站在营外高处，一起观看女子舞蹈。看的人越来越多，纷纷攘攘地拥挤着。

营中的柴绍看到敌人阵势松动，拥挤纷乱，马上悄悄安排将领，率精骑悄悄出营，兜了个圈子，自敌后突然发起冲锋，敌阵大乱，柴绍开营出击，一举击溃敌军，"斩首五百余级"。

贞观元年（公元627年），柴绍被拜为右卫大将军；贞观二年，柴绍率军，平定梁师都起义军，转任左卫大将军，出任为华州刺史。贞观七年，加封镇军大将军，改封为谯国公。贞观十二年，柴绍重病，唐太宗李世民亲赴柴绍宅第，探视病情。不久后，柴绍去世。

在凌烟阁上大唐开国二十四功臣中，柴绍排名第十四。

尉迟敬德

东汉的第二任皇帝汉明帝刘庄，在云台为东汉开国功臣画像，云台二十八将，功成当世，名垂青史。本书涉及东汉的开国名将，均取自云台二十八将。

云台二十八将，是中国战争史上重要的一页；云台二十八将，是中国名将中不朽的传奇。此前没有过这样的群体，此后也没有。

凌烟阁功臣画像，比起云台二十八将，差了不只一截。

所差的不是功勋与智谋，而是命运。

在凌烟阁为功臣画像的，是大唐的第二任皇帝唐太宗李世民。这二十四位功臣，都为大唐建立了不可替代的功勋。

差别在于，云台二十八将，无论生前还是死后，都享受到了皇帝对他们真切的关心，无间的信任。他们为刘秀的江山抛头颅洒热血，刘秀及他的儿孙也给了这些元勋们最大的荣誉。

凌烟阁二十四功臣，能力与功勋较之云台名将，有过之而无不及，他们却大都得不到李世民及其儿子的无间信任和发自内心的关怀。他们中的相当一部分，在提着脑袋打下一片世界后，成为李氏天下的牺牲品。

凌烟阁上功臣，大部分不是名将，而是名相、名王、名臣。秦琼在凌烟阁上，排在最末一位；排名最高的大唐开国名将，是尉迟敬德，也仅在第七位。

尉迟敬德名尉迟恭，敬德是他的字，但他以字行于世，唐书中他的列传也写作尉迟敬德。他是朔州善阳人（现在的山西朔州），隋朝末年，投军当兵，四处缉捕流寇盗匪，他的武功高，能力强，工作出色，成绩卓著，做到了隋朝的朝散大夫。

后世关于尉迟敬德的传说形象，就是个有勇无谋的黑炭头，实际上尉迟敬德勇猛固然勇猛，眼光智谋也不弱，已经进入隋朝政府中级官僚队伍了。他目光敏锐，看出了隋朝大厦必倾的趋势，毅然转身，投入起义军队伍。

那是大业十三年（公元617年），刘武周起兵反隋，尉迟敬德进入他的造反队伍，刘武周给他的职位是偏将。

武德二年（公元619年），刘武周与唐军发生全面战争。刘武周的全部精锐，交由大将宋金刚指挥，与李世民指挥的大唐军队，对峙于柏壁（现在的山西新绛西南）。

与宋金刚联合作战的吕崇茂部，被大唐永安王李孝基所率部队围攻于夏县，吕崇茂向宋金刚求救，宋金刚派出尉迟敬德率军救援。尉迟敬德快速行军，打了李孝基个措手不及，夏县守军也开城来战，前后夹击，唐军全军覆灭，永安王李孝基被俘，刘武周下令砍了脑袋。

歼灭李孝基后，尉迟敬德留在夏县，帮助吕崇茂守城。吕崇茂是个唯利是图的家伙，李渊看用兵不成，马上派人去给吕崇茂送礼封官，拉拢他向大唐投降。吕崇茂见利忘义，不仅答应投降，还打算突袭尉迟敬德部队，抓起来作为向唐军的献礼。

这个消息不知怎么走漏了出去，尉迟敬德先下手为强，干掉吕崇茂，率部撤回柏壁。

吕崇茂为投降，与唐军保持着密切联系，他一死，唐军立即得知消息。李世民估算出尉迟敬德必将撤军，提前安排秦琼率军到尉迟敬德撤退的必经之路美良川，设下埋伏，尉迟敬德进入埋伏圈，两军爆发激战。

无论在真实的历史，还是在民间传说演义中，秦琼和尉迟敬德都是响当当的人物，在他们的传奇故事里，也只有这一次面对面的交锋。史书中当然没有他们单打独斗的记载。但在民间，美良川三鞭换两锏，是隋唐英雄故事中的经典桥段。这两个人武功差不多，但秦琼的临敌智谋要略胜一筹，他以撒手锏绝招，折服了尉迟敬德。

自唐至今，一千多年的历史中，中国民间房屋的大门两侧，往往要贴一对门神，门神有多种不同的组合，最常见的，就是秦琼与尉迟敬德的组合。千年岁月流转，这两个人，已成为中国著名的神。

在一千多年前的美良川，两员名将各为其主，殊死搏杀，结果是守株待兔的秦琼一方大获全胜；没有防备的尉迟敬德一方溃败，拚死杀出重围，回到柏壁。

在随后的战争中，宋金刚不是李世民的对手，从柏壁逃往介休，李世民尾追到介休，两军于介休城下展开最后决战。

惨烈的决战进行了整整一天，宋金刚大败，杀开一条血路，匹马逃亡。尉迟敬德没能冲出去，收拾残军，还保介休县城。李世民派出自己所属部队中规格最高的官员任城王李道宗及宇文士及入城劝降，这也算给足了尉迟敬德面子。走投无路的尉迟敬德就坡下驴，投归李世民帐下，跟随李世民东征洛阳，剿除王世充势力。

李世民是个识人用人之人，他极度欣赏尉迟敬德，让尉迟敬德继续统领跟随他投降的介休守军约八千人。投降的战士在部队开赴洛阳的过程中，纷纷开小差逃跑，最后连尉迟敬德的副将寻相也跑了。这引起了唐军上下的严重不满，在洛阳前线，唐军将尉迟敬德抓起来关了禁闭。

最初尉迟敬德投降时，同为降将的屈突通（他是由隋朝投降的）就提醒过李世民要提防他，李世民不听他的，现在屈突通找到了证明自己先见之明的证据，理直气壮地来找李世民，说："尉迟敬德刚刚投降，就出现部下逃跑的事，他被抓起来关了禁闭，心中一定不服。这个人勇猛过人，性情暴烈，留下来恐成后患，不如一刀砍了痛快。"

在民间传奇中，屈突通也是贾家楼四十六友之一，真实的历史中，他与那伙瓦岗英雄并无关系，但他作为隋室重臣，投降大唐后，为大唐建国也立下了大功，最终成为凌烟阁上二十四功臣之一。以他的能力、眼光，一而再地说尉迟敬德坏话，不知是何缘故。

屈突通说了半天，李世民只有一句回答："我的看法，与你不同，尉迟敬德如果想逃，早就跑了，怎么会落在他手下人后面！"当即下令，释放尉迟敬德。

不是仅仅释放尉迟敬德这么简单，李世民好人做到底，他领尉迟敬德到自己的卧室，翻出一包金银，递给尉迟敬德，说："大丈夫意气相投，请不要因为个别人的猜疑介怀。我绝不会听信谗言，加害忠良，请你理解。你若真的要离开，请拿了这包财物做路资，也算是我们共事一场，留个念想。"

尉迟敬德的能力，绝对称得上国士，李世民以国士待他，除了以国士报之，他不可能还有第二种选择。虽然史书上没有明言，但我们可以想象，在李世民卧室之中，尉迟敬德该是如何感激涕零、死心塌地。

从卧室出来，李世民带着尉迟敬德及五百轻骑，出营去侦察洛阳形势。

这是对尉迟敬德的最高信任，这相当于李世民将自己的安危，交给了刚刚从囚禁室放出来的尉迟敬德。相信热血犹自沸腾的尉迟敬德恨不得真的冒出点敌军，好让他表现一下自己的国士忠勇。

还真有敌军来了。

李世民是一位马上皇帝，作战，他时常率先冲锋；战前，他习惯于轻骑简从，亲自去一线侦察。这是名将行为，对一位有志成就帝王之业的领袖来说，所冒风险太大。

也许王世充知道李世民的这个习惯，他与手下猛将单雄信一起，率一万精骑，直奔李世民立马观察的北邙山，在李世民警觉险情时，已身陷重围。

一万人攻击五百人，在无险可守、正面肉搏的局势下，五百人要想活命，实在困难。

好在有尉迟敬德，刚刚被李世民推心置腹的信任感动得热血澎湃的尉迟敬德。

王世充手下大将单雄信，原为瓦岗军猛将，手使马槊，威名远播。他纵马冲至李世民身前，手起槊扬，眼看着就要把李世民拍成肉饼。

好在有尉迟敬德，千钧一发之际，他从斜刺里冲过来，手起一槊，将单雄信刺于马下。

在后世传奇中，尉迟敬德这一英勇救主行为，被渲染成御果园救主、单鞭夺槊故事，广为人知。

李世民轻骑犯险，侦察敌情，也为后世武术文艺作品提供了良好素材，晚清时期，少林寺壁画中就出现了一幅"十三棍僧救秦王"故事，演绎了一段子虚乌有的传奇故事（事实是：王世充夺了少林寺庙产柏谷坞，辟为军事据点，让侄子王仁则据守。少林寺和尚要夺回庙产，于是与王仁则手下将领赵孝宰里应外合，抓获王仁则，送给唐军。李世民随即将少林寺庙产柏谷坞赐还少林寺，并写了一封信《告柏谷坞少林寺上座书》，以示嘉勉。少林寺将其刻在石碑上，千年流传中，逐渐演化出十三棍僧救秦王故事）。

单雄信被刺落，王世充的军队士气受到挫伤，尉迟敬德奋起神威，率五百轻骑，杀出一条血路，保护李世民逃出重围。正好屈突通闻讯率唐军赶来，尉迟敬德折返身，率唐军增援部队回击王世充，王世充的一万人困不住五百人，本就沮丧，被大唐主力军一冲，登时崩溃，现在轮到王世充仓惶逃命了。

当天释放被囚的尉迟敬德，当天说出那番推心置腹的话，当天就被救出险。回营后，惊魂初定的李世民感慨地对尉迟敬德说："刚刚将领们一再坚持说你一定会叛离逃跑，是上天让我确认你忠诚为国。福报善果，都有前因，只是这报答来得也太快了！"

北邙山一战，尉迟敬德成为李世民的心腹大将。

于万军丛中救李世民出险，这样的事，尉迟敬德居然干了不止一次。另一次是在讨伐刘黑闼起义军时，李世民被刘黑闼部队团团包围，尉迟敬德率领精锐骑兵，从重围外杀入，接应到李世民后，再保李世民杀出重围。

千军万马中，杀进杀出，这样的事，秦琼也屡次做过，但秦琼虽然可以于万军丛中取敌上将首级，却不能避免自身受伤，晚年时便因此缠绵病榻。尉迟敬德的武功未必比秦琼更高，但他有空手入白刃的绝招，纵使敌方千枪万矛，一齐刺来，他也能巧妙躲开，不为所伤，并且同时还能夺下敌人的枪矛回刺。

尉迟敬德的这一绝技在唐军中传开，大伙儿敬佩不已。李世民的弟弟、齐王李元吉也善使长矛，并以此自诩，听说后，很不服气，提出要跟尉迟敬德比试一番。比试之前，准备将矛上的铁尖去掉，就拿着竿子捅，尉迟敬德说：你的矛尖就不用去掉了，反正也伤不到我，倒是我的矛尖要去掉。两个人上马比试一番，李元吉使出浑身本事，连尉迟敬德衣角都刺不到。尉迟敬德不敢真的拿矛杆去捅李元吉，只是一味避让。在一旁观战的李世民成心要教训一下这个跟定了大哥李建成，却不向自己贴近的弟弟，叫停比赛，问尉迟敬德："躲避长矛与夺下长矛，哪个更难？"尉迟敬德说："夺下长矛更难。"李世民当即要求："你不要再避了，夺下李元吉的长矛吧。"

得到李世民的支持，再上马后，瞬息之间，尉迟敬德三次夺下李元吉手中长矛。

李元吉一向以勇猛自负,败于尉迟敬德之手,表面上要装出襟怀大度的样子,拍着尉迟敬德肩膀,表扬一番,内心深处,实是深以为耻。

武德四年,夏王窦建德出兵援救王世充,李世民亲率大军抵御,两军相会于虎牢关外。决战之前,李世民率李勣、程咬金、秦琼、尉迟敬德出营,只带了数百骑兵,直往窦建德大营,沿途让李、程、秦三人分别率兵埋伏好,最后只剩李世民、尉迟敬德和几名骑兵,赶到窦建德数十万大军的营前,李世民大喊:"我就是秦王李世民,你们谁来决战?"边喊边搭弓射箭,将窦建德营前一个靠的最近的流动哨兵射死。窦建德军中惊扰,虽然未必相信这真的就是李世民,还是出动数千骑兵,跟在撤退的李世民和尉迟敬德后头追赶。

李世民真不是一般的勇敢,他让那几个普通战士跑在前面,自己与尉迟敬德断后,边跑边放箭,将窦建德部最前面的追兵射死。三退两退,就退到了秦琼、程咬金、李勣的埋伏圈。三位名将没有福气单独跟着李世民前出挑战,都憋了一股子劲,他们冲将出去,砍瓜切菜般把追兵杀了个落花流水。

这只是唐军与夏军决战前的一个小花絮,但这个小花絮对唐军与夏军士气的影响,是决定性的。李世民能够以少胜多,歼灭夏王窦建德,这个强心针般的埋伏战,起到的作用,无法估量。

之后,唐夏两军对阵决战,其时,王世充的侄子王琬骑了匹好马,在窦建德军阵之前,大声演说,激励士气。李世民说:那小子骑了匹好马啊!尉迟敬德听到,立即申请前往夺马。李世民同意后,尉迟敬德带领高甑生、梁建方,三人三骑,就在两军数十万人的注视下,旋风般冲入敌阵,夺下马匹,连同王琬一起,带回唐军阵营。

如此猛将,任何一个领袖级人物都愿将之招揽到麾下。太子李建成、齐王李元吉与秦王李世民的矛盾越来越深,太子之争白热化,为增强己方阵营实力,李建成给尉迟敬德写了一封密信,信中辞意亲密,表示自己以太子之贵,愿与尉迟敬德成"布衣之交";同时送给尉迟敬德一整车金银财宝。

尉迟敬德将金银退还,附了一封信,信中说自己出身微贱,在大隋灭亡、天下分崩之际，不慎跟错了人，与大唐政府军为敌，罪过不小，幸亏秦王李世民不究过错，饶我性命，大度容我在他的帐前建功立业，我只能以身报恩。对于太子殿下，我没有任何功劳，不敢收您的重礼。我现在跟着秦王李世民干，若再私自跟您勾结，便是二心的小人，见利忘义之徒，对您又有什么用处？

将贿赂和推辞信送出后，尉迟敬德找到李世民报告此事，李世民说了下面一段话："公之素心，郁如山岳，积金至斗，知公情不可移。"感情充沛地肯定了尉迟敬德的忠心后，李世民又指出：李建成既然把金银送来了，你收下便是，你这一退，只怕他们又要想别的办法来害你。并且你若收下，他们认你为自己人，正好可以探听到他们的阴谋诡计。

李世民的心机够深沉的，只是让战场猛将尉迟敬德去做卧底奸细，太难为人了。

李世民眼光准确，李建成、李元吉收买尉迟敬德不成，转而要除掉他。尉迟敬德久历战阵，杀人无数，自然也警惕到杀机来临。在逼人的杀机面前，大将尉迟敬德做出了与常人不同的选择，他不是加派守卫，严密防护，而是"重门洞开，安卧不动"，坦坦然然睡他的大觉。李元吉不止一次派出杀手，进入了尉迟敬德的院子，在尉迟敬德毫不设防的卧室之外，踟蹰再三，就是不敢进入卧室之门，刺下那致命一刀。

将军百战，自具神威。

暗杀不成，李元吉就去李渊面前打小报告，告发尉迟敬德，至于是什么罪名，史书未载，反正李渊是信了，拿下尉迟敬德进行讯问。尉迟敬德死不承认，李渊准备判他死罪，还是李世民坚决争取，尉迟敬德才逃得一死。

尉迟敬德本为武将，李世民的太子之争是摇唇鼓舌的政治人物的事，与他关系不大。但接踵而来的暗杀与诬陷，让他清楚地看到了自己的处境。从此时起，他全力鼓动李世民先下手为强，除掉李建成与李元吉；并且在李世民说出手足相残终所未忍的话来时，他以若李世民不能下决心，他就要保命逃跑来做砝码，压迫李世民下决心。

作为心机深沉、久历战阵的一代明君，说李世民不忍心向哥哥兄弟下手，那是书呆子的思维，李世民的犹豫，最大的可能来自于他并没有十足十的成功把握。太子一党的势力足以与李世民抗衡，再加上齐王李元吉，他李世民的成功概率，并不大于百分之五十。

事实是，当时如果李建成与李世民同时发难，公开对抗，双方成功可能五五开。不过李世民显然比太子李建成更残忍更冷血，李建成还幻想着通过政治途径解决，李世民就将钢刀埋伏到了玄武门了。

玄武门之变，李世民亲手射杀李建成，追击李元吉的过程中，被林中树枝挂下马来，李元吉试图用弓弦绞死他，尉迟敬德人尚未到，吼声先到，李元吉如果毫不畏惧，手上使一下劲，李世民极可能就呜呼哀哉了。在此时就可看出天意莫测，天道诡异，当年尉迟敬德三夺其矛的事，在李元吉心中留下了深深的阴影，听到尉迟敬德的吼声，李元吉下意识地抛下弓，步行逃跑，被尉迟敬德快马追上，一箭射杀。

杀死哥哥弟弟后，李世民又安排尉迟敬德，披甲入宫，"保护"李渊。

事情至此，已无悬念，李渊事实已在李世民的军事管控之下，不久，让位李世民，自己做太上皇。如果李渊不甘心让位，估计结局只有一个：暴毙。

李世民与尉迟敬德两个，一个杀死太子，自己成了太子；一个杀死齐王李元吉，自己全面占有（李世民赐给）了齐王府所有财物。当然，尉迟敬德占有的，只是齐王李元吉的财物，李元吉有个漂亮的老婆杨氏，被哥哥李世民笑纳了。

玄武门之变，武将尉迟敬德与文臣长孙无忌功劳并列第一。这也是尉迟敬德最后在凌烟阁列武将功臣最前位的关键原因。

玄武门事变之后不久，李世民登基，其时天下粗定，唐太宗李世民要偃武修文，恢复国力，除了在突厥入侵之时，尉迟敬德在长安城下的泾阳，率大唐精骑迎击突厥，一场血战，挫折突厥锋锐，为李世民的和谈赢得先机，此外就再无战场攻杀的战绩。后来，李世民东征高丽，尉迟敬德也曾参战，但年迈的猛将，再没有立功一线的机会了。

玄武门之变，尉迟敬德与长孙无忌功劳第一。但在李世民的眼里，整个大唐开国（其实是他李世民登基），功劳最大的并列四人：长孙无忌，房玄龄、杜如晦、尉迟敬德。四人中只有尉迟敬德是一个武将，也只有他心中不服气，每每与那三个碰面，就要扯直了嗓子争功；每见那三个有一点点小毛病，则要立即找李世民告状，把李世民搞得烦不胜烦。不过李世民也没过于指责尉迟敬德，只是让他出京，到地方去任军事长官。但地方军事长官仍有机会回京参与朝廷盛会。某次，李世民在庆善宫中大宴群臣，尉迟敬德发现某位自己很瞧不起的人（很遗憾，史书中没记载这人是谁）居然位在自己之上，很愤怒，当众喝斥：你有什么功劳，坐在我前面。李世民的堂弟任城王李道宗就坐在尉迟敬德下首，马上上前解劝，尉迟敬德怒不可遏，一拳打过去，差点把李道宗的眼睛打瞎。

李世民就在现场，亲眼看着尉迟敬德行凶打人，当即拂袖而去，派人将兀自愤愤不平的尉迟敬德叫到面前，说了一段极有份量的话：我看汉朝开国历史，看到汉高祖刘邦杀戮功臣，心里一直认为他做得过分；我自登上皇位以来，心中每每考虑到一定要"保全功臣，令子孙无绝"，然而看了今天你的所作所为，才知道韩信、彭越被杀，也不全是汉高祖刘邦的过错。这次的事就算了，希望你能接受教训，以后检点一些，不要等犯下不可逆转的错误时，再来后悔。

尉迟敬德并不是没有政治头脑，他的发怒挥拳，更多的像是争宠所为。李世民的一段话，足以让他醍醐灌顶，清醒过来。

从此后，尉迟敬德收敛性情，循规蹈矩，贞观十七年（公元643年），尉迟敬德主动申请退休。

晚年的尉迟敬德，"笃信仙方，飞炼金石，服食云母粉"，这是在一心一意求长生了；同时，还在家里广造亭台楼阁、池塘花园，穿金戴银，"崇饰罗绮"，找最好的娱乐团队来表演取乐，尽情享受。

享受之外，在长达十六年的时间里，尉迟敬德不与外人交往。

在享乐窝中，尉迟敬德直活到七十四岁，方才在公元658年去世。

李　靖

杨素晚年，穷奢极欲，享乐无制，已逾人臣之份，隋炀帝杨广对他既猜疑又头痛。但杨广能够搞掉哥哥杨勇，登基当皇帝，杨素是首功，短时间内，杨广也不好翻脸动刀子，自己下江都游玩，还要安排杨素留镇首都长安。

一个叫李靖的青年，以布衣身份去求见杨素，献上兴国立业的良策，杨素接见了他，却很不礼貌，大张着腿跟李靖说话。

李靖毫不客气，上前作一个揖，直接批评："天下方乱，英雄竞起，公为帝室重臣，须以收罗豪杰为心，不宜踞见宾客。"

杨素倒是从善如流，听了李靖批评，并不生气，反而收起傲慢之气，认真与李靖交流，很高兴地收下了李靖的上书。

杨素的身边，有一位手执红色拂尘的侍女，长得极其漂亮，在李靖专注于与杨素的交流时，她一直专注于李靖。李靖告辞退出后，执红拂的侍女追出去，指派看门的护卫去问李靖的排行及在京处所。李靖一一告知。

是夜五更时分，睡梦中的李靖突然被敲门声惊醒，他隔着门缝瞅出去，是一个穿紫衣戴帽子的人，挑着一个包袱。李靖问是谁，来人回答：我是杨素家中红拂侍女。

李靖赶忙开门，将来人迎进房中。来人脱去紫衣、帽子，果然是杨素身边那位手执红拂、年仅十八九岁的侍女。两人叙礼后，红拂女主动说起她夜奔李靖的缘由：我随侍杨素很久了，阅天下人无数，但没有一个，能比得上您。丝萝不能独生，需攀附乔木生长，所以我才趁夜来投你。

李靖又惊又喜，说出他的惶恐：杨素位高权重，被他知道怎么办？

红拂女回答：杨素此人，已是行尸走肉，不用怕。他身边有很多侍女，都知道他已来日无多，纷纷逃去，他也不怎么追究，这事我已考虑很久了，你不用怕。

李靖此时才问起红拂女的姓氏，红拂女回答姓张。

天亮之后，杨素府中果然有人出来追寻红拂女，只是风声并不怎么紧，几天后，也就过去了。于是红拂女换上男装，与李靖一起，乘马离开长安。

离开长安后，他们东去太原，行至灵石县，找到旅舍住下，铺好床，买了块羊肉煮到火炉子上，红拂女解开长发梳头，长发委地。李靖则在院子里给长途跋涉的马匹洗刷。

突然有一位中等身材的人，骑着一匹驴子，驴子是瘸的，赶路却奇快，倏忽而至。其人一脸红色胡须，卷曲如虬龙，下驴之后，卸下革囊扔到火炉前，毫不礼貌地向床边取枕斜靠，直勾勾地看红拂女梳头。

李靖大怒，一时不知怎么办，仍然在洗刷马匹。红拂女则回看这位虬髯客，一手仍在梳头，另一手背在身后，向李靖连连摇动，示意他不要生气。

红拂女匆匆将头发梳好，主动上前与虬髯客交流，问他姓氏，虬髯客说姓张。红拂女说我也姓张，应该算是妹妹，并郑重地向虬髯客行礼。虬髯客大喜，说："今天很高兴认识妹妹。"从此后将红拂女称为一妹（红拂女在家中排行老大）。李靖随即也过来跟这个天上掉下来的大舅子见礼，三个人一起，取下火炉上的羊肉切了同吃，都有知己之感。

虬髯客问李靖："我看你也就是个穷书生，怎么会找到这么出色的妻子？"李靖回答："我虽贫穷，但穷且不坠青云之志。"遂将与红拂女的奇遇，一一说给虬髯客听。

虬髯客听完，问了句："你现在想去哪里？"

李靖答："太原。"

说得兴起，三人又找到一家酒饭吃酒，虬髯客说："我有下酒物，请你们同吃。"解开随身所带的革囊，倒出一个人头和一副心肝，将人头收回囊中，拿刀子将心肝割成小片，送到口里咀嚼，说："这是天下负心人，我追了他十年，刚刚才收拾掉，太痛快了。"

三人谈了一会，李靖谈到太原守将李渊之子李世民，是天生的领袖。虬髯客也说听望气的先生说太原有王气，不知是不是应在李世民身上。他让李靖到太原后约出李世民来，定好时间，当面观察。说完，骑上他那匹瘸驴，如飞而去。

李靖与红拂女赶到太原后，与虬髯客如期会合。李靖托好友刘文静邀约李世民一见，诈称虬髯客是相面先生，希望能给李世民相一面。刘文静果然将李世民请到家中，虬髯客一见之下，默然心死，对李靖说："这是真天子。"

告辞时，虬髯客又说："我虽然十有八九肯定李世民是真龙天子，但还要道兄见一见，你和一妹还要去次京城长安，约定时间地点，我们再见面。"说完骑驴而去。

李靖和红拂女如期赶回长安，在约定地点见到虬髯客和他的道兄，虬髯客送给李靖十万钱，让他找地方妥善安排好红拂女，然后再回太原，重复约出李世民，让道兄一见。

李靖完全按虬髯客的要求做了。这次在太原刘文静府上，李世民到来时，道兄正与刘文静下棋，一见李世民，道兄惨然变色，投子罢棋，说："此局全输了，还有什么好说。"说罢就走，出门后，又对虬髯客说："这个天下已不是你的天下，你还是到别处去谋发展吧！"

李靖陪同虬髯客，再次入京，虬髯客将李靖和红拂女请到自己富丽堂皇的大宅第里，将所有的金银财宝、奴隶仆人全部赠送给二人。他留下长篇赠言：我本来想在这片天下谋求事业，原计划经二三十年奋战，可以打出属于我的江山，现在既然明主已经降世，就没有了我的奋斗空间，我再留在这里实没意义。太原李世民，那是一代英主，不出几年，必能致天下太平，李靖你才能非凡，把握机会，辅助英主，一定可以建功立业，位居群臣之首。一妹你有天使般的容貌和才华，辅佐你的丈夫，也一定能够享尽富贵荣华。除了一妹，没有人能够赏识李靖；除了李靖，也没有人能够让一妹尽享荣华。帝业兴起，君臣遇合，都是天意难违，如虎啸风生，龙吟云集，这一切都不是偶然的。你们就用我馈赠的财物人力，来辅佐李世民完成改朝换代的帝王大业吧。十多年后，东南方向数千里外将有大事发生，那就是我功成之时。到那时，一妹和妹夫可以向东南方向举杯洒酒，为我庆祝。

说完这番话，虬髯客与他也生得天仙模样的妻子一起，带了一位家奴，骑马出门而去。李靖与红拂女出门去送，仅几步走过，就再也看不到虬髯客一行的身影。

以上文字，出于晚唐杜光庭的小说《虬髯客传》。

历史上的李靖，并不是穷书生，他出生于世家大族——祖父李崇义，是后魏的殷州刺史、永康公；父亲李诠，是隋朝的赵郡太守。他还有一位鼎鼎有名的舅舅，就是开隋名将韩擒虎。

李靖自幼长相不凡（怪不得被红拂女一眼看中），胸怀韬略，文武全才,常常说:"大丈夫若遇主逢时,必当立功立事,以取富贵。"舅舅韩擒虎作为开国大将,每每与这个乳臭未干的孩子谈论军事,都要发自内心地赞赏,他摸着李靖的小脑袋,感叹说:可以跟我谈论孙吴兵法的,只有这个孩子。

李靖成年后,出仕为官,先在首都长安县城任职,后到中央任职驾部员外郎,官虽不大,但他的能力引起左仆射杨素的注意,杨素曾拍着自己的座位对李靖说:你一定会坐到这个位子上的。

既然在大隋政府如鱼得水,李靖就没有反叛的思想和准备,并且有为大隋朝廓清四海、再造乾坤的志向。他观察到李渊有造反之心,于是秘密启程,准备赶到江都,去向隋炀帝告发。走到长安,因民变造成道路不通,留了下来。李渊没出他所料地举旗造反,攻下长安,活捉到李靖,准备推出去砍头,李靖高声大叫:"您起义兵,本为天下除暴乱,现在不想成大事,只顾以私怨杀壮士吗?"李渊很佩服他的胆气,李世民又再三为他求情,李渊就释放了他,李世民随即将他召入幕府。

史书中只说李世民为他求情,至于他们此前识或不识,并未交代,但李靖从此为大唐出生入死,再无二心。他先跟随李世民东征王世充,立有战功。萧铣据荆州对抗大唐,李渊调李靖赴荆州讨伐。李靖轻骑前往,受阻于硖州(今湖北宜昌),长时间不能前行,李渊很不满意。可能又想起李靖当年要告发自己的事,他秘密向硖州都督许绍下达命令,要他就地把李靖剁了。许绍爱惜李靖的才华,写报告为他开脱,算是保下李靖性命。此后大唐宗室李孝恭在夔州与冉肇则起义军作战不利,李靖率八百士兵,先破冉肇则军营,再据险设伏,临阵斩杀冉肇则,"俘获五千余人"。消息传到长安,李渊大喜,对大臣们说,我听说使功不如使过,李靖果然出奇效。他下发公文给李靖:你只要好好干,不用担心富贵问题。同时亲笔写了封私信给李靖:"既往不咎,旧事吾久忘之矣。"

说是"忘之矣",那就是还没忘,不过就此不再追究了。

武德四年(公元621年),李渊任命李靖率领大军,南征萧铣,名义上的统帅还是李孝恭,但军事行动,由李靖全权负责。

这是李靖第一次担任事实上的军事主帅,扫荡一方割据势力。他屡出奇谋,于峡江崇山峻岭、河流纵横之间,击溃萧铣,平定川楚,显示出大军事家的卓越才华。

此次南征，李靖所显示的不仅仅是军事才华，更难得的是他的人性观念。萧铣投降之后，唐军入据其城，同行的将军们认为萧铣割据地区敢于对抗大唐，罪莫大焉，纷纷要求纵兵掠夺。只有李靖独持异议，认为百姓并无杀人反叛的爱好，只是被割据政府所逼，实无罪过，现在又投降了，若再掠夺，实在是强盗行为。

正是在李靖的坚持下，萧铣割据区内的百姓才免除了被抢掠搜刮的命运。

武德六年，李靖再次以李孝恭副帅的名义，实际主持军事行动，南征辅公祏，此行仍是李靖力排众议，坚持了正确的战略战术，平定了江南。李靖就地任职东南道行台兵部尚书，后转扬州大都督府长史，安抚地方百姓，奖励农耕，于战乱之后，百业凋弊之中，逐渐恢复生产。江南之地，由此得以恢复生机，逐渐繁荣。

武德八年，李靖率军抵御突厥进犯，在敌众我寡、诸路唐军作战不利的情况下，李靖部独无损失。

武德九年，突厥进犯长安城下，李靖率部急行军插入突厥部队后方，截其归路，因为李世民与突厥达成和解，不战而返。

贞观三年（公元629年），李靖任代州道行军总管，率三千骁骑，出击突厥，召降突厥贵族康苏密。

贞观四年，李靖再率三千轻骑北击突厥，突厥领导人颉利可汗全军覆灭，单骑逃跑，原来被他虏至北疆的隋炀帝的皇后萧氏，以及隋室宗亲杨正道等人，均被李靖夺回。李世民下发通报，大力表彰："卿以三千轻骑，深入虏庭，克复定襄，威振北狄，古今所未有。"

随后李靖趁颉利可汗与大唐政府和谈之机，再率大军，突袭颉利可汗，这次出兵不够仁义，却够力度，将突厥力量彻底击垮。颉利可汗乘快马逃命，投奔吐谷浑，颉利的妻子、大隋公主义成公主被杀，斩杀突厥将士万余人，俘获突厥百姓十余万人。此次突袭将突厥势力连根拔起。

突厥势力，一直是初唐时的一大祸患，李世民曾委曲求全，亲自与突厥议和。李靖此胜，一雪前耻，李世民狂喜，向全国军民派发酒肉，大宴五天。

灭亡敌国，开拓国土，这绝对称得上是天大的功劳。李世民的反应却很奇妙，他在狂喜之后，听了一个叫温彦博的御史大夫的告状，说李靖军纪涣散，放任部队，抢掠突厥的财宝，对李靖大加指责。

立下旷世大功，得到的不是奖励，而是兜头冷水，无理指责。

如果李世民没有这个意思甚至是暗示，那个温彦博会在这个举国欢庆的敏感时间，做出如此无厘头的诬陷吗？

帝王心术，深不可测。

李靖也是一个智慧如海的人，他不做任何争辩，只是一个劲地叩头承认错误，自我检讨。

如此良久，唐太宗李世民方徐徐开口："隋朝大将史万岁击破突厥，却有功不赏，横加罪名，加以诛戮。我不会那样做，决定赦免你的罪过，奖励你的功绩。"

随即下令，加封李靖为左光禄大夫，赐绢千匹。

又过了几天，李世民单独对李靖说："此前有人诬陷你，现在我醒悟过来了，你也不要介意。"再赐给李靖二千匹绢，提拔他为尚书右仆射，这个官职与尚书左仆射同级而排名在后，同为文臣中的最高职务。出将入相，李靖切切实实做到了。

武将冲锋，勇猛而已，将帅要用到计谋，那也是对阵杀敌。但在政府之中，朝堂之上，政客们扎堆的地方，任你彻地通天的战阵本领，很快也会被这些看似自己人，实际上人心隔肚皮、怀揣两把刀的家伙们磨得没脾气。

李靖看来天生是个将相之才，他每每召开会议，都很少发表意见，"恂恂然似不能言"。有这样的同事和领导，同僚和下属自然很满意，就算小政客们的害人之心不可止，一般也不会首先害到他的头上。

就算如此谦退避让，李靖仍然感受到政治漩涡中的凶险。贞观八年，他以脚病为由要求退休，言辞恳切。李世民回答说：自古以来，那些身居富贵高位的人，能够明白适可而止道理的人，非常罕见，不管是聪明人还是笨人，大都难有自知之明，能力达不到，还要强求高位；身体有疾病，仍然恋栈不舍，强占位置。像你这样明事理识大体之人，自古罕有，我要树你为"一代楷模"。李世民不但没有免李靖的职，还特加嘉奖，准许他每三天去一次处理政事。之后，又送他一根拐杖，用来帮助走路。

一段时间后，吐谷浑入侵大唐边疆，李世民对身边的侍臣说：如果能得李靖挂帅出征，事情就好办了。李世民的这句话就是暗示，侍臣马上把消息传递给李靖，李靖也很机灵，马上表示：我虽然年纪大了，还可以为国出征。李世民大喜，马上任命李靖为元帅（西海道行军大总管），率唐军分五路出兵，西征吐谷浑。

贞观九年，唐军进入吐谷浑境内，吐谷浑实行焦土政策，退兵自保。出征诸将都认为此时春草未生，马已疲弱，不宜入敌纵深，否则危险太大。李靖力排众议，拍板决定：快速挺进，寻敌决战。于是大军西进，经前后数十战，平定吐谷浑。

西征吐谷浑的战争中，五路总管之一高甑生因迟误军期，受到李靖的处罚，高甑生深以为恨。吐谷浑之战结束后，他马上打报告诬陷李靖谋反。李世民令相关部门详察此事，结果当然是子虚乌有，高甑生以诬罔罪被处理。

高甑生也是初唐名将，虎牢关前，李世民率领的唐军与窦建德率领的夏军决战之时，李世民看中了敌将所乘骏马，正是高甑生与尉迟敬德一起，突入敌军大阵，连马带人为李世民俘虏过来。但这样的猛将到底不是帅才，缺了大度胸襟，最终害人害己。

当然，也幸亏李世民贤明，如果换上刘邦、朱元璋这一类的皇帝，很可能顺水推舟，借梯上房，将李靖砍了。

李世民是难得的好皇帝，他在该下手时，也绝不犹豫。

高甑生的这次诬告没有得逞，如果还有下次、下下次，李世民未必会英明到底。

自保的唯一办法，就是放弃权位，静养天年，不给最高领导任何不安全的借口。

李靖这么做了，他"阖门自守，杜绝宾客，虽亲戚不得妄进"。退到了世界的最边角，退到了生命的最底线。

由此至死，十多年间，李靖始终如一，终于在七十九岁时，安然辞世。

此后一千年多年的历史上，对李靖有一个几乎完全一致的评价：大唐开国军功，李世民之外，李靖第一。

徐世勣

唐代的开国名将中，李靖军功第一，已成史官共识，排在第二位的，就是徐世勣。

徐世勣姓徐，名世勣，字懋公。他后来成为唐军大将，为唐朝建立了功勋后，做为专制社会一种莫大的恩典，唐高祖李渊赐他姓"李"，与皇族同姓，以示荣耀，成了李世勣。后来李世民去世，为了回避这位千古一帝的名讳，"世"字不能用了，李世勣变成李勣。再后来李勣的孙子李敬业起兵讨伐武则天，被武则天的军队干掉，"李"就不允许他们再姓了，又改回徐，李勣成为徐勣，李敬业成为徐敬业。

一辈子（包括死后）围着名字兜了这么个大圈子，先是奋发图强，再是建功立业，然后荣华富贵，最后一场空。徐世勣的一生，是一个很好的寓言。

徐世勣生于隋文帝杨坚中期，公元594年，他是曹州离狐（现在的山东东明）人，少年时移民去滑州卫南县（现在的河南滑县）。他出生在一个大地主家庭，家中拥有众多奴仆，隋末荒年频仍，他家中的粮食依然满仓满囤。

出生在这样的家庭里，教育一定是好的，徐世勣的天资也一定是好的，天生的好脑袋加上后天的好教育环境，徐世勣茁壮成长，腹有谋略，胸怀大志。

大地主的家庭在荒年不愁吃穿，在正常年份也不愁与官府处不好关系。一般老百姓在正常年份要受到官府百般盘剥，在荒年就要卖儿卖女，饿死荒野。隋朝末年，不甘心饿死的百姓起而造反，与卫南县同属东郡下辖的韦城县人翟让，就扯旗造反，占据瓦岗山，啸聚一方，与官府公开军事对抗。

那一年徐世勣十七岁，他去瓦岗山投奔翟让，入伙做强盗。

史书上没有给出他这样做的理由，看后来他爹徐盖跟着他沾光的情况，他这样做好像还是他老爹认可甚至是鼓励的。

但史书上说徐世勣和徐盖平素就喜欢施舍穷人，热心交往，很有及时雨宋公明的作派，与晁盖做保正时的行为非常相似。

加入瓦岗军后，徐世勣向翟让献上了他被正史记载的第一条军事谋略：离开东郡，到邻近的荥阳郡和梁郡去发展。原因则是：东郡是翟让、徐世勣，以及大部分瓦岗将士的老家，兔子乱啃窝边草，多么不好意思啊！梁郡等地正处水路交通要道，商船密集，便于打劫掳掠。

徐世勣这一计谈不上多么高明，却有了三个立竿见影的效果：第一，离开东郡，他自己的富豪之家可以免受掳掠；第二，瓦岗军开始走出占山为王的小贼强盗行径，有了发展壮大的初步规划和行动；第三，瓦岗军去那个时代主要商贸流通方式——水路打劫，果然迅速积累了财富。手中有米，唤鸡容易，各路小贼纷纷投靠，很快瓦岗军势力膨胀起来。

如此维持了四五年，翟让、徐世勣、单雄信等人都算得上一流战将，瓦岗军越来越强大。但这几个人虽然作为战将是出色的，作为领袖却都缺了点恢弘之势，隋末名将张须陀率军进剿，双方几年间大小三十余战，张须陀胜多败少，虽然剿不灭瓦岗军，却也压制得瓦岗军始终不能膨胀成一支可以对隋朝形成决定性威胁的力量。双方僵持着，都有吃掉对方的可能，却也都吃不掉对方。

李密是一个气度恢弘、有王霸之志、又有王霸之能的领袖，他于走投无路之时，加入瓦岗军。李密妙手指划，立即点土成金，本来对张须陀畏惧不已的瓦岗军，在荥阳大海寺一战，击杀张须陀。瓦岗军一飞冲天，在乱成一片的隋末起义军中，一举成为领头羊。随后翟让让位，瓦岗军在李密的直接领导下，成为最有可能取代大隋朝的军事力量，形势一片大好。

李密进入瓦岗军后，徐世勣没焕发过什么光彩。李密取代翟让，成为瓦岗军老大，瓦岗军的旧将多有不平之音，徐世勣也没有声音。以徐世勣的能力，他所可能、应该的理想，不是翟让能够帮助实现的。李密主持瓦岗军，更能让徐世勣向理想目标无限接近，所以，徐世勣应该是欢迎甚至支持这一领导岗位轮换的。不过以他沉稳的个性，对故交朋友的忠诚，他不可能让他的欢迎、支持形诸于外。一般人看来，也许还会把他划入翟让旧部的圈子；以李密的眼光心机，必然能看出徐世勣的真实心态。

当新旧两个老大不可避免地出现内讧时，李密安排的刀斧手砍掉翟让后，又顺手把夺门而逃的徐世勣砍成重伤。李密的心腹王伯当及时喊停了杀戮，李密则急匆匆地带急救包奔出，亲自为徐世勣包扎裹伤。

伤势恢复后，旧主翟让的血迹已干，徐世勣可以一心一意地为新领导李密贡献心力了。李密也将瓦岗军的后方根据地、战略粮仓黎阳仓交给他镇守。

等到李密败于王世充，瓦岗军崩溃之后，李密第一个想到要去投奔的，就是徐世勣。

只是人到绝境，往往心乱智迷，有人劝说李密：徐世勣是瓦岗旧将，您杀了翟让，又重伤过他，现在去投奔他，怎能放心。这短短的一句话，居然翻转了李密的最初决定，让他陷入万劫不复之地。

李密有根据地不回，反去投降长安李渊，受到冷遇后，又叛唐东逃，死于熊耳山下。而这一过程中，徐世勣一直在为他兢兢业业地守护着根据地黎阳仓。

李密死后，徐世勣向李渊请求，要回李密遗体，以臣下之礼，为他隆重发丧。从此，徐世勣投唐，开启了他大唐开国名将的生涯。

李渊赐他李姓，徐世勣成为李世勣。

为了叙述的统一，在此文中就用他最初的名字：徐世勣。

成了唐朝的大将后，徐世勣为新主人所打的第一仗，很不幸，全军覆没。

当时是窦建德率夏军攻击黎阳，徐世勣以寡敌众，被窦建德一举吃掉。徐世勣倒是匹马单枪跑出去了，可老爹徐盖被窦建德俘虏，窦建德以此为要挟，让徐世勣投降。

徐世勣为了老爹的生命安全，他选择了投降窦建德。

当然，徐世勣投降唐军后，便没有再变节转身的打算，他的这个投降窦建德，打的如意算盘是先保住老爹的命，再找机会刺杀窦建德，回归大唐。

徐世勣的第一个算盘打响了，老爹徐盖的命保住了；为了打响第二个算盘，他在窦建德的队伍里策反了一个叫李文相的中级武将。没想到这个李文相有勇无谋，草率起兵反叛，葬送了自己，也把徐世勣暴露出来。这一次徐世勣顾不得老爹了，一个人仓促逃走。

但窦建德在隋末群雄中，是个人品行极其高贵的人——他最终败于李唐之手，不是他的夏国比李唐残暴落后，不是他的名声威望低于李渊父子，实在是、也仅仅是偶然因素造成——窦建德很赞赏徐世勣不忘旧主的品格，并没去为难徐盖。

徐世勣逃归大唐，先跟李世民在柏壁击破宋金刚部，再回头攻击洛阳王世充。

王世充向窦建德求救，窦建德率部来援，唐夏决战，这次轮到窦建德全军覆灭，个人品德无可挑剔的窦建德被俘、被杀。徐盖平安归来。

窦建德灭亡，王世充投降，李世民可能对单雄信差点刺死他耿耿于怀，下令斩杀单雄信。徐世勣与单雄信同为瓦岗老将，在血雨腥风的岁月里，两人义结金兰，情同手足。徐世勣苦苦哀求李世民，情愿纳还自己所有的官爵，抵销自己所有的功劳，来换取单雄信一命。一向豁达大度的李世民此时顽固不化，坚决不允。

徐世勣急得大哭，无奈之下，去与单雄信诀别。徐世勣说：以我们的兄弟情义，我该与你同死，无奈我若死了，没人照顾你的老婆孩子。

徐世勣真的在单雄信死后，收养了单雄信的孩子。

徐世勣说完上面一段话后，他拔刀在自己腿上割下一块肉来，送到单雄信嘴边，让单雄信吃下去，说："生死永诀，此肉同归于土。"这样的兄弟之义，在流行明哲保身的中国历史上是极罕见的。

对君忠、对父孝、对友义，徐世勣完全是发自天性。徐世勣年老之时，他姐姐得了病，想喝粥，徐世勣亲自下厨，去为姐姐熬粥，因为年纪大了，手脚不便，胡须被火苗燎焦。姐姐看到后，让他不要亲自动手，安排仆人做就好了，徐世勣回答：姐姐您多病，我的年纪也老了，就算想天天给您熬粥喝，又能熬多少日子？

窦建德的个人品格，堪称楷模，在他的割据地盘中，威望极高，李渊在俘虏他之后，毫不犹豫地杀了他，激起了本已缴械投降的窦建德旧部强烈不满，刘黑闼再竖义旗，大夏国烽烟再起。

在歼灭窦建德、王世充后受到大唐嘉奖的徐世勣，此时仍镇守黎阳，刘黑闼起兵两个多月，两军在黎阳兵戎相见。很不幸，以寡敌众的徐世勣再一次被打了个全军覆没。

大唐开国名将——以至中国历史上的名将中，李靖是非常罕见的从没有过失败的百战百胜将军，徐世勣的军功仅次于他，就有了两次全军覆没的完败。看来，名将与名将之间，细微的差距还是有的。

这两位名将，军功虽然分列开唐将军的前一、二位，但他们有一个共同的特点，了不起的特点：不参与政治。

胸怀韬略，功高盖世，而又能主动退避，远离政治，这两位名将，真不是一般名将。

——玄武门之变，李靖、徐世勣均保持中立，不支持也不反对任何一方。

李世民称得上一代明君，没有因为两位名将有意与自己保持了距离而怀恨在心，打击报复，他对这两个人一如既往地放手使用。但要说他心里一点芥蒂也没有，那也夸大，起码，在凌烟阁上，李靖、徐世勣的排名，比他们应该占有的位置，靠后了许多。

李世民登基后，李靖任主帅，突袭定襄，在徐世勣的配合下，消灭了东突厥。李世民将原来的并州都督府升格为并州大都督府，将原来的突厥地盘统一划归管理。徐世勣就任并州大都督府最高军事长官，长达十六年（前期徐世勣直接担任并州大都督，一段时间后，由后来登基成了唐高宗的李治遥领大都督一职，徐世勣降为并州大都督府长史，实际主持工作）。"令行禁止，号为称职。"唐太宗李世民对其有个总体评价："隋炀帝不能精选贤良，安抚边境，惟解筑长城以备突厥，情识之惑，一至于此。朕今委任李世勣于并州，遂使突厥畏威遁走，塞垣安静，岂不远胜筑长城耶？"

作为国家最高领导人，认定徐世勣是国家的边防长城，对一员武将来说，这是最高荣誉。

边防长城的比喻，的确不是随口说的，李世民话音刚落，塞外在大唐扶持下壮大起来的薛延陀部，就因为其强大，对大唐开始不够尊敬，趁李世民东巡洛阳之机，大军出动，去攻击受大唐庇护的东突厥余部阿史那思摩。而在此前，唐政府曾正面表态，不允许薛延陀部侵扰阿史那思摩。薛延陀部首领夷男公然违抗大唐政府令，那是与大唐政府决裂的表现了。

李世民下令，徐世勣任朔方道行军总管，"将轻骑六千"，击溃薛延陀八万入侵部队（徐世勣领六千骑兵是《新唐书》的说法，《旧唐书》说他只"率轻骑三千"，就"追及延陀于青山，击大破之，斩其名王一人，俘获首领，虏五万余计"。

此战之后，呕心沥血的徐世勣体力不支，突染重病，医生说必须要用人的胡须烧成灰作药引，才能治愈。李世民知道后，毫不犹豫地剪掉自己的胡子，交给医生为徐世勣治病。

现在看来很搞笑的一件事，在中国古代，"身体发肤，受之父母，不敢毁伤"，却是天地人伦，所以曹操剪下一绺头发就可以顶替脑袋。李世民的几根胡子，在那个时代，有以自己的生命换取徐世勣生命的意思。徐世勣再怎么感动感激也不过分，李世民安慰他说：你不用那么感激，我是为了国家才这么做的。

贞观十八年，李世民亲征高丽，徐世勣从军出征，屡立战功。但由于主帅是李世民，李世民努力表现一个大国贤君的泱泱大度，作战首先讲政治，并不完全按纯军事思路出牌，结果无功而返。

贞观十九年，薛延陀部强悍的领导人夷男去世，随后整个部落陷入内乱。贞观二十年，唐太宗李世民任命徐世勣为主帅，统一指挥对薛延陀作战，在乌德鞬山（现在的蒙古国杭爱山）展开决战，薛延陀部溃败，随之灭亡。

唐太宗去世之前，指定房玄龄、长孙无忌、褚遂良、徐世勣为太子辅政大臣。四个人中徐世勣能力最强，太子李治对他无恩德，李世民担心徐世勣不全力辅佐甚至有异心，于是在病危之时（其时房玄龄已死），在徐世勣毫无过错的情况下，将他贬出京城，远派到叠州（现在的甘肃迭部）当都督。调令下达的同时，李世民还下达了一个密令：如果徐世勣对此次受贬口出怨言，赖在京城不走，立即杀掉。

结果是徐世勣接到调令后，没有任何怨言，连家都不回，直接出京赴任去了。李世民大为高兴,吩咐李治:你接班后,立即将徐世勣调回,这样他就感你的恩了,会为你出力报效。

李世民死后,李治登基成为唐高宗,将徐世勣召回,任命为宰相(尚书左仆射)。此时,徐世勣开始避死皇帝李世民名讳,改为李勣。

徐世勣知恩图报,他生命中最重要的一仗,就是在唐高宗时期打的。整个唐高宗时期,这也是大唐最重要的一仗——徐世勣挂帅,东征高丽,于唐高宗总章元年(公元668年,李治在位第十八年)灭掉高丽,将高丽国土,划分为若干州县,归于大唐版图。

隋文帝杨广三征高丽,拖垮了强盛的大隋;李世民亲征高丽,灰头土脸地撤了回来。现在,这个让两任著名皇帝吃瘪的硬骨头高丽,终于亡于徐世勣之手。

灭掉高丽第二年,徐世勣突染重病,卧床不起。他极其达观,皇帝和太子送的药,他看都不看,直接吃下,除此之外禁止家人再找任何医生为他诊治,也拒绝吃任何其他药物。徐世勣说:"我山东一田夫耳,攀附明主,滥居富贵,位极三台,年将八十,岂非命乎?修短必是有期,宁容浪就医人求活。"当月病故。

徐世勣死后十多年,他孙子徐敬业(当时还叫李敬业)在扬州起兵,讨伐武则天,很快被武则天镇压。武则天出兵镇压之前,先把徐世勣等人的坟墓刨开,诛戮尸体,将唐高祖李渊赐予的"李"姓夺回,复其本姓。

岁月像磨盘前的路,转了一圈,又回到起点,李勣又成了徐勣,至于中间那个"世"字,仍然要避李世民的讳,不能用。在这姓名轮回的路上,多少血泪,多少荣耀,都湮没在了岁月无边无际的虚空中。

裴行俭

徐世勣的孙子徐敬业,自少年起,便跟随徐世勣征伐四方,作战勇猛,在军中很有影响力。徐世勣的长子徐震死在徐世勣之前,徐世勣的名爵,便由长孙徐敬业继承。

李治死后，儿子李显登基当皇帝，是为唐中宗。此时的大唐政权，已完全被武则掌控。徐敬业是功臣之后，军事能力也很被人认可，大约让武则天觉得不安，找了个理由，把他贬为柳州司马，赶到扬州。贬官的理由据《新唐书》说是贪赃，成书要早得多的《旧唐书》则没给出明确罪名。

很难判断在没受打击之前，徐敬业对武则天专权是个什么态度。当年李治要立武则天为皇后，征求大臣意见，另几个辅政大臣都明确反对，只有徐世勣以一句看似中立的话：这是皇上您的家事，何必问外人。表达了他实际的支持，让武则天顺利走上皇后之位。既然武则天专权有徐世勣的间接功劳，徐敬业就不该激烈反感。

但受到贬谪，遭到政治打击之后，还让尚年轻气盛的徐敬业仍保持对武则天的拥护，那就高估徐敬业的心胸了，他不是个如爷爷般隐忍的人。

徐敬业被贬往扬州不久，牢骚正盛的时候，武则天废掉中宗李显，立另一个儿子李旦为皇帝，是为睿宗。这一次极端随便的废立，给了徐敬业发泄愤怒的借口。他集合了一批受到武则天打击，又刚好在扬州的有志之士，起兵造反，打出的旗号，是要武则天归还权力，恢复中宗李显的皇帝身份。徐敬业在扬州建立了匡复府，自称匡复府上将兼扬州大都督。他的造反部队，我们可以称之为匡复军。

被武则天政权贬为临海县丞的原长安主簿骆宾王，也参加了匡复军造反，他为徐敬业撰写了一篇阐明造反有理、声讨武则天的檄文，全文录如下：

伪临朝武氏者，性非和顺，地实寒微。昔充太宗下陈，曾以更衣入侍。洎乎晚节，秽乱春宫。潜隐先帝私，阴图后房之嬖。入门见嫉，蛾眉不肯让人；掩袖工谗，狐媚偏能惑主。践元后于翚翟，陷吾君于聚麀。加以虺蜴为心，豺狼成性。近狎邪僻，残害忠良。杀姊屠兄，弑君鸩母。神人之所共嫉，天地之所不容。犹复包藏祸心，窥窃神器。君之爱子，幽在别宫；贼之宗盟，委以重任。呜呼！霍子孟之不作，朱虚侯之已亡。燕啄皇孙，知汉祚之将尽。龙漦帝后，识夏庭之遽衰。

敬业皇唐旧臣，公侯冢子。奉先帝之成业，荷本朝之厚恩。宋微子之兴悲，良有以也；袁君山之流涕，岂徒然哉！是用气愤风云，志安社稷。因天下之失望，顺宇内之推心。爰举义旗，以清妖孽。

南连百越，北尽三河；铁骑成群，玉轴相接。海陵红粟，仓储之积靡穷；江浦黄旗，匡复之功何远！班声动而北风起，剑气冲而南斗平。喑鸣则山岳崩颓，叱咤则风云变色。以此制敌，何敌不摧？以此图功，何功不克？

公等或居汉地，或协周亲；或膺重寄于话言，或受顾命于宣室。言犹在耳，忠岂忘心。一抔之土未干，六尺之孤何托？倘能转祸为福，送往事居，共立勤王之勋，无废大君之命，凡诸爵赏，同指山河。若其眷恋穷城，徘徊歧路，坐昧先几之兆，必贻后至之诛。请看今日之域中，竟是谁家之天下！

移檄州郡，咸使知闻。

骆宾王的檄文，迅速风行天下。大臣们抄了一份，送给武则天奇文共欣赏。武则天很不在乎，接过来读时，还微微发笑，直到读至"一抔之土未干，六尺之孤何托"时，才为之动容，问身边侍臣：这篇檄文是谁写的？侍臣回答：骆宾王。武则天叹息说：这样的人才未能被政府所用，是宰相的过失呀！

在此之前几十年，李密兴兵灭隋之时，也有一篇出色的檄文，数说隋炀帝杨广的罪恶，声明李密起兵的正义，那篇檄文的辞采水准，较之骆宾王的作品，也差不了很多，只是过长，便显得散漫，不及骆宾王檄文字字金石，精悍雄烈。那篇檄文出自祖君彦之手，其中有这样一个经典句子："罄南山之竹，书罪无穷；决东海之波，流恶难尽"，后来进入中国成语宝库：罄竹难书。

欣赏完骆宾王的奇文后，武则天下令，左玉钤卫大将军李孝逸挂帅，率军三十万，讨伐徐敬业。几个月后，击破徐敬业，徐敬业与几位铁杆部下，搞了条小船，准备渡海投奔高丽——徐敬业的爷爷徐世勣灭掉了高丽，但在徐世勣去世后不久，大唐设置在高丽国土上的地方政府，被新罗迅速排挤出去。现在成了徐敬业心目中的避难地了。

徐敬业的运气实在不好，其时正值大风浪，小船难以入海，徐敬业等人被跟踪而来的唐军捕获。

徐敬业战败，徐氏子孙统统被收捕斩杀。徐世勣临死犹在苦苦筹划的保全家族，尽成镜花水月。以至于后来武则天退位，中宗复辟之时，唐中宗李显准备为徐氏家族恢复名誉，居然都找不到人来继承爵位名禄。

不过徐世勣也可能并未断子绝孙，《旧唐书》记载，一百多年后的唐贞元十七年（公元801年），吐蕃侵入唐境，掳掠了大批汉人，回国路上，到吐唐交界处，一位名为徐舍人的吐蕃将领，将掳掠的汉人集中在一起，告诉他们：你们不要害怕，我本来是汉人，是英国公徐世勣的第五代孙子。当年太后武则天谋夺大唐皇权，我的祖先建树义旗，匡复国难，不幸失败，子孙流落到西域吐蕃，至今已过三代，虽然世代居于吐蕃国重要职位，掌握兵权，然而思本之心，不忘故国。只是在吐蕃生活久了，家眷亲族繁衍日多，已经无法再回归祖国了。这个地方是吐蕃与大唐交界之处，放了你们，都回乡去吧！

数千百被掳掠的汉人，由此生还故里。

裴行俭是徐世勣的平辈，他们都在瓦岗军中待过。只是当时徐世勣已是瓦岗军中有数的大将，而裴行俭的光芒，当时还掩盖在父亲裴仁基和哥哥裴行俨的威名之后。

裴仁基是隋末名将，受杨广指派，率兵征讨瓦岗军，屡屡获胜，是瓦岗军的劲敌。但铁心要把自家江山搞倒的杨广，向裴仁基的军队派了个监军，这个监军非常有杨广风格，不把大隋长城搞倒不罢休——逼反了裴仁基。裴仁基投降瓦岗军，壮大了瓦岗军的力量，增强了瓦岗军的声威，实际作战，也为瓦岗军建立了突出的功勋。李密最后与王世充决战，裴仁基献计分兵偷袭洛阳，这一计不见得肯定成功，但起码李密战败后还有一支可倚靠的力量。被连续的胜利冲昏头脑的李密不听裴仁基的，结果大败，直接导致了走投无路，西归长安，又在叛逃路上送命。裴仁基与他的大儿子裴行俨则成为王世充的俘虏。

王世充其人，也称得上一代枭雄，否则在群雄并起、各展所长的隋末战场上，也不会做为一方霸主，支撑那么长时间。他的眼光是有的，识别人才没问题，不拘一格用人才也没问题，否则单雄信、秦琼、程咬金也不会为他所用。但他在渴望人才也能够使用人才的同时，又对人才怀有深深的不信任，一边使用，一边防范，这样的疑心，让真正的人才最终从身边流失，秦琼、程咬金都是在追随他一段时间后离开的。抓获裴仁基父子后，王世充也是非常希望这父子名将都能为他所用，他还做主把侄女嫁给裴行俨，成为裴行俨的叔丈人。而在这同时，王世充对裴仁基父子又百般提防，始终不能放心放手。这让裴氏父子如处针毡，终于下决心叛郑投唐，却因行事不密，被王世充先下手为强，一起杀了。

　　大唐皇帝追念裴仁基为欲投归而死的忠诚，对裴仁基的遗孤裴行俭特别照顾。贞观年间，裴行俭通过科举考试，被授予左屯卫仓曹参军之职。当时苏定方任大元帅。他在视察部队时，与裴行俭多次交流，极其欣赏裴行俭的军事禀赋，说：我一直想找个人，把我的用兵之术传授下去，一直找不到合适的人，见到你，才算可以完成心愿啊！于是将一生所学及行军作战经验，一一传授给裴行俭。

　　公元677年，本已臣服的突厥十姓可汗阿史那都支反叛，西域局势动荡，唐高宗李治计划派大军征讨，裴行俭认为：国家为此动员大军，弊大于利，其时波斯王刚刚去世，波斯王子正在长安做人质，不如假以送王子回波斯继承王位的借口，派少量兵马路经突厥部落，视情况发动突袭，可以最小的代价，取得最大的战果。

　　裴行俭嘴巴说得山响，到底行不行啊？不过能少动刀兵最好，李治马上册立波斯王子为波斯王，任命裴行俭为安抚大食使，送波斯王子回国继位。

　　西行路上，荒漠连天。一日，遇沙尘暴，向导迷了路，战士们又饿又渴，裴行俭下令就地扎营，他装模作样地向天祷告一番，说：离泉水很近了。随即风止云散，前行数百步，果然有水草丰美，战士们无不精神振奋。

　　行至西域，已是都支部落的边界，裴行俭扎下营来，与当地少数民族各部落酋长喝酒畅述，从各部落中选拔了千余位精壮战士编入部队，扬言说：天气太热了，不能再往前走，等到秋后再动身吧！

　　都支派人打探消息，听到裴行俭秋后前进的话，不再戒备，只待秋后再安排人马，阻断汉军行程。

　　裴行俭在思想上解除了都支的武装后，立即派人召集当地各部落酋长，以游玩打猎的名义，让他们带战士随自己立即西行。很快聚集起万余人的部队。裴行俭率部全速行军,数日间便直抵都支帐前十余里。派出使者,去跟都支解释此来不是作战,要求都支立即去汉营见面。

措手不及之下,都支无力作战,又不愿逃跑,只好抱着幻想去见裴行俭,被裴行俭当场拿下,送至碎叶城。都支之乱平定。

回京之时,李治亲自设宴慰劳,说:"行俭提孤军深入万里,兵不血刃,而叛党禽夷,可谓文武兼备矣,其兼授二职。"任命他同时担任礼部尚书及右卫大将军。

公元679年,突厥阿史德温傅反叛,西域二十四州同时叛乱响应,李治任命裴行俭为定襄道行军大总管,率大军三十万前往征讨。大军绵延达千里之长,大唐开国以来,行军之盛,以此为最。

军至朔州,裴行俭听到报告,当地大唐驻军因为运粮车屡屡遭劫,已挨饿多日。裴行俭立即安排粮车三百辆,每辆中潜伏五名战士,持名震天下的大唐陌刀及劲弩。派出几百个老弱战士运送粮车,沿途再预先埋伏下精锐部队。

突厥人看到唐军运粮车到了,果然又来劫夺,老弱战士放下车就跑。突厥人赶着粮车走了一会儿,到一处有泉水的地方,放马吃草,准备取粮做饭。粮车中伏兵齐起,陌刀展开,劲弩齐射,埋伏的精兵同时发动,截粮的突厥人几乎被杀个精光。

从此后,突厥人再不敢截击唐军粮草。唐军后勤保障畅通无阻。

裴行俭继续行军,接近突厥叛军时,停下扎营,刚刚扎好营盘,连营周的壕沟都挖好了,裴行俭又下令立即移营,到附近山冈上再扎大营。将士们累了一天,谁也不愿二次罗嗦,一再求裴行俭不要折腾,裴行俭坚持己见。胳膊拧不过大腿,战士们只好一肚子怨气地二次扎营。

当夜,风雨暴至,原来扎营之地,天亮时水深丈余,将士们无不叹服,有人去问裴行俭怎么知道要下暴雨的?裴行俭回答:"你们听我的就行了,不要问我是怎么知道的。"

跟如此神一样的将军作战,突厥哪有还手的力量?突厥人屡战屡败,死伤无数,厌战的突厥人杀掉可汗泥熟匐,向唐军投降。

不过泥熟匐虽死,他的残余势力犹在。裴行俭撤军后,阿史那伏念自立为可汗,与温傅会合,再树反旗。裴行俭再次领兵西征。有了上次的战胜之威，这次裴行俭不再与突厥人直接作战，只利用其赫赫军威对突厥人形成的心理压力，使用反间计，让伏念擒获温傅向唐军投降。伏念果然抓了温傅投降裴行俭。

裴行俭当面郑重承诺不追究伏念之罪，不伤害他，然后带伏念入京。没想到唐高宗李治根本不给裴行俭面子，下令将伏念与温傅一起砍头。

皇帝要杀人，裴行俭也没有办法。但身为一代名将，却不能有效地保卫郑重许下的诺言，裴行俭所受到的心理伤害，也不亚于身体上的伤害。从此后，裴行俭称病不出，仅仅一年多后，裴行俭就死了。

薛仁贵

在中国民间流行的传奇演义中，将门虎子，一家几代为主角的英雄演义中，薛家将与杨家将是最出色的。薛家三代英雄（有的说部中是五代，以《新唐书》记载，的确也是五代），杨家将五代传奇（有的说部中居然到了九代），中国百姓大都能说出几个人名和故事。

这些传奇演义中，真实的影子是有一点的，但最主要的部分，尤其是这两将门的后代传奇，基本是虚构出来的。

薛仁贵没有叫薛丁山的儿子，杨延昭也没有叫杨宗保的儿子，另两个中国女性英雄中大名鼎鼎的樊梨花和穆桂英，更是子虚乌有，却在中国百姓心中栩栩如生。

薛仁贵是绛州龙门（山西河津市）人，是个耕地的农民，贫农。他三十岁前的经历在史书上是一片白纸。

看薛仁贵后来的征战记录，他的武功很高，也很有谋略智慧，他的能力不会从天上掉下来，一定是经过持久的锻炼。薛仁贵是个很有耐心的人，一直锻炼到三十岁，毫无出头之日，他居然还能坚持不懈。

直到他过了三十岁，仍然看不到任何成功的曙光，一直在自己身上下功夫的薛仁贵终于耐不下心了，他把眼光转移到死去的父祖身上。

风水之说，在中国流行数千年，至今仍热浪滚滚。迷信风水的人，都相信父祖的下葬之地，决定着自己的前途。薛仁贵三十岁前可能并不相信，苦练苦读三十年没有回报，终于让他向风水学低下头来，他拿起铁铲，准备去迁移父祖的坟墓。

在史书上，薛仁贵的妻子只是姓柳。这个柳氏是个坚决不迷信的无神论者，她阻止了薛仁贵：一个人的才华能不能得到施展，关键看遇不遇得到合适的机会，现在皇帝正要亲征高丽，面向全国广求猛将，这就是你最好的机会，只要抓住了这次机会，以你的能力，何患不富贵！富贵后，再还乡迁坟，为时未晚。

《汾河湾》、《王宝钏》的前半截故事，都来自于柳氏这段话，这段话充分展现了柳氏的高瞻远瞩，胸怀锦绣，也看得出她对丈夫薛仁贵强大的信心。

在妻子的鼓励下，薛仁贵收拾行装，前往投军，被分配到将军张士贵帐下。

这一年是公元645年，大唐贞观十九年，薛仁贵三十二岁。

李世民亲征高丽，缘于大唐对高丽内政干预的不成功。

高丽对大唐的建立，间接地立有大功，若没有他们与隋炀帝的殊死搏杀，强盛的大隋没那么容易民不聊生，从而给李渊父子机会。隋灭唐兴后，高丽主动与大唐修好，主动恢复朝贡，主动归还与隋朝作战时俘虏的汉人。两国关系一度发展成战友加兄弟。

贞观十六年，高丽与新罗开战，新罗向大唐求救，李世民就充老大，下令让高丽住手。高丽人不理睬。这让英明神武的唐太宗李世民大大地失了面子，东征高丽之战，由此爆发。

去往辽东的路上，与高丽人接战之前，薛仁贵救援被强盗围攻的郎将刘君印，锋刃初试，锐不可当，砍下强盗头子的脑袋，悬挂在马鞍一侧，所有强盗，尽皆慑服。

薛仁贵一战成名。军至辽东，在安市城（现在的辽宁海城南营城子）下，唐军与来增援的二十万高丽部队展开会战。薛仁贵自恃骁勇，准备在李世民面前立功出彩，又怕几十万大军汹涌如潮，观战的李世民眼中未必看得见自己，于是非常独特地着白袍上阵，手持铁戟，腰悬两套弓箭，大呼杀敌，匹马纵横，戟尖所向，潮水般的高丽军队便是一溜血肉胡同，所向披靡，唐军大队紧跟在他的马后冲击厮杀，高丽军队阵脚溃散。

　　这样的镜头实在太震撼了，由不得李世民不关注，派出使者快马追上去喊话问："穿白衣服的先锋将军是谁？"浴血冲锋的薛仁贵所要的，就是这一问，他大声喊出自己的名字："薛仁贵。"

　　薛仁贵的横空出世，直接引领唐军赢下了这重要一战。战斗结束后，李世民召见薛仁贵，表示了极大的赞赏，给予重奖，授予游击将军。

　　因为一些很复杂的原因，唐太宗李世民的这次东征，虎头蛇尾，无功而返。回到长安后，李世民再次召见薛仁贵，说："原来跟随我建功立业的开国将军们，已经老了，我一直想选拔骁勇善战之将，托付征战保境之责，没有人比得上你。灭没灭高丽并不重要，重要的是得到了你这员虎将啊！"

　　皇帝金口玉言，薛仁贵一飞冲天，被提拔为右领军中郎将。

　　史书中没有再提薛仁贵是不是回家给父祖迁坟了，也再没有柳氏的消息。但在史书中，自此直至唐高宗李治永徽五年（公元654年），长达七八年时间，薛仁贵的事迹是缺失的。在这一大段空白期内，薛仁贵应该会富贵还乡的。柳氏用不着苦守寒窑十八载，提前过上了夫贵妻荣的生活。

　　历史上再也没有这位勇于鼓励丈夫抛妻别子赴疆场的女人消息。后世万千传说，只是心有不甘的后人臆造的故事。

　　唐高宗显庆三年（公元658年），薛仁贵作为唐军元帅程名振的副手，参与指挥唐军经略辽东，于贵端城大破高丽军队，斩首三千级。一年后，在横山与高丽大将温沙多门作战，薛仁贵单人单骑，闯入高丽大军之中，左右开弓，箭不虚发，每箭必有敌人应弦倒下。随后在石城再战高丽，高丽部队中有射箭高手，也是一箭一个，顷刻间射杀十余位大唐将士，薛仁贵大怒，单骑突击，旋风般出现在高丽射手身前。这位高丽神射手吓得手软筋麻，拉不开弓，被薛仁贵轻舒猿臂，轻轻摘下雕鞍，活捉而去。之后离开高丽战场，于黑山接战契丹，活捉契丹王阿卜固，带回洛阳城。

　　回到京城后，高宗李治安排薛仁贵作为郑仁泰的副手，西征铁勒。大军出征之前，李治在皇宫内为将帅几人置酒壮行。席间说起薛仁贵勇猛善射，李治安排人取出宫中精甲，赐予薛仁贵。在薛仁贵谢恩受赏之时，李治突然来了兴致，提出：你把铠甲叠成五层，试射一下，看能不能射穿？薛仁贵弯弓搭箭，一箭射出，五重铠甲被射穿。李治大惊，连忙安排人去找最坚韧的铠甲，赏赐给薛仁贵。这次薛仁贵没有再试射。皇帝自己要顾面子，薛仁贵当然更没胆量不给皇帝面子。

万里奔行，西去天山，与入侵的九姓铁勒结阵对敌。其时九姓铁勒有众十余万，士气正旺，以逸待劳，迎战远道而来的大唐军队。两军对阵，铁勒部先派数十名精锐骑兵出阵挑战，薛仁贵一人出阵，连发三箭，射杀三位最为精悍的铁勒战士，铁勒大军一时为之气夺。

这些少数民族结队入侵，实为利益而来，在他们这些终日生活在马背上的游牧战士看来，中原人文弱怯懦，实在不堪一击。所以兴致勃勃，实指望可以轻易抢到一块肥肉。面前的大唐军队却是阵容严整，面前的这个叫薛仁贵的敌人更是神威凛凛，有若天人。毫无准备的铁勒人一下心理崩溃了，他们纷纷下马请降。

将军三箭定天山。

受降后的薛仁贵，却做了一件非常为道义所不容的事：他害怕这十多万铁勒人回过味来，再次造反，下令将全部降兵，一律坑杀。

自古至今，杀降，都是一件广受谴责的暴行。

尽数杀掉投降的铁勒战士后，薛仁贵率军继续前进，进讨九姓铁勒根据地。失去军队保护的铁勒家园，没有任何抵抗之力，铁勒领导人叶护兄弟三人，乖乖当了俘虏。

铁勒九姓之外，其余部落尚多，也都在唐军斩草除根的扫荡之列。他们纷纷要求投降，唐军不许，唐军领导人（史书上说是郑仁泰，薛仁贵作为二把手，也不会置身事外）下令，让唐军在投降的铁勒百姓中，大肆掳掠，谁抢了是谁的。

铁勒人打仗打不过，投降了又遭掳掠，万般无奈，只好抛弃家园逃跑。唐军以为有辎重牛羊可以继续抢夺，快马加鞭追击，纵穿茫茫大漠。铁勒人是实在保不下命了才逃跑，哪儿顾得上辎重牛羊可供唐军抢掠，唐军千里追击，没有任何收获。追的时候以为追上去就会大有收获，生怕收获的东西太多带不了，所以追击之时只带了些追程的干粮和水，尽量空下空间以备装载战利品。没想到铁勒人已然皮包骨头再无隔夜粮草。这些满脑子横财梦想的唐军，退兵之时，已无粮草可继，饿急了便相互击杀战友，以战友的尸体为食物。退归塞内时，活下来的人已仅仅是出塞时的二十分之一。

名将薛仁贵，也从投降的铁勒部落中挑选美女做妾，并广收贿赂。

财色兼得的薛仁贵，归国后被劾奏，因为他功劳实在太大，功过相抵，也就不追究了。

不知薛仁贵带了那些西域美女回家后，以苦守寒窑为代价、鼓励丈夫建功立业、出人头地的柳氏，会是什么心情？

开唐第二名将李勣（徐世勣）平生重大战功中，平灭高丽是极其重要的一件。就在他平灭高丽的过程中，薛仁贵作为他麾下一个方面军将领，所起到的作用，也是无可替代。

薛仁贵先是在新城击溃高丽军队的夜袭，斩敌数百人。再在金山与高丽军队作战，斩敌五千，乘胜前进，拿下南苏、木底、苍岩三城。受到皇帝手诏嘉勉后，薛仁贵率两千唐军就去攻击高丽重镇扶余城，手下将士都认为兵力太少，寡不敌众，薛仁贵说：军队作战在于善于使用，不在人数多少。身先士卒，勇往直前，居然攻破扶余城，杀掉高丽抵抗军一万余人。

扶余城既破，其余四十余小城闻风而降，威镇辽海。与李勣胜利会师。

几年后，吐蕃入寇，薛仁贵被任命为逻娑道行军大总管，也即唐军元帅，率将军阿史那道真及郭待封西征。郭待封此前曾与薛仁贵是同一个级别同一种职位的将军，现在成为薛仁贵的副手，心中不服，"耻居其下，颇违节度。"

这样的心态，自古至今，从未断绝。

无论如何，那都是一种煎熬——过了，更上层楼；不过，两败俱伤。

郭待封和薛仁贵便没过这一关，薛仁贵无视郭待封对自己不服气这一现实问题，安排他做他不愿做的事；郭待封则无视军事纪律，拒不听从最高司令官的话，自主行动。结果是郭待封所率部队覆没，郭待封险死还生，薛仁贵则全盘皆输，成就了他军事生涯中的一次完败，论罪当死。皇帝特别下诏赦免，免去一切职务，又成了平头百姓。

后来唐高宗还是追念薛仁贵的功劳，起复为将，率军北征，与突厥作战。两军对垒之时，突厥派人出阵询问：唐军元帅是谁？薛仁贵亲临阵前作答：薛仁贵。突厥使者很惊奇：我听说薛将军被朝廷流放，早死在流放地了，人死怎么复生？薛仁贵于是取下保护头颈的兜鍪，让对面的突厥人看清他的面貌。

在历次作战中，薛仁贵的威名与相貌，早已深刻于突厥人的心中，看到神威的薛仁贵将军果然活生生地就在面前，突厥人面面相觑，心惊胆战。

这些突厥汉子没有多少文化，更没接受汉化教育，心肠是直的。他们畏惧、敬仰薛仁贵将军，就不知道要隐瞒，就忘记了这是两军对垒，纷纷下马，在薛仁贵面前下拜致敬，然后上马，撤退。

薛仁贵将军则熟读兵书，知道此时是进击获胜的最佳时机，他毫不犹豫，下达了追杀令。正在撤退的突厥人措手不及，被追上来的唐军一通狠杀，砍瓜切菜般干掉一万余人，俘虏三万余人，掳获牛羊无数。

这就是战争。

薛仁贵死时，年已七十。他的大儿子薛讷，也以军功被封朔方行军大总管。薛仁贵的小儿子薛楚玉，曾任范阳节度使，生了个儿子薛嵩（薛仁贵的孙子），曾参与安禄山、史朝义叛乱军队，后归降大唐，也成了大唐的节度使、高平郡王。薛嵩的儿子薛平十二岁就任磁州刺史，活到八十岁才死，被追赠太傅。薛平的儿子薛从，则脱离军职，官至汾州刺史，死后被追赠工部尚书。

薛氏一族，虽没有传奇演义中的神奇，却也称得上世代簪缨，荣华相继。后世演为薛家将故事，自有其原因。

哥舒翰

大唐天宝年间，民间流传一首歌谣："北斗七星高，哥舒夜带刀。至今窥牧马，不敢过临洮。"这首民谣质朴直白，音节铿锵，读来让人激动不已。清代著名诗人、评论家沈德潜如此评点："与《敕勒歌》同是天籁，不可以工拙求之。"天籁之音，当然不能从技巧技术上去要求。

歌谣中的主角哥舒翰，是突厥族人。突厥是初唐时代大唐最大的敌人（有时也是盟友），其政治制度却还没进化到高度中央集权制，还是松散的部落联盟状态，哥舒翰便是突厥突骑施哥舒部落首领的后代，与中国早期姓氏多出自封地封国一样，突厥人也习惯以部落的名称作为自家姓氏，哥舒翰便是这么来的。

在与大唐为敌为友过程中，哥舒部落成为大唐的臣民，作为哥舒部落首领的哥舒翰的祖父、父亲，也先后担任过大唐地方政府官员；哥舒翰的母亲尉迟氏，更是西域小国于阗（现在的新疆和田）王的女儿。哥舒翰家族俨然是大唐西域地区的大族世家。在这样的家庭里长大，西域胡汉混杂、高天烈风薰染下，哥舒翰的成长经历可以说一帆风顺，也可以说一片空白。他任侠好义、信重言诺、纵酒赌博，活得痛快淋漓，却也活得毫无作为。好在他家境豪富，家里长辈又没有读书作官的意识，一任哥舒翰无拘无束地成长。

就这么在酒意豪气中糊里糊涂过了四十年，哥舒翰的父亲死了，这对哥舒翰来说，是生命中的一大哀痛，把眼光稍稍放长远一点来看，这又是哥舒翰的一大幸运转折。

哥舒道元的死，让哥舒翰失去了继续纨绔下去的主要支撑。他来到长安，试图在首都找到机会，混出个样子。

哥舒翰一定是个极有天赋的人，否则他就不会在荒废了四十年大好人生之后，仍然可以名垂青史。

一个最终成就大事的人，必有其成就大事的基因。漂在长安三年，哥舒翰已经四十三岁了，一个四十三岁的纨绔子弟，非常集中地被人以白眼和唾沫打击，还能够不崩溃，已可算人才，哥舒翰居然知耻而后勇，"慨然发愤折节，仗剑之河西"，参军到大熔炉里接受更加严酷的锻炼去了。

哥舒翰从军的第一站，是到河西节度使王倕的帐下任职。史书上没写明白任的是什么职，但一定是可以跟王倕近距离接触，可以充分了解到他能力的职务，因为在开宝元年（公元742年），王倕攻取新城（现在的青海门源）后，就把这个地方交给了哥舒翰驻扎管理，如果不认可哥舒翰的能力,王倕不会这么做。哥舒翰第一次有了正面展示自己能力的机会,他牢牢抓住了,初步形成了军中影响。

天宝五年,王忠嗣兼任河西节度使,在经略新城过程中已有了一定美誉度、影响力的哥舒翰,被颇有伯乐之称的王忠嗣发现并重用。他先是提拔哥舒翰为衙将,约一年的使用考察之后,再次提拔哥舒翰为大斗军副使,同时被提拔的,还有后来与郭子仪齐名的大唐中兴名将李光弼。

短短数年时间,哥舒翰由长漂一族,成长为大唐西域边防军高级将领。

哥舒翰是副使,正使是安思顺,论军事能力,安思顺不如哥舒翰,哥舒翰瞧不起他。史书上既然这么记载了,那必然是公开瞧不起。正副使之间有矛盾,作为副职的哥舒翰也没吃亏,因为他的确有能力。不久后王忠嗣安排哥舒翰去新城地区讨伐吐蕃军队,与哥舒翰一同为副将的一个家伙,也许与正将安思顺私交好,因此对哥舒翰极其不尊重。

能够识别、判断人才能力的人,自身一定也是有能力的人才。自身没本事的人,眼中看出去,其他人更是一身缺点。那个副将对哥舒翰毫不礼貌,外在的原因是他讨好正使安思顺,内在的根本原因则是:他自身没有能力,限制了他的眼光,看不出哥舒翰的能力。

哥舒翰的反应,非常符合并非读书出身、又能成为一代名将的行为方式:直接将其击杀。

杀了与自己同一职务的副将,哥舒翰并没受到追究,得到的结果是在军队中树立起极高威望,不过这也让他与主将安思顺的矛盾完全公开化。王忠嗣将哥舒翰调整为左卫郎将,职务级别可能并没有提升,却已不再是副职,而是独立率军。

像哥舒翰这样的将才,一旦有了独立行使职权的机会,其才能便迅速绽放出来。他率军与吐蕃部队战于苦拔海,吐蕃主帅将军队分为三队,依次从山上向下冲击。以上击下,并轮番冲击,战况对唐军不利。哥舒翰身先士卒,迎击吐蕃军队,激战中长枪折断,哥舒翰手持半截枪,悍战不退,如河中巨石,巍然当其怒涛,吐蕃军三队梯次冲下,三队都在哥舒翰半截枪下丢盔卸甲、溃乱败逃。

经此一战,哥舒翰确立了战将威名。他也被论功行赏,提拔为右武卫员外将军，实职是陇右节度副使，都知关西兵马使、河源军使。

河源军在青海（现在的青海西宁），青海是与吐蕃接界的前线地区，以往每到麦熟季节，吐蕃人都要结队去相隔最近的积石军（现在的青海贵德）收割庄稼，地方驻军无人能挡，当地人将其地亲切地称作"吐蕃麦庄"。哥舒翰上任后，立即着手扭转这一耻辱记录，麦熟之时，度量吐蕃人要来了，他安排部将王难得、杨景晖率军先去积石军之侧埋伏，待五千吐蕃骑兵大摇大摆来到"麦庄"收割庄稼之时，哥舒翰亲率军队，大开城门，奋勇冲击，对唐军的软弱已形成习惯了的吐蕃军队毫无防备，措手不及，很快遍地死伤，剩下的人往来路溃逃，又被提前埋伏好的伏兵等个正着，砍瓜切菜般一通大杀，五千吐蕃骑兵完全彻底地交代了，一个人一匹马也没逃脱。

哥舒翰有个叫左车的家奴，其时年约十五六岁，很有力气。哥舒翰善使长枪，每每追上敌人，哥舒翰就将长枪搭到敌人肩头，厉声叱喝，敌人回头之际，哥舒翰枪尖顺势刺入敌人咽喉，双臂用力，挑飞至三五尺高，落地之时，左车即已赶到，手挥刀落，砍下敌人脑袋，主仆两个如此搭配，习以为常。

这年冬天，唐玄宗李隆基在华清宫，召宣王忠嗣进京入朝，随即又召哥舒翰入朝。

召王忠嗣入朝，是要处理他。当时王忠嗣还是哥舒翰的直接上司，身兼河西、陇右节度使，西域边防安危，系于一身。王忠嗣是个老成持重之人，以民生为第一要务，身为大将，却不怎么看重军功。唐玄宗好大喜功，命令王忠嗣去攻击吐蕃人坚守的石堡城（现在的青海湟源西南），王忠嗣认为石堡天险，易守难攻，拿着士兵的生命来立这军功，得不偿失，应该暂且忍耐，等待时机成熟再说。唐玄宗安排不动王忠嗣，就另外安排将军董延光去攻打石堡城，让王忠嗣配合作战。王忠嗣不情不愿，配合不积极。石堡城确实难打，董延光又不是罕见的军事天才，几方面因缘辐凑，石堡城没打下来，损兵折将，董延光将责任推到王忠嗣身上。唐玄宗本来就被王忠嗣堵了一肚子气，正好有机会发泄，立即将王忠嗣召回京城，下狱查问。

随后对哥舒翰的征召，则是唐玄宗考虑到拿下王忠嗣后，边防军事的人员安排问题。哥舒翰此时已颇具影响力,但唐玄宗不认识他,更没有亲自考察,贸然就将边防大任移交给他,有些不放心,让哥舒翰进京,是要当面考察并亲自任命的意思。

哥舒翰入京之时,王忠嗣已被中央宣布拿下调查,王忠嗣是哥舒翰的伯乐,此事广为人知,于是哥舒翰的心腹之人劝他多带些礼品,进京去为王忠嗣行贿讲情,哥舒翰回答了这么一句话:"若直道尚存,王公必不冤死;如其将丧,多赂何为。"

唐玄宗在华清宫接见了哥舒翰,哥舒翰的才能打动了唐玄宗。唐玄宗任命哥舒翰为鸿胪卿,兼西平(现在的青海乐都)太守,摄御史中丞,陇右节度支度营田副大使,知节度事。

因为伯乐王忠嗣的倒霉,哥舒翰主事一方,哥舒翰并没表现的得意张扬,在中央政府决定对王忠嗣处以极刑之时,哥舒翰当面向唐玄宗求情,情愿纳还官爵,赎王忠嗣之罪。唐玄宗不听他的,被聒躁的烦了,起身回宫。哥舒翰追在后头,边叩头边诉说,言词慷慨,声泪俱下。唐玄宗终于被感动了,下旨免去王忠嗣死罪,仅贬为汉阳太守。

王忠嗣的命留下了,哥舒翰也留下了良好的口碑。

一年后,王忠嗣郁郁而终。

王忠嗣死的时候,哥舒翰正积极落实唐玄宗主动出击的战略方针,在青海湖上修筑神威城,其后又于青海湖中心岛上修筑应龙城,两座军营,成为大唐与吐蕃边境前线上的两颗钉子,牢牢钉入吐蕃的战略版图,大唐军队以此为跳板,进可攻,退可守,占据了战争的主动权。

形势稍有好转,唐玄宗又惦记起了石堡城,调集十万军队,由哥舒翰指挥,务必拿下石堡城。

石堡城是个军事险要之地,但这个地方位于吐蕃版图内,是他们的前沿阵地,这个城并不大,驻不了多少军队,屯不了多少粮草,吐蕃入侵大唐,石堡城并不是重要后勤基地,所以只要唐军没有进入吐蕃领地的意思,石堡城险要不险要、重要不重要,并没有多大实际意义。唐军如要攻入吐蕃境内,石堡城的防卫重要性,才有所显现。

大唐开元、天宝年间,中国专制皇权时代,达于顶峰,顶峰上的唐玄宗志得意满,不仅要怀拥杨玉环这样的美女,还要开疆拓土,建立千古一帝的赫赫军功。

不愿为如此帝王大业添砖加瓦、牺牲百姓子弟的王忠嗣，此时刚刚死去不久。前车之鉴，就在目前，哥舒翰当然不愿再为战士的生命而牺牲自己的前途甚至生命。他安排部下高秀岩、张守瑜，不惜一切代价，拿下石堡城。

只要付得起代价，就没有完不成的任务。唐军在这一场石堡城之战付出的是几万条鲜活的生命，拿下了石保城，俘虏了四百多吐蕃将士。

数万对四百，付出的是大约损失一百倍的代价，换来的是唐玄宗无所不能、千古一帝的快感。当然，也让哥舒翰升了官职，得了赏赐。李白诗《答王十二寒夜独酌有怀》，便是借此抒怀："君不能学哥舒横行青海夜带刀，西屠石堡取紫袍。吟诗作赋北窗里，万言不直一杯水。世人闻此皆掉头，有如东风射马耳。"

之后，哥舒翰又屡次主动出击，给予吐蕃沉重打击。大唐国威——专制制度下中国历史上最强国威，至此达于极盛："是时中国盛强，自安远门西尽唐境凡万二千里，闾阎相望，桑麻翳野。"

歌颂哥舒翰的那首天籁之音《哥舒歌》，大概是此时的产物。安史之乱后，在中晚唐军事史上占据重要地位的神策军，也是此时由哥舒翰在他新占领的青海土地上建立。临洮太守成如谬，成为第一任神策军主将——神策军使。

哥舒翰最初任职大斗军副使，便与主将安思顺不睦，安思顺与安禄山是堂兄弟，哥舒翰步步高升，逐渐成为唐玄宗亲信的边防大将之时，安禄山也步步高升，成为唐玄宗最信任的边防大将。哥舒翰与安思顺的矛盾，成为两大边防主将的矛盾。唐玄宗试图为之调解，结果是徒劳无功。

两大边防主将矛盾越深，就越需要在中央政府寻找后台，为他们说话撑腰，以保证在皇帝那里不失分。安禄山找的后台是宰相李林辅，哥舒翰找的是杨玉环堂兄杨国忠。

李林甫与杨国忠是中国历史上毫无争议的极品坏蛋，难得的是两个人虽然都坏恶到极致，却又互相看对方不顺眼，有机会就互咬，长时间的较量后，有杨玉环做后台的杨国忠占了上风。

杨国忠坏事做尽，为盛唐的悬崖式崩溃起了重要推动作用。但他却在与李林甫、安禄山一派争斗的过程中，准确预言了安禄山必反的结果。而唐玄宗李隆基原本对杨国忠几乎所有祸国殃民的说法做法都一律同意，却偏偏对他充满真知灼见的安禄山必反预言置若罔闻。

结果是安禄山果然反了。在此之前，哥舒翰因为好色无度，饮酒无度，中风昏倒，醒转后放弃军职，在家养病。安禄山大军挺进长安，与哥舒翰齐名的大唐名将高仙芝、封常清临危受命，率军抵挡，因为随军太监边令诚诬告，两位名将被李隆基处死。哥舒翰被紧急起用，任命为皇太子先锋兵马元帅，率军二十万，出镇潼关，抵抗安禄山叛军。

二十万大军，已是大唐此时能够紧急征调的全部军力，哥舒翰大权在握，做的第一件事，居然不是抵御叛军，而是派人伪造安禄山致安思顺书信，诬告时任户部尚书的安思顺与安禄山秘密联络造反事宜，导致安思顺及其弟弟安元贞同时被杀，家眷流放岭外。

史书上对安思顺的被诬致死，有一句评价："天下冤之。"

哥舒翰对敌我双方实力进行了比较分析后，确立了稳固防守、伺机反击的战略方针。

如果战事按哥舒翰的预计进行，安史之乱也许进不了潼关，只作为大唐盛世的一个小风波，很快就过去了。无奈，权力改变历史的定律再一次发挥作用，一直陶醉在伟大帝王光环中的李隆基，连几个月的耐心都没有，连续下达圣旨，一再催促哥舒翰出战。

不出战就是抗旨，抗旨的结局必然悲惨。出战取胜希望不大，但也未必一定会死。两害相权取其轻，哥舒翰率军"恸哭出关"，在灵宝与叛军决战，唐军崩溃，二十万军队仅余八千人，逃回潼关。

哥舒翰本来也从战场上逃出命来，西归至关西驿站时，被手下将领火拔归仁劫持，去洛阳投奔安禄山。

见到安禄山后，安禄山指着哥舒翰鼻子骂：你以前屡屡看不起我，今天怎么样？一代名将哥舒翰，此时气概全无，跪伏在地上，说：我肉眼凡胎，看不出陛下真龙天子，以至于落到今天的地步，陛下是拨乱之主，现在天下未平，陛下只要留下微臣性命，我愿写信要各地唐将投诚，天下不久可以平定。

安禄山大喜，在利益面前，以往的怨愤一笔勾销，封哥舒翰为司空，让他马上向各地将领写信，结果没人投降，反而纷纷回信指责哥舒翰怕死投降。安禄山看哥舒翰已没了利用价值，无法给他带来利益了，就把他囚禁到禁苑之中。

史书上对哥舒翰之死有不太一样的说法，一说安禄山派人将哥舒翰偷偷处决了；另一说是直等到安禄山死后，安庆绪被唐军逼迫，匆匆逃出洛阳，败逃之中，将哥舒翰连同其他三十余位被俘唐将一同杀死。

无论是哪一种死法，都让哥舒翰的戎马一生，拖上了一个遗憾的尾巴。《旧唐书》如此评价："丑哉舒翰，不能死王。"

高仙芝

火拔归仁劫持哥舒翰投降安禄山，对大唐的影响是致命的。此前，安禄山叛军虽然声势浩大，但各地的抵抗也已成气候，叛军实际上已在下坡路上快步行走。唐玄宗一再强迫哥舒翰出战，原因之一也是被全国各地战场的捷报冲昏了头脑。哥舒翰的投降，潼关的失守，给了大唐致命一击。唐玄宗因此在仓促间狼狈离京，长恨歌悲剧从天而降。各地抵抗力量一时间呈崩溃之势，已收复的许多失地也在短时间内重归叛军之手。

劫持哥舒翰之时，哥舒翰曾责问：你们为什么要这么做？火拔归仁劝说哥舒翰：你执掌二十万大军，一战即全军覆没，还指望中央政府给你活路吗？高仙芝就是你的前车之鉴！哥舒翰当时的回答也很硬气：我宁可像高仙芝那样死去。

火拔归仁没给哥舒翰像高仙芝那样死去的机会，导致哥舒翰一世名将，得了个"丑哉"的死后评价。当然，也有必要在这里简单说一下火拔归仁的结局，以做为卖主求荣者的警戒：投降安禄山后，安禄山非但没有奖赏，反而将火拔归仁抓起来，当众给予八字评语："背主忘义，吾不尔容。"一刀砍了。

火拔归仁拿着高仙芝说事，动员哥舒翰叛唐投安，说明高仙芝被冤致死的影响此时已遍及天下，并且在很大程度上影响到了部队的军心。哥舒翰的回答，则是宁可被中央政府冤杀，也不屈节投敌的意思。

高仙芝是与哥舒翰同时代的名将，两个人的军功及影响力都差不多。很巧，两个人也都是少数民族将领，高仙芝是高丽人，这说明大唐作为当时世界上最强大的国家，其向心力足够大，其包容度也足够大。

高仙芝的父亲叫高舍鸡，也是大唐边防军将领，官至四镇十将、诸卫将军。高仙芝少年时便随父亲在安西边防军中生活，年约二十，便因父亲的功劳被授予游击将军，几年后再获晋升，与父亲一起，成为军中重要将领。史书上没记载他此段过程中立过什么军功，只说他长得漂亮，虽然善于骑马射箭，父亲高舍鸡却一直担心他过于书生气，缺少为将者的勇毅果决。这从侧面说明：高仙芝这些年的进步，可能主要是表现在行政或后勤方面，而不是独当一面的战场。

安西军事领导人连续换了几任，一直没人重视高仙芝，夫蒙灵詧到任后，高仙芝的潜质才被发现。

对有才能的人来说，缺少的，只是机会。

机会也仅仅对有才能的人，才称得上是机会。高仙芝没浪费和辜负领导人的赏识，在开元年间末期，他就成为了安西都护府副都护、四镇都知兵马使。

西域小勃律国原为大唐属国，高仙芝成为安西副都护之前，小勃律国国王叫苏失利，娶了吐蕃国国王的女儿为妻，归附吐蕃，吐蕃以此为跳板，控制了西北二十余国，这些小国原来都向大唐进贡，现在转而向吐蕃进贡。这对开创了开元盛世、颇有些自高自大的李隆基来说，是不可容忍的背叛。于是连续几任安西节度使的主要作战任务，都指向了小勃律国，却都因路远地险，以及吐蕃援助，空耗钱粮，无功而返。

高仙芝一生中最重要的一战，便是出征小勃律国。仅此一战，便足以让他进入中国名将之列而毫无愧色。这一战也是中国战争史上的经典。

小勃律国位于现在的巴基斯坦吉尔吉特，安西都护府则位于现在的新疆库车，算一算两地之间的距离，再查一查两地之间横亘的大漠山川，就会知道，这一战为什么能成为中国战争史上的经典。

天宝六年（公元747年），唐玄宗下达出击令，高仙芝率步骑兵共一万人西征小勃律——当时的步兵都有马匹跟随。

此次西征，行军百余日，《新唐书》说："仙芝乃自安西过拨换城（现在的新疆阿克苏），入握瑟德（现在的新疆巴楚东北），经疏勒（现在的新疆喀什），登葱岭（现在的帕米尔高原），涉播密川（现在的阿姆河上游），遂顿特勒满川（现在的盖茨河），行凡百日。"到达特勒满川后，高仙芝分部队为三路前行，最后会师于连云堡（现在的阿富汗东北部萨尔哈德），城堡内外有吐蕃战士一万人据守，堡前有河名婆勒川，其时河水上涨，无法渡过，高仙芝杀牛宰羊祭奠河神，下令将士们身上仅带三日干粮，次日一早渡河。让人无法理解的史书记载是："人不湿旗，马不湿鞯"，居然就军容严整地渡过河去。

看着渡河之后迅速排列成攻击阵形的大唐远征军将士，高仙芝喜不自胜，对随行的监军太监边令诚说：方才我们刚刚渡河之时，敌人如果突然出击，我们根本活不下来，现在我们成功渡河列阵，那是上天把这个连云堡赐给了我们。他指挥立即展开进攻，不足半日时间，攻破连云堡，斩吐蕃守军五千余人，俘虏一千余人。

吐蕃守军一万人，以逸待劳，据险固守。大唐远征军也是一万人，长途跋涉，自然减员之外，疲惫劳累必然存在，如此的形势对比，唐军居然可以在半日内肃清大敌，除了吐蕃军队的大意之外，唐军的战斗力，实在让人佩服。

拿下连云堡后，高仙芝整军西行。边令诚恐惧，不敢再随军走了。高仙芝就将部队在长途跋涉后体力明显不支，以及连云堡之战受伤的共计三千人一起留下，与边令诚守卫连云堡。这是个非常正确的决定，因为唐军万里远征，根本没有后勤后援的保障支撑，高原大漠的行军，基本上是从无路的地方走出路来，也许方向稍一偏离，就会无路可走，永无归期。就算最终小勃律之战顺利取胜，吐蕃军队只需重占连云堡，卡住唐军归路，远征劳顿的唐军就有无路可归、为人鱼肉的可能。占据连云堡，就让继续远征的唐军有了后援接应，有了起码的心理安全。

离开连云堡，继续前进，三日后，到达坦驹岭（现在的克什米尔北部德尔果德山口）。此岭长约四十里，下岭即为小勃律国首都阿弩越城，但坦驹岭山口海拔达四千六百八十八米，是两条冰川的源头，东面的冰川叫雪瓦苏尔冰川,西面的叫达科特冰川,每条冰川的长度都在十公里以上。翻越山口,必须沿冰川而上,沿冰川而下。这两条冰川上"冰丘起伏,冰塔林立,冰崖似墙,冰缝如网"。在这样的"道路"上行军,其危险可知。高仙芝预先了解了路况,怕战士们恐惧不敢前进,秘密派出二十名尖刀战士,先期翻越冰川,换上阿弩越城当地土著的服装,伪装成阿弩越城当地人,再翻越冰川来迎接唐军。

安排停当后,高仙芝故意在军队中散布言论说:如果阿弩越城的胡人主动来向我们投诚,就没什么可以顾虑的了。看战士们大都知道这番言论后,才下令继续行军,翻越坦驹岭。

军至坦驹岭,走上冰川险路,战士们果然畏难情绪发作,纷纷提意见,叫嚷:高仙芝将军这是让我们送死吗?正在纷攘之际,高仙芝预先派出的二十位尖刀战士从冰川另一侧换好衣服,翻越冰川来迎接他们了。高仙芝佯装大喜,鼓励战士们奋起余力,翻越冰川。

在真真假假的鼓励下,大唐远征军成功翻越坦驹岭,再行数日,来到阿弩越城下。

1913年,英国著名探险家斯坦因先生原路勘察了这条一千多年前高仙芝的行军路线后,给予下面评论:"数目不少的军队,行经帕米尔和兴都库什,在历史上以此为第一次,高山插天,又缺乏给养,不知道当时如何维持军队的供应?即令现代的参谋本部,亦将束手无策。"

万里行军,历经艰险,部队的战斗力肯定会有所下降,此种情况下,能不硬碰硬是最好的选择。高仙芝在兵临阿弩越城之际,派将军席元庆,率最精锐的一千骑兵,先期抵达阿弩越城下,找到小勃律国国王,告诉他:我们不是来占领你这里的,只是借道去往大勃律。这话估计只能哄哄小孩子,小勃律国的国民文化知识虽然不会高,也不懂中国的种种兵法,当还是不肯上的。小勃律国内的几个主要首领多为吐蕃所委任,他们带了百姓出城逃难,企图往山谷中躲避,席元庆在城外候个正着,他派人向逃难人群喊话,说中国皇帝有彩物送给小勃律国的高官。前面有军队堵着,那几个心向吐蕃的高官(说是官,其实也就是较大的部落酋长吧)只有听话一条路。他们一一来到席元庆马前,一一被唐军缚猪一样放倒缚起来。小勃律国国王与身为吐蕃公主的妻子逃到石洞中躲藏,唐军一时找不到。高仙芝下令先不管他，急行军六十余里，去将联系小勃律国与吐蕃的唯一通道上的深涧藤桥砍断，阻断吐蕃援兵。

这座藤桥修了一整年，方才建成，唐军赶在吐蕃军队到来之前，将藤桥砍断，吐蕃援军来的也不慢，面对深涧，徒呼奈何。没有一年时间，藤桥修复不成。

阻断吐蕃援军后，高仙芝有了充足时间，将断了指望的小勃律国国王夫妇拿下，带了回归大唐。

归途很顺利，途中，高仙芝就命令部下刘单写出报捷材料，派人带材料快马加鞭去长安，直接向皇帝报捷。

此时的高仙芝，还只是安西都护府的副职，安西四镇节度使还是夫蒙灵詧。高仙芝跳过他去，直接向皇帝报捷，给他带来了极大的愤怒。

夫蒙灵詧是高仙芝的伯乐，没有夫蒙灵詧对高仙芝的赏识提拔，就没有高仙芝建功立业的机会。被亲手提拔起来的人所忽略，尤其让人心中不平。

夫蒙灵詧的反应，极具军人特色——大唐远征军回归安西，他不但不派人去迎接慰劳，反在高仙芝向他汇报工作之时，直接开口骂："你这个奴才。当初沉沦下僚，是谁提拔重用你，让你出使于阗？"

高仙芝回答："是您！"

夫蒙灵詧再骂："是谁提拔任用你当焉耆镇守使？"

高仙芝回答："是您！"

夫蒙灵詧再骂："是谁提拔任用你当安西副都护使？"

高仙芝回答："是您！"

夫蒙灵詧再骂："是谁提拔任用你当安西都知兵马使？"

高仙芝回答："是您！"

夫蒙灵詧痛骂："你每一步都是我一手提携，为什么这次居然瞒过我去直接向朝廷送交报捷材料！以你这奴才的罪责，该当砍头。姑且念你新立大功，就不处分了。"

盛怒之下的夫蒙灵詧没有考虑到，他因为对高仙芝的愤怒，而对这次远征小勃律国军功的漠视，不只是处罚了高仙芝，还让与高仙芝一起出生入死的人得不到奖赏。一般的将士除了愤怒和怨言，也没有什么办法，因为夫蒙灵詧的级别太高了，他们差距太远。但在远征军中，有一个边令诚，这可是代表皇帝来监管军队的人，他的后台是皇帝，夫蒙灵詧不录入他的功劳，他就直接找皇帝要。而要想皇帝认可他的功劳，则必须抬高高仙芝，拿下夫蒙灵詧。

唐玄宗李隆基果然出手，拿下夫蒙灵詧，提拔高仙芝，接替夫蒙灵詧。

原来与高仙芝同为副都护的程千里，以及衙将毕思琛、行官王滔、康怀顺等人，此前都曾在夫蒙灵詧面前说过高仙芝的坏话——从这一记载可以看出，夫蒙灵詧当初对高仙芝的使用，属于力排众议，他的确是高仙芝的恩人、伯乐！——高仙芝一接班成了节度使，马上找到程千里，当面痛骂：你空长了张男人脸，心肠却比妇人还黑，为什么？又当面指责毕思琛：你还有脸敢来见我，当初我在城东的一千石种子庄被你抢去，还记得吗？毕思琛回答：那是你知道我家庭情况困难赏赐给我的。高仙芝边笑边骂：我那时只是怕你给我亏吃，不得已才让给你，怎么成体谅你家庭困难了！骂完后，看毕思琛哑口无言，又徐徐说道：这件事我本来不想了，怕你自己心里过不去，现在说开了，你也不用惦记着害怕了。又把王滔等人叫来，抓下准备打板子，沉默了很久，突然微笑起来，说：都起来吧，以前的事都过去了，我不再记恨。

高仙芝的这番举动，看似报复，实际上并没有实际报复内容，他只是把以前的积怨挑明了，做出"不记恨"的承诺，给大家吃了颗定心丸。

天宝九年，高仙芝再次率军西征，这次征讨的对象是昭武九姓之一的石国。昭武九姓在历史上的记载并不十分明确，《新唐书》中说是康、史、安、曹、石、米、何、火寻和戊地九姓，系中国南北朝及隋唐时期对西域锡尔河以南至阿姆河流域的粟特民族和国家及其迁华后裔的统称。

昭武九姓的居住地大多贫瘠，这逼使他们走上经商之路，其中石国及康国商人最多，物资最富，后世有人说高仙芝出征石国，是垂涎石国的巨额财富，也不是毫无道理。

石国地处中亚地区，其都城拓折城位于现在的乌兹别克斯坦塔什干。高仙芝率部长途跋涉，来到石国，先是假意与石国国王车鼻施约和，石国本来与大唐邦交较好，不疑有他，很愉快地同意了和约条件，国王车鼻施还跟高仙芝的使者东入长安。但石国的曲意求好，得到的回报是：国王被杀，高仙芝纵兵杀掠，并且在回军途中，诬蔑另一个与大唐交往良好的小国突骑施反叛，突袭突骑施，再次大肆杀掠。

高仙芝为人极贪，攻掠石国，他个人收获是："获瑟十余斛，黄金五六橐驼，良马宝玉甚众，家资累矩万"。这也是后世人判断他攻击昭武九姓的目的在于掠财、而不是为了国防事业的主要原因。

这样毫无道理地杀人掠财，在西域各国中大大降低了唐朝的威望，石国王子逃跑到大食国（大致范围在现在的阿拉伯地域），将高仙芝的暴行遍告西域诸国，引起各小国的公愤，欲联合大食国攻击高仙芝。高仙芝获知消息，先发制人，率三万精锐，主动出击，深入大食国内七百里，在怛罗城（现在的哈萨克共和国东南部江布尔城）与大食国部队遭遇。两军展开决战，战事胶着五昼夜，未分胜负，关键时刻，大唐军中葛罗禄部临阵倒戈，给予唐军致命一击。唐军完败，仅数千人跟随高仙芝逃回国内。

怛斯罗之战，规模虽然不大，在中国及世界战争史，以及中国、世界历史上却是影响巨大。此战之后，中国对中亚地区的管理及影响，丧失殆尽，从此进入被动防御。同时，怛斯罗之战被大食军队俘虏的唐军中，有造纸工匠，从此造纸术传入西方，对世界文明史进程，产生了无法估量的影响！

怛斯罗之战后，高仙芝被解除安西四镇节度使职务，进入中央政府任职。至天宝十四年，安禄山举兵叛乱，唐玄宗任命第六个儿子荣王李琬为元帅，高仙芝任副元帅，东出潼关，抵御叛军。

高仙芝的政府军队最初进至陕郡（现在的河南三门峡）驻屯，后来审度形势，退至潼关拒守，叛军西进势头，被稳稳扼制，形势开始向有利于唐中央政府方面转化。

曾与高仙芝远征小勃律国的监军边令诚，这次依然是高仙芝部队的监军，他因为个人的事，曾数次向高仙芝提要求，高仙芝不同意，这让边令诚很不爽。高仙芝固守潼关，边令诚抽空跑回首都长安，面见唐玄宗汇报工作，控诉高仙芝丧失潼关以东土地数百里，并贪污将士粮饷。

当年高仙芝远征归来，没得到奖赏反受痛骂，是边令诚的小报告让他咸鱼翻身；现在仅仅因为在小事上不能让边令诚满意，又是一个小报告打上去，唐玄宗李隆基的反应是：砍头。

边令诚领了一百名陌刀手，在潼关军营中向高仙芝宣读圣旨时，高仙芝说：我退兵失地，是罪过，因此杀我，我不冤枉；但说我贪污将士粮饷，那是对我的诬蔑，上是天，下是地，三军将士都在，你边令诚不知道吗？

——高仙芝是个贪财的人，居然胃口大到要灭人国家抢人钱财。但史书上同样记载，他并不是守财奴，他贪来的钱多，往外花起来也不吝惜，但凡有人向他求告取用，他从不拒绝，也从不打折扣。

高仙芝与边令诚对答之时，帐下三军将士都在，高仙芝回顾将士，问自己冤不冤枉？三军将士齐声高呼：冤枉！其声烈烈，震动大地。却终不能震动边令诚的心，他等军士们的呼声停下，冷冷下令：

行刑。

李嗣业

让高仙芝一战确立中国名将地位的远袭小勃律国之战，在《旧唐书》中，还有这么一段评价："（小勃律国之战令）拂林、大食诸胡七十二国皆归国家，款塞朝献，嗣业之功也。"这段评价出现在《李嗣业传》中，说的是征服小勃律之战，主要是李嗣业的功劳。

严谨的正史中，因何出现了这样的说法？

李嗣业是陕西高陵人，"身长七尺，壮勇绝伦"。如此威武勇猛之人，生活在开元盛世里，很受压抑，因为在和平年代里，文人的发展空间多一些，武夫建功立业只剩下一条路：投军。皇城根下的李嗣业不想辜负自己的一身本领，别无选择地投军去了，并且入伍就出塞，分配到安西都护府帐下部队。

作为盛唐的边防部队，大战并不多，小摩擦小战斗不少。李嗣业从来都是毫不退缩，勇往直前，时间不长，便被提升为战斗部队的基层战士首领，大约相当于现在的班排长，每有战斗，他所率领的小股队伍，无往不胜。

大唐军队中，有一种名震遐迩的兵器，叫做陌刀。有文字记载陌刀产生于隋代，重五十斤，将当时的称重换算过来，陌刀的重量大约是现代衡器的二十二斤左右，算是比较重的兵器了。唐代军队中有专门的陌刀手使用这种兵器，上阵杀敌，据说挡其锋刃的敌人，连人带马都会被砍碎。李嗣业是使用陌刀的高手，多次作战后，渐渐有了影响，时任安西节度使夫蒙灵詧听说后，每次出师作战，都要亲自点名，让李嗣业随行出征。

李嗣业确实是有真本领的人，随着时间的推移，战斗的增多，战功的累积，李嗣业也在部队里逐渐成长起来，职务一再升迁。至高仙芝任职安西都护府副都护、安西都知兵马使时，李嗣业已为中郎将。

西征小勃律之时，高仙芝精选部队中陌刀战士，组成左右陌刀队，任命李嗣业与田珍为左右陌刀将，这是西征军中的精锐核心。于高原绝险之处跋山涉水，艰苦行军至婆勒川连云堡，遇到吐蕃军队驻扎阻路。新、旧唐书在这个地方的记载都有问题，《高仙芝传》中，都认定此处所驻吐蕃军队一万人，但在《李嗣业传》中，又都同时记载此处所驻吐蕃军队为十万人。

按常理推测，地处雪域高原、地广人稀、人口寥落的吐蕃国，常备军队就不可能有十万以上，他们更不可能以倾国军力来守卫这个地处险要、补给困难的偏远寨堡。反过来再从大唐一方来看，大唐远征军的总人数仅一万人，如果敌人是十万正规军，别说唐军主动进攻半日取胜，就算想自保，在那个天高山高的绝域之地，恐怕都是难题。

《高仙芝传》中，说唐军清晨渡河攻堡，《李嗣业传》中，则说唐军在夜色掩护下渡河，突至堡下。按常理推测，应该夜色中渡河靠谱一些，这样吐蕃军出其不意，手忙脚乱，唐军半日取胜的结果才更可信一些。

夜色中渡河，掩至连云堡下，天色已亮，高仙芝下令攻城，他对李嗣业和田珍下的命令是：中午之前，一定要拿下城堡。

任务目标明确了，剩下的就是执行。李嗣业是一员执行能力出色的战将，他手持陌刀，率先登山攻城。

连云堡建在山上，"堑断崖谷，编木为城"，山路险峻。从梦中惊醒的吐蕃守军，昏头昏脑中将滚木擂石雨点般抛洒下来，仰头上视，遮空蔽日。李嗣业身先士卒，一手持陌刀，一手持军旗，于绝险之处，奋身先登，军旗呼啸，众将士热血澎湃，随在他身后，奋勇冲上。

吐蕃守军在毫无防备的情况下，突然遇到这么大队不要命的敌人，心理上先垮了，斗志全无，纷纷逃跑，在山崖上摔死，掉到河里淹死，被唐军杀死，不到半日时间，建于险峻之处的城堡失陷，唐军很快将吐蕃军人扫荡干净。

这一战是高仙芝远征小勃律国过程中的唯一一场真正的战斗，而这场战斗的迅速取胜，很大程度上依赖于李嗣业的身先士卒，手执军旗，先登陷阵，鼓励起唐军士气。所以，《旧唐书》才认为，西征小勃律、威震西域诸国、重新建立大唐在西域"七十二国"中的宗主地位，是"嗣业之功也"。

自小勃律归来后，李嗣业被提拔为右威卫将军，高仙芝平灭石国时，他作为军中主要将领，又立了大功。

高仙芝灭石国，其居心本就很值得怀疑，灭石国的手段又太卑鄙，灭掉石国后，为了掩饰他的卑鄙，又横施暴虐，纵兵抢掠、杀人，连石国的老弱妇女都不放过，整个石国，陷入一片哀痛，号啕之声，日夜不绝，引起整个西域各国的公愤，集体邀约了大食国，欲联兵攻击安西四镇。探知这一消息后，高仙芝很恐惧，但他身为名将，恐惧之后的选择与平常人不一样，大多数人面临恐惧会逃跑，或者想办法防御，高仙芝则是一不做二不休，先下手为强，率军直取大食，他要将让他恐惧的事物，在源头上就掐断。

深入大食国的国土七百里，与大食国主力部队对决。高仙芝很不简单，激战五昼夜，居然不落下风。后因部下临阵倒戈，才致大败。数万军队，丧失殆尽。紧急之时，李嗣业对高仙芝说：我们深入大食国境，后无援兵，现在大食军队大胜，消息一旦被西域其他国家知道，一定会群起而叛唐，我们的退路将被完全截断，如果我们因此全面覆灭，我与将军您都成了胡人的俘虏，或者战死沙场，将没有人回国传递消息，我们应该趁战败消息还没传出，西域各国还没群起叛乱，赶紧撤退回国。

高仙芝兀自嘴硬："你是一名出色的战将，我想收拾残兵，明天再跟大食军队决战，说不定侥幸一胜。"

　　李嗣业回答："跟将军您相比，我很愚钝，但愚者千虑，或有一得，现在形势已然如此，败中求胜已不可能，我们还是快撤吧！"

　　高仙芝为保持自己名将、大将的颜面，又拿捏一会，在李嗣业的强烈请求下，勉强答应撤退。

　　往回跑也不容易，并不是只有你高仙芝、李嗣业才想活命，一般将士也想活着逃回大唐，山路狭隘，被败逃的唐军士兵及骆驼马匹塞满了。高仙芝这个时候也顾不得大将体面了，让李嗣业手持大棒，在前开路。李嗣业大棒挥处，"人马应手俱毙"，好不容易从自己人的身上蹚出一条血路，高仙芝成功逃跑。

　　此战之后，大唐在西域的宗主地位尽失，高仙芝也失去了边防主帅的地位，回京任职。李嗣业则继续留在安西，加封为右金吾大将军，被任命为疏勒镇使。

　　疏勒城，因汉代名将耿恭驻守而影响深远，耿恭时代至李嗣业时代，已有好几百年历史，期间朝代变幻，得失频繁，屡经攻战，城墙已有所颓圮。李嗣业到任后，整理修复毁坏的城墙，其中有一处边角，每次修好，转眼就坏，如此屡修屡坏，李嗣业筹备祭品，亲自去祭拜祷告，有一条白龙从屡修屡坏的城角处腾空而去，然后再修，就再不坏了。

　　这样神秘的事情在李嗣业镇守疏勒城时，并不仅此一件。耿恭当年守卫疏勒城，拜泉出水，那眼神泉倒是一直保留着，只是早已没有水了。李嗣业也学着耿恭的样子，到井前装模作样地祷告一番，泉水居然又冒了出来。

　　据说，李嗣业在随高仙芝远征小勃律时，于山路狭隘险绝处，有一块巨石横阻在路中间，军队无法通过，是李嗣业一脚踹去，居然将这块阻塞三军的巨石踹下了山壑。

　　如此种种神迹，发生在李嗣业身上，有所谓"识者"出来解疑释惑：这都是李嗣业将军的至诚之心所感化啊！

　　平常的军功，很多将军都立过，没多少好吹牛的，像这样很八卦的神迹，才具备广泛传播的客观条件。于是，最终传到了唐玄宗李隆基的耳朵里。

天宝十二年，李嗣业被加封为骠骑大将军，唐玄宗召他入朝，亲自在御座前赐酒，激动的李嗣业来者不拒，直至喝醉，醉后起身，为唐玄宗表演他在西域学到的舞蹈。像他这样威武雄壮的大汉，跳起舞来，一定有丰富的搞笑内容，逗得唐玄宗以及杨玉环等人欢乐不已，唐玄宗当场赏赐彩缎百匹、黄金器皿五十件、钱十万。

及至安禄山反叛，唐玄宗李隆基西逃，任命太子李亨为天下兵马大元帅，主持平叛事宜。李亨与老爹分手，北上至灵武（现在的宁夏灵武市），就在灵武即位，为唐肃宗。

李亨于危难之时，即皇帝位，手中并无多少实力，下诏给李嗣业，让他带兵回来护驾。

李嗣业接到诏书后，星夜点齐兵马，东归去见新皇帝。临行前，与部下诸将割破手臂，歃血盟誓："所过郡县，秋毫不可犯。"他这么要求，也果真做到了，史书上说："嗣业自安西统众万里，威令肃然，所过郡县，秋毫不犯。"

李嗣业率安西边防军入关之后，唐肃宗已回到陕西凤翔，李嗣业赶往凤翔，谒见皇帝。

得到这支生力军的来援，李亨喜不自胜，安慰李嗣业说：今天你来了，胜过得到数万人马，平定叛乱，就靠你们了。此后屡屡任命李嗣业与郭子仪、仆固怀恩轮流为先锋将军。每到临敌之时，李嗣业总是手持大棒，率先冲锋，所过之处，无不披靡，"所向无敌"。

李嗣业自安西归来之时，大唐首都长安还未收复。不久后，大唐军队在天下兵马大元帅广平王李俶的主持下，发起了收复长安战役。

战役中，唐镇西、北庭支度行营节度使李嗣业率部为前军，朔方右行营节度使郭子仪为中军，关内行营节度使王思礼为后军，于香积寺（现在的西安城南约十七公里处）北，两军对垒，"戈铤敲鞞，震曜山野"，叛军大将李归仁率精锐骑兵，先来唐军阵前挑战，唐军集中弓箭手将其射退，并趁势追击，直追到叛军营前。没想到李归仁的挑战只是诱饵，叛军早已做好倾营决战的准备，待唐军追兵接近叛军军营之时，叛军开营接战，唐军追兵措手不及，被汹涌而至的叛军大军迅速淹没，回马溃逃之时，叛军顺势杀入准备不足的唐军大阵，大唐政府军顿时混乱起来。

眼见得阵势动摇，全军崩溃，只在瞬息之间，李嗣业向郭子仪说："今日之事，若不以身啖寇，决战于阵，万死冀其一生。不然，则我军无孑遗矣。"李嗣业的这句话说得极其英烈果决。

说完这番近似于临终遗言的话，作为一军主帅的李嗣业脱去上衣，赤膊上阵，手执长刀，突出阵前，大呼杀敌。"当嗣业刀者，人马俱碎。"

——这是什么样的神威！

李嗣业连杀数十敌人，大唐军势，才在他的带动下，稳定下来。"前军之士尽执长刀而出，如墙奋进"。李嗣业仍然是长刀在手，冲杀在前，"所向披靡"。

如此搏命冲杀，唐军很快夺回战场主动权，将叛军压回营内。而在此前，叛军已预先在营左埋伏下了伏兵，计划于两军交战最酣时冲杀出来，但这个军情早已被唐军探子侦察到了，广平王李俶派出大唐阵营中的回纥援军，突袭叛军伏兵，伏兵大乱。李嗣业直冲杀至敌营之后，再折返身来包抄，与回纥兵合围，形成表里夹攻之势。战事持续一下午，安禄山叛军被杀达六万多人，另有数万人填落涧壑而死。叛军大败，支持不住，放弃长安，狼狈东逃。长安光复。

长安是大唐首都，首都之外，大唐还有个洛阳，因在长安之东，故名东都。拿下长安是大胜利，乘胜再东出潼关，拿下洛阳，政府军的优势，就可以牢固树立了。叛军失守长安后，退出潼关，据守陕郡，李嗣业、郭子仪衔尾追击，在陕郡之西新店，两军相遇，展开决战。大唐政府军先胜而后败，幸亏大唐中央政府请来的回纥骑兵，从山后绕出，由叛军阵后杀入，横穿敌阵，叛军阵势大乱，李嗣业再振神威，率精锐骑兵，正面冲击，两方面的力量相夹击，叛军终于支撑不住，大败，渡黄河北逃。郭子仪随后收复东都洛阳。

乾元二年（公元759年），这一年年初，史思明在魏州自称大圣燕王。他称王之时，他原来的主子安禄山之子安庆绪还没死，被郭子仪、李嗣业等九位节度使围困在相州邺城（现在的河南安阳），当时的形势对唐政府军极其有利。安庆绪困守孤城，已无还手之力，城中粮食吃尽，一只老鼠就值四千钱（唐玄宗当初送给李嗣业十万钱，此时只够买二十五只老鼠），大唐军队又挖开堤坝，引水去灌邺城，搞得城中之人不只没得吃，睡都没地方睡。

如果没有大唐皇帝的胡搞，相州之战早该以大唐中央军的胜利告终，但大唐皇帝李亨不知出于什么考虑，居然不在围城部队中设置最高指挥官，九个节度使一般大，谁也没理由听别人的，互不统属，互不配合，围城数月，"人无斗志"，不只把叛军围得辛苦，自己把自己也拖得筋疲力尽。

史思明就在此时率众来援。

围城部队中，只有李嗣业始终斗志不减，他主动出营，率军与叛军作战，依然是身先士卒，"被坚冲突，履锋冒刃"。激战中，他被流箭射中。

将军百战，中箭负伤是常事，李嗣业也不怎么在乎，退回营中，卧床养伤。数日之后，箭疮渐好，突闻营外金鼓之声大作，知道是与叛军作战。

大军激战正酣，自己却要高卧帐中养伤，对沙场勇将来说，这是很大的耻辱。李嗣业据床大呼，箭疮全部崩裂，可能是他伤口附近的动脉也同时崩裂了，以至于血流如注，根本止不住，一直流了数升之多。李嗣业命断黄泉。

李嗣业死后，唐肃宗李亨"闻之震悼，嗟惜久之"，追封他为武威郡王，谥号忠勇。

李嗣业一生，以身许国，不置私产，与他的前任、同为一代名将的高仙芝，形成鲜明反差：高仙芝是为图人财物，不惜灭人国家；李嗣业则是自己不置私产，皇帝赏赐给他财物，他也一一捐出来，作为部队公共资产。

李嗣业死后不久，大唐政府军在相州之战中溃败，原本一片大好的平叛形势，陡然间风云突变，安史之乱，得以延续，中国百姓，再遭荼毒。

白孝德

白孝德也是少数民族将领，世居安西，"骁悍有胆力。"安史之乱时，他是大唐中兴名将李光弼帐下裨将。

公元759年，解了相州之围后的史思明，杀掉安庆绪，自封为大燕皇帝，乘战胜之威，从李光弼手中夺回洛阳，李光弼退至黄河之北，据守河阳。

不久后，史思明进攻河阳，李光弼不应战。史思明就安排手下骁将刘龙仙，率铁骑五千，到河阳城下骂阵。

刘龙仙是史思明帐下有名的勇将，自恃身手敏捷悍勇，右足踏在马颈处，破口大骂李光弼。都是杀人不眨眼的战场悍将，估计嘴里蹦不出文雅的好词。李光弼在河阳城城头听了，忍不住怒气，回顾身边诸将，问："谁可以去砍下他的头来？"

唐军大将仆固怀恩应声而出，请命前往，李光弼摇头说："这种事不应由大将亲自前往。"重新选择人员，左右一致推荐白孝德，李光弼将白孝德叫到跟前，将任务跟他说了，问："可以吗？"白孝德回答："可以。"李光弼问："你要带多少士兵？"白孝德回答："我一个人就够了。"

白孝德表现出的勇气让李光弼赞赏，但只派他一人前往，终究还是不放心，一再要他点兵前往，白孝德说："那就请将军安排五十名骑兵，埋伏在城门处做接应，并请大军及时擂鼓，以壮声势，其他真的不需要了。"

李光弼伸出手去，拍拍白孝德的肩背，以示鼓励。白孝德身挟两支长矛，策马出城门，渡河而去。

刘龙仙在河堤上骂阵，看白孝德一人一骑出城渡河而来，浑不在意，脚还横踏在马颈上，看白孝德渡河后直奔他来了，这才有点警惕，想把脚从马颈上挪下来。白孝德神神秘秘地冲他摇手，意思是你不要动。刘龙仙不知道白孝德要干什么，就停住脚等白孝德过去，白孝德边策马往前走，边大声喊叫："我受命过来跟您商量事情，没有别的意思。"进入十步距离后，白孝德停住马，仔细观察刘龙仙的破绽，突然间瞋目大喊："你这个王八蛋认识我吗？"刘龙仙猝不及防，信口回问："你是谁？"白孝德大喝："我乃大唐将军白孝德也！"

刘龙仙这才反应过来，大声骂回去："白孝德是什么猪狗？"

白孝德厉声呼喊，跃马直前，挺矛搏击。城头上观战的唐军看白孝德动手了，马上擂响战鼓，齐声呼喊，声势如雷，城门下埋伏的五十名骑兵，也在鼓声中跃马来援。刘龙仙出于意外，手中虽有弓，却没有机会发箭，只得拨马回头，绕河堤奔逃。白孝德起动在先，马已跑开性子，呼啸赶上，长矛起处，刺杀刘龙仙，割下脑袋，回城报功。跟随刘龙仙骂阵的五千叛军，来不及反应，眼睁睁看主将的脑袋被人割去，无不为之震骇落胆。

史书上对白孝德的记载，仅此一战。但仅凭这一战，白孝德的胆气、勇略、身手、应变、机谋，都可见大概，他最终官至安西北庭行营节度、鄜坊邠宁节度使，检校刑部尚书，被封昌化郡王，那可不是靠背景、裙带，完全靠得是战功累积。

荔非元礼，也是少数民族将领，也是在李光弼固守河阳时担任裨将，也是在河阳攻防战中一战成名。

当时史思明手下大将周挚率众攻击河阳，荔非元礼奉令，率军守卫城的东北隅（史书中记为"羊马城"，即城外短垣，城墙外层的矮城墙，为避免解释不清，此处统称为城），周挚自恃人多，直逼城下，指挥士兵，填平壕沟，架木鹅橦车攻城。非常奇妙的是，荔非元礼率领大唐防卫部队站在城上眼睁睁看着，并不做任何阻止、反击行动，李光弼得知消息后，派传令兵去警告荔非元礼：你这样眼睁睁看着叛军填平壕沟，不做反应，是何意思？荔非元礼遣人回报：将军您是要固守还是还击？李光弼倒也不发火，老老实实回答：要还击！荔非元礼的回信迅速传到：既然是要出战还击，叛军在费力为我们填平壕沟，何必干扰他们！李光弼老老实实认错：我没想到这一层，你按自己的计划办吧！

等到叛军将壕沟填平，出战之路一马平川，荔非元礼马上率军出战。干了半天体力活的叛军一时招架不住，往后退却。荔非元礼认为叛军阵势未乱，斗志仍在，不宜过分逼迫，于是退军，示敌以弱，用以懈怠叛军战意。

李光弼听到报告，对荔非元礼的一战即退极其愤怒，让传令兵去将荔非元礼找来，准备处以军法。因为在李光弼看来，荔非元礼的一战即退，对唐军士气的打击，是无法估量的。

听了传令兵的传达，荔非元礼很干脆地回答：你回去告诉李将军，现在我正在战斗中，没时间去见他，等我破了敌阵后，再去汇报。

打发走了传令兵，荔非元礼也不出战，而是紧闭城门，在门后休息。又过了好一会，部下纷纷对他表示担心。荔非元礼这才睁眼对部下说：方才李将军派人来叫我，是要杀我以正军威，我宁可战死沙场，岂肯伸脖子受刑。于是扔下战马，手持长刀，大开营门，圆睁双眼，旋风般直扑敌军，身后战士热血沸腾，并排冲杀向前，左右奋击，以一当十，一场鏖战，斩杀叛军数百人，叛军大败，周挚率众逃跑。

东汉伏波将军、名将马援有一支后人，在岐州扶风（现在的陕西凤翔）定居，传到大唐玄宗时代，其中一个叫马璘的，未及成年，父母便相继离世，剩下他一个人，四处游荡，既没有稳定工作，也没有稳定居所，完全是一副不良少年、混混形象。直到他二十岁的时候，偶然间读到后汉书中的马援传，马援的一句话："丈夫当死边野，以马革裹尸而归"，给了他很大刺激，这位不良少年一下子看清了自己的发展方向，慨然长叹说：我怎么能让祖宗的勋业长埋地下呢！

发誓要重新找回伏波将军荣誉、光耀门庭的马璘，与老祖宗选择了同一条路，投军从戎——以他不学无术的青少年经历来看，他也没有别的路可走。

开元末年，刚过二十岁的马璘来到安西节度府投军。在和平年代，想要在部队干出番成绩，只有投效边防部队，因为在边防部队打仗立功的机会要多一些，在中原地区的驻军，打仗的机会太少。靠案牍劳形往上爬，显然不适合马璘这些没怎么读过书的青年。

马璘学问不大，却是个军事天才，在安西节度府，他屡献奇策，至安史之乱起，唐玄宗西逃，他已经是金吾卫将军了。

唐肃宗李亨登基，于长安之西的凤翔会合部队，收复两京，马璘率精锐部队三千人，应诏赴难，唐肃宗很看重他，让他随政府军主力东征。

马璘率军第一战,是在潼关之东的卫南(现在的河南滑县),此战马璘以百骑破敌五千。一比五十,大获全胜。这称得上典范战例,只是史书中没详细记录这一典范是如何创造的,让人遗憾。

一战成名后,马璘马上迎来了更大的成名机会。他跟随李光弼进攻洛阳,史朝义将十万叛军布阵于北邙山,大军雄峙,军容严整,旌旗猎猎,铠甲照日。唐军诸将面对叛军的阵容,无不暗自心惊,犹疑逡巡,不敢率先出战。马璘仅率部下五百精锐骑兵,直冲敌营,中间绝不犹豫,杀进复杀出,杀出复杀进,直视十万叛军如无人之境,三进三出后,叛军大乱,唐政府主力部队趁势冲杀,史朝义叛军为之崩溃。

战后,李光弼做出如下评价:"吾用兵三十年,未见以少击众,雄捷如马将军者。"

这一战,奠定了马璘的名将地位,他由此成为大唐政府军重要将领。其祖上伏波将军马援所建立的军人荣誉,在他手里,再见天日。

一年后,吐蕃军队进寇唐境,唐肃宗李亨下旨,调马璘去西部边疆增援,抵抗侵略军。部队刚刚开赴边防阵地,大唐名将仆固怀恩被太监逼反,因为他的反叛来的突然,对刚刚安定了一些的唐政府形成巨大冲击。马璘立即率部回援,一路战斗,进抵凤翔城下之时,叛军已将城池包围。马璘下令,让战士们持弓搭箭,结阵闯过叛军包围圈,进入凤翔城,入城与守军会合后,马璘并不休整,立即号令部队,再出城门,背城结阵,与叛军决战。面对马璘的勇敢,叛军一战即溃,纷纷奔逃,马璘率轻骑衔尾追击,共杀敌数千。叛军的鲜血将路边的河流都染红了。

皇帝接见了马璘,对他加以慰劳,不久后,提拔他为四镇行营节度、南道和蕃使,之后,又提拔他为检校工部尚书、北庭行营、邠宁节度使。

此处略微解释一下,马璘任检校刑部尚书、北庭行营、邠宁节度使的意思,是指他以工部尚书的身份,实际执掌北庭行营部队,并实际任职邠宁节度使。对他来说,工部尚书是个荣誉职衔,在中央政府工部尚书岗位上,还另有其人。

邠宁的治所在现在的陕西彬县,辖区相当于现在甘肃的环江、马连河流域以东及陕西彬县、永寿、旬邑、长武等县,在中晚唐时期,节度使是一个地方的最高军政长官。马璘上马管军,下马管民,地方所有政事也由他负责。大年初一，有一位战士犯了盗窃罪，被地方巡警捕获，部队里的将领向马璘求情，说大年初一这样的好日子，不宜处决人，还是把他放了吧。马璘回答：如果放了他，那就是鼓励百姓在大年初一可以大胆盗窃。遂下令执行死刑。

马璘主政邠宁期间，遭遇大旱，老百姓扎了龙形，请巫师祭奠祷告，祈求降雨。此事被马璘发现，马璘说出了一句很了不起的话：天气干旱，是因为官员执政不力造成的，跟这些迷信玩意儿没关系。遂下令撤除。

马璘就是邠宁的最高领导，他能自动自觉地认识到干旱与领导人没干好工作有关系，在他那个年代，很不简单。

——单纯的天气干旱，与地方领导人没什么关系；但当天气干旱对百姓生活造成巨大影响时，的确与地方领导人为政不善有关，因为他没有做好水利工作。

拆除土龙、撤掉祭祀后，第二天，大雨从天而降。这一年，邠宁农业大丰收。

最终，马璘的官做到宰相——检校左仆射知省事，还加封了个扶风郡王。比他的祖宗马援官当得大多了。

但马璘官虽然做到了作为臣子的最高级别，他的影响力、美誉度却永远无法与祖宗马援相比，在个人品格上，他比马援差了许多。

马璘的军事才干，在历史上得到充分肯定，《新唐书》中说他："璘少学术，而武干绝伦。"他遇上了对国家百姓来说是大难的安史之乱，却是他的大机会，他没有浪费这个机会，由一员普通将领，完全靠个人的勇敢武略，一路升迁。驻军地方之时，马璘致力于加固城防，修缮军械。他所制定下达的军政命令，虽然严格，但不过分，战士及百姓乐于接受，得到很好地贯彻执行，所以他所管理的部队及地方，秩序井然，令行禁止，敌人从不敢主动进犯。马璘由此获得了"中兴锐将"的定评。

但马璘为人贪财，他最初镇守泾原之时，部队收入不多，皇帝比较爱惜他，将郑州、颍州的岁收划拨给他，解决了泾原军费问题，够用而且有盈余，盈余的那一部分，就被马璘个人侵吞；因为他军功卓著，中央政府屡屡给他赏赐，累计起来，也是个庞大的数目。高仙芝贪财，贪了还能施舍；马璘贪财，则是只进不出，全部用于自己挥霍享受。

马璘在外地任地方军政长官，有公家供给的住所，他又在京城长安大兴土木，建造豪宅，他建的豪宅花了多少钱史无记载，史书上明确记载了宅中仅马璘的卧室这一处地方，花费就在二十万缗钱以上，一缗钱就是一贯钱，一贯钱是用绳子串起的一千个铜钱，相当于一两白银，大多数时候，古代十两银子可换一两黄金。马璘仅仅建一个卧室的花费，便是二十多万两白银，两万多两黄金。

马璘建起这样的豪宅，心里也打鼓——只要钱的来路不正，花起来就未必踏实，房子建好了，没进去住，而是用油布严严实实遮住。遮住房子只能让人眼睛看不见，却不能挡住别人的嘴，并且越是看不见，种种传说才越多越起劲。到大历十一年（公元776年），五十六岁的马璘去世后，灵柩运回京城豪宅中，给了对马璘豪宅无限猜想的好奇之人机会，他们纷纷自称是马璘的旧吏故人老部下，去马璘豪宅中吊祭，去了后磕头是余事，最重要的是可以东张西望，饱饱眼福。人家打的旗号是吊祭，马璘后人不能拒绝，导致马璘豪宅前一时如同赶集，闹闹攘攘，每天起码有几百人进进出出。唐德宗李适当时还只是东宫太子，听说这件事后，非常厌恶，等他登基做了皇帝，立即下发廉政文件，规定大臣将军们所建宅第不能违反相关制度，凡是违规建设，一律拆除。紧随着这一纸文件，以皇帝的名义，直接下圣旨将马璘的卧室拆除。马璘的家人很恐惧，干脆把整座豪宅捐给了中央政府。此后，皇帝向群臣赐宴，大多安排在马璘豪宅的后花园里。

马璘作为马援的后代，发誓不让祖宗勋业委地，马璘的后代则没有马璘的豪情壮志，成长为一群败家子，马璘好不容易积累下的偌大家业，很快就被败尽了。

马璘到死，一直在外为将，他所建起的豪宅，基本没能享用，价值二十万两白银的卧室，更是没能进去住上几夜。却在他死后不久，就给他的家人带来恐惧，并被干净利索地拆除，他担着风险建起的宅第花园，也成为别人喝酒游乐的场所。

马璘少年孤贫，就能立志继承祖宗基业，并且真的辛苦打拼出来了。他豪富了，子孙直接含金握银来到了这个世界上，却没有人再有志向继承他的功业，而是为人无行，败尽家财！

张　巡

　　《旧唐书》记载张巡是蒲州河东人，那是山西人，《新唐书》则记载张巡是邓州南阳人，则南迁数百里，成了河南人。中国各地方区域，一直有以名人家乡为荣的习惯，千年沿袭，至今尤烈。

　　张巡自幼便很有志气，博览群书，尤其遍阅兵书，通晓战阵兵法，只是他从不与普通人结交，所结交的必然是名家学者，为人又不注重细节，所以他的高迈志气、知兵能力，也就不为一般人所了解，这在很大程度上限制了他的仕途进步。他在开元年间就科举高中，登进士第，成为一名县令，十多年后安史之乱，他还是个县令。十五六年时间，仕途上没有丝毫进步。

　　开元末期，张巡中进士之时，他哥哥张晓已官至大唐中央监察御史，名重一时，张巡被任命为清河县令。当时的张巡不满三十，称得上青年得志，意气风发，在清河县令任上，勤于政务，治绩突出，又自负节义，凡是有经济困难，找到他求助的，他从不推辞，慷慨解囊，必定要满足求助者要求，从不吝惜。任期满时，回京述职，当时正是天宝年间，因为杨玉环的关系，杨国忠受到李隆基的重用，一手遮天，权势炙人，有好心人劝张巡去拜杨国忠的门子，若能得他赏识，可获重用。张巡不搞这一套，结果被调任真源县令（现在的河南鹿邑）。

　　把张巡由清河弄到真源，是因为这个地方管理难度很大，当地民风强悍，多出豪滑之徒，当地有一个叫华南金的老地方官吏，资格老，影响大，上通朝廷，下连地痞，势力大到足以影响地方政府的日常工作，当地有一句民谣："南金口，明府手。"意思是华南金怎么说，地方政府就得怎么办。

　　张巡有他的政治理想，也有足够的勇气与担当，他到任之初，立即翻查出华南金的种种不法行为——哪个地方豪强势力会没有不法行为——依法严惩，判了个死刑，一下子震吓住真源县，张巡恩威并施，只杀首恶，余党一律不予追究，真源县的风气一下子扭转过来，再没人敢逞强犯事。

安禄山反叛之时，张巡还在真源县岗位上待着，他的上司谯郡（现在的安徽亳州）太守杨万石向叛军投降，把张巡升任为他的秘书长，让张巡代表谯郡官民，西迎叛军。张巡接到命令后，率领县政府的官吏来到供奉老子的祠观中，痛哭一番，宣布不再听命上司杨太守，起兵讨叛。

为什么要到老子的祠观去哭？因为唐朝皇帝追认老子为他们的祖宗，唐高宗李治追封老子为"太上玄元皇帝"，所以天下老子道观都成了玄元皇帝祠。到玄元皇帝祠去痛哭，如同到皇帝的祖庙去痛哭，是表忠心的一种形式。

张巡起兵讨叛，聚众千人，势单力薄。恰好单父县（现在的山东单县）尉贾贲也起兵抗击叛军，来到雍丘（现在的河南杞县）地区，张巡与之合兵，兵力二千余人。

其时，雍丘县县令令狐潮准备投降叛军，县里的部分官吏和百姓不同意，令狐潮就把这些人抓起来，捆倒在地，准备杀掉。恰好有人来报，叛军快到城下了，令狐潮急着出城迎接叛军，没来得及动手。他前脚出城，城中被捆的人就把绳子解开，关闭城门，将令狐潮拒于城外，同时派人就近邀请贾贲、张巡的义军入城，共抗叛军。

令狐潮进不了城，在城下做思想工作，冀望他的老部下能幡然醒悟。张巡将令狐潮的妻子儿女抓到城头上，当着令狐潮的面，大卸八块。

我们不按当代的人性观点来评价，就按古时的观念，令狐潮投降叛军，家人跟着有罪。但因此在城头上大卸八块的作法，这也是唯一的记录。

当时贾贲、张巡联军的总头领是贾贲，令狐潮认定这一血腥惨剧出于贾贲之手，满腔悲愤，挥军急攻雍丘。贾贲出城迎击，不是化悲痛为力量的令狐潮对手，匆忙退归城中，在狭窄的城门口，被蜂拥败退的士兵们活活踩死。张巡上马出城，迎击乘胜追来的令狐潮部队，激战中不慎受伤，仍然力战不顾，终于杀退叛军。退回城中后，守军集体推举张巡为部队领导人。

令狐潮统领四万叛军，再抵雍丘城下，城中守军人人惶恐。张巡召集将领们说：令狐潮知道城中虚实，有轻视之心，我们出其不意，主动出城袭击，一定可以取得首战胜利。于是率军出城作战，果然出乎令狐潮意料，叛军为之撤退。第二天，叛军复来攻城，他们砍伐了大量树木，拆毁了城郊的大量房屋庙宇，建造了一百多座与城墙一样高的木楼，从后面推动着逼近城楼。

张巡命守城将士在城墙上再设栅栏，阻挡木楼中的叛军跳到城墙；同时捆扎草束，灌注膏油，点燃后掷向木楼。

如此攻防拉锯，六十日中，大小数百战，守城战士吃饭睡觉不解战甲，受伤后裹扎再战。令狐潮智穷力竭，无计可施，引兵退走，张巡开城追击，差点活捉令狐潮。令狐潮很愤怒，又率军回攻，再次围住雍丘城。

令狐潮与张巡此前是大唐相邻县城的县令，相互认识，感情也好，令狐潮一直很欣赏张巡——由此再看张巡肢解令狐潮家人的行为，更为惊心——他在城下向张巡分析形势，让张巡顺应天时，投降叛军；张巡则以君臣大义痛责令狐潮，使也是读书人出身的令狐潮叹惜而去。

其时，正是叛军势焰最强之际，雍丘这个小地方的抗战，并没受到风雨飘摇中大唐中央政府的重视，甚至中央政府可能尚不知道还有这么个小地方忠心抗敌。联系早已中断，大唐政权是不是已经覆灭，雍丘的守军也不知道。

这样的情形让人绝望，雍丘守军中六员大将，就因绝望而生了投降之心，但这六个人对张巡都够义气，他们想投降，但不想开门就跑，或者绑架了张巡一起跑，而是集体去劝说张巡。张巡假装答应，第二天，在雍丘县大堂上张挂起唐玄宗李隆基的领袖像，率领守城战士们朝拜，随即命人将六员大将叫到堂前，大义凛然、堂堂皇皇地责备一通，就地砍了。

又守了一段时间，雍丘城内的粮食吃完了，张巡侦察到令狐潮有补给船数百艘运粮盐而来，于是佯攻令狐潮大营，吸引叛军注意力，另外分派人手悄悄赶往河边，劫夺下千斛盐、米，运不走的就放火烧掉。

城中的箭射没了，张巡就扎起一千多个蒿草人，给他们穿上黑衣服，趁夜色放下城去。叛军看到了，纷纷放箭去射，等到发现被射的只是蒿草人时，蒿草上已插满箭枝，张巡兵士将之拽上城去，得箭数十万。之后，张巡又在晚上往城下放蒿草人，叛军看到了纷纷取笑，毫不提防。于是张巡选拔五百人组成的敢死队，夜缒下城，直冲叛军大营，乱砍乱杀，纵火焚烧。叛军大乱，溃退十余里。不过这样的夜袭只能壮壮士气，不能从根本上打击到叛军，而反让叛军知耻后勇，增加人手，围困更加严密。

又隔了些日子，城中柴薪饮水都发生了困难，张巡利用令狐潮对自己的好感（那是令狐潮看走了眼），给令狐潮写了封信，说自己要领兵撤退，将雍丘给你让出来，请你退兵几十里，让我跑路。令狐潮对张巡一直很有感情，毫不犹豫地答应了。张巡马上将全城的人动员起来，出城去拆房子打水，运入城中做防守物资。令狐潮发觉上当，马上率兵回来，再成合围之势。张巡在城头上告诉令狐潮：我没有跑是因为没有马匹了，你给我三十匹好马，我骑马逃跑。令狐潮再次信任了张巡，将马匹送给张巡。张巡选拔城中最勇敢的三十名战士，将马匹送给他们，说：明天与叛军作战，你们每人要斩杀一名军官。第二天，令狐潮在城下责骂张巡说话不算数，张巡调侃道：我倒是想跑，但将士们不听我的，没办法呀！令狐潮大怒，回马整军欲战，阵势未成，城中三十匹战马突击而出，阵斩叛军百余人，活捉叛军军官十四人。

又过了一段时间，对张巡的好感已经根深蒂固了的令狐潮，不吸取屡次被张巡利用他的好感戏弄他的教训，再派四人进城去劝降张巡，四个人当然是肉包子打狗，成了张巡激励士气的又一道具。

雍丘攻防战进行了四个多月，本来是战况激烈、生死瞬息，但由于令狐潮书生般的意气用事，对张巡先入为主的好感始终不改，导致这段漫长的激战在许多环节上产生了滑稽戏般的效果。

公元757年，安禄山被儿子安庆绪杀死，安庆绪派大将尹子奇（《新唐书》写作"尹子琦"）围攻睢阳，张巡退出雍丘，进入睢阳，与睢阳太守许远会合，共守睢阳。

张巡以千余人固守雍丘，叛军数万，长期围攻而不能克，张巡的军事才能已得到充分验证。许远自知军事能力不及张巡，主动交出军事指挥权，自己专心于后勤保障。当此大敌临前之际，张巡丝毫不做谦让，接过主帅之职，指挥守城唐军，抵抗十余万叛军的围攻，据记载每天作战达二十余次,而士气不衰,缘于张巡思想工作到位。张巡的思想工作,并不一味是为国报效之类的大道理,也推心置腹,关注到将士辛苦情状,他说:我受到朝廷的任命、奖励,就应该战死疆场,你们也跟我一起沙场搏命,受到的奖赏却远远抵不上功劳,我为大家痛心啊!听了他这番掏心窝子的话,将士们无不感慨,也无不表态:愿跟着如此顾惜大家的将军死战。

张巡看士气高涨起来,马上安排杀牛宰羊,将士们大吃大喝一顿,开城与叛军决战。叛军看城中出来的军队人数比自己少多了,轻视之心大起,嘲笑不已,被牛羊肉撑起肚皮的唐军玩命般冲杀上来,叛军出乎意料,抵抗不住,溃败数十里。

围城至农历五月份,城外农田里的麦子成熟了,叛军大摇大摆地收割麦子——当地农民的命运可想而知——张巡在城头上敲起战鼓,仿佛要出击的样子,叛军手忙脚乱地放下镰刀,拿起武器,警惕半晌,麦子收不成了。到了晚上,张巡的战鼓再次敲响,叛军再次整军备战,又是虚惊一场,叛军纷纷松懈下来,认定城中守军只是虚张声势而已。至下半夜,张巡安排勇将南霁云率精锐战士,悄悄开城门,直扑叛军主帅尹子奇营寨,"斩将拔旗"。叛军大乱溃退,城中军民趁机出城,抢割了部分麦子。

在这里称南霁云为勇将,其实更准确的称呼应该是"豪侠"。他出身贫贱,原本只是以划船维持生计,直到安史之乱,这位草莽中的英雄才有了用武之地。他在进入睢阳与张巡联系抗击叛军事宜时,对张巡一见倾心,认为"张公开心待人,真吾所事也"。主动留下来,辅助张巡抗战。

叛军中有一位胡人首领,自以为勇猛,率千余胡骑直逼城下,试图招降张巡。张巡安排数十勇士,手持长钩、陌刀、强弩,悄悄迂回埋伏到城墙下干涸的护城壕中,待那位胡人首领耀武扬威、越走越近,城上陡然擂响战鼓,弓弩向外劲射,胡人救兵冲不上来,卧伏在城壕中的唐军勇士一跃而起,长钩陌刀齐出,将那位胡人首领生擒活捉。

南霁云一代豪侠,武功高强,箭法尤精,一心想射杀围城叛军首领尹子奇,苦于不认识。张巡想出个办法,用蒿草杆做箭杆,射出城后,捡到的叛军大喜,以为守军的箭枝用完了,马上拿着蒿杆箭跑去向尹子奇表功,南霁云注目观察,一箭射出,正中尹子奇左眼,尹元帅变成了独眼龙。

叛军用云梯冲击城上堞口,张巡以铁钩钩住云梯,放火焚烧。叛军再以钩车、木马冲击城墙,张巡一一设计破碎。睢阳城下,叛军先后战死十余万人,阵亡将领三百余人。最后无计可施,不再进攻,在城四周挖掘壕沟,立起营栅,围而不攻,试图困死睢阳。

围困战术奏不奏效,唯一要看的,是被围困的城中粮草够不够多。粮草足够,围多长时间也没用;粮草没了,困守城中的人就得饿死。

睢阳城中原本粮米丰富,足可支撑一年。但主管这一区域战局的大唐宗室嗣虢王李巨,在围城之前,征调了一半粮食运往济阴,许远力争,没有效果。结果是济阴得粮后马上向叛军投降,本可支撑一年的睢阳,在半年后就没有粮食吃了。

没有粮食吃,任你再高的觉悟,再强的斗志,十天之内,也将成为尸体。战士们扒树皮、煮粗劣纸张填肚子,每天都有不少人饿死,活着的人也都失去了力气,静待死神的到来。城中百姓此时几乎唯一的活动,就是交换孩子吃掉,或四处寻找尸体吃。

由此开始,张巡、许远带领下的睢阳守军,彻底失去了人性,他们先把城中所有的女人搜寻出来,当军粮吃掉,再从老人开始,一直到把孩子吃光。

睢阳城中,被吃掉的人达三万人

睢阳城破时,城中所有活着的人仅四百余个。

睢阳保卫战进行到最黑暗的时候,也不是绝无被救的机会。南霁云杀出重围,就近赴彭城(现在的江苏徐州),向唐军主将许叔冀求救。许叔冀不同意,只送给南霁云一些布匹,南霁云大怒,在许叔冀营外大骂,要与许叔冀生死决斗。许叔冀紧闭营门,不应声也不理会。

南霁云回报张巡,张巡再派南霁云去临淮(现在的江苏盱眙)找河南节度使贺兰进明求救。此时南霁云已从围城的叛军营中杀出杀进一个来回了,叛军已有防备,南霁云再度闯营,叛军万余人堵路截击,南霁云双弓在手,左右连射,无不披靡,穿营而过。

见到贺兰进明，申明来意后，贺兰进明说："睢阳存亡已决，兵出何益？"南霁云说："睢阳城还在我们手中，如果已经失守了，我向您以死谢罪。"

贺兰进明现在身边的大唐政府友军，并不是齐心对敌，反而虎视眈眈，随时要吃掉他，同时他也嫉妒张巡苦守睢阳的战功，不愿助他最后成功。但贺兰进明非常欣赏南霁云这个人才，想把他留在自己帐下，专门为南霁云设了场豪宴，酒宴上还有乐队助兴。南霁云当场痛哭失声："我昨天离开睢阳之时，守城将士们已经一个多月没吃到一粒粮食了，现在贺兰将军不派援兵，却广设声乐，我就算吃了，能咽得下吗？我无法完成张巡将军交付的任务，情愿留下一根手指以示信义，回去后，好向张将军交待。"

说完上面一番话，南霁云拔刀在手，一刀挥去，削落一根手指，在场众人无不惊奇感动。南霁云上马离去，出营之时，回身一箭，射中佛寺浮图，劲矢入砖而不落，南霁云向天发誓：我破叛军后，一定会回来灭掉贺兰进明，这一箭作证。

回睢阳后，说知外援已绝，城中仅余的将士，抱在一起，失声痛哭。

张巡用兵作战，从来不依兵书战法，有人问其原因，张巡说："古代战争形势，与现在不同，形势变了，必须变通，我只需要使战士们知道将领的意图，将领们体察战士的心情，上下心意相通，自行决定作战方式即可！"

这样以目标为导向的信任放手，让张巡的部下无不充满作战主动性，这也是他能够以少敌多的关键所在。一个主动求战的战士，战斗力要比得上数个被动作战的战士。张巡每次临战，都会亲临战阵，有战士畏惧欲退时，张巡已站到战士的身边，说："我不去此，为我决战。"战士们无不深受激励，以一当百。

但这所有的一切，在饥饿的折磨下，都成为了往事。叛军最后发动攻城，城上的守军已没有力气拉弓举刀了，眼睁睁成为叛军俘虏。

睢阳陷落。

张巡与许远被活捉，城中仅剩的守军本来都饿得瘫在地上动不得，看到张巡、许远被五花大绑从身前经过，都强撑着站起来，张巡说："你们不要起来了，也不要害怕，生生死死，这都是命运的安排。"

尹子奇见到张巡，问："听说你督战时，瞪眼大叫，眼角流出血来，切齿怒骂，牙齿居然都咬碎了，何至于此？"张巡回答："我恨不得把你们全都吃掉，只可惜力量不够。"尹子奇大怒，将刀尖捅入张巡嘴里，撬开来看，果然只剩三四颗牙齿。刀尖抽出，张巡接着骂："我为皇帝而死，重如泰山，你为叛贼作战，真是猪狗不如，不会长久的。"

张巡的视死如归，让同为军人的尹子奇极为敬佩，准备放了他。有人提出，张巡既然以忠义自许，岂肯为我们所用，此人不可留。再将刀刃架上张巡脖子，逼他投降，张巡始终不屈。尹子奇转而劝说南霁云投降，南霁云默不作声，张巡生怕他投降，大声喊："南八，大丈夫死则死尔，不可向叛贼投降。"南霁云笑着回答："我本想留下这条身躯，做一些应该去做的事，你既然让我一起死，我怎敢不死！"

张巡、南霁云、雷万春等三十六人，一起被杀。许远被送至洛阳，也遭到杀害。

李光弼

盛唐确实是一个有容乃大的时代，许多重要将领是少数民族，都受到皇帝的信赖依仗，当然安禄山这个少数民族将领叛变了，但镇压他的将领中，仍有许多少数民族。与郭子仪齐名的李光弼，就是契丹人。

李光弼的父亲叫李楷洛，原本是在营州柳城（现在的辽宁朝阳）称雄一方的契丹族大酋长；武则天时代，到中央政府任职，官至左羽林大将军，受封蓟郡公。吐蕃入侵，中央政府任命李楷洛率军反击，李楷洛领命出兵，临行之前，对亲近说：我这次出征，必平边患，但也不能再活着回来了。如他所言，击退吐蕃侵略军后，李楷洛死于回军途中。大唐中央政府追认他为营州都督，谥号忠烈。

李光弼生长于这样的将门之家，自幼便显出虎子风范，从不调皮打闹，行事一板一眼，熟习兵法，勤练武功，精于骑射。因为父亲的功劳，李光弼省略了从基层干起的磨难，一成年就被任命为左卫亲府左郎将，天宝初年，就已经干到了左清道率兼安北都护、朔方都虞侯，进入高级军官行列。当时的河西节度使是王忠嗣，这是个特别能识别人才、重用人才的伯乐，就是他提拔重用了哥舒翰，也是他慧眼看中李光弼的军事才华，对他极其亲厚，许多资历远远老过李光弼的将领没法比，王忠嗣公开宣称：以后能接替我职位的，必定是李光弼。

王忠嗣说这句话时，大唐还是一片歌舞升平，唐玄宗和杨玉环还有足够的情调，夜夜在长生殿上演绎浪漫爱情。王忠嗣不是神仙，他没法看到安史之乱，就无法预见安史之乱给军事天才们带来的巨大机会。

安史之乱中，李光弼干到了天下兵马副元帅。

人生如戏，人生亦如梦，所有变化，都是没有办法提前预知的。王忠嗣看出了李光弼的能力和前途，却无法预测自己的前途。玄宗一个小小的不满意，就将王忠嗣拿回京城，其时，李光弼还没来得及成长到可以接班的高度。直至天宝十三年，朔方节度使安思顺出于对李光弼的欣赏，向皇帝推荐、力争，将李光弼要到自己的朔方为副节度使，主持后勤事务。也是出于对李光弼的极度欣赏，想把他变成自己的女婿。不知李光弼是看不上这个岳父还是看不上安小姐，得知这一消息后，不是欢呼雀跃，而是马上打报告说得了重病，需要立即长期休养。

安禄山叛乱，同为安思顺部下的郭子仪接替安思顺，被任命为朔方节度使，而从多少年前就被当成未来的节度使的李光弼，却没能顺利接班，心中颇为郁闷。郭子仪是个人情练达之人，马上上表推荐李光弼的军事才能，皇帝心领神会，下旨任命李光弼为河东节度副使，一个月后，再加任魏郡太守、河北道采访使。郭子仪从朔方部队中分出五千战士，由李光弼带领，东救常山（现在的河北正定）。

东救常山途中，李光弼先后收复七座县城，部队也越打越强，人数越打越多，赶到常山郡城下时，城中原已投降安禄山的地方武装子弟，将安禄山派过去统领他们的主将安思义绑起来，开城投降。

李光弼没有难为安思义，亲自为他解绑，又诚心诚意地向他征求意见，安思义很感动。附近的叛军听说常山被收复，马上集中力量，在史思明的带领下，来复夺常山。李光弼问安思义应该怎么应付？安思义说：我们大唐政府军远道赶来，路上战斗不断，已经很疲劳了，直接正面决战，恐难取胜，不如暂且固守城池，等待出击机会；叛军刚刚集中起来，正是意气风发的时候，但不可能长久，等他们的精气神有所懈怠之时，就是我们的机会了。

李光弼采纳了安思义的意见，据城固守。史思明带了两万叛军围城攻击，李光弼把部队分成几拨，轮番上城射箭，阻挡攻城的叛军。在如雨的箭矢之下，叛军伤亡惨重，只好退段距离扎营，李光弼乘机打开城门，率兵出城驻扎。史思明自恃常山仅仅一座孤城，周边尽是叛军势力，救援随时可以赶到，并不把兵力相比而言显得薄弱的李光弼看在眼里，到吃饭时间，叛军依然习惯性地解甲就餐。李光弼抓住这转瞬即逝的机会，突然发动袭击，杀敌五千。史思明这才害怕起来，带兵跑了。

常山地处叛军南北行军之咽喉，在安史之乱前期，争夺剧烈，战火绵延不断，一直是大唐政府与安禄山叛军的前线阵地，战争的车轮沉重地来回碾压，战死的军人不计其数，老百姓也被战争车轮碾得血肉横飞，生存无依。打退史思明围攻后，李光弼出城视察，进入他眼帘的，只有茫茫的荒野和遍野的尸骨，已经没有村庄还能完整存在，也没有几个村庄还有炊烟升起，只有野狗野狼，在无边的旷野中兴奋地来回流窜，寻找最新鲜的尸体下口。

而就在这幅千里白骨图产生的前一年，这片荒原上还是一片升平景象，人烟稠密，市井繁华，大唐最荣华的年景，让每一个人都充分享受到（起码是看到）了盛世的虚荣。

李光弼是一位很刚硬的名将，在短短时间内，在如此巨大的反差面前，他也控制不住情绪，就在荒原中摆下祭品，向所有战死的将士、无辜被杀的百姓祭奠，洒酒之时，李光弼哭了。

史思明从常山被击退后，逃到赵郡。李光弼追至赵郡，史思明又跑到博陵（现在的河北安平），李光弼没有跟踪追击，而是全力攻击赵郡，仅一天时间，就拿下赵郡。政府军入城之后，士兵们纷纷入户抢劫。李光弼听说后，就坐到城门楼上，任何一位提着"战利品"的士兵从城门经过，都被严令返回，将"战利品"归还被抢家庭。他的这一作法，立即赢得了城中百姓的倾心。

安定下赵郡后，李光弼与随后赶来的郭子仪胜利会师，两个人精诚合作，于常山郡嘉山与史思明展开决战，大胜。史思明披散着头发光着脚丫子狼狈奔逃，叛军被杀一万多人，四千多人当了俘虏。

嘉山大捷后，作为安禄山根据地的河北一带，共有十余郡易帜投降，大唐政府形势一片大好。李光弼计划直捣安禄山老巢范阳，将叛军根据地连根拔起。

由于唐玄宗李隆基头脑发热瞎指挥，潼关失守，长安陷落，天下震动，叛军气焰陡然高涨。唐玄宗西逃，唐肃宗即位，顾不上别的了，下诏让李光弼带兵西返，勤王护驾。

在专制的帝王时代，皇帝就是国家，国家就是皇帝，皇帝的要求就是国家的需要，李光弼没的选择，立即西赴灵武，面见唐肃宗。唐肃宗在他原来的河北节度使的基础上，加封他为户部尚书、同中书门下平章事，进入中央领导的行列；让他带五千将士，前往北都太原，接任留守职务。

此前，太原的最高军政长官是节度使王承业，这是个没有能力的窝囊废，和平年代里，这样没能力靠后台提拔起来的人，靠后台撑腰，日常工作只需按规章制度运转就可以了，工作虽没创新和成绩，也凑合着对付。但到了天下鼎沸的战时，在其职却没有相匹配的能力，就是一件很痛苦很致命的事，这个王承业就被他的手下、侍御史崔众欺负得够呛，空有高官在身，只能痛苦生存。

王承业的无能，让崔众过高地估计了自己的能力。在他眼里，高官都无能，李光弼也不例外。所以当李光弼赶到太原宣读圣旨，让崔众马上将兵权移交出来时，崔众毫无礼貌，拖拉着不肯交兵。李光弼大怒，当即将崔众拿下，罗织罪名砍头。

很有戏剧效果的是，此时朝廷派人带来最新任命书，任命崔众为御使中丞。

李光弼对朝廷派来的官员说："崔众犯了罪，已经抓起来了，你如果不公布任命，我只杀侍御史崔众；你要公布任命，我将杀御史中丞崔众；你如果公布任命他是宰相，我今天就杀宰相崔众。"

此位官员以前只见过花团锦簇、毕恭毕敬，哪见过这种阵势，吓得哑口无言，回头走了。第二天，李光弼斩杀崔众，"威震三军"。

李光弼治军严格,他不仅在太原用崔众的脑袋树立了自己的威信,后来郭子仪遭到宦官鱼朝恩的诽谤,被夺去军权,李光弼取代郭子仪,当上了朔方节度使,郭子仪的部将张用济不服,却也不愿意因为自己的意气用事耽误国事,于是单人独骑去见李光弼,李光弼也是毫不犹豫,当即拿下砍头。

砍了崔众,整编了太原守军,李光弼手下所有可用兵力,也仅一万多人,史思明率军十万来攻。得知消息后,太原城中的将领们纷纷建议,赶在叛军到来之前,抓紧加固城墙。李光弼说:太原城墙环绕四十里,我们现在全力修城,敌军马上就到,哪有力气抵抗?他安排人将石头砌成的民房扒掉,制造了要二百人才能拉动的抛石车,叛军来攻城时,抛石车将石头抛出去,一块石头就能砸死砸伤数十人,一下子就让叛军遭到重大伤亡,遏制了攻城势头。

史思明也是久经沙场的战将,他马上想出攻城奇招:堆土成山,山上建造飞楼,楼畔用木幔遮住,以此来攻城。李光弼见招拆招,他让战士们从城中挖地道出击,挖到土山下,土山沉重,瞬间崩颓。

史思明又从心理战入手,在城外高搭戏台,找了戏子来,在戏台上扮演唐玄宗狼狈逃跑的样子,演出之际,叛军轰然大笑,群情振奋。大笑声中,戏台突然坍塌,陷入地下,几个戏子也不见了。过了一会儿,戏子们出现在太原城楼上,原来李光弼指派士兵将地道挖到戏台下,出其不意,抓走了戏子。

戏子的头在城楼上被砍掉,史思明用来打击唐军、振奋叛军的计策,变成了振奋唐军、打击叛军。李光弼的地道战让史思明防不胜防,自己的中军营帐也不敢离城太近,拔营后退。退兵时,叛军牢牢盯住地面,生怕突然之间,自己陷入地道,丢了性命。

再三防备,还是不能逃离李光弼的地道战绞杀。李光弼派人去见史思明,谎称城中粮食吃尽了,要求投降。史思明大喜,约定了投降日期。在投降日之前,太原守军就将地道挖到了叛军营前,用东西支撑好,约定投降之日,太原城门大开,一位将领率守军出城,一付无精打采的样子,叛军都集中在营前迎接,也有防备唐军诈降的意思。突然之间,脚下坍陷,数千叛军一下子没于地道中。与此同时,太原城头战鼓擂响,铁骑突出，连同已出城伪装投降的战士，齐扑叛军。叛军大乱，被俘被杀达一万多人。

连番攻防，连番受挫，史思明的自信心受到严重打击，他离开太原，留下大将蔡希德继续围攻。又过了一个月，围城的叛军越来越没有战斗意志，城内的守军则在连番胜利之后，士气高涨，急欲求战。李光弼亲率敢死队，出城决战，一战而杀敌七万。太原保卫战，取得空前胜利。

太原保卫战，共进行了近六十天，从开始之日，李光弼将他的指挥所设在城墙墙角处，随时应对紧急军情，其间多次从家门前经过，"未尝回顾"。大胜后三日，将所有军政事务处理完后，李光弼才回家。

太原之战，是平定安史之乱过程中的重大胜利。此战后不久，以李光弼、郭子仪为代表的九位节度史，与安庆绪、史思明大战于相州，遭遇到空前的惨败。郭子仪冤枉地承担了战败的责任，李光弼取代郭子仪成为朔方节度使，天下兵马副元帅，进入东都洛阳。

不久后，史思明杀掉安庆绪，自立为帝，率军先陷汴州（现在的河南开封），再击洛阳。李光弼因为兵力不足，主动撤出洛阳，退守河阳（现在的河南孟州）。叛军兵不血刃就占据了洛阳，却担心李光弼有什么诡计，不敢在城中驻扎，而是驻军洛阳东白马寺附近，挖掘战壕，修筑临时城墙，以与李光弼对峙。过了些日子，看李光弼也没有什么动静，就主动进攻，挑起战斗，被李光弼击败，损失数千人。

李光弼虽然胜了，但兵力明显不足，并在战斗中发现，主要来自北部边防部队的叛军，战马精良，野战中占有很大优势。他观察到叛军很爱惜战马，每天都要放马在黄河岸边的沙滩上洗澡，于是李光弼想出了一个在中国战争史上非常另类的"美马计"：派人在军中寻找并在民间收购了五百匹刚生下小马驹的母马，把小马驹留在城内，将母马赶出城去，母马在城外思念城中的小马驹，放声嘶叫，引起了洗澡的公马注意，其时正值马匹发情期，公马纷纷来追母马。李光弼此时将城门打开，母马思念小马驹，跑回城中，公马也跟着进城，等到史思明叛军反应过来，上千匹战马已成了唐军的俘虏。

"美马计"一出，史思明愤愤不平，亲自率军猛攻河阳。决战开始，李光弼当众将尖刀插入战靴内，宣称：作战是一件很危险的事，谁也不能说必胜。我身为国家大将，誓不受辱于贼，如果不能取胜，必当自刎以谢皇帝。

主帅有了必死的信念，部下就没了偷生的念头。李光弼亲自点将，分兵数路，出城与叛军决以死战。在李光弼的激励下，"诸军争奋，贼众奔败，斩首万余级，俘八千余人，马二千，军资器械以亿计"。取得了河阳之战的全胜，确保了潼关和首都长安的安全。

上元元年（公元761年），李光弼与史思明再战于怀州（现在的河南沁阳），李光弼在一个叫野水渡的平原地带扎营。当时中央政府军与叛军的战斗力相比，政府军更擅长于守城拒战；叛军因为多出于北部边防部队，更长于野战，尤其是史思明部队中两员大将高晖、李日越，更是在野战中所向无敌。这天晚上，李光弼引大军离开营盘回城去了，只留下一个叫雍希颢的低级将领率千余人守卫营寨。走之前，他吩咐雍希颢：叛军中的高晖和李日越，都是力敌万人的猛将，他们一定会来劫寨，你就守在这里，不要出去迎战，如果他们要求投降，你可以领来见我。

李光弼的这番话说的无头无脑，雍希颢等人摸不着头脑，虽然答应了，还是偷偷交流李光弼是不是大脑炎后遗症发作。

当日，史思明果然安排李日越去劫营，并且下达死命令：李光弼敢于平原扎营，真是自取死路，你率五百铁骑连夜奔袭，务必将他给我抓来，如果完不成任务，不要回来见我了。

李日越领命，率军直扑野水渡李光弼大营，到营前时发现营中人员稀疏，并且见了他们这支夜袭队也不惊恐，很纳闷，派人去问："李光弼在营中吗？"

营中回答："他率大部队回城去了。"

再问："现在营中还有多少人？"

再答："千人。"

再问："谁是主将？"

再答："雍希颢。"

李日越听后，一下子泄了气，对随从说："我来时领导已把任务安排得很明白了，现在就算抓了雍希颢这个小把戏，回去也免不了要受军法处分，还不如投降了吧！"

雍希颢又惊又喜，按李光弼事先的吩咐，带他去见李光弼。李光弼隆重欢迎，给皇帝打报告，申请封李日越为右金吾大将军。

史思明的另一员猛将高晖听说后，马上也跑来投降。有人问李光弼，你收降这两员猛将怎么这么容易？李光弼回答：史思明在城市攻防战中一败再败，一直遗憾不能跟我们野战，现在有了野战机会，一定想要个大胜来鼓舞士气，给将领下令也一定会很严厉。雍希颢是个无名小将，打败了也算不上多大功劳，李日越怕被史思明军法处置，只能选择投降。而高晖一直认为自己的才能在李日越之上，听说李日越投降后受到优待，他来投降岂不会受到更大优待？

斗智完胜，收降两员猛将后，李光弼再次发挥地道战特长，从城外挖地道进去，派勇将郝廷玉率军从地道进城，登上城墙，制造混乱，接应攻城的唐军，一举攻取怀州城。

史思明与李光弼对决，屡战屡败，终于聪明起来，不再与李光弼直接较量，转而与管着李光弼的大宦官鱼朝恩及大唐皇帝对决。史思明仅简单地派出间谍，去散布一下叛军思乡心切、已没多少战斗力的流言，马上打动了这两个最有权力的人。李光弼再三说明叛军野战能力极强，不宜尽快决战。领导听不进去，中央政府派出使者，严令早日决战，李光弼不得已，于北邙山与叛军决战，大败，怀州得而复失。

相州大败、北邙山大败，都与鱼朝恩这个最有权力大宦官的乱指挥有关。鱼朝恩很惭愧，但像他这样的人最好别惭愧，他越惭愧，让他惭愧的人越不安全，他这种人一定要消灭令他惭愧的人，才能心满意足。

李光弼不怕叛军的百万雄师，成了宦官的眼中钉，却让他充满恐惧，此后皇帝召宣他入京，他因怕遭宦官毒手，一再拖延，不敢应诏。公元764年，李光弼重病不治，临死之前，将吏们问他有什么遗言，李光弼说："我长年淹留军中，为朝廷效力，没机会奉养老母，是个不孝之子，还有什么话好说！"

结合他的经历及后期的忧惧，可以体悟出来这句话中满含的痛苦、遗憾、不甘心。

《新唐书》评价李光弼:"困于口舌,不能以忠自明……所谓工于料人而拙于谋己。"这是指他被宦官鱼朝恩构陷却没有办法应对。对李光弼的军功,评价则是:"与郭子仪齐名,世称李郭,而战功推为中兴第一!"

郭子仪

安史之乱,是中国历史的一大转折。安史之乱前三十年,是三千年中国专制历史的最高峰,政体之外,无论是经济、军事还是文化程度,都称得上是世界最强。盛世的大唐,也有着博大的胸襟,接纳世界。

是安史之乱,让盛世大唐出现了断崖式的崩塌。中国之后的时代,在某个单项上或者有过更强的时候,但综合得分,再也无法超越这盛唐的三十年。

安史之乱,始于天宝十四年(公元755年)农历十一月九日,这一天,身兼平卢(现在的辽宁朝阳)、范阳(现在的北京)、河东(现在的山西太原)三镇节度使的安禄山,以讨伐杨国忠、清除皇帝身边逆臣为号召,举旗叛乱,自范阳誓师出发。大军十五万,号称二十万,长驱南下,一路上势如破竹,数十年不闻刀兵声的沿途各郡县,要么投降,要么逃跑,不到三个月时间,叛军就渡过黄河,占领了洛阳。

洛阳是大唐东都,长安之外最重要的城市,占领洛阳,不只是在军事上占据主动,在政治上更有重要影响。在那里,安禄山登基做了大燕皇帝。随后兵锋西指,直逼潼关。大唐名将高仙芝、哥舒翰先后固守潼关。论战斗经验、军事能力,这两个人都比进犯潼关的叛军将领高明,他们本也稳稳守住了潼关,遏制了叛军气焰。但由于唐玄宗李隆基的愚蠢,做了叛军无法做到的事,先后葬送了两员名将。潼关失守,大唐中央政府临时招募战士,紧急从西北边防军抽调部队,试图阻击叛军西进的脚步,都没效果。

公元756年夏,叛军打到长安之东几十里时,唐玄宗再也没有闲情逸致坐在皇宫里搞死军中大将了。他仓皇出逃,于马嵬驿(现在的陕西兴平),三军不发,一致要求处死杨国忠和杨玉环,长恨歌悲剧上演,在长生殿上发过在天愿为比翼鸟、在地愿为连理枝誓言的唐玄宗，冷眼看着誓言中的女主角杨玉环死去，自己纵马南进。他的儿子李亨留下，北上灵武，即位为唐肃宗。

长安沦陷，大唐一派风雨飘摇，叛军形势一片大好。

安史之乱前，在盛世的大唐里，郭子仪就凭自己的军事才华、过人身手，通过武科举，考取了武举人，进入大唐边防军，并逐步成长为边防部队高级将领。安史之乱给了郭子仪机会，他被授予朔方节度使之职，率本部军队东征叛军，与李光弼联手取得了嘉山大捷，击杀叛军四万余人，振奋了全国的抵抗部队军心。

李亨虽在灵武即位，但手下缺兵少将，于是召郭子仪、李光弼勤王护驾，两人率五万大军，星夜前往。

郭子仪、李光弼应召离开河北，致使刚刚在河北打开的一片大好形势，瞬息之间，又拱手让与叛军。

当时有个唐肃宗非常器重的人，叫房琯。这是个牛皮篓子，吹牛从不打草稿，让人郁闷的是唐肃宗不仅信房琯的牛皮，还任命他当宰相，让他领兵去收复长安。

一个人牛皮吹久了，自己都会信以为真。房琯看郭子仪立下战功好像很容易，就想当然地认为自己去打胜仗也很容易，吹着牛皮带兵去了，只一仗，就把所带的兵马全部葬送，自己也差点丢命。

唐肃宗这才觉悟到干事业是要真本领的，有人打胜仗容易那是因为他有真才实学，而有真才实学的人非常罕见，就当时来看，只有一个郭子仪了。于是任命郭子仪为实际最高指挥官（名义上的最高指挥官是太子），让他带队去收复两京。

收复长安之前，郭子仪先拿下长安门户潼关。叛军在潼关的主将叫崔乾祐，这是个倒霉的家伙，他被郭子仪击败，撤出潼关，退守蒲州（现在的山西永济），蒲州人不甘心跟着叛军玉石俱焚，郭子仪来攻城，他们主动做内应，杀了守城叛将，开门迎接政府军。崔乾祐跑得挺快，率余部又逃到安邑（现在的山西夏县），安邑的老百姓佯装开门迎接，叛军队伍入城，队伍进城至一半时，城上千斤门闸突然落下，夏县百姓关门打狗，把先入城的一半叛军干掉，崔乾祐好在走在队伍后面，见势不妙，领着残兵再向东逃。

就在这个月，安禄山被他儿子干掉，叛军人心有所动摇，大唐中央政府抓住这个机会，决定实施收复长安计划。郭子仪先与长安叛军干了一仗，打了个败仗，对峙了几个月后，唐军再次发动攻击，在长安之西香积寺北，与叛军展开决战。此战郭子仪决策准确，唐军大将李嗣业舍命搏击，取得大胜。长安城中叛军主将张通儒得知战况后，当夜逃出长安。第二天，大唐军列队入城，长安居民夹道欢迎。

休整三天后，郭子仪率军东进，出潼关，进击陕州与叛军再战，再获大胜；乘胜前进，夺取东都洛阳，洛阳城中"士庶欢呼于路"。

光复洛阳后，郭子仪回京述职，唐肃宗非常激动地说了十个字："虽吾之家国，实由卿再造。"

之后，便是大唐九节度使连兵于相州围攻安庆绪，这九个节度使是：朔方郭子仪、河东李光弼、关内王思礼、北庭李嗣业、襄邓鲁炅、荆南季广琛、河南崔光远、滑濮许叔冀、平卢董秦。九节度使总兵力数十万，安庆绪的相州守军数万人，并且在被围几十天后，吃光了粮食，再吃战马，吃完了马肉，再吃马皮，吃完了马皮，挖老鼠吃，一只老鼠的市价，高达四千钱。

郭子仪等人挖开漳河堤坝，引水去灌相州城，城中一片汪洋，叛军的日子更加艰难，有些将领起了异心，想向唐军投降，却因为水势太大，出不来城。

形势原本十分明朗，皇帝却让其变得一片模糊。

大唐即然是皇帝家的，他就天然有被别人抢了劫了的恐惧，虽然他也承认他家的这个国是由郭子仪一手再造的，但这更引发了他对郭子仪的担心：万一他势力太大，要分一块肥肉，怎么办？

专制体制导致了皇帝的天然恐惧，天然恐惧又让皇帝无法完全信任有能力的将军。唐肃宗于是不设元帅，九个节度使一般大，谁也管不着谁；另外派出宦官鱼朝恩，但任部队总监督官，其实就是不叫元帅的元帅，因为他可以监督管理九个节度使，哪个节度使也管不着他。

这样的安排，如果还能打胜仗，那叫没有天理。那个时候天理还在，史思明仅率五万兵马来救援，数十万唐军一团乱麻般去迎敌，以十敌一，结局是大败。

打败后的另八个节度使各自回到自己的战区，只有郭子仪退守洛阳。作为战役最高指挥官的鱼朝恩要找人承担责任，他找上的人是郭子仪。不久前刚认可了郭子仪对大唐再造之恩的唐肃宗，很听话地下旨，剥夺郭子仪兵权，进京闲置，部队交给李光弼。

郭子仪的明智再一次显示出来，他接到圣旨，将领们纷纷劝阻他，甚至拉着他的衣服哭，郭子仪不为所动，当夜进京。

如此听话，实在没有让皇帝不放心的理由。

史思明救了安庆绪后，因为太眼红皇帝这个职位了，杀掉安庆绪，自立为大燕皇帝，兵势大张，复夺洛阳。有人劝唐肃宗，叛军气焰这么高涨，而我们却把这个名将郭子仪圈在京城，太浪费了。唐肃宗认可这句话，却就是不放郭子仪回部队。

鱼朝恩可能在其间起了点作用，史书上也一个劲地记载着鱼朝恩嫉妒郭子仪，要加害郭子仪，但史书上同样记载了，鱼朝恩请郭子仪同游章敬寺。之前有人劝告郭子仪，鱼朝恩包藏祸心，要暗杀郭子仪，郭子仪不在乎，坦荡荡地仅带几个僮仆去见鱼朝恩，并把别人的话复述给鱼朝恩听，鱼朝恩很惭愧。

鱼朝恩很惭愧，说明他没有暗杀郭子仪之心，从任何一个方面来看，鱼朝恩也不存在暗杀郭子仪的动机和理由。不放心郭子仪的是皇帝，鱼朝恩只是皇帝手中一条恶狗而已。

如此让郭子仪在战火纷飞的岁月里闲置了两年多，公元762年，河东驻军发生骚乱，年轻将领根本镇压不住，最后的选择，落到了郭子仪身上。

郭子仪要求面见皇帝，当时唐肃宗病得要死，在卧榻前接见郭子仪说："河东之事，全部交给你了。"人之将死，其言也善；郭子仪哭着辞别去太原，迅速稳住局面，唐肃宗也一命呜呼见阎王去了。

唐肃宗的长子李豫即位，是为唐代宗。代宗还是太子时，是大唐部队的名义总司令：天下兵马大元帅，郭子仪是副元帅，两个人有过并肩作战的经历，但这仍然不能抵消专制体制最顶尖上的人对下属的恐惧、不信任。唐代宗下令，罢去郭子仪的副元帅之职，让他离开部队，回京去监工修建唐肃宗陵寝。

郭子仪当皇帝坟墓监工头（山陵使）的过程中，史思明的儿子史朝义自杀，安史之乱结束，时在公元763年。

安史之乱虽然结束，但对大唐造成的伤害却是至深至巨。为镇压安史之乱，原在西域边陲驻防的边防部队，也大多进入内地参战，这给了本就对中原江山眼馋心热的吐蕃人机会。他们步步为营，一点点吃掉了大唐长安之西十多个州，公元763年十月，又侵占了奉天（现在的陕西乾县），这里距长安太近了，对大唐中央政府造成了最直接的威胁，并且吐蕃的大军就奔长安来了。

危险就在眉睫，皇帝暂且顾不上放心不放心的事，仓促间下诏，任命郭子仪为关内副元帅，让他去抵抗吐蕃。郭子仪在京闲置已久，原来的部下都已散去，奉诏之日，身边仅有二十位骑兵。事在紧迫，郭子仪率少得可怜的一点兵将西出长安，沿途招兵买马，刚走到咸阳，唐代宗就匆匆放弃长安，东行出逃。几天后，吐蕃军占领长安。郭子仪则在长安外围，继续聚集部队，最后以万人部队进抵长安城下，派人入城，秘密联络城中"少年豪侠"，在约好的一天，大家齐聚朱雀街，一同擂响战鼓。吐蕃军猝不及防，大为震恐，再加上吐蕃军队入侵，以抢掠物资为主，原本就没有占有大唐江山、改朝换代的想法，匆匆集结起来，退出长安。

唐代宗回京之时，郭子仪跪伏在地上迎接，唐代宗停下车，说了这么一句话：我用你用的太晚，才遭了这个罪！

唐代宗虽然使用郭子仪晚了，总算还放心地使用他了。平定安史之乱的大唐功臣中，有一位战功仅次于郭子仪、李光弼，付出的牺牲则称得上最大的名将，却因为被宦官陷害，被皇帝怀疑，被逼上了一条叛乱至死的不归路。

这位名将叫仆固怀恩。为平定安史之乱，他一家有四十六人为大唐殉难，他的三个女儿被当成和亲礼品远嫁给回纥。最让人感叹的是，他的儿子仆固玢兵败被俘，后来找机会逃回来，仆固怀恩居然当众怒斥，下令砍头。

被逼反的仆固怀恩以他的影响力，劝说吐蕃及回纥犯唐，被郭子仪击退过一次。公元 765 年,仆固怀恩再次说动吐蕃、回纥连兵十余万(一说三十余万),再攻大唐。

仆固怀恩很倒霉,冤仇未雪,就死在进军途中,吐蕃、回纥联军则将郭子仪团团围困在泾阳城中。

郭子仪的部队仅一万人,硬拼起来,显然不是这些马疾刀快的少数民族骑兵的对手,郭子仪放手一赌,赌注是自己在曾经援助唐军平叛的回纥军队中的威信。他让人告诉回纥人,这次率军与他们作战的,是曾经与他们并肩作战的郭令公郭子仪。回纥人很惊奇,问:郭令公还活着吗?仆固怀恩告诉我们,天可汗(回纥人对大唐皇帝的尊称)已经死了,郭令公也已经死了,大唐现在已没有了领导人,我们这才跟他来。现在郭令公还活着,那么天可汗还活着吗?唐军回答:"皇帝万岁无疆。"回纥人有点醒悟:原来仆固怀恩是骗我们的呀!

虽然有点醒悟,仍不免半信半疑,回纥人提出:如果郭令公真的活着,就让我们见见。

郭子仪听到回报后,马上备马出营,营中将士纷纷劝阻:这些少数民族没文化,心里是怎么想的,我们根本无从判断,您还是不要去了吧!

郭子仪劝说众将:敌人比我们多了数十倍,打仗打不过,只能冒冒险了,何况诚心待人,可以感动上苍,这些少数民族虽然没学问,心情应该是一样的。

大家看劝不住郭子仪,退而求其次,要求郭子仪挑选五百铁骑随从护卫。郭子仪笑了,说:在敌人的数十万大军中,五百人能做什么?这样做表示了我们对他们不信任,与此行的目的正好相反,"适足以为害也"。他不再理会众将,派人去回纥部队通报:郭令公来了。

不只是唐军不相信没文化的回纥人,回纥人对文化太多的唐军也不信任,怕郭子仪出面是个诱敌计谋,持弓搭箭,做好准备。却见郭子仪仅带了几十个随从,骑马慢慢行来,看见回纥人的弓箭,也不在意,走近了,摘掉头盔,脱掉盔甲,很热情地打招呼:大家好,我们是好朋友了,不必如此紧张。

回纥人看见须发苍白的郭子仪和蔼地就在眼前,不自觉地下马跪倒在地,很肉麻地表达情感:您真像我们的父亲一样慈祥啊。

像父亲一样慈祥的郭子仪，教唆回纥人临阵倒戈，去袭击友军吐蕃，就可以把吐蕃人的后勤辎重都抢过来。回纥人果然听信了，一个回马枪，把吐蕃人杀了个人仰马翻。大唐边防危急信号解除。

大历二年（公元767年）年底，郭子仪再次带兵西击吐蕃期间，有人盗挖了郭子仪父亲的坟墓，大家都认为是鱼朝恩干的，担心郭子仪回京后会有过激举动。郭子仪回京后，皇帝亲自告诉他这件事，观察他的反应，郭子仪闻言痛哭，说："我带兵久了，不能禁止士兵们挖人家的祖坟，现在轮到我了，这是报应，与他人无关。"

如此心态的郭子仪，想不长寿都不可能，他足足活了八十五岁，在历代名将中，称得上高寿之人，他的八个儿子七个女婿，都是朝廷重官，孙子辈达数十人，郭子仪认不过来，每每到了节日寿期，集中向他请安，他只是点头而已。

郭子仪七十大寿之时，全家人都来祝贺，只有他第六个儿子郭暧的媳妇没有来。这个媳妇来头不小，是唐代宗的第四个女儿升平公主，这个公主认为国家是他们家的，郭子仪只是他们家一条很有用的狗而已，哪有主人给狗问安的道理。郭暧很没面子，一气之下，动手打了升平公主，说："你以为你父亲是皇帝了不起啊，我父亲还不稀罕这个皇帝呢！"

出身高贵从没经历过风雨的金枝玉叶升平公主，哭哭啼啼去找父亲唐代宗告状，唐代宗说："你丈夫说的对，你公公如果真想当这个皇帝，你以为我还能坐的住吗？"

随后，郭子仪亲自绑郭暧来宫中请罪，唐代宗哈哈笑着劝解郭子仪："不痴不聋，做不得姑翁，小儿女的闺房琐事，何必计较。"

在唐代宗看似阳光的笑容下，我相信，郭子仪一定有别样的滋味在心头。

李　晟

李晟家族虽然是世代将门，但在李晟之前，他的几位先祖都只是大唐陇右军队的中下级军官，小将而已。李晟出生不久，他父亲——大唐陇右军队中下级军官李钦便去世了，李晟"事母孝谨，性雄烈，有才，善骑射。年十八从军，身长六尺，勇敢绝伦"。某次他跟随河西节度使王忠嗣西击吐蕃，攻打一座城市时，一位吐蕃勇将把守在城头，英勇善战，将攻城的唐军砍死不少，一时没人敢去爬城墙。王忠嗣从军中紧急选拔箭术高强的人，李晟应声而至，弯弓搭箭，一箭射出去，城头上的吐蕃勇将一命呜呼，城下大唐军队齐声欢呼，王忠嗣拍着李晟的肩膀说："此万人敌也。"

此后，李晟一直在边疆与少数民族作战，屡立战功，屡获提拔，到大唐德宗年间，他已经是神策先锋都知兵马使。

王忠嗣任河西节度使之时，尚是大唐开元年间，到唐德宗时代中间隔了约三十年，安史之乱就发生在这三十年间。但新、旧唐书记载的李晟军功，都没有与叛军作战的纪录。这说明要么安史之乱时李晟还只是低级军官，要么安史之乱时李晟一直在为破碎的大唐忠心耿耿守卫边疆，没有机会参与中原平叛。

唐德宗建中四年（公元783年），由于中央政府对待长途跋涉、听命入京的泾原边防军待遇不公，引发兵变。唐德宗匆忙中逃出长安，叛军拥立原被软禁在京城的原泾原节度使朱泚为帝，改元应天，自称大秦皇帝，不久后又改国号为汉，改元天皇。

历史上把这次叛乱称作"泾原兵变"，也称"泾卒之变"。这次叛乱的直接原因是中央政府对待边防战士不公；也有间接原因，就是此时的大唐帝国，在安史之乱之后，各地方军事首脑大都拥兵自重，武装叛乱时有发生，皇权遭到空前冲击，军人地位相对大幅度提高。如果是在安史之乱前，中央政府就算对某支边防军队不公正，也不会激起如此巨大的反弹。

唐德宗逃到长安之西不到二百里的奉天（现在的陕西乾县），刚刚立下足来，朱泚亲率叛军，追踪而至，展开围攻。

战斗进行的极为激烈，矢石如雨，日夜不息。奉天只是座小城，城中物资准备不足，战事拉得一长，后勤供应便出现了困难，每天可以提供给唐德宗和他所带出来的后宫宦官、嫔妃食用的粮食，仅二斛粗米，没有菜吃，只有趁叛军攻城间歇的时候，用绳子把战士放下去，在城边荒地里挖些野菜回来，专供皇帝一人食用。

皇帝如此，其他人可想而知。

某次，派人出城侦察敌情，这是非常危险的事，唐德宗问侦察兵有什么要求，其实也就是要他留点临终遗言的意思，此人跪地请求给他件短袄和套裤，唐德宗拿不出来，默然挥手，让他去了。

幸亏守城部队的将领是浑瑊，这是位在平定安史之乱中成长起来的大唐名将，他的指挥，让奉天城在朱泚的猛烈攻击下，坚守了下来。

唐德宗派人四处求援，各地割据势力大都持观望态度，只有正在河北参与平定藩镇叛乱的李晟应诏赴援。但他所带领的神策军人数很少，到达渭南时，友军刘德信率部赶来与他会合，李晟为夺取刘德信部队，邀请刘德信到军中商讨军事，刘德信坦然前来，被李晟杀掉，将刘德信部队整编到自己的部队。

就算合并了刘德信的部队，李晟所统领的军队仍然是一支小部队，不足以动摇叛军。

与李晟同时接到诏书，也是毫不迟疑就做出了应命赴援决定的，还有一个朔方节度使李怀光。他带的部队人数很多，因为他的及时来援，朱泚被迫撤去奉天之围，回守长安。当时奉天守军认为，如果李怀光迟到三天，奉天将失陷，唐德宗将成为朱泚的俘虏或刀下之鬼，大唐江山很有可能会画上句号。

所以，挽救了大唐江山的其实是李怀光。

但李怀光这个人性格刚烈，拍马屁拉关系聚人脉这一套不大在行，进兵救援的路上就一个劲地散布言论，要把皇帝身边的小人卢杞等干掉。

卢杞时任大唐宰相，这个人是中国小人堆里的极品，坏蛋中的坏蛋。泾原兵变的主要责任在他，但由于他坏得出类拔萃，没有人敢惹他，同样出类拔萃的大唐名将郭子仪就很害怕他，认为如果得罪了他，自己的家族就会被杀光。

李怀光的能力不如郭子仪，却有比郭子仪更大的胆子，这不能给他带来成功，只能给他带来灾祸。卢杞知道了李怀光的目标后，施展出他卓越的黑恶才能，居然让这位对大唐江山有扶倾立危之功的功臣大将连皇帝的面都见不着，自身安全，岌岌可危。

就算到此时，李怀光可能还没有反叛之意，他驻军咸阳，与李晟合兵一处，预备夺回长安。两军会合，正在建造营垒，朱泚的叛军就赶上门来挑战，李晟跃跃欲试，想出营作战，动员李怀光：叛军如果据城固守，很不好打，现在他们离开巢穴了，正好一举歼灭。李怀光可能是心情不好，以长途奔波、士兵劳顿为由，不同意出战。

两军虽然合兵一处，但每每出战，李晟总要与众不同，穿锦裘、戴绣帽出阵，亲自指挥他手下的神策军。李怀光非常不满，劝告李晟：身为将帅，应当老成持重，你这样与众不同，不是给叛军当靶子吗？李晟不听，还是我行我素。

李怀光的劝告正大光明，李晟不听，以常理揣度，应该是有意与李怀光的部队有所区别，生怕李怀光吞并了自己的部队。这样的事李晟刚刚干过，以己度人、有所恐惧是正常的。李怀光也确有吞并李晟部队的念头，但他没有李晟吞刘德信时的黑恶，而是试图让中央政府来发这个令。他给皇帝打报告，说朔方部队和神策军都是大唐部队，都来跟叛军作战，为什么神策军的待遇比朔方部队好？

神策军是中央直属部队，待遇长久以来就比地方军队好，李怀光此时提出这个问题，皇帝当然不能直说地方部队和中央部队有区别，那等于直接打击了此时平叛的主力军朔方部队，但要提高朔方部队的待遇，当时的中央财政又实在力有不及。唐德宗就派出翰林学士陆贽，去平叛军中和稀泥。

陆贽到了平叛军大营，召集李怀光和李晟开会，李怀光直接提出："战士们的待遇不一样，怎么能让他们有心情作战？"陆贽没说话，暗中冲李晟使眼色，李晟说："你是元帅，部队中的事您负全责，我只是其中一支部队的将领，一切听从您的军令。"

这句话说完，三人会议陷入沉默。李怀光的意思是让李晟主动提出削减神策军福利待遇，也可以把神策军临时并入朔方军。李晟一番话，把皮球又踢回来，李怀光不愿由自己提出削减神策军待遇的事，李晟既然承认李怀光是部队最高首长，再提合并神策军的事，显然也多余。三个人沉默一番后，事情不了了之。

事情虽然拖了下来，李晟心里知道，再混在一起，迟早有拖不下去的时候。刚好此时唐德宗提出要移驾咸阳，亲自坐阵指挥平叛，李怀光听到消息后大惊，认定皇帝是要来夺自己的兵权。有兵在手都不受皇帝待见，一旦失了兵权，那还不是卢杞砧板上的鱼？又惊又怕之下，李怀光产生了强烈的反叛之心。李晟天天与他混在一起，看得明白，情势紧迫，恰好有一位宦官到李晟军中，李晟抓住机会，杜撰出皇帝要求他立即屯兵渭桥的鬼话，率部果断地离开合营大军，单独去渭桥驻扎。几日之后，李怀光果然将另两支合营的友军将领劫持，吞并了两支友军。

事情发展到这一步，无论李怀光原来有多么忠义，肚子里有多少委屈，他唯一的生路，只有反叛了。而与李怀光、朱泚正面对抗的部队，则只有李晟一支孤军。

沧海横流，方显英雄本色，《旧唐书》中对此时的李晟有一段表述，原文如下："晟内无货才，外无转输，以孤军而抗剧贼，而锐气不衰，徒以忠义感于人心，故英豪归向。"周边各军事力量，纷纷公开表态，接受李晟领导。

直至此时，李怀光仍然还是以自保为主，并不是斩钉截铁地与大唐对抗。他不去与朱泚合兵，而是率军撤退。撤退途中，士卒星散。

在正史中，李怀光被钉在叛将的位置上，虽然说就算背叛大唐那个信用奸邪的皇帝，实在也不是大不了的罪过，总比靠屠戮百姓来讨好皇帝强。但李怀光确实太冤枉了，因为他根本上是要做一个忠臣，他最初的所有行为，也全是忠臣行为。

听到皇帝的召宣，立即起兵响应，在所有节度使里，李怀光是唯一的一个，但后来，那些讨伐他的成了"英豪"，而他这个首倡义兵的将军成了叛臣。

快速行军，在朱泚就要攻破奉天的最后关头，及时出现，但被他解救的皇帝视而不见，近在咫尺，却对他的求见要求置若罔闻。

李怀光喊出诛杀卢杞的口号，更显出他的忠心爱国，如果不是希望这个政权正常运转下去，他去得罪一人之下万人之上、连郭子仪都恐惧不已的卢宰相干嘛？

甚至李怀光所希望的与李晟部队合编，从纯军事角度来看，也是绝对正确的选择。叛军势力不小，勤王部队则只有李怀光、李晟两支，力分则弱，力合则强，部队整编利于统一指挥统一行动。李晟不是在勤王途中将另一支主动加入的队伍给整编了吗？并且杀掉了另一支队伍的头领。起码从李怀光、李晟的交流情况看，李怀光还一直没流露出杀李晟之意。

李怀光提出两支部队福利待遇不一，影响战斗力，更是毫不夸张，一样面对刀锋，一样杀敌报国，却要面对悬殊的待遇，谁的心里会平衡？

很难说李怀光从忠臣走到叛将的途中，李晟起过什么作用，但史书上明确记载，李怀光并未反叛之前，李晟就认定李怀光必反，一再向唐德宗打报告，要求提防他，要求预先做军事及行动上的准备。

内有卢杞的谗言充耳，外有李晟的危言耸听，以唐德宗的昏庸，怎么还会给予李怀光最起码的信任？以李怀光的刚烈，如何证明得了自身的清白？

李怀光终于被挤走了，李晟保住了自己的神策军不会被合并，相应他要承担的后果是：他必须要独自面对盘踞在长安的朱泚。

在很大程度上，朱泚也是被逼反的，他最初也是要做一个忠臣，并且真的付诸过行动。但结果朱泚是真的反了，反的彻底，自己建立了皇朝，自己当了皇帝，并且差点把大唐皇帝干掉或俘虏，李怀光还有路退，朱泚无路可退，只能死拼。好在李怀光走后，没人分食后勤供给，极好的保障了李晟神策军的战斗力。

神策军是中央政府直属部队，家眷大多就在长安城内，李晟的家眷百余口，也失陷在长安城内，军中亲近偶然有在李晟面前谈及家眷的，李晟流着泪说："连皇帝都这样了，我们做臣子的又哪里顾得了家呢！"

朱泚是一个相当有教养的人，他没有难为神策军将士留在长安城中的家人，尤其善待了李晟的家人。朱泚专门指派李晟帐下一位低级公务员王无忌的女婿，到李晟军中报平安，说："您的家眷平安，并托我带给您一封家书。"

李晟的反应是勃然大怒，怒斥："你敢替叛贼说话！立即拖出去砍了。"

长安城叛军将领派出侦察员，侦查李晟部队动向，被巡逻的唐军活捉，李晟亲自为他们解开绑绳，好酒好饭让他们吃饱，放他们回去，说：

"你们回去告诉你们的大臣将军,好好为朱泚守城吧,不要当一个不忠之臣。"

公元784年五月三日,李晟率军直抵长安城通化门下,耀武扬威,叛军在城头上看着,不敢出战。

次日晨,李晟会集众将研究攻城战略,将领们都认为应该按常规攻城,先拔外城,再清除坊市,最后攻击宫殿区。李晟力排众议,决策先攻叛军重兵把守的宫苑,务求一战成功,这样就避免了在坊市之间进行巷战,尽量减少战士的牺牲和平民的损失。

战略既定,唐军直逼长安城下扎营,叛军大将张庭芝、李希倩先行率众出城攻击,李晟反击,两军激战,唐军大胜,追着败逃的叛军,直入光泰门。叛军回师再战,唐军再胜,叛军死尸遍地,是夜,叛军营中时有哭泣声。

第二天,李晟整军再战,将领中有人提出,等长安城西的唐军赶过来后,形成夹击之势,取胜的把握大些。李晟认为兵贵神速,如果静待友军赶到,战机就会失去。是月二十八日,李晟全军誓师,进行长安宫苑攻击战决战。

此前,李晟安排人趁夜色掩护,已将宫苑墙壁挖开二百余步的口子,到发动总攻时,叛军已经用木栅把口子堵了起来。李晟大怒,厉声呵斥手下将领:"怎么可以如此放纵叛军,攻不进去,我先砍了你们。"领兵作战的神策军都虞侯史万顷害怕了,舍命冲锋,冲溃木栅,进入宫苑。

战事进行的异常激烈,叛军屡次整队反冲锋,屡次战败。唐军节节胜利之际,突然有千余叛军骑兵出现在唐军背后,此时大队唐军正与叛军厮杀成一团,李晟当机立断,亲率身边的百余位警卫员纵马阻击,边冲边喊:"李晟将军来了。"

若以平常作战推算,李晟以一抵十,还呼喊出自己的名字,正是给了叛军立功的机会。但此时战场鼎沸,四处血肉横飞,唐军胜利在望,叛军正是心志被夺之时,听到李晟的名字,不是想到要擒斩立功,而是要赶紧躲开。

一番舍生忘死的拼杀,朱泚与叛军溃败,长安光复。

李晟大军入城,李晟一再申明纪律,部队不得对民间有丝毫侵犯、惊扰。他手下的大将高明曜偷偷霸占了叛军俘虏中的一名女妓，另一员大将司马伷偷偷占有了两匹缴获的叛军马匹。查实后，李晟将这两位刚刚血战疆场的将军就地正法。

李晟的做法或者严苛了一些，但正是因为如此严苛，李晟才保证了长安城中百姓的利益。连日恶战，长安城中市井，居然不受惊扰，住处稍微偏僻的市民，居然隔了一日才知道长安城已被大唐中央政府军夺回。

李晟派人去接尚流落在外的唐德宗回京，大臣们激动不已，流着泪向唐德宗汇报李晟的功绩，原话是："李晟虔奉圣谟，荡涤凶丑。然古之树勋，力复都邑者，往往有之；至于不惊宗庙，不易市肆，长安人不识旗鼓，安堵如初，自三代以来，未之有也"。

皇帝的回答也很感人："天生李晟，为社稷万人，不为朕也。"

此前，李晟屯营渭桥之时，适值火星侵入木星轨道，许久方退，有善于观察星象的人认为这一星象变化利于政府军，劝李晟抓紧进攻长安。李晟回答说："我为国作战，死而后已，星象这东西太过玄虚，不是我所明白的。"光复长安后，李晟解释说："此前有人按照星象变化劝我进击长安，我不让他多话，宇宙浩瀚，星象变化多端，如果说火星离开木星轨道，就是对政府军有利的话我们听了，士兵们也都信了，那么如果突然间火星又回到了木星轨道，我们岂不是不战自溃吗？"

在中国的史书上，以荧惑（火星）守岁（木星）及其他星象变化来预测生死、胜败、兴亡的例子比比皆是，直至科学昌明的今天，仍有人以星象预测人间变化——如此而已。

李　愬

李晟一共生了十五个儿子，李愬只是其中的一个，却是最孝敬的一个。李晟死后，李愬在墓畔搭起芦棚守丧，唐德宗认为国家正在用人之际，你在墓畔一守数年，岂不浪费人才，下令让他回家。李愬奉旨回家，住了一个晚上，第二天一大早，连鞋子都来不及穿，匆匆又跑回墓畔草屋。唐德宗不再干预，李愬一直守丧期满，才出来做官，也不是特别重要的岗位。

李晟一生,最重要的军功,便是收复长安;李愬一生,最重要的功勋,则是收复淮西。淮西的重要性,显然不及首都长安,李愬的军功,比起父亲也就有很大差距。

藩镇割据,是如日中天的大唐由盛而衰、最终走向灭亡的最大外部因素。

藩镇割据,是唐代自安史之乱后形成的一大特色政治,指的是地方节度使利用手中的军队,割据一方,形成事实上的独立王国,与中央分庭抗礼。

大唐早期,采用的是府兵制,但到了唐玄宗时,府兵制弊端显现,玄宗于是以募兵制代替,由此开始,当兵成为一种终身职业。为了管理军队,政府又设置节度使来掌管地方部队,但由于部队并不流动,那些掌兵时间久了的节度使,慢慢就与手下的部队形成主从关系,战士们所效忠的,也慢慢由抽象的国家,变成了他们的主子节度使。而手掌重兵的节度使,很容易就会对地方政治、军事、财税形成垄断权力。

安史之乱,就是地方节度使发动的针对中央的叛乱。平定安史之乱后,大唐政府对叛军采取的是姑息态度,只要投降,只要名义上归顺大唐政府,一切不再追究,于是许多叛军将领摇身变成大唐节度使。那些在平叛过程中成长起来的政府军将领,自然更是心怀不平,有样学样,也努力割据一方。

早在唐肃宗时代的758年,平卢节度使王玄志死去。部下杀掉王玄志的儿子,共同拥立侯希逸任节度使,处在战争状态的大唐政府被迫承认,开了节度使由将士废立而不由朝廷选拔调配的先例。

此后,各地节度使拥兵自重,愈发不将朝廷放在眼里。775年,魏博节度使田承嗣起兵造反,各怀心事的节度使们奉政府命令,半真半假做做讨伐田承嗣的样子,却终于灭亡不了他,最后田承嗣表态不造反了,大唐政府马上承认他已占领的所有地盘和利益。

如此恶劣的榜样一开,几乎所有节度使都坐不住了,反正造造反也没什么危险,成功了当皇帝,不成功也多抢些地盘和东西,何乐不为。

李希烈是藩镇割据舞台上戏份比较多的一个,最初他是大唐的功臣,为镇压藩镇割据立过大功，后来看到割据的好处远远大于镇压割据的好处，心痒难搔，亲自下水割据一方。一段时间内，声势极盛，对大唐中央政权形成极大威胁。

但对这些造反派来说，他能造中央政府的反，他的部下就可以有样学样造他的反。造反有功，造反有理，唐德宗贞元二年（公元786年），李希烈的部将陈仙奇指使医生陈山甫毒杀李希烈，自己取而代之，成了淮西节度使。很快，李希烈的另一位部将吴少诚杀掉陈仙奇，成了淮西留后。

从此时开始，淮西地盘在吴少诚控制之下，长达二十余年。至唐宪宗元和四年（公元809年），吴少诚死，他最信任的部将吴少阳也小小地造了一把反，将吴少诚的儿子吴元庆杀掉，自封留后；五年后，吴少阳死，他的儿子吴元济接班，继续割据淮西。

吴氏家族割据淮西三十年，这块地盘是标准的国中之国。吴氏势力可能是唐代割据势力中最善于宣传的，备受压榨盘剥的淮西老百姓，一直虔诚地认为他们生活在天堂里，而其他地区的人民，都生活在水深火热中。食不裹腹、衣不蔽体的淮西百姓，大都感恩于他们遇到了英明领袖。老百姓这种近似于宗教狂热的信仰，是吴氏势力居然可以称王称霸一方长达三十年的关键所在。

吴氏势力在其割据地区实行的各种法令中，有这么几种：在路上谈论传播消息者处死，晚上点蜡烛聚会者处死，聚会吃酒交流者处死……由此，淮西人民思想高度统一，完全服从于吴氏权杖！

吴氏的覆灭，在于他们遇上了中晚唐皇帝群中最有作为的唐宪宗，恰好，唐宪宗手中，还有名将李愬。

元和十年正月，唐宪宗下诏，免去吴元济一切职务。鉴于吴元济态度顽固，拒不交出手中权力，唐宪宗调集十六道军，共同进讨淮西。

战争这事，并不是人马多就一定会取得胜利，能力不行，或者心怀鬼胎，都不可能打胜仗。唐宪宗连续换了几任主将，在思想统一、众志成城的淮西军队面前，大都吃了败仗，只有时任陈许节度使的李光颜（这也是位名将，战绩赫赫），作战最力，牵制了吴元济的大部分兵力。但他却不是大唐政府军主将。

李愬就是在此时走马上任的。

李愬上任讨吴军主将，并不完全是很有作为的唐宪宗李纯知人善任，主要还是他自己争取来的。当时讨吴军主将是袁滋，这是个无能的官员，来到淮西前线，撤去主要军事措置，一味与吴元济修好，追求和谐共处，相安无事。李愬主动向皇帝打报告，毛遂自荐，要求去军队效力，担负起讨平吴元济的重任。

仅仅毛遂自荐是不够的，你自己有能力，还需要能够使用你的上司有识别人才的能力，很侥幸，他遇上了一手缔造了元和中兴局面的出色皇帝唐宪宗。他的能力被认可，唐宪宗给了他发挥能力的平台——接替袁滋，任随唐邓节度使，出任中央政府讨吴军主将。

李愬到唐州（现在的河南省唐河县）前线部队就职。他没有新官上任三把火，而是继承了袁滋松松垮垮的军营纪律，仅仅将原本为主将享乐而设置的声伎娱乐裁撤掉，他自己则时常到一线基层部队去看望战士，普通战士有伤病，他也亲自问讯。有人提出来，他的这些作法有失军纪、威严。李愬回答说：我就是要让淮西叛军看到，我没有什么野心和能力，他们会因此而放松警惕，我们才能有用兵取胜的机会。

时间稍长，淮西叛军综合各方面情报，果然判定李愬是个没有能力的书生型将领，对他的提防之心渐渐丧失。淮西叛军的侦察头目丁士良，就是在大意中不慎落入唐军埋伏，被活捉回营。丁士良是淮西叛军一线部队中的勇将，曾在战场上杀死过不少唐军，大家要求杀掉他祭奠亡灵，李愬答应了。然而在亲自讯问丁士良的过程中，丁士良的威武不屈、视死如归，打动了李愬，他亲手为丁士良解去绑绳，说：真是个大丈夫。

丁士良非常感动，甘愿投降，并主动提出要立功赎罪：淮西军前线部队吴秀琳手下仅数千人马，之所以可以对抗政府军而不落下风，靠的是陈光洽的计谋，我可以拿下陈光洽，吴秀琳必会投降。

李愬给予了丁士良充分的信任，他放手让丁士良去设计出战，果然将陈光洽捉到，吴秀琳果然也随后投降。

吴秀琳投降之时，自缚于营寨外，如果疑心稍重一点，说他是诈降，引诱政府军将领出面一鼓成擒，也合乎兵法。李愬没有这样的疑心，或者说他觉得有必要冒这风险，因而单人独骑上前，亲手为吴秀琳解去绑绳，吴秀琳大为感动，死心塌地为李愬卖力。

吴秀琳向李愬提出：以我的能力，虽然愿意为国家战死，却也破不了吴元济，要扫平淮西割据势力，必须要收降李祐。

李祐是淮西叛军中著名的勇将，他镇守兴桥栅，在与大唐政府军的作战中，屡屡获胜，杀了不少唐军。李愬设计，安排部将史用诚假装去焚烧李祐部队的口粮农田。李祐一向瞧不起唐军，只简单带了几个人就来驱赶唐军，预先埋伏好的唐军一拥而上，将他活捉回营。

李愬非常器重李祐，释放他后，对其推心置腹，无话不谈；李祐也感恩戴德，发誓要好好回报李愬的不杀和信任之恩。李愬每每与李祐谈论军情、人生，至于深更半夜。可能在此时，两个人就定下了突袭吴元济老巢蔡州（河南汝南）之策。李愬随即在军中选拔三千人为敢死队，李愬亲自当教官教习，准备突袭蔡州。

为了保证袭击蔡州的突然性，李愬和李祐的商谈是秘密进行的，计划也不公开。而李祐此前对唐军多有杀伤，唐军将士对李祐恨得咬牙切齿，纷纷打报告，要求杀掉李祐报仇。恰好在此时，老天连降三个月大雨，沟满壕平，李愬、李祐确定的突袭蔡州之计无法实施。部队里的上访声音越来越大，最后杜撰出假消息，说是捕获了淮西叛军间谍，间谍供出，李祐投降只是个计谋，是要一举歼灭大唐政府军。

当这股情绪漫延至全营鼎沸，将士情绪几近失控时，李愬仅靠权力已无法压制，他又考虑到如果这种谣言万一先期传入京师，进入皇帝耳朵，再想解释难度就空前大了。李愬不愧一代名将，当机立断，先发制人，他当众将李祐戴上枷锁，宣布将李祐送往京师，如何处理，由皇帝定夺。在送李祐归京之前，李愬派出亲信之人，快马加鞭，先期入京，将自己所写的军情报告递交皇帝，上面明确指出：平定淮西，非李祐不行，如果杀了李祐，平叛行动难以成功。

皇帝是个聪明人，他理解了李愬这么做的用心。李祐进京后，不但未获罪，皇帝还把他慰劳一番，下圣旨将他送还李愬军中，由李愬安排使用。

现在是由皇帝亲自出面撑腰，李愬的腰杆一下子壮了，他任命李祐为散兵马使，让他佩刀巡逻警卫，可以随时出入主帅营帐。军中将士现在没人敢再表达不同意见了，李愬随后提拔李祐为六院兵马使。

自己的正确决策不能被部下理解，无奈之下只好搬出皇帝，皇帝也心领神会，上演双簧，以此来堵将士们的口，李愬这么做，效果是平灭了淮西割据；三国时期的司马懿也这么做过，司马懿的双簧效果，是拖死了诸葛亮。

公元817年十月初十，李愬率军出营，中国战争史上灿烂神奇的一笔——李愬雪夜入蔡州，就此迈出第一步。

按正常气候推算，在河南南部，刚入农历十月的时候，正是秋冬季节交替，虽然会有寒流，尚不至于天寒地冻到三九天的程度，虽然时间在一千多年前，气温可能比现在略低一些，也不至于与当代有一两度之上的差距。

但也许是上天要保佑李愬的成功，也许是上天要为李愬的成功增加传奇色彩，在那一年的那一天，李愬出营，前往蔡州的路上，雪飞风翻、天寒地冻，史书上记载："是日，阴晦雨雪，大风裂旗旆，马慄而不能跃，士卒苦寒，抱戈僵仆者道路相望。"

初出营门之时，将士们询问此行目的，李愬回答：向东六十里，去袭击淮西军的张柴砦。大军急行六十里，进入淮西叛军控制地区，守卫张柴砦的淮西军在大风雪中，丧失了警惕性，被唐军顺利攻取。李愬让战士们略事休息，吃了些饭，修缮了兵器甲胄，这才下令：继续出发，直捣吴元济蔡州老巢。

听了李愬的军令，所有将士无不失色，又惊又怕，担任监军职务的太监吓得直接哭出声来，说果然掉到李祐的奸计中了。

一向处事温和的李愬此时铁起脸色，严肃军令，立即进发。将士们自认为此行必死，但已走到这里了，违抗军令也是死，晚死一会儿也好。只得起身进军。

李祐率三千敢死队为先锋，李愬率三千人为中军，另有三千人殿后。重新出发之时，李愬拨出五百人，阻断洄曲路桥，以防淮西部队回援。是夜，淮西部队没有回兵救援蔡州，这五百人中却有一百多人活活冻死——是这些死在了无功可立却又必须坚守的岗位上的士兵，垫高了名将的成功！

自张柴砦继续进军，已深入淮西割据区域的腹地，三十年来，大唐政府军从未到达过这片区域，山川河流桥梁险径，在大风雪中，尤其险峻无比，艰难行军中，唐军将士默算着走向死亡的距离。

接近蔡州城时，已是夜半时分，雪越下越大，城外有鹅鸭池，李愬让战士们把鹅鸭赶起来，鹅鸭的叫声，掩盖了行军的声音。

其实就算鹅鸭不叫，也没人注意大唐政府军居然已兵临城下，蔡州城三十年没受过攻击了，守城士兵早已忘记了提高警惕这件事，风雪之夜里，都找避风的地方睡觉去了。

李祐率领战士，手执铁锄，在城墙上开凿脚窝，边开边往上爬，一直爬上城头，城中也没有一个守卫士兵惊醒，在睡梦中，都成了唐军的刀下鬼。

自以为必死的唐军将士，此时才发现，成功有多么容易。他们砍死守卫，只留下守更人继续打梆子，打开城门，唐军大队进城，而城中没出现任何惊扰。或许会有几声狗叫，散落在大风雪中，一切无比和谐。

天亮之时，雪停了，唐军已占领蔡州全城。李愬来到吴元济外宅，吴元济从梦中醒来时，有人到他卧室外报告：蔡州城已被唐军占领了。吴元济不信，说：你看到的战士，是我们在洄曲驻防的子弟兵回来领冬季军衣。

等了一会，吴元济听到李愬在外宅号令军士，这才恐慌起来，急忙率同住在内宅的亲随、保镖登上宅墙抗击，唐军将领田进诚弄来一堆柴草，点火焚烧内宅大门。吴元济看大势已去，要求投降。李愬把他关到囚车里，送往京师。随后，驻防在淮西各处的叛军纷纷投降。割据三十年之久的淮西大地，终于又回归大唐中央政府的管辖。

王彦章

大唐自安史之乱开始形成的藩镇割据，虽然屡次受到中央政府的削弱打击，但总的来看，是割据势力越来越多，独立性越来越强，大唐中央政府越来越被架空。到唐代末期，黄巢起义军使大唐政权受到空前打击,只剩一副空壳子了,只等一阵风来,这副空壳将颓然倒地。

这一股旋风,由朱温刮起。

朱温是一个彻头彻尾的无产阶级。他幼年时,便因家贫到地主家打工,受尽欺凌,对吃人的旧社会有着切身体会,对剥削阶级充满了刻骨仇恨,天然地具备革命热情。黄巢造反后,朱温主动投军,从此走上了推翻旧秩序,建立新生活的革命道路。

王彦章是在朱温革命尚未成功的征途中,进入朱温阵营的。

王彦章是郓州寿张县(现在的山东阳谷)人,朱温的部队在那里招兵,王彦章应招入伍,同时入伍的有几百人,王彦章当众向招兵的主将提出他要做这几百个新兵的头领。大家听了都很生气,你王彦章是个什么东西,刚刚洗去两脚泥巴,穿上军装,就想爬到我们头上,太不自量力了吧。王彦章听着大家的叫喊,当着召兵的主将,指着喊叫的新兵们说:"我天生雄壮之气,自度不是你们可以比得上的,才主动要求当你们的首领,带着你们杀敌立功,你们不但不领情,还吱哇乱叫,是一定要分个输赢才心服吗?勇士分胜负,一定要生死相决,现在不是对敌作战,拼出生死不合适,我就跟你们打赌,看谁能赤着脚,从铺满棘针的地上来回走几遭。"

大家都以为王彦章只是开玩笑,没想到他来真的,找些长满棘针的荆棵铺在地上,赤脚来回走了几趟,一点事都没有。所有看客,无不失色,没人敢去比拼,于是王彦章就成了新兵营长。此事随后被朱温听说,朱温认为王彦章是可用之才,破格提拔重用了他。

王彦章出身农户,读书不多,但中国古代的民间教育,大都重视忠义二字。王彦章就特别以忠义自许,朱温提拔重用了他,他对朱温的赏识感激涕零,对其忠心耿耿,王彦章时常挂在嘴上八个字:"豹死留皮,人死留名。"他也看出朱温政权的问题,大约也能猜到朱温政权不会天长地久,但他要做一个忠臣,为赏识他的人尽忠,这是他一直以来对自己的要求。

王彦章的武功,也许没有《水浒》中宋江说的那么厉害,但他绝对是一员足够勇猛的战将,他跟随朱温南征北战,"所至有功,常持铁枪,冲坚陷阵",在战场上确立了勇将声望。

某次，朱温所建立梁国的最大敌人晋军领袖、也是一员勇将的李存勖，领兵进击梁国的军营潘张寨。由于隔着黄河，王彦章率领的援军一时没法渡河救援，王彦章手提铁枪，上了黄河中当时可能唯一的一条小船，喝令船夫立即渡河，同为梁军将领的贺瑰拦不住他，王彦章一人一枪来到对岸。李存勖听到王彦章来了，领兵撤退。李存勖对王彦章的评价是："此人可畏，当避其锋。"

能让最大的敌人给出这样的评价，做出这样的选择，王彦章不愧勇将。

王彦章是一位名符其实的勇将，但称其为名将，还是有些勉强，因为他的战功、升迁，大多是从"临阵对敌，奋不顾身"而来的，他本人并没有主持影响到历史进程或至少影响到当时国内形势的重大战役。相反，在重要战事中，他吃了不少败仗。

朱温建立的大梁帝国，经过一番自相残杀，延续到末帝朱友贞时代，已经奄奄一息了。为了苟延残喘，多挣扎一段时间，朱友贞决定，趁割据一方、不听中央号令、却极能打仗的魏博节度史杨师厚去世，将魏博镇（辖区大致在渤海湾至黄河以北）一分为二，以消除其对中央的威胁，也等于增强了中央的实力。又怕事实独立已久的魏博将士不听朝廷号令，就安排王彦章率五百精兵，进驻魏博镇首府魏州城（现在的河北大名）附近的金波亭。结果是魏博军队真的兵变，王彦章镇压不住，仓惶南逃。而当时由王彦章担任刺史的澶州，也被配合魏博兵变而来的晋王军队攻占，王彦章全家被俘。

好在晋王李存勖很欣赏王彦章，抓到王彦章的家人，舍不得杀，好生优待，派人去向王彦章报平安，劝王彦章投降晋国。对朱氏梁国忠心耿耿的王彦章斩掉来使。几年后，没指望了的李存勖杀掉王彦章全家。

通过种种不正当手段搞垮大唐，自己取而代之的大梁政权，终于走到穷途末路，公元923年五月三日，晋王李存勖在魏州称帝，国号唐，史称后唐。同月，王彦章被梁末帝任命为北面行营招讨使，率军去夺取被后唐军队占领的杨刘城（现在的山东东阿北），王彦章立即率军赶赴滑台（现在的河南滑县），自杨村砦渡口乘船，顺黄河东下，直扑杨刘城。北岸的后唐军队也编扎木筏，顺河东下，去增援杨刘城。两国军队各占黄河一边，顺水行舟，每到拐弯处及河道狭窄处，就要激战一番，到达杨刘城时，两军在黄河中已激战百余场。上岸之后，王彦章率军急攻杨刘城，几度差点拿下。后唐皇帝李存勖亲自率军救援，最终王彦章功亏一篑，无功而返。

杨刘城一战，已是大梁帝国的最后一次主动作战了，此后，后唐大军压境，王彦章率残余部队殊死抵抗。终究一个人的勇猛，无法挽救一个国家的衰亡，当年十月四日，在抵抗作战中，勇猛的王彦章被原为梁将、后归唐军的夏鲁奇刺伤，落马被擒。

李存勖实在是喜欢王彦章，他亲自为王彦章包扎伤口，劝说王彦章弃暗投明，归降后唐。王彦章回答："我作为一个普通百姓，有幸被大梁皇帝欣赏，任命为封疆重臣，与您对抗足有十五年之久，今日兵败力穷，成为俘虏，有死而已，就算蒙您开恩，苟活下来，还有何面目见人？为大臣为大将，怎么能够早晨还侍奉大梁皇帝，晚上就去侍奉唐皇帝您呢？请赐我一死！"

乱世之中，活命艰难，早晨侍奉这个头领，晚上就换了主人，并不出奇，乃是常态，并不如何丢脸。能够像王彦章这样，以忠义自许，最后也死于忠义，才是真正的罕见。大梁并不比大唐高明，跟哪个皇帝都不重要，重要的是王彦章遵循了自己的内心期许，他为自己的信念而死。

欧阳修写过一篇《王太师画像记碑》，对王彦章的忠义做出高度评价，最后一段是："公尤善用枪，当时号王铁枪。公死已百年，至今俗犹以名其寺，童儿牧竖皆知王铁枪之为良将也。一枪之勇，同时岂无？而公独不朽者，岂其忠义之节使然欤？"

在野史演义和民间传说中，残唐五代时期的战将，也有个武功排名，铁枪王彦章排名第二。排名第一的是李存孝。与隋唐英雄的传说一样，排名第一与排名第二的差距非常大，隋唐第二条好汉宇文成都在李元霸锤前走不了几个回合，勇猛绝伦的王彦章，在李存孝面前，也走不了几个回合。

民间演义中，还有一个时代的英雄被广泛做过排名，就是三国。这个排名榜上的武将差距没那么大，排名第一的吕布要战胜排在他后头的第二、三、四、五、六中的任何一位，都不大容易，仔细计较起来，好像都要有百多回合可打。就这一点看，吕布还是人间勇将，另两位则迹近妖怪了。曾看到有人提出，让这三位乱世"第一"勇将捉对厮杀，哪个更厉害？结果一定是吕布最不行，另两个则很难判断。

不过，李元霸在真实的人间只活了十多年就死了，史书上没留下一丝一毫他武功高强的记载。李存孝则在最正统的史书上，留下了如下记载："便骑射，骁勇冠绝，常将骑为先锋，未尝挫败，从武皇救陈许，逐黄寇，及遇难上源，每战无不克捷。"民间演义中，有李存孝仅带十余骑，就进入被黄巢占据的长安，一举击溃黄巢十余万大军，将黄巢逐出长安的神奇传说。真实历史固然不是这样，但在真实的历史上，李存孝与黄巢起义军作战（逐黄寇），从未打过败仗。民间演义只是在此基础上大肆夸张了一下而已。

说起古代将帅的勇猛，民间有一句俗语：王不过霸，将不过李。李就是李存孝。在民间，他是与楚霸王平起平坐的第一勇将。

李存孝原名安敬思，据说是个孤儿，晋王李克用发现了他，将他收为义子。在李克用的义子群里，他排名第十三，是武功最高的一个，号称"十三太保"。

按正史的说法，李克用应该是在俘虏堆里发现了李存孝，但在民间，李存孝与李克用相遇时，正好赤手空拳打死了一只老虎，又隔着山涧像扔一只死鸡一样将老虎扔给李克用。时至今日，甘肃省平凉市白水镇还有个地名叫打虎沟，当地的村子就叫打虎村，这个地名的由来，便缘于李存孝打虎故事。

与王彦章一样，李存孝是一员十足十的勇将，但说是名将也有些勉强。他一生作战，没打过败仗，却也从没有对中国历史有影响的胜仗可言。

公元890年，朱温派军队攻击李克用驻守在泽州的李罕之，李存孝率军前往救援。此时的形势是：大唐名义上还没亡国，皇帝在朱温控制之下，朱温的行动都是以大唐政府的名义发动，其他割据势力并不服气，战火因此在中国大地上遍地燃烧。晋王李克用是朱温的主要敌人，两大势力相互间的攻防战，自朱温挟持大唐皇帝开始，直至朱梁皇朝灭亡，进行了三十多年。

泽州城下，朱温的部队是围攻一方，占据战场主动，在城下做战场宣传，鼓动李罕之投降，喊话说：你不要指望李克用来救你了，那些沙陀人（李克用是沙陀人）连躲藏的巢穴都找不到，你只有投降才是唯一的生路。

李存孝听到这段话，率五百骑兵来到朱温部队的大营外，绕着圈子挑战，说：我就是找不到巢穴的沙陀人，现在等着你们的肉来犒赏军队，你们找个胖些的出来跟我决斗。

梁军中有一个叫邓季筠的勇将，对李存孝的嚣张很不服气，跃马挺枪，率军出战。李存孝舞动铁矟，拍马应战，一回合间，就将邓季筠活捉过来，梁军大败，李存孝部众仅战利品就获得战马千匹。当夜，梁军主将李谠收军逃跑，李存孝衔尾紧追，直至马牢山，共击杀、俘虏梁军达万余人。然后回军进攻潞州。

此前，朱温以大唐政府的名义，任命京兆尹孙揆为昭义节度使，前往潞州上任，被李存孝打了个伏击战。孙揆认为自己是堂堂正正的中央官员，怎么可以投靠地方军阀呢！绝不屈服，骂不绝口，李克用将他锯为两段。

以李存孝的战斗力，急攻潞州，潞州守将葛从周根本不是对手，抵抗了一段时间后，弃城逃跑。

李存孝自认为拿下潞州，自己位居首功，主持潞州工作的昭义留后职务非他莫属，没想到李克用却任命另一个干儿子康君立为昭义留后。李存孝又愤怒又郁闷，连续多日，随意斩杀下属，发泄心中不满，同时绝食，以饥饿来排遣心中的郁积。

愤怒归愤怒，干爹李克用的指挥还是要听。李克用让李存孝率军参与围击大唐政府军张濬的部队，唐军镇国节度使韩建派出三百名精锐士兵，夜袭李存孝军营，被李存孝全部杀光，一个没剩。李存孝随即引军进攻，唐军全面溃退，担任主帅的大唐宰相张濬要靠拆除民房扎成木筏，才及时逃过黄河保住性命，大军基本上报销了。这还是李存孝顾忌杀害大唐宰相（虽然只是名义上的）影响太坏，有意放他跑的。

公元892年，李克用让他的两个干儿子李存孝、李存信相互配合，共同征讨另一个割据势力赵王王镕。这两个干儿子相互不服，矛盾很深，相互忌惮、相互猜疑、相互观望，谁都不肯先去当出头鸟，李克用只好另外派人执行任务。班师后，李存信先回到李克用身边，告状说李存孝"无心击贼"，只怕与敌人有勾结。李存孝听说后，认为李克用有功不赏，反信谗言，郁郁不平，于是与赵王王镕联系结盟，又直接向朱温控制的大唐皇帝上书，表达自己对中央政府的归诚之意。

此事后来被李克用知道。被干儿子背叛，是一种什么感觉？李克用暴怒之下，亲自率军去征讨李存孝。王镕先是出兵救援李存孝，被李克用击败后心中恐惧，遣使求和，承诺派兵三万，助讨李存孝，李克用同意了。

没有永远的盟友，只有永远的利益。此时的李存孝，必会体味到这句话的深刻。

李存信也率军参与围攻困守邢州（现在的河北邢台）的李存孝。李存孝率军，夜袭李存信军营，俘获奉诚军使孙考老，李存信部队大乱。李克用亲赴前线，决策在邢州城外，环城挖沟，计划困死李存孝。李存孝带兵连续出城冲杀，以致晋军没机会挖沟。有个叫袁奉韬的小将，秘密派人给李存孝传信：晋王李克用只等壕沟挖好，就回太原，沟挖不好，他就不会走，将军您畏惧的，仅仅是晋王一人，晋王一旦走了，就算是有条黄河阻隔，对您来说，横渡不难，何况只是咫尺之宽的壕沟。李存孝认为他说的很有道理，不再出兵，任由李克用将壕沟挖好。

壕沟挖好后，李存孝才发现，自己一个人的勇猛，在自然地理的限制下根本无从发挥，只是隔着这窄窄的壕沟，一身武功，便无施展余地。

很快，邢州城中的粮食吃完了。

李存孝登上城楼，向李克用投降，痛哭着诉说自己被李存信诬陷，才落到今天的地步。李克用接受了他的投降，将他押回太原，处以五马分尸之刑。

民间演义中说，五马分尸之时，李存孝稍一挣扎，五匹健马全部倒地，根本杀不死李存孝，最后还是李存孝指教杀他的人：你们把我的手筋脚筋挑断，再把我的腿骨腕骨砸碎，这样才可以将我撕裂。

李克用其实并不想杀李存孝，下达死刑命令时，李克用盼着帐下将领能够有人出头为李存孝求情，没想到李存孝的勇猛善战，激发起了所有将领的嫉妒心,居然没有一个人出头。车裂李存孝后,很长一段时间,李克用不上班办公。在他的心里,对帐下诸将遗憾愤怒,久久不能释怀。

《旧五代史》中,对李存孝的勇猛,有这样一段形象描述:"存孝每临大敌,被重铠橐弓坐槊,仆人以二骑从,阵中易骑,轻捷如飞,独舞铁挝,挺身陷阵,万人辟易!"

曹 彬

曹彬是真定灵寿人,出身将门,父亲曹芸,曾担任成德军节度都知兵马使。在曹彬一周岁的时候,父母将各种玩具放在席子上,让曹彬随手抓。

这个小游戏叫抓周,据说小孩子抓了什么,他日后的发展方向就显示出来了。著名的"百科全书"《红楼梦》中如此介绍贾宝玉的抓周:"那年周岁时,政老爹便要试他将来的志向,便将那世上所有之物摆了无数,与他抓取,谁知他一概不取,伸手只把些脂粉钗环抓来,政老爹便大怒,说'将来酒色之徒也'。"

曹彬的抓周则堂堂皇皇,前途无量:"左手持干戈,右手取俎豆",抓了两件还不满足,又伸手抓了一颗官印。然后再也不抓别的东西了。

长大后,器宇非常的曹彬参军,当了成德军中的一员牙将,这是个相当重要的军职,所率领的往往是该军中最精锐的部队。当时的成德军将领武行德非常欣赏他,常常指着他告诉周围人:曹彬日后必成大器,不是普通人。

周太祖郭威的贵妃张氏,是曹彬的姨母,郭威以后汉功臣的身份,反戈一击,取代后汉,建立后周帝国。他急需亲近人才的支持,将曹彬调入京师,后来提拔他成为河中都监。因为曹彬是皇帝的亲戚,王仁镐特别尊重他,曹彬则一点儿皇亲国戚的架子也没有,王仁镐对他的尊重,换来的是曹彬更加恭谨、遵纪守法,凡参与公府宴会,从来都是目不斜视,端正严谨。王仁镐向左右亲近感叹:老夫自认为已经够勤劳不懈的了,看到曹监军的严肃慎重,才感觉到自己还是够散漫的。

周世宗柴荣显德五年（公元958年），曹彬奉命出使吴越，完成任务后立即返回，凡是在吴越时别人赠送的礼品，一件不带。吴越国领导发现后，立即派快船，迅速追上曹彬的官船，将礼物加倍送给他，曹彬坚辞不受。连续推让了四次后，曹彬觉得，如果再推让下去，那就是图虚名了，于是表示接受。吴越国的送礼使者长出了一口气，驾船回去。这位使者可能并不知道，回国后，曹彬将所有的礼品如数上交，周世宗不要他的，认为他有这个觉悟比交什么礼物都好。曹彬感谢皇帝赏赐，回过头来，把礼品送给部下，自己一文钱也不留。

此后，周世宗任命他为晋州兵马都监。一天，曹彬与包括晋州军事长官在内的同僚们一起去野外活动，大家环坐在一起，刚好相邻部队的将领有信送交曹彬。信使不认识曹彬，偷偷问：哪个是曹监军？被问的人指给他看，信使不相信，以为别人在跟他开玩笑，笑着说：哪有皇亲国戚还穿粗布衣服，坐没有装饰品椅子的道理？

周世宗柴荣临死前，提拔赵匡胤为殿前都检点，成为后周军权最重的人。柴荣死后，社会上纷纷议论，认为赵匡胤有篡位之心。作为后周的皇亲，曹彬在此时表现的极其中立，既不巴结赵匡胤，也不出谋划策拿下赵匡胤，维持后周江山。

曹彬的做法，是当时形势下很明智的选择，也赢得了赵匡胤的尊重。陈桥兵变，赵匡胤黄袍加身，建立大宋帝国后，将曹彬召回京都。赵匡胤当面问他：我以前很想跟你亲近，你为何要疏远我？曹彬回答：我作为大周皇帝的内亲，又担任中央政府职务（赵匡胤篡位前，曹彬的职务是引进使，职责是掌管臣下及外国进奉礼物诸事），小心奉职，犹恐有过，哪里敢与大臣们随便交结？

赵匡胤跟曹彬把话挑明了，将曹彬可能的心结解开了，然后放手使用曹彬，也直到此时，一周岁时就手抓干戈的曹彬，才有机会亲自率军，战场作战。

曹彬在战场上显示出过人的军事能力，他参与指挥的与北汉、契丹（辽）的几次作战，都取得了胜利。

公元964年，曹彬以归州行营都监身份参与伐蜀，战斗进行得非常顺利，很快拿下割据四川的后蜀政权。进军过程中，参与作战的诸将都有屠城的欲望，曹彬坚决反对，一再强调军纪。荡平后蜀全境后，主要将领王全斌等人再也控制不住，昼夜宴饮狂欢，根本顾不上管理部队，部下将士纷纷出动，抢掠百姓财物，蜀地百姓叫苦连天。曹彬管不了，就一再提出班师要求，王全斌等将领没过完瘾，不同意。等到最后班师之时，将领们大都盆满钵满，钱包鼓鼓，还抢了不少美女，只有曹彬的行囊中，除了衣服被子等日常用具，唯有图书而已。

回到首都开封，在中国历史上称得上一代明君的赵匡胤，早已通过各种渠道掌握了军中情况，当即将王全斌等贪污腐败、纵兵行凶的将领拿下，交给有关部门审理，对曹彬以"清介廉谨"，加封为宣徽南院使、义成军节度使。曹彬求见皇帝，推辞任命，赵匡胤不同意，认为奖功罚罪，才是国之常典。

此后，曹彬以监军身份，再次参与对北汉的征伐，屡立战功。

公元974年，赵匡胤决策，平定南唐，曹彬这次终于得以主帅身份，主持南征作战。

宋兵自长江中游的荆南乘船，顺流而下，连破峡口砦、池州、当涂、芜湖，驻军采石矶。是年底，在长江架起浮桥，北宋大军南渡，与南唐军队决战白鹭洲，大破之，进克润州，兵围金陵。

以写词名垂千古的南唐皇帝李煜，文人情怀，异想天开，给赵匡胤写信，要求暂缓攻击，赵匡胤连看都不看。宋兵围困如故，金陵城已是弹尽援绝。

南唐部队的战斗力并不强，如果北宋围城部队强攻，取胜把握很大，但付出的牺牲肯定也很大。曹彬不想无谓地牺牲人，对金陵城一直不做攻坚战，屡屡放缓围攻节奏，希望李煜能主动投降。公元795年十一月，南唐发动了最后一次反击，夜袭宋营，被早有提防的宋军杀败。曹彬也最后下定了总攻的决心。下达总攻令之前，曹彬还是派人去劝李煜：现在的形势已经很明朗了，继续顽抗不会有任何好结果，只可惜一城生命要为你殉葬，若能识时务缴械投降，是最好的出路。

李煜拒不投降。曹彬下令攻城。

眼看金陵城覆灭在即，曹彬突然病倒了，病得不轻，连正常工作都不能干。正是胜负关键时刻，主帅这一病倒，非同小可，将领们齐拥到曹彬的帅帐看望，曹彬当众提出要求：我这病不是吃药打针能好的，只需各位将领诚心立誓，攻下金陵城后，"不妄杀一人"，我的病马上会好。

所有的将领都表示同意。曹彬仍然不放心，点上香烛，与众将领对天立誓。

第二天，曹彬的病好了。

第三天，攻克金陵城。

北宋大军纪律严明，全城百姓安然无恙。

在这个善打"全民战争"的国度里，还能有曹彬这样闪耀着人道主义光辉的名将存在，这是中国军人的骄傲。

能够信任并放手使用曹彬，也是中国皇帝堆中罕见的还具备人道主义光彩的赵匡胤的骄傲。

金陵陷落之时，李煜亲率文武百官，到曹彬的军营前投降。曹彬温言安慰，以嘉宾之礼相待，又主动提出让李煜回宫收拾行装，随他北归开封。李煜回宫中去了，曹彬彬彬有礼地带着几位战士在宫门外等候，有人悄悄提醒曹彬："李煜回到宫中，万一想不开自杀了，怎么办？"曹彬笑着说："李煜是个窝囊废皇帝，一向怯懦无能，没有主见，现在既然已经投降了，哪里还会有自杀的勇气？"

正因为曹彬的仁义大度，李煜及其文武百官以及宫中嫔妃侍从，才赖以保全。李煜也才有机会继续写词，为后人留下一笔宝贵的精神财富。

最初，安排曹彬担任南征军元帅时，宋太祖赵匡胤当面许诺：拿下南唐后，提拔你当宰相。现在平定南唐了，副元帅潘美预先向曹彬表示祝贺，曹彬说："那是不可能的事，这次南征取胜，全仗皇帝神机妙算，我只是遵命行事，才取得胜利，何功之有？何况宰相的地位太重要了，怎会轻易给我。"

潘美不相信皇帝会说话不算数，反问：你为什么认为不可能？曹彬说出了他的关键判断：因为北汉还没平灭。

及至回师开封，曹彬向皇帝汇报战况，赵匡胤说：本来准备要安排你当宰相，然而北汉刘继元还没平定，先缓一缓吧！

元帅汇报工作，副元帅也在一边站着。听了赵匡胤的话，潘美斜眼看了看曹彬，捂着嘴偷笑，被赵匡胤发现，追问潘美什么事好笑，潘美不敢隐瞒，于是把此前与曹彬的对话供出来。赵匡胤大笑，赐给曹彬二十万钱。曹彬退出来后，满意地说：人这一辈子何必一定要当宰相，当多大的官也无非是为了多得些钱而已。

不久后，赵匡胤任命曹彬为国家军事最高长官枢密使。宋太宗赵光义接班后，还是任命曹彬做了宰相（同平章事），此时后汉仍未被平灭。宋太宗跟他商量，问他此前周世宗和宋太祖都曾亲征北汉，以二位皇帝的雄才大略，为什么不能灭掉那个区区北汉？曹彬经过分析，指出当时未获成功的客观原因。宋太宗问："现在我准备亲征太原，你认为可以吗？"曹彬肯定地说："以国家兵甲精锐，剪太原之孤垒，如摧枯拉朽尔，何为而不可！"

有了曹彬的判断，宋太宗下了出征北汉的决心，并且果真是摧枯拉朽，将北汉并入大宋版图。

北汉系由刘崇建立，据有河东十二州，在五代十国中，是一个很弱小的国家，盛唐时期，河东十二州有二十七万九千一百余户。北汉亡国时，仅余三万余户。因为国力薄弱，北汉就找了军事力量强大的辽国这棵大树依靠，刘崇称辽国皇帝为叔皇帝，自称侄皇帝，北周和北宋先后攻击北汉，未获全胜。曹彬虽然指出天时地利等客观原因，其实最主要的原因还是因为辽国铁骑的援救。宋太宗一举灭掉北汉，也是在先击溃辽国援军后才完成的。

在此之前，著名汉奸石敬瑭为获得辽国（契丹）支持，将位于今天的北京、天津以及山西、河北北部的十六个州划归辽国，当上了辽国皇帝的儿子，这才在辽国人的扶持下建立了后晋，当上了皇帝。

石敬瑭的皇帝当的时间不长，后晋存在的时间也不长，燕云十六州却归于辽国版图，再也要不回来了。雄图大略的周世宗和宋太祖，先后打过武力夺回燕云十六州的主意，都没能成功，宋太宗击溃辽国援军、拿下北汉后，信心暴涨，觉得拿下燕云十六州也不见得有多困难，当即拍板决定：北伐辽国，夺回燕云十六州。

宋太宗雍熙三年（公元986年），宋太宗兵分三路，誓师北伐，曹彬被任命为幽州行营前军马步水陆都部署，率宋军主力，出雄州，进击涿州。另两路由田重及潘美率领，三路并进。初期进展顺利，连续取得了一些胜利,凯歌高奏,形势大好,曹彬忽略了最初的战略布署:"持重缓行,不得贪利。"而是乘胜攻击,迅速前进,很快就攻克固安,拿下涿州。史书上说,每每读到战况简报,皇帝赵光义都吃惊于曹彬的进军速度,这应该有对曹彬居然不按战略部署进军的惊讶,同时也该有对战况出奇顺利的惊讶,如果仅仅惊讶于曹彬脱离总体战略部署,赵光义可以随时下令中止曹彬的急进,赵光义内心深处,应该也渴望着速战速决,快捷取胜。

占据涿州仅十多天,后勤供给出现问题,军粮吃完了,曹彬率众后撤,等待粮饷。赵光义看到情况简报后,非常生气:哪里有大敌当前,我们反而撤军等待粮草的道理?严令不可再退,沿白沟河前往新城,与米信所部会合,养精蓄锐,等另两路北征军会合后,再以合击之势,攻取幽州。

其时,潘美、田重两路军队,进展仍很顺利,若按既定战略部署办,此次北征的结果,可能会好一些。曹彬部将听到另两路连续奏凯,而自己一路作为主力部队,现在粮草问题也已在与米信合兵后得到了解决,反而无所作为,纷纷找到曹彬,表达了强烈的求战欲望。

曹彬是名将,是难得的仁将,在大众高涨的求战热情前,他再一次不顾战略大局,孤军冒进,再攻涿州。此时的涿州,辽国大将耶律休哥已做好充分的准备,辽国历史上卓越的女政治家萧太后也亲自率军,赶来增援,与耶律休哥一起对宋军形成钳击之势。曹彬见势不好,引军南撤,五月初三日,辽军于岐沟关(现在的河北涿州西南)击溃宋军。

北征主力军溃败,辽国军队全线反攻,北宋部队三军皆败。

大宋皇帝对待大臣,是中国历史上最好的,曹彬违令致败,结果只是降职使用。到宋真宗继位后,再次把他提拔起来当宰相、枢密使。

上面所记,均出自正史,看起来好像宋朝的皇帝很英明,反而是在前线带兵的大将曹彬急于求成,把事给办砸了。但大宋朝有一个非常荒唐的军事规则:前线作战,要听远在京城的皇帝的遥控指挥。战场形势瞬息万变,靠快马传递的皇帝命令事事晚三秋,这样的作战,有取胜的可能吗?

皇帝不追究,官员里却有不服气的人,进士出身的赵昌言就写报告,认为不能处理太轻了，应该按照军法严惩。后来等到曹彬再掌枢密院之时，赵昌言被人举报，想见皇帝申诉，见不上，还是曹彬主动找到皇帝，为他求情，皇帝这才给了赵昌言申诉的机会。

赵昌言是北宋名相王旦的岳父，史书上对他的评价是刚愎倨傲。曹彬不跟他计较，显示出曹彬的仁义大度。也不只是对赵昌言，曹彬一生在朝廷上，从未说过他人坏话；官至将相，真正是皇帝之下，一人而已，却从不因为职务的高高在上就觉得威仪高人一等，在路上遇到其他官员，无论对方官职高低，曹彬总是首先闪到路边避让；无论是与多么低级的官员谈话，他也要穿戴整齐，以表示对人的尊重；当官所得的俸禄，生活之外，全部捐献给宗族，家无余财；平定了后蜀和南唐两个国家，兜里没装一丝一毫的战利品。他在徐州任职时，一位官员犯了罪，已经结案了，要打板子，曹彬足足拖到一年后才执行判决，别人问他，他解释说："我听说此人刚刚娶了新媳妇，如果当时打板子，她的公婆姑子必定认为是她为丈夫带来了晦气霉运，必定会为难这位无辜的新媳妇，使她难以在家庭里立足。我将这判决晚执行一年，既保全了他的家庭和谐，仍不失国家法律的威严，岂不是两全其美。"

再三读曹彬传记，领悟到高阳书名《大将曹彬》的"大"字，究竟是个什么含义！

杨延昭

曹彬在岐沟关战败，不仅让自己的名将战史蒙上了阴影，还间接导致了另一位著名将领的死亡。

这位遭遇池鱼之灾的将领叫杨业，当时他在北伐三路大军的西路军中担任副元帅，元帅是潘美。

潘美也是大宋初期赫赫有名的将领，打过不少胜仗，曹彬任主帅征伐南唐，他是曹彬的副帅，建立了不少功勋。在《宋史》中，潘美的传记与曹彬合为一卷，可见在后世史官眼里，这两个人的功劳差不多。

作为北伐的三路大军中的一支，西路军在主帅潘美、副帅杨业的率领下，势如破竹，"连拔云、应、寰、朔四州"，进军至桑乾河畔。曹彬主力部队溃败，宋太宗见无法实现合围幽州的战略意图，急忙下令，让另两路部队撤退，西路军回代州布防。随后，再次下达命令，让西路军出代州，掩护云、应、寰、朔四州百姓迁移内地。

其时，辽军已占据寰州，杨业提出应该分兵应州，吸引辽军主力，趁机转移居民，再以强弩手千人，扼守住石竭谷口（现在的山西朔州南），可以确保几州居民安全撤离。监军王侁不认可杨业的稳妥做法，提出让杨业率众出雁门直攻朔州。杨业认为此行必败。王侁讽刺杨业："你一向号称杨无敌，现在面对敌人，却犹豫不前，难道是有什么想法吗？"杨业大怒，说："我哪里是怕死了，而是现在形势不利于我军，强要出战，只能多杀伤战士而无法取胜，你既然认为我不死就是对国家的不忠，那我就去送死好了。"

明知必败，还被迫出战，杨业心中的煎熬，可以想象。领兵出发之时，杨业流着眼泪对潘美说："这次出战必会失败，我原本是北汉的降将，当时就该死，蒙皇帝不杀，还信任有加，让我担任将帅之职，我并不是放任敌人，不敢出战，只时不想白白送死，还希望留下有用之身，为国效力，以报答皇家恩情。"说完这番话，杨业又指着陈家谷口对潘美说："请元帅安排部队在这里埋伏接应，等我转战到此时，伏兵齐起，夹击辽军，否则，我和出征的将士，将没有生还的希望。"

潘美果真采纳了杨业的建议，与王侁率军在陈家谷口埋伏，接应杨业。从凌晨等到中午，杨业仍未退回。王侁派人登高瞭望，回报说可能辽军被杨业杀得败走了。王侁争功心切，领兵离开谷口，潘美制止不住，也跟着走了一段路，听到消息说杨业败了，潘美、王侁二人不是立即退回陈家谷接应，而是立即领兵跑了。杨业力战一天，薄暮时分，终于转战至陈家谷口，却看到一个空空荡荡的所在，杨业痛哭失声，再率剩余的将士，做最后的死战。最终战士们全部战死，杨业身上数十处伤口，犹自玩命搏杀，杀死辽军"数十百人"，最后战马重伤，杨业成了辽军俘虏。他的儿子杨延玉也在这一战中牺牲。辽军说服杨业投降，杨业叹息说："皇帝对我恩深义重，期待我能为国效力，不想今天被奸臣逼迫，致使全军覆亡，我还有什么面目求活！"遂绝食三天后死！

宋太宗赵光义知道后，不胜痛惜，下发诏书，这封诏书写得极其壮丽，原文录于下："执干戈而卫社稷，闻鼓鼙而思将帅。尽力死敌，立节迈伦，不有追崇，曷彰义烈！故云州观察使杨业诚坚金石，气激风云。挺陇上之雄才，本山西之茂族。自委戎乘，式资战功，方提貔虎之师，以效边陲之用；而群帅败约，援兵不前。独以孤军，陷于沙漠；劲果飙厉，有死不回。求之古人，何以加此……"结果是将大将军潘美连降三级，监军王侁免职，发配金州。

也就是因为这一件事，大宋的功臣名将潘美，被牢牢定格在与杨业对立的奸臣耻辱柱上。至今，开封仍有潘湖与杨湖，潘湖浊而杨湖清，并且据说在山西代县、原平一代的民间，杨家与潘家从不结亲。

杨业是太原人，自幼"倜傥任侠"，精于骑马射箭，每每出猎，所获必倍于他人；弱冠之年，就跟随刘崇征杀于战场，以骁勇闻名，"屡立战功，所向克捷，国人号为'无敌'"，累官至建雄军节度使。

宋太宗征北汉时，因早已听说过杨无敌的大名，布置下属将领，尽量招降杨业，让他为宋效力。北汉首都太原城被围攻至将破之时，杨业劝北汉末代皇帝刘继元投降，以保全全城百姓。

刘继元投降，杨业也跟着投降，宋太宗召见杨业，非常欢喜，任命他为右领军卫大将军；回开封后，重新任命为郑州刺史。考虑到杨业曾长期在对辽边境线上驻军，有很丰富的边防经验，又调杨业任代州兼三交驻泊兵马都部署。在这个工作岗位上，杨业与辽军有过交手，取得大胜，从此后，辽军再有小股犯边，只要杨业军旗一到，马上逃跑。

杨业从小没读过书，战阵无敌是他的天赋，平素带兵，他能够与战士们同甘共苦，非常得战士之心。最后败退到陈家谷口之时，杨业已经下定战死的决心，当时身边还剩下一百多战士，杨业对他们说："汝等各有父母妻子，与我俱死无益也，可走还报天子。"大家一起流下热泪，却终究没人肯当逃兵，全部阵亡，无一生还。

杨业共有八个儿子，除第二个儿子史书上只记录了官名（殿直），未记名字，其他几个儿子的名字依次是：长子杨延昭，三子杨延浦，四子杨延训，五子杨延环，六子杨延贵，七子杨延彬，还有一个叫杨延玉的儿子与杨业一起战死在陈家谷口。

《杨家将》的故事之所以深入人心，与民间传说、戏剧演义、传奇小说的广泛传播是分不开的。在演义评书中，杨业共有七个儿子：大郎杨延平，二郎杨延定，三郎杨延辉，四郎杨延朗，五郎杨延德，六郎杨延昭，七郎杨延嗣。七位儿子中，以六郎杨延昭最为出彩，大多数杨家将故事都是围绕着他展开。在明代传奇小说《杨家将》中，六郎的名字叫杨延昭；在元代戏曲《昊天塔孟良盗骨》中，六郎的名字叫杨延景。当代影响最大的刘兰芳评书《杨家将》中，六郎的两个名字被合并成"姓杨，名景，字延昭"。

从《宋史》杨氏父子的传记来看，杨延昭是杨业儿子中的老大，但到了元曲中，杨延昭就成了排行第六，镇守边关。就在《宋史》杨延昭传中，也有辽人非常忌惮杨延昭，将之"目为杨六郎"的记载。这让杨延昭的排行，成了一笔糊涂账。

在《宋史》中，四郎叫杨延训，在传奇小说《杨家将》中，四郎的名字成了杨延朗。而在《宋史》杨延昭本传中，杨延昭本名杨延朗，后改为延昭。

杨延昭自幼沉默寡言，受父亲熏染，非常喜欢军事，做儿戏往往也要演习排兵布阵，杨业很喜欢他，常常说：这孩子像我。每每出征作战，都要将杨延昭带在身边。

赵光义任命杨业为西路军副帅，三路北伐时，杨延昭就在西路军中任先锋之职，进攻朔州城时，一只流箭射穿了杨延昭的胳膊，这不但未能摧毁杨延昭的斗志，相反激发了他的勇悍之气，轻伤不下火线，杀敌愈猛。

杨业陈家谷口一战，杨延昭可能另有任务，也可能臂伤未愈，未能参与作战，否则，陈家谷口宋军无一生还，杨延昭就没有以后的经历了。

杨延昭为父亲守满三年孝后，出任景州知州。

北宋自雍熙北伐失败后，就形成了以河（海河、拒马河、大清河）为界，与辽国南北对峙的局面，北宋将国家疆域划分为十五路（相当于现在的省），景州隶属高阳关路，正是与辽国对峙的前线地区。

宋真宗咸平二年（公元999年），辽军再一次大举南侵，当时杨延昭正在遂城（现在的河北徐水）防守，城小墙薄，后备不足，辽军攻击得很猛烈。杨延昭派人去向河北大将傅潜求救，傅将军畏惧辽军，找借口推脱了。遂州城孤立无援，军民人心惶惶。杨延昭不为所动，沉稳应对。

辽国此时正是萧太后掌权，这是一位卓越的政治女强人，她亲赴前线，在遂州城下，以国母身份，亲自擂鼓助战，辽军士气激昂，奋勇攻城，一时间矢飞如雨，战况空前。

杨延昭召集全城丁壮，全部上城，分派给大家战甲兵刃，共同御敌。其时正值隆冬，寒流袭来，杨延昭指挥人趁夜间将水泼上城墙，第二天辽军再来进攻，发现城墙结了滑溜溜的一层厚冰，宋军不用抵抗，辽军也已爬不上去。辽军一下子沮丧下来，撤围而去，杨延昭趁机开城出击，缴获了大量战利品。

战役结束后，杨延昭当面向宋真宗报告战况，宋真宗大喜，指着杨延昭向大臣们说："延昭父业为前朝名将，延昭治兵护塞，有父风，深可嘉也。"

公元1000年冬，辽军再次南侵。杨延昭提前在羊山之西埋下伏兵，他自己率军去向辽军挑战，且战且退，将辽军引入西山埋伏圈内，伏兵齐发，辽军大败，俘获辽军主将，将头砍下来，送给宋真宗献功。与他共同建有战功的，还有河北名将杨嗣，两人齐名于北部边防前线，并称二杨。宋真宗很得意地对宰相说：杨延昭和杨嗣都是勇将，但朝廷里很多人嫉恨他们的军功，是我一力保全庇护，他们才能做出今天的成绩。

羊山埋伏战，是杨延昭继遂城保卫战之后，又一大战功。遂城保卫战的胜利，让小小的遂城得了个"铁遂城"的外号。羊山埋伏战的胜利，让羊山的名字也发生了改变，成了"杨山"，此地现在河北徐水西五十里，或称"藏兵山"。

公元1002年，辽军再犯保州（现在的河北保定）。杨延昭和杨嗣提兵救援，由于军情紧急，行军仓促，导致阵列不整，甫及前线，就被辽军突袭，打了个措手不及，将士伤亡惨重。宋真宗也没过分追究，只让他们戴罪立功。

公元1005年，大宋中央政府追述守御之功，杨延昭升任莫州防御使，同年，宰相寇准推荐，升任高阳关路副都部署，成为高阳关路的最高军事长官。高阳关路所辖范围从渤海岸边直至太行山脚，几乎全线与辽国接壤，是当时最重要的边防战区。其中高阳关、益津关、瓦桥关等重要军事关隘，均在杨延昭的军事辖区内。评书、演义、戏曲中杨六郎镇守边关的英雄故事，是有事实依据的，只是没有那么神奇罢了，尤其是澶渊之盟后，宋辽间百年无战事，杨六郎镇守边关的主要任务，也就是正常的军事巡逻，以及约束边境冲突！

《宋史》如此评价杨延昭："延昭智勇善战，所得奉赐悉犒军，未尝问家事。出入骑从如小校，号令严明，与士卒同甘苦，遇敌必身先，行伍克捷，推功于下，故人乐为用。在边防二十余年，契丹惮之，目为杨六郎。及卒，帝嗟悼之，遣中使护榇以归，河朔之人多望柩而泣。"

杨延昭的儿子叫杨文广，曾跟随狄青南征，立有战功，但没有传奇演义中那样的英勇无敌。至于早为一般读者所熟知的那个杨宗保，根本就是个虚构的文学人物。杨延昭的孙子是谁，历史上并无记载，评书中最多到了杨家七代英雄，那都是民间艺人的创造。

杨家将故事有一个极感人的情节：杨门男将死得差不多了，佘太君挂帅，领杨门女将出征御敌。

杨门女将，也是中国民间文艺舞台上的一个经典群体。

事实是，杨业之妻佘太君是有的，但姓的不是佘，而是一个同音字：折。她是后周大将折德扆的女儿，将门虎女，"性警敏，尝佐（杨）业立战功"，上面引号内的引文，出自《保德州志》，该志书内还记载杨业战死之后，潘美、王侁企图掩盖逼杨业出战又不援救的罪行，是佘太君上疏皇帝，为丈夫的战死鸣冤叫屈，这才争来对潘美、王侁的处罚。这可能就是潘杨讼的由来，后世越传越神，创造出了呼延丕显下边关，寇准夜审等经典故事。

比佘太君更有名的杨门女将，是穆桂英。这个巾帼英雄在史籍中也是毫无记载，但在山西的《保德县志》中，记载了杨文广之妻为慕容氏，系保德县穆塔村人。

狄 青

在有关杨家将的小说演义评书唱词中，在杨文广时代，有一个与杨家对着干的大奸臣，就是狄青。狄青的儿子依仗老子权势，耀武扬威，被杨门女将杨金花干掉，为给儿子报仇，狄青用尽奸谋，结果是中国式的大团圆，狄青害杨家不成，反害了自己。

当然，也有为狄青歌功颂德的演义小说，如《万花楼杨包狄演义》、《五虎平西珍珠旗演义狄青全传》、《五虎平南狄青后传》等等，其中万花楼一书中，狄青与杨家是一个阵营的，他们结伙与奸相庞洪作斗争。不过这几本书不如杨家将传奇流传广泛，所以在民间说起杨家后代传奇，狄青一般还是反角。

在真实的历史上，大宋除开国名将之外，南北两宋的武将，南宋军功第一的首推岳飞，北宋军功第一的，应该是狄青。

歌颂狄青的演义小说中，说狄青是累世将门之后。正史中没记载狄青的出身、父祖，那是因为太卑微，没什么好说的。野史中有记载，他是出身在世代农家。

狄青的家乡是汾州西河，就是现在的山西省汾阳市，现在在汾阳市北十里处，有个峪道河镇刘村，村东北就有狄青的坟墓。据说这个墓地原来占地七万九千九百二十平方米，在宋代就建有显庆寺、狄公祠等，供祭祀用。几十年前一场"文化大革命"，历千年风雨而一直享受后人祭祀的墓地被推平，所有建筑都毁了，坟前翁仲、石兽也被就地埋掉。

十六岁前的狄青，一直在家务农。十六岁那年，哥哥与人打架，惹出祸来，狄青代兄受过，被押送到京城，分派到部队，成了一名普通战士。不过，也有记载说，狄青哥哥那次斗殴并没引起严重后果，狄青也是在二十岁时，才进京流浪，成为京漂一族，没漂出结果，最后一狠心主动投军当兵。

不管哪种记载更靠近真相一些，狄青的起步，是从北宋军队最基层士兵开始的，这一点确凿无疑。

宋代是个文人时代,军人的地位很低,最基层军人的地位更低,在《水浒传》中,我们看到犯罪后被流放的罪犯,都要在脸上刺字,这是宋代的规矩,在这个规矩面前,普通战士与犯人同一个待遇,都要刺上这屈辱的标志。区别是士兵可以在身体上的多个部位刺,犯人必须刺在脸上。狄青的就刺在脸上,说明他是代兄受过,被强行分配充军的可能性大一些。

狄青最初是在京城开封当兵,宋仁宗时代,李元昊崛起于西北边陲,建立西夏政权,多次侵略大宋疆土,边防部队告急,中央政府抽调军队援边,狄青就在援军中。由于他英勇善战,很快被从部伍中提拔起来,成为一员中下级军官。

其时西夏刚刚崛起,正处于扩张时期,战斗力强,斗志旺盛。已承平多年、文人当道的北宋政府中,就没有个能拿得出手的战将,部队领导人基本上是文人担任,部队的战斗力可想而知。屡战屡败之后,普通战士普遍起了厌战、畏战之心,以这样的士气去作战,败仗越打越多。

狄青是一员天生的名将,只有到了战场上,他身上的灿烂光芒,才激发出来。南北朝时期的北齐名将、兰陵王高长恭,因为长相俊秀,担心战场上震慑不住敌人,就做了副狰狞的铜面具,每到临阵对敌时就带上,陷阵杀敌,英勇无匹,他的部下为他谱写了一曲《兰陵王入阵曲》,成为千古佳话,宋词中尚有词牌《兰陵王》。狄青也许是长得文弱俊秀,也许是不想让敌人看到他脸上的刺字,也许他本人就是兰陵王高长恭的崇拜者,也许以上三者都有,他也去做了副铜面具,每到上阵作战时戴上,同时披散头发。战马嘶鸣中,这么位面貌狰狞的铜面人呼啸而至,武功绝伦,奋不顾身,冲杀勇猛,"出入贼中,皆披靡莫敢当"。

狄青在西北前线,与西夏对阵四年,前后大小二十五战,中流箭八次。某次在安远作战,狄青身负重伤,在帐中养伤,听到西夏前来挑战,毅然奋身而起,上马出战,战士们无不感动,纷纷冲到他的前头,拼命杀敌。四年间,狄青战功累累,"破金汤城,略宥州,屠咙(龙上加厂)咩、岁香、毛奴、尚罗、庆七、家口等族,燔积聚数万,收其帐二千三百,牲口五千七百"。这是狄青积极进攻的成绩。他的防御成绩也不小,创建桥子谷城,筑起招安、丰林、新寨、大郎等多处军事堡垒,均扼守在对西夏作战的紧要位置。

北宋名臣尹洙当时是西北军的经略判官，狄青因军功被提拔为延州指使后，因公务向尹洙汇报，尹洙跟他谈起军事兵法，很欣赏狄青的观点，就向范仲淹推荐说："此良将才也。"范仲淹也很欣赏他，送给他一套《春秋左传》，劝他好好读，勉励说："将不知古今，匹夫勇尔。"狄青由此折节读书，深入了解秦汉以来的战争形势，熟悉掌握了历代名将的作战韬略。由此让他的军事能力更上一层楼，官职也屡有升迁，最后升任真定路副都总管，这已经是抵御西夏边防前线上的最高军事长官了。但在他头上还有一个文官压着，此人也是个著名历史人物，叫韩琦，当时的职务是知定州兼真定府、定州、高阳关三路都部署。

范仲淹是个文官，但还懂得尊重武将，韩琦则是从骨子里瞧不起行伍出身的将军，在韩琦所设的宴席上，一位叫白牡丹的歌妓，向狄青劝酒时，就敢于说出这么一句："劝斑儿一盏。"这是当面讥讽狄青出身行伍，脸有刺文。狄青忍了。过了几天，狄青的旧部焦用押兵经过定州，狄青请他喝酒，焦用所押部卒趁机告焦用克扣士卒粮饷，韩琦没做调查，就把焦用抓起来，准备杀掉。狄青匆匆赶去韩琦公署，为焦用求情。韩琦不见他，连公署大门都不让进，狄青就在大门外拱手站着，让人给韩琦传话：焦用有军功，是条好汉子。

韩琦听到传报后，冷笑一声：考出了状元头衔，张榜于首都东华门外，被人追慕崇拜的，才是好汉子；这些拿刀动枪的粗人，称得上什么好汉子！韩琦传令，就当着狄青的面，将焦用杀了。

看到跟随自己血战疆场，为大宋政权舍生忘死，为韩琦这类文官继续有作威作福的空间舍生忘死的好朋友焦用，就这样横死眼前，自己身为真定府路最高军事长官，居然毫无办法，满腔悲愤与屈辱，让狄青石像般地呆住，好久好久，才有人提醒：狄总管已经站在这里很长时间了。

当时韩琦是狄青的上司，但两人也仅仅是正副职而已，并没有天差地别的悬殊，韩琦是个读书人，不是不懂礼仪，他这么做，可以看出当时行伍出身的武将地位有多低。

后来，狄青入京朝见皇帝，皇帝亲切地慰问他，体己地让他把脸上的刺字去掉。狄青回答说："陛下因为我为国忠诚、杀敌有功而任用我，并不问我的出身，我能有今天的些微成绩，全是因为脸上的刺字激励我奋发图强，我还是将它留下来吧，用来激励更多的像我一样出身的普通战士。"

不难看出，韩琦的行为对狄青的刺激有多大。狄青不仅固执地永远不除去面上刺字，当他最后进步到国家最高军事首长枢密使后，还曾多次说起：韩琦也是个枢密使，与我的事业职务做的一般大，我只是少了个进士及第罢了。

这个国家不是韩琦的，所以韩琦可以放任自己，瞧不起为保卫国家而做出巨大贡献的武将狄青；这个国家是皇帝的，所以思维正常的皇帝不能放任自己，他必须对保卫国家的武将给予奖赏。

皇帝手中最好使的奖品就是官帽子，他提拔对西夏作战立有大功的狄青自西部前线回京，任职枢密院副使。

枢密院接到任命通知后，估算狄青回京的时间，派出官员去京城外的路边迎接，一连数日，都不见狄副枢密使的仪仗人马到来。这一天，迎接的官员看到一个人风尘仆仆地赶过来，好像走了很远的路，马上拦下询问：你在路上见过狄青的人马了吗？那个行人说没见到，迎接的官员烦透了，顺口骂了一句："迎一赤老，屡日不来。"

那位行人就是狄青，他一身便服赴京，也一身便服进入枢密院就职。连韩琦这样的国之大员都瞧不起武将，狄青也不去责怪骂他的枢密院小官。

任职枢密院副使还不足三个月，广西少数民族首领侬智高发动叛乱，自称仁惠皇帝，攻陷邕州（现在的广西南宁），又连续击破多座城市，进围广州。岭南地区，局势震荡，人心惶惶，地方军政领导讨伐无功，反屡为所败。宋仁宗为之焦虑不已。

关键时刻，狄青为皇帝解忧，上表请战。皇帝召他面谈，狄青当面向皇帝提出：我出身行伍之间，要报效祖国，只有上阵厮杀。我愿率军前往岭南平叛，擒获反贼，向陛下报功。

有了狄青的毛遂自荐，皇帝吃了颗定心丸，亲自在宫中置酒，为狄青壮行，任命他全权负责岭南平叛事宜。

狄青最终顺利平叛，固然是他的军事才能起了决定性作用，但宋仁宗对他的高度信任，放手使用，也是不可或缺的因素。以大宋惯例，武将出征，一般要有文臣同行，宦官监军，宋仁宗没这么安排，这等于解放了狄青的手脚。最后狄青平叛胜利的消息传回京都后，宋仁宗不无得意地说：魏太祖曹操雄才大略，但使用人才时，常用诡诈的手段；唐庄宗李存勖也是豪杰，但对臣子的赏罚也不讲规则，这两个人都有将帅之才，却无人君之量。说这番话的意思是在表扬自己的人君之量，知人善任。他在使用狄青一事上，也确实当得起。

狄青主持岭南战事之前，宋将蒋偕、张忠都因为轻视叛军，轻率出击，而致军败身死，对宋军的士气产生了很坏的影响。狄青受命后，立即赶赴岭南，同时派出传令兵，快马加鞭，赶在自己前头，前往岭南部队，传达自己的军令：在狄青未到之前，不得擅自出战，一切在狄青赶到后，再行调遣。

也许是瞧不起狄青，也许是贪功心切，广西地方部队将领陈曙不听狄青军令，趁狄青尚未赶到，带领本部人马八千擅自出击，结果被侬智高击溃。狄青听说后，总结说：因为军令得不到很好的贯彻，所以才有了这个失败。到部队的第二天，大会诸将，当场将不遵守军令擅自出兵导致大败的陈曙等三十员将领，推出辕门斩首示众。此前不了解狄青的南方将领，无不心惊胆战。

斩将立威后，狄青公开下达的军令是：军中放假十天，大家好好休息，喝酒狂欢。

侬智高是当地人，探子遍布，探听到狄青的军令，又看到宋军果然在饮酒宴乐，毫无出战迹象，马上回报侬智高。叛军松了口气，警惕心放松下来。

狄青时刻观察着叛军动向，发现叛军警惕性有所放松后，立即号令部队，火速出击。

据1941年由成都兴华印刷所印刷出版的《三十六计》记载：大军出发之前，狄青向大家说：我们这次出击，胜败没有把握，怎么办？停了一下，取出一百枚铜钱，装模做样地祷告一番，最后大声祈祷：这次出发，如能获得全胜，我抛出这一百枚铜钱的字面全朝上。左右将领听了，大惊失色，急忙劝阻：如果做不好，会影响部队的士气！狄青不听劝告，扬手就把一百枚铜钱抛向空中。部队战士一起仰头，那才真是万众瞩目。一百枚铜钱落下来，大家聚过去观察，一百枚铜钱的字面无一例外向上，于是万众雀跃，举手欢呼，声震林野。狄青也大喜，命令左右亲兵取过一百支铁钉，将一百枚铜钱就地钉死在地上，外加青纱护笼，亲手将之封好，说：我们凯旋归来之后，再收起铜钱，感谢神灵护持。

　　自认为受到神灵护佑的士兵们，精神振奋，神速进军，一昼夜间，就将进军的咽喉道口昆仑关拿下。昆仑关据说是汉代伏波将军马援所建，位于现在的广西南宁市邕宁县昆仑镇与宾阳交界处，距侬智高据守的邕州不足百里，拿下昆仑关，邕州门户洞开，无险可守。叛军组织部队，殊死反攻，狄青率军，至山下归仁铺列阵迎敌。叛军后退已无空间，在侬智高的亲自督率下，只有全力攻击，狄青手下前锋大将孙节在激战中阵亡。狄青手持白旗，指挥骑兵，在两军交战最酣之时，分左右翼，出其不意冲杀出去。叛军阵脚大乱，纷纷败退，宋军追击五十里，斩首数千级，生擒数百人，已直逼邕州城下。

　　昆仑关失守，归仁铺大败，侬智高不敢死守邕州，当夜在城中放了一把火，开门逃跑。第二天，狄青大军进城，将被侬智高叛军所裹挟的七千多当地百姓，一一慰问遣返。

　　逃出邕州的侬智高，此后下落不明，说法纷纭，较多的说他是逃往大理国，并死于该国。

　　有意思的是杨家将中的杨文广参与了这次南征，但在正史中没有他具体作战的记录。

　　侬智高是壮族人，在壮族的历史上，他是带领壮族人民反抗压迫、寻求独立的领袖，虽然失败，无愧英雄。

　　平定叛乱，胜利班师，回到出发地，那一百枚铜钱还面朝上躺在青纱之下，狄青让人将钉子拔起，收起铜钱，大家这才发现，原来这一百枚铜钱的两面都是一个样子。

　　在《三十六计》中，这一计的名字叫做"假痴不癫"，就是装模作样，愚弄对方和己方士兵，以达到战略目的的意思。在《孙子兵法》中，类似的内容有这么一句："能愚士卒之耳目，使之无知。"

　　平定侬智高叛乱，是狄青一生中最重要的军功，他也因此被宋仁宗任命为国家最高军事长官枢密使。这是很破格的，因为大宋立国之时，鉴于唐代衰亡、五代战乱的教训，确立了文臣执政、贬低武将地位的立国方略，最高军事长官，习惯上都由文臣担任。

宋仁宗破格任用狄青，是宋仁宗的器量；狄青走到人生最高峰，是狄青有相匹配的功劳和能力。但对狄青来说，坐在这个万众瞻目的高位上，却未必是件好事，在很大程度上，狄青未能长寿，与此有关。

大宋另有一个非常出色的立国方略，就是不杀上书批评朝廷的人，于是整个大宋朝，言论是相当开放的。狄青坐在枢密使的位置上，动辄得咎，做什么都有人上书弹劾他。

在狄青的内心深处，是衷心为国的，而所有的批评指责，他没办法没能力一一反驳，于是便郁闷，长期郁闷的结果，他的身体就受不了了。

他在枢密使的位置上干了四年，郁闷了四年，四年后，他终于卸任了，以宰相的职衔（同中书门下平章事）出知陈州，离开了是非中心首都开封。

古人内心郁积，常常会外发为毒疮而死，最有名的是那个范增。狄青也走上了这条死路，出知陈州的第二年，公元1057年，毒疮发作，狄青暴死，年尚不满五十岁。

后来，宋神宗有志拓土开疆，思念前朝良将，命人将狄青的画像挂到宫中。

岳　飞

岳飞，字鹏举，相州汤阴人，世代务农为生。父亲岳和，是乡里的善人，乐善好施，曾有田亩相邻的农户种地越界，岳和就将地割让给人家；有借钱不还的，他也不追债。宋徽宗崇宁二年（公元1103年）二月十五日，岳飞出生时，有大鸟停在房上鸣叫，样子像传说中的大鹏，因而为岳飞起了"飞"和"鹏"，作为名及字。尚未满月，黄河决口，岳飞的母亲抱着岳飞坐到大瓮里，才免于丧身洪流。

岳飞自幼便志向远大，"沈厚寡言，家贫力学，尤好左氏春秋，孙吴兵法"。岳飞是天生神力，年未及冠，就可以开三百斤的强弓；跟随同乡豪侠周同学射箭，可以左右开弓。按小说《说岳全传》的说法，枪法也是跟周同学的，但按岳飞孙子岳珂的记录，教岳飞枪法的是陈广，当然岳飞自己的悟性很高，很快就青出于蓝，枪法"一县无敌"。

宋徽宗宣和四年（公元1122年），不满二十周岁的岳飞应募入伍。这个时代正是梁山好汉纵横天下的时候。《水浒传》告诉我们，中国大地上处处是绿林好汉，相州也有这么一伙，为首的两个叫陶俊、贾进和，横行一方，为患乡里，岳飞毛遂自荐，只带一百人去剿除这伙强盗。他先派战士假扮成商人，进入强盗们习惯打劫的地盘，强盗们果然连人带货劫上山去，财物充军饷，人则编入队伍。岳飞预先将百名战士埋伏在山下，自己带了小部分骑兵，直逼强盗寨门挑战。强盗们见他人少，出寨来战，岳飞佯装败退，强盗们纷纷来追，落入岳飞的埋伏。此前混入强盗队伍的战士，早就贴在陶俊和贾进和的身边，伏兵一起，强盗们一乱，很顺利地将两个强盗头子活捉到手。

经此一战，岳飞崭露头角，后来他跟随刘浩，参与开封城解围战，与南侵的金兵在滑州对峙。某日，岳飞带领一百名骑兵，在黄河岸边演习军阵，大队金兵突然出现，宋军惊惶失措，岳飞很镇定地说：不用怕，敌人虽然多，但不知道我们少，趁他们心神未定之时出击，定能获胜。看大家仍然不敢攻击，岳飞单人独骑，上前迎敌。有一员金军骁将，舞刀来战，被岳飞一刀下去，居然连盔甲带身体，砍了个对开，金军登时有些混乱，一百名骑兵见岳飞旗开得胜，顿时有了勇气，奋勇冲杀上来，将金军杀得大败而逃。

岳飞立功后，被从原来担任的最后一级武官承信郎（宋代武职共有五十二级），提拔为第四十六级的秉义郎，隶属东京（开封）留守宗泽指挥。在此后的对金作战中，岳飞屡建战功，引起宗泽的高度关注，他亲自点拨岳飞："你的勇敢智谋、才华能力，堪比良将，但你作战用兵，大都是独出机杼，并不太合乎兵法阵图。"遂送给岳飞一些阵图兵法，让岳飞学习。岳飞回答了十六个字："阵而后战，兵法之常，运用之妙，存乎一心。"

这十六个字，尤其是后面八个字，实在是所有名将成功的关键。若是没有"运用之妙存乎一心"的天赋，就算读再多的兵法计谋，也只能成为纸上谈兵的赵括。普通人就算是读再多的经典著作，也只能是活动的书库。

连续打了几次胜仗，连续获得提拔，让岳飞有点兴奋，他是个以天下兴亡为己任的人，并不因为自己事实上还处于低级职位而看轻自己。靖康之变，金人将两个大宋皇帝抓到北方，康王赵构南渡，登基成了宋高宗。岳飞直接向皇帝上书，要求皇帝御驾亲征，鼓励士气，恢复中原。

岳飞自己拿着自己很当回事，不顾及地位低下的事实，那些高高在上的中央大员打仗也许不行，搞层级严明的人事管理都是高手。他们并不研究这个低级军官所上表章的内容是否可取，可能连看都不看，而是追究这个低级军官上书的程序对不对，这么低的级别有没有资格直接给皇帝上书？追究下来的结果是没资格，于是免去岳飞一切职务，赶回老家。至于那份上书，扔到废纸篓算了。

血战沙场挣来一官半职，因为关心国事，又被夺了去，没了公职的岳飞投奔河北招讨使张所。张所认为他是天下杰出的人才，重新任命他为中军统领，与他讨论军事，问："汝能敌几何？"岳飞的回答是："勇不足恃，用兵在先定谋。"张所刮目相看：你不是一介武夫啊！

虽然说"勇不足恃"，岳飞绝对称得上中国名将中最勇敢行列的一员，大部分战斗，他都是身先士卒，冲在队伍的最前头，他有足够的谋，也有足够的勇。张所让岳飞带兵配合大将王彦赴新乡与金兵作战，王彦畏惧金兵势大，裹足不前，只有岳飞独领本部人员奋勇争先，于乱军中夺取金兵中军大旗，军心振奋，一举拿下新乡。第二天，再战侯兆川，一马当先的岳飞身负十余处伤，半步不退。看着主将全身浴血仍然冲杀在前，战士们感奋不已，舍死决战，金兵再一次败退。

连续作战多日，岳飞所领部队吃完了粮食，岳飞到王彦军中求粮，王彦不给他，岳飞可能憋了一口气，率军越战越猛，杀入金军腹地，于太行山一战，生擒金军大将拓跋耶乌；几日后，再遇金兵，岳飞单骑出战，刺杀金军猛将黑风大王。

凭岳飞一只小小孤军，要长久在战场上立足，并不现实。岳飞的勇敢，让怯懦的王彦很没面子，岳飞知道自己没办法再跟王彦混下去了，他又回到宗泽帐下。

此后,岳飞战于胙城,再战于黑龙潭,皆获大胜。大战氾水关,岳飞一箭射死金军主将,大破金兵。

宋高宗建炎三年(公元1129年),岳飞以八百人,战王善军数十万,众寡悬殊太大,一直跟岳飞打胜仗的部下也恐惧不已,岳飞豪兴大发,说:我来为你们破敌。他左手持弓,右手持矛,横冲敌阵,所向披靡。敌军大乱,八百人冲上去,一顿乱砍,居然把王善的数十万大军"大败之"。随后,岳飞再战东明、清河,均获胜。

宗泽死后,杜充接任东京留守,他准备放弃开封,退至江南建康(南京),岳飞认为不可,岳飞说:"中原地尺寸不可弃,今一举足,此地非我有,他日欲复取之,非数十万众不可。"杜充不听他的,执意南归。岳飞作为他的手下,只得听从命令,一同撤退。路上,在铁路步及六合遇到敌将张用及李成,都被岳飞击败。

回到建康后,杜充闭门不出,放纵金人渡江。岳飞流泪请求抵抗,杜充坚持不同意,等到金人渡过长江以后,杜充才派各将领兵御敌。此时金军士气正高,诸将无不溃败,只有岳飞力战不屈。

后来杜充投降金军,金兀术大军直扑杭州,岳飞率领部队,沿途阻击,六战六捷,夜袭金营,再获大胜。夜晚在村边驻扎,军中缺粮,将士们忍饥挨饿,却没有一人敢于去村中向老百姓索讨吃喝。被金兵所裹挟的汉人战士,看到岳飞部队,说:这是岳爷爷的部队。争先恐后地投降。

建炎四年,岳飞驻屯宜兴,当地有绿林好汉张威武,聚众抗击政府军,岳飞单骑直入其营,砍下他的脑袋。地方百姓终于避免了强盗的骚扰,纷纷画下岳飞的图像,建祠供奉。

金人再攻常州,岳飞四战皆捷。追击至镇江东,再战获胜。又战于清水亭,又获大胜。金兀术奔归建康,岳飞于途中牛头山设伏,金兵入夜在山边扎营休息,岳飞派出百名敢死队员,潜入金营呼号扰乱,睡梦中醒来的金兵搞不清虚实,自相残杀。金兀术军至龙湾,岳飞以三百骑兵、二千步兵追击作战,大破金兵,金兀术不敢停留,直奔淮西。建康成功光复。岳飞上奏皇帝:建康城是要害之地,应该选派精兵把守。

现在的岳飞已是军功显赫,他已可以直接与皇帝对话,没有哪个大臣可以从中作梗了。皇帝采纳了他的意见,并且破格任命他为通、泰镇抚使兼知泰州。

至绍兴元年(公元1131年),岳飞在征讨李成时,已将"岳"字大旗作为号召,在岳字旗的感召下,八万敌军同时投降。李成逃跑,投归由金人扶植的伪政权齐国。

此后,岳飞招降同为相州人的张用,在平定江淮的作战中,岳飞功居第一,被授建州观察使,神武副军都统制。

此时的岳飞,已与韩世忠、张俊、刘光世并称为中兴四将,岳家军已名满天下。岳飞的资历尚浅,但岳家军的战斗力,无疑是中兴四将中最强的。岳家军名满天下,以至于当时岳飞部队在镇压起义军曹成时,打出"岳"字大旗,曹成望风而逃。岳飞此后经过连番鏖战,平定曹成。在这个过程中,岳飞的同胞兄弟岳翻牺牲,阵杀岳翻的曹成部将,叫杨再兴。曹成起义军崩溃后,杨再兴被岳家军追入山涧,无处可逃,追兵拉弓要射,杨再兴要求投降,面见岳飞。见到岳飞后,岳飞不计个人恩怨,亲自为其松绑,要求他:"以忠义报国。"从此杨再兴死心塌地,追随岳飞南征北战,屡立战功。岳家军最要的战役之一郾城大捷,杨再兴居功至伟,最终在小商桥以三百骑迎战金军主力,杀伤金军二千余人后,被乱箭射死,死后焚烧杨再兴的尸体,仅箭头就达两升之多。

岳家军中不乏勇将,杨再兴是其中一个。他们为心中的忠义而战,死得其所。

绍兴三年,岳家军在虔州(现在的江西赣州)镇压起义军,获得全胜。皇帝秘密下达屠城指令,岳飞申请只杀造反军首领,免除其余胁从犯的死罪。皇帝不同意,岳飞连续四次提出要求,皇帝不得已,批准了。对虔州老百姓来说,岳飞是菩萨。

这年秋天,宋高宗将岳飞召回首都,亲自手书四个大字送给他:精忠岳飞。并制成锦旗送给他。从此后,岳家军中的大旗有两面,"岳"字旗之外,还有一面"精忠"旗。

据说,就是在这一次,宋高宗准备为岳飞在首都建造宅第,岳飞推辞,说:"敌未灭,何以家为?"宋高宗就追问他,何时可以灭掉敌人,天下太平？岳飞回答："文臣不爱钱，武臣不惜死，天下太平矣。"

岳飞的这两句话，被传为千古名言，第一句与霍去病有重复，第二句是岳飞的原创。我们无法要求岳飞懂得人性本贪，要靠完善的制度、民主的政体来约束，在岳飞那个时代，岳飞的话，体现出的是一种完美的道德高度，岳飞做到了，他是千古名将，普通人做不到，那也是人性之常。

岳飞的回答，让赵构很兴奋，任何一位专制政体中的上层领导，都希望他的下属能成为不爱钱不怕死的圣人，只是从来不以此标准来要求自己。很兴奋的赵构马上任命岳飞为江南西路沿江制置使，后来又加封为清远军节度使，成为整个长江中游地区的最高军事长官。

有了皇帝的信任，有了充分的军事指挥权，岳飞开始了他的北伐行动。

绍兴四年（公元1134年），岳飞率岳家军渡江北伐伪齐的李成，船至中流，岳飞环顾身边的幕僚，发下誓言："飞不擒贼，不涉此江。"渡江之后，岳家军连番作战，大破李成，收复了一年前失去的领地，并扩大战果，夺取了伪齐实际控制的部分地区。捷报传至中央，宋高宗兴奋地说："朕素闻岳飞行军有纪律，未知能破敌如此。"马上安排岳飞不要往北打了，回过头来把长期盘踞洞庭湖的钟相、杨幺起义军干掉吧！

岳家军主力大都是北方人，至此时为止，所立的战功也全部是陆地作战，对洞庭湖水战，大都有些恐惧。岳飞毫不在乎，说出了军事行动中的一句至理名言：战士哪有能打这种仗不能打那种仗的道理，只看将帅如何安排使用！

岳飞兵至洞庭头两个月，采用招降、离间之计，先后分化、动摇了杨幺起义军（此时钟相已死）军心，并不大规模用兵。最后一个月，岳飞坐阵一线，亲自指挥，岳家军水陆并进，尤其在水战中，以杂草、巨筏限制了杨幺大型战船的发挥，最后杨幺投水，被岳飞帐下大将牛皋擒斩。此前，杨幺对自己所经营的洞庭水寨极其得意，夸口说："欲犯我者，除是飞来。"这句本来是蔑视南宋水军无能的话，现在成为一语双关的谶言。

平定杨幺后，岳家军规模得到极大的扩充，此前几年，岳家军基本在三万人左右，将杨幺的投降部队整编后，岳家军的规模到了十万人。此后，岳飞就是指挥这十万大军纵横中原，虽然个别的时候略有增减，大的数字没有多少变化。

兵力壮大后，于绍兴六年，岳飞进行了第二次北伐作战。此次北伐出兵之前，岳飞家遭不幸，母亲姚氏去世。岳飞是个孝子，他在庐山将母亲下葬后，表示要遵守古礼，为母亲守丧三年。其时正是中原鼎沸、三军用命之时，哪里容得下岳飞尽孝守丧？宋高宗连续下发圣旨，要求岳飞舍小家顾大家，大局为重，国事为重。话说的很严重，并表示如果岳飞仍然不听调遣，就处理他的部属。最终，岳飞放弃了守丧的决定，重返军队。

岳飞二次北伐，派出王贵等大将，攻下虢州（现在的河南三门峡附近），再派杨再兴进兵至顺州长水县，连战连捷，在现在的陕西、河南、湖北一带开辟战场，战绩斐然。李纲给岳飞写信，表示祝贺，信中说："屡承移文，垂示捷音，十余年来所未曾有，良用欣快。"

此次北伐，由于后勤供应等问题，最终没能继续扩大战果，但此次北伐所夺回的商州全境及虢州部分地区，从此归于南宋政府管辖。

在武昌，岳飞写下一首词，表达了他此时的心情，抄下来一起欣赏：

遥望中原，荒烟外，许多城郭。想当年，花遮柳护，凤楼龙阁。万岁山前珠翠绕，蓬壶殿里笙歌作。到而今，铁骑满郊畿，风尘恶。

兵安在，膏锋锷。民安在，填沟壑。叹江山如故，千村寥落。何日请缨提锐旅，一鞭直渡清河洛。却归来，再续汉阳游，骑黄鹤。

——《满江红·登黄鹤楼有感》

还有一首我们很熟悉的满江红"怒发冲冠"，也署了岳飞的名字，但自从这首词在明代第一次出现至今，就有许多争议，著名学者余嘉锡，著名词学家夏承焘都有专门的文章分析。

岳飞二次北伐刚刚归来，刘豫的伪齐就发动了反攻。他先是进攻中兴四大名将之一的刘光世，被击退后；转而进攻岳家军辖区，岳家军奋起反击，击退伪齐部队后，又乘胜追击。这勉强可以算得上一次北伐，却很仓促，准备未周，追至蔡州（现在河南省汝南县）时，发现伪齐在这里做了充分准备，布好了埋伏，岳家军战略撤退，伪齐部队尾追不舍，被王贵、董先等岳家军大将击败，俘虏了几千名伪齐将士，缴获战马三千匹。

此次北伐归来后不久，绍兴七年年初，岳飞进京述职，得到宋高宗的高度褒奖，他的官衔，也加到了太尉。虽然太尉在当时只是荣誉职衔，但有了这个职衔，岳飞就有了与宰相平起平坐的地位，这是作为一员武将，所能得到的最高荣誉之一。而此时的岳飞尚不满三十五岁。

无论从哪个角度观察，岳飞是十足的千里马，宋高宗也是十足的伯乐。

岳飞很激动，向宋高宗陈述自己的北伐方略，宋高宗听得很振奋，对岳飞说："有你这样又忠诚又有能力的大臣，我还有什么好忧虑的，带兵打仗的事，你就放手去发挥吧，我不会插手干预。"随后，宋高宗将岳飞单独叫到自己的卧室里，说了这么一句感人肺腑的话："中兴大宋的任务，我就交给你了。"

这是岳飞一生中的巅峰时刻。

人处在巅峰时期，极容易自我膨胀，分不清形势。岳飞可能认为既然皇帝如此推心置腹，自己也可以知无不言。于是，在某次君臣间谈兴正浓之时，岳飞提出了早日立皇太子的事。

并不是只要出于忠心，就可以擅自超越规则的，有些规则在情势合适的前提下可以超越，而有些规则如果是他人的底线，那么任何出发点的超越，都会激起强烈反应。宋高宗当即变脸，厉声呵斥："我知道你出于忠心，但你在外手握重兵，这样的事不是你该干预的。"

宋高宗的话说得很明白了，手握重兵的武将关心皇家的继承人问题，在专制体制的任何时代，都被视为不臣之举。

宋高宗将岳飞呵斥出去后，看岳飞不高兴，还派人去安慰他，说明岳飞这一次重大犯忌，还没有摧毁宋高宗对他的喜爱和信赖。但自以为只要忠心就可以不顾及领导承受能力的岳飞，之后又在一封正式写成文字的密奏中，再次提到这个问题，在宋高宗的心中，就不能不考虑岳飞忠心之外的动机了。

处在皇帝这样的高危职业中，将别人的动机向坏的一面想，也是可以理解的。千百年后，综合所有资料，我们可以断定岳飞没有对皇权的非份之想，但宋高宗身处局中，我们无法要求他有纵贯千年的长远目光。

从此以后，岳飞失去了宋高宗的信任。在宋高宗心中，他也许与其他（尤其是唐五代时期）有野心的军阀，没什么两样。

原本在高度信任的时候承诺划归岳家军的淮西部队，暂停调整。这个信号很强烈，就是给岳飞点教训。没想到岳飞的反应比皇帝的教训还强烈，他立即打报告辞职，并且不等皇帝的批示下来，孤身离开部队，到庐山母亲的墓畔，搭起草棚，住下来守墓。

可以想象，作为最高权力者的宋高宗，此时的心中该多么窝火，多么愤怒。但宋高宗克制了他的愤怒，下诏让岳飞回部队履职，岳飞坚持不理会，宋高宗最后用出了一个历史上很少见的招数：他命令岳家军最重要的谋士李若虚和最重要的大将王贵，也去庐山，就在岳飞的草庐边也搭个草庐，劝说岳飞回归部队，如果劝不下来，将把两个人军法从事。

李若虚和王贵上庐山，劝说进行的艰苦卓绝，时间长达六天六夜，岳飞终于下山，去面见宋高宗道歉。宋高宗并没有怪罪他，但谁都会相信，如果没有"需要"这两个字，宋高宗此时斩杀岳飞，已不会再犹豫。

宋高宗还需要岳家军，岳家军也没辜负所有对他们有期待的人。绍兴十年，金军大举南下，岳家军再次成为抵抗军主力。岳飞完成了第四次北伐，这也是他军事生涯的终结，名将功业的绝唱。

岳家军先于六月份攻下蔡州、颖昌、郑州等地，给予金军大量杀伤；七月份，金军探知岳飞在郾城驻扎，本着擒贼先擒王的战术方针，动员主力部队，直扑郾城。

郾城之战，是宋金两军主力部队的决斗，岳飞亲自率领四十员精锐骑兵立马阵前，部将霍坚劝他："相公为国重臣，安危所系，奈何轻敌。"岳飞只回答了一句话："非尔所知。"跃马引箭，直冲金军大阵。

就在这一战中，岳飞以麻札刀，大破金军拐子马。

郾城大捷。

几日后，金军再次集合人马，回攻颖昌府城，号称骑兵三万，步兵十万。真实数量可能没有那么多，但声势浩大。驻守颖昌的王贵和岳云开城迎战，岳云手持两柄大铁锤，重八十斤，率部下八百骑兵，在十万金军中纵横驰突，杀进杀出，全身受伤百余处，直杀的人为血人，马为血马,最终取得颖昌之战的胜利,金军扔下几千具尸体,仓惶逃走。

两次大捷之后,岳家军挺进开封,在开封府外,四十五里处的朱仙镇,再次与金兀术的十万金军主力对垒,岳飞派出五百骑兵,破阵奋击,金军全线崩溃,金兀术逃回开封。

逃回开封的金兀术吓破了胆子,准备放弃开封逃跑,被一位书生拦下,这位书生说了句名言:"自古未有权臣在内,而大将能立功于外者,岳少保且不免,况欲成功乎?"

之后,便是一日之内十二道金牌,催岳飞班师南归,岳飞"愤惋泣下,东向再拜曰:'十年之力,废于一旦。'"

绍兴十一年农历十二月二十九日,岳飞被赐死于杭州大理寺风波亭。至绍兴三十二年,宋孝宗即位,为岳飞平反,于湖北建庙,额号忠烈。淳熙六年(公元1179年),谥武穆。嘉定四年(公元1211年),追封鄂王,改葬于西湖栖霞岭。至今,西湖畔"宋岳鄂王墓",仍是游人密集之处。

韩世忠

韩世忠也是出身农家,一直到他离岗退休,好像都不识字,他父祖穷到什么程度可以想象。但那个给了韩世忠穷困潦倒青少年生活的父亲,居然为韩世忠起了个很有力量的名字:名世忠,字良臣。抱负不小。

韩世忠长得"风骨伟岸",双眼目光凌厉,明亮如电。韩世忠少年时是个经典的不良少年,家里穷的四壁空空,只要有点值钱的东西都被他换了酒喝。喝了酒就要闹事,任何礼法规矩对他都是失效的,偏偏他又生得力大无穷,不知畏惧,连无人敢近的野马都能训服。乡里之间,集体送他一个外号"泼韩五"。

同乡有个叫席三的算卦先生,主动为"泼韩五"算了一卦,得出的结论是:这个乡间流氓恶棍最后可以位列三公,成为朝廷一品大员。"泼韩五"虽然不识字,自知之明还有一点,席三的话太过夸张,"泼韩五"认为席三是在故意取笑他,将席三痛打一顿。

后来韩世忠果然位列三公,官至一品,想起席三当年的神机妙算,恭恭敬敬地把席三请入府中,送了他三万缗钱。

韩世忠自己瞧不起自己是有道理的,家里穷的连换洗衣服都没有,睡觉只有烂草窝,这样的居住条件,让他身上不可避免地长满癞疮,浑身淌脓水,臭不可闻,连老婆孩子看着都恶心——他这么穷,年龄又不大,居然早早娶上了老婆——韩世忠也很无奈,就常去山涧中洗澡。某日,正洗澡间,突然有一只大蛇窜出来,张口就咬,韩世忠眼疾手快,一把抓住蛇的七寸,大蛇将身子紧紧缠住韩世忠。野史中说那是条巨蟒,估计不可能,如果是巨蟒,韩世忠就迈不开步子了。韩世忠还能走路,一手举着蛇头,上身缠着蛇身,形状怪异地走回家中,呼喊老婆赶快拿刀把蛇杀掉。韩世忠的第一任夫人在史书上记载姓白,穷人娶妻,捡到篮子里就是菜,很难遇到质量上乘的老婆。这个白氏夫人(韩世忠立功后,被封为秦国夫人,活得不长)看到丈夫遇此危难,不但不勇气倍增持刀杀蛇,反而吓得远远躲开。韩世忠不得已,自己踉跄进厨房里,正好案板上有一把切菜刀,韩世忠就将蛇头按在案板上,拿切菜刀去砍。切菜刀质量不好,砍不深入,并且已经有很多豁口了,韩世忠就把刀当锯条来使,来回锯割蛇头,终于将蛇头锯掉。大难不死的韩世忠又后怕又愤怒,将死蛇放到锅里,炖出一锅蛇肉,放开肚皮吃掉。奇迹发生了,第二天,全身癞疮统统掉光,新生肌肤莹白如玉。

在乡里被人耻笑,在家里老婆连他的死活都不管,韩世忠真是活得没意思了,于是毅然投军,成了一名战士。在部队,韩世忠终于找到了自己的舞台,他武功骑射,样样领先,勇冠三军,成为战士中的标兵。

当时是宋徽宗在位,虽然奸臣当道,民间多有疾苦声,总体看来还是和平年代,军人的主要立功区域,还在边防。崇宁四年(公元1105年)韩世忠所在部队,被调往西部前线,参与对西夏作战。

某次进攻银州(现在的陕西米脂马湖峪),西夏军据城固守,宋军受阻,非常个人英雄主义的韩世忠奋身登城,于敌人堆里砍下敌将脑袋,扔下城墙。城下的宋军目睹这天外飞仙式的传奇一击,无不热血沸腾,奋勇争先,拿下城池。

西夏人不甘心失败,既而以重兵迎击宋军于蒿平岭,韩世忠此时已经成了宋军敢死队的队长,率部鏖战,西夏人抵挡不住,撤退。不久后又从侧面横击宋军,韩世忠率敢死队员殊死博杀。激战中,看到西夏军有一将领极其勇敢,西夏部队在他指挥带领下,战斗力始终不减。韩世忠问一名俘虏这个人是谁?俘虏回答这是西夏国驸马、部队监军吪嵖。韩世忠拍马而上,冲破重围,将其斩于马下,西夏军为之大溃。部队上报韩世忠的功劳,其时正好宦官童贯主管边防事务,看到如此神奇的战斗事迹,不相信,认为一定经过了文学加工,因而奖赏不足,大家都认为不公平。

此后,韩世忠夜闯天降山寨,砍下两颗西夏战士头颅;再战佛口寨,再砍下几颗西夏军脑袋;又战藏底河,又斩首三级。靠这些脑袋,他终于进步成为进武副尉,大宋军队中的中下级军官。

宣和二年,方腊起义军造反,东南半壁江山震动,北宋中央政府四方调兵,镇压起义军。韩世忠此时是王渊帐下的一员偏将,进军至杭州,与起义军主力部队相遇,起义军战斗力极强,官军连续吃过败仗,将领们无不惊慌失措。韩世忠率两千战士,于北关堰设伏,起义军经过之时,伏兵突起,打了方腊起义军一个出其不意,起义军队形大乱,自相践踏,韩世忠趁机冲杀,起义军狼狈奔逃。

战后总结,主将王渊赞叹说:"真万人敌也。"将随身携带的金银器皿全部赏赐给韩世忠,并且与他以朋友定交,不再视他为下属了。

韩世忠有能力,王渊也有眼光有度量。同样的能力,如果遇到度量狭小的上司,可能就不是赞叹,不是引为至友,而是由嫉生恨,除之后快。

鉴于方腊起义军的顽强善战,以及对北宋政权造成的巨大伤害,宋徽宗公开下诏鼓励士气,承诺无论是谁,只要砍下方腊的脑袋,就立即任命为军队高官。

这个承诺对于只有能力,却没有后台、没有背景的人来说,有很大的诱惑力,起码让韩世忠充满了斗志,他穷追方腊,直抵方腊老巢睦州清溪峒。方腊退守根据地,这里山高林密、路险人稀,宋军诸将皆至,却一时找不到进军方向。韩世忠沿溪谷搜索而上,遇到一位村妇,询问得知前进路径,"即挺身仗戈直前,渡险数里,捣其穴,格杀数十人",

活捉方腊，沿路而出。没想到宋军将领辛兴宗就领兵守在峒口，抢下韩世忠手中的俘虏，谎报为自己的功劳。辛兴宗的职务远在韩世忠之上，韩世忠眼睁睁看着已经到手的高官厚禄又飞走了，无可奈何！

之后，韩世忠于滹沱河畔与金兵作战，金军居高临下，分成两队，韩世忠单骑入阵，于刀枪丛中击杀手执两队军旗的金兵，金人气为之夺，宋兵趁机冲杀，"追斩甚众"。再之后，韩世忠参与讨平山东、河北境内揭竿造反的起义军，被他连抓带杀，扫荡一空。如此累积战功，到金人南侵之时，韩世忠已经是位可以直接与皇帝对话的高级军官了，他配合梁方平镇守濬州，金兵压境，梁方平望风而逃，数万大军顿时溃散。韩世忠身陷重围之中，挥戈力战，突围而出，焚桥阻隔金兵追赶，顺利南归。宋钦宗亲自在便殿接见他，询问有关战况，韩世忠详细解说，皇帝任命他为武节大夫。

其时北方已乱，北宋在山东的部队在低级军官李复的鼓动下，举旗造反，山东淄、青一带百姓，纷纷响应，一时聚众数万。宣抚副使李弥大指派韩世忠带领所部人马出击平叛，当时韩世忠手下兵马尚不及一千，进至起义军营地前，韩世忠命人在来路上撒满铁蒺藜，然后做简短的战前动员：我们现在已无选择，全力进攻必可争取胜利，退后必死，如有谁临阵当逃兵，就地正法。

当只有一条路可走时，大家的心也就横了下来。韩世忠下令进攻，没人敢于回头，全力向前，以死中求活的信念奋勇搏杀，大败起义军，斩杀李复。剩下的起义军溃逃，韩世忠乘胜追击，直追至宿迁，此时起义军还有一万多人，逃得筋疲力尽，看看宋军并没追上来，扎下大营，埋锅做饭，杀牛吃酒，享受来之不易的片刻安宁。正吃喝时，韩世忠单人独骑，闯入大营，高声呼喊：政府军大部队到了，你们马上解掉战甲，放弃武器，我能保全你们的性命，我们一起为国立功。

闹闹哄哄的场合中，神兵天降般出现这么一位威武的政府军将领，惊雷般喊出这么一番话，正是群龙无首的起义军一时惘然失措，有机灵的马上将刚烤熟的牛肉和酒拿给韩世忠。韩世忠毫不在乎，下马解鞍，就在万人环视中，从容不迫地喝完酒，吃完肉。他的气势震摄了所有人，有人主动放下武器，很多人放下武器，最后所有人放下武器，营外的宋军趁机入营，收走武器。到天亮时，一万多起义军俘虏，发现拿下他们的政府军人数尚不满千，无不后悔，但手中已无兵器，只好认命了。

之后金兵南侵，真定（现在的河北正定）失守，韩世忠听说以好友定交的王渊将军在赵郡防守，马上率兵前往增援。前脚刚到，后脚金兵就到了，对赵郡展开凶猛攻击。不长时间，军粮吃尽，援军遥遥无期，大家劝韩世忠突围而走，韩世忠不听，王渊当年给他兄弟般的温暖，他也要以兄弟般的义气来回报。天降大雪，夜半之时，韩世忠选拔勇士三百人，组成敢死队，夜捣金营。金军大营一片混乱，暗夜里只穿内衣睡觉的金兵分不清对手是谁，一番乱砍，居然把部队主将给砍死了。天亮后，失去了领导人的金军只好撤退、

再战南京，韩世忠再次以千人对阵数万大敌，韩世忠也再次单骑闯阵，于万军丛中斩杀金军主将，金军溃败。

截至此时，宋高宗赵构尚未登基，韩世忠也还不是高级将领，但他的武功胆气，眼光智谋，已经让他成为两宋交替之际耀眼的将星。

赵构南渡，即皇帝位，成为宋高宗，初建御营，韩世忠为左军统制。至此，韩世忠已进入大宋政府军主帅行列，渐渐建立起中兴名将的影响力。

建炎元年（公元1127年），刚刚登上皇帝宝座的宋高宗逃至扬州，韩世忠率所部军马护驾，先后收降张遇、李民部队，战火中仓促诞生的中央政府，军事实力有所增强。

之后在河南与金军作战，由于友军协同不力，韩世忠身陷重围，全身被射成了刺猬，好在没伤到致命处，不影响韩世忠的战斗力，他死战脱困——这大约是韩世忠一生中最接近死亡的一战，是场败仗。

之后，在扬州与金军粘罕大战，韩世忠再次吃了败仗，被他招降不久的张遇战死。

建炎三年三月初五日，负责保卫皇帝安全的禁卫军首领苗傅、刘正彦发动兵变，干掉了王渊，将赵构幽禁起来，对外宣布说他已退位，立赵构不满三岁的儿子为皇帝，请哲宗皇帝的废后孟氏垂帘听政，宣布从三月十一日起，年号就不是建炎了，而是"明受"。

王渊这个人，历史上是有不同看法的，他立过功，为宋政府做出过

贡献，也有很大问题，让宋政府和杭州老百姓蒙受了巨大损失，但他是在韩世忠还不发达时就订交的兄弟之交，对韩世忠，他够得上朋友。

对王渊，韩世忠也够朋友，他听到兵变消息后，立即起兵往杭州去。苗傅、刘正彦听说后，以皇帝的名义下令，让他去驻守江阴。韩世忠规规矩矩地写了封奏章，说自己的部队在与金军作战中，已受到重大创伤，人员凋零，希望能去杭州休整。苗傅、刘正彦终究只是小人物，既不是政治家也不是军事家，看不出潜在的危险，不但痛快地答应了，还安排韩世忠留在杭州的妻子梁红玉，出城去韩世忠军中传达苗、刘二人对他的关心慰问。

韩世忠一生共有四位夫人，除了第一位看到他被蛇缠绕也不管他的白氏之外，另三位都是妓女，分别是梁氏、茅氏、周氏。韩世忠后来成为国家栋梁，娶个把名门闺秀不在话下，他却只要妓女当正房大老婆。个人癖好，不足深究。

梁红玉在正史中，只记为梁氏，红玉的名字，是演义戏曲中加上去的。她原本是京口（现在的江苏镇江）一妓女，节日期间被招入官府伺候，她去得早些，天还未亮，正好遇到在官衙门前站岗的韩世忠。也许是韩世忠高大威猛的外形征服了她，也许是两人有过眉目传情的举动，总之梁红玉看上了这个普通战士，一门心思要嫁给他。但梁红玉正值华年，是妓院的摇钱树，怎么才能让认钱不认人的鸨母同意这桩看起来很古怪的婚事？回妓院后，梁红玉告诉鸨母，她这次去官衙伺候，在夜色里发现一头老虎蹲在门前守卫，仔细观察，才发现是一位战士，这位战士日后一定会有锦绣前程，可以为我们妓院争光。

开妓院、赌场之类娱乐性商业场所的老板，心都够黑，但也大多迷信，听了梁红玉一番话，老鸨半信半疑，按梁红玉的指点，把韩世忠请到妓院，吃了一通花酒。韩世忠这样的人，身上肯定会有特殊的气质，常人可能看不出来，开妓院的人练的最好的，就是看人的眼光。花酒吃完，老鸨同意梁红玉跟他从良，韩世忠和梁红玉就在妓院里结为夫妇。但当时韩世忠的元配还在，梁红玉还只是妾；韩世忠是个穷大兵，没资格带梁红玉从军，梁红玉就仍然住在妓院中，卖艺不卖身地等着韩世忠飞黄腾达来接她。梁红玉为了韩世忠，豁出血本，将当妓女挣的那点私房钱都拿出来，帮韩世忠打点人情。韩世忠早期进步，固然主要靠军功，梁红玉的卖身钱是否起了作用，也很难说。

在这里顺便说一下，梁红玉慧眼识英雄，得嫁英雄夫婿，后来击鼓战金山，名传千古，但她的福气不足，绍兴五年（公元1135年），她三十三岁之时，就在战事中去世。接她班的韩世忠第三任夫人茅氏，原本是杭州名妓，名字叫吕小小，地位高于当年的梁红玉，因事下狱，妓院老鸨找到韩世忠，请他帮忙搭救（老鸨怎么知道韩世忠喜欢帮这样的忙）。韩世忠去此案的主管领导府中饮酒，这位领导劝酒，韩世忠不喝，提出条件：我有一件小事求你，你若答应了，我换大杯子喝。这位领导问是什么事？韩世忠把吕小小的事提出来，这位领导满口应承，韩世忠欢欣跃起，换大杯连饮数杯。就在宴会进行中，那位会办事的地方领导就安排人将吕小小带来，宴会散后，韩世忠直接把吕小小领回去入了洞房。梁红玉死后，吕小小由妾升格，成了韩世忠的大老婆，把姓也由吕改成茅。

苗傅、刘正彦迷迷糊糊地安排梁红玉出城。梁红玉出城后，正遇上苗傅的弟弟苗翊在城外巡逻，拦下盘查，梁红玉说是奉你哥哥的命令去见韩世忠。苗翊比他哥哥警醒，知道此事不合适，但又不能否定哥哥的意见，脸色大变。梁红玉看出不好，假装镇定地分手后，快马加鞭，一日一夜间赶到秀州（现在的浙江嘉兴），与韩世忠见面，传达皇帝讯息，动员韩世忠迅速进军平叛。韩世忠加快进军速度，路上连克拦截部队，他向军队下的战斗命令是：今日当以死报国，谁的脸上没有被箭射伤，斩。这样不留余地的军令之下，没有哪个战士敢于懈怠。韩世忠一路疾驰，进入杭州，苗傅、刘正彦率两千叛军开城逃跑。

这两位将领直到逃跑，并没有对宋高宗皇族一家有过任何伤害，逃跑也不以他们做人质，这可能说明：他们的叛乱，只是出于对宋高宗及他信任的几位将相（如王渊）的不满；他们叛乱的终极目的，只是想改变一下现状，既没有改朝换代的伟大理想，也没有伤害让他们不满意的皇帝的较低目标。

韩世忠攻入首都后，马不停蹄，直奔皇宫，宋高宗步行出宫门迎接，哭着说受到禁军军官吴湛的欺负了。韩世忠马上为皇帝出气，去见吴湛，吴湛毫不提防，与韩世忠握着手说话，被韩世忠一记擒拿，折断中指，拿下斩首。

韩世忠的军队打进来了，吴湛不跟苗傅他们跑，而是在继续履行禁军职责，与韩世忠见面也光明正大，毫不设防，这充分说明在他自己心中，自己不是叛党，自己一直在兢兢业业干自己的活，保卫皇帝的安全，他也确实做到了。

但皇帝不这样认为，皇帝认为自己受了委屈。吴湛只好死。

在专制体制下，职务就是道理，职务越高道理越大，最高职务就是真理。对职级低的人来说，不必开口，当对方就是道理的化身时，还有什么好说的，说了谁听？

救驾之功，是所有功劳中最大的。宋高宗亲手写了"忠勇"二字，绣成大旗赐予韩世忠。从此之后，可以相信，韩世忠在宋高宗心中的地位，必然有其特殊的高度。后来秦桧搞和议，公开表示不赞成的，岳飞不是最大声的一个，最激烈的是韩世忠，秦桧最想杀的大将，韩世忠也排在第一位，但韩世忠都平安过关。秦桧收拾岳飞，在监狱里百般拷打，天下皆知其冤，也只有韩世忠敢于直接去秦桧府上，追问理由，把秦桧逼的避无可避，说出"莫须有"这样显然有失身份的话，韩世忠还要大声表示愤怒：莫须有三个字，怎么能服得天下人心！秦桧仍然拿他没办法。韩世忠与秦桧同在中央政府工作，秦桧权倾天下，韩世忠与他见面，仅仅拱拱手而已，话都不屑说，秦桧还是只能干生气。

合理的解释只有一个：皇帝始终没转移对他的信任。

取得皇帝的最大信任之后，韩世忠又立下许多重大战功，如名传后世、在中国军事史上也有一席之地的黄天荡战役，韩世忠以八千将士，阻断金兀术十万大军的归路，达四十八天。梁红玉击鼓战金山，成为千古美谈，为古今女儿增色。其他战事的英雄壮举，也多有让人心驰神折之处。中兴四大名将，韩世忠名列第二，但在《宋史》中记载，韩世忠"为中兴武功第一"。

直到岳飞被杀，和议形成，征战一生的韩世忠终于搞明白皇帝的心意了，从此后，他再也不以"忠勇"自命，再也不大声呼号抗金、主战到底了。《宋史》中说他"自此杜门谢客，绝口不言兵，时跨驴携酒，从一二奚童，纵游西湖以自乐，平时将佐罕得见其面"。

公元1151年，韩世忠去世。去世前，他的亲戚朋友老部下来探望他，他说："我以一个平民百姓，百战沙场，到达王公之位，老天爷保佑，还能平平安安地死在家中床上，你们觉得还有什么悲痛吗？"

从公元1141年起，韩世忠兵权被收，杜门谢客，绝口不言兵，游山玩水，至1151年去世，韩世忠过了十年悠哉游哉的日子，充分享受到了浴血搏杀来的成果。

他幸福吗？

他不幸福吗？

十年中，韩世忠学会了写字，居然也学会了填词，下面抄录两首，看看名将垂老时的心境：

人有几多般，富贵荣华总是闲。自古英雄都是梦，为官。宝玉妻儿宿业缠。

往事已衰残，须鬓苍苍骨髓干。不道山林多好处，贪欢。只恐痴迷误了贤。

——《南乡子》

冬日青山潇洒静，春来山暖花浓。少年衰老与花同。世间名利客，富贵与贫穷。

荣华不是长生药，清闲不是死门风。劝君识取主人翁。单方只一味，尽在不言中。

——《临江仙》

辛弃疾

一

如果可以自由选择，辛弃疾是更愿作一位词人，还是名将？

作一位两宋鼎盛文风之下的词人，优游于酒宴迎送之间，丝竹觥筹，云外清音，取次花丛，边行边顾，有姹紫嫣红，罗帐灯昏，让词人的生命在浓香腻云中安置，于酒水淋漓间，取一管狼毫，让绮句含芳，在千古文学史中传唱！

翻读《全宋词》，这样的词人比比皆是，他们的行踪旅屐，他们的笔墨才情，渲染了两宋风月，让中国文学史，在两宋的词坛上绽放。到今天，仍有无数词章，让我们口角噙香。

或者做一位时势艰难的名将，于南宋板荡的版图上，束甲戴盔，手执长矛，腰悬利箭，跃马于万军丛中，鏖战于中原大地。于曙星将沉之际，踏破遍地浓霜，巡行于无际的平原山川；于夜幕初合之时，冲破漫天风雪，搏杀于刀丛戟林。

翻过二十五史，无数读书人，便走上了这条路，如果没有家国的呼唤，没有战事的缠绕，他们也许能成为优秀的诗人、词人，但在雪亮的剑戟林中，任何华美的字句，都已消解于无形。这里有的，只有勇气和壮志，这里能容纳的，只有钢刀和鲜血。

天涯霜雪霁寒宵。无数有着满腹才气的读书种子，就这样悄然殒落于这样的钢刀和鲜血之中，甚至，没有一个字，可以在史书的夹缝里留存。

我不知道，辛弃疾会做怎样的选择？

仅仅看辛弃疾的作品，他的指向明确，他要的是名将辛弃疾。

但也许，尚未做成名将，他的生命就凋零在一支漫无目的的流箭之下，或者只是随手挥出的钢刀刃口。没有名将的存在，只有野狗野狼赖以为生的尸体，只有千里荒野中支离的白骨。

那名将的期许，便出自辛弃疾词人的笔下。

二

是词人的辛弃疾，成就了名将的辛弃疾。

醉里挑灯看剑，梦回吹角连营。八百里分麾下炙，五十弦翻塞外声。沙场秋点兵。

马作的卢飞快，弓如霹雳弦惊。了却君王天下事，赢得生前身后名。可怜白发生。

醉里英风侠气，醒来对镜自悲。这是词人辛弃疾对名将辛弃疾的神往和叹惜。这不是往事旧梦，这是时时潜伏于辛弃疾心中的叹惜，这一声叹惜，穿透千年，犹自于薄薄的纸页间，震荡而出，回旋于我们耳边。

这本应是名将的叹息，但在一年年岁月流转，风雨剥蚀之后，这已成为宋词的叹息，承载着一代词风，成为文学的历史，文学的印记。

三

在金国的土地上出生和成长，在金国的体制内接受教育，他的祖父便是金国的高级官员。官家子弟辛弃疾，倜傥少年辛弃疾，他优游于齐鲁大地，他在泰山之上，刻下六十一上人的句子时，应该还是一副年少轻狂的样子吧。

辛弃疾与党怀英同学，两个人天赋绝伦，卓异超群，并称辛党。文成武就之时，欲出仕而兼济天下。

其时天下两分，南为宋，北为金，宋的人民是人民，金的人民同样是人民，鞠躬尽瘁，为金的人民服务，并不就比为宋的人民服务低下。金政府中有坏官奸臣，宋政府中更有大恶官大奸臣。

对百姓来说，政府姓宋或姓金，有很大区别吗？

对党怀英和辛弃疾来说，出仕为宋国或金国之官，有很大区别吗？

唯一的区别，应该是：谁为自己管理下的老百姓，做了更多好事！

在相对开放的金国教育制度下，辛弃疾和党怀英并没有形成黑白分明、非此即彼的两分看法，他们的出仕选择，古怪，简洁。他们以蓍草卜卦，求教于周易。党怀英得坎卦，坎卦为水，须忠诚专一，遂留仕金，终为一代名臣。

辛弃疾也有在金国留仕的想法和行动，他曾两次赴金国首都赶考，均下第。他占卜得离卦，离卦为火，这也许已隐晦地预兆了辛弃疾的一生。

火焰初起的辛弃疾，遂下决心，南渡赴宋。

此时，辛弃疾心中，如火焰不息的信念，必是中兴名将的功业。

四

壮岁旌旗拥万夫，锦襜突骑渡江初。

这是何等的气势。

其时，金国皇帝完颜亮提百万雄师，虎视江南。

天下骚动，江南的百姓无辜面临刀兵之祸，江北的百姓同样承担钱粮壮丁之苦。

史书上只记载金兵寇南，有多少金兵是天生的侵略狂？哪一个金兵不是父母所生，没有自己的家庭、责任，没有自己的志向、梦想？

在金兵掠过之后，耿京义旗横卷，山东大地，饱受离乱之苦的百姓纷纷响应，旬日之间，拥众数十万，辛弃疾热血青春，为耿京掌书记。以辛弃疾的才华识见，常与耿京论及天下大势，大势既分南北，抗金的方向便应是南渡归宋，再徐图江北恢复之计。

耿京军中，有武僧义端，也是啸聚千人的义军首领，他先归耿京，后窃印叛逃。大怒的耿京让辛弃疾追逃，辛弃疾准确判断，终于拿下义端，斩其首，归报耿京。

辛弃疾的手，握得住笔，更握得住杀人钢刀，更握得住断颈的头颅。

燕兵夜捉银胡䩮，汉箭朝飞金仆姑。

辛弃疾奉表归宋，于南宋得见宋高宗，南宋政府，对耿京部队的来归，深表嘉许。辛弃疾身怀政府任命，北归耿京部队。至海州城中，知悉耿京部将张安国、邵进已杀耿京，叛降金国。辛弃疾于群情纷纭之中，表达了自己的态度：我受耿京将军之命，南归朝廷，中间居然发生这样的变故，我该如何向耿将军、向大宋中央政府复命？

何以复命？那就只有叛徒的脑袋了。辛弃疾马不停蹄，于疾风劲急中，直奔金军大营。

其时，金营中正设宴高会，为叛将张安国斩杀耿京庆功。其时，海州赴金营的路上，一路荒凉，田野荒芜，村落凋蔽，蔓草野树间，正有豺狐出没。辛弃疾及其所率忠义将士五十余骑，虽人马都少，但那马蹄声在无边寂寞的大地上滚过，已让小小的动物缩首荒草，如闻惊雷。

惊雷就在瞬息间于金营炸开，置酒高会的金军怎么也不会想到，就那么几十位民间的义军将士，就敢突入他们几万人的大营，就能从几万横行天下的金军精锐中，从容抓获、捆缚张安国上马，从容离去。

　　能决断数十万军马归宿，能缚将万军营中，辛弃疾一生六百多首词章，便都是在这一平台上生成。

　　只是，名将事业，这是开始，也成了巅峰。

五

　　吴楚地，东南坼，英雄事，曹刘敌。

　　被西风吹尽，了无陈迹。

六

　　渡江之初的辛弃疾，正值年少，壮怀激烈，他的《九议》、《美芹十论》等篇章，"论南北形势及三国、晋、汉人才，持论劲直，不为迎合"。"言逆顺之理，消长之势，技之长短，地之要害。"在江北二十余年的观察与思考，至此方显名将手眼。

　　但所有的思考和建议，都在和平大局的需要中，渐次消磨。

　　却将万字平戎策，换得东家种树书。

　　名将辛弃疾渐渐成为背景，词人辛弃疾渐渐成为大家看得最清晰的形象。

七

　　辛弃疾守京口，时值大雪。辛弃疾置酒多景楼，宴请同僚好友。

　　大雪中，有客来访，敝衣曳履，扬扬而至。

　　如此人物，也称诗人？辛弃疾并不轻看他，也不重看他，只是让他随意地坐，随意地拈出一个"难"字，让其赋诗。

　　"功名有分平吴易，贫贱无交访戴难。"

诗成,辛弃疾刮目相看。虽然辛知府为朝廷重臣,主管一方,但不是凡俗之官,雪夜访戴,也不需要两个人都有乌纱在顶,都有万金在腰,一首好诗,一阕好词,或者,只需一句话,出你的口,入了我的心,便成莫逆,便是知交。

词人刘过,由此成为辛弃疾的布衣之友。并因为有了辛弃疾,刘过也成为宋词的高峰之上,绕不过去的景点。

刘过虽布衣,但疏财好施,越是没钱,越要做有钱人的行为。于是,在他永远破旧的衣兜里,永远空荡如洗。

刘过习以为常,辛弃疾也习以为常。直到有一天,刘过的家人来信,刘过母亲病重,需要大量开支。

刘过向辛弃疾告别,却也并不多说家庭的困窘。辛弃疾知道刘过的为难之处,却也并不点破,只是约了刘过,同去妓院。

那是文风熏染的南宋,那个叫南宋的国家并无刀戟森然之气,却有靡靡之音,唱彻在一百余年的时间与空间里。这里是理学与词学的巅峰,这里曾经的名将,正成为妓楼的恩客。

时有京口政府一高级官员,正在饮酒高会,拥妓观歌。脱去了名将与高官外套的辛弃疾,只是一般人眼中酒醉的词人,酒醉的词人是没有什么地位的,官员发怒:是何人敢扰我的娱乐,打了出去。

被赶出妓院的辛弃疾与刘过快乐不已,大笑着走过京口的大街小巷。回到知府衙门,辛弃疾立即派人去官员的住处招寻:有紧急军务,速来处理,有违者军法从事。

然而,妓院中的官员耳中听到的只是柔糯的歌声,没有谁找得到,他更听不到这忽如其来的军令。

于是,贻误军机。

于是,辛弃疾决定,抄没其家,发配其人。

数十人循环说情,辛弃疾铁面无私。

终于,那位官员探听到了问题所在,他去求刘过说情,情愿拿五千缗钱,为刘过母亲作寿。刘过转述于辛弃疾,辛弃疾不允,直接下令,必须再加一倍。那位官员如数奉上,辛弃疾将钱悉数搬入刘过的归舟中,嘱咐:快回家吧,不要再像往日那样,花天酒地的挥霍掉了。

这是文人的韵事。

这是大宋政府的混乱。

这是辛弃疾于南宋词风中，戛然独造的名将风范。不能面对敌人之时，他的纵横无羁，锋锐英气，便只能在这小小的角落里迸发。

八

不恨古人吾不见，恨古人不见吾狂耳。知我者，二三子。

二三知己中，不知几人为词人，几人为将军，几人为贩夫屠沽者流。

有为刘过谋利的神来之笔，做辛弃疾的知己、朋友，该是何等幸运、快乐。

于是有陈同甫的拜访，骏马却步于稼轩门前，利剑断其首，何等俊爽果决。抵掌相谈天下事，"稼轩言南北之利害，南之可以并北者，如此，北之可以并南者，如此。且言钱塘非帝王居，断牛头之山，天下无援兵，决西湖之水，满城皆鱼鳖"。这是何等高蹈俯视、胸襟心肠。这是词人的辛弃疾，在说名将的眼光和抱负。

我最怜君中宵舞，道男儿到死心如铁，看试手，补天裂。

同是在鼓吹恢复大计，却一生沉沦下僚的陆放翁，终于有机会，握住年龄虽小他十五，却有机会领师浙东、筹划恢复的辛弃疾之手。南宋文坛双星，就在几十年的时空隔离之后，有机会对面倾谈。尽管在这个时候，两个人的头发，都已萧疏如雪，但历史还是慷慨的，没有让站在诗词巅峰上的两个人，各自留下孤独的背影。

印记在两手相握的背景上的，是诡异的韩侂胄北伐。这是次不成功的北伐，却让辛弃疾有机会再一次体验马上横戈的豪情，让文坛双星的交集，在中国文学史上，留下永远的印记。

十年高卧不出门，出门则黄旗皂角从天下。

这是陆游对辛弃疾的期许，也许是辛弃疾自己对自己的期许。但这次，他们都失望了，"胄岂能用稼轩以立功名者乎，稼轩岂肯侂胄以富贵者乎？"

两个人有共同的朋友朱熹。朱熹一生，门生故旧遍天下，死时因为当权者的不喜欢，遍天下的门生故旧，居然无送葬者。只有辛弃疾的挽文，于凄风苦雨中，飘扬于朱熹墓前松间，凛凛冽冽：

所不朽者，垂万世名。孰谓公死，凛凛犹生。

这十六个字，也可以用来悼挽辛弃疾自己，以及陆游。

九

或许，辛弃疾自己，并不看重他在江西闲居的日子。

他不是江西人，他只是江西游子，他的家在江北，在山东。他到江南，不是为了闲居，而是为了把大宋的军旗，插回刻满了他少年印记的齐鲁大地。

终究，那些壮志，慢慢在他眼前隔了一层雾，秋宵梦觉，眼前似有江山万里，身前所拥，也只是一床布被而已。

只能在茅檐之下，青草溪畔，坐看小儿无赖，卧剥莲蓬。

山远近，路横斜，青旗沽酒有人家。城中桃李愁风雨，春在溪头荠菜花。

春在荠菜花中，春也在辛弃疾心中，卖瓜人过竹边村，那一声声叫卖呼唤，是最春天的声音。

这样的春天，遍铺万里江山，无论这江山是宋，是金，是任何朝代和世纪，春天该来就来，野花该开就开，没有国度，不分种族。

辛弃疾站在花间，不用讨论、思索任何道理，有了这遍地野花的一天，辛弃疾的一生，因之丰盈。

而在南宋的词中，遍野铺陈的荠菜花，仍然小小地绽放在大地山川。日出日落，月明月暗，管自开，管自落。

十

辛弃疾还是要疏离这溪头的野花，他作为名将南归，到了人生的归途，他也要作为名将离开。

"临卒，以手比指，大呼'杀贼！杀贼'！数声而止。"

名将事业，沙场向往，至此终了。

但仍有神迹，为这南宋的词人作生命之余响——

谢枋得过辛弃疾墓旁僧舍，有疾声大呼于堂上，若鸣其不平者。自昏暮至三鼓不绝声，近寝室愈悲。一寺人惊以为神。枋得秉烛作文，且且祭之，文成而声始息。

将军百战声名裂。向河梁，回头万里，故人长绝。易水萧萧西风冷，满座衣冠似雪。正壮士悲歌未彻。啼鸟还知如许恨，料不啼清泪长啼血。谁共我，醉明月。

明月还在，明月下的剑舞豪情还在，明月下的酒香馥郁还在，只是明月下那个手握词管的名将，永远去了。

只有那轮清清冷冷的月，自宋，至今，再至永远！

伯　颜

伯颜是元朝开国时期最出色的政治家和军事家之一，是他作为元军主帅，亲手将南宋送入坟墓。大元帝国，一统华夏。

伯颜出身于蒙古帝国的武官世家，他的曾祖父就追随成吉思汗，成了蒙古大军中的一位中级军官；伯颜的祖父和父亲先后继承了父亲的爵位，并继续建功立业，进步提拔。蒙哥担任蒙古大汗时，派弟弟旭烈兀西征，大军席卷西亚，伯颜的父亲就在军中效力。忽必烈接班成了蒙古大汗——后来成了元世祖，把他的弟弟封在波斯为王，旭烈兀就在封地内建起了伊利汗国。这个汗国虽然名义上是元朝皇帝的藩属，实际上就是完全独立的国家，元朝皇帝对他们并没有什么实际的管理指挥权。伊利汗国控制着西亚大部分地区，伯颜的父亲晓古台就在汗国当官，伯颜长大后，也在朝中任职。忽必烈称帝后不久，面上还维持着大蒙古帝国的完整统一性，伊利汗国定期去中央政府上贡、述职。某次，旭烈兀派伯颜去中央政府汇报工作，忽必烈见他长的相貌奇伟，说话干脆利落，非常欣赏，说：你不是给藩王当臣属的料子，还是留在中央政府跟着我干吧。

人往高处走，伯颜当然愿意为帝国的最高领袖服务。忽必烈很信任他，陆续将一些国家大事交给他处理，伯颜都处理得井井有条，能力超出其他臣属，忽必烈更加喜爱他，知道他还没有娶老婆，亲自为他作媒，将中书右丞相安童的妹妹许配给他，并对安童妹妹说，嫁给伯颜做老婆，不会辱没你的家族。一年后，伯颜就被提拔为光禄大夫、中书左丞相，政府事务，无论多么复杂，他只要简单地说几句话，就能妥帖处理，大家很服气，一致认为：真是个宰相材料。之后，伯颜改任中书右丞相，再迁同知枢密院事，军政大权，集于一身。

公元1274年，伯颜被任命领河南等路行中书省，为蒙古帝国南征大军总指挥，军分三路，踏上了平灭南宋之路。

出发前，蒙古帝国领袖忽必烈如此嘱托伯颜：当年大宋开国名将曹彬，以不杀平民收服了江南民心，平定江南，希望你能体会我的用心，做我的曹彬！

三路大军并进，左右两路各仅一万人，只是用来牵制、干扰南宋抵抗部队，配合中路军行动。南征主力中军由伯颜亲自率领，包括步兵、骑兵、炮兵、水师，共二十万人，沿汉水，向东南方向进军。

汉江之侧，南宋军第一个抵抗据点是郢州（现在的湖北钟祥）。进军郢州途中，大雨连绵，江河水位暴涨，行军途中遇河流，没有船过不去，伯颜说：我们此行，连长江都要飞渡，怎么可以被小小河流阻挡？遂命一骑兵背负甲仗，骑马渡河为先导，大军随之渡河。

郢州位于抵抗蒙古军侵略的第一线，守城将士从不敢懈怠，城防极其严密坚固。伯颜审时度势，认为如果硬攻郢州，只怕要耗时费日，大军久拖在城下，贻误军机。他果断下令，绕过郢州，直捣南宋腹心地区。

伯颜的这一决断极其大胆，郢州扼守在蒙古军队进攻的咽喉要道，如果蒙古大军绕过去后，进军作战不利，郢城把退路卡住，元军就成了打狗的肉包子，想完整退回蒙古占领区，难度就大了。蒙古军队的将领们顾虑到这一点，纷纷提出应该先拿下郢城，以巩固后方。伯颜说："用兵之道，何者缓，何者急，我心中有数，我们此行目的，是要灭掉南宋，把南宋灭掉了，郢城不战可下，我们现在纠缠在这一座城市之下，诚为下策。"遂绕过郢城，顺江而下。

守卫郢城的宋军将领赵文义、范兴发现蒙古大军不战而去，马上开城，出动两千骑兵衔尾追击，伯颜还军迎击，身先士卒，亲手格杀赵文义、活捉范兴，二千宋军骑兵，五百人战死，数十人被俘。

绕过郢城，宋军的第二座抵抗城市是沙洋。伯颜先派人去城下招降，守将王虎臣、王大用不理会，伯颜又派一宋军俘虏手持招降书和赵文义的脑袋进城，去说服两位守将。两位守将斩杀俘虏，烧掉招降书，誓与蒙古侵略军血战到底。

守将虽然以身许国，视死如归，守城的战士却未必都愿意为南宋政府捐躯，先有十七人出城投降，王虎臣将随后要投降的人全部杀掉。

是日傍晚，大风突起，伯颜命令炮兵部队，顺风打出金汁炮，将城中民居点燃，烟焰涨天，沙洋城陷。

元军继续东进，军抵新城。伯颜让投降过来的宋将吕文焕去城下喊话，招降新城守将边居谊，边居谊下令放箭，射中吕文焕右臂。蒙古大军全力攻城，"蚁附而登"，新城陷落，边居谊率三千宋军力战不屈，三千宋军全数战死，边居谊举家自焚。

元军进至复州（现在的湖北仙桃）城下，知州翟贵投降，蒙古将领要求进城去搜掠仓库物资，伯颜严令军队不得入城，违者军法处置。

蒙古大军抵达汉口，派人去江北渡口阳逻堡要塞招降，阳逻堡将士传达出同一个声音："我辈受宋厚恩，戮力死战，此其时也，安有叛逆归降之理。备吾甲兵，决之今日，我宋天下，犹赌博孤注，输赢在此一掷尔。"

南宋的确腐败、懦弱，但他的民生政策，是中国专制朝代中最好的，所以因为制度的原因，南宋末期名将不多，但忠义之士，所在多有！

既然不投降，只有靠实力说话。伯颜指挥大军，连攻三日，没有进展。伯颜心生一计，趁阳逻堡鏖战吸引了南宋军队的注意力，派遣副手阿术，率三千铁骑，溯流西上四十里，趁夜色渡江。其夜大雪纷飞，宋军出其不意，在都统程鹏飞的带领下，仓猝迎战，击退了蒙古军的先头渡江部队。阿术亲自率军再次发起强渡，"横身荡决，血战中流"，生擒南宋防守部队将领高邦显，宋军大部分阵亡，程鹏飞身受重伤七处，力不能支，率余部败走。蒙古军得以在江南登岸，架起浮桥，蒙古铁骑南渡，占据了南岸阵地，回师而东，进攻宋军主将夏贵。同时伯颜指挥围攻阳逻堡的部队全力攻城。

受南岸失守消息影响，阳逻堡守军战斗力明显下降，守将战死，要塞失陷。宋军主将夏贵脚底板抹油，先期逃跑，群龙无首的数十万宋军大溃，各自为战，被凶猛的蒙古战士屠戮殆尽。蒙古军将领认为夏贵作为宋军主将，不该让他轻易逃跑，申请快马加鞭，追上去抓回来。对蒙古军队来说，夏贵这样靠巴结领导爬起来的将领越多，在南宋当的官越大，领兵出战的次数越多，于蒙古尽快统一宋域越有利，所以伯颜并不同意去抓夏贵，他淡淡地说了一句：阳逻堡战胜的消息，我本来就要派人去告知南宋小朝廷，现在夏贵跑了，正好可以当我们的使者，没必要再追。

阳逻堡大捷，数十万宋军灰飞烟灭，对长江一线的宋军心理上的打击，是致命的。此后的鄂州、汉阳、德阳、池州、黄州、蕲州、江州、南康、安庆等城市，相继投降。池州投降之时，守城军队在军队首长张林的带领下开城请元军入城了，代理知州赵昂发一介文官，无力抵抗，他与妻子上吊自杀，以生命书写了不屈于侵略者的绝唱，让后人见证一位书生的铮铮丈夫铁骨。伯颜也为之动容，进城后，安排人将其好好收敛、下葬。

垄断了南宋政府权力的著名大奸臣贾似道，派人去跟伯颜讲和，企图以儿皇帝的地位、年年贡献岁币的代价，换取蒙古军队的退兵。伯颜不同意。贾似道无路可退，硬着头皮上阵，搜罗了南宋残余部队共计十三万，号称百万，沿江而上，来抵抗蒙古军队。

伯颜命部队骑兵自长江两岸，齐头并进，炮声响震百里。在丁家洲（现在的安徽铜陵），两军刚刚接触，还没怎么交战，率领前锋部队的宋军主将就吓破了胆子，乘着快船，急速顺流向下游逃跑，经过贾似道的大船时，大声呼喊："敌人太多了，我们打不过，我先走了。"贾似道听到呼喊，惊慌失措，根本没观察战场形势，就下令鸣锣收军。

两军已然相接，比拼的只有血气和勇气，此时已无任何退路，不是胜，就是败，任何后退的举动或言语，都有可能动摇军心，引起连锁反应，一发而不可收。此前所写到的名将，有相当一部分，在决战时，都会安排专人执行战场纪律，凡后退回顾者必斩，这与他们狠不狠没有关系（当然他们也够狠的），而是在生死系于一线、胜负决于瞬间的决战时刻，不能容忍任何动摇军心的言行出现。

贾似道是个官场高手，权术高手，他对蒙古侵略军奴颜婢膝是有的，但要说他主动打败仗，那不可能。只是他没有任何可以打胜仗的能力，又不去使用有打胜仗能力的人，于是，宋军随着他的撤军命令而崩溃，于是，贾似道的政治生命以及生理生命，也迅速走到了终点。

宋军溃败。南宋已无主力部队，贾似道逃到扬州，之后被贬往循州（现在的广东惠州），途中被杀。

伯颜取得丁家洲大捷后，沿江而下，宋朝已无力组织抵抗。但各地战场，仍有明知无希望却仍然全力奋战、至死不降的将士，他们用鲜血，书写下他们的忠勇。

伯颜进攻常州，南宋政府派张全、尹玉各率一部分部队，前往增援，尹玉在五牧（现在的江苏武进）与元军短兵相接，力战不屈，杀敌数千，终因寡不敌众，眼见支撑不住。张全率另一支增援部队，隔水相望，不发一箭救援。最终尹玉被元军击败，但尹玉虽败不逃，又收拾残兵五百人，继续与元军作战，一夜之间，亲手杀死元军数十人。最后，尹玉与他的部下全部战死，无一人逃，无一人降，张全则早就逃之夭夭了。

元世祖至元十三年（公元1276年）正月十八日，宋恭帝赵㬎派宗室赵尹甫、赵吉甫等携带传国玉玺和降表，到伯颜大营投降。二月，蒙古帝国将南京首都临安（现在的浙江杭州）改为两浙大都督府，蒙古将领入城接管。

至此，南宋灭亡。

三月，"伯颜建大将旗鼓，率左右翼万户，巡临安城，观潮于浙江"。

可以统军灭掉一个存在了三百多年的国家，这是作为一位军事家、元帅无上的光荣。

伯颜极有谋略，善于决断，统帅二十万大军征战南宋，如同使用一个人那样挥洒自如，不忙不乱，部下将士对其视若神明。灭掉南宋，北归之日，行李中仅有换洗衣服及被褥而已，也从不主动炫耀自己的战功。

元代诗人刘因，写有一首叫做《白雁行》的七言古诗，据说，"白雁"二字，是取了"伯颜"的谐音，寄托了诗人对南宋灭于伯颜之手的深切哀悼，全诗"风格高迈，比兴深微"，抄录如下：

北风初起易水寒，北风再起吹江干。

北风三起白雁来，寒气直薄朱崖山。

乾坤噫气三百年，一风扫地无留残。

万里江湖想潇洒，伫看春水雁来还。

伯颜拿下临安，南宋皇帝投降。并不代表南宋原有领土上的所有军民都自动成为蒙古帝国的臣民，在随后几年里，自北至南，无数不甘心做亡国奴的英雄儿女，仍然在做着最后的抵抗。他们应该知道他们的抵抗已无关大局，但他们依然为了心中的信念，不屈不挠、前仆后继，以生命为代价，写下一曲曲壮歌，近千年后读来，依然让人热血澎湃，感动于心。

1275年11月，元将宋都带进击江西，势如破竹，数日间连下十一城。军至抚州时，政府一把手黄石万闻风而逃，都统密佑率军出战，一马当先。元军大声呼喊：来的是要投降，还是要战斗？密佑大呼："斗者也。"他身先士卒，直冲元军，被元军团团围住，密佑身中四箭三枪，犹自双刀翻飞，勇不可挡，杀出重围，因渡桥断裂而被擒。对这样的英雄，蒙古人也是敬重的，一再说服他投降，直做了一个多月的工作，密佑只有一种回答：我愿为国而死。最终被杀。

1276年10月，元军兵围潭州，城中宋军仅两千余人，知州李芾在百姓的支持下，固守潭州，城中无分老弱，悉数上阵抗战。三个月后，城破，李芾自焚战死。

1276年年底，元军在汉奸林华的带领下，偷袭兴化军（现在的福建莆田）得手，活捉了宋军主将陈文龙，逼他投降，陈文龙指着自己的肚子说："这里面全是节义贞操，岂是你们所能逼迫。"元军尊敬他，不杀他，他就绝食而死。当时陈文龙的母亲在福州，重病而死，临死前，看着身边人悲痛的样子，陈老太太说："我能与为国捐躯的儿子同时死去，你们应该高兴啊。"

不久后，兴化军被宋将陈瓒收复，又过了不久，兴化军再次被元将索多攻下，陈瓒率众巷战达一整天，给元军巨大杀伤后，力尽被擒，被车裂而死，不屈的兴化军也惨遭屠城。

1277年，宋左武卫将军马墍固守静江，拒不投降，与元军大小百余战。三个月后，静江城破，马墍巷战至力尽而死。

1278年闰十一月，文天祥在五坡岭（现在的广东海丰）被元军俘获。这位21岁时便在科举考试中高中头名状元的宰相，因为少年得志，很是浮华讲究，游乐吃穿，样样求精求美，很是腐化。但在国家危亡之际，他挺身而出，在基本无望的时局中，不避艰危，为国尽忠，其耿耿丹心，为后世人民所永久流传。他的诗句"人生自古谁无死，留取丹心照汗青"，也成为后世砺志报国最著名的铭文之一。

蒙古大军横扫中亚、西亚、东欧、中欧，席卷半个世界，也才用了短短十数年时间，而侵占文弱的南宋，居然用了几十年时间，并且是在奸臣贾似道的大力配合下，才在付出巨大牺牲后，勉强灭掉南宋。在蒙宋之战的晚期，南宋灭亡，可以说是大局已定，但仍有那么多人在奋战，在抵抗，知其不可为而为之，这是中华民族的精神所在。

"宋之亡，忠节相望，班班可书，匡直辅翼之功，盖非一日之积也。"

徐 达

徐达是濠州钟离（现在的安徽凤阳）人，朱元璋的老乡，出身与朱元璋一样，是个世代务农的赤贫家庭。很多书中，说徐达和朱元璋小时候一起放过牛，是玩伴，但在《明史·徐达传》中，是在徐达二十二岁那一年，朱元璋回乡募兵，徐达"往从之，一见语合"。一见如故，话说的投机，从此跟定了朱元璋。按照正常逻辑推理，他们既然一见如故，就不该是故人故交。

人的志向与出身无关，高官世族大财阀的子弟，所受的教育一定是好的，但他们的志向也许只是怀中有美女，手中有酒杯；像徐达、朱元璋这样的放牛娃没有机会受到好的教育，一样可以有济世之志。

有济世之志的徐达，长得高个子、高颧骨，为人"刚毅武勇"。朱元璋回乡募兵之时，仅仅是濠州起义军郭子兴手下的一个小头目，徐达仗剑从军，跟着这个小头目，当了更小的头目。但这两个小小的头目胸怀都不简单，经过与朱元璋的深入交流，徐达认定了朱元璋是他的真命天子，从此不离不弃，从来不起跳槽之心，成就了名将徐达。

先跟一个小头目，遇到大头目时再跳槽去跟大头目，并且为了取得大头目的信任，回过头来再咬小头目一口，这样的聪明男女比比皆是，并且有许多取得了他们心目中的成功。

徐达拒绝了这样的聪明，他一心一意为朱元璋服务。濠州城不仅仅只有郭子兴一支起义军，而是有五支各自独立的起义军，挤住在这座小小的城池里，他们一起造元朝的反，却也互相不服气，互相看不顺眼。某次郭子兴与另一支起义军的老大孙德崖发生了冲突，拘捕了孙德崖，孙德崖的部众抓不到郭子兴，就把郭子兴最亲近的部将、也是郭子兴干女婿的朱元璋抓起来。没有什么远大志向的起义军纪律松驰，乱哄哄的，失手杀个把人再正常不过。还没什么名堂的朱元璋随时有可能被砍掉，是徐达挺身而出，赶到孙德崖营中，主动要求做人质，换出了朱元璋。

徐达心中已认定朱元璋是值得他一生追随的人，但参考当时的乱局，神仙也难准确预言朱元璋能从造反派小头目当上国家最高领导人。徐达的舍身替主，更多的应该是出于真挚的感情，而不是对前途的掐算。

结果皆大欢喜，郭子兴放了孙德崖，徐达也活着走出了孙部军营。

要想感动一个人，一定要在他创业初期雪中送炭，等到他花团锦簇之时，已经不在乎是否有人增加一朵两朵花了。

徐达在朱元璋最危急时刻，送上的不仅仅是炭，而是自己的生命安全。

互相撕咬、乱象丛生的濠州城，给了元军机会，他们调兵来攻打，打了几个月，倒是没有什么成绩，却给了胸怀大志的朱元璋一个启发：老是窝在这么个小地方，要么会因为帮派多粮草少发生大的火并，要么会在不团结中迟早被元军吃掉！

朱元璋下决心离开濠州，向外发展，打出自己的一片天地。但郭子兴只是小小濠州城中五支造反军之一，造反军打走了元军，就该互相下手了，如果要求把主力部队带走，郭子兴出于安全考虑，肯定不会同意，于是朱元璋提出，仅仅带最体己的二十四位兄弟，去为郭子兴攻城夺地。

郭子兴大喜，走二十五个人对他的军队实力基本没有影响，如果能打下点地盘，他的实力就会增加一点，就算肉包子打狗了，二十五个肉包子也不会扯得心痛。

跟随朱元璋离开濠州，从此踏上夺取天下之路的二十四人中，徐达排在第一位。另二十三位也大多都是明朝开国功臣，其中最有影响的几位是：汤和、吴良、吴祯、花云、陈德、顾时、费聚、耿再成、耿炳文、唐胜宗、陆仲亨、华云龙、郭兴、郭英。在民间演义故事、评书小说中，这些名字都承载着辉煌的篇章。

大明的锦绣江山，就在二十五匹战马的蹄声中，次第铺展。

途中，徐达配合朱元璋，收编了几支民团及绿林武装，力量滚雪球般增强；之后沿长江一线，一路凯歌高奏，直至公元1356年，拿下集庆，改名应天府（现在的江苏南京）。此时郭子兴已死，郭子兴的儿子也在攻打集庆的过程中战死，朱元璋成为这支部队的最高领导，他就在南京设置江南行中书省，自任总省事，以此为据点，任命徐达为大将，率军四方征战，攻城略地，扩大地盘。

徐达率军顺流而下，东取镇江，"号令明肃，城中宴然"，体现了一代名将风范。

拿下镇江后，徐达乘胜进军，围攻常州城。当时常州城是另一支起义军张士诚的地盘。许多吹捧朱元璋的历史书上，大都说他吊民伐罪，向罪大恶极的蒙古统治政权宣战，并一举推翻了这个吃人的元朝社会。事实却是朱元璋的地盘大都是从同样的起义军手中夺取，那些起义军与他做着同样的事情，同样是在推翻罪恶旧社会的战场上浴血搏杀。

相比起凶悍的蒙古军队，还是那些不成气候的汉人造反军好对付些。

朱元璋明智地选择了自己的发展方向：蚕食友军地盘，壮大自家力量。

夺人家的东西，总是会有些反弹，张士诚派出将领，率军增援常州。徐达认为敌人快速赶来，士气正盛，不能正面决斗，于是从围城部队中，秘密调走大部分力量，去援军必经之路埋伏好，另派将领王均用带队，绕道迂回到增援部队身后。张士诚增援部队进入埋伏圈后，徐达亲自率军冲杀，将张士诚部队一下子打懵了，仓促撤军，王均用的迂回部队突然杀出，将张士诚援军彻底击垮,俘虏援军指挥员。回过头来再继续围攻常州。

这是典型的围点打援战例。

等不到援军的常州终于被打下来,徐达再接再厉,相继打下宁国、宜兴、常熟,攻克常熟时,抓获张士诚的弟弟张士德。张士德没有军事能力,抓住他的宣传意义,远远高于军事意义。

从东面的张士诚的周政权手里夺了部分地盘后,徐达军锋西指,又与长江中游地区的汉政权陈友谅争夺地盘。公元1340年,徐达与常遇春合作,在九华山下设伏,大败陈友谅部队,阵斩敌军万余人,生擒三千人。常遇春认为这些人杀光了才没后患,徐达不同意,但两个人官一般大,徐达不能干预常遇春的决策,于是徐达派出快马将情况报告朱元璋。朱元璋不许杀降的命令传达到军中时,常遇春已经活埋了一半俘虏,朱元璋命令将剩下的俘虏都释放遣返,并从此时开始,安排徐达有节制诸将的权力。

公元1343年,爆发了元末战争史上最重要的一战——鄱阳湖之战。朱元璋与陈友谅的主力在鄱阳湖上对决,谁胜了,谁就是造反军中的老大,谁就最有希望成为统一中国的那个人。

此战爆发之初,形势对朱元璋不利。徐达于安丰(现在的安徽寿县)击败张士诚部将吕珍,进围庐州(现在的安徽合肥),正在攻城胶着阶段。形势危急的朱元璋紧急传令,先放过庐州,立即赶来江西增援。徐达撤围,率军星夜赶往江西,于鄱阳湖上与陈友谅部队相会,其时陈友谅部队兵多势盛,朱元璋部队多少有点胆怯。关键时刻,徐达身先士卒,率军力战,挫败陈友谅前锋部队,杀敌一千五百人,缴获了陈友谅水军的一艘巨型战舰,陈友谅的汉军为之气夺。

经此一战,朱元璋部队士气高涨、军心振奋,朱元璋权衡形势,认为鄱阳湖的战局已经胜算在握,倒是根据地应天府防守空虚,万一张士诚趁虚而入,很有失守的风险。他当即派徐达星夜回归,镇守应天。

结果是陈友谅不是朱元璋对手,鄱阳湖一战,全军覆灭,连性命都搭了进去。而张士诚小富即安的思想,让他丧失了对朱元璋作战的最佳翻盘机会,没能趁朱元璋主力部队决战江西之机,袭取朱元璋根据地,导致朱元璋毫无后顾之忧地放手扫荡陈友谅势力,将陈友谅汉政权地盘悉数纳入囊中，一举成为元末起义军中的老大。张士诚从当初平起平坐，互有攻防，互有胜负，变成节节抵抗，节节败退。

对夺天下这样的大赌局来说，眼光、器量、判断，决定着胜负的最终走向。

成为造反军的老大后，朱元璋有了足够的底气，越过高筑墙、广积粮、缓称王阶段，自称吴王，任命徐达为左相国。

成为相国的徐达继续带兵出发，继续围攻一年前未能攻克的庐州，轻松拿下。之后连战连捷，攻取湖北、湖南及黄淮等地，兵锋直指张士诚的老巢——大周政权首都平江（现在的江苏苏州）。

陈友谅遭到朱元璋攻击之时，只顾打自己小算盘的张士诚坐山观虎斗，不能及时出兵攻击朱元璋后方，牵制朱元璋兵力，声援陈友谅，现在轮到他遭到朱元璋攻击了，已经没有什么人可以求援。被小算盘打去了机会的张士诚，在失去了湖州、嘉兴、杭州、绍兴等外围据点后，困守平江，以孤城抗击徐达的大军围攻，做垂死挣扎。

《明史》中详细标明了徐达部队对平江的围困布置："（徐）达军葑门，（常）遇春军虎丘，郭子兴军娄门，华云龙军胥门，汤和军阊门，王弼军盘门，张温军西门，康茂才军北门，耿炳文军城东北，仇成军城西南，何文辉军城西北。"十一路部队铁桶般围住平江，在平江城外，又筑起环形围墙，那是真正连老鼠都跑不掉。

仅仅围是不够的，还要进攻。徐达下令，军中架起木塔，与城中最高建筑佛塔等高；木塔之外，再堆起三座土山，派出战士，每天轮流到木塔土山上，居高临下，向城中射箭，喷射火筒；又把巨型铁炮推上土山，瞄准城中开炮，弹丸打进城中，爆炸声所起的震慑作用，足以让平江军民失魂落魄。

围攻平江的过程中，徐达屡屡派出信使，将自己的下一步军事行动汇报给朱元璋，让朱元璋审定。

徐达是朱元璋最信任的大将，能被信任，就说明他懂得迎合朱元璋的心意。徐达是一直就清楚朱元璋严重的猜忌心理吗？

朱元璋的后期行为，足以证明这是个猜忌心重、心狠手辣的领袖。但在打天下的用人之时，他很好地克制了这一点，读过徐达的军情快递，他写了封回信：徐将军的智谋勇略，都无人可比，所以才能够在乱世之中，削平群雄。现在每件军情都要向我汇报，是出自你的忠诚之心，我很欣赏，但兵法中说，将在外而君不御者胜，所以部队中有什么安排，你尽管根据需要视情况做出决定，我都同意，决不干涉。

没有一点前途光明的困守，终究难以持续下去，平江城的抵抗已经不再顽强，眼看城破在即，徐达下达了这样一条命令：攻入城池后，"掠民财者死，毁民居者死，离营二十里者死"。

名将曹彬，当年在攻破金陵之前，与诸将盟誓，入城后不得妄杀一人。这成就了曹彬的大将英名。徐达在攻破平江城前的约束，让我们依稀看到，这曲人道主义的颂歌，在中国的名将谱中，虽然始终没能成为主旋律，但一直顽强存在，绵延不绝！

攻破平江后，军队很好地执行了徐达的指令，对城市基本没造成破坏，对市民生活，也基本没造成很大影响。

张士诚被活捉到应天府，不肯投降，上吊自杀。

荡平陈友谅的汉政权和张士诚的周政权后，朱元璋已经独步天下。此前，缘于形势的需要，朱元璋一直尊奉小明王为自己的上级领导，现在这个牌位已无用处，于是朱元璋派人以迎接小明王去应天府的名义，在江中将小明王淹死。1368年正月，朱元璋在应天府正式登上皇帝宝座，建国大明，改元洪武，把应天府改了个名字叫南京，作为大明首都。

称皇帝之前，朱元璋就派出徐达担任大将军，率二十五万部队，北伐中原，推翻元政权。毕竟朱元璋是打着驱除鞑虏一类旗号揭竿造反、号令天下、动员人民的，结果老是打内战，就算当了皇帝，也没多大面子。

北伐之前，朱元璋问计于诸将，常遇春认为挥师急进，直捣元朝首都大都（现在的北京城），可以速胜。朱元璋则认为这么做风险太大，应该稳扎稳打，先取山东，再下河南，荡平中原齐鲁后，再击大都，可保万全。

不能不承认，所有开国皇帝，都称得上是高明的战略家。

送别徐达时，朱元璋对北伐作战提出了要求："非必略地攻城而已，要在削平祸乱，以安民生。凡遇敌则战，若所经之处及城下之日，勿妄杀人，勿夺民财，勿毁民居，勿废家具，勿杀耕牛，勿掠人子女；民间或有遗弃孤儿幼在营，父母亲戚来救者，即还之。"

朱元璋是不折不扣的暴君，但他生长于赤贫之家，对民间疾苦，一直有深切了解。

徐达不折不扣地贯彻执行朱元璋的战略方针和临别要求，率军北行。其时正好蒙古人的大元政权内乱，蒙古名将察罕贴木儿去世，他的儿子、名将扩廓贴木儿忙着打内战，顾不上徐达。徐达大军兵进山东，势如破竹，自沂州开始，莒州、滕州、益都、东平、兖州、济南、济宁、密州、登州、莱州、东昌等地，如秋风扫落叶般——克复，山东全境光复。

朱元璋称帝后，徐达被任命为左丞相，带领大明光复军，继续北伐作战，至1368年八月初二，占领大都。蒙古皇帝妥欢贴睦尔于慌乱中带领后妃、太子和部分大臣，趁夜色北逃，经居庸关，进入茫茫草原。

亡国近百年后，以汉民族为主的中华民族又恢复了在大致相等的疆域内行使职权的中央政府。

朱元璋认为妥欢贴睦尔不抵抗就逃跑是"知顺天命，退避而去"。在听说妥欢贴睦尔去世后，送给他"顺帝"谥号，是为元顺帝。

元顺帝的大臣们有些没有逃跑，也不投降，徐达毫不手软地将他们杀掉，不再诛连任何人，"吏民安居，市不易肆"。

蒙古帝国在中原地区的政权垮台了，蒙古帝国的内乱才算稍稍平息，蒙古帝国天才将军扩廓贴木儿率军与徐达连番大战，有胜有败，最终仍是无力回天。徐达率军，持续扩大战果，明朝疆域，逐渐定型。

荡平中原、北征草原的战场上，徐达每每在春季出征，冬季召还，每次回京，徐达都会在第一时间交还帅印，朱元璋也总会在第一时间为他设宴洗尘。宴会之中，朱元璋都会像最初相识时那样，不拘礼节地跟他以兄弟相称；而徐达在这种时候，表现得就越加恭谨。

朱元璋表彰徐达："受命而出，成功而旋，不矜不伐，妇女无所爱，财宝无所取，中正无疵，昭明乎日月，大将军一人而已。"

朱元璋又很随意地告诉徐达："徐兄功大，未有宁居，可赐以旧邸。"

旧邸就是朱元璋做吴王时的王府，以徐达的为人和对朱元璋的了解，徐达如何敢要？坚决推辞。某日，朱元璋让徐达陪着，一起去旧邸喝酒，一再要求徐达大口喝，徐达不敢不听，很快就喝醉了，醒来后，发现自己就躺在朱元璋当年睡觉的床上，蒙着朱元璋当年盖过的被子，大惊，急忙跑到台阶下，跪伏在地上，连声喊死罪死罪。

身经百战的徐达不愧名将，大醉之后还能有如此明智的反应。朱元璋很满意，终于结束了对徐达折磨般的试探，下令就在旧邸之前，为徐达盖新府第，赐了个名叫"大功"。

徐达是大明开国功臣中非常罕见得到善终的一个。他死于背疽，翻查一下中国历史上死于疽病的名人，基本上都是忧惧郁闷而发病致死，那么，徐达就算不是被什么蒸鹅所暗杀，他在和平年代里的生活，也极有可能不会比战争年代更快乐、更幸福。

常遇春

《明史》中，将常遇春和徐达的列传并为一卷，并有两大段比较评论。传中的一段说，当时可以称为名将的，首推徐达和常遇春。两个人的能力才华差不多，都是朱元璋所特别倚重的。常遇春作战勇猛，敢于奇兵作战，深入敌军，陷阵冲锋；徐达则尤其长于谋略，谋定而后动，用兵稳重扎实。常遇春攻破城池之时，一般都会对普通居民及放下武器的敌人有所杀戮；徐达攻取城镇，则大都做到了不惊忧平民百姓，平时捉到俘虏或敌方间谍，徐达也都能折节下交，以恩义相结，化敌为友，为我所用，所以明军将士，大都乐意跟随徐达出征。

因为这个缘故，每每率大军出征，朱元璋往往安排徐达为元帅，常遇春为副帅。而常遇春有个极大的优点，他虽然对敌勇猛，时常也伤及无辜，但他对领导的安排，从来都是完全照办，不打丝毫折扣。他比徐达大两岁，作为徐达的副职，他从不摆大哥架子，对徐达的安排，执行到位，对徐达本人恭谨听命。

《明史》两位名将列传卷末，有这样一段评论：明太祖朱元璋于元末乱世，聚众树帜，勘定四方，成就大明一统江山，虽然是天命如此，实在也是多出于徐达、常遇春的功劳。徐达"持重有谋，功高不伐"，自古名将无以过之。常遇春"摧锋陷阵，所向必克"，智勇不在徐达之下，而为人公忠谦逊，可称功臣之冠。跟随领袖，建立功业，像这两个人，可以称得上无上光荣了。但徐达的爵位世代继承，国家对他们家族的荣宠也与大明共存亡；而常遇春英年早逝，子孙后代又极衰落。这两个人无论是功劳还是得到的奖赏荣誉，都完全相同，而后世传承却有如此大的不同，这是何故？朱元璋曾经对手下将领们说过：当将军不能乱杀人，这不仅仅是为了国家利益，也将保佑你们的后代福禄绵延。从徐达和常遇春的情况看，这句话有惊人的准确性。

以上这段评论有点稍显愚腐，但也未必没有道理。只是为领袖、为将帅者，杀人杀红了眼时，就没人考虑到报应不爽这样的事了。

常遇春时有杀死俘虏、屠戮平民的举动，在他来说，未必不是出于对朱元璋的忠心，如他与徐达在九华山下生擒陈友谅三千军人时，他决断杀掉，原因是怕将之释放后，他们再跑回去继续跟着陈友谅与朱元璋部队为敌。但只是因为有可能出现的不良后果，就大肆挥动屠刀杀人，这样的行为，的确称得上惨无人道，成为常遇春身上的一大瑕疵，被后世史家拿来，成为数落常遇春后继无人的话柄。

从历史记载来看，常遇春是一员勇将，评书演义、戏曲故事则将这一史实进一步夸大、渲染、神化，有好事者将其列入中国冷兵器十大猛将之一。

在评书《明英烈》和戏曲《状元印》中，常遇春出手不凡，还没成为大将之前，曾受元政府邀请，进京参加过武科场，勇夺天下武状元。后识破元政府的绝户计，反出武科场，力败元军。

这纯粹出自民间想象，在投奔朱元璋之前，常遇春的确就已经当上了造反派，但他这个造反派最多称得上强盗，可能只是一伙流窜犯，距起义军三个字，差得很远。就算在这伙流窜作案的强盗中，常遇春也只是个龙套角色，没混成大哥二哥，这对"貌奇伟，勇力绝人，猿臂善射"的常遇春来说，是很大的折磨，他有足够的能力，也有足够的志向，可惜没找到足够的平台。

好在对常遇春这样的人才来说，根本不可能被一个工作岗位限制，折磨了一段时间后，他毅然决定离开这伙绿林兄弟，另投明主。打听到因攻破滁州、和州而名声大振的朱元璋行军到和阳，马上匹马单骑，前往投奔。路上累了，就地在田间躺倒休息。睡梦中，一位神人披甲持盾来喊他：快起来，你要投奔的主人来了。常遇春一惊而起，果然看到大路上正有兵马行军，上前打听，正是朱元璋的部队，立即投归。

常遇春这个梦最大的可能是他编出来的，用来讨朱元璋的欢心，也借机抬高自己地位。

大凡开国皇帝，本人都是装神弄鬼的高手，常遇春这套小伎俩，没有打动朱元璋。常遇春说完这段神乎其神的神仙指点后，顺势提出要担任朱元璋部队的先锋官，朱元璋很不耐烦地说："你不就是跑来讨口饭吃吗？吃饱了还不走！"

常遇春搞了个灰头土脸，但他对自己有强大的自信心，仍然坚持要求担任先锋官，朱元璋说："那就等打完渡江战役后，看你的表现再安排吧！"

1355年六月，朱元璋部队的渡江战役打响，选择的渡口是牛渚矶（又名采石矶，现在的安徽马鞍山市西翠螺山麓），元军陈兵于采石矶上，朱元璋的部队乘船抵达南岸，就在采石矶前三丈余，却因为元军的抵抗，拢不了岸。常遇春乘快舟从后赶上，朱元璋说你不是想当先锋吗？现在就率先冲锋吧！常遇春应声而前，手持长枪，刺向岸上元兵。守卫的元兵也不含糊，伸手握住枪杆，跟他争夺，常遇春借助元兵夺枪的惯性，一声大喝，飞身跃上石矶，大声呼喊着挥枪奋击，矶上元军大惊之下，纷纷溃散。目睹了常遇春英雄壮举的朱元璋，赶紧挥军急上，乘势夺下采石矶。

战后论功行赏，朱元璋也不食言，提拔常遇春成为先锋，进而授予管军总管之职。在随后攻占集庆的战斗中，常遇春再立首功。跟随徐达攻取镇江后，徐达进兵常州，于牛塘被张士诚的吴军围困，常遇春率军救援，大破吴军，活捉吴军主将，因功进位为统军大元帅。

一年的时间，常遇春完成了从流窜犯强盗到元帅的华丽转身。

成了元帅的常遇春，率军配合徐达进攻宁国，激战中，被一支流箭射中，常遇春拔下箭扔到一边，扯下袍角扎好伤口，杀得更加起劲。

公元1359年，朱元璋命常遇春独率大军，进攻衢州。

衢州为军事重地，历来为兵家必争，城池险峻，防守稳固，一直有铁衢州、铜金华的说法，朱元璋此前曾进攻过，无功而返。1359年，朱元璋攻取金华后，对衢州再次燃起占有的野心。

前往衢州途中，常遇春先攻下龙游城，他还好整以暇，写了首名为《龙游道中》的诗，让我们看看这位以勇猛著称的名将，笔下是何等诗情：

策蹇龙游道，西风妒旅袍。红添秋树血，绿长旱池毛。比屋豪华歇，平原杀气高。越山青入眼，回首鬓须搔。

衢州的元军守将，原本是维吾尔族人，叫伯颜不花的斤，这也是位诗人，还是位书画家，他的《古壑云松图》，现在还收藏在台湾的故宫博物院。在常遇春进攻衢州之前，伯颜不花的斤刚刚在信州城与陈友谅的汉军苦战而死，其时衢州守将是伯颜不花的斤的副手，同为维吾尔族的总管薛超吾儿，汉名马昂夫，是一位优秀的地方官，同时也是位优秀的散曲家，我们来欣赏他的一阙写衢州景点的散曲《蟾宫曲·题烂柯石桥》：

懒朝元石上围棋。问仙子何争，樵叟忘归。洞锁青霞，斧柯已烂，局势犹迷。恰滚滚桑田浪起，又飘飘沧海尘飞。恰待持杯，酒未沾唇，日又平西。

伯颜不花的斤力守孤城，殉他的蒙古帝国而死，死的壮烈，相信成为了马昂夫的好榜样。马昂夫苦守衢州，常遇春在城下密密树起栅栏，阻断城中与外界的联系，从陆路和水上，将衢州城六座城门团团包围；又搞出吕公车、仙人桥、长木梯、懒龙爪等种种名目的器械，"拥至城下，高与云齐，欲阶以登城"，还挖掘地道往城中渗透。守城元军则针锋相对，"以束苇灌油烧吕公车，驾千斤秤钩懒龙爪，以长斧砍木梯，筑夹城防穴道"。双方连番激战，在坚固的城垣前，勇猛的常遇春就是攻不进去。

最后还是地道起了作用，元军在城内筑夹城，挖不进去，那就只挖到瓮城，奇兵突进，毁掉其防守器械，城外明军发起总攻，元军抵抗不住，终于拿下衢州。散曲家马昂夫投水自尽，以身殉职。

很多关于常遇春的介绍文字中，说常遇春一生未尝败绩，实际上常遇春乘拿下衢州之威，再攻杭州，就失利了。朱元璋将他召回应天府，之后让他担任徐达的副帅西征。设伏九华山之时，据说正值天旱，常遇春的部队没有水喝，是常遇春在五溪桥南挖出六股泉水，解决了饮水问题，才让接下去的战事顺利展开，取得大胜。

此前，朱元璋的部队里，最能打、战功最显赫的有三个人，徐达和常遇春之外，另一个叫邵荣。邵荣尤其能打，却因为阴谋反叛，被朱元璋拿下，朱元璋并不想处死邵荣，是常遇春在大众面前直言：作为一个臣子，因为反叛获罪，哪里有可以原谅的余地？我决不跟他一起活在这片蓝天下。

不知道常遇春为什么一定要置邵荣于死地，他自己可以为朱元璋去死，但他以让别人死来表示忠诚，让人怀疑——他是不是嫉妒邵荣的能打和军功？

当然，也有个可能，是朱元璋实在想杀邵荣，又怕冷了众将的心，就做出要原谅邵荣的样子，暗中指示常遇春坚决不同意——杀掉邵荣后，朱元璋对常遇春加倍重视喜爱，隐约透露出点消息。

随后，常遇春跟随朱元璋在安丰激战吕珍，战况惨烈异常，朱元璋左右军皆败，常遇春以个人之力，"横击其阵，三战三破之"，扭转了战局。

公元1363年，元末最著名的决战鄱阳湖之战开幕，三十六天的战斗过程，波诡云谲，战况瞬息千变，双方都有取胜的机会。

论军事实力，陈友谅的汉军要略强于朱元璋部队，陈友谅精心打造的水师战舰，体积大，船身坚固，又占据了顺风之利，最初颇占上风。两军混战之际，陈友谅骁将张定边驾船直冲朱元璋的座船，朱元璋狼狈躲避，慌张之间，搁浅不行。眼看就要成为张定边的俘虏，是常遇春危急关头，射出一箭，射伤张定边，常遇春又驾自己的座船猛冲朱元璋座船，将朱元璋的座船从浅滩上撞出来，自己的座船却不慎搁浅，幸好有打坏了的战船顺流冲下，正好撞上常遇春的战船，常遇春才算是死里逃生。

持续激战中，朱元璋部队发现自己方面的战船虽然体积小，坚固程度也不够，但小船灵活是一大优势，于是，朱元璋部队想出了火攻计，以小船快速穿插，点燃陈友谅的大战船。陈友谅战船陆续着火，照映的鄱阳湖一片赤红。

陈友谅不敢再战，欲夺路逃跑，朱元璋手下将领们大都认为陈友谅主力部队未遭全歼，实力尚存，如果一定要堵截他，只怕鱼死网破，付出代价太大，还不如放他一条生路，以后再谋歼灭。

在众将的纷纷赞同声里，朱元璋看到，只有常遇春默不作声。陈友谅率残余战舰撤出湖口之时，朱元璋令常遇春迎头截击，其余众将分进合击。

混战中，陈友谅被流箭射死，汉军完败。

鄱阳湖大捷后，朱元璋论功行赏，常遇春功居第一。

此后，常遇春率军略地，围攻赣州之时，赣州守将熊天瑞死守不降，因为担心常遇春杀气上来，遏止不住，殃及平民，朱元璋特别写了封信给常遇春：攻下赣州之后，不要乱杀人，只取得了土地，土地上没有老百姓了，我们要那块荒地有什么意义？常遇春虽然是个猛将，但绝不是一勇之夫，他体会到朱元璋的用意，息兵不攻，在赣州城外挖壕沟立栅栏，困围孤城，六个月后，粮草断绝、援兵无望的熊天瑞被迫投降。常遇春没杀一个人，拿下赣州城，朱元璋大喜，特别下通报加以褒奖。

击灭张士诚的吴政权之时，常遇春作为徐达的副帅，屡次亲自带兵决胜沙场。围困平江城时，常遇春所率部队驻扎在虎丘，张士诚乘夜来袭，被常遇春奋起反击，大破张士诚军，差点活捉张士诚，提前结束围城战。

平定南方主要起义军割据势力之后，常遇春又作为徐达的副帅参与北伐。临行之前，朱元璋亲自嘱咐常遇春：当百万之众，摧锋陷阵，没人比得过常将军，我不怕你不能战，而是一直担心你轻于冒险，身为国家大将，却常常与对方的普通战士搏命，这实在不是我所希望的。

这番话说的情真意切，常遇春非常感动。感动归感动，到了战场上该怎么打还怎么打。公元1368年，在河南洛阳塔儿湾，常遇春所率明军与五万元军打了场遭遇战，常遇春单骑孤枪，直突敌阵，二十余名元军骑兵齐齐挺枪来刺，常遇春于疾驰中一箭射出，正中最前边的敌人，趁敌军略有惊慌，枪阵稍乱，常遇春大吼一声，冲破枪林，杀入敌阵，紧跟在他马后的明军骑兵无不感奋，奋勇冲上，元军大败，溃退五十余里，被俘被杀无数。

塔儿湾大捷的结果，是明军顺利拿下了河南和潼关，为攻取大都创造了有利的条件。常遇春随后配合徐达，率水陆大军沿河北上，战事出奇顺利，是年八月初二日，攻占大都，改名为北平府。

元顺帝北逃后，常遇春又配合徐达，进军山西，与蒙古天才军事家扩廓帖木儿（就是金庸《倚天屠龙记》中赵敏的哥哥王保保）在太原城下相遇。常遇春观察扩廓帖木儿的扎营形势后，与徐达商量：我们的骑兵虽然都赶到了，但步兵尚未赶到，如果此时与扩廓帖木儿决战，必然有很大伤亡，我认为趁夜袭营取胜把握很大。徐达同意他的看法。刚好扩廓贴木儿的部将豁鼻马秘密来降，约为内应。

是夜，常遇春率精锐骑兵，衔枚摘铃，突袭元军大营。当时文化水平相当高的扩廓贴木儿正在帐中的蜡烛下筹划军机，明军破营而来，仓促之中，扩廓贴木儿赤着一只脚，马鞍都来不及备好，狼狈逃跑。跟随他逃走的，只有十八名骑兵。

击溃扩廓贴木儿后，明军顺势攻取太原城，常遇春随即率军北取大同，转徇河东，下奉元路，西拔凤翔。

公元1369年，逃到漠北草原的元顺帝乘明军西征陕晋之机，派军反扑北平，常遇春闻警东归，疾奔北平。元军闻讯北逃，常遇春率军千里追击，直取元顺帝当时盘踞的元上都开平（现在的内蒙古正蓝旗东），俘虏蒙古王公及将士万余人，缴获车万辆、马三千匹、牛五万头。元顺帝率余部逃往应昌府（又称鲁王城，现在的内蒙古克什克腾旗西北）。

常遇春死后被追封开平王，便是由这一战功得名。

是年七月，常遇春率师南归，军至柳河川（现在的河北龙关），暴病而亡，时年四十岁。

史书上没有写明白龙精虎猛的常遇春是得了什么样的暴病，让他突然死去。当代个别历史作者认为是有人下毒谋害，民间传说中则一致认为他得的是卸甲风。

朱元璋听到常遇春暴卒的消息，悲痛不已，写下了一首悼诗，别具风味：

朕有千行生铁汁，平生不为儿女泣。

忽闻昨日常公薨，泪洒乾坤草木湿。

常遇春虽然不怎么读书史习兵法，但他是军事天才，用兵自然而然暗合兵法，他常常说，如果手下有十万大军，就可以横行天下。于是军中都叫他"常十万"。

常遇春的后代相当冷落萧条，清军入关、明朝覆亡之时，常遇春的后人怀远侯常延龄不出仕清朝，"身自灌园，萧然布衣终老"。

戚继光

一

叱马过幽州，横行北海头。

朔风喧露鼓，飞电激蛇矛。

奋臂千山振，英声百战留。

天威扬万里，不必侈封侯。

写下这首诗的那一年，戚继光二十一岁（虚岁），这年秋天，他率领登州卫的战士，去长城脚下的蓟州镇轮防。

戚继光的故里是山东登州，从他第五世祖先戚斌开始，就定居于此。而戚斌的父亲戚祥，原本是安徽定远人，在元末大起义中，被裹挟进郭子兴的部队，跟随朱元璋南征北战，战死于云南，中央政府追念他的功劳，将戚斌任命为登州卫指挥签事，并一直世袭下来。

明朝对开国功臣的世袭制度是：高级军官，儿子辈降级世袭；中下级军官，没级可降了，原职世袭。这么做一个最大的好处是：累世将门，孩子从出生就熟知部队生活，长大了接过班来得心应手。这么做一个最大的坏处是：可以接过班来就得心应手的，本人必须有一定的军事天赋，花花公子或者对军事生活极其抵触的人，接班之后的效果，对军队素质的摧毁，是致命的。

大多数世袭将领属于后者，戚继光属于极少数的前者之一。

十七岁那年，父亲戚景通去世，戚继光就接班成了登州卫指挥签事。

于是，二十一岁时，他就可以率军远行千里，去为国家守卫北部边陲。对于一个血气方刚的青年来说，这是何等的风采。

大明部队正常年份的中低级军官任用，并不仅来自于世袭，还有科举，就是骑马、射箭、轮刀、舞剑、杠铃等等一通折腾下来产生的武举。

这是武将的文凭，资格证书。当然，世袭的武将可以不用这文凭，但对有能力的军官来说，有了这张文凭，更显得牌子硬、底气足。

二十二岁那年，戚继光拿到了武举证书，转过年来，他与天下武举同到京城，进行武状元的对决。却刚好遇到蒙古俺答大军入侵，兵锋直指北京城下，戚继光被临时编入部队，第一次面临战阵。

二十六岁，表现出色的戚继光，被提拔为都指挥签事，总督山东备倭事务，直管登州、文登、即墨三营二十五卫所。戚继光为他军人荣耀的爆发，积蓄着能量。

二

梵宇萧条自翠微，丹枫白石静双扉。
曾于山下挥长戟，重向尊前醉落晖。
衰草尚迷游鹿径，秋云空锁伏龙矶。
遥看沧海舒孤啸，百尺仙桥一振衣。

戚继光为这首诗起的题目是：《登伏龙寺忆昔》。伏龙寺便建在定海县伏龙山上（现为慈溪龙山镇所辖），是为龙山卫所屏障。公元1555年，戚继光调任浙江，次年，升任参将，负责宁波、绍兴、台州三府军事。这一年秋，戚继光就在伏龙山下，打了生平抗倭第一仗，从此开启了他的名将生涯。

在龙山所，戚继光面临的是八百倭寇，从未直接参与过短兵相接战斗的戚继光和他手下战士，表现出了截然不同的反应，战士们纷纷后退，戚继光跳上一块巨石，三箭射倒三个领头冲锋的倭寇，倭寇知难而退。一个月后，倭寇再次来袭，戚继光与另一位抗倭名将俞大猷联手抗敌，三战三胜，倭寇退却，兴头冲冲的明军乘胜追击，遇伏雁门岭，吃了个败仗。

龙山所之战，戚继光初露锋芒。政府分配给他的战士先胜后败的经历，让他认识到，要想取得持久的胜利，必须要有一支敢打硬仗能打硬仗的队伍。于是，戚继光上书，要求自己组建队伍，练兵抗敌。

接连三次上书，三年之后，戚继光的建议才得到上司恩准，他马上去义乌招兵。

戚继光之所以选择在义乌招兵，是因为他初到浙江之时，就亲眼目睹了义乌矿工打群架，上万人的群殴，场面壮观。群殴的双方打起同胞来舍生忘死、血战不退的英雄气慨，更是让面对倭寇畏缩不前的政府正规军抬不起头来。

戚继光选兵，有个四要四不要，抄在下面：

一、不要城里人；二、不要在政府任过职的；三、不要四十岁以上的和长得白的；四、不要胆子特别小的和胆子特别大的。

一、要标准的农民；二、还要粗黑雄壮肌肉结实；三、还要目光有神；四、还要见了政府心里害怕。

以上四要四不要，尤其是第二要和第四不要，很值得玩味。

戚家军横空出世，从此纵横东南塞北，所向无敌。

三

霜溪曲曲转旌旗，几许沙鸥睡未知。

笳鼓声高寒吹起，深山惊杀老阇黎。

写这首诗时，戚继光正在东南沿海，为抗倭事业，晓征夜战，浴血沙场，这首诗的题目便是：《晓征》。

我们自幼接触历史课本，便知道倭寇一词，后来读抗倭英雄的事迹，更对倭寇的暴行深恶痛绝。却几乎没有几部作品，能够对倭寇的产生根源做出详细介绍、分析，仿佛那是一伙从天上掉下来的暴徒。

任何事件的发生，都有前因，好事如此，恶事亦如此。柏扬先生在他的名著《中国人史纲》第二十九章，以一节的篇幅，详细介绍了倭寇的产生由来。那是一个专制的政权，与政权中嗜血嗜腥的官僚集团合谋，以无微不至的腐败手段，将正常的民间贸易，推上了血腥对决的两端。

倭寇对大明中期的沿海百姓，犯下了滔天罪行。但那是毕竟可以驱逐、可以歼灭的，而导致倭寇产生的制度和集团，则持久地摧残伤害着这个叫做中华的民族，贪婪嗜血，不死不休。

四

万众一心兮太山可撼，惟忠与义兮气冲斗牛。

主将亲我兮胜如父母，干犯军法兮身不自由。

号令明兮赏罚信，赴水火兮敢迟留？

上报天子兮下救黔首，杀尽倭奴兮觅个封侯。

对于职业军人来说，政府的问题不是他们所能够干预的，产生倭寇的根源也不是他们可以扭转的。职业军人的任务只有一个：消灭犯我疆土、害我子民的敌人。职业军人的目标只有一个：打胜仗。

世袭军人职务的戚继光很好地完成了这个任务，如柏杨先生所说：在闽浙十年，戚继光"平息"倭寇，为东南地区无辜百姓重新恢复和平生活，建立了不朽的功勋。上面这首诗名为《凯歌》，是戚继光在1562年取得横屿大捷，收复宁德城后所写。这实际上是一首唱词，戚继光自己有注："清秋报夕，鼓角初严。余集吏士数百人于庭，撼其实素，口授凯歌一章，使众士歌之而节以鼓音，一唱三和，声震林木，兴逸起舞，上下同情，抵掌待旦，浩然南征。"

浙闽沿海抗倭十年，戚继光重要军功如下：

台州大捷。先后十三战全胜，共擒斩倭寇一千四百余人，烧死淹死四千余人。

横屿大捷。此战历时仅三个时辰，斩倭寇三百四十八人，俘虏二十九人，淹死六百多人。继此战之威，进军牛田、林墩，连破倭寇三大巢穴，斩倭寇近两千人，烧死淹死倭寇数千人。

平海卫大捷。斩倭寇二千六百二十二人。

仙游解围战。共击溃倭寇一万余名，斩四百九十八人，另消灭一千余人。

平灭吴平起义。吴平是福建漳州的起义军领袖，占据梅岭，勾结倭寇，为患福建沿海，戚继光在一年间，连战连捷，将吴平逼得跳海自杀，东南沿海倭患，至此才算彻底平息。

柏杨先生认为仙游之战就是戚继光对倭最后一战，那是柏杨先生把倭寇之患理解成完全的倭人之患了。事实上所谓倭患，来自东面那个岛国的强盗并不是主力，主力还是被大明政府以各种方式变为了强盗、乱民的那些中国人中的败类。戚继光军功中所消灭的倭寇数字，一多半也由这些人提供。

五

南北驱驰报主情，江花边月笑平生。

一年三百六十日，多是横戈马上行。

这首《马上作》，是戚继光最有名的一首诗。平定东南倭患后，戚继光奉调京城，驱驰向北，刚看江畔花开，又履边关月色。

1567年，戚继光进京，成为皇帝禁军神机营的一员副将。第二年，他被调往蓟州，朝廷为他创造了一个职务：总理蓟州、昌平、辽东、保定之军务。他总管蓟州军务，长达十六年，是此前十名蓟州总兵的任职之和。

黄仁宇有部谈历史的著作《万历十五年》，十多年前，曾风行一时。这部著作在历史学界并不算高明之作，之所以在普通读者中流行，很大原因是读者从中看到个别主要人物，存在着他们之前未曾想到的问题。譬如书中的主角之一戚继光，几十年来，一直是作为高大全形象出现在我们的教科书和新编历史故事中，《万历十五年》可能是近六十年来的国内出版物中，第一个指出戚继光贪污、行贿的著作，他向张居正送春药、送美女、拍马屁，生活奢侈的事迹，被如实记录，并被认为是他长保军职的主要（唯一）原因。

事实上，在《明史》中就明确记载着：戚继光军功卓著，但操行有亏。

可以相信这些记载，但并不应认为这完全是戚继光的个人操行问题，反而让人觉得这是作为一代名将的戚继光，无可言说的悲哀。

戚继光的军功事业，彪炳千秋，昭昭在案。按道理讲，他有足够的资格和能力匹配他的职位，用他来镇守蓟州是中央政府的最佳选择。

但那是最合乎理性的选择。而我们知道，中国几千年专制史上，几乎没有理性的时代，几千年官场，也几乎没有完全理性的人事任免。

戚继光要为国效力，要甘洒热血写春秋，他只能靠送礼来维继，要靠春药和女人，来支撑他的报效国家。

这是何等的讽刺。这是事实。

六

蓟门老卒言非狂，令予挥涕立斜阳。
浮生俄顷休回翔，努力人纪与天纲。
为子死孝行聿彰，为臣死忠国之良。
勿以余词空慷慨，千秋姓字期垂芳。

《万历十五年》之后，蜂拥而出的部分历史作品，又不加校勘地一股脑认定戚继光是靠抱张居正粗腿才得以升迁。这是另一种误导。

戚继光算得上一员福将，连续有上司赏识他的能力，其中比较有影响的有胡宗宪、谭纶等人。胡宗宪因为受到严嵩赏识，被一些视严嵩为完全的坏蛋者纳入严嵩一党，也成了完全的坏人，但他的亲生儿子、也是抗倭将领的胡柏奇，仅仅要求接待好一些，就被"古怪的模范官僚"（黄仁宇语）海瑞狠揍一顿并予重罚，还写信把胡宗宪挖苦一番，胡宗宪因为欣赏海瑞的清廉，居然不予追究。谭纶则在东南沿海长期做戚继光的领导，他对戚继光的支持不遗余力。历史上并没留下戚继光向谭纶送礼的蛛丝马迹，但以戚继光的做事风格，他未必没向谭纶送礼，当然谭纶可能不收（也可能收），因为谭纶本人就称得上名将，比如在仙游之战中，就是他亲率戚继光部驰援作战，取得大胜。史书上说他因为善于使用俞大猷、戚继光而建立了功勋，充分肯定了他知人善任。

但在俞大猷和戚继光两员齐名的将领中，谭纶显然更亲近因为会送礼、会办事而被评价为"操行不如"的戚继光。倭寇之患彻底根除后，来自长城之北的蒙古侵略，又成为大明朝心腹之患，给事中吴时来向皇帝打报告，要求把抗倭名将俞大猷和戚继光一起调到北部驻防。

军人的荣耀在战场，南方已无战事，北部边防就成为有理想军人的向往之地。结果却是"俞龙戚虎"并称的"戚虎"成行，"俞龙"被淘汰，只能继续留在南方，偶尔打打起义造反的小股强盗，郁郁终老；排名在后的"戚虎"则意气风发，北上赴任。本节前边八句诗，便是戚继光到蓟州后，意气风发，写下的长诗《蓟州述》的最后一段（全诗共二百三十句）。表达了戚继光期待成为国家忠良、千秋留芳的豪情壮志。

但戚继光之所以得到了这个机会,并不完全出于他的幸运,时任兵部左侍郎兼右佥都御史、总督蓟、辽军务的谭纶,一定起了决定性作用。戚继光赴任,谭纶再次成为他的直接上级。戚继光得到了他那个时代同级军官中最大的权力和自由。

七

四指回杓犹障塞,颠毛如许怯簪冠。
惊心岁月愁仍在,回首风尘梦已阑。
百战劳销千口集,万金散尽几人欢。
燕然北望空弹剑,马革寻常片石难。

这是戚继光写于1571年除夕之夜的作品,这个时候的张居正,已成为内阁重要辅臣,大权在握,也许,戚继光便是在这个时期,与谭纶一起,进入了张居正的队列。也许,就是从此时开始,戚继光成为张居正春药的首席提供者。以致流言蜚语,千口云集,这才引发了戚继光在第五六两句中的牢骚。

在蓟州,戚继光练兵强军,先后击败大明边疆的主要入侵者蒙古族朵颜部酋长董狐狸和他的侄子长昂,并于1575年,活捉入侵的董狐狸之弟长秃。董狐狸叔侄马上率众投降,要求释放长秃,并愿归还此前掳掠的大明军人及居民、牲畜等,又对天立誓,永不犯边。戚继光请示领导后,同意其投降。此后,蓟州边境保持了长期安定,汉蒙互市,边贸发达。再之后,戚继光出兵增援辽东,两番激战,将入侵的鞑靼部远远赶到草原北部,戚继光勒石于燕然山,凯歌而还。

像这样的军功,垂名千秋万世,当时的评论员、检查官却视而不见,将目光集中盯准在戚继光对张居正的行贿、巴结上。

戚继光郁闷极了:你们不知道,我的行贿,只是为了可以继续镇守蓟州,而继续镇守蓟州,只是为了更好地报效国家吗?

他的心声,他的困惑,没人理会。

八

北去南来已白头，逢人莫话旧时梦。
空余庚岭关前月，犹照渔阳塞外秋。

在春药的作用下，精力始终保持旺盛的张居正，终于过度透支，于公元1582年去世。转过年来，戚继光作为张居正的党羽被清算，调往广东。

没有人去关心蓟州这个地方的防务，是不是戚继光干得称职，并且没有人会比他更称职。他的能力已经不占任何分量，没人过问。大家关注的只有一点：你是张居正这个团伙中的人。

正如当年重用戚继光、一直力保戚继光、给他营造最自由的权力空间，大约也与戚继光的能力无关，与戚继光是不是与那个职位最匹配无关，而只与戚继光贡献的春药与女人有关。

南赴广东，过大庚岭，戚继光写下这首诗。

九

五岭山头月半湾，照人今古去来还。
青袍芒履途中味，白简朱缨天上班。
烟水情多鸥意惬，长林风静鸟声闲。
依稀已觉黄粱熟，却把梅关当玉关。

万历皇帝对他的老师张居正的痛恨，看来是深入骨髓了，张居正死后所受到的清算，在文官时代的宋明两朝，并不多见，张居正府邸被封半年，家中活生生饿死十多口人。张居正的党羽受到全面、彻底的清洗。

戚继光因为与张居正的关系，被贬往广东，这仅仅是初步清算，戚继光已经预感到打击还将接踵而来，他想主动退出，他打报告给中央政府，要求退休，也就是要体面下台的意思。朝廷不给他这点体面，朝廷一定要彻底摧毁这位为朝廷流了四十年血汗的老军人的荣誉感，驳回他的退休申请后，随即宣布他是张居正党羽，将他革职回家。

好在还只是革职,而不是拿下问罪,已经在一年多的人事浮沉中备尝滋味的戚继光,心已经灰到无可再灰。反正虽然说法不同,结果都是一个样子,卷铺盖回家而已。

一年多前翻越大庚岭南行,一年多后,再经大庚岭归家。无限感慨中,戚继光写下这首《入梅岭》(大庚岭别称梅岭),梅岭之月,照人去,照人还。千古悠悠,谁不是匆匆过客?来去须臾,也没必要伤心感怀。前尘依稀,说什么海波平,边尘静,说什么间关百战,名将功成。惊回首,只是一枕黄粱梦醒。

十

松有闻,尘嚣两耳其纷纭;

松有见,转眼荣瘁已堪叹!

松若有心情,能忘利与名。

人非松,松非人,古来哪具千年身?

公元1587年,万历十五年,戚继光写下这篇绝笔作品《东海奇松歌》。

东海奇松,至今已苍鳞,尘嚣两耳,转眼荣瘁,至今已全成过眼烟云。

是年腊月初八,戚继光死。

是日,千里风雪,大地苍茫。

袁崇焕

明朝与宋朝有点相似,市井文化都特别发达,都是文官当道,读书人地位崇高,武将地位低下。抗倭抗蒙,有大功于朝廷的戚继光,要靠给文官送春药、送"千金妓",才能保住自己继续有抗金、抗蒙的资格。

戚继光也会写诗写文章,水平还不低,但他不是从科举中走出来,他的诗才再好,文官队伍也不认可。就有文官,始终压在他头上当领导,他到最后被革职,也没有哪个文官为他鸣冤叫屈,摆摆他的武功。

文官当道，武将就受屈，每每行军打仗，都是文官担任正职，偶尔打几次胜仗，那是双方沟通的好，而沟通不好打败仗才是常态。

这种情况下，大明朝还难得出了几位卓越的文官军事家，时间靠前的是于谦，其次是王阳明，最后一位是袁崇焕。但以于大明朝的重要性来说，袁崇焕排在第一，他的生与死，直接关系到了大明江山的存与亡。

梁启超说："若夫以一身之言动、进退、生死，关系国家之安危、民族之隆替者，于古未始有之。有之，则袁督师其人也。"

崇祯皇帝杀死袁崇焕后，内忧外困十余年，走投无路，吊死在煤山上，死前曾经哀叹：安得岳飞者用之？！

他曾有过岳飞，就是袁崇焕。

袁崇焕，字元素，东莞人。这是《明史》上的说法，按这个说法，他是在广东东莞出生，十多岁时迁居广西藤县。但还有个说法说他只是祖籍广东东莞，出生时已在广西藤县。金庸先生的《袁崇焕评传》就采用了这个说法。不管他的具体出生地是哪里，袁崇焕考中秀才、举人的地方，已是广西藤县。

万历四十七年，戚继光去世三十二年后，袁崇焕考中进士，被任命为福建邵武知县，出仕作官。

据《邵武府志》记载，袁崇焕属于书生中身手敏捷的一类，可能因为喜欢军事的缘故，平时也练两手，他曾经亲身参与过救火，穿着靴子在墙屋之上来回奔跑，"如履平地"。

当知县当然不能只干消防队员的活，古代知县的一大工作，就是处理诉讼，袁崇焕做的也非常好："明决有胆略，尽心民事，冤抑无不伸。"

现在的邵武市有个市级文物保护单位聚奎塔，就是袁崇焕在任知县时建造的，塔身上有三个颜体行楷字："聚奎塔"，据说"是至今袁崇焕留下惟一可信的极为珍贵的墨迹与文物"。此塔至今保存完好，屹立在邵武市和平镇东南一公里处的天符山上。

《明史》对袁崇焕的记载，主要集中在军事方面，袁崇焕在邵武两年多时间，《明史》中只说他"为人慷慨负胆略，好谈兵"，每每找到转业军官退伍军人，讨论军事，谈论边关防务问题，因此袁崇焕虽然身在东南地区，对北部边防，却也熟知于心，并形成了自己的一套防御观点，

"以边才自许"。

公元1622年,任职两年多的袁崇焕,按例到首都北京述职,其间,他的军事才华,不知什么原因被才子侯方域的父亲、御史侯恂了解到,侯恂能培养出才子儿子,可见对有才之人还是很欣赏的。他打报告说袁崇焕是个军事人才,让他再回去干知县是浪费人才了,原话是:"见在朝觐邵武知县袁崇焕,英风伟略,不妨破格留用。"

其时在位的天启皇帝因为信用著名的坏蛋魏忠贤,而成为中国历史上著名的昏君,但昏君未必不办正确事,天启皇帝朱由校就很英明地同意侯恂的建议,破格把正七品的知县袁崇焕,提拔为正六品的兵部职方司主事。

从地方县城,进入兵部,袁崇焕精神振奋。其时山海关外,明朝边防军正惨遭后金铁骑蹂躏,连吃败仗,边防危急。精神亢奋的袁崇焕连个招呼都不打,匹马北行,去山海关外考察形势去了。兵部里不见了袁主事,惊讶莫名,去家中询问,家人也不知其去向。

袁崇焕失踪,或者会在动荡的大明中央政府内成为一条广泛传播的八卦新闻,也只有这样,袁崇焕自关外归来,详细报告了他关外考察的第一手资料,并吹出牛皮:给我充足的军马钱粮,我一个人就可以稳守边关。才可能迅速得到传播,中央政府各方大佬的眼光才会集中注意到他。在人心惶惶的时候,袁崇焕的行动和话语,很容易打动人,中央政府也有点病急乱投医,就按他的要求,给了他二十万两银子,让他招募一部分战士,又把他的职务提升为山东按察司佥事、山海监军,带队去山海关军事防区报到。

袁崇焕终于有去边关前线施展抱负的机会。离京前,他去拜望大明朝有数的军事家之一熊廷弼,熊廷弼当时革职在家,但同为军事家的袁崇焕知道熊廷弼的分量,熊廷弼也不客气,问袁崇焕:镇守边关,你的战略方针是什么?袁崇焕回答了五个字:"主守而后战。"熊廷弼投了百分百的赞成支持票。

到山海关后,辽东经略王在晋相当看重这位同为文官出身的将领。袁崇焕初到时驻守关内,不久后王在晋让他出镇山海关外中前所(现在的辽宁绥中前所镇),很快又安排他继续向前,出镇前屯(现在的辽宁绥中前屯)。三次越来越靠近军事最前线的任命,说明王在晋对袁崇焕的军事能力越来越有信心,证明袁崇焕在每一处任所,都有很短时间内便见到了成效的工作业绩。

袁崇焕接到让他去军事最前沿驻地的命令后,当夜出发。其时山海关外,因为战乱的影响,人烟稀疏,荆棘遍地,虎豹出没,袁崇焕就从荆棘丛中、虎豹群里独行一夜,黎明时分,到达任所。

袁崇焕书生出身,纵然时常锻炼身体,终究不是武功高手,夜行荆棘虎豹中,袁崇焕依仗的不是身手气力,而是胸中胆气。他在此后的统兵作战中,也是处处体现了这一点。

袁崇焕的胆气慑服了部下战士,也得到王在晋器重。不过王在晋并非将帅之才,只是个尊重人才的文官,袁崇焕对他并不怎么瞧得起。王在晋向中央政府推荐,提拔袁崇焕当了宁前兵备佥事,袁崇焕感激可能是有的,尊重依然谈不上。王在晋想在山海关外八里处建筑山海重关,袁崇焕认为战略纵深(仅仅八里空间,根本谈不上纵深)不足,坚决反对,要求向北推进二百里,在宁远筑城,王在晋不同意。袁崇焕力争不得,就越级直接上书中央。

袁崇焕很幸运,负责处理这件事的大学士孙承宗,也是文人中难得的军事家,他亲自去山海关调查,结果显而易见,对战略防御一方来说,战略纵深越大,防守安全性越强,孙承宗毫不犹豫地支持了袁崇焕。随后,王在晋被调往南京任兵部尚书,孙承宗亲临山海关,督师辽东。

从袁崇焕不请假不打招呼就单骑巡关,建议不被领导采纳就愤然越级上报来看,袁崇焕是个极其有性格极其不易低头(沟通可能也存在问题)的人,他后来的悲剧,很大程度上就是从这上面来的。

天赋的才能与强硬的个性,让袁崇焕一路顺利成功,但就在孙承宗督师辽东后不久,袁崇焕就得到了一次严厉的警告。

作为军事家的孙承宗,极其欣赏天才军事家袁崇焕,督师辽东后,对他放手使用。袁崇焕在整顿军纪时,查出一名校官有贪污行为,他谁也没报告,直接把那名校官砍了,而按规定,袁崇焕是没有资格直接杀人的,更何况袁崇焕的这次冒失杀人,差点激起兵变。孙承宗大怒,厉声呵斥袁崇焕,袁崇焕认罪道歉,但也仅此而已,袁崇焕没受到任何实际处罚。

这为袁崇焕后来的擅杀毛文龙,奠定了不良的心理基础,开了危险的先例。

孙承宗是因为考察袁崇焕防线远推至宁远的建议,才到辽东并留镇辽东,所以建设宁远城,就成为他到任后必做的工作。他先是安排祖大寿去修筑宁远城,祖大寿只是员武将,没什么战略眼光,觉得宁远城孤城远悬,没有坚守的可能,干的不起劲。后来孙承宗安排袁崇焕主持宁远事务,修城速度这才加快,一年后,城墙竣工,"由是商旅辐辏,流移骈集,远近望为乐土",宁远"遂为关外重镇"。

宁远城的建成、戍守,代表着大明疆土向外拓展了二百余里。公元1625年,孙承宗与袁崇焕商量决定,分遣将领,进据锦州、右屯、松山及大小凌河等地,宁远从军事前沿成为内地,明朝疆土,再次拓展二百余里。

是年冬,孙承宗罢归,另一位文官高第到任。这是个纯粹的文官,没有任何军事能力和眼光,他是由兵部尚书职位经略辽东的。

高第到任后的第一个重大举措,就是把孙承宗在任期间好不容易建立起的关外屏障一一撤除,所有宁远、锦州等地的守军一律撤回山海关内,几百里疆土、几十万民众直接奉送给满州敌人。

袁崇焕愤然上书:"兵法有进无退,三城已复,安可轻撤?锦、右动摇,则宁、前震惊,关门亦失保障。今但择良将守之,必无他虑。"高第不理睬,坚持自己的龟缩政策,并命令袁崇焕也必须放弃宁远,撤回关内,袁崇焕的脾气上来了,他声色俱厉:我做的就是宁前道的官,宁可与城共存亡,决不撤退。

高第是因为胆小才撤除防守的,袁崇焕牛脾气发作,生死不惧,高第未免要惧上一惧,他倒是深谙官场规矩,管不了不管,你袁崇焕愿意留在关外送死,随你便。只把其他几个防区的兵撤了,防区内的汉人百姓跟着抛家舍业入关,"死亡载途,哭声震野"。百姓满怀怨愤,士气萎靡不振。愤怒的袁崇焕打报告不干了,要回家去给早一年去世的父亲守丧,高第不敢同意,还推荐袁崇焕官升一级,当了按察使。

高第也是进士出身,是个典型的官僚,精通和稀泥的混官场哲学。

在中国的政治圈子里，他这么做本没有大错，因为大家都在这么做，政权机器照样在机械运转，只是官德沦丧而已。但他所处的是边防重地，不是纯粹官场，他这么做的代价，沦丧的已不是本来就已发霉变臭的官德，而是承载着粮田和百姓的国土。

高第的畏缩，被一直野心勃勃的后金领导人看在眼里，我退敌进，这是必然之理，后金马上整顿兵马，渡辽河杀来。

失去锦州等地屏障的宁远城，成为阻击后金侵略的前沿阵地。

面对号称三十万、满山遍野、当时几乎百战百胜的满族铁骑，袁崇焕做出的第一反应，是将全家老小百余口，搬入宁远城，那是无声的誓言：袁崇焕一家，将与宁远城共存亡。

军情紧急传送至中央政府，中央政府最高军事领导人、兵部尚书王永光召集群臣，商议对策，研究会开了一天又一天，没有办法。

袁崇焕将城外居民，一一搬入城内，坚壁清野，以待后金。

在城内，袁崇焕写下血书，与总兵满桂、参将祖大寿、守备何可纲一起，召集全体将士，发布动员令，誓死守城。同时通知前屯守将赵率教、山海关守将杨麟，若发现有宁远逃兵，立斩。

山海关上，经略高第、总兵杨麟手握重兵，却只是坐看后金部队围攻宁远，不发一兵一卒救援。

公元1626年正月二十三日，努尔哈赤率后金三十万大军（袁崇焕认为是十三万）进抵宁远城下，招降不成，于第二日，全面攻城。

此前，努尔哈赤率大军作战，从未败过，满族铁骑的勇猛凶悍，早已闻名天下，关外居民，多数亲眼见过，心中的恐惧久已累积。满州人喊杀声起，火炮隆隆声起，宁远城中百姓心中的恐惧，终于被杀声打开，纷纷大哭大骂：袁崇焕你个狗杂种，为了你自己的名声，就要拿我们垫背啊！

城头上的袁崇焕大约听不到这满城的骂声，他的全副精力，都倾注在如何救护下这满城百姓的生命。

后金战士的进攻极其凶猛，他们顶着厚牛皮做成的巨盾，遮挡城上射下的箭矢飞石，在城根处全力挖掘，守军将炸药撒在被子褥子上，扔下去后用火箭点燃，烧死、炸死挖城的后金战士。城头上巨炮连发，阻挡潮水般涌上的后金骑兵："炮过处，打死北骑无算，并及黄龙幕，伤一裨王。""自辰至晡，杀三千人，敌少却。二十五日，佟养性督阵攻西门，势更悍，先登，益众。敌俱冒死力攻，城中卫之如前，击杀更倍如昨。"

后金战士悍不畏死，城墙终于被他们挖垮了一丈多，袁崇焕亲自搬石头堵缺口，连续受伤，有人劝他注意安全，袁崇焕疾言厉色，依然奋不顾身。

宁远城血战三日，努尔哈赤终究不能攻破弹丸小城宁远，望着遍地的后金子弟兵尸体，努尔哈赤黯然撤兵，解围而去。据《清高祖实录》记载，努尔哈赤郁闷地叹息："自二十五岁起兵以来，证讨诸处，战无不捷，攻无不克，惟宁远一城不下。"

郁闷的努尔哈赤，在过了半年的郁闷期后，终于发背疽而死。

《明史·袁崇焕列传》："我大清举兵所向，无不摧破。诸将罔敢议战守。议战守，自崇焕始。"

城中切齿痛骂袁崇焕的百姓居民，目睹了后金军队撤围，重归安全之后，他们大哭，纷纷烧香叩头，感谢袁崇焕的救命之恩。

他们为什么要哭？

宁远大胜的捷服传送至北京时，中央政府的高官们仍然正在讨论如何抵抗后金侵略的事，正在头痛，正在无计可施。捷报突如其来地飞来，是那样的不可思议，又是那样的真实真切，"举朝大喜"，立即提拔袁崇焕为右佥都御史、辽东巡抚。高第辞职还乡，杨麟削职为民。

接替高第的辽东经略叫王之臣，这也是个进士出身的文官，按职务他比袁崇焕大，是袁崇焕的上司，但袁崇焕根本不买他的帐，明朝的中央政府在这个过程中表现的一直很开明（此时的大明中央政府由魏忠贤把持，是魏忠贤开明吗？袁崇焕后来为魏忠贤建过生祠，圣旨题名为"懋德"），他们没有捡官大的支持，而是很明智地将两个人的职权范围分开，一个主管山海关内，一个主管山海关外。后来，更是干脆召回王之臣，山海关防务，全部交由袁崇焕全权处理。

公元1627年，接班成为后金领导人的皇太极卷土重来，率军围攻被袁崇焕恢复不久的锦州，以及袁崇焕亲自镇守的宁远。

宁远、锦州之战，袁崇焕亲临城头，大声呼喊，为城下与后金铁骑野战的大明骑兵打气助威。战后，袁崇焕向中央政府报告说："十年来，尽天下之兵，未尝敢与奴（对后金的蔑称）战，合马交锋。今始一刀一枪拼命，不知有夷之凶狠剽悍。职（我）复凭堞大呼，分路进追，诸军忿恨此贼，一战挫之。"

写在报告里很简单，"一战挫之"，宁远和锦州的大明将士，付出的是整整二十五天的浴血搏杀。

宁锦大捷，为中央政府中的数百人带来了升官的借口，一时间官帽子满天飞，但大捷的主角袁崇焕，仅仅官升一级而已。并且有因为袁崇焕的胜利而升官的人，为了表现自己升官与袁崇焕无关，或者换了他去指挥一样可以取得大捷，居然上奏章弹劾袁崇焕打仗用计谋用的不对。袁崇焕知道后，半是愤怒，半是灰心，打报告说自己身体不好，要求辞官回家。中央政府马上批准了，又把王之臣派去接替袁崇焕。

不久后，明熹宗（天启）朱由校驾崩，明毅宗（崇祯）朱由检即位。朱由检是个一心想把工作干好（可惜事实证明他不明白怎样才能干好，反而十成一团糟）的皇帝，他上台之初，就将魏忠贤集团干掉，朝政为之一清。马上有也想把工作干好的大臣推荐袁崇焕，毕竟宁远大捷、宁锦大捷的影响力太大了，袁崇焕的大名崇祯也早已了解，他下旨，把袁崇焕提拔为兵部尚书兼右副都御史、督师蓟辽，兼督登莱、天津军务，这已经是大明政府中的最高军事职务了。其时，距袁崇焕做知县的时间，仅仅间隔六年。

袁崇焕的能力，当得起这一最高军职；同样，大明朝廷，也对得起袁崇焕。

命运如此莫测，当时不会有人想到，仅仅一年多后，这位大明晚期最卓越的军事家、最高职务的将军，会被收监下狱；仅仅两年后，死于非命。

是年七月，袁崇焕应召进京，崇祯与他面谈，询问他辽东事务。袁崇焕可能是被朝廷对他的厚爱感动了，热血上涌，随口说出了一个未经详细核算的数字：五年时间，我可以平定辽东。稍一冷静，又觉得这个时间过于紧张，袁崇焕提出了五年平定辽东的前提条件：后勤保障必须及时，组织人事必须配合，一切免于被坐办公室喝细茶钻研厚黑学的人掣肘，五年平定辽东，才有实现的可能。

崇祯一一批准。

即将离京，袁崇焕又说出了他最大的担心：以我的能力，平定辽东没问题，但要讨好所有的大明中央政府官员就做不到了，我离开中央之后，就再难时时事事向您汇报，忌能妒功之人什么时候都存在，只盼望您能为我作主，不让他们以手中的权力来制约我，也不要对我的战略计划乱提意见。

崇祯答应了：这个你放心，我替你做主。

我相信，崇祯的答允，出自真心，他也认可袁崇焕的话。但人心是易变的，当张三李四出于种种原因，捕风捉影添油加醋无中生有造谣中伤袁崇焕时，崇祯能做到始终如一坚定不移地信任吗？

事实是，崇祯做不到。

历史上无数事实也告诉我们：历史上无数原本有着坚定承诺的领导，后来都做不到！

袁崇焕手持尚方宝剑而去。

袁崇焕要在紧迫的五年内收复辽东，最紧迫要做的一件事，是要在辽东前线，建立起自己高度集中的军事指挥权，令行如山，如臂使指，这是打胜仗的先决条件之一。保卫宁远，他只需要在宁远守军中做到这般就可以了；收复辽东，他需要在自己的军事辖区内全部做到这般。

于是，公元1629年6月，袁崇焕将在他的军事辖区内却不听他调遣的毛文龙杀掉。

毛文龙的职衔跟袁崇焕差不多高，手中也用尚方宝剑，袁崇焕没有杀他的资格。但袁崇焕这么做了，崇祯也无可奈何，因为崇祯还要依靠袁崇焕干工作。

当年袁崇焕越位杀校官，孙承宗把他严批一顿，也没奈何他，孙承宗是有卓越才能的军事家，事情过了就过了。

现在袁崇焕再次越位杀毛文龙，崇祯没有批评他，反而下旨安慰他。

但崇祯不是孙承宗，他没有卓越人才的基因，他只有对大臣们深深的猜疑忌刻，甚至恐惧。他没批评袁崇焕，那只是他将不满深藏心底，这样的深藏，永远不会过去，只要机会合适，就会爆发出来，并且因为时间的发酵,那爆发,是致命的。

仅仅四个月后,爆发的时机到了。皇太极率数万后金部队(此时皇太极已登位当了皇帝),绕道蒙古,直扑大明首都北京城。

袁崇焕亲率九千骑兵,星夜驰援,在北京城外,浴血搏杀,击退后金进攻。

但此时的崇祯,内心对袁崇焕的猜忌,已逐渐发酵膨胀。他已不能再忍受袁崇焕,他已不能再承受内心的折磨。

千里驰援的关宁战士浴血北京城下,却不能进城休息。袁崇焕倒是可以进城,进城的结果却是拿到狱中。

包括《明史》在内,都提到了后金使用反间计,当代也有学者认为袁崇焕之死是魏忠贤余党报复所致。但从袁崇焕下狱到最终处死,中间间隔了近十个月,那样粗糙的反间计是不会蒙蔽人这么长时间的,而魏忠贤余党也并没有杀掉袁崇焕的权力。

是崇祯,这个不到二十岁的青年皇帝,他容不下袁崇焕。

公元1630年八月十六日,中秋节后第二天,北京城,刑场上的袁崇焕,他身上的肉被一片片削下,而在身边簇拥着成百上千的北京人,将他的血肉,吞进肚中。

袁崇焕没有呼叫,他看着这些吃他肉的人,那正是他拼尽热血,保护了他们还有吃他的肉的机会和条件。

当年的宁远城内,鞑子兵退去之前,如果他不是在城头抵抗,而是也身处市内街头,那些百姓,只怕也会将他活生生吃掉。

他以身许国,然而国家的最顶层皇帝下令杀掉他,国家的最基础百姓生生吃掉他。是不是,他所有的筋肉和鲜血,都进入他所保卫的百姓之口,也算得上是"以身许国"?

袁崇焕死后,他身边的一位佘姓义士,冒着灭门之祸,偷出袁崇焕的人头,埋在自家院内。然后,从那一年开始,佘家祖祖辈辈,为袁崇焕守灵,直至今天。

今天的佘氏守墓人叫佘幼芝,已近七十岁,她已是佘氏第十七代守墓人。

近四百年的时光,从大明、到大清,到民国,到中华人民共和国,岁月流转，日升日落，月缺月圆，花开花谢，世世代代的佘氏族人，陪着袁崇焕住守在那个小小的胡同小小的墓地，承续着他们的诺言和忠义。

他们的存在，让我们看到，这天地之间，还有永不磨灭的浩然正气！

秦良玉

袁崇焕在北京城内被冤下狱之时，城外的后金部队并没退走，他们只是略微后撤了一下，给崇祯皇帝一点时间，将他们畏惧的袁崇焕搞成"铁案"。等到袁崇焕被结结实实地下到狱中，曾经两次打败过他们的关宁战士，也被惊惧的祖大寿带走之后，皇太极再次移兵向前，围攻北京。

曾与袁崇焕并肩奋战于关宁前线的大将满桂战死，总兵黑云龙和麻云被活捉，惊恐不已的明王朝，勤王通知发遍天下。

勤王部队陆续到来，北京城下的明军越来越多，再硬攻北京已经不现实，皇太极率军撤围向东，一路连克永平、滦州、迁安、遵化四座城池，各地的勤王部队在后边跟着，只盼快点把皇太极送走，任由皇太极的辫子兵拿下四城并留兵镇守四城。皇太极出关扬长而去，四座城池仍在后金手里，钉子一样钉在长城之内、首都以东。

直到四川石柱的一支数千人部队间关万里、风尘仆仆地赶到。这些个子矮小、手上枪矛却出奇尖长的战士，几乎没有喘口气的时间，立即投入战斗。

率领他们的，是一位已有五十多岁的女将领。

石柱战士的勇敢，一定程度上激励了逗留不前的明军，很快，四座城池被收复。

崇祯在宫中接见了这位万里勤王、不畏矢石、先登陷阵的女将，并亲笔写下四首绝句相赠，抄录如下：

一

学就西川八阵图，鸳鸯袖里握兵符。
由来巾帼甘心受，何必将军是丈夫。

二

蜀锦征袍自裁成，桃花马上请长缨。
世间多少奇男子，谁肯沙场万里行？

三

露宿风餐誓不辞，饮将鲜血代胭脂。
凯歌马上清平曲，不是昭君出塞时。

四

凭将箕帚扫胡虏，一派欢声动地呼。
试看他年麟阁上，丹青先画美人图。

这位女将就是秦良玉。她也是煌煌"二十五史"中，唯一一位名入将帅列传的女将。她是中国名将的异数，她是中国女儿的骄傲。

秦良玉，字贞素，忠州人（现在的重庆忠县）。如果填身份表，在民族一栏里，她应该填为苗族，但她的家族已完全汉化，父亲秦葵，是一位岁贡生，饱读诗书，称得上一方名士，秦良玉从小接受的，是完全的汉化教育。

很幸运的是，在秦良玉的婚姻大事上，秦葵很开明地继承了苗家风俗，他允许秦良玉自择夫婿。多读诗书、胸有理想的秦良玉，将她的绣球抛给了石柱宣抚使（实际上就是地方土司）马千乘。

秦良玉选择马千乘，可以肯定马千乘在当地的名声很不错，但也不排除马千乘沾了其祖先的光。马千乘的先祖是东汉名将伏波将军马援，而秦良玉未出嫁时，就显示出了对军事的别样爱好和天赋，父亲秦葵曾很遗憾地对她说：可惜你不是男孩子，否则你的哥哥弟弟都不如你！秦良玉则回答：如果有一天我能掌握兵权，晋之韩夫人、唐之平阳公主，都"不足道也"。

东晋韩夫人曾助儿固守襄阳城，至今襄阳市仍有"夫人城"遗址；平阳公主的事迹，"柴绍"一节中，已有大段文字介绍，至今山西也仍有"娘子关"名胜，无言地记录着她的风采。从秦良玉的话中，可以看出，这两个人，既是她的偶像，也是她年少的芳心所期望超越的高峰。

嫁给名将之后，这在一定程度上可以满足她的少女理想，并且地方土司可以拥有部分私人武装，这也可以在一定程度上成就秦良玉的理想。

石柱土司有自己的部队，《明史·秦良玉列传》中说她"为人饶胆智，善骑射，兼通词翰，仪度娴雅"。又说她"驭下严峻，每行军发令，戎伍肃然"。这说明秦良玉日常抓军事训练比较严格，她是完全进入了将帅角色。

但土司的武装要自己来养，练兵越狠，需要的营养补充越多，这就需要土司辖区内提供更多的粮食物资。所以秦良玉在当好女将领的同时，还要成为一个农业科学家，尽可能地提高地方粮食产出，以积蓄家底，供应部队。

秦良玉购买兵书之外，还购买了大量农学读物（或涉及农学的读物），闭门苦读，果然读出心得，于是倾其家产，并借贷若干，购买了荒芜山地数十顷，全部种上了玉米，问其因由，回答是这一年将大旱，必须种耐旱作物。秋季果然丰收，还去借债，还饶有盈余。次年，大家想再种玉米，她却命人全部换成耐涝作物，原因是今年将大涝。大家将信将疑，至期果然如此，其家更富，乡里亦受其惠。秦良玉一下子成了神人，受到区内百姓的顶礼膜拜。丈夫马千乘悄悄问她：你什么时候上知天文了？秦良玉笑着说：《汉书》中记载："巢居知风，穴居知雨"，蚂蚁是穴居动物，我就以它们为师，凡是大旱之年，蚂蚁的巢穴必然深入地下，凡是大涝之年，蚂蚁的巢穴就要移往高处，因此知道年景的旱涝，"何须高谈天文，炫异惊奇哉"。

真是个善于学习、勇于决断的女中豪杰。

公元1599年，播州（现在的贵州遵义）土司杨应龙造反，是年为万历二十七年，大明政府派军证讨，是为大明历史上赫赫有名的"万历三大征"之一。

实际上杨应龙在1593年就起兵造了一次反，大明政府用软的一手，把他招安了。杨应龙尝到了会哭的孩子有糖吃的甜头，于1596年，再次起兵反叛，这次大明政府不再给他糖吃了，派军队去剿灭他，被杨应龙打了个大败。随后，大明政府进入著名的抗倭援朝作战，战事激烈（抗倭援朝作战，始于1592年底，战事最激烈的年份，是1593年、1597年和1598年），暂时顾不上贵州的局部战争。等到1599年朝鲜战争一结束，腾出手来，立即发动了平灭杨应龙叛乱之战。

此次平叛，大明正规军之外，政府还调用了部分地方部队，马千乘的石柱土家兵，就在征调范围内，马千乘率三千战士，应征参战。终于盼来了上战场的机会，秦良玉牢牢抓紧，政府征调中没有她的名字，她就另选了五百精卒，自带干粮马匹，主动参战。

播州之战，是秦良玉的出山第一战。

《明史》记载此次播州之战，秦良玉夫妇到达播州战场后，"与副将周国柱扼贼邓坎。明年正月二日，贼乘官军宴，夜袭。良玉夫妇首击败之，追入贼境，连破金筑等七寨"。

石柱土司的部队，在秦良玉的调教下，战斗力极强。他们的武器是一种特制的长矛，矛端有弯钩，矛尾有圆环，行军遇到险峻地势时，前后搭接接应，非常方便灵活，因为长矛的矛杆不刷油漆，纯系白杆，所以这支部队被称作白杆兵。夜袭反击战以及随后的攻破七寨之战，白杆兵的英勇善战迅速传播，随后的直取桑木关、荡平海龙囤、决战杨应龙，白杆兵一马当先，在正值英年的秦良玉指挥下，为平叛的最后成功，起了决定性作用。《明史》认为，白杆兵"为南川路战功第一"。川贵总督王象乾向皇帝写汇报："马千乘兵三千，擒斩八百七十五名颗，千乘之妻秦氏报效不支饷，兵五百，擒斩一百一十七名颗，而二家且夺桑木、大滩等险关，意不言功，何其勇且顺也。"

白杆兵一战而成名天下，女将军秦良玉遂为世人所知。

1613年，马千乘因开矿等事，涉入讼案，瘐死于云阳监狱中。

土司职位是世袭制，父死子继，孩子小则由妻子继承，秦良玉走上前台，接丈夫的班，成了石柱宣抚使。

公元1620年，后金军入侵辽东，朝廷在全国范围内调兵增援辽东。是年，在北京考中进士的袁崇焕南下福建担任知县，秦良玉则自统白杆兵北行辽东，为国戍边，抵抗后金。此行她的哥哥秦邦屏、弟弟秦民屏及儿子马祥麟均随军前往，为朝廷效力，称得上满门忠义。

第二年，秦邦屏、秦民屏率白杆兵，在苦寒之地的辽东浑河，与后金大军血战，终因寡不敌众，秦邦屏与一千余白杆兵悉数战死在万里之外的异乡，秦民屏突围而出，身负重伤。此战被称为"辽左用兵以来第一血战"，兵部尚书张鹤鸣写给皇帝的战况报告中说："浑河血战，首功数千,实石柱、酉阳二土司功。邦屏既殁,良玉即遣使入都,制冬衣一千五百,分给残卒,而身督精兵三千抵榆关,上急公家难,下复私门仇,气甚壮。"

秦良玉在榆关（山海关）与后金短兵相接,激战中,一支流箭射中马祥麟眼睛,马祥麟拔下箭来,不顾眼眶中血流如注,尤大吼杀敌,挺身陷阵,凶悍的满州骑兵,也被吓得拨马奔逃。大明中央政府因此赐给马家"忠义可嘉"牌匾,秦良玉为诰命夫人。

随后,大明中央政府安排秦良玉回川,再召募两千战士增援山海关。秦良玉回川之时,适逢永宁（现在的四川叙永）地区的彝族土司奢崇明叛乱。

奢崇明是个志向远大的人,对大明来说,他是发动叛乱的叛臣;对彝族来说,他是有志于复兴彝族国的民族英雄。他与秦良玉一样,也是收到大明朝廷的征调令,让他带兵去支援山海关前线,秦良玉是接到调令,星夜发兵,为大明政权,血战榆关。奢崇明则趁此机会,兵发重庆,趁校场演兵之机,杀死地方政府领导,发动叛乱,占据重庆,连破合江、泸州、遵义等地,建国"大梁"。

奢崇明久仰秦良玉的英名和白杆兵的英勇,打听到秦良玉回川,立即派人去向秦良送礼,要求结盟同抗大明政府。

为大明江山,秦良玉已献出了丈夫和哥哥,忠义二字已在她心中牢牢生根。她斩杀来使,召集兵马,沿江西上,参与中央政府对奢崇明的军事围剿。她弟弟秦民屏及哥哥秦邦屏的两个儿子秦翼明、秦拱明均为将同行。

白杆兵一路急行,抵达重庆南屏关,截断叛军归路,于岸边设伏,烧毁叛军战船,叛军倾巢来攻,被秦良玉迎头痛击,大败而归。

秦良玉在重庆连战连捷。奢崇明大军围攻成都,战况激烈,巡抚各地求援,其时川内各地土司,都受过奢崇明的贿赂,拥兵观望,不肯进军。只有秦良玉接到求援信后,毫不迟疑,"鼓行而西,收新都,长驱抵成都,贼遂解围去"。

解成都之围后,秦良玉马上回师,再进重庆。二郎关险隘,叛军据险固守,秦民屏身先士卒,先登破关,大军趁势直进,再破佛图关,收复重庆；随即直捣奢崇明老巢永宁，沿途激战，连破红崖墩、观音寺、青山墩等叛军营垒，奢崇明父子负伤逃跑。遂平定全川。

平定奢崇明叛乱，秦良玉的白杆兵居功至伟，但共同受命讨匪，地方部队白杆兵奋勇向前，立下大功，待遇远远好得多的政府正规军反而犹豫观望、裹足不前，岂不是让政府军的领导大大地没有面子？跟敌人打仗争不来面子，他们就要靠贬低、排挤白杆兵来争面子，靠不给秦良玉面子来维持自己的面子。

秦良玉愤然上书，向皇帝倾诉自己的郁闷：我率领侄子翼明、拱明，带领大军，自带粮草，连续取得红崖墩等战斗的胜利，但同时受命的各位将领，未与敌人见面之时，一个个撸胳膊挽袖子，牛皮吹下天来，等到与敌人对垒之时，无不望风而逃。败给敌人的，唯恐别人取胜；害怕敌人的，唯恐别人不惧。如总兵李维新，战场溃败，反而闭门高卧，不容许我去见他，"以六尺身躯须眉男子，忌一巾帼妇人，静夜思之，亦当愧死"。

因为秦良玉的这一篇上疏，四川总兵李维新先生可称千古留名了。

接到秦良玉的上疏，皇帝下达通报，"命文武大吏皆以礼待，不得疑忌"。

次年，秦良玉的弟弟秦民屏为国捐躯，两个儿子秦佐明、秦祚明皆重伤。

然后便是公元1630年，秦良玉带兵进京勤王，崇祯皇帝平台赐诗。

北京至今仍有四川营地名（宣武门内四川营胡同，门上刻有大字："蜀女界伟人秦少保驻兵遗址"），便是秦良玉当年进京勤王之时，白杆兵驻扎之处。

自北京归来，和平的日子未过多久，杀人恶魔张献忠流窜至四川，烧杀抢掠，无恶不作。秦良玉与从辽东前线返回的儿子马祥麟前后夹击，于太平前线，击破流寇，保住了四川百姓免受张献忠屠杀。

公元1640年，绰号"曹操"的起义军头领罗汝才率部进入四川，被秦良玉阻于巫山；罗汝才转头去攻击夔州，秦良玉率军赴援，罗汝才不敢与她交手，率军逃走，秦良玉尾随追击，马家寨一战，斩杀起义军六百余人；乘胜追击，再战于留马垭，斩杀起义军大将东山虎；在其他明军部队的配合下,又先后取得谭家坪、仙寺岭大战的胜利,夺下罗汝才主帅大纛,生擒其副帅"塌天"(也可解读为起义军主将"副塌天")。

秦良玉连战连捷,罗汝才势焰渐衰,如果国内局势不变,秦良玉一鼓作气,把罗汝才送归西天也有可能。只是一个人的能力再强,也难与形势相抗。四川战场上代表明政府的秦良玉节节胜利,中原战场上督师杨嗣昌却被张献忠搞得万分头痛,遂想出一个阴招:驱贼入川。不只把张献忠的部队从两湖挤往四川,还将四川精锐部队悉数调出,全川仅留些老弱残兵,无力堵截张献忠的入川部队。

张献忠大兵入川,四川巡抚邵捷春仅有弱卒两万,固守重庆。秦良玉倾尽石柱白杆兵主力,全军增援,被读书人出身的邵捷春安排在城外驻扎。其时,绵州知州陆逊之罢官归来,被邵捷春临时抽调到秦良玉军中视察,陆逊之亲眼目睹秦良玉严整的军容军纪,非常敬佩,秦良玉设宴款待他,席间她长叹说:邵巡抚不懂军事,我一介妇人,受朝廷重恩,以死报国,理所应当,只恨是跟邵巡抚这样的混蛋同死。

陆逊之询问原因,秦良玉说:邵巡抚安排我和张令将军扎营的地方,地处低洼,反贼占据万山之巅,居高临下,我们一举一动都看得清清楚楚,反贼以高击下,势如破竹,张令必破。张令的部队被击破,我一支孤军,势难独全,我们被击溃后,重庆还能保得住吗?并且杨嗣昌督师驱贼入川,天下人共知,这样的局势下,邵巡抚不争山夺隘,据险阻击,堵截反贼于蜀道艰难之中,反而坐以待毙,怎么可能不败?

之后的战事,一一验证了秦良玉的判断。只是秦良玉虽然准确判断出了必败的结局,仍然力战不屈,最终将三万白杆兵全部打光。秦良玉单骑去见邵捷春,提出建议:现在局势危急,将我们石柱壮丁全部征发从军,可得两万人,我自己筹集一半粮饷,另一半政府供给,还可以与反贼一拼。

秦良玉一片赤心,她的这一建议,已经让她与她的石砫土司辖区彻底倾家荡产了,但为了她心目中的国家,老太太已是在所不计。

但秦良玉所忠心维护的政府高官们,却未必有这样的觉悟。杨嗣昌驱贼入川这阴险一招,已让邵捷春心灰意冷,政府仓库也确实并无余粮,邵捷春对秦良玉的忠心表示感谢,但对她的建议并不采纳。

秦良玉一声长叹,黯然回到石柱家中。

三年多后,公元1644年,张献忠再度兵临四川,秦良玉画出全蜀形势图,献给巡抚陈士奇,请求他增兵防守十三处险隘关口,陈士奇不理会。秦良玉又去找巡按刘之勃,刘之勃倒是很认可,但手中无兵可发。

张献忠大军数十万,长驱入川,一路势如破竹,秦良玉集中最后一点军事力量,驰援夔州,终因众寡悬殊,兵败而归。

四川沦陷,张献忠建立"大西"政权,向各地土司送去大西政府的印信,接下印信,就等于向大西政权臣服了。秦良玉百战余生,一世忠义,怎么可能向这么个流寇恶魔低头。她接到印信后,当众毁掉,聚众宣誓:"吾兄弟二人皆死王事,吾以一孱妇,蒙国恩二十年,今不幸至此,其敢以余年事逆贼哉。(在石柱这个地方)有敢从贼者,族无赦。"

慑于秦良玉的赫赫威名,张献忠的部队屠戮全川,终于不敢踏入石柱一步。

当其时也,崇祯已死,李自成起义军被清军赶出北京,流毒中国,清军铁蹄南向,中国大地处处破碎,风雨飘摇。秦良玉的独生儿子马祥麟在襄阳守城御敌,天地苍黄之际,马祥麟独守心中一点忠义之气,他在孤城中给母亲写信:"儿誓与城存亡,愿大人勿以儿为念。"秦良玉提笔在信上写下:"好,好,真吾儿。"襄阳城破,马祥麟力战而死。

秦氏、马氏两家,称得上满门忠烈。

公元1648年,一代女英雄秦良玉与世长辞。她的墓碑题文是:

明上柱国光禄大夫镇守四川等处地方提督汉土官兵总兵官持镇东将军印中军都督府左都督太子太保忠贞侯贞素秦太君墓。

同为女性的鉴湖女侠秋瑾,有诗追吊秦良玉:

一

古今争传女状头,谁说红颜不封侯。
马家妇共沈家女,曾有威名振九洲。

二

执掌乾坤女土司,将军才调绝尘姿。
花刀帕首桃花马,不愧名称娘子师。

三

莫重男儿薄女儿，平台诗句赐娥眉。

吾骄得此添生色，始信英雄曾有此。

年羹尧

公元1726年冬，寒风朔雪，一片凄凉风光。监狱中的年羹尧听到让他自尽的圣谕，早已冰凉的心中已没有多少波澜，也许，在此时，他会想到这么几个句子：

人生若只如初见，何事秋风悲画扇？

等闲变却故人心，却道故人心易变。

这是纳兰性德的作品，那是他的岳父。娶到纳兰小姐之时，正是他人生辉煌的开始。

而故人，那个故人，此时正站在紫禁城内，略显焦躁地等待着太监回报：年羹尧已自杀身亡。

等闲变却故人心，这位故人是从什么时候，开始成为故人？又是从什么时候，开始变心了呢？

公元1709年，康熙皇帝玄烨将他的第四个儿子胤禛任命为雍亲王，并充任镶黄旗旗主。几乎在同时，胤禛办了另一件喜事，他将原湖广巡抚年遐龄的女儿娶进府中，成了侧室福晋。随着年福晋嫁入雍亲王府，年家就从下五旗的镶白旗，跃升到上三旗的镶黄旗，从此成为胤禛的藩邸故人。

同一年，年羹尧由内阁学士，晋升为四川巡抚。舅哥的进步，也为胤禛对皇位的向往，增添了一块扎实的基石。不知道那个时候，这郎舅二人是否有过深入的交流。其实也不用交流，一个眼神，甚至不需要眼神，两个绝顶聪明的人，都知道对方渴望什么，都知道自己应该怎样做。

人生若只如初见，多好。

年羹尧，字亮工，这是个天才卓异之人，他是天才军事家，一代名将，也是八股文高手，文彩斐然。他在不足二十一岁之时，就高中进士，并成为大词人纳兰性德的女婿（纳兰小姐去世后，年羹尧再娶辅国公苏燕之女），被授翰林院检讨。人生的路，正如锦缎般在他脚下铺展开来。

年羹尧的出生年份，在历史上并无准确记载，一本清人笔记《永宪录》（萧奭著）中记载，年羹尧被任命为四川巡抚之时，尚不足三十岁。标准的少年得志。

朝庭对年羹尧不薄，年羹尧也知恩图报，在工作岗位上，兢兢业业，恪尽职守，据说逢年过节，从不收礼，连康熙皇帝都知道，勉励他"做个好官"。

如果没有战争，年羹尧的一生也许就这样在官场上混过去了，庸碌平安却又荣华富贵。他就当不成年大将军，无法为后世留下不尽的谜题和传奇，却也同样不会死于非命。

进入战争，成为年大将军，这也不是年羹尧的主动选择。

年羹尧一生的战功，就是两个，一个是驱准出藏之战，一个是平定青海叛乱之战。驱准出藏之战，年羹尧并不是主帅，主帅是民间传说中被允禛抢了皇位的康熙第十四皇子允禵，平定青海叛乱之战，则由年羹尧担任主帅。

驱准出藏的缘起相当复杂，准是指准噶尔，这个部落因为噶尔丹领导的叛乱而名留青史。噶尔丹有个侄子，叫策妄阿拉布坦，这是个与他叔叔一样野心勃勃的人，因为与叔叔噶尔丹争夺权力，被逐出准噶尔，后来在康熙皇帝征讨噶尔丹的过程中，配合大清中央政府，向他叔叔下过黑手。噶尔丹自杀后，他就成了准噶尔部的主要领导人。刚开始，慑于大清的强盛，康熙的神威，策妄阿拉布坦比较小心，工作上也主动配合大清中央政府。时间长了，准噶尔部创伤渐复，实力得到恢复，策妄阿拉布坦的野心就不可遏制地蓬勃生长起来。不过他并不敢直接向鼎盛时期的大清帝国挑战，而是拐了个弯，把扩张之手向大清帝国间接控制的西藏伸去。

其时，因为大清政府的不谨慎，将六世达赖、非著名诗人仓央嘉措押解去北京，在西宁口外，仓央嘉措病故。病故前，写下绝笔诗歌：

野鹤高飞意壮哉，云霄一羽雪皑皑。

此行莫恨天涯远，咫尺理塘去归来。

（这首诗直译为：白色的野鹤啊，请将飞的本领借我一用。我不到远处去耽搁，到理塘去一遭就回来）

仓央嘉措去世，以及他在诗中关于他的转世灵童在理塘的暗示，引发了下一世出现了两个达赖的争执，西藏形势，一时较为动荡。策妄阿拉布坦以送西藏政务领袖拉藏汗长子噶尔丹丹衷夫妇回藏的借口，让表弟策零敦多布率六千精锐部队，进入西藏。

噶尔丹丹衷在此之前两年多，从西藏到伊犁（现在的新疆伊宁），与策妄阿拉布坦的女儿博托洛克结婚。亲家将女儿女婿送回来，并不特别，拉藏汗没太在意，策零敦多布长驱直入，占据拉萨，围攻布达拉宫，杀死拉藏汗，企图将西藏置于准噶尔治下。

西藏一直是大清帝国的势力范围，大清其时国势强盛，皇帝又是雄才大略的康熙，岂会让策妄阿拉布坦的小算盘打响。公元1718年，康熙决策，进军西藏，驱除准噶尔叛军。

在中央政府正式宣战之前，四川提督康泰就已提兵西进，但还没走到半道，遭遇士兵哗变，无奈退还。年羹尧派参将杨尽信前往安抚，妥善处理了这件事，给皇帝写出秘密工作汇报，提出康泰军心尽失，已不可再用，要求亲赴松潘，处理军务。康熙很赞赏他的工作主动态度，认为他"治事明敏"，具备军事才能，按工作分工，巡抚并没有军事指挥权，康熙特别任命他为四川总督，兼管巡抚事宜，把军政大权，全部交到年羹尧手里。年羹尧相当感奋，上疏要求亲自率军入藏，中央政府认为他还是坐镇松潘、协调诸路军事行动更好一些。其时，皇十四子允禵已就任抚远大将军，坐镇西宁。清军由青海和四川两路进军，以岳忠琪为先锋，轻装急进，直抵拉萨，大败准噶尔军，策零敦多布率残部逃回伊犁。

驱准出藏，获得完全成功。

现在国道川藏线上的重要城镇巴塘、理塘，原属云南丽江土司所有，岳忠琪进军拉萨，便以此为立足点。平定西藏后，时任丽江土司木兴要求收回这两个地方，并得到云贵总督蒋陈锡的支持。年羹尧认为这两处地方正是自川入藏的咽喉要道，应属四川政府管理，不能再交给云南的土司。中央政府批准了年羹尧的建议。木兴很愤怒，亲率部队，武力收复巴塘、理塘，年羹尧上报中央，将木兴抓起来，关进云南省城监狱。

驱准出藏之战的统帅虽然是允禵，但事实上是以年羹尧为主要决策人，受到康熙的充分肯定。他进京述职，康熙赏赐给他御弓箭矢，并命他兼理四川陕西总督，为西部边陲重臣。回归任所后，青海郭罗克叛乱，年羹尧迅速反应，以"以番攻番"之策，辅之以岳忠琪的果敢善战，很快平息叛乱。

1722年，康熙去世，四皇子胤禛即位，十四皇子允禵被召回，年羹尧作为胤禛故臣，成为西部边防最高指挥官。第二年，雍正再次发出上谕："若有调遣军兵，动用粮饷之处，著边防办饷大臣及川陕、云南督抚提镇等，俱照年羹尧办理。"这样，年羹尧就成为总揽大清朝西部省份军务、政务大权的最高领导人。在年羹尧所管辖的范围内，一应大小官员的任用，一应钱款粮草的调拨，全部由年羹尧说了算。

驱准出藏之后，大清中央政府在西藏设立了驻藏大臣，并在历史上首次在西藏派驻四千兵将，将西藏置于中央政府的管理之下，这让原以为能够接任西藏政务领导人的青海和硕特蒙古贵族中唯一的亲王罗卜藏丹津很失望。雍正元年（公元1723年），罗卜藏丹津说服青海大部分部落首领，会盟叛乱。叛军得到地方僧侣的支持，声势极大，短短时间内，聚集二十余万人，占领青海大部分疆域，向西宁发动进攻。

雍正任命年羹尧为抚远大将军，全权负责平叛事宜。

年羹尧风尘仆仆，赶往平叛前线西宁，马未解鞍，人未歇足，同时征调的各路大军也未赶到，罗卜藏丹津抓住机会，率军来攻，西宁周边堡垒，大多陷落。罗卜藏丹津率军直扑西宁城。其时西宁城中防守部队不多，面对漫山遍野而来的叛军，人心惶惶，军心不稳。

年羹尧果断下令，掩藏一切军事防卫痕迹，他只带数十位随从，坐在城楼上随随便便地喝茶谈天，视气势汹汹而来的叛军如无物。

这些少数民族将士看来不懂兵法，也没读过《三国演义》一类的军事小说，居然被年羹尧好整以暇的姿态镇住了，停在城下，不敢进攻，回过头去围攻外围南堡。年羹尧下令开城出兵，攻击敌营。叛军看到清军人数很少，不以为意，没想到清军带来了杀手锏大炮，炮声一响，炸死大量叛军。岳忠琪又适时带领大军赶到，趁叛军被大炮炸得惊慌失措，全军掩上，扑击叛军大营。罗卜藏丹津大败逃走，清军紧追不舍，最终杀得只剩百多人跟罗卜藏丹津逃走。

年羹尧挥军前进，与罗卜藏丹津战于青海各地，节节胜利。

清人的笔记中，记录有年羹尧平青海过程中的战场指挥艺术，展现了年羹尧过人的军事才能：

某次行军，向晚时分，扎下大营之后，年羹尧突然下达指令：明天行军，每人都要带一块木板子，一束干草。大家都莫名奇妙，但也不敢问，不敢不听，第二天行军途中，遇上空前难走的烂泥坑，年羹尧命将士们将随身携带的草捆掷入，上面再铺上木板，大军得以迅速通过。叛军认为漫长的烂泥坑足以拖住清军前进的脚步，漫无防备，不想清军如神兵天将，突然出现在面前，措手不及，四散溃逃。

另有一次，也是在行军扎营之后，到半夜时分，突然听到西风呼啸而起，急忙出帐查看，风却已经寂灭无声了。年羹尧马上叫起一位参将，让他率飞骑三百，往西南方向的密林里去搜索叛军，骑兵纵马如飞，瞬息间赶到密林，林中果然有叛军潜伏，这些叛军还没搞明白怎么回事，就被三百大清骑兵聚而歼灭。归来后，参将和骑兵们又敬佩又惊奇，问年羹尧怎么算出密林中有叛军的？年羹尧也没故作神秘说什么山人掐指一算之类的鬼话，实话实说：风吹的声音一闪而过，那就不是真的刮风，而是飞鸟振翅的声音，夜半时分，群鸟乱飞至发出这么大的动静，肯定是受到了惊扰。扎营时我已观察到，从这里向西南十里，有丛林密树，在那里栖宿的鸟儿一定很多，必是有叛军去那儿潜伏，才将这些鸟儿惊飞。

经过一段时间的艰难作战，青海战事已基本明朗，雍正二年初，年羹尧下达了总攻命令，要求各路将领，"分道深入，捣其巢穴"。大清平叛部队遂全线出击，在青海高寒之地，顶风冒雪，全速发动，短短十五天时间，横扫叛军残余势力。二月初八日，罗卜藏丹津的母亲和妹妹被活捉，同时落网的还有一位叛军主要头目吹拉克诺木齐，尽获其部众马匹、物资辎重。罗卜藏丹津化装成妇人，孤身逃脱，投奔策妄阿拉布坦去了。

平定青海之战，至此全线告捷。

青海尘埃落定后，年羹尧马上显示出军事家之外的另一面，他以政治家的眼光和判断，提出了著名的青海善后事宜十三条，雍正一一照准。自雍正三年起，西宁卫被改设为西宁府，下设两县一卫，首次直接在青海设置中央直属官员，统管青海事务。建制的改变，中央官员的到任，让原本只是由清政府以分封亲王的方式间接管理的青海，完全并入大清版图，由大清中央政府直接统治管理。

成功平定青海，让因为残杀手足受到社会舆论广泛批评的雍正皇帝喜不自胜，他将原本是二等公的年羹尧连同他的父亲年遐龄一起晋升为一等公，并要求子子孙孙，世世代代，永远牢记年羹尧的功劳："不但朕心倚眷嘉奖，朕世世子孙及天下臣民，当共倾心感悦，若稍有负心，便非朕之子孙也；稍有异心，便非我朝臣民也。"他让年羹尧进京见他，不是直接下圣旨，而是非常亲切地在年羹尧的奏章上写批示："尔之真情朕实鉴之，朕亦甚想你，亦有些朝事和你商量。"年羹尧赶到京城后，雍正马上让他与总理事务大臣马齐、隆科多一起处理军国大政，这是把年羹尧当国家总理使用了。

雍正说：我如果不做个出色的皇帝，不能酬谢你如此出力报效；你如果不做个超群逸凡的大臣，不能报答我的知遇之情。希望我们两个共同努力，做个千古君臣知遇的榜样。

年羹尧回到任所后，雍正每有奇珍异宝、美味珍馐，都不忘分一些送去给年羹尧，年羹尧父亲年遐龄在京状况，妹妹年贵妃及她所生的皇子近况，也时时传达告知。更有甚者，一次南方朝贡鲜荔枝，雍正尝着非常好吃，急令驿站快马加鞭，六天之内，必须送到两千多里外的西安，让年羹尧品尝。

"红尘一骑妃子笑，无人知是荔枝来。"像雍正、年羹尧这样的遇合亲密，看来只有长生殿上的唐明皇和杨贵妃可比了。

但年羹尧是男子，更是臣子，他无法与杨玉环相比，雍正也不是李隆基。

杨玉环受到李隆基再大的宠幸，也从不干预政治。年羹尧则在雍正无比的信任中，结党营私，排除异己，任用亲信，贪赃受贿，尤其是他的妄自尊大，让他失去了可能所有同僚的认可。他在西宁军中，两次接旨，均不按规定摆香案跪听；他到京城去，王公大臣们出城列队迎接，他连客气招呼都不打，并命直隶总督李维均、巡抚范时捷等跪道迎接，要知道，直隶总督跟他是一个级别的官员；连雍正派到陕西办事的御前侍卫，他也直接当成小厮来使唤，要知道，皇帝的保镖奉皇命出行，那在一定程度上是代表了皇帝本人。

其实，哪怕是得罪了天下人，只要不得罪皇帝，依然不会有人动摇得了年大将军。以前的秦桧和严嵩都是这样。可惜年大将军功劳太大，他将皇帝跟他的客气当了真，真的以为皇帝一家要记得他的恩情，真的以为他跟皇帝是可以无所不至的好朋友，于是，在雍正面前，他"无人臣礼"。

年羹尧嚣张到这个程度之时，他的结局就注定了。

此后的事情就简单了。雍正先是于雍正二年十一月十三日，明确向被迫跪接年羹尧的直隶总督李维均透露：年羹尧有蓄意揽权之过。又在两日后公开表示：自己并不需要请年羹尧指点，也就是让大家知道自己并没有给予年羹尧事事作主的权力的意思。一个月后，雍正亲自给年羹尧下发谕旨，指出："凡人臣图功易，成功难，成功易，守功难，守功易，终功难……若倚功造过，必致反恩为仇，此从来人情常有者。"语气冰冷，肃杀之气，透于纸背。

雍正三年二月，出现天文奇观"日月合璧，五星连珠"，被称为祥瑞，大臣们纷纷上奏章称颂皇帝圣德。年羹尧也上了一封，其中用了一个成语："夕惕朝乾"，是歌颂雍正皇帝夜以继日忙于工作。这个成语大多数时候被写作朝乾夕惕，但颠倒一下次序，也是有的，并不是错误。雍正皇帝却抓住这个不常用的成语，大做文章，公开下谕旨批评：年羹尧既然不认为我朝乾夕惕，那么他的平青海之功，我承认不承认也就都可以了。

是年四月，雍正下旨，免去年羹尧抚远大将军职务，总督职务也由岳忠琪接任，年羹尧被调任为杭州将军。

非常让人奇怪的是，事到如今，年羹尧居然依旧嚣张，他往杭州去，走到半路上就不走了，向雍正打报告说："臣不敢久居陕西，亦不敢遽赴浙江，今于仪征水陆交通之处候旨。"意思很明白，就是要求雍正收回成命，另外给他个好差事。

雍正连杭州将军也不让年羹尧做了，降他为闲散章京，这应该是个没有具体工作（闲散）的文秘职位（章京），但在民间，说是让年羹尧去把守了杭州城门。

人走顺字时，烈火烹油，鲜花着锦。人走背字时，什么人也敢往井里扔石头。年羹尧在杭州百爪挠心，天下官员都看清了形势，纷纷以痛打落水狗的姿态，表示与年羹尧划清了界线，只对皇帝忠心耿耿。对年羹尧的揭发文章，如雪片般飞往中央政府。雍正将其一一快马送交年羹尧阅读，并责令年羹尧写出读后感。

这样猫抓耗子的游戏进行了几个月后，雍正皇帝玩腻了，命人将年羹尧押赴京城，罗列出他的大罪共九十二项。大臣们要求将年羹尧斩立决，雍正皇帝则情深意重地大开恩典，让年羹尧自杀，并且在他最后写给年羹尧的谕旨上写下："尔自尽后，稍有含冤之意，则佛书所谓永堕地狱者，虽万劫不能消汝罪孽也。"按雍正的要求，年羹尧只能感激涕零，千恩万谢地去自杀。

年羹尧自杀。

朔风凛冽，不知那位紫禁城中的故人，是否正在回想起当年的初见？

曾国藩

曾国藩，初名子城，字涤生，因为他于公元1872年六十二岁时去世，大清政府给了他个"文正"的谥号，所以后世往往尊称他为曾文正。他是湖南长沙府湘乡县杨树坪（现在的湖南娄底双峰县荷叶镇）人，家中世代务农，地地道道的农民家庭，到他祖父曾玉屏时，略微积蓄了点家底，这才有条件在握锄犁田之外，想想读书考科举的事。为了这个梦想，曾玉屏不让儿子曾麟书参加农业劳动，全身心扑在读书做八股文上。曾麟书倒是够努力也够听话，光是秀才，就连续考了十七次，遗憾的是他没有相匹配的天赋，十七次都落第，只好认命地当起了乡村教师。但他对自己不中科举的命虽然认了，却把这一梦想转嫁到了儿子曾国藩身上。好在曾国藩表现出了卓越的天赋，十四岁应童子试，二十三岁考中秀才，第二年入读湖南最高等学府岳麓书院，同年考中举人，此后赴北京参加会试，两考两败，到公元1838年，终于得中贡士，并在殿试中取得三甲第四十二名，赐同进士出身，朝考列第一等第三名，道光皇帝亲自拔为第二名，进入翰林院，为庶吉士。

在岳麓书院读书之时，倒霉的曾国藩与一位性格"褊躁"的学生分在同一处居室，那位学生的书案离窗口略远一点，曾国藩的书案略近一些，那位学生大怒：我的案头之光全从窗户中射入，你靠那么近，是要遮灭我的读书之光吗？曾国藩问：那么你想让我把书案放到哪里？那位学生指着放在最角落的卧铺说：你就放在床边吧。曾国藩果然搬了过去。某次，曾国藩在夜间读书，那位学生又发怒：你平时不好好学，晚上聒噪个什么劲？曾国藩马上改为默读。

这是曾国藩的器量。

曾国藩说："或谓才子多傲，余曰傲便是不才。"

入翰林院之后，曾国藩正式踏入仕途，此后十年，七获升迁，为官大有清正之声。

但若没有洪秀全的金田起义，也许曾国藩一生，也就只是一位良臣循吏，也会受人称颂，却绝不会有至今不灭的影响。

太平军起义，始于1850年腊月初十日，洪秀全三十八岁生日那一天。金田村正式起义之前的1850年九月二十九日，清政府就任命著名的大臣林则徐为钦差大臣，前往广西，来平灭这场尚未完全燃起的起义烈火。林则徐闻警而动，此时他已疾病缠身，但这位以"苟利国家生死以，岂因祸福避趋之"的一代英雄人物，毫不犹豫，倍程赶路，路上病发，终于在十月十九日，死于途中潮州普宁行馆。当地百姓听说他的死讯后，买卖也不做了，就地大哭，家家戴孝。

沧海横流，方显英雄本色，没有太平军的战乱，就没有曾国藩古今的地位。

曾国藩在他建立湘军、讨伐太平军之时，写过一篇《讨粤匪檄》，原文部分如下："洪秀全杨秀清称乱以来，于今五年矣。荼毒生灵数百余万，蹂躏州县五千余里，所过之境，船只无论大小，人民无论贫富，一概抢掠罄尽，寸草不留。其掳入贼中者，剥取衣服，搜括银钱，银满五两而不献贼者即行斩首。男子日给米一合，驱之临阵向前，驱之筑城浚壕。妇人日给米一合，驱之登陴守夜，驱之运米挑煤。妇女而不肯解脚者，则立斩其足以示众妇。船户而阴谋逃归者，则倒抬其尸以示众船……此其残忍残酷，凡有血气未有闻之而不痛憾者也。"

曾国藩以文人练兵带军，讨灭太平军，经历艰难百战，最危险时几次自杀不成。若要一一记录下来，需要极长的篇幅，简单编年如下：

公元1851年，于太平军起义后，向皇帝上《敬陈圣德三端预防流弊疏》，对时政流弊提出中肯的意见和建议，以至于咸丰皇帝"怒掷其折于地"。

公元1852年，曾国藩母亲病故，曾国藩奔丧回家。

公元1853年，曾国藩在乡操办团练，以保卫桑梓。太平军攻占南京，定都为天京。曾国藩筹建水师。

公元1854年，曾国藩率军出征，进入与太平军作战的一线战场。同年，遭遇靖港（现在的长沙市湘江畔）兵败，投水自杀被救。当是时，有人劝他请求增兵，曾国藩认为兵贵精不贵多，关键在于操练和使用。他认为军纪不够严明是致败原因，而军纪不够严明的主要原因是：在此乱世之时，明哲保身之人纷纷做缩头乌龟，跟他出战的这些人都是出于忠义之心，才聚集到他麾下，而不是因利而来，他不忍以严苛的军法来规范。

这是曾国藩的器量，他没有因为靖港兵败就改变他的器量。

公元1855年，曾国藩水师遭石达开攻击，再次失利，曾国藩不顾自己身无武功，"欲策马赴敌"，战死拉倒，被部下力劝乃止。

公元1856年，天京内讧。曾国藩入援江西。

公元1857年，湘军水师连破湖口、望江、铜陵等地，名震天下。

公元1858年，曾国藩出办浙江军务，他的同胞弟弟在与太平军的三河之战中，为国捐躯。同年，曾国藩作《爱民歌》让湘军习唱。

公元1859年，曾国藩以四路进兵之策，攻略安庆。

公元1860年，曾国藩被困祁门大营，太平军围攻部队相距仅二十里，"军报绝不通，将吏愕然有忧色"。曾国藩则"意气舒闲，故以静镇定将士心。炮声昼夜震动，文正（曾国藩）营中所居瓦屋三间，枪子簌簌，或缘窗棂下，文正犹日与僚友诸弟子奕棋、课时文，或出奏疏稿缮写精楷，视其笔光墨彩，验心气劲脆，以此卜他年禄位丰啬"。不过，他对别人的贪生怕死给予理解，"一日忽传令曰：'贼势如此，有欲暂归者，支给三月薪水，事平仍来营，吾不介意。'"

公元1861年，曾国藩攻克安庆，在安庆创办军械所，购买并制造枪炮。

公元1862年，清军"十道并出"，完全占据了战场主动权，而十道将士"皆受成于（曾）国藩"。是年，太平军忠王李秀成解天京之围，与湘军大战于雨花台，激战长达四十四天，曾国藩的另一个弟弟曾国葆殉职于雨花台湘军大营。

公元1863年，曾国藩的湘军肃清南京城外围，完成了对南京城的铁壁合围。该年年底，李秀成向洪秀全建议放弃南京，再寻出路。洪秀全拒绝，洪秀全严肃地说，他的天兵天将会来杀尽清妖。

公元1864年6月1日（农历四月二十七日），被清军久困城中、弹尽粮绝的洪秀全，最后一次装神弄鬼，自称去天堂找上帝搬天兵，服毒自杀。

一个多月后的7月19日（农历六月十六日），由曾国藩一手培养出来的中国当时第一精锐军事力量湘军，担任主攻，向天京城（南京）发起总攻，当日拿下。

这是中国历史极其关键的一段日子，掌握了中国当时最大、最精锐部队的曾国藩，被他的部下劝说举反旗当皇帝，他回答了十四个字："倚天照海花无数，流水高山心自知。"

以他的眼光、胸怀，应该是不愿再陷入两虎相争、洋鬼子得利，从而国家覆亡的危局。

公元1865年，曾国藩收养八百孤寒子弟。同年，主持剿除捻患。同年，将金陵制造局迁至上海，扩建为江南制造总局，全面引进西式企业技术和管理。

公元1866年，督师剿捻。

公元1867年，再次扩建江南制造总局，试制西式现代化船舰。

公元1868年，江南造船厂制造的第一艘现代化轮船驶抵南京，曾国藩登船试航，取名"恬吉"。同年，调任直隶总督。

公元1870年，曾国藩主持处理天津教案，在当时的局势下，委曲求全处理了这起棘手的案件。那个时代的国民教育中，并没有国际法这一课，在只要不主张开战就一定是投降的传统意识引导下，曾国藩遭到了他一生中最大的抨击。丁日昌为此上奏，说："自古局外议论，不谅局中艰苦，一唱百和，亦足以荧上听，挠大计。卒之事势决裂，国家受无穷之累，而局外不与其祸，反得力持清议之名，臣实痛之。"

1872年，曾国藩领衔上奏，要求中央政府加快落实他于六年前提出的选派留学生赴美学习一事，提出在美设立"中国留学生事务所"。

同年，3月12日，曾国藩去世。归葬长沙。

2011年出版的《曾国藩全书》中，引用了这样一句话："如果以人物断代的话，曾国藩是中国古代历史上的最后一人，近代历史上的第一人。"在他的主持下，建造了中国的第一艘轮船，打开了近代以西方技术为主的制造业之门；建立了第一所兵工学堂，开启了中国西式高等教育的先河；第一次大量印刷翻译作品，奠定了近代中国的科技基础，开阔了闭关锁国已久的中国人视野；派遣第一批留学生赴美求学，培养了大批人才，真正让中国开始与世界接轨。

曾国藩有一个"日课十三条"：

一、主敬（整齐严肃，无时不惧。无事时，心在腔子里；应事时，专一不杂。）

二、静坐（每日不拘何时，静坐片刻，来复仁心，正位凝命，如鼎之镇。）

三、早起（黎明即起，醒后勿沾恋。）

四、读书不二（一书未点完，断不看他书。东翻西阅，都是徇外为人。）

五、读史（每日圈点十页，虽有事不间断。）

六、谨言（刻刻留心。）

七、养气（气藏丹田，无不可对人言之事。）

八、保身（节欲，节劳，节饮食。）

九、写日记（须端楷，凡日间身过、心过、口过，皆一一记出，终身不间断。）

十、日知所亡（每日记茶余偶谈一则，分德行门、学问门、经济门、艺术门。）

十一、月无忘所能（每月作诗文数首，以验积理的多寡，养气之盛否。）

十二、作字（早饭后作字。凡笔墨应酬，当作自己功课。）

十三、夜不出门（旷功疲神，切戒切戒。）

曾国藩家训中有如下句子：

老亲旧眷，贫贱族党，不可怠慢，待贫者，亦与富者一般。当盛时预作衰时之想，自有深固之基矣。

处兹乱世，钱愈多则患愈大。每年足敷一年之用，便是天下之大富，人间之大福。家中要得兴旺，全靠出贤子弟。若子弟不贤不才，虽多积银、积钱、积谷、积产、积衣、积书，总是枉然。

有福不可享尽，有势不可使尽。福不多享，总以俭字为主。少用仆婢，少花银钱，自然惜福矣。势不多使，少管闲事，少断是非，无感者亦无怕者，自然悠久矣。

自曾国藩去世至今，一百数十年间，曾国藩后代无一人成为不肖子孙，代代有英才。

曾国藩或许仍然称不上完人，但在真实的中国近现代历史上，却已没有第二个人，能够达到他的高度。

左宗棠

曾国藩死后，大清中央政府为之停止工作三日，悼念曾国藩。当时的重臣文人，也纷纷写诗写文章写对联，来哀悼曾国藩，其中最出名的，是这么一幅对联：

谋国之忠，知人之明，自愧不如元老；

同心若金，攻错若石，相期无负平生。

这幅对联是把自己放在与曾国藩同等的位置上，来比较两个的功业人品，来表达两人的互敬互重。虽然比较的结果是认为自己的器量明智不及曾国藩，但其中的自负之意，还是明确透露了出来。以曾国藩此时名垂天下的影响力，能把自己跟他放到同一个天平上，这份傲气，已经不做第二人想。

写这幅挽联的人，就是左宗棠，他也的确有资格说这样的话。

左宗棠，字季高，湖南湘阴人，出生于1812年11月10日。他是个少年天才，道光十二年（公元1832年），不满二十周岁，就在湖南乡试中，高中举人。看起来好像是锦绣前程就在眼前了，毕竟他中举人时的年龄，比曾国藩中秀才时还要小几岁。但考试有时候不只看能力，运气也很重要。左宗棠此后三次进京赶考，三次名落孙山。一般人可能还会继续考下去，左宗棠是历史上罕见的心高气傲之人，三次落第后，他就不再参加科举游戏了。

左宗棠是个性格凌厉张扬、不能以正常标准来看待的人，他与朋友通信，信末署名一直不署自己的名字，只写"老亮顿首"。所谓"老亮"，就是把自己比作了诸葛亮。他后来建功立业了，大家就认可了他的自比，最初他这么自吹自擂时，一般人都认为他太狂。

非常之才，必要非常之人才能识别。大清名臣、名将胡林翼，就非常认可左宗棠的能力，胡林翼的评语是："横览九州，更无才出其右者。"那就是天下第一才人了。更有名的大清名臣林则徐到长沙时，便与没有官职的左宗棠长谈彻夜，对左宗棠之才能见识，从此赞不绝口，临终之前，还不忘推荐左宗棠人才难得。

公元1854年，在太平军势焰正盛、进攻湖南之时，曾经发牢骚要"长为农夫没世"的左宗棠，应湖南巡抚骆秉章之邀，进入湖南巡抚幕府，时间长达六年，惮精竭虑，辅佐骆秉章内清四境，外援五省，兴利革弊，撑持大局，不仅保得湖南平安，援兵出省，更是屡屡奏捷。

这固然是左宗棠的确有天下豪杰的能力，我认为，极其重要的，还是骆秉章知人善任、言听计从的结果。骆秉章办公之余，常常到幕僚的办公室转转，每每遇到左宗棠"慷慨论事，援古证今，风发泉涌"。骆秉章只是侧耳倾听，从不发表意见，左宗棠也从来不曾因为领导在一边，就有所收敛。

某次，骆秉章正在办公室工作，突然听到辕门外有炮声，马上派勤务员去问问怎么回事？勤务员回来报告：是左师爷下达紧急军务通报。骆秉章点了点头，小声说了句：你去找军务通报稿拿来我看看好吗？也就是说，如此重大的军情通报，左宗棠就可以直接做主下达，不用请骆秉章批准，也不用跟他说。当然，有时候也送给骆秉章看，骆秉章也一律照准，从不修改。

按说，左宗棠置领导于脑后的作法，犯了官场的第一大忌。但左宗棠我行我素，从不改变。骆秉章也习惯如此，从不试图改变。凡是有人找骆秉章汇报工作，骆秉章都要习惯地问一句：左宗棠说怎么办？

这样的相知相得，成就了两个人的一生事业。但这样的相知相得，在中国官场上，可能再也找不出第二例。

同时代的人就很不理解，湖南官场为左宗棠送了个外号"左都御史"，那是因为骆秉章的职衔也仅仅是右副都御史，大家的意思是作为师爷的左宗棠比老爷骆秉章官还大。

"天下不患无才，患知才不能用，用才不能尽，若文忠（骆秉章）之有文襄（左宗棠），信乎能尽其才者矣。"

左宗棠的影响力越来越大。他的一位叫郭嵩焘的老乡在中央政府任职，一天，咸丰皇帝（清文宗奕詝）把郭嵩焘叫去，询问：你认识举人左宗棠吗？他为什么老是不到政府当官？他今年多大了？听了郭嵩焘的回答后，咸丰说：他的年岁也不小了，再耽搁下去就老了，你赶快给他写信，传达我的意思，让他及时出来任职，为我清剿太平军。

大约就在此时，永州镇总兵樊燮到骆秉章的官衙求见，还没见到骆巡抚，先见到左宗棠，左宗棠的意思樊总兵要向自己行叩拜礼，樊总兵则认为自己堂堂朝廷命官，怎么能向一个幕僚下跪叩头。还是站着跟左师爷说话，左宗棠脾气很大，抬起脚踢到樊燮身上，大声骂："王八蛋，滚出去。"

这是让人无法容忍的侮辱，樊燮马上向中央政府写报告弹劾。

咸丰六年，曾国藩上表，为左宗棠出色的后勤工作报功请赏。咸丰皇帝下诏，直接授予兵部郎中，随后加四品卿衔。

就在这个时候，樊燮总兵的弹劾报到了中央政府，咸丰皇帝知道后，要求调查处理，调查的结果是骆秉章、胡林翼、曾国藩、潘祖荫都在为左宗棠说好话。挨骂的樊燮不仅白挨了骂，官也没的当了，被免职赶回老家。

樊燮一肚子窝囊气，无处发泄，他在家庙里的先人牌位旁边，立下了写有"王八蛋滚出去"六个字的木牌，名"洗辱牌"。要求他的两个儿子一定要超越只有举人功名的左宗棠，并且很有些变态地要求两个儿子身着女装学习、生活。"考秀才进学，脱外女服；中举人，脱内女服；中进士，焚洗辱牌，告先人以无罪。"最终他的二儿子樊增祥于1877年高中进士，这才烧掉洗辱牌，告慰已久赴黄泉的老爹樊燮。

左宗棠六字骂人，给樊家两代人造成如此重大的心理创伤，他自己却浑然无事，先是奉诏跟随曾国藩治军，旋即在曾国藩的支持下，自己募兵，组建起了一支"楚军"。他的确是个军事天才，楚军在剿灭太平军的战场上，越战越强，功劳也是越立越大，越建越多，等到拿下南京城剿灭太平军之后，他被封为一等恪靖侯，成为与曾国藩平起平坐的朝廷重臣。

也就在这个时候，这两位中兴名臣，革命战友，为了洪秀全的儿子死没死，互相上书攻击对方，从此之后，不再有任何交流，有的只是互相诋毁。

说是互相诋毁，实际上主要是脾气大的左宗棠在诋毁性情中正的曾国藩，就连最初的失和，也是左宗棠先上书攻击曾国藩，曾国藩出于自卫本能，才被迫上书反击。之后，左宗棠建功西疆，也多赖曾国藩后勤支持。但左宗棠性格强横，就是不承认曾国藩的功劳。并且曾国藩一般向来不多说左宗棠坏话，左宗棠则在部队大会小会上痛骂曾国藩，偏偏他的手下战将大多都跟曾国藩干过，熟知曾国藩的为人，对左宗棠的骂街行为非常不满，散会后纷纷说：左大帅自己看不惯曾公，也就罢了，何必对着我们一再聒噪，说的话既没有道理又没有分寸，反来复去炒作，无非就这么点破事，听得耳朵都起茧子了。

以个人的品格器量来看，左宗棠的确不如曾国藩，左宗棠能在曾国藩死后，以写挽联的方式公开承认这一点，却也不愧为一代英雄。

灭掉太平军后，左宗棠督师陕甘，先后平定西捻军和回民叛乱。

这些军功都很显赫，但对左宗棠来说，他一生中最大的功劳，是收复新疆。新疆之战，让他成为中华民族历史上有数的功臣，伟大的英雄。

因为，太平军、捻军及回民叛乱，没有他左宗棠，别人也一样可以平定，并且，这些叛乱，相对于中华民族大家庭来说，只是民族内部矛盾。而如果当时未能收复新疆，则这块地域，可能已如江东六十四屯一样，早成为俄罗斯的疆土或俄罗斯扶植的势力范围。

要了解当时的新疆形势，必须先从沙皇俄国对中国的掠夺说起。

1689年，中俄签订《尼布楚条约》以来，黑龙江及乌苏里江流域的广大地区，得到安定发展的机会。长达一百余年的和平之后，侵略成性的俄国人又把贪婪的爪子伸到这里。1847年，沙皇尼古拉一世任命穆拉维约夫为东西伯利亚总督，其实就是赋予了他扩张领土的职责。他在黑龙江江口的中方领土庙街（现在的俄罗斯居古拉耶夫斯克），驻军屯守，树立国旗。这是《尼布楚条约》正式被践踏的开端，俄罗斯建起了侵略中国的第一个跳板。以此为据点，穆拉维约夫经常指挥俄军入侵中方领土。他宣布：应该以黑龙江为两国疆界，黑龙江北及整个沿海地区都归俄国所有。

这是公然挑战中国主权的叫嚣，后来却真的实现了。

伴随着对中国领土的连续侵吞，俄国不断向此地增兵，企图以武力压迫清政府承认既成事实。

1858年5月，第二次鸦片战争进行正酣，清政府在英法联军的进攻下束手无策之时，俄罗斯趁人之危，以大批军队开至瑷珲，强行逼迫中方黑龙江将军奕山签订割让国土的协议，最初奕山不答应，但俄方放了几枪几炮之后，他又吓得尿了裤子，代表清政府签下了晚清所有投降性质的协议中，第一个割让大量国土的协议——《瑷珲条约》。条约文字极为简短，却把外兴安岭以南、黑龙江以北的六十多万平方公里的国土，割给了俄国。同时，乌苏里江以东直到海边的约四十万平方公里的中国领土，也成为"中俄共管"。

马克思如此评价《瑷珲条约》："由于进行了第二次鸦片战争，帮助俄国获得了鞑靼海峡和贝加尔湖之间最富庶的地域，俄国过去是极想把这个地域弄到手的,从沙皇阿列克塞·米哈伊洛维奇到尼古拉,一直都企图占有这个地域。"

恩格斯如此评价:"(俄国)从中国夺取了一块大小等于法德两国面积的领土和一条多瑙河一样长的河流。"

在马克思、恩格斯看来,这已经是让人震惊的掠夺了,但对强盗来说,他不抢光偷光,是不会甘心的。

恩格斯做出了这样的预言:"俄国并不满足于这一点,它已设法成立了俄中委员会来确定边界,而我们知道,这种委员会在俄国手中是什么东西,我们曾看到这种委员会在土耳其的亚洲边界上的活动情况,二十多年来他们在那里把这个国家的领土一块一块割去。"

俄罗斯的侵略扩张本性,被恩格斯一针中的。从1858年,俄罗斯开始把中国的"领土一块一块割去"。

穆拉维约夫签约之后,立即派信使向沙皇亚历山大二世报功,亚历山大二世在报功信上批下了"谢天谢地",立即提拔穆拉维约夫为陆军上将,晋封伯爵。随即,穆拉维约夫在海兰泡举行庆功会,改海兰泡为布拉戈维申斯克(意思是"报喜城")。

1858年,俄罗斯又逼迫清政府签了《中俄天津条约》。随后签订《中俄天津条约》续补条约。

1860年,俄罗斯又逼着清政府签下《中俄北京条约》。

1864年,俄罗斯又逼着清政府签订《中俄勘分西北界约记》。

不长时间内,以侵略、掠夺成为军事强国的俄罗斯,以其武力,逼着清政府签下一个个屈辱的、完全称不上条约(说是"投降书"更准确些)的条约。先后割占了中国东北、西北领土共达一百四十四万平方公里之多。

近代以来,中国与欧美列强签订了一系列不平等条约,无一不丧权辱国,让人真欲吐出血来。但清点所有条约,对中国真正伤害最深久,并且永远不可恢复的,只有中俄间诸条约。因为另外那些通商租界赔款,我们可以收回(如香港、澳门),可以不承认,只有划给俄罗斯的相当于七分之一国土的中国领土,已经永远脱幅而去了。

公元1865年,俄罗斯的眼睛又盯上了中国新疆,他们试图一次性从中国版图上割掉这块占六分之一面积的国土。

俄罗斯的贪婪胃口，是一个叫阿古柏的人给撑胀起来的。

这个阿古柏是浩罕国（现在的乌兹别克斯坦的浩罕市一带）的一名军官，他在公元1865年1月，趁新疆发生内乱之机，出兵占领了新疆大部分领土，宣布成立奥斯曼土耳其帝国。俄罗斯马上予以承认，并武力占据了伊犁，以此为据点，渐成侵占全疆之势。

消息传递到大清中央政府，引发了要不要军事收回新疆的争论，主张放弃的李鸿章认为："依臣看，新疆不复，与肢体之元气无伤，收回伊犁，更是不如不收回为好。"

左宗棠则坚决主张收复新疆，他说："俄人拓境日广，由西向东万余里，与我北境相连……（新疆）北折而入俄，吾地坐缩，边要尽失……挫国威，且长乱，此必不可。"

光绪元年（公元1875年），左宗棠被授予钦差大臣之职，全权负责军事收复新疆事宜。第二年，左宗棠率军西进，驻扎肃州，就近指挥收复新疆战事。

左宗棠制定的战略方针是"先北后南，缓进急战"。是年六月二十一日，清军夜袭黄田，收复新疆战役打响。之后一路挺进，渐次收复乌鲁木齐、玛纳斯等地，北疆平定。阿古柏向南撤退，一路在达坂城、吐鲁番等地安排防守。

光绪三年春，清军自乌鲁木齐挥师南下，由于阿古柏决开湖水绕护达坂城，清军大将刘锦棠亲自率军，夜渡湖水，悄悄掩至达坂城下。阿古柏在城外原本驻扎了一支小部队，以做犄角之势，掩护城市，被清军以迅雷之势歼灭掉，随即展开攻城。

攻城之战进行的毫无悬念，并没有守城经验和准备的叛军迅速败下阵来，清军顺利攻占达坂城，共杀敌两千余人，俘虏一千二百余人。本着左宗棠"不分汉回，只问良莠"的方针，刘锦棠将俘虏全部放回，并发路费。这一项措施得到被叛军裹挟的民众之心，收复之战进行的很顺利。是年四月，阿古柏在库尔勒自杀。他的大儿子伯克胡里逃到喀什噶尔，继承王位，继续顽抗。鉴于时间已入夏，沙漠行军，内地来的士兵很不适应，左宗棠按兵不动，让军队就地休整。

清军避开酷暑不战的作法，不在意料之中地麻痹了伯克胡里的警惕性，是年七月十七日，初秋季节，左宗棠命大将刘锦棠率军南下，于九月初三，军抵库尔勒，叛军闻讯逃跑，清军紧追不舍，数日后追及，尽歼叛军。随后继续进军，一个月内，驱驰三千里，顺利收复南疆大部分城市。之后，在喀什噶尔守将何步云（他原是清政府官员，被叛军逼降后，仍担任喀什噶尔守将）主动联系做内应的帮助下，倍道行军，急速赶至喀什噶尔，一战成功，拿下喀什噶尔。伯克胡里狼狈北逃，找他的后台俄罗斯去了。

除伊犁外，新疆全部光复。

伊犁还在俄罗斯手里，俄罗斯坚持不还。清政府先是派崇厚出使俄罗斯，结果失地丧权。大清政府派出曾国藩儿子曾纪泽入俄，重新谈判。

左宗棠认为：没有军事后盾，一味玩嘴皮子不会得到好结果。光绪六年四月十八日，左宗棠出关西征，他随身携带一口棺材，以示与沙俄殊死一战的决心。

结果是曾国藩的儿子没有给他伟大的父亲丢脸，没有动用刀兵，完成了改订条约的艰难任务，中国收回了伊犁和特克斯河上游两岸领土。

率部西征之时，左宗棠让战士们沿路栽植杨柳树，自兰州直至新疆各地，自此道柳连绵，在这片僻处西陲的国土上，绿意不绝。左宗棠老乡杨昌浚有诗为记：

大将西征尚未还，湖湘子弟满天山。

新栽杨柳三千里，引得春风度玉关。

公元1885年，在中国对法作战取得镇南关大捷之后，李鸿章去与法国签订了一个出卖中国利益的《中法新约》。是年7月27日，病中的左宗棠读到和约，愤怒的全身颤抖，继而大口吐血，边吐边大声呼喊：出队，出队！

呼喊军队的声音渐渐弱下去。一代名将、民族英雄左宗棠，就此与世长辞。

许多许多年前，左宗棠去北京赶考，与湘潭一位姓欧阳的举人同行，两个人走的是水路，省力省心，速度不快，很是走了些日子。某一天，左宗棠在船中写家信，刚刚写完，船就靠岸停下，左宗棠匆匆下船去看风景，家信也没来得及往信封里装，欧阳很好奇，取过来读了读，那也只是封报平安的普通家书，只是在中间写到：某天晚上，船在孤僻之处停泊，夜半时分，突然来了十多个强盗，明火执杖，进入船舱，用钢刀挑开我的蚊帐，我于是拔剑而起，大呼冲出，与众强盗性命搏击，强盗们都不是我的对手，纷纷退出舱外，我大声呼喊，挺剑追出船舱外，强盗们还是打不过我，纷纷跳水逃跑了。只恨我以前没好好学过游泳，以致只能眼睁睁看着强盗们逃跑，没办法将他们一个个斩于剑下。

读完这封富于传奇色彩的普通家信，欧阳非常惊诧，回想自己与左宗棠一路北上，已同行十多天，怎么自己不知道有这件事？然而左宗棠在家信中郑重其事写下此事，细节栩栩如生，不像是在捏造，于是欧阳找左宗棠的随从询问，大家都很愕然，没人知道这件事。再问船家，也都摇头不知。等了一会，左宗棠四平八稳地踱步回来，欧阳急忙询问是怎么回事。左宗棠笑着说：你又没跟我做同一个梦，当然不知道我在梦中干了些什么！

这个回答让欧阳目瞪口呆，好一会儿才喘过气来，追问：这只是你记下的梦境啊，怎么又写得跟真事一样？

左宗棠回答：你可真是个书呆子糊涂虫，昨天晚上我偶然翻读《后汉书》中的光武皇帝纪传，其中对昆阳之战的叙述，笔墨生动，云垂海立，天风海雨，使人精神飞舞，睡下后就做了这个梦。醒来后才悟到，以前的人写史书，叙述到战争战役阵列厮杀，一大半都是做的梦吧，又怎么知道昆阳之战，不过只是光武帝刘秀偶然做的一个梦呢？